1921-2021
厦门大学
XIAMEN UNIVERSITY

厦门大学百年校庆系列出版物

校史资料汇编与学生名录系列

厦门大学校史资料选编

（1992—2017）

第一册（1992—1995）

主编：石慧霞　连　念

厦门大学出版社　XIAMEN UNIVERSITY PRESS
国家一级出版社
全国百佳图书出版单位

图书在版编目(CIP)数据

厦门大学校史资料选编:1992—2017/石慧霞,连念主编.—厦门:厦门大学出版社,2021.3
(校史资料汇编与学生名录)
ISBN 978-7-5615-8086-8

Ⅰ.①厦… Ⅱ.①石… ②连… Ⅲ.①厦门大学—校史—1992—2017 Ⅳ.①G649.285.73

中国版本图书馆 CIP 数据核字(2021)第 043810 号

出 版 人 郑文礼
责任编辑 韩轲轲 章木良 林 灿
美术编辑 蔡炜荣
技术编辑 朱 楷

出版发行 厦门大学出版社
社 址 厦门市软件园二期望海路 39 号
邮政编码 361008
总 机 0592-2181111 0592-2181406(传真)
营销中心 0592-2184458 0592-2181365
网 址 http://www.xmupress.com
邮 箱 xmup@xmupress.com
印 刷 厦门市金凯龙印刷有限公司

开本 889 mm×1 194 mm 1/16
印张 340
插页 30
字数 10500 千字
版次 2021 年 3 月第 1 版
印次 2021 年 3 月第 1 次印刷
定价 1500.00 元(全十册)

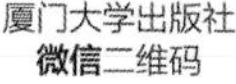
厦门大学出版社
微信二维码

厦门大学出版社
微博二维码

《厦门大学校史资料选编（1992—2017）》编纂组

组　长：石慧霞　连　念

成　员（以姓氏笔画为序）：

毛春红　石慧霞　刘珊珊　吴爱华　连　念　张璐阳

林秀莲　曾晓秋　蔡秋才　薛小勤　魏　昊

执行编辑：

1992—1994 年：曾晓秋　连　念　张璐阳　吴爱华

1995—1997 年：张璐阳　连　念　吴爱华

1998—1999 年：毛春红　魏　昊　连　念　张璐阳　吴爱华

2000—2002 年：吴爱华　连　念　张璐阳　魏　昊

2003—2004 年：蔡秋才　连　念　张璐阳　吴爱华　魏　昊

2005 年：薛小勤　连　念　张璐阳　吴爱华　魏　昊

2006—2008 年：毛春红　连　念　张璐阳　吴爱华　魏　昊　林秀莲　董健岚

2009—2010 年：薛小勤　连　念　张璐阳　吴爱华　魏　昊

2011 年：蔡秋才　连　念　张璐阳　吴爱华　魏　昊

2012 年：连　念　吴爱华　张璐阳　魏　昊

2013—2015 年：刘珊珊　连　念　张璐阳　吴爱华　魏　昊

2016—2017 年：连　念　吴爱华　张璐阳　魏　昊

总　序

厦门大学　党委书记　张　彦
校　　长　张　荣

2021年4月6日，厦门大学百年华诞。百载风雨，十秩辉煌，这是厦门大学发展的里程碑，继往开来的新起点。全校师生员工和海内外校友满怀深情地期盼这一荣耀时刻的到来。

为迎接百年校庆，学校在三年前就启动了“百年校庆系列出版工程”的筹备工作，专门成立“厦门大学百年校庆系列出版物编委会”，加强领导，统一部署。各院系、部门通力合作，众多专家学者和相关单位的工作人员全身心地参与到这项工作之中。同志们满怀高度的责任感和紧迫感，以“提升质量，确保进度，打造精品”为目标，争分夺秒，全力以赴，使这项出版工程得以快速顺利地进行。在这个重要的历史时刻，总结厦大百年奋斗历史，阐扬百年厦大“四种精神”，抒写厦大为伟大祖国所做出的突出贡献，激发厦大人的自豪感和使命感，无疑是献给百岁厦大最好的生日礼物。

“百年校庆系列出版工程”包括组织编撰百年校史、百年组织机构史、百年院系史、百年精神文化、百年学术论著选刊、校史资料与学生名录……有多个系列近150种图书将与广大读者见面。从图书规模、涉及领域、参编人员等角度看，此项出版工程极为浩大。这些出版物的问世，将为学校留下大量珍贵的历史资料，为学校深入开展校史教育提供丰富生动的素材，也将为弘扬厦门大学“自强不息，止于至善”校训精神注入时代的新鲜血液，帮助人们透过“中国最美大学校园”的山海空间和历史回响，更加清晰地理解厦门大学在中国发展进程中发挥的独特作用、扮演的重要角色，领略“南方之强”的文化与精神魅力。

百年校庆系列出版物将多方呈现百年厦大的精彩历史画卷。这些凝聚全校师生员工心血的出版物，让我们感受到厦大人弦歌不辍的精神风貌。图文并茂的《厦门大学百年校史》，穿越历史长廊，带领我们聆听厦大不平凡百年岁月的历史足音。《为吾国放一异彩——厦门大学与伟大祖国》浓墨重彩地记述厦门大学与全国34个省级行政区以及福建省九市一区一县血浓于水的校地情缘，从中可以读出厦门大学在中华民族伟大复兴征程中留下的深深烙印。参与面最广的“厦门大学百年院系史系列”、《厦门大学百年组织机构史》，共有30多个学院和直属单位参与编写，通过对厦门大学各学院和组织机构发展脉络、演变轨迹的细致梳理，深入介绍厦门大学的党建工作、学科建设、人才培养、组织管理、社会服务等方面的发展历程，展示办学成就，彰显办学特色。《厦门大学校史资料选编（1992—2017）》和《南强之星——厦门大学学生名录（2010—2019）》，连同已经出版的同类史料，将较完整、翔实地展现学校发展轨迹，记录下每位厦大学子的荣耀。“厦门大学百年精神文化系列”涵盖人物传记和校园风采两大主题，其中《陈嘉庚传》在搜集大量史料的基础上，以时代精神和崭新视角，生动展现了校主陈嘉庚先生的丰功伟绩。此次推出《林文庆传》《萨本栋传》《汪德耀传》《王亚南传》四部厦门大学老校长传记，是对他们为厦大发展所做出的突出贡献的深切缅怀。厦大校友、红军会计制度创始人、中国共产党金融事业奠基人之一高捷成的传记《我的祖父高捷成》，则是首次全面地介绍这位为中国人民解放事业做出杰出贡献的烈士的事迹。新版《陈景润传》，把这位“最美奋斗者”、“感动中国人物”、令厦大人骄傲的杰出校友、世界著名数学家不平凡的人生再次展现在我们眼前。抒写校园风采的《厦门大学百年建筑》、《厦门大学餐饮百年》、《建南大舞台》、《芙蓉园里尽芳菲》、《我的厦大老师》（百年华诞纪念专辑）、《创新创业厦大人2》、《志愿之光》、《让建南钟声传响大山深处》、《我的厦大范儿》以及潘维廉的《我在厦大三十年》等，都从不同的角度，引领我们去品读厦门大学的真正内涵，感受厦门大学浓郁的人文精神和科学精神。

此次出版的“厦门大学百年学术论著选刊”，由专家学者精选，重刊一批厦大已故著名学者在校工作期间完成的、具有重要价值的学术论著（包括讲义、未刊印的论著稿本等），目的在于反映和宣传厦门大学百年来的学术成就和贡献，挖掘百年来厦门大学丰厚的历史积淀和传统资源，展示厦门大学的学术底蕴，重建“厦大学派”，为学校“双一流”建设提供学术传统的支撑。学校将把这项工作列入长期规划，在百年校庆时出版第一辑共40种，今后还将陆续出版。

“自强！自强！学海何洋洋！”100年前，陈嘉庚先生于民族危难之际，抱着“教育为立国之本，兴学乃国民天职”的信念，创办了厦门大学这所中国历史上第一所由华侨独资建设的大学。100年来，厦大人秉承“研究高深学术，养成专门人才，阐扬世界文化”的办学宗旨，在实现中华民族伟大复兴的征程上书写自己的精彩篇章。我们相信，当百年校庆的欢庆浪潮归于平静时，这些出版物将会是一串串熠熠生辉的耀眼珍珠，成为记录厦门大学百年奋斗之旅的永恒坐标，成为流淌在人们心中的美好记忆，并将不断激励我们不忘初心继承传统，牢记使命乘风破浪，向着中国特色世界一流大学目标奋勇前行！

张彦　张荣

2020年12月

编纂说明

一、为回顾厦门大学发展历史，总结办学经验，继承发扬优良传统，更好利用档案史料，1987—1996年，厦门大学先后编纂出版《厦大校史资料》9辑，收录1921—1991年间的校史资料。2021年，厦门大学迎来百年华诞，根据百年校庆系列出版物编委会工作安排，档案馆承担《厦门大学校史资料选编(1992—2017)》丛书(以下简称丛书)的编纂工作。

二、丛书收录校史资料起止时间：1992年1月1日至2017年12月31日。

三、丛书主要内容包括厦门大学党委书记、校长的重要讲话稿，上级机关、领导贺信、贺电，学校党建、思想政治、教学、科研、管理与服务工作等方面的规章、制度、办法等，党代会、工会、教代会等重要会议的重要报告，全校性的工作规划、计划、总结，重大工作的实施方案，重要专题报告等。所选文献主要来源于厦门大学档案馆馆藏档案，包括《厦门大学报》部分文章。

四、丛书按照年度—主题的编排体例。收录校史资料以年度为序，各年度内容分特载、专文、党建与思想政治工作、教学与科研工作、管理与服务工作五大主题。由于各年度选录校史资料数存在差异，丛书根据年度材料多寡适当分册编排。

五、丛书是档案文献出版物，因收录时间跨度较长，其间一些文献的行文用语、称谓、时间、标点符号、层次序号、行文格式等与最新公文、图书出版标准存在不一致，为反映历史原貌，收录文献一般按原文照录原则处理；文献中明显的漏字、错别字等，则直接改正；有些文献根据图书出版规范重新拟写了标题。

六、丛书对部分涉及人名、个人电话号码、邮箱等个人隐私或其他不宜公开的内容做了删节。

七、丛书因保密、书稿篇幅限制等原因，所收录校史资料不尽齐全；丛书收录的规章、制度、办法等是档案文件的，其执行范围、时效等解释权归文件形成部门。

八、丛书于2019年5月立项：百年校庆系列出版物编委会审定丛书编纂原则；邓朝晖副校长就编纂原则、编排体例、审稿、出版等都给予悉心指导；编纂组成员多次开会研究落实编纂原则、编排体例，分工合作通读十余万份馆藏档案资料，认真挑选出2000多份史料，按档案文献编纂出版要求进行文稿录入和编辑加工；文件形成部门对其部门入选文件进行会稿确认；校保密办就史料出版进行保密审查；学校办公室积极参与“专文”部分的选编工作。在此，谨对各级领导的关心指导，对相关职能部门的大力支持，对出版社的细致审校，一并致以最衷心的感谢。

九、因编者水平有限，丛书疏漏、不当之处在所难免，敬请读者批评指正。

《厦门大学校史资料选编(1992—2017)》编纂组

2021年2月

目　录

1992 年

特　载

专　文

党建与思想政治工作

教学与科研工作

管理与服务工作

1993 年

特　载

专　文

党建与思想政治工作

教学与科研工作

管理与服务工作

1994 年

特　载

专　文

党建与思想政治工作

教学与科研工作

管理与服务工作

1995 年

特　载

专　文

党建与思想政治工作

教学与科研工作

管理与服务工作

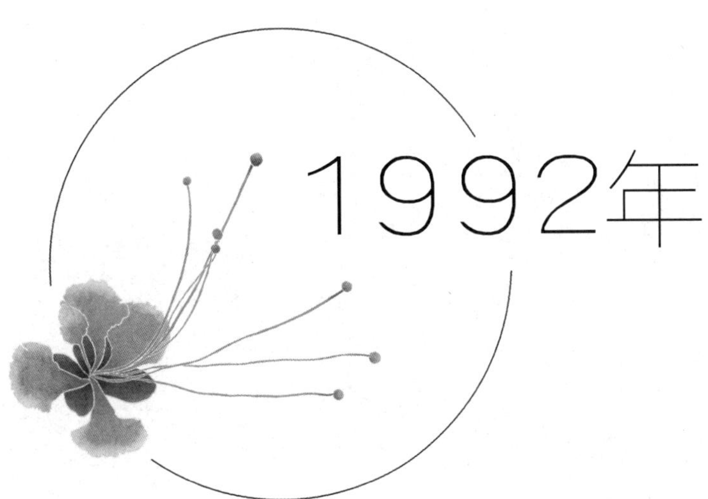

1992年

·特　载·

加强领导　振奋精神　迎接挑战
为开创九十年代厦门大学新局面而奋斗

——在中共厦门大学第六次代表大会上的报告

(1992 年 1 月 23 日)

校党委书记　王洛林

同志们：

我受校第五届党委会的委托，向大会做工作报告，请代表们审议。

一、努力维护安定团结，积极推进教育改革的五年

自 1986 年 7 月我校第五次党代会以来，校党委带领全校党员和师生员工，认真贯彻执行党的路线、方针和政策，坚持社会主义办学方向，坚持以教学、科研为中心，一手抓安定团结，一手抓教育改革，排除干扰，克服困难，艰苦创业，基本上完成了第五次党代会所提出的“七五”期间的各项任务，学校面貌发生了较大的变化。

(一)认真抓好党的建设，改善和加强党的领导

第五次党代会以来，我们坚持了党委领导下的校长负责制。校党委和各级党组织进一步明确了自己的主要职责，以更多的精力来加强党的自身建设。对党员领导干部分批集中轮训和开展民主评议，在广大党员中进行坚持四项基本原则和反对资产阶级自由化的教育，进行党性、党纪和党风我育，广大党员的政治思想素质有了进一步提高，在维护安定团结、教育改革等各项工作中较好地发挥了先锋模范作用。特别是在 1989 年那场政治动乱中，各级党组织和广大党员都能站在党的立场上，反对和制止动乱，在关键时刻经受了锻炼和考验。

制止动乱后，校党委更加重视党的建设。一是认真抓好党员重新登记工作，通过学习、总结、批评和自我批评，在广大党员中进行了一次深刻的理想信念和党性观念的再教育。二是创办了党校，一年多来已举办了九期学习班，对党员中层领导干部、党员教授、党员政工干部和支部书记进行普遍轮训。三是按照干部“四化”方针和德才兼备的标准，在认真考核和广泛听取群众意见的基础上，逐步调整充实了学校中层领导班子。四是全校基层党支部在总结工作、发扬民主的基础上进行了换届选举，党组织的政治核心作用和战斗堡垒作用有了增强。五是加强了勤政廉政和党风建设，坚持了“两公开一监督”制度，严肃

查处了一些单位和个人的违法违纪问题。

五年来,由于我们重视和加强党的自身建设,涌现出了一批先进党组织和优秀共产党员,先后有37个党总支和党支部被省委、市委和校党委授予先进党组织的光荣称号,有115名共产党员被授予优秀共产党员的光荣称号。在坚持标准、保证质量的前提下,还发展了1211名新党员。各级党组织加强了对工会、共青团和学生会等群众组织的领导,发挥它们在教育改革、维护安定团结、搞好教学科研和各项管理工作中的积极作用。校党委还认真贯彻新时期党的统一战线政策,坚持在教育工作中的重大问题征求民主党派意见的制度,努力为各民主党派提供活动条件,并先后推荐了一批民主党派成员和无党派人士到各级人大、政协、政府部门和学校的行政领导岗位上任职,发挥他们的积极作用。

(二)坚持四项基本原则,维护和发展安定团结的政治局面

五年来,校党委一直把坚持四项基本原则、反对资产阶级自由化和维护安定团结的政治局面作为工作重点。一是通过组织学习、研究和撰写理论文章、系列专题报告等方式方法,对师生员工进行坚持四项基本原则和反对资产阶级自由化的教育,努力用马列主义、毛泽东思想和党的基本路线来统一师生员工的思想认识。二是利用各种纪念活动和重大节日,开展革命传统教育和形势任务教育。三是加强日常思想政治教育,积极进行疏导工作,帮助学生正确理解民主与法制、自由与纪律的关系,努力提高学生对安定团结重要性的认识。同时,对不安定的苗头,进行必要的斗争和加强防范工作。因此,从1986年至1989年初这几年中,尽管外地时有“学潮”,但我校的政治局面基本上保持稳定,保证学校各项工作正常进行。

1989年春夏之交,随着全国性的动乱和北京发生反革命暴乱,我校也发生了政治动乱。在省、市委直接领导下,校党委和各级党组织积极动员和组织各方面的力量坚守工作岗位,维护教学秩序,对学生积极进行疏导教育,努力制止学生上街游行,尽力控制事态发展。平息动乱后,校党委立即组织力量认真进行清理清查工作,集中一段时间组织师生员工对这场动乱进行反思,认清动乱的性质、危害,并吸取教训。在这个基础上,我们以《关于社会主义若干问题学习纲要》为基本教材,在师生员工中普遍地进行社会主义教育。最近,我们又组织学习江泽民同志在庆祝中国共产党成立七十周年大会上的讲话和同我校师生代表座谈时的讲话,提高师生员工对建设有中国特色的社会主义的认识,进一步坚定社会主义信念。我们还利用苏联东欧的演变及其严重恶果作为反面教材,突出进行反“和平演变”和维护安定团结的教育,从而进一步巩固和发展了我校安定团结的政治局面。

(三)努力贯彻党的教育方针,积极推进教育改革

为了适应我国社会主义现代化建设和经济特区改革开放的需要,我们积极进行教育改革。第一是调整专业结构,先后创办了一批涉外专业和技术、应用专业,老专业的改造和建设也迈出新的步伐,学校的专业结构有了比较合理的改善。第二是加强教学管理,修订教学计划,调整课程体系,更新教学内容,加强马列主义理论课和德育课,落实社会实践、实验设计和军训等实践环节。第三是加强教材建设,成立了教材编审委员会,组织编写、出版了一批质量较高的教材,1987年有10部教材获国家教委优秀教材奖。第四是加强师资队伍建设,颁布了《教书育人条例》、《教师教学规范》和《中青年教师培养条例》。在教育改革中,我们试行了“三学期制”,推行主辅修制,实行学分制。

我校研究生规模也有较大发展,质量有一定提高,科学研究取得丰硕成果。从1986年成立研究生院以来,硕士点由34个增加到57个,博士点由10个增加到18个,并有7个学科被批准为重点学科,建立了两个博士后流动站,建成了一个国家重点实验室和一个专业重点实验室,化学学科被国家教委批准为科研和教学人才培养基地。五年来,我校文科共承担了省级以上科研课题200多项,其中属于国家社会科学基金项目47项,属于国家“七五”重点项目11项,还积极参与研究厦门经济特区发展战略。全校文科共出版了专、译著360多部,发表论文3353篇,有57部专著、教材、编著,36篇论文分别获得国家、省级优秀成果奖。在理科科研方面,有104项研究成果获奖,其中,有54项获国家、省级的科技奖,出版科学著作69部,发表论文1712篇。在对外学术交流方面,我校先后有138人次到国外、境外参加国际学术交流,派出留学生、进修教师344人,学成回国175人。

校园治理整顿取得进展,办学条件有所改善。整顿了校内商业摊点,拆迁了违章临时工棚,开展文明宿舍评选活动,大力加强校园治安综合治理工作,校园环境有较大改观。完成了物资清理清查工作,仪器设备管理得到加强,食堂伙食管理保持较好状况,扩大电话安装、保障煤气供应。五年来,共完成10多万平方米的建筑面积,学校的教学、办公和师生员工的住宿条件得到不同程度的改善。

五年来,我们之所以能取得这些成绩,是坚决贯彻党的十一届三中全会以来的路线、方针、政策的结果,是国家教委、省、市委领导关心支持的结果,是全校各级党组织和广大党员、干部、师生员工共同努力的结果,也是同海内外校友、友好人士的支持合作分不开的。

我们在肯定成绩的同时,也要清醒地认识到存在的问题和困难。一个时期以来,我们对新时期高等学校所面临的"和平演变"和新技术革命的挑战还缺乏全面、深刻的认识,在一度淡化党的领导、削弱思想政治工作的气候中,我校党的建设和思想政治教育虽然做了大量的工作,但成效不能估计过高。师生中一些深层次的思想问题尚未解决,校风、学风尚未明显好转;有的党组织的战斗力和一些党员的先锋模范作用与当前形势和任务的要求还很不适应,广大师生员工的积极性和创造性尚未充分调动和发挥;我们的管理水平还不高,办学条件也有待改善;在学科发展、队伍建设、科技开发、校办产业、校园治安和后勤服务等各方面,也还存在不少问题。所有这些,都有待我们进一步努力加以解决。

二、主动迎接新的挑战,努力实现"八五"计划

九十年代,我们面临着"和平演变"和新技术革命的挑战。我校是地处经济特区的委属重点综合性大学,既是教学中心,又是科研中心。主动迎接这两个挑战,把我校建成反"和平演变"的坚强堡垒,培养德智体全面发展的社会主义事业建设者和接班人,是我们义不容辞的历史责任。我校第五次党代会已经提出了九十年代的奋斗目标,这就是"要把我校办成一所面向现代化、面向世界、面向未来,高水平、有特色、开放型的社会主义综合性大学"。在这总目标下,我们根据今天面临的形势和国家教委的指示精神,结合我校实际,又拟订了《厦门大学"八五"事业计划和十年规划设想》,提出了今后五年的具体目标和下一个五年的大体规划。为了实现我校"八五"计划和十年规划,我们必须在加强党的领导、坚持社会主义办学方向、加强思想政治工作的前提下,努力做好以下几方面的工作。

(一)稳定规模,优化结构,提高办学水平

党的十一届三中全会以来,我校办学规模有了很大发展。在"八五"期间,我们应在基本稳定现有办学规模的基础上,把主要精力转到优化结构、提高质量方面来。要进一步调整专业结构,对过专过窄的专业,有计划地加以调整,少而精地培养基础学科人才,多培养应用学科和技术学科人才,使我校专业结构更为完善和合理。各学科专业都要从有利于拓宽学生知识面、增强学生适应社会需要的能力出发,优化课程结构、更新教学内容、加强实践环节。

要加强重点学科建设。在"八五"期间,我们要努力巩固和提高现有的七个重点学科,争取再建设几个重点学科和一批博士点、硕士点。要加强现有的国家重点实验室、专业实验室和博士后流动站的建设,争取建立图书资料情报中心和再增加若干个博士后流动站。同时,努力培养好第二、第三梯队学术带头人,提高整个梯队的思想政治素质和业务素质。对重点学科和博士点,应按照国家教委的要求加强管理,并在人、财、物方面给予优先支持。

要加强科学研究。《厦门大学"八五"事业计划和十年规划设想》已经提出了我校科研工作的指导方针和"八五"期间的研究重点,各院、系、所应根据自己的研究力量、特色和基础,进一步制订研究计划。对重点科研项目应组织必要的集体攻关,争取快出成果、多出成果、出高水平成果。各单位要支持教师和科研人员在完成本职工作任务的前提下,进行跨系跨单位的合理组合,承担各种科研课题。要充分调动广

大教师和科研人员的积极性,多方面争取纵向和横向的科研项目经费。科研主管部门要进一步完善鼓励多方争取科研项目经费的政策,加强对科研工作的组织、协调和服务工作,使我校科研工作形成既有重点突破,又有全面提高的新局面。

要扩大对外开放。进一步加强与国外、境外大学的学术交流,特别要重视与加强同东南亚各国、港澳台地区大学的合作交流,加强与海外校友和关心、支持我校发展的友好人士的联系。继续办好海外教育学院。同时,也要注意发展国内校际交流和合作关系,重视和加强我校教学科研工作与厦门经济特区建设和福建经济建设的联系,努力为本省、本市承担科研任务,培养人才。

(二)抓紧培养,提高素质,加强队伍建设

师资队伍、政工队伍和管理队伍是我校三支基本队伍。加强这三支队伍的建设,提高其政治思想素质和业务素质,是坚持社会主义办学方向,提高教学、科研和管理水平,培养又红又专的社会主义事业建设者和接班人的关键。

要加强师资队伍建设。当前,这支队伍总规模要保持基本稳定,主要任务是抓好培养工作。重点是加强中青年教师的培养,实施《厦门大学中青年教师培养条例》,把提高教师的政治思想素质放在首位。提高教师的业务素质,不仅要注意科研能力,而且要重视教学能力的培养,促进教师全面发展。在晋升职称和评奖选优等方面,要摆正政治思想表现、教书育人成效、教学质量和科研成果这几个方面的关系。要重视在优秀的中青年教师中物色和培养第二、第三梯队学术带头人。教师培养应以在职培训、国内进修为主,需要选送出国进修、留学的,要优先考虑政治思想表现好、忠诚于党的教育事业、能够按时归国返校工作的优秀骨干教师。要引导教师积极参加社会实践,坚持理论与实践相结合,在实践中锻炼并增长才干。

要加强政工队伍建设。我校政工干部大多数比较年轻,各级领导既要重视做好稳定工作,又要加强培养,指导他们开展工作,对他们定期进行培训,努力提高他们的马克思主义理论水平和政治思想工作能力,引导他们热爱并做好本职工作。要注意政工队伍的变动情况,及时配齐各系的政工干部,使我校继续保持着一支相当数量的、以专职为主、专兼结合的精干的政工队伍。

要加强管理队伍建设。根据这支队伍数量多、文化层次多、职业类别多的特点,加强分类管理和教育,坚持政治学习制度,注重职业道德教育,不断提高他们的马克思主义理论水平和政策水平,增强全心全意为人民服务的工作责任感。要鼓励中青年干部、职工努力学习科学文化知识,提高业务技术水平,重视在工人和干部中做好发展党员和团员工作,努力建立一支以党员为核心的业务骨干队伍。

(三)安定团结,生动活泼,振奋创业精神

维护我校安定团结的政治局面,仍然是一项长期的、十分重要的政治任务。现在,我校稳定的政治局面已经基本形成,并在继续巩固和发展。但是,我们也要清醒地估计到,资产阶级自由化思潮的影响尚未消除,不安定因素依然存在,我们应该继续深入进行反对资产阶级自由化斗争的教育,进一步加强学校的治安保卫工作,对各种敌对势力进行渗透和颠覆活动的阴谋保持高度的警惕,及时把各种不安定的因素克服于萌芽状态。

在学术上,要坚持党的“百花齐放、百家争鸣”的方针,努力造就生动活泼的学术气氛,严格区分学术问题上各种观点的争鸣与鼓吹资产阶级自由化观点之间的界限,坚持马列主义、毛泽东思想在学术活动中,特别是在哲学社会科学方面的指导地位,继续进行学科领域的清理工作。同时,要在四项基本原则的指导下,努力活跃校园文化生活。

要进一步振奋创业精神。虽然我校的办学条件总的来说还是比较好的,但目前仍然存在不少的问题和困难,经费困难最为突出。我们既要依靠国家教委财政拨款,争取省、市政府的支持,也要发扬自力更生的精神,多渠道地筹措教育经费。同时,要在广大师生员工中经常进行革命传统教育,发扬艰苦奋斗、勤俭节约的精神,爱惜人力、物力、财力,加强管理,艰苦创业。

(四)制定政策,组织力量,发展校办产业

发展校办产业,搞好科技开发,不仅体现了“教育要面向经济建设”的方针,有利于发挥高校潜力,而且对于深化教育改革、增加学校经费、改善办学条件、稳定师资队伍、搞好教学科研也有迫切的意义。因此,发展校办产业应作为我校发展战略的一个重要部分认真抓好。“七五”期间,我校科技开发和校办产业虽然起步较迟、发展较慢,但也有部分科技开发项目取得了显著效益,并为今后发展校办产业打下了基础,积累了经验。我们应进一步总结经验,加强组织领导,争取在“八五”期间抓出几个“拳头产品”,使校办产业的纯收入能有大幅度的增长。

要逐步制定和完善科技开发政策,调动广大师生员工参加科技开发的积极性。继续深化企业改革,增强企业的活力和竞争能力。对我校近几年来试行的承包制度应进行调查研究,使之逐步完善。要研究制定适应各方面情况的产业收入分配制度,正确调整学校、单位和个人的收入比例,保证我校产业和各种形式的社会有偿服务健康、顺利地发展。

我校科技开发和校办产业要积极主动地为厦门经济特区建设服务,为福建工农业生产发展服务。校办产业应注重开发有特色、有优势的产品,特别是高新科技产品。对那些有显著开发效益的科研项目,应优先支持。

(五)统筹规划,理顺关系,加强综合管理

首先是理顺管理体制。校党委会、校办公会议要建立健全议事制度,提高决策水平,加强统一领导,做好协调和检查督促工作。研究解决好校、院、系之间的关系,发挥学院作为校长派出机构的应有作用。要进一步明确各部门的职责权限范围,建立部门工作责任制,逐步健全工作岗位责任制。要重视发挥教代会、工会参与民主管理的作用和校务委员会的咨询作用。

其次是逐步实现管理工作制度化。各级领导要充分认识规章制度在管理工作中的重要作用,组织力量对本单位、本部门职责权限范围内的管理事务进行调查研究,按轻重缓急,有计划地制订或修订各项管理条例,对涉及几个部门共管的事务,要在校主管领导的指导下,制定有关的规章制度。坚持按章办事,领导干部要带头遵守,逐步形成大家都能自觉遵守规章制度的良好风气。

第三是加强管理工作。当前应着重抓好三个环节,一是改进工作作风,各级领导干部要以身作则,深入基层,积极工作,加强管理。同时要教育和督促所属工作人员认真做好本职工作,提高工作效率。二是抓好落实工作,各项管理工作应有布置、有检查、有落实。当前,要特别注意纠正有令不行、有禁不止的现象,保证管理工作顺利进行。三是深化改革,改革那些不合理的管理制度,使我们的管理制度适应于新形势发展的需要。

三、从反对“和平演变”战略高度出发,认真抓好党的建设

今后一个时期,我们必须认真抓好以下五个方面的工作:

(一)以“三基”教育为主要内容,大力加强党的思想建设

根据目前的形势、任务和党内思想状况,党的思想建设工作的重点,是对党员进行马列主义、毛泽东思想基本理论教育,党的基本路线教育和党的基本知识教育。在“三基”教育中,要把马列主义、毛泽东思想基本理论教育放在突出地位,认真学习和贯彻江泽民总书记与我校师生代表座谈时的重要讲话,把马克思主义基本理论教育同爱国主义教育、优良传统教育和基本国情教育紧密结合起来,引导广大师生员工继承和发扬我国几千年来的优秀文化传统,弘扬爱国主义精神,坚定社会主义信念。要继续加强党校建设,使之成为对我校党员和党员领导干部进行“三基”教育的重要基地。要逐步建立一支适应“三基”教育需要的理论骨干队伍,建立健全学习制度,探索教育方式,总结教育经验,使“三基”教育经常化、制度

化,不断提高教育效果。

坚持理论联系实际的方针,把学习理论与改造思想、做好工作相结合。用马列主义、毛泽东思想自觉改造自己的世界观,以党员标准严格要求自己,不断克服各种非无产阶级思想,牢固树立共产主义的世界观,做一个名副其实的共产党员。广大党员,特别是党员领导干部,务必不断提高运用马克思主义的立场、观点和方法去分析、解决各种实际问题的自觉性;增强辨别是非、拒腐防变、抵制各种错误思想侵蚀的能力,在执政、改革开放和反对"和平演变"的斗争中,经得起考验。要正确地运用批评与自我批评的武器,开展积极的思想斗争,每一个党员都要严格要求自己,勇于自我批评,虚心听取别人的批评意见。同时还要敢于开展批评,对党内同志的错误思想和行为,要热情、严肃地给予批评帮助,通过批评和自我批评,分清是非,坚持真理,改正错误,统一思想,加强党的团结,增强党的战斗力,推进各项工作。

(二)以基层支部建设为重点,认真搞好党的组织建设

加强基层党支部建设是当前我校党的建设的一项重要任务。校党委和党总支要加强对基层党支部工作的领导,定期研究支部工作,有计划地对支部书记和支部委员进行培训。根据教师党支部、学生党支部、机关和后勤党支部的不同特点,总结推广各类先进党支部的工作经验。对部分软弱、涣散、战斗力不强的党支部,应摸清原因,做好整顿工作。同时,健全和坚持党内"三会一课"制度,坚持民主评议党员制度,搞好党员教育,严格党员管理,加强党内监督,严肃组织纪律,把支部建成为团结统一、坚强有力的战斗集体。

各级党组织都要坚持民主集中制原则。既要增强党内民主意识和民主作风,又要增强组织观念和纪律观念;通过建立健全领导工作制度、民主生活制度、党内监督制度等一系列规章制度,来保证民主集中制得以切实的贯彻执行,保障党员正确行使权利,督促党员切实履行义务。

要做好发展党员工作。认真贯彻"坚持标准,保证质量,改善结构,慎重发展"的方针,把发展党员工作的重点放在对入党积极分子的培养教育上,继续抓好党章学习小组的活动,坚持对发展对象进行培训的制度,坚决纠正片面强调业务能力或学习成绩而忽视政治思想表现的错误倾向。今后,对学生入党积极分子的培养教育,应从低年级抓起,逐步建设一支以党员为核心的学生骨干队伍。

(三)坚持全心全意为人民服务的宗旨,采取有力措施加强党风建设

提高党员全心全意为人民服务的自觉性,这是建设良好党风的根本保证。共产党员必须把人民群众的利益放在高于一切的地位,坚决反对个人主义、本位主义和"一切向钱看"的思想和行为,绝不允许共产党员以权谋私,也不能容忍共产党员为了个人利益或小团体、小单位的利益而损害学校、国家和人民的利益。我们从事各项工作,都是为人民服务,共产党员必须把全心全意为人民服务的思想自觉地体现在各自的工作岗位上,尽心尽力地做好本职工作,成为各方面工作的先进和模范。

密切联系人民群众是我们党的优良传统作风,要认真贯彻执行《中共中央关于加强党同人民群众联系的决定》,进一步密切党同群众的联系。各级党员领导干部应努力改进领导作风,以江泽民总书记为榜样,深入基层,密切联系群众,以满腔热情和坦诚态度与师生员工交心,倾听群众意见,关心群众疾苦,努力为群众排忧解难,多办实事。广大党员也要自觉地联系群众,关心群众的工作、生活和进步,努力做好群众的思想政治工作,带领广大师生员工一道前进。

加强勤政廉政建设是新时期建设良好党风的关键。我校大多数党员和党员领导干部都能廉洁奉公、勤政为民,这是应当肯定的。但是,我们决不能因此而对某些消极腐败现象视而不见,掉以轻心。勤政廉政建设应从领导干部抓起,党员领导干部要以身作则,对其管辖的单位和人员实行勤政廉政建设责任制,一级抓一级,一级带一级,逐步把我校党风建设好。要健全各项管理制度,坚持"两公开、一监督",严肃查处党内外的各种违法违纪案件,宣扬表彰勤政廉政的先进事迹,在党内外造成以勤政为乐、廉政为荣的好风气。

(四)坚持干部“四化”方针,努力加强各级领导班子建设

在保持现有领导班子稳定的前提下,有计划地逐步调整充实各级领导班子。当前,主要是调整充实中层领导班子,在全面考察干部的基础上,坚持干部“四化”方针,把坚决执行党的路线、方针、政策,旗帜鲜明地反对资产阶级自由化、具有较高的马克思主义理论水平和较强的组织领导能力和业务能力、善于做思想政治工作的德才兼备的优秀干部充实到领导班子中去。同时进一步完善干部考核制度和培训制度,切实加强各级领导班子的思想建设和作风建设,实行干部能上也能下的政策,试行干部换岗和流动制度,逐步优化班子结构。

选拔和培养后备干部是加强领导班子建设的基础性工作。应把重点放在培养上,根据领导班子建设的需要和后备干部队伍的情况,制订培养计划。对后备干部应加强系统的马克思主义理论教育,并通过换岗锻炼、到基层挂职锻炼或参加社会调查等办法,让他们在实践中增长才干。要注意选拔一批一贯表现好,尤其是在严重的政治斗争中表现突出的优秀干部。

各级党组织都要关心和支持我校各民主党派、工会、共青团的领导班子的建设,帮助他们选好领导干部,搞好自身的思想建设和组织建设,定期讨论他们工作中的重大问题,为他们的活动提供必要的条件,定期召开座谈会,通报有关情况,听取他们的意见和建议,充分发挥他们在团结和教育群众、参与民主管理、实行民主监督等方面的积极作用。

(五)加强思想政治工作,培养合格人才

高校思想政治工作的根本任务就是保证高校坚持正确的政治方向,培养德智体全面发展的社会主义事业建设者和接班人。西方敌对势力对我推行“和平演变”战略,也总是首先把青年大学生作为争夺的主要对象。我们必须从反对“和平演变”的战略高度来认识高校思想政治工作的重大责任。不管国际风云如何变幻,我们都要始终坚持党的领导,坚持坚定正确的政治方向,坚持把德育放在首位,切实加强思想政治工作。

目前,高校的思想政治工作开始摆脱了被资产阶级自由化思潮困扰的局面,我校广大师生员工的政治思想面貌发生了可喜的变化。我们要抓住这个有利时机,加强对思想政治工作的领导,加强思想政治工作的主动性和战斗性。根据国内外的新形势、厦门经济特区发展的新情况、我校教育改革的新任务、师生员工思想变化的新趋势,制订加强思想政治工作的总体战略和工作计划,使我校的思想政治工作适应于反对“和平演变”斗争的需要,适应于培养又红又专的社会主义事业建设者和接班人的需要。

在学生工作中要坚持把德育摆在首位,围绕培养社会主义事业的建设者和接班人这个共同目标,做好教书育人、管理育人和服务育人。各级党组织要重视建立一支以党员为核心的学生骨干队伍,注意发挥学生会、研究生会、学生自律会和学生干部在学生自我教育中的作用。思想政治教育要改变被动应付的局面,理直气壮、积极主动地开展工作,用马列主义、毛泽东思想占领阵地、教育学生,帮助学生树立正确的世界观、人生观和价值观,确立正确的政治方向和政治立场,消除资产阶级自由化思潮的影响,提高识别和抵制各种错误思想观点侵蚀的能力,明确学习目的,激发学习热情,努力把自己造就成又红又专的社会主义事业的建设者和接班人。

同志们!

我们回顾了校第五次党代会以来的主要工作,又提出了今后的奋斗目标和具体任务。要完成这些任务一定还会遇到许许多多的困难,但是我们相信,在党中央和上级党委的正确领导下,只要我们全体共产党员和全校师生员工坚持坚定正确的政治方向,团结一心,振奋精神,努力奋斗,我们就一定能够克服困难,开创九十年代厦门大学的新局面。

——本文摘录自《中共厦门大学第六次代表大会文件》,档号1992-DQ01-4

厦门大学“八五”事业计划(1991—1995)和十年规划

(1992年1月23日)

一、前言

厦门大学是国家教委直属的唯一地处经济特区的综合性大学。她是爱国华侨领袖陈嘉庚先生于1921年创办的,至今已有70年历史。在国内外,尤其是在东南亚各国和地区颇负盛名。

作为地处经济特区的全国重点大学,厦门大学将继续坚持社会主义的办学方向,按照党的教育方针,把培养德、智、体全面发展的社会主义事业的建设者和接班人,作为学校实施“八五”事业计划和十年规划的既定目标和根本任务。

厦门大学“八五”期间教育工作的指导方针是:

——加强党的建设。加强领导班子建设,保证学校的领导权牢牢掌握在忠于马克思主义的干部手中,从而进一步坚持社会主义的办学方向;加强思想政治工作,要全面贯彻党的知识分子政策,全心全意依靠师生员工,充分调动党内外的办学积极性和创造性,增强学校的凝聚力,巩固和发展安定团结的政治局面。

——坚持以教学、科学研究为中心。采取切实有效的措施,努力提高教学质量和科学研究水平。抓紧又红又专的师资队伍建设,把培养和造就一批能在本世纪最后十年和下世纪初领导各个学科的学术带头人,作为本校重大的战略任务。

——正确处理本科生教育、研究生教育和成人教育之间,教学与科学研究,基础研究、应用研究与科技开发,教学科研工作与后勤工作,党的领导与行政管理等的关系,切实提高领导的决策水平和学校综合管理水平。

厦门大学“八五”事业计划和十年规划的奋斗总目标是:调动一切积极因素,贯彻上述工作指导方针,把厦门大学办成高水平、有特色、开放型的社会主义的重点综合性大学。

厦门大学是由爱国华侨陈嘉庚先生创办的,地处祖国东南沿海和经济特区,又毗邻我国台湾省,经过70年的奋斗已逐步形成了自己的特色。这些特色主要有以下几个方面:

——为厦门经济特区和沿海开放地带的社会经济发展培养开拓型的人才,为特区精神文明建设服务。厦门经济特区处在我国对外开放的前列,是我国改革开放的“排头兵”,在我国发展对外贸易、扩大对外经济技术合作与文化交流中,发挥着窗口和基地的作用;同时,也面临着新技术革命和“和平演变”的严重挑战,迫切要求加强精神文明建设。地处经济特区的厦门大学正在并将进一步加强为适应经济特区和沿海开放地带社会发展所急需的开拓型的人才的培养,把它作为自己的重要任务,为经济特区和沿海的社会主义建设做出贡献;同时,厦门大学将利用自己拥有的哲学社会科学学科的优势,积极从事马克思主义理论的研究和宣传,开展优秀的传统文化的研究和宣传,为坚持四项基本原则,为消除一切同社会主义文明和我们民族的传统美德不相容的资产阶级腐朽思想的影响和侵蚀做斗争,成为经济特区的精神文明建设的重要阵地。

——高等学校对台学术交流的“窗口”,台厦地理相邻、隔海相望、近在咫尺,两岸人民的习俗相同、语言相通、文化同源,随着海峡两岸局势的缓和,两岸的经济贸易往来和教育、科技、文化交流,正在与日俱增,这是两岸人民的共同愿望。厦门大学台湾研究所是国内最早成立的研究台湾问题的机构。厦大校友分布在台湾的有数百人,他们在促进两岸的交流方面起着重要作用。厦门特区又是台商投资的集中地,所有这些条件,已经使厦门大学成为祖国大陆从事台湾研究的基地和对台学术交流的重要“窗口”。

——坚持面向海洋的发展方向。厦门大学曾是我国高等学校海洋生物学研究基地之一。新中国成立后,厦门大学一直坚持“面向海洋”的发展方向。随着海洋科学(包括海洋学各学科,以及海洋工程、海洋经济、海洋法规等)地位的日益提高,厦门大学将有计划地、逐步地加强海洋学科的建设和制定长远发展规划。

——华侨热爱的高等学府。厦大从她创办之日起,就倾注着陈嘉庚先生为首的众多爱国华侨的爱护和支持。历史上有大量学生分布在东南亚各国,为当地的经济发展和教育文化事业,做出贡献,使厦大饮誉东南亚。新中国成立后,许多华侨子女来校学习。从五十年代中期开始,厦大先后创办了华侨函授部(即现名厦大海外教育学院)和南洋研究所。因此,东南亚各国的华侨、华人和友好人士对厦大知之甚多,爱之颇深。在新的历史时期,厦门大学应发扬“面向东南亚华侨”的传统,一如既往地加强同东南亚地区的侨胞、校友和友好人士的联系,接受和培养他们的子女,争取他们的支持。

二、规模

厦门大学 70 年来,为祖国的经济建设和社会发展,为侨胞所在地区的经济、文化、教育,输送了45000多名人才。目前在校的博士研究生和硕士研究生 761 人,本科生 6879 人,进修生 145 人,干部专科培训生 85 人;成人高等教育本专科生 1242 人,海外函授生 3686 人。有专任教师 1391 人,专职研究人员 407 人;教学科研辅导人员 273 人,政工人员 143 人,行政人员 491 人,专业技术人员 224 人,工勤人员 503 人,教职工总数达 3432 人。

“八五”期间,按照国家教委核定的发展规模,1992 年学校各类在校生控制在 8200 人左右,其中本科生 6780～7000 人,研究生 870～900 人(其中博士研究生的比例适当增加),留学生 200 人,专修生 150 人,干训生 200 人。另外成人教育“八五”计划内发展规模为 2500 人,海外函授生 3300 人。“八五”后三年将适当有所发展,到 1995 年各类在校生达到 8500 人。

“九五”期间,依据国家经济发展的实际需要和高等学校年平均递增 5%左右适当发展的原则,以及提高工科生、应用性研究生比例。到 2000 年学校各类学生总数计划达到 12000 人。以外,成人教育和海外函授教育也将适当增长。

按照这个计划,经过十年的努力,学校将为国家培养输送各类毕业生 22140 人(其中毕业研究生3240 人,本科和专科毕业生 18900 人)。

根据以上在校各类学生数的控制规模,学校将确定与之相适应的教职工编制及学校基建规模,使之相互协调,防止盲目膨胀,求得合理的发展。

三、深化教育改革,提高教学质量

厦门大学现有 27 个系、52 个专业。1990—1991 学年第一学期共开设 1110 门班课程(不含体育课),全学年总课程数在 1000 门以上,其中主干课 300 门左右。

现有的专业结构、课程设置和教学内容存在的问题:(1)一部分专业属三级学科,内容偏窄;一些老专业有待改造。(2)马克思主义理论课和马列经典著作课程需要加强;一些老专业的选修偏多、内容偏专;一些新专业基础课选修课不足或不规范;主干课地位不突出,尚未形成核心课程格局;主辅修课程制度不完善。(3)研究生学位课程规范化工作尚未完成。(4)教材工作有待加强、教材更新速度较慢,相当一部分教材的质量有待提高。(5)实验课教学条件有待改善,教学质量有待提高。(6)实践性课程(包括社会调查)教学有待进一步加强。

针对以上问题,"八五"期间应在完善已有的改革措施的基础上,继续深化教育改革,进一步提高教学质量,应该在专业结构调整,完善专业教学计划与优化课程结构,改革教学内容与提高教学各环节的质量,树立良好的教风、学风等几个方面上狠下功夫。

——根据国家教委的专业调整部署,有计划地适当调整、合并一些过专过窄和缺乏发展前途的专业,原则上只有一、二级学科才设置专业,并在此基础上调整系的建置。

——基础性学科要根据拓宽专业面,分流培养原则办学,适当压缩本科的招生数,增加研究生招生数,向少而精、高层次、宽口径、按系招生的方向发展;适当增加应用学科与应用基础学科专业本科的招生数;加强硕士研究生层次人才的培养,艺术类学科要巩固成绩,完善培养计划,加强内部建设,提高教学质量。

——"九五"期间拟增设若干社会、经济与高新科学技术发展急需的新专业。

——各专业要不断完备教学计划,优化课程结构,提高一、二类课程的比例,尽可能消灭三类课程;加强主干课程建设,主干课要有高质量的教材,配备高水平的师资,开展优秀主干课的评选工作,切实提高主干课的质量;加强大学科共同课体系建设;继续推行主辅修制度,拓宽学生的知识面,所有学生都必须学习文理科基础知识。

——改革教学内容。把全校政治理论课、马列经典著作选读课、思想品德课的建设放在首位,采取切实措施提高政治理论课、马列经典著作选读课、思想品德课的教学质量。文科各专业都应以马克思主义为指导授课,坚决杜绝在课堂上散布资产阶级自由化观点和贩卖资产阶级理论的现象,教学内容应贯彻少而精原则,凡有关专业课内容重复交叉严重者,予以合并、精简。抓好新办专业课程内容的规范工作。

——改革研究生学位课程,健全一、二级学科的公共基础学位课程。加强三级学科学位课程的管理。

——加强教材建设。校教材编审委员会、教务处、出版社应联合制订"八五"教材编写计划,分别轻重缓急,组织出版部分急需教材;学校每年继续拨付教材出版基金;积极组织教师参加国家教委统编教材的建设。

——加强实验室的建设和充实图书资料。"八五"期间重点充实基础课实验室,增加投资,改善设备,保证材料、器材、药品供应,同时充实和完善图书资料,确保教学需要。

——加强实践课教学。坚持通过理论联系实际途径培养人才。理科专业应切实加强实验课教学与科研训练。文理科学生均应加强使用计算机能力的培养。进行文科学生下基层挂职锻炼半年的试点,要大力培养文科学生进行社会调查的能力。

——逐步实现教学手段现代化,把计算机辅助教学等现代化手段引进部分课程的教学中。

——树立良好的"教风"和"学风"。这是提高教学质量的重要保证,要把学校的"教风""学风"建设列为政治思想工作的重要内容。教师要树立高尚的师德,为人师表,言传身教,教书育人;学生应努力学习,遵纪守法,尊敬师长,具有高尚的道德。要在制度上采取措施保证良好的教风与学风的形成,实施严格的教学管理,如严格实行升留级制度,研究生中期筛选与分流制,对品学兼优的学生给予奖励和实行优惠政策(如试行优秀学生导师制,成绩突出者给予提前毕业),对教师实行科学的岗位考核等。

通过以上措施,确保教学质量逐步提高,使学生具有较扎实的基础理论(包括马克思主义基础理论和专业基础理论)、良好的实验技能、较丰富的专业知识、较强的分析问题和解决问题的能力。

加强成人教育的领导,既要积极、稳步地发展本专科层次的成人教育,又要注意发展大学后继续教育,要认真总结经验,改进教学方法,确保教学质量的提高。

四、科学研究和重点学科建设

厦门大学属于国家教委提出的"办学时间长,培养研究生任务重、教学和科研基础好的少数重点大学"之一。学校要逐步加大科研工作分量,把学校办成两个中心,承担国家和地方重大社会科学和自然科学、技术科学研究课题。

厦门大学加强科学研究工作的指导方针是:发挥综合大学多学科的综合优势和基础研究实力比较雄厚的优势。加强当代重大理论问题的研究和国民经济发展(尤其是特区经济发展)急需的重大科技课题的研究,采取有力措施,促进科技成果向生产力转化,积极参与特区和沿海开放地区的高科技开发工作。

“八五”期间,学校研究重点是:文科要围绕“建设有中国特色的社会主义”这个大课题,结合我校的科研特色,选定:(1)马克思主义理论和实践研究;(2)有中国特色的社会主义经济理论和实践研究(部门经济各学科);(3)台湾历史、现状和对台政策研究;(4)东南亚政治、经济和中外关系研究;(5)中国优秀的传统文化和社会主义精神文明建设研究(含文、史、哲、高等教育、艺术教育各专题)。

理工科要在发挥基础研究优势密切学科间的交流和协作的同时,加强高新科技和应用开发研究。“八五”期间,组织理工合作,参与高新科技开发研究,争取在下列领域获得重大进展(其中一些基础较好的学科要求其成果达到或接近世界先进水平):(1)继续加强具有国内先进水平的物理化学(含催化、电化、量化)、寄生虫学等领域的研究;(2)组织物理系进行信息光电子材料和器件的研究开发;(3)继续组织海洋物理和电子工程专业进行多种水声技术的研究开发;(4)加强生物工程技术的研究与开发;(5)组建环境研究中心,进行特区和沿海环境监测和研究;(6)扶持电子工程系神经网络理论及其应用研究;(7)抓好细胞生物学和抗癌中心联合攻关课题。此外,在精密仪器仪表的研制、石油化工产品开发、软件开发和人工智能研究、系统工程理论的应用、基础数学研究、应用数学研究、生物化学研究与应用、电子新技术开发、海洋生物与化学研究开发等方面都应在“八五”期间上水平,出成果,形成特色,为“九五”新的高技术开发项目打下基础。

在提高科学研究水平的同时,应加强重点学科的建设。

厦门大学现有物理化学、动物学、统计学、会计学、财政金融学、专门史(中国经济史)、高等教育等 7 个重点学科。按照国家教委《关于高等学校重点学科建设与管理的意见》,在进一步明确重点学科负有提高高层次专门人才培养质量和科学技术水平的重要任务的同时,着重抓好学科规划,选准 7 个重点学科的主要发展方向,努力形成或丰富各自的特色;抓好队伍建设,培养第二、第三梯队学术带头人和提高整个梯队的思想政治和业务素质;抓好实验室和图书资料建设。

学校拟在“八五”期间巩固提高现有 7 个重点学科、18 个博士点、2 个博士后流动站外,争取再建设 3～5 个重点学科、10 个博士点以及 1～2 个博士后流动站,做到一个重点学科一般有两个博士点做基础;在现有 57 个硕士点外,再建设 10 个硕士点。与此相应,根据以上计划,到本世纪末厦门大学可望拥有 10～12 个重点学科,25～28 个博士点、70 个硕士点。

学校建立“重点学科建设领导小组”,由校长任组长、一位副校长任副组长,组织协调重点学科建设,坚持“全面提高,重点扶植,适当倾斜”的方针,在现阶段,要重点扶植候选重点学科、博士点的建设,并适当向现有的重点学科、博士点倾斜。同时引入竞争机制,重点扶植对象不能一保至底,应有上有下,新老重点学科、博士点均应按国家教委下达要求进行管理,并由学校“重点学科建设领导小组”组织年度评估,发现问题及时给予解决,人、财、物给予优先支持。

学科建设的另一个重要问题是组织各学科的协作与联合研究,发展交叉学科、边缘学科、新兴学科。我校应发挥综合大学多学科的优势,鼓励与扶植各学科之间的相互渗透、交叉与融合,开辟新的科研方向,促进交叉学科、新兴学科的形成与发展。

五、师资队伍建设

“八五”期间学校要把师资队伍建设放在突出地位。加强师资队伍建设是实现我校“八五”事业计划的关键。

师资培养工作的指导方针是:(1)把坚定正确的政治方向放在首位,全面提高教师的思想水平和业务水平,做到为人师表,教书育人;(2)稳定师资队伍的总规模,减员与补充大体持平,今后五年至十年,着重抓优化师资队伍的结构;(3)重点吸收国内外高校、科研机构培养出来的博士、硕士充实师资队伍,优先满足重点学科、博士点梯队建设的需求和本科教学第一线的需求;(4)制定适当的政策,鼓励中青年教师脱颖而出,引进竞争机制,造就一批新一代学科学术带头人和教学骨干;(5)采取切实措施(如组织学习马克思主义理论,参加社会实践)发挥中老年教师的骨干作用和传帮带作用,培养好青年教师队伍。

根据以上指导方针,计划到1995年,逐步使各专业的师资在年龄、职称、学历结构上趋向合理化,做到在新聘用师资中,有80%的人有硕士、博士学位;重点学科、博士点梯队的高级职称比例争取提高到60%,各专业的高级职称比例提高到40%左右,平均达到45%～50%。要求到1995年,教授、副教授的平均年龄有明显下降。

教师的进修、培训立足国内。出国进修严格执行按需派遣原则;创造条件,吸引回国人员补充师资队伍。

扩大和加强与国内外高等院校的学术交流,促进教师业务水平的提高,组织师资调配交流,加速人员流动,增强师资队伍的活力。

有计划地改善教师工作条件和生活条件,改革奖金制度、设立教师奖励基金;积极创造条件,进行校内综合改革,以调动教师和职工的积极性。

六、对外学术文化交流和同港澳台的教育文化合作交流

厦门大学与国内外高等学校有着广泛的联系,同九个国家和地区的十三所大学订立了校际交流协定。

做好聘用外国专家、外籍教师的工作,适当控制聘用人数,保证急需专业,提高聘请的师资质量,加强管理。

加强厦门大学校友总会工作,加强与海外热爱厦大的仁人志士的联系,密切感情,扩大影响,争取支持。

继续办好海外教育学院。适当扩大办学规模,在对外汉语、中国语文、中医学之外增加中国艺术、中国经济实务、中国法律实务等专科和函授、进修班。办好海外汉语言文化教育研究所。

"八五"期间,要加强对台湾、港澳地区大学合作与交流工作,学校将在适当时机同台湾一两所主要大学建立正式联系。

"八五"期间,将在巩固现有校际交流关系的基础上,重点发展与国外境外的名牌大学的学术交流,特别重视加强同东南亚各国的合作交流。

七、科技开发和校办产业

"七五"期间,我校科技开发和校办产业的发展缓慢。"八五"期间,一定要认真总结经验,并根据1990年全国高校科技工作会议精神,认真制订我校科技开发和校办产业的发展计划和规划。

搞好科技开发和发展校办产业,首先要提高思想认识。要从当代科技发展的总趋势和科技发展对高校提出的挑战这个前提出发,明确基础学科科研的重要任务之一是向应用开发延伸;明确科技成果转化为产品,进而商品化,是科技开发的重要任务。

科技开发队伍应该是一支又红又专、富有开拓创新精神的队伍。要通过学习马列主义关于科学技术的重要理论,学习邓小平同志关于科技问题的指示,和江泽民同志在1991年中国科协四大会上的重要讲话,加深对"科学技术是第一生产力"的观点的认识,明确科技开发和基础研究都是提高教育质量、增强教育为经济发展和科技发展服务的能力的重要途径,从而改变轻视科技开发的观念。同时,要发扬自力更生、艰苦创业的精神,充分调动全校师生员工参与科技开发的积极性。

——根据我校现有学科构成的特点和科技队伍的水平,有计划、有步骤、高层次、多种形式地组织理科、工科各系的力量,搞好科技开发和发展校办产业工作。目前重点是抓好生物系、海洋系、计算机科学

系、系统科学系、电子工程系和化学系、化工系的科技开发项目，“八五”期间，重点办好2～3个科技产业项目。

——加强学校对科技开发和校办产业的组织领导，建立校办产业委员会，制订科技开发的计划和投资、收益分配等政策；建立一支“创”字当头，廉洁奉公、实干巧干、富于开拓创新精神的科技开发和校办产业技术队伍和管理队伍。要用企业管理办法管好校办产业，以增强企业的活力和竞争力。对参与科技开发和校办产业的教学、科研人员，在评职称与评奖方面，要给予政策上的“倾斜”。

社会服务和校办产业是扩大学校自有资金的主要来源。“八五”期间，除继续抓好原有的办班、社会服务等项目外，重点应放在科技开发和校办产业的发展。要抓紧校办老企业的技术改造、设备更新和职工队伍素质的提高，实行“科技办厂、科技兴厂”的方针；抓好2～3个利润达百万元以上的重点校办产业，使学校基金的收入有较大幅度的增长。

要改革社会服务收入的分配制度，贯彻“保证上缴(学校)，照顾基层”和按劳分配、多劳多得的原则，处理好学校、单位和个人三者之间的利益关系和分配比例。

八、后勤服务和财务工作

后勤服务和管理工作是学校教学和科研工作以及师生员工工作生活条件、稳定学校局面的物质保证，也是促进高校学生成为德、智、体全面发展，又红又专的社会主义现代化建设人才的不可缺少的条件。

重视抓好后勤队伍的思想工作和业务素质的提高。要理顺教学、科研与后勤工作三者的关系，同时组织、协调和管理好三支队伍，全面促进学校的各项工作，提高后勤队伍的主人翁责任感，明确“三服务”(为教学、科研、师生员工的生活服务)、“两育人”(“服务育人”“管理育人”)思想。

进一步改革后勤管理体制，完善和加强后勤系统的运行机制。加强科学管理，注意提高社会效益和经济效益，理顺后勤系统内部关系和后勤部门与其他部门的关系，增强自我积累、自我改造和自我完善的能力。

要加强教职工的住房建设和积极推行国家房改政策。“八五”期间要较大幅度地改善教职工特别是中青年教职工的住房条件。采取有力措施，筹集建房资金，争取在近几年基本解决教职工住房困难问题。同时，要积极、稳妥、有步骤地实行国家的房改政策，推进学校的教职工的住房改革。

加速基础设施的改造和建设。我校历史长，危房、旧房多，老旧水电设备多，改造维修的任务重。“八五”期间要有计划地安排改造、维修、更新危房、旧房和旧的水电设备。继续改造和扩建理工科各系的实验室，改造校内道路和其他生活设施。要求到本世纪末，使教学、科研和生活设施及维修系统日臻完善。

有计划地改善校医院的医疗设备。加强医护队伍的建设，要采取切实有力的措施，认真贯彻“以防为主，治疗为辅”的方针。加强师生的医疗保健知识教育和卫生常识教育，提高师生的健康水平。争取在全校教职工的支持配合下，改革公费医疗制度、建立“合作医疗基金”，并完善基金的使用、管理制度，解决危重病教职工医疗费用难问题和教职工治病难的问题。

学校的财务管理是学校管理工作的重要组成部分。要认真执行国家教委、财政部有关的财务法规和财务政策，促进学校财务管理的规范化，有效地利用学校的财力，为学校育人才、出成果服务。

要明确学校财务处是全校预算内和预算外各项财务管理的中心，是正确实现国家预算和学校预算的指挥中心。它根据国家预算的可能，编制好学校经费计划，并有效地组织执行，积极地开展各项财务工作，保证学校教学、科研和后勤服务各项工作的经费开支。

“八五”期间，要通过财务工作的改革，认真贯彻国家的财经方针，维护财经纪律。用行政和经济手段治理学校的经济环境；提高资金的使用效益，支持和促进学校各项事业的发展；加强财务干部队伍的思想建设和业务建设，使他们既有全心全意为教学、科研和师生员工生活服务的崇高思想境界，又学会生财、聚财、理财的本领，聚集资金，用活资金，提高投资效益。

加强学校的物资管理。制定财产物资管理使用规章制度，做到统一领导，分工明确，层层负责，落实到人。保证教学、科研和后勤的物资供应,提高学校财产物资的经济效益。

九、提高学校的综合管理水平

搞好学校的各项工作,应特别重视提高学校的综合管理水平。综合管理的最高层次是科学决策。在决策民主化、科学化的前提下,提高校党委和校办公会议的决策能力和决策水平。有关学校全局的重大的问题,都应按科学决策的程序和方法来做出,按"调查—论证—决策—执行—反馈"的程序来做出相应的决策。搞好科学管理,采用系统科学的观点,组织、指挥、协调好这三方面的工作,以取得学校的出人才、出成果的最大效益。搞好科学管理要注意抓好四个环节:

——建立高效率的管理机构。要精简机构,调整部门设置,理顺管理关系,克服机构重叠、臃肿、办事拖拉、渠道不通畅、各自为政等现象,减少办事环节,提高办事效率。

——制定科学的规章制度,完善岗位责任制。

——选拔与造就一支有较高政治素质和政策水平、有奉献和开拓精神的管理干部队伍,特别是中层干部队伍,加强干部考核,干部要能上能下,政绩差的应予撤换。

——充分调动领导与群众的两个积极性。要充分重视工会和教代会的民主管理与民主监督作用和校务委员会的咨询作用;不断增进领导与群众的相互了解和相互理解,共同搞好学校工作。

十、加强党的建设

中国共产党是领导我国社会主义现代化建设和改革开放的事业的核心力量,也是发展我国高等教育事业,使高校成为宣传和捍卫马列主义、毛泽东思想,建设社会主义精神文明的坚强阵地的根本保证。

为了实现我校"八五"事业计划和十年规划,必须进一步加强学校党的建设。

——加强党的思想建设。全体党员教职工,特别是党的领导干部,都要自觉地学习马列主义、毛泽东思想,并且在理论联系实际上面下功夫,同时树立全心全意为人民服务的思想。强调继承和发扬党的理论联系实际、密切联系群众、批评与自我批评的优良传统,坚持民主集中制原则,坚持"从群众中来,到群众中去"的工作方法,保持同广大知识分子、人民群众的血肉联系,增强党的凝聚力和战斗力。

加强学校的思想政治工作,其核心是坚持四项基本原则,反对资产阶级自由化;坚持社会主义的办学方向,把对广大师生的马克思主义理论教育,社会主义、爱国主义、集体主义的教育贯穿在教学、科研和后勤服务工作的全过程,要根据新时期,师生员工面对开放改革和地处特区的新环境所产生的思想问题和实际问题,有针对性又富有实效地开展思想政治工作。要认真贯彻执行党的知识分子政策,为他们创造良好的工作条件和生活条件,调动他们的积极性和创造性,团结一切可以团结的力量,共同办好厦门大学。

——加强党的组织建设。要按干部"四化"的要求,大力加强党的干部队伍建设。要重视校党委的自身建设,使之成为学校事业的领导核心。要抓紧选拔和培养优秀的接班人,以及高校干部特别是领导干部后备队伍的建设。切实加强和改善党的基层组织建设,党的总支委员会要成为系、处(部)的思想政治领导的核心。党支部要成为教研室(年级)和研究所(室)的战斗堡垒。要抓好培养和发展新党员的工作,保证新党员的质量,为党组织增添新的血液。

——办好党校。学校办党校是加强高校党的建设的一项重要措施,是对党员进行马克思主义理论教育、反对资产阶级自由化教育和党的基本路线基本知识教育,以及培养高校骨干队伍的重要阵地。要把接受党校培训的情况,作为对高校党员、干部和争取入党的积极分子进行考核的重要依据。

——坚持不懈地抓好党风建设。要把廉政建设和反腐败斗争坚持下去,并把这一斗争作为党风转变、提高党的战斗力的重要突破口。要按照从严治党的方针,严格党的组织生活,切实加强对党员和党的各级干部工作作风和生活作风的教育和监督,形成全党讲党风、党员争表率的好风气。

——加强和改善党对工会、共青团、妇女工作的领导，充分发挥群众组织的积极作用，激发他们的主人翁责任感和使命感，为办好学校多做贡献。坚持中国共产党领导的多党合作与政治协商制度，做好学校党的统一战线工作，加强同学校各民主党派和无党派民主人士的团结。注意安排民主党派中的优秀分子和无党派民主人士到学校行政、学术领导岗位，充分发挥他们办学的智慧和才能。

——本文摘录自《中共厦门大学第六次代表大会文件》，档号 1992-DQ01-4

厦门大学1991—1992学年第二学期工作要点

(1992年2月29日)

本学期要认真贯彻校第六次党代会精神,主要有四项工作:加强党的建设和思想政治工作,着重抓学习马列主义理论和班子建设;落实学科建设和师资队伍建设计划,着重抓重点学科建设和对中青年教师的培养;加强校风建设,首先抓环境卫生和文明风尚;努力发展校办产业,着重抓理顺现有校办产业管理体制和筹办一二个高科技校办产业。各项工作要认真调查研究,狠抓落实措施,努力开拓,做出成效。要以实际行动迎接党的十四大召开。

一、加强党的建设和思想政治工作

1.加强思想建设

本学期初要组织师生员工深入学习江泽民同志与我校师生代表座谈时的重要讲话,同时,要继续学习江泽民同志“七一”讲话。

各级党组织要加强以“三基”为内容的思想建设。要组织党员学习《毛泽东选集》(第二版)部分著作和《中国共产党七十年》一书。各级领导干部要特别加强马列主义、毛泽东思想基本理论学习,提高自身素质,善于从政治上观察和处理问题。

学习要联系实际,讲求效果,注意研究和解决深层次的思想认识问题。通过学习,增强抵御资产阶级自由化思潮和各种错误思想影响的能力,达到统一思想认识,坚定社会主义信念,增强走建设有中国特色的社会主义道路的信心。

要加强马列主义公共政治理论课和思想品德课的教育效果。

2.加强领导班子建设和基层党组织建设

本学期要着重抓好中层领导班子的考核工作。同时,要组织力量进行调查研究,做好下半年实行干部任期目标责任制的准备工作。

各党总支部委员会和直属支部委员会要进行换届选举工作,要加强基层党支部建设。要对党员进行民主评议。继续举办入党积极分子培训班,注意做好在青年教师和学生中发展党员的工作。

3.加强党的工作制度建设

要研究制定党委和党总支及党支部工作制度、学校中心组学习制度、民主评议党员制度、干部管理制度、领导干部联系群众制度等,通过制度的制定和实施,加强党的组织建设和领导班子的思想作风建设。

要重视和加强老干部工作。加强在党委领导下以教代会为重点的民主制度建设。充分发挥工会、共青团、妇女组织和学生会、学生自律会的桥梁和纽带作用;充分发挥民主党派参政议政作用,帮助民主党派搞好自身建设。

二、落实学科建设和师资队伍建设计划

1.加强重点学科建设

开学初，学校成立重点学科建设领导小组，负责领导落实重点学科建设工作。在3月至5月份，组织力量，对全校已有的博士点和候选博士点进行全面调查，摸清存在问题，根据情况，制定措施，逐个解决。在巩固提高已有七个重点学科基础上，扶植候选的重点学科和博士点的建设，并为申报工作做好准备。

在抓好一般学科建设同时，要注意发展新型学科、交叉学科和应用学科。

2.加强师资队伍建设

要从长远着想，重点抓中青年教师的培养。认真落实学校关于加强中青年教师培养的若干规定，组织中青年教师学政治、学业务，参加社会实践，促使中青年教师的思想政治、业务、品德全面发展。完善和健全师资的选留、培养、晋升、使用的机制；要研究和实施国内访问学者制度；做好1992年教师和各类专业技术人员的考核、聘任工作。

三、加强校风建设

开学初，学校成立校风建设领导小组，负责校风整顿和建设工作。通过努力，逐步建立“文明、勤业、团结、自强”的校风。

1.抓校园环境卫生、文明风尚建设

3月份开始，组织力量，抓校园环境卫生、宿舍卫生、学生早操、校园文明举止、周末义务劳动，制定校园环境卫生管理规章制度；并成立督导队，进行检查督促。要教育师生员工讲卫生、讲礼貌、讲道德、遵纪守法，努力建设文明、整洁、优美的校园环境。

同时，抓好校园治安综合治理，以反偷盗为重点，加强治安保卫工作，开展校园创安活动，使校园治安状况有进一步好转。

2.抓教风、学风建设

教风建设方面，教师要严格执行教学规范，对学生热情关怀，严格要求，敢抓敢管，尽心尽职搞好教书育人工作。

学风建设方面，进一步完善有关学生管理方面的规章制度，继续做好学生思想政治教育，抓好课堂秩序、考场纪律、毕业分配；培养学生努力学习，积极上进，求实创新的良好学风。

3.抓领导作风建设

建立机关考勤制度，机关干部要文明办公，热情服务，廉洁奉公，提高工作效率；系领导干部要健全值班工作制。

各级领导干部，要密切联系群众，经常深入实际，深入群众，多办实事，克服官僚主义，力戒形式主义。以廉政、勤政、实干、奉献为风尚，用良好的领导工作作风带动校风好转。

四、努力发展校办产业

加速发展校办产业，这是当前学校一项紧迫的工作。

理顺校办公司、工厂和各类事务所的管理体制，调整学校、单位、个人的分配制度，建立企业编制队伍，实行企业管理运行机制。保证校办产业和各种形式的社会有偿服务健康发展。

要努力在“创”字上下功夫，抓好科技开发，在今年要研究筹建一二个高科技产业。

此外，后勤工作要理顺关系，加强管理，提高效益，搞好服务；继续抓好住房清理工作，妥善安排基建拆迁，加强基建工作，努力完成今年的基建任务；积极宣传房改政策，做好我校房改工作。教务、科研、人

事、保卫等各部门在做好日常工作的同时,要加强管理,努力开拓、进取,为学校发展创造良好的条件。

中共厦门大学委员会

厦门大学

一九九二年二月二十九日

——本文摘录自《厦门大学1991—1992学年第二学期工作要点》,厦大委办〔1992〕2号,档号1992-DQ01-1

厦门大学1992—1993学年第一学期工作计划要点

（1992年8月24日）

本学期，要以邓小平同志的南方谈话和全国高校党建工作会议精神为指导，着重抓三个方面的工作：一要加快学校改革步伐，这是本学期工作重心；二要在新形势下加强党的建设、思想政治工作和校风建设；三要继续加强学科建设，提高教学、科研水平。

一、加快学校改革步伐。

要在深入调查研究、认真总结以往改革经验、广泛听取意见的基础上，争取十二月底前制订出校内管理体制改革的方案，先搞试点，下学期全面付诸实施。通过改革，达到调整结构，转换机制、优化队伍、增强活力、改善待遇，不断提高教育质量和办学效益的目的。

改革的重点是人事制度和分配制度。要以改革精神，进一步搞好定编、定岗和定责工作。在此基础上，制定校内全员聘任制度和与之相适应的考核评估制度；制订事业编制与企业编制、流动编制与固定编制相结合的试行方案；在保持国家工资制度的同时，建立校内岗位津贴、业绩津贴和奖励津贴制度。人事和分配制度改革要与医疗、住房和退休保险等方面改革统筹考虑，配套实施。

学校以教学、科研为主，要进一步完善事业化的管理体制，强化管理效能。后勤管理要转换机制，逐步推行事业单位企业化管理的模式，以服务于学校的教学、科研和师生员工生活为主，量力而行办好后勤产业实体，为增加学校的财力、物力做出贡献。在坚持学校财务集中统一管理的原则下，实行事业和企业两种财务管理制度；建立校内银行。另外，要继续抓紧落实东边社搬迁工作。

加强组织领导，大力发展校办产业。校办产业要以经营为主，实行企业化管理。要建立校、系两级相结合的科技开发体制，组织部分专业技术人员转向科技开发，抓紧确定新的科技开发项目。当前，要充分利用我校在特区的优势和机遇，加快发展第三产业；在不影响教学、科研的前提下，利用房产、地产、设备、设施和技术力量，由学校组织经营或有偿服务。同时，继续抓好办班工作。

学校改革领导小组业已成立，开学后要发动群众出谋献策；开展调查研究和草拟方案工作。

二、在新形势下加强党的建设、思想政治工作和校风建设，要围绕国家经济建设和学校中心工作开展思想政治教育和宣传工作。开学后，要通过形势政策报告、政治学习、党团组织生活和马列主义理论课等形式，组织全校师生员工深入学习邓小平同志的南方谈话。要先抓好骨干培训，以便带动全校学习。通过学习，全面领会邓小平同志南方谈话精神，提高贯彻执行党的基本路线的自觉性，坚持以经济建设为中心，坚持四项基本原则，坚持改革开放，进一步解放思想，树立改革观念、明确改革目的，提高对改革的思想承受能力，积极参与学校改革，并自觉维护学校安定团结的政治局面，以实际行动迎接党的十四大的召开。在改革中，要教育和引导广大师生员工正确处理个人、集体和国家之间的利益关系、当前和长远利益的关系，弘扬正气，共同努力，艰苦奋斗，为振兴中华奉献力量，党的十四大召开后，要组织广大师生员工认真学习党的十四大文件。

要花大力气加强基层党支部的工作，执行《组织工作条例》，改变部分支部的软弱涣散状态。要加强党员教育，进一步发挥党员在学校改革和各项工作中的先锋模范作用。要加强发展党员的工作，重视在青年教职工和学生中的建党工作；在大学生中，逐步达到低年级有党员，高年级班有党小组、年级有党支部，以形成坚强的学生骨干队伍；注意发挥共青团组织在培养和输送建党对象工作中的积极作用。要继续办好党校，本学期着重抓好中青年骨干理论学习班，同时办好民主党派骨干培训班和入党积极分子培训班。十月份要举办我校党建理论研讨会。

加强校风建设，要着重抓好校园的文明风尚和校园文化生活，采取有效措施，制止各种违纪和不文明行为。同时，要开展学风建设调查；继续巩固学生出早操制度；加强环境卫生的检查监督，落实卫生包干责任制和创建“文明宿舍”活动；继续抓好校部机关工作作风建设，落实考勤制度，搞好评议，不断提高机关工作效率。要以良好的党风带动校风建设。

三、继续加强学科建设，提高教学、科研水平。

在上学期对各学科建设进行大量调查研究的基础上，要进一步采取措施，加强重点学科和有关学科的建设。按照学校把“三学期制”的经验植入“两学期制”的部署，调整好教学计划，并做好全校性选修课的安排工作。认真做好全国第二届“优秀教学成果奖”的评奖工作。进一步完善中青年教师跟踪培训制度。严格要求，加强各个教学环节的管理。

坚持科技工作为社会主义建设服务的指导思想，促进科学技术与国家经济建设和学校科技开发及校办产业相结合。积极争取国家和地方各级的科技攻关任务，特别在争取横向科研课题和经费方面，要加强组织领导；加强科技成果的一次性开发、应用和推广工作，本学期重点搞好 2～3 项科技成果的推广工作。在评估考核基础上，研究制订科研机构和编制的调整方案。

各单位要围绕学校工作中心，参照本计划，制订本单位的工作计划，并抓好落实。

中共厦门大学委员会

厦门大学

一九九二年八月二十四日

——本文摘录自《厦门大学 1992—1993 学年第一学期工作计划要点》，厦大委办〔1992〕12 号，档号 1992-DQ01-1

·专　文·

改革潮涌　势在必行

——林祖赓校长谈我校改革思路

（1992年5月30日）

校长　林祖赓

作为地处改革开放最前沿的特区中的大学，我校应如何进行改革，力争使我校的办学水平再上一个新台阶？日前，本刊记者特采访了林祖赓校长。

林校长首先谈到，我校的管理体制改革势在必行。目前我校教职工收入普遍低于厦门市教职工，并存在较大差距，而另方面学校内部又存在着忙闲不均、分配不均的现象。这些都严重地挫伤了广大教职工的积极性，影响学校的发展，应该尽快地加以解决。这就要求我们加快校内管理体制改革的步伐，建立一种能调动广大教职工积极性，增强学校活力，激发奋发向上，具有自我约束、公平竞争的高效运行机制。

林校长指出，校内管理体制改革的关键是劳动人事制度的改革，以此来带动分配制度的改革。当谈到劳动人事制度的改革办法是否与南京大学等高校基本一致时，林校长分析了我校的具体情况，认为定编、定岗、定任务和真正的聘任是高校劳动人事制度的核心，我校的改革也应以此为突破口，最终带动分配制度的改革，克服干与不干、干多与干少、干好与干坏、为公干与为私干一个样的现象，做到多劳多得、贡献大多得、不劳动不得，使分配与工作量、绩效紧密挂钩，体现社会主义按劳分配原则的优越性。

关于我校改革的步骤，林校长说，第一是要集资，包括理顺校内现行分配关系，为岗位津贴的出台做好物质准备。这项工作本学期我们正在积极组织实施，已经取得可喜进展，并有信心达到预期的目标。可以说，这也是学校管理体制改革方案出台前不可缺少的前期准备工作。第二，要统一认识，要使改革沿着正确的轨道前进，广大教职工必须通过学习，提高对改革的指导思想、目的和意义的认识，统一思想。第三，制订校内管理体制改革的总体方案。学校将在近期成立专门班子，负责研究和制订方案，并将在下学期发动全体教职工讨论。方案制订的思路，应该是积极稳妥地推进改革，认真处理改革、稳定与发展的关系。譬如，工作量如何制订、如何测算、如何考核，谁来把关，全聘、半聘、不聘与工作量度的关系，工作量与质的关系，突出贡献的奖励，系轨道与校轨道的关系等等，都需要我们做大量的认真细致的调查研究工作，广泛征求群众意见，然后制订出积极稳妥、深得人心的方案，加以实施。第四，制定配套政策，解决好富余流动编制与少数没有被聘任教职工的安排，努力创造新的工作岗位，化消极为积极。这个配套政策，应与总体方案同步出台。我校的改革应该是教学、科研、行政、后勤乃至校办产业全面铺开，不分先后。

目前有一种说法，认为学校改革就是发岗位津贴，人人都增加一些收入，缩小与厦门市的差距。林校长说,这种看法是对学校改革的片面理解,因为不实施以劳动人事制度改革为突破口的分配制度改革,而仍然采取平均主义分配办法,最终将挫伤大部分教职工的积极性,使学校失去活力。因此,希望大家对岗位津贴的发放应有一个正确的认识,应将此看作是按劳分配原则的真正体现。

当谈到教职工对校内体制改革的认识估计时,林祖赓校长认为,大多数教职工都是拥护的,盼望学校进行改革,将改革搞好。但也必须看到,改革毕竟要涉及现行体制的方方面面,要打破旧框框,要触动一部分既得利益者。因此,我们更要加强思想政治工作,把大家的思想统一到共同的目标上来,意识到什么是共同利益、长远利益,改革的最终目的是增强活力,调动广大教职工的积极性,提高我校的办学水平。

最后,林祖赓校长表示,学校的发展需要大家的努力,学校内部管理体制的改革离不开全体教职工的配合与支持,希望广大教职工以主人翁的精神,积极提建议,想措施,为学校的改革献计献策,共同把我校的改革搞好。

——本文摘录自《厦门大学》(校刊),1992 年 5 月 30 日第 269 期

·党建与思想政治工作·

中共厦门大学纪律检查委员会工作报告

（1992 年 1 月 23 日）

一

五年来，在校党委和省纪委的领导和支持下，我们依据党章赋予的权力，明确指导思想和工作重点，认真贯彻党的基本路线，坚持社会主义办学方向，加强党风和廉政建设，为保证学校的政治稳定、优化办学环境、促进学校各项工作的发展，培养德、智、体全面发展的社会主义事业的建设者和接班人，积极开展工作，发挥纪检机关的职能作用。主要做了下列工作：

（一）坚持四项基本原则，把保证学校的政治稳定和维护党的政治纪律放在首位

在工作实践中，我们清醒地认识到，学校不仅是教书育人的园地，而且也是国内外敌对势力与我们争夺接班人的阵地。因此，高校纪委要站在巩固党的执政地位、抵制敌对势力“和平演变”图谋的高度，把维护党的政治纪律放在特别重要的位置。

在 1989 年春夏之交，我们旗帜鲜明地站在斗争的第一线，与党委一起掌握、研究学校从学潮到动乱期间的动态，分析情况，讨论对策，做出决议；并针对党员干部和师生员工的思想实际，协助党委抓好坚持四项基本原则、反对资产阶级自由化的正面教育，同时，还协助党委继续深入地搞好对动乱的反思，善始善终地做好清理清查工作。

在正常的情况下，我们维护党的政治纪律，努力贯彻以预防为主的方针。着重抓苗头，抓倾向性问题，力求把问题消灭在萌芽状态。对可能发生的问题，我们常以提措施、发文件、做决议、敲警钟的形式遏制问题的发生和发展。对党员领导干部，坚持双重组织生活制度，基本做到会前有调查，会中有要求、有针对性，不断提高组织生活的思想性、政治性、原则性和实际效果。对违纪的典型案例，进行剖析，作为反面教材予以通报，开展以案释纪的教育。

思想建设是维护党的纪律的基础。我们通过各种渠道，采取多种形式，包括组织学习党的文件、及时传达上级精神、上党课、放音像、开辟专栏等开展经常的、系统的遵纪守法的宣传和教育。我们还依托党委党校，作为党性、党纪、党风教育的重要基地。

政治纪律在党的诸纪律中起主导作用。它是维护党的政治原则、政治方向、政治路线和党的性质的纪律。严格执行党的政治纪律，也是保持学校稳定的重要措施。对于违反党的政治纪律的共产党员，属

于苗头性、倾向性、一般性的错误,我们多采取严肃批评、严格教育、坚决予以制止和纠正的办法;对屡教不改或情节严重的党员和干部,坚决给予查处。这几年,我们严肃查处了科研处原副处长洪章安在1989年春夏之交的政治风波后发生的叛逃事件和另外两起严重违反政治纪律的案件。在平息北京反革命暴乱和制止动乱的斗争取得决定性的胜利后,按中央的部署,我校也开展了以"消除隐患、纯洁内部"为目的的清理清查工作。纪委受党委的委托,协助党委主持了"两清"工作,对39名清理清查对象分别做了结论,提出处理意见,分别给予党纪、政纪和团纪处分的有36人。受党纪处分的有4人,其中教工党员2人,学生党员2人。这些案件的及时查处,对提高党员遵守政治纪律的自觉性,对稳定学校的政治局势,起了积极的作用。

(二)加强党风和廉政建设,优化学校育人环境

我们积极贯彻落实中央和省委关于加强党风和廉政建设的有关部署,把反腐倡廉作为一项重要任务来抓,采取了一系列措施,取得了较好的成效。

首先,我们抓了党风和廉政制度建设。制度是规范和约束党员干部行为的保证。根据中央和中纪委有关精神,结合我校实际情况,我们协助党委有针对性地制定了一系列的规定,主要有:《关于执行"两公开一监督"制度的决定》、《关于加强廉政建设的决定》、《关于在近期办好几件事的决定》、《关于进一步抓好廉政建设的决定》和《关于深入持久地抓好党风和廉政建设的意见》等文件。这些党风和廉政制度的建立健全,较为有效地制约了党员,特别是党员领导干部的行为规范,对我校党风和廉政问题的综合治理具有显著的效果。

其次,狠抓了领导层的表率作用。我们积极协助党委推行和落实党风责任制,使我校初步形成了一级抓一级、一级向一级负责的全党抓党风的局面。党的十三届四中全会以后,面对学校党风和廉政方面存在的问题,我们首先把着眼点放在狠抓领导层的表率作用上。经过深入调查研究,广泛开展领导与群众交谈,召开工会代表座谈会、民主党派代表座谈会、校务委员会等活动,党委和纪委共同做出了《关于在近期办好几件事的决定》,这个《决定》有比较强的针对性,对校领导在出国、用车和吃请送礼等方面提出了严格的要求。近年来,校领导自觉地控制公务出国、小车跑长途和公款宴请,取得了显著的成效,群众普遍反映良好,认为《决定》的执行,表明了校领导班子以身作则、带头纠正不正之风的新姿态,有示范作用。全校各部、处、系、所基层单位普遍仿效;也制定了廉政措施,并公布于众,接受群众监督。

最后,贯彻落实了"两公开一监督"制度。这几年,群众对住房分配、招生、毕业生分配、出国、职称评定、招工转干、农转非等问题议论较多。对这些群众议论的"热点"问题,我们在调查研究的基础上,采取综合治理,把这些问题作为"两公开一监督"的内容,并开辟了"两公开一监督"专栏,使公开与监督的制度得到了良好的贯彻与体现。许多群众反映较强烈的问题,其矛盾比以前有了明显的缓解,收到了较好的效果。

(三)发挥纪委职能作用,严格实行监督和检查

纪委既是党内的执纪机关,也是党内监督的管理机关。在实际工作中,我们不断强化党内监督意识,充分发挥监督职能作用。

纪委对学校制定的党风和廉政制度的执行情况,严格实行监督和检查。我们深入有关部门和单位了解文件贯彻执行情况;在抓党员领导干部双重组织生活会、党风责任制检查和廉政大检查工作中,要求各级领导结合有关文件规定,对照检查,开展严肃的批评与自我批评;在文件执行一段时间后,召开有关单位汇报文件贯彻执行情况;并在适当时机通报有关文件的贯彻执行情况。以上措施确保党委和纪委制定的有关规定具有严肃性和权威性。

纪委注意从参政的角度实行监督,纪委领导参加党委常委会及有关行政重要会议,注意从纪检的角度思考问题,直接参与决策,既反映情况和提出建议,又直接对学校贯彻执行党的路线、方针、政策情况进行了解和监督。我们还坚持参加学校各类党政领导小组工作,对执行党的路线、方针和政策情况进行监

督;同时对职能部门的党员干部进行廉洁勤政的监督检查,发现不正之风或以权谋私、贪污受贿、官僚主义等违法违纪问题,及时进行查处。纪委还注意加强同其他部门的协作,抓住有利时机,结合财务大检查、整顿公司、整顿校园、廉政大检查、招生、毕业生分配、评定职称和干部考核等几项工作,发现问题、解决问题,保证了政令的畅通,为维护治理整顿、深化教育改革的顺利进行起到了积极的作用。

(四)掌握中心环节,坚决惩治腐败

反腐败斗争是师生员工的强烈要求,少数人的腐败行为,不论在政治上、经济上及办学方向上都有极大的危害性。因此,严肃查处违纪案件,纯洁党的队伍,优化办学环境,这是高校纪委工作的中心环节。五年来,我们查处的案件共26件,受到党纪处分的有12人,其中开除党籍1人,留党察看5人,严重警告2人,警告4人;另有14人建议校行政给予行政处分,还有2人移送司法机关依法惩处。这些案件的查处,为学校的党风和廉政建设、保证学校的政治稳定和社会主义办学方向,起到了积极作用。

五年来,我们认真做好控申工作,共收到和接待596件(次)群众来信来访,我们对信访中反映的问题,认真分析、区别对待、慎重处理,从中发现了一些违法违纪案件的线索,同时也为一些干部澄清了问题,对确属搞不正之风和违法违纪的,我们都认真进行调查,根据不同情况,分别做出处理,属于行政方面处理的,也做了许多"前哨"工作,然后转交给有关部门或协助有关部门进行处理。

(五)建立和健全纪检机构,加强纪检队伍的建设

党委十分重视纪委机关建设,在人员配备上给予保证。目前,纪委机关和监察处合署办公,已配备了工作人员7名,还聘请离休干部为特邀纪检员,直接参加纪委日常工作;配备了专职正副书记和专职处级纪检员。机关内部组成了控申、调查、审理的工作体系。校纪律检查委员会委员有7人,各总支和直属支部共配备兼职纪检委员41人。学校纪检组织机构基本健全。我们努力加强纪检队伍的自身建设,不断提高纪检干部的政治思想和业务素质,加强内部管理机制,队伍的战斗力逐步增强。1989年度,被省纪委授予"省先进纪检组织"光荣称号,并多次受到省纪委的表扬和肯定。

二

回顾过去的五年,我们在努力履行党章赋予的任务和纪检机关四项职能中,积累了不少有益的经验;对如何在新的形势下搞好高校纪检工作,有了一定的体会。概括起来,主要有以下几点:

(一)充分认识搞好高校党的纪检工作的重要性和紧迫性

当前,国际国内两种社会制度、两种意识形态的斗争,异常尖锐复杂。高校是学习、研究和宣传马克思列宁主义的重要园地,是意识形态领域反"和平演变"斗争的前哨阵地,是争夺青年一代的主战场。因此,高校在维护政治纪律、保证政治稳定方面担负着极其重要的任务。同时,高校还存在着由于商品经济发展、参与社会经济活动不断增多而出现的只重经济效益、不顾社会效益,偏离教学和科研方向、违背办学指导思想的倾向,以及带有高校特征的行业不正之风和腐败现象。这些都直接损害党的威信,对培养青年一代产生极为不良的影响。因此,高校党的纪检工作更显出它的重要性、紧迫性。认识到这一点,就能增强工作的使命感和自豪感。

(二)明确新时期高校党的纪检工作的指导思想

高校党的纪检工作应该服从和服务于党的基本路线,保证社会主义办学方向,维护政治稳定和优化育人环境。基于这个指导思想,就必须正确理解和处理好四个关系,即正确处理好惩治腐败与改革开放的关系;惩治腐败与保持稳定的关系;惩治腐败与保护干部、爱护干部的关系;惩治腐败与保护教学、科研、校办产业、有偿服务发展积极性的关系。纪检工作要针对教育事业的发展,注意改进与之不相适应的

环节,探索为其服务的新途径。只有这样,我们的工作才能够提高到一个更高的水平。

(三)全党抓党风是党风建设的关键

党风建设,是执政党建设的一个重要组成部分。端正党风,不仅仅是党的纪检部门的任务,而且是各级党组织、全体共产党员的大事,必须全党抓,必须依靠群众。1986 年党委响应中央关于狠刹不正之风的号召,在纪委的协助下,建立了党风责任制,形成了一级抓一级、一级向一级负责的全党抓党风的局面,使我校端正党风的工作有了一个明显的改观。党的十三届四中全会后,我们协助党委加强党风和廉政建设,采取了一系列措施,使我校党风和廉政建设进入一个新的起点。这些成绩和经验说明,抓党风,单靠纪检机关查处违纪案件是不够的,党的各级组织都要一起来抓。只有这样,才能有力地消除党内腐败现象,堵塞产生不正之风的漏洞,树立和发扬好的党风。

(四)纪委要维护党的领导、依靠党委的领导

党委与纪委是领导与被领导的关系,同时,又是相互监督的关系。按党章规定,纪委要对同级党委及其成员实行党章范围内的监督。我们认为监督的本质还是为了维护党的领导。在新的形势下,纪委要把眼睛盯住领导层。盯住领导层,就是盯住全局,因为领导是统筹全局、影响全局的。只有抓住学校领导层的表率作用,才能有好的党风和执纪局面。纪委工作又要坚定地依靠党委的领导。事实说明,我们工作成绩的取得,离不开党委的领导、重视和支持,也离不开上级纪委的领导和支持。在工作中,我们注意善于自觉地把纪检工作纳入党委工作的总轨道。纪检机关"保护、惩处、监督、教育"的职能只有在这一总轨道运行中才能发挥强有力的作用。

我们的工作取得了一定成绩,积累了一些经验,但应当看到,工作中还存在着许多不足和问题。有些方面还不能适应形势发展的需要;党风和廉政建设工作的发展还不平衡,党内不正之风和群众不满情绪依然存在;提高办案效率和排除干扰的能力还有待增强;工作上也不够深入;充分发挥兼职纪检干部队伍的作用还不够;纪检干部的政治、业务素质还有待进一步提高。这些问题和不足,需要引起我们足够的重视,在今后的工作中,采取切实有效的措施,逐步地加以解决。

三

今后,纪委面临着新的形势,任务是十分繁重的。纪检工作必须服从、服务于党委的中心任务,为维护学校的政治稳定、改革开放和促进教育事业的发展"保驾护航"。根据党中央、中纪委有关精神,结合我校当前党风党纪的实际情况,对今后一个时期的纪检工作提出如下建议:

(一)坚持把维护党的政治纪律放在工作的首位

近几年来,我校在党的政治纪律方面还存在许多问题,如有的在学科领域纵容、宣扬资产阶级自由化观点,有的甚至有违反四项基本原则的言论,散布对党和政府的不满情绪,极少数人还参加动乱活动;有的在经济活动中对待国家的政策、法令阳奉阴违,我行我素。这些问题决不容忽视,它说明,高校中有些人的确存在着脱离党的领导、偏离社会主义的倾向。我们必须充分认识到这些问题的严重性和危害性,增强维护党的政治纪律的自觉性和紧迫感,把它作为纪委工作的首要任务来抓,切实抓出成效。今后,纪委要加强意识形态领域的纪检工作,对这些领域所出现的政治方向和理论倾向问题,要协助党委及时发现和纠正;在晋升职称、重点学科骨干力量的配备、干部的选拔、后备力量的培养等方面,都要考虑到这一重要条件。对系统地坚持反马克思列宁主义的言论和著作,经教育不改的,是党员要按政治纪律的要求进行严肃认真的查处,非党员的也要建议行政处理。同时,还要认真检查了解贯彻执行党的教育方针的情况,通过干部队伍建设、师资队伍建设、学科建设、思想政治工作、机关管理、后勤保障体系等途径,进行认真的检查和考察,把纪律检查工作渗透到教学、科研各个领域。

(二)要坚决贯彻从严治党的方针,继续抓好党风和廉政建设

目前,我校党风状况、党员干部廉洁程度和教工的政治素质基本上是好的,党组织也是比较坚强有力的,但是还要清醒地看到存在的问题。我校地处经济特区,要看到发展商品经济具有正负两面的双重效应,我们应充分认识负效应的消极影响;我们正处在深化改革的过程中,各种规章制度和监督机制还不健全,容易给以权谋私和违法乱纪者以可乘之隙;由于国内外阶级斗争紧密联系,腐蚀与反腐蚀、渗透与反渗透、"和平演变"与反"和平演变"的斗争将是长期的。因此,要看到党风和廉政建设的紧迫性、艰巨性和长期性。必须坚持从严治党的方针,抓好这项工作。

要切实抓好党风党纪教育。首先,必须加强以坚持四项基本原则为主要内容的政治纪律教育,要求每个共产党员思想上必须树立政治纪律的观念,随时在政治思想上和行动上与党中央保持高度的一致。其次,要加强党的根本宗旨的教育。其基本途径是各级党的组织共同来抓,把宗旨教育寓于各项工作之中,强化党员组织生活会和领导干部民主生活会的作用,切实提高"两会"的效果。最后,加强政策教育,强化法纪观念。要组织党员认真学习党和政府有关党风和廉政建设文件,学习中央纪委颁发的条例规定,不断增强党员法纪意识;要发挥纪检机关执纪办案的优势,通过剖析典型案例,进行以案释纪、以案释法的教育,增强拒腐防变的能力。对党员领导干部来说,尤其要抓好经受执政与改革开放的考验,过好"权力关",做到廉洁自律,勤政为民。

要抓好党风和廉政制度建设。建立和完善内部制约机制,克服各种脱离群众的弊端,以及利用手中权力谋取私利的行为,纠正学校系统的行业不正之风,清除产生腐败现象的温床。党风和廉政建设还要和加强管理、深化改革相结合,要从加强机关管理、校园管理、财务管理、预算外收入管理中制约和纠正不正之风。要进一步坚持民主集中制原则,健全集体领导、党风责任制和组织生活等制度;要扩大和完善"两公开一监督"的廉政制度建设,从制度上规范和约束党员干部的行为。

要抓好党内监督。增强监督意识,坚持党性原则,敢于监督、善于监督、完善监督程序,讲究监督的实施,做到事前、事中、事后都有监督,并以事前监督为主。

(三)根据"一要坚决,二要持久"的精神,同一切消极腐败现象做毫不留情的斗争

应当看到,腐败不除,就会成为"和平演变"的内应和条件,成为搞资产阶级自由化的人否定党的领导、否定社会主义制度的口实。因此,要把从严治党和惩治腐败作为中心环节来抓,一方面要继续坚决地查处党员违纪案件,特别要把涉及领导干部的案件作为查处的重点,抓住不放,一查到底。另一方面要严肃执行党的纪律,维护党纪的严肃性,做到党纪面前人人平等。在查处党内违纪案件中,要突出重点,抓要案,努力排除干扰,讲究方式方法,提高办案效率;同时,要根据案情的需要,与有关部门加强协调,形成惩治腐败的合力,与监察、审计、财务、保卫、人事等部门密切配合,依法依纪办案,通力协作,优势互补,做到党、政配套抓,才能提高办案效率,更好地保证办案质量。

(四)加强纪检机关的自身建设,不断提高干部的素质

继续抓好纪检干部队伍和纪检机关的建设。特别是要进一步加强纪委组织自身的思想建设、组织建设、作风建设和制度建设。新时期,学校纪检干部肩负着坚持党的基本路线,保证社会主义办学方向的崇高历史使命。要完成党赋予我们的光荣而艰巨的任务,必须不断地提高自身的政治业务素质。要加强思想品质、道德情操、意志品格、工作作风修养;也应具备好学多识、长于管理、以身作则、正人先正己的素质。这样才能增强纪检干部的威信和影响力,做好本职工作。高校纪检干部身处文化层次高、知识密集型单位,更应努力加强学习和研究,提高理论水平和政策水平。应认真学习马克思列宁主义、毛泽东思想,学习党建理论,研究党风党纪建设的现状、特点和规律,熟悉新时期纪检业务。必须建设一支有战斗力的专兼职结合的纪检干部队伍,进一步健全全校纪检工作网络。纪委和纪检干部要适应不断发展的新形势需要,经常深入实际,搞好调查研究,真正担负起"党的忠诚卫士"的光荣职责,把我校纪检工作提高

到一个新水平。

同志们,这次党代会是我校党的历史上一次重要的会议。这次大会将为我校发展“八五”计划和十年规划指明方向、奠定思想和组织基础。这五年和十年是我校教育事业发展的关键时期,我们要继续坚持纪检工作为党的基本路线服务的指导思想,认真履行党章赋予的任务,为大会决议的贯彻执行做出更大贡献。

——本文摘录自《中共厦门大学第六次代表大会文件》,档号 1992-DQ01-4

努力开创我校党的组织工作新局面

(1992年1月)

党委组织部

一、五年来的工作总结

自校第五次党代会以来,我部在校党委的直接领导下,认真贯彻执行党中央和上级党组织关于组织工作的方针和政策,着重抓好以下几个方面的工作。

(一)干部工作方面

几年来,我部根据上级部门的有关指示精神,认真贯彻执行干部"四化"的方针,坚持德才兼备的标准,积极做好学校各级党务干部和行政副处级以上领导干部的考核、选拔和管理工作。协同人事部门考核、安排行政科级干部,协助上级党组织做好校级领导干部的考核、配备工作。同时,我们还认真选拔、推荐优秀专家(专业人员)到各级人大、政协、政府机关和学校行政领导岗位上工作。在后备干部队伍的建设方面,我们也进行了摸底、考察和培养工作。五年来,先后选送18名领导干部到中央党校、国家高级教育行政学院、省委党校学习。

(二)党的组织建设方面

根据学校教育事业发展的需要,我们及时调整和新建了一批党总支和党支部。五年来,党总支从35个增加到43个,基层党支部由1986年的114个增加到138个。在加强党总支、党支部的建设工作中,一方面重视班子的思想作风建设;另一方面注意做好班子成员的调整、改造工作。1987年对全校各总支进行改选工作;1991年全校基层党支部进行选举工作。并对支部书记进行普遍的培训,使党组织的政治核心作用和战斗堡垒作用得到进一步增强。

在搞好组织建设的同时,我们以党章和党的其他重要文件为依据,从学校的实际出发,制定了《组织工作制度》等规定,对总支和支部工作的任务、职责和工作程序等方面提出了具体要求,做了明确规定。建立健全"三会一课"制度,进一步严格组织生活,加强党员教育管理,使我校基层党组织的工作逐步走上制度化、规范化。

(三)党员教育工作方面

在加强党的组织建设的同时,我部会同宣传部、党校,围绕坚持四项基本原则,坚持改革开放,反对资产阶级自由化以及党员如何发挥先锋模范作用等问题,对党员进行专题教育,并分批集中培训。1990年以来与党校一起举办了九期党员干部、党员教授学习班。在进行党员重新登记的过程中,通过学习开展批评和自我批评,着重对党员进行一次普遍的坚定理想信念和加强党性的再教育。平时,结合形势、任务对党员加强马克思主义理论学习、思想政治教育等环节,达到了弄清问题、统一认识的要求。

党员教育工作的积极开展,提高了广大党员的政治思想素质,进一步发挥了党员的先锋模范作用。五年来,先后有37个党组织、150个党员被省、市、校党组织授予先进党组织和优秀共产党员的光荣称号;在其他方面的表彰中,获奖者大多数是共产党员。

(四)发展党员工作方面

组织发展工作是我部的重要工作之一。几年来,我们遵照发展党员工作的“坚持标准,保证质量,改善结构,慎重发展”的方针,把工作着重点放在对学生、青年教工中争取入党的积极分子的培养和教育工作上。

在全校教工、学生学习马列、学习党章活动中,我们及时总结有关单位的经验加以推广。又于1989年制定了《厦门大学学生党章学习小组学习大纲》,对学党章活动提出了具体要求和系统安排,加强了学习的指导和检查落实工作,学习质量有较明显的提高。在各系各单位的努力下,全校现有党章学习小组121个,参加人数达2000余人,而且还在继续发展之中。各党章学习小组能以学为主采取多种形式进行党的“三基”教育、革命传统教育以及形势教育。根据中组部规定,对入党积极分子进行入党前的集中培训,使他们受到较为系统的党的基本知识教育,取得较好的效果,保证了党员发展质量。

在发展党员工作中,我们注意加强在本科生中发展党员的工作。五年来,发展的1211名党员中,本科生就有858名,占发展总数的71%;而且质量也得到保证,发展的新党员当中获得各种先进模范光荣称号的约占60%。

(五)党费管理方面

对于党费,我们设有专人负责收缴和管理,做到按时上缴;按规定一年向各党总支、直属支部公布一次;坚持党费专款专用的原则,做到使用得当、账目清楚。从1987年到1991年底全校共收入(包括1986年结余)党费116599.09元,支出90782.83元(其中:上缴市委组织部31050.42元,订购学习材料55112.37元,党员活动费用4620.04元),尚结余25776.26元存放银行。

(六)老干部工作方面

老干部是国家的宝贵财富,我们十分重视做好老干部的工作。第一是配合离休党总支和其他部门认真做好离休干部的生活安排,注意了解他们的困难和要求,积极反映,努力帮助解决。第二,和离休总支一起组织适宜老同志参加的各种活动,开辟活动场所,筹措活动经费,配备专职干部,负责组织安排各种活动。第三,和总支、支部一起商讨,建立老同志政治学习制度,提供学习文件、资料等。第四,发挥老同志的政治优势,聘请他们参加干部考核工作、关心下一代工作以及为学校的建设事业出谋献策等。第五,认真贯彻中央有关文件精神,抓紧做好干审工作,落实了十九名同志的党龄、伍龄等问题。

二、今后工作的思路

九十年代,我们党面临着严峻考验,肩负着两大任务——经济上再翻一番和防止、抵制“和平演变”的任务。不管是考验还是任务,都与高校有着密切的关系。高校是知识分子密集的地方,且肩负着培养建设者和接班人的任务,可以说它是防止和抵制“和平演变”的前沿阵地。因此,学校党的组织在这方面有着重大的责任。作为党委组织部门,我们在今后的工作中,应在校党委的直接领导下,着重抓好以下几个方面的工作,把学校党的建设搞得更好。

(一)要从反“和平演变”的战略高度来重视干部工作,搞好班子建设

第一,我们要坚持党的干部路线,按“四化”的方针来选拔调配干部。要加强干部考察工作,建立健全干部跟踪考察制度。选拔干部,很重要的就是要严格把好考察关,也就是说,在考察一个干部时,首先要坚持德才兼备的原则,把“德”放在第一位,既要考察干部的实绩,更要考察干部一贯的政治立场、政治倾向、关键时刻的政治表现以及廉洁、思想作风情况。其次,考察工作一定要走群众路线,要广泛听取群众

意见，在综合分析上下功夫，客观、辩证、全面地看待一个干部，从本质主流和总体上把握一个干部的德才表现，真正把那些德才兼备、政绩突出的人推选到领导岗位上来。

第二，要继续做好中层领导班子的调整充实工作，注意解决某些班子成员中存在的不团结、不协调和战斗力不强等问题，加强思想作风建设，使领导班子能形成合力，能在群众中形成凝聚力，发挥应有的领导作用。

第三，要拓宽视野，为党的事业发现好的干部，建立后备干部的选拔考核、培养、任用的制度，形成动态管理，重在培养、提高，保证后备干部的质量。

第四，要认真落实全国、全省干部培训工作会议精神，制订干部培训计划。各级党组织应高度重视干部培训工作，要支持组织部门和其他有关部门搞好这一工作。从 1992 年起，除完成上级调训任务外，我部将会同宣传部和党校拟订培训计划，采取多种形式对党员干部、党员群众进行马列主义基本理论的教育和必要的党务工作培训等，不断提高他们的政治理论素养，帮助他们学会运用马克思主义的立场、观点和方法去分析和解决纷繁复杂的各种问题，提高分辨是非的能力，适应形势发展的需要。

(二)进一步加强党的组织建设和制度建设

要进一步贯彻落实全国高校党建工作会议精神和省委高校工委关于加强基层党支部建设的意见，加强我校党的基层组织的政治建设、思想建设和组织建设。我们的目标是：经过二至三年的努力，使多数党支部能建设成为政治上坚定，组织上坚强，制度上健全，思想上统一，作风上过硬的能经受各种政治风浪考验的战斗集体。

为达到上述目标，我们认为在今后工作中要做好几个方面的工作：第一，要根据学校的特点和有利开展工作的目的，逐渐做到每一个基层单位都成立党的支部。第二，配好支部班子、选好支部书记。第三，要进一步健全党支部“三会一课”制度等。第四，要建立健全党支部书记、委员的培训制度。第五，要表彰先进，树立典型，推广好的经验，坚持定期评选优秀党员、党务工作者和先进党组织的工作。

(三)以高度负责的精神，积极、慎重地做好发展党员的工作

我校的发展党员工作，从目前情况来看，各单位的情况是不平衡的，希望我们每一位从事党务工作的同志要有清醒的认识，要知道，我们的任务是很艰巨的，需要党的各级组织下大决心，舍得花时间，深入对入党积极分子进行培养和管理。

要加强和改进党章学习小组的工作，认真贯彻理论联系实际的方针，在学习中，要强调紧密联系本人的思想实际和国内外大事，畅所欲言，开展积极的思想斗争，不断提高学习质量，为组织发展工作打下良好的理论基础和思想基础。组织部应该经常深入了解各种情况，解决存在问题，总结、推广好的典型，使党章学习小组的学习能取得更好的成效。

在组织发展工作中，必须建立健全联系人制度，联系人对培养对象的政治表现、入党动机必须有较深入的了解并向组织上汇报。要严格组织制度，认真审阅入党材料和审查发展工作程序，切实完备入党手续。

从现在起，要重视在本科生，特别是在低年级学生当中的党员发展工作。组织部要继续抓好试点工作，总结经验，逐步推广。各系要根据党的方针、政策，创造性地开展这方面的工作，使我校学生党员的组织发展工作能开创一个新的局面，为党的事业培养更多更优秀的接班人。

要进一步健全与党总支组织委员和学生党员联络员的联系制度，充分发挥他们的桥梁、纽带作用，及时了解党员队伍的状况和群众的意见，改进我们的工作，提高工作效率，使我校党组织的工作能跃上一个新的台阶。

(四)加强老干部工作，充分发挥他们的积极作用

今后一个时期，老干部的工作要以落实中共中央组织部〔1990〕5 号文件精神为重点，配合离休总支

着重考虑如何发挥老同志的政治优势和在政策规定范围内切实解决他们的实际困难。这些工作主要有：聘请老同志对学校事业的发展、党的建设、学生工作、后勤工作等各方面进行专题调研；聘请他们参加干部的考察工作；请他们参加关心下一代的工作，充分发挥他们的政治优势。另外，要健全老干部工作委员会的工作制度，并积极落实有关决议；要管好、用好现有的老干部活动场所，开辟新的活动室，进一步配合离休总支和支部开展各种适宜老同志的活动。

组织部要加强老干科的建设，树立为老干部服务的思想，进一步健全走访老干部制度，热忱关心老干部生活方面存在的问题，想办法给予及时解决。要继续做好干审工作，认真解决遗留问题。

(五)要切实抓好组织部门自身的建设

组织部的干部要带头发扬党的优良传统，严格遵守组织、人事纪律，树立无私奉献和自我牺牲精神。

要适应形势的需要，加强对马列主义基础理论以及党的有关方针政策的学习，自觉进行党性锻炼，不断提高自身的政治理论水平、党性修养和政策水平。

要认真做好来信来访工作。对来信来访应认真对待，及时进行处理。同时，要建立到各单位听取意见的制度，不断改进工作作风，提高办公水平，在转变机关作风中带一个好头。

总之，今后的任务是艰巨的，又是光荣的，我们决心在校党委的领导下，认真总结经验，努力工作，开创九十年代我校党的组织工作新局面。

1992 年 1 月

——本文摘录自《努力开创我校党的组织工作新局面》，党委办公室〔1992〕第 1 号，档号 1992-DQ01-4

加强党的宣传思想工作　迎接新的挑战

（1992年1月）

党委宣传部

自我校第五次党代会至今五年来，我们面对着错综复杂的国内外形势和较为困难的工作环境，在校党委的正确领导下，始终坚持贯彻一个中心两个基本点，积极开展以坚持四项基本原则、反对资产阶级自由化为中心内容的宣传教育工作，抵制了来自各个方面的“改造论”“淡化论”“取消论”等各种错误思潮，适应新的历史时期的需要，不断探索、改进和加强宣传、思想工作，为维护学校安定团结的政治局面，加强党的思想建设和学校的精神文明建设，促进学校的教育改革和教学、科研、管理等各项工作，做出了一定的努力。

1986年以来，国际敌对势力乘我实行改革开放，发展社会主义有计划的商品经济之际，加紧了“和平演变”的攻势和意识形态的渗透，形形色色的西方资产阶级文化思潮乘隙而入，加上一段时间国内舆论阵地失控，持资产阶级自由化观点的头面人物掀风作浪，各地学潮此起彼伏，造成了我校部分教职工和青年学生的思想相当混乱。从这一实际情况出发，我们紧密配合校党委，在学校各级党组织和各个部门的大力协助下，开展了一系列较有针对性的工作，诸如：建立多渠道的信息网络，及时掌握青年学生的思想动态，加强思想状况的预测和研究，开展导向性的校园文化活动，通过“咨询会”“座谈会”“新闻发布会”等多种形式，做好疏导工作；结合国内外形势，利用各种纪念活动和重大节日，以正面教育为主，反复进行法制教育和安定团结的形势教育；组织以党政干部、马列室教师和文科有关学科教师为主的报告员队伍，通过组织政治理论学习、专题报告、举办讲座等形式，对师生进行系统的坚持四项基本原则、反对资产阶级自由化的教育，并在此基础上，针对师生在学习中反映出来的疑难问题，组织力量先后撰写、编印、发表了一批理论文章，用马列主义、毛泽东思想和党的基本路线来统一师生员工的思想认识；会同校团委会，充分发挥学生会、研究生会、学生自律会等学生群众组织的自我管理、自我教育的作用，围绕学校中心任务，开展“学校文化艺术周”等内容丰富、生动活泼的校园文化系列活动；在校党委的领导下，建立学生思想政治工作领导小组和工作体系，充实、配备了从事学生思想政治工作的专职政工干部，制定教书育人条例，评选、表彰教书育人先进工作者，逐步扩大教书育人、管理育人、服务育人的队伍，齐抓共管，共同做好思想政治工作。

通过这些努力，几年来，尽管几次全国性学潮对我校师生有所冲击和影响，我校依然基本上保持安定团结的政治局面，学校各项工作能够正常进行。即使在1989年春夏之交那一场全国性的政治风波中，我们在校党委的正确领导下，在全校各级政工干部和广大教职工的共同努力下，还是能尽力控制事态发展，使其影响和危害局限于较低程度。

平息政治风波后，校党委坚决贯彻党中央十三届四中全会的决定，在做好清理清查、党员重新登记、廉政建设、校园整顿等工作的同时，着力加强党的建设，并在党建的带动下，促进思想政治工作的改进与加强。二年多来，我们配合校党委的整体部署，开展了各项工作。

——组织力量，培训骨干，集中进行对动乱的反思教育和安定团结的形势教育，先后组织了500多名干部和教师，经过培训，下系下班和同学一起学习讨论，开展谈心活动，帮助同学认清动乱的性质、危害，总结经验教训，进一步提高对安定团结重大意义的认识，逐步消除隔阂，形成共识。

——精心组织、指导社会主义理论问题和江泽民同志七一重要讲话的学习，进行系统、深入的社会主义思想教育,通过党校培训了一批又一批的理论骨干,发动了报告员和各级领导干部,针对师生思想上和学习中的疑难问题,进行了各种形式的深入浅出的专题辅导,辅之以录像片《世纪行》、电影片《开国大典》《开天辟地》《大决战》《焦裕禄》《周恩来》等形象化教育并利用暑期组织了两次较大规模的社会实践,这对于进一步增强师生对建设有中国特色的社会主义的信心,坚定社会主义信念,起到了一定的作用。

——紧密结合东欧、苏联局势的剧变,进行反"和平演变"的形势教育。在东欧、苏联发生剧变之后,我们迅速收集了师生对苏东局势变化的思想反映,结合苏东演变的原因和所造成的严重恶果,及时邀请党委领导做专题形势报告,既增强了师生反"和平演变"的思想意识,也促进了学校的安定团结。

——开展集中性的宣传教育系列活动。我们会同学校有关部门,结合纪念鸦片战争150周年、庆祝建校七十周年、庆祝中国共产党建党七十周年等重大节日,开展了较有声势的宣传教育系列活动,以知识竞赛、歌咏比赛、征文评选、图片展览、新闻发布会、纪念报告会等各种形式,从不同侧面、不同角度进行了革命传统教育和爱国主义、社会主义的教育。

——认真贯彻国家教委的有关指示精神,通过调查研究,提出改进措施,着力加强马列主义政治理论课的建设,着手做好文科教育改革的各项准备工作,以推动文科教学与科研工作;以马列主义为指导,坚持社会主义方向,坚持四项基本原则反对资产阶级自由化,培养更多更好的社会主义合格人才。

——配合学校校园整顿,加强学风校风的教育,促进学校的精神文明建设,在深入进行学风校风教育的同时,结合贯彻国家教委制定的《高等学校学生管理规定》和《大学生行为准则》,我们会同有关部门,制定了《厦门大学关于校园文化活动管理的暂行规定》和《厦门大学校园管理守则》,采取了一些措施刹住了校园内一些不良风气,并引导学生会、研究生会、学生自律会等学生群众组织,加强学生"自立、自律、自强"意识的教育,开展群众性的自我教育活动和寓教于乐的校园文化系列活动,对于学风、校风建设和学校的精神文明建设,起了一定的促进作用。

在以江泽民同志为核心的党中央的正确领导下,高校思想政治工作出现了好的转机,我们虽然做了一些工作,但面对师生中尚存在的不少深层次思想认识问题,以及学风校风建设和精神文明建设尚存在的各种问题,深感我们的工作还远远不能适应新形势发展的需要,有待于继续探索和努力。

九十年代,我们面临着"和平演变"和新技术革命的挑战。国际敌对势力对我推行"和平演变"战略,总是把青年大学生作为争夺的主要对象,高校将成为反对"和平演变"的前哨阵地。我校所处的独特地理位置,必将会对师生产生更加复杂的影响。我们既要看到苏东剧变后国际局势对我们严峻的一面,做好充分的思想心理准备,又要看到党中央重视党的建设和思想政治工作,国内政治稳定、经济稳定、社会稳定提供了一个良好的舆论环境的一面,从而满怀信心,迎接新的挑战,以反对"和平演变",培养社会主义建设者和接班人的战略高度,不断加强和改进我校党的宣传、思想工作。

当前,我们要着重做好的几项工作:

一、深入调查研究,制定总体规划,加强宣传、思想政治工作的预见性、主动性和战斗性

要组织力量,深入调查研究,根据国内外的新形势,厦门经济特区发展的新情况,我校教育改革的新任务、师生员工思想变化的新趋势,配合校党委,制定加强宣传、思想政治工作的总体规划。在不断完善学生的德育体系的同时,逐步形成和建立教职工、研究生的思想政治工作的体系。通过定期的、经常性的师生思想变化趋势的调查分析与预测研究,进一步加强宣传、思想政治工作的预见性、主动性和战斗性,使我校的宣传、思想政治工作更能适应反对"和平演变"斗争的需要,适应培养又红又专的社会主义建设者和接班人工作的需要。

二、以“三基”为主要内容，加强党员教育，增强党的战斗力

配合校党委，会同组织部、党校，通过党校培训、中心组学习、党课教育、组织生活等多种形式，建立党员、党员干部学习制度，从党史、党建理论入手，引导党员、干部系统学习马列主义、毛泽东思想基本理论，结合当前国内外形势，建设中国特色的社会主义和教育改革的实践，确立反“和平演变”，经受执政党三个考验、培养社会主义建设者和接班人的战斗意识，不断提高运用马克思主义的立场、观点和方法分析解决问题的能力，增强辨别是非、拒腐防变、抵制各种错误思想侵蚀的能力，统一思想，加强党的团结，充分发挥共产党员在宣传、思想工作的先锋模范作用，增强党的战斗力，推进我校的各项工作。与此同时，加强对党章学习小组和建党积极分子的领导和教育，做好培养发展和建党工作，使之成为师生中思想政治工作的一支骨干力量。

三、落实措施，加强马列主义理论队伍和思想政治工作队伍的建设，形成思想政治工作的合力

在改革开放，发展有计划商品经济、反“和平演变”的新形势下，加强宣传、思想工作，必须组织、建设好几支队伍，形成思想政治工作的强大力量。

配合学校党政，落实措施，通过加强马列主义教学部、思想政治教育教研室的建设和文科教育改革，建设一支能坚持四项基本原则反对资产阶级自由化，能结合当前实际，有战斗力的、数量较大、水平较高的马列主义理论队伍，既能在课堂教学主渠道教书育人，又能在第二课堂充分发挥对学生的教育和引导作用。

会同教务处、工会等有关部门，进一步修订教书育人、管理育人、服务育人的工作条例，端正政策导向，采取措施逐步落实，并在此基础上，开展经常性的教书育人、管理育人、服务育人的评选、表彰工作，造成良好气氛，不断扩大教书育人、管理育人、服务育人的队伍。

进一步充实配备，落实职称评定和各项生活待遇，建立目标管理、岗位责任、培训和考核制度，逐步实现按马列主义、思想政治教育专业研究生的方向的培养措施，不断提高政工队伍的思想理论素质，以适应新形势下宣传、思想政治工作的需要。

四、不断改进宣传、思想工作的形式和方式，更有实效地深入进行社会主义思想理论教育

根据江泽民总书记在我校重要讲话的精神，为更好地解决师生深层次的思想认识问题，社会主义思想理论教育将向四个方面深化，即：

结合国情、近现代史、我国优秀民族文化、爱国主义传统的教育，通过加强社会实践，深刻认识中国特色社会主义的必然性和优越性；

结合苏联、东欧演变的原因分析、产生的严重后果，进行反“和平演变”的教育，以剖析当代资本主义和帝国主义尖锐矛盾、“和平演变”的实质和民主社会主义思潮的本质，坚定建设有中国特色社会主义的信念和信心；

通过引导建立师生马列主义基本理论培训班、中青年教师马列著作研究会、学生学马列小组、读书会、研讨会等各种形式，引导师生自觉学习马列主义、毛泽东思想的原著和基本理论，学会用马克思主义的立场、观点、方法，来认识社会的发展趋势和社会主义战胜资本主义的必然趋势；

通过各种形式有计划地开展关于世界观、人生观、价值观的教育，在校园中和实际生活中，倡导社会

主义的集体主义、民主集中制原则、理想道德和法纪观念,从而克服资产阶级自由化思潮的影响,坚定走中国特色社会主义道路,走知识分子成才的正确道路。

在方式方法上,要适应新形势的需要,不断探索和改进,使灌输教育与群众性的自我教育相结合,理论教育与形象化电化教育、社会实践教育、生动活泼的校园文化活动相结合,系统教育与形势教育、集中性的宣传教育活动相结合,使教育更讲求实效,达到预期的目的。

五、继续深入学风校风教育,强化学生日常管理,促进校园精神文明建设

从迎接两个挑战的目标要求与学生学风的实际状况出发,加强学风校风教育仍是我们宣传思想工作的重点,学风校风教育必须与强化学生日常管理紧密结合,需要有一整套的科学的、行之有效的制度和管理措施。我们将会同学生工作部(处)、团委会及有关部门研究和制订总体管理教育的计划,探索一条从严格管理入手、靠思想教育塑造、用政策导向激励,形成以思想教育为核心,管理、教育、引导综合进行的优良体系。当前着重以早操、环境卫生和文明宿舍、校园文明举止作为突破口,持之以恒,逐步深入食堂、会堂、教室、课堂以及整个校园环境的文明建设,通过教育与管理,促进学校的学风校风和精神文明建设,形成我校优良的育人环境。

1992 年 1 月

——本文摘录自《加强党的领导　迎接新的挑战》,党委办公室〔1992〕第 2 号,档号 1992-DQ01-4

努力把党委党校建设提高到一个新水平

（1992 年 1 月）

中共厦门大学委员会党校

一

遵照中共中央《关于加强高等学校党的建设的通知》和国家教委《关于建立和健全高校党校的通知》精神，厦门大学党委党校于 1990 年 8 月建立，并于 9 月份正式开学。

一年多来，党校先后举办了党总支正副书记、党员正副部处长、党员正副院长、党员正副系主任、党员教授、党员政工干部、党支部书记等九期学习班。前六期学习班是以《邓小平论党的建设》和中宣部编写的《关于社会主义若干问题学习纲要》为基本教材；第七期学习班主要是学习江泽民同志《在庆祝中国共产党成立七十周年大会上的讲话》，专门探讨有中国特色的社会主义问题；第八、九期党支部书记学习班在学习社会主义基本理论和党建理论的同时，还进行了有关党的组织、宣传、统战和纪检工作等方面的业务培训。以上九期学习班共培训了 480 名党员和党员干部，每期学员一般都是脱产集中学习半个月。1991 年春，党校还为入党积极分子举办了一期党的基本知识学习班，每周安排二个单位时间，历时三个月，参加学习培训的有 396 人。截至 1991 年 12 月份，党校共培训十期学习班的党员、党员干部和入党积极分子达 876 人。

从总的来看，这十期学习班都取得了较好的学习效果，产生了良好的影响，主要表现在：第一，通过学习培训，提高了党员的马克思主义理论水平，较好地解决了思想认识上的一些深层次问题，增强了党性观念。据学习班结束后的跟踪调查，在学员的思想和工作上出现了“三个变化”：一是加深了对社会主义和资本主义本质特征的认识，克服了讲社会主义优越性理直气不壮的现象；二是加深了对党的性质和领导作用的认识，初步消除了由于党政机关中某些腐败现象的滋长而对党的领导作用产生的思想困惑；三是加深了对新时期阶级斗争特点的认识，提高了反“和平演变”的警惕性和自觉性，促进了思想教育工作“一手软”的状况的改变。第二，党校教育发挥了“辐射”作用，“学习在党校，效果在全校”推动了全校的社会主义思想教育和教学科研、后勤管理等项工作的顺利进行。第三，党校的培训教育在社会上和兄弟院校中也产生了良好影响，一些报刊，包括《思想教育研究》《中国教育报》《福建日报》《厦门日报》等都从不同方面报道、宣传和反映了我们党校的办学情况。去年一年，我们出席了国家教委召开的“全国高校党建工作会议”、福建省委组织部召开的“全省干部培训工作会议”、福建省高工委召开的“全省高校党校工作会议”，会上介绍了党校的办学情况，得到了上级党委的鼓励。十一月份，全国部分高校党校教育研讨会在我校举行，到会的 54 所高校党校的负责同志也认为我们党校教育有特色。省内外的一些兄弟院校，还常派员来参观学习，建立资料往来，密切校与校之间的横向联系。为了巩固和扩大党校教育成果，厦门大学出版社出版了一本学员论文集，即《当代社会主义问题与党的建设》。

我校党校之所以能办得比较成功，办出一些特色，并取得一些成绩，这与校党委的高度重视和各部门、各单位的大力支持是密切联系在一起的。

党中央指出：党校是培训党的领导干部的阵地，培养马克思主义理论队伍的阵地，学习、研究、坚持和发展马克思列宁主义、毛泽东思想的阵地，是干部增强党性锻炼的熔炉。校党委从党中央提出的这“三个阵地、一个熔炉”的战略高度上,充分认识到党校特殊地位和重要作用。因此从党校建立开始,校党委就十分重视党校的建设和对党校教育工作的领导。不仅配备了由纪委、党办、组织部、宣传部负责同志组成的领导班子,调动党委机关各方面力量,共同抓好党校工作;而且还根据各期学习班的不同对象,安排一名党委常委参加学习班的组织领导工作,并做到“五个亲自参加”,即亲自参加讨论并制订学习计划,亲自参加学习班开学式并做学习动员报告,亲自参加小组讨论并交流学习体会,亲自参加座谈会并解答学员提出的疑难问题,亲自参加总结并布置新任务。党校建立以来,校党委常委已先后为学习班做学习动员、学习总结、专题报告和讲课 48 场。由于校党委切实加强了对党校教育的领导,一方面使党校教育能够全面贯彻党的方针政策和党委意图,另一方面也加强了党委领导同志与学员的直接联系,及时了解思想动态和学习情况,有效地加强学习指导,从而保证各期学习班的教育成效。

还应当指出,各部门、各单位党组织的积极支持和密切配合也是办好党校的重要条件。总务处和经济学院首先帮助解决了教学办公用房、用具;财务处在经费紧缺的情况下,也优先保证了党校办班所必需的各项费用;实验办帮助解决了电教器材设备;图书馆专门为资料室调入了一千多册的有关党建方面的图书;其他职能部门也都从不同方面给予支持和帮助。目前党校建设已初步做到“四个落实”,即组织机构和工作人员落实,办公和教学用房落实,图书资料和教学设备落实,办学经费落实。党校内部建立有办公室、“三基”教研室、党建研究室和资料室。配备有专兼职工作人员 10 名,另聘请本校的兼职教师和科研人员 18 名。现有图书 1800 多册,订阅报刊 40 多种,这些基本条件保证了各期学习班的顺利进行。

二

目前,我校的党员常数 1800 多人,处级以上的干部 290 人。在党员中,大部分同志都是七十年代以后才加入党组织。在干部队伍中,中青年的比例也超过一半。我们清楚地意识到,在新的历史时期,党不仅面临着执政和改革开放的考验,而且还经受着“和平演变”与反“和平演变”斗争的考验。新的形势和新的考验迫切要求加强对党员和干部的马克思主义理论教育,以培养出更多的具有坚定正确政治方向的社会主义建设者和可靠接班人。根据新形势的要求和我校的具体情况,党校在举办各不同层次、不同类型的学习班的过程中,注重抓了以下几个方面的工作:

1.抓带头人,优先培训党员领导干部

党校刚建立时,工作千头万绪,需要培训的对象有各层次的党员、干部和入党积极分子。经过排列分析,我们认为首先应当从培训党员领导骨干入手。因此,党校举办的前四期学习班,主要是培训党总支书记、党员部处长、党员院长系主任和党员教授。这些同志是学校中的党、政、教三方面的带头人,对学校的稳定与发展有着举足轻重的影响。由于前些年,政治思想教育工作的削弱,资产阶级自由化思潮的影响,师生中的社会主义信念和党的领导的观念淡薄了,思想理论上的许多混乱需要清理。为此,经过分析认为,要解决师生中带有普遍性的思想认识问题,首先要提高和统一党员领导骨干的思想认识,并通过他们一级抓一级,逐步深入进行教育。在全校普遍开展的社会主义思想教育中,党校较好地发挥了培训党员领导干部和培养马克思主义理论队伍的“阵地”作用,形成了党、政、教三方面有机结合的社会主义思想教育工作系统。到 1991 年底,全校 200 多名处级以上的党员领导干部、130 个基层党支部书记和 100 多名的党员教授已基本上轮训一遍。

2.突出重点,把理论学习与工作研讨结合起来

党校培训党员领导骨干,不仅要提高他们的马克思主义理论水平,解决他们思想认识上的问题,而且还应当注意把理论学习与工作研讨紧密结合起来,以理论指导工作,开拓工作新局面。根据各期学习班的不同对象,党校提出了不同的研讨重点。党总支书记班着重研讨“两个作用”,即如何发挥基层党组织的“政治核心作用”和“监督保证作用”。党员部处长班着重探讨“两个服务”,即如何教育和领导本单位工作人员,廉洁奉公,提高办事效率,全心全意为学校的教学科研服务和为广大师生员工服务。党员院长、系主任班着重研讨“两个坚持”,即如何坚持社会主义办学方向,在学科领域中清除资产阶级自由化思潮

的影响;如何坚持党的领导,正确处理党政关系。党员教授班着重探讨“两个带头人”,即如何发挥教学科研方面的学术带头人作用和教书育人方面的政治带头人作用。党总支副书记和政工辅导员班着重研讨“两个教育”,即如何加强自身的党性原则教育和如何加强对学生进行坚持四项基本原则的教育。基层党支部书记班则着重探讨另外的“两个作用”,即如何发挥党支部的战斗堡垒作用和共产党员的先锋模范作用。由于同期学员的工作性质大体相同,在工作中常常遇到许多共性的问题,因此在共同研讨中互相启发、互相交流经验,这对搞好学校的各项工作也起到一定作用。

3.倡导互学,积极发挥高校学科优势

与地方党校不同,高校党校的学员大都是知识分子,文化层次高,且各有不同专业的理论优势。因此,在组织教学过程中,不仅要采取自学、辅导、上课、听报告、放录音、看录像、小组讨论、大会交流和社会调查等多种学习形式相结合,仍需特别注意发挥学员的专业理论优势,倡导互学交流,取长补短,共同提高。实践证明,这是高校党校教育的一种卓有成效的学习方法。首先,党校在安排编组时注意学员的专业知识的合理组合,从组织形式上形成互助互学的有利条件;并且及时收集学习情况,编印《学习简报》,把较有质量和特色的发言要点印发给每位学员,党校在举办 10 期学习班中,共编印了 65 期的《学习简报》。其次,要组织好大会发言和交流,大会发言可分两类:一类是带有辅导性的中心发言,这类发言是在办班之前就由党校预约一些对某一问题有专门研究的学员,要求他们根据学习内容按专题进行认真的准备;另一类是在小组讨论中发现较好的有启发性的发言。在党校举办的十期学习班中,有 89 位学员先后在大会上做过发言,收到了互学共进的显著效果。

4.讲求实效,注重解决深层次的思想认识问题

党校在组织学员学习马克思主义理论的基础上,还针对学习中反映出来的一些深层次的思想认识问题,引导从理论与实践结合上进行分析和讨论,解开了思想认识上的“扣子”。例如学员在畅谈社会主义优越性和必然性问题上,基本上解开了三个“扣子”:①目前一些发达国家在科学技术和经济发展方面还保持较高的水平,但资本主义制度的寄生性、腐朽性和垂死性的本质特征并没有改变。②目前我国的生产力水平和人民的生活水准还不高,但社会主义制度的优越性不能因此而否定。③东欧剧变、苏联解体,社会主义遇到了严重挫折,但社会主义代替资本主义的总趋势是任何力量也不能改变的。解开了这些“扣子”,使学员的社会主义信念更加坚定。在学习党建理论过程中,为搞清党的性质、地位和作用,党校引导学员对 70 年来党在社会主义革命和建设中的成就和失误进行全面分析,着重解决三个基本认识问题:①70 年来党在工作中虽然出现过许多失误,但成绩是主要的;②党政机关中虽然还存在着某些腐败现象,但党的队伍的基本面是好的;③在中国社会主义现代化建设的进程中,民主党派起到了很好的参政作用,但只有中国共产党才能肩负起领导的重任。同志们说得好:事实越摆,道理越明,坚持共产党领导的信念就越强。

5.加强管理,保证按计划完成教学任务

参加学校学习的学员,一般都具有一定的思想政治觉悟,能遵守党校的规章制度。但是,有的同志由于担子重、工作忙,难以脱身安心学习;有的同志则因出差、出国、开会、上课而难以保证学习时间;还有的年青同志需要接送小孩上学,年纪大的学员也难以适应紧张的学习生活。这都要求学员必须服从党校安排,严格遵守规章制度,保证每一学员的到位率、出勤率,保证完成教学任务。学员学习期间,党校做出“六不”规定:不迟到,不早退,不打电话,不接电话,不会客,不办理事务,专心致意参加学习。从第八期学习班开始,班上建立有临时党支部和班委会,协助党校抓好学员的思想政治工作,组织引导学员讨论,严格执行规章制度。学习班结束前,每一学员都必须写出一篇学习心得体会存入党校。对入党积极分子班,党校还要求,各党总支必须选派一名党员干部担任学习组长,参加党校学习,负责组织讨论和批阅作业;规定学习期间缺课二次以上、没有完成五次作业或其中一次不及格者,均不能领到结业证书,需要参加下一期学习班补课。

6.扩大成果,发挥党校教育的“辐射”作用

党校培训党员、干部和入党积极分子,不仅要提高学员的马克思主义理论水平和思想政治觉悟,而且

要求他们在学校各项工作中能发挥模范带头作用。为此,党校在各期学习班上都明确提出这样一个号召:学习在党校,效果在全校。要求学员学成回单位后,都应向本单位党组织汇报进党校的表现情况和学习体会,党员领导干部和骨干教师还必须向本单位教职工或学生至少做一场辅导报告。学员既带任务到党校学习,又带任务回单位工作。党委机关和部分院系还把在党校做过大会发言的学员组织起来,为机关部处和院系师生做系列专题报告。据不完全统计,一年多来党校学员在各单位做辅导报告达150多场次,有力推动了全校马克思主义理论学习。

一年多来,党校教育工作做出了一些成绩,但也存在着许多不足之处。应当看到,党校的培训工作还不能适应严峻形势的需要;一些深层次的理论问题尚未完全解决;师资队伍建设和教学、科研工作还有待于进一步加强;教学办公用房、教学设备和图书资料仍需逐步改善和增添;整个党校教育应朝着正规化、规范化和制度化的方向发展。

三

我校党校是一个常设机构,承担着培训全校党员、各级领导干部和培养社会主义事业可靠接班人的重任。为了适应加强党的建设需要,必须把党校建设提高到一个新水平。现提出今后党校建设的一些基本思路:

1.确立党校教育的指导思想,认真制定党校培训规划

搞好党校教育要有明确的指导思想,即以马克思列宁主义、毛泽东思想为指导,为全面贯彻党的基本路线服务,为建设有中国特色的社会主义服务;通过党校培训,提高广大党员特别是各级领导干部的政治理论素质、业务水平和工作能力,提高他们改造世界观的自觉性,培养和造就一支经得起执政、改革开放和反“和平演变”考验的干部队伍,确保党和国家的各级领导权始终掌握在忠于马克思主义、德才兼备的人手里。

为了贯彻党校教育这一指导思想,我们将着手制定我校党校教育规划,建立多种形式的办班体制,包括轮训班、理论班、研讨班、岗位培训班和入党积极分子学习班。计划在五年内即1995年前,培训3000名党员、干部和入党积极分子。1992年的培训对象主要是党员副教授、党员科级干部、年青干部和教师、入党积极分子。

这里应着重强调的是年青党员干部和年青党员教师的培养教育问题。党校在贯彻中共中央最近颁发的《关于抓紧培养教育青年干部的决定》时,应当有计划地安排他们进党校学习,提高他们的政治理论素质,帮助他们增强党性锻炼,不断改造世界观,发扬长处,克服弱点,真正成为党和人民放心的可靠接班人和教育者。

2.积极创造条件,推进党校教育的制度化和规范化建设

我校的正规党校虽然已经建立,但办学实体的健全,长期培训计划的制订,教师队伍的建设,教学内容、教材,教学形式和方法,各种规章制度的建立和健全,都还处于探索和试行之中。因此,要努力创造条件,积累经验,稳步、扎实地推进党校教育的正规化、规范化和制度化建设,只有实现正规化,才能把党委党校的战略地位真正确定下来,使它作为一个办学实体并加以巩固和发展;只有实现规范化和制度化,才能保证党校的教学质量和科研水平得到不断提高,充分发挥其“三个阵地”和“一个熔炉”的特殊作用。目前,我们要在已有制度的基础上,建立和完善一套党员、干部和入党积极分子培训工作制度,形成学习培训的激励和约束机制,为培训工作创造一个良好的条件。党校要按照干部成长的规律和干部队伍建设的需要,要同组织部、宣传部、党办、纪委等有关部门通力合作,密切配合,把培训规划和实施计划落到实处,落实到各单位,落实到人。今后,本校范围内的党政干部提拔,一般都要经过党校的培训,凡已任职尚未进行培训的干部必须安排补课。党校要做好干部在学习期间的考核工作,并提出使用干部的建议,供党委和组织部门参考。

3.加强教师队伍,提高教学质量和科研水平

要完成党校的教育培训任务,需要建立一支专兼结合的教师队伍。教学是党校的中心工作,没有一支精干的优秀的稳定的教师队伍,教学质量就无法保证,党校教育任务就难以实现。党校的讲坛,除了由校党委和党校领导同志亲自授课,还应聘请一些对马克思主义理论有深入研究、党性坚强的党务干部和教师任课。党校还需要有一些精干的专职教师,他们是经常的重要的讲课者,又是兼职教师的教学合作者,也是教学研究和教材编写的组织者。在教师结构上应贯彻老、中、青相结合的原则。所有的党校教师,都应当努力做到具有坚实的马克思主义理论功底、坚定的共产主义信念、坚强的无产阶级党性;具有探索和研究社会主义现代化建设和改革开放中新问题的能力;要能够按照党校的教育规律,结合新情况不断充实教学内容和不断改进教学方法,提高教学质量。提高教学质量的基础是科研,党校还应当成为研究有中国特色的社会主义、研究党建理论的重要阵地。因此,要加强党校党建研究室的力量,把教学和科研紧密结合起来,选准课题,统筹安排,组织研究。党校还应根据国家有关规定,从实际出发,做好教研职称的评聘工作。

4.突出党性教育,发挥党校的"熔炉"作用

党校要引导努力实现江泽民同志提出的关于提高干部"五大素质"的培养目标,必须在全部教育中突出党性修养和锻炼。前几年有的人不提党性锻炼,说这是"左"的东西,这是一种错误看法。党校不突出党性教育,就不叫作党校。我们的党员和党员干部在平时的工作、生活中,固然要注意进行党性修养和锻炼。此外,党员领导干部在党校学习期间,以被领导者和学员的普通身份出现,通过严格的培训和纪律约束,集中进行一段时间的党性教育和党性锻炼,也是十分必要的。在党性教育中,一是要贯彻理论联系实际的方针,不仅要联系社会主义建设和改革的实际,而且要联系自己的思想实际和工作实际,用整风的精神和方法学习马克思列宁主义、毛泽东思想,寓党性锻炼于理论学习之中;二是要坚持党的全心全意为人民服务的根本宗旨,加强党风党纪和廉洁奉公的教育。党校举办的每期党员干部培训班,都要安排适当的时间,进行党风党纪教育。要使每一个党员干部时刻记住自己是共产党员,应当以党员的标准严格要求自己。

5.从严治校,建立健全各项规章制度

首先,在党校内部建立校务委员会,建立领导岗位责任制和工作人员工作责任制,加强党校内部管理,从严治校,保证党校的教学、科研、办公等项工作的良好运行。其次,建立严格的学员管理制度,包括轮训制度、考勤制度、考核制度、奖惩制度、档案制度。加强学员的思想政治工作,保证按质按量完成培训教育任务。最后,坚持民主办校,提倡互教互学,开展批评和自我批评,树立良好的党风、校风和学风。

1992 年 1 月

——本文摘录自《努力把党委党校建设提高到一个新水平》,党委办公室〔1992〕第 3 号,档号 1992-DQ01-4

认真贯彻党的统一战线方针 进一步搞好我校统战工作

(1992 年 1 月)

厦大党委统战部

自校第五次党代会以来，在校党委的领导下，在各有关方面的共同努力下，我校统战工作有了较大的发展，出现了新的局面。

一

过去五年，统战部主要抓了如下几个方面的工作：

1.认真学习和贯彻党的统一战线的理论、政策，增强党员和党员干部的统战观念

党中央十分重视党的统一战线工作，邓小平同志对统战工作有一系列重要指示。近年来以江泽民同志为核心的党中央，对统战工作发表了许多重要讲话和指示，《中共中央关于坚持和完善中国共产党领导的多党合作和政治协商制度的意见》发表之后，校党委十分重视统战方面的领导工作，常委专门听取了统战部工作汇报，又制定了贯彻《意见》的意见。

统战部每个学期初召开各总支统战委员会议，传达文件，学习政策，部署工作。统战部利用党校讲坛、校刊、校广播台和《每周信息》《厦大统战简讯》等，及时宣传党的统战政策。经过不断地学习、宣传、教育，统一了全党的思想认识，提高了党员，特别是党员领导干部对党的统一战线工作的重要性、必要性和长期性的认识。

2.坚持和完善党委负责人与民主党派负责人联席会议制度，认真听取各民主党派的意见

五年来，校党委坚持了党委负责人与民主党派、有关团体负责人联席会议制度，党委就学校重大问题，包括学校的规划、计划、重大决策和群众所关心的问题，向民主党派通报情况，座谈协商，听取意见，对学校的重大决策的科学化、民主化起了重要作用。

党委除了定期召开会议听取民主党派意见外，遇有特殊情况需要通气或征求意见，或是传达重要会议和文件精神时，都邀请民主党派、有关团体负责人参加，为他们知情出力创造条件。

积极支持和帮助民主党派加强自身建设。五年以来，成立了一个民主党派基层组织(民建支部)，成立了台联、金联、台属联谊会、厦大留学生同学会等团体组织。在民主党派发展工作方面，按照“发展和巩固相结合”的方针，有计划、有步骤地发展党派成员，五年间，我校共发展民主党派成员 163 人，年递增 7.6%，现共有党派成员 299 人，发展趋势是健康的。

积极帮助民主党派改善工作条件。建立了民主党派联合办公室，并配备了一名专职干部，帮助处理党派日常工作事务；党派的活动经费、车辆使用、电话安装等都给予积极支持；还帮助解决了教师兼任党派负责人的教学工作量减免问题。

3.积极做好党外人士人事安排的推荐工作

搞好党外人士人事安排工作是坚持和完善党领导的多党合作和政治协商制度的重要内容，统战部按照省、市委的布置，根据德才兼备的原则和干部“四化”的方针，注意发现党外人士合适人选，做好培养和选拔工作，积极推荐我校民主党派成员和有侨、台关系的有代表性的教师到人大、政府、政协任职，让他们

更好地在国家政治生活中发挥作用，现任的有：全国人大代表 1 人，政协委员 6 人，党派中央委员 10 人，省人大代表 1 人，省政协委员 10 人，党派省委委员以上职务的 20 人，市、区人大代表 2 人，政协委员 23 人，推荐到省政府任副厅级干部 1 人。

4.积极开展海外联谊工作，努力扩大我校对外学术文化交流，促进祖国的和平统一

五年来，统战部通过民主党派、有关团体和个人，并积极配合有关单位多渠道、多形式、多领域地开展海外联谊工作，接待了来自港澳、台湾地区，以及美国、东南亚等地的考察团、访问学者和旅游观光人士。我校发挥地理位置优势和特区窗口作用，在对台学术文化交流方面取得令人瞩目的成绩。部分台属人员也到台湾探亲、奔丧。

在对外联谊工作中，我们一方面利用民主党派有关团体和个人的海外亲友关系，穿针引线，搭桥铺路，吸引"三胞"来厦投资，洽谈贸易，促进对外经济交流；另一方面，我们还开展海外校友的联谊活动，取得校友对厦门经济特区的建设和对厦大母校的关心和支持。五年来，我们在这项工作中取得了一些成绩。

回顾五年来的工作，我们感到：

1.党委重视，是做好统战工作的基本保证。统一战线的工作是全党工作的重要组成部分，贯穿在党的工作的各个方面，必须全党一致努力，才能搞好。统战工作政策性强，要不断学习和宣传政策，才能保证政策的贯彻实施。五年来，通过传达贯彻中央有关文件和会议精神，全体党员，尤其是党的各级领导干部对统一战线工作的重要性、必要性和长期性有了进一步的认识。党委把统战工作列入重要议事日程，具体部署，认真检查，督促统战方针政策的贯彻落实，各部门各单位对统战工作给予大力支持，我校统战工作因此出现了可喜的局面。作为统战部，必须认真履行自己的职责，主动向党委请示汇报，当好党委的助手和参谋。

2.维护安定团结是统战工作的首要任务。爱国统一战线是我们党领导下一个最广泛的政治联盟。我们要把稳定大局、维护安定团结作为头等大事来抓，努力发挥统一战线协调关系的功能，坚决贯彻党的统战政策，协助民主党派、有关团体加强自身建设，发现新情况，解决新问题。党派、团体积极协助党委做好思想工作，为我校乃至全社会的稳定做出积极贡献。

3.坚持辩证唯物主义观点，克服片面性，是搞好统战工作的基本方法。统战工作的理论性、政策性很强，要求很高，既不能"左"，也不能右，要善于运用唯物辩证法，坚持科学的工作方法。五年来，我们在民主党派工作中，既坚持党的领导，又尊重民主党派在宪法规定的权利和义务范围内的政治自由、组织独立和法律上的平等；努力发挥民主党派参政党的作用，又注意帮助民主党派加强自身建设，提高了他们议政能力。在海外统战工作中，既求爱国之大同，又允许存社会制度、意识形态、生活方式认识之大异；既大胆地多渠道、多层次、多形式地开展工作，又始终保持清醒头脑，抵制腐蚀，反对渗透。在党外人士举荐工作中，既坚持干部的"四化"标准，又不求全责备。从而保证了党的统战政策的正确执行，保证了各项统战工作的顺利开展。

4.密切联系群众，同党外人士广交朋友，是巩固和发展最广泛爱国统一战线基本途径。要继承和发扬党的密切联系群众的优良传统，党员，特别党的领导干部要做到主动拜访、接触党外人士，做到推心置腹，坦诚相见，广开言路，虚心听取他们的意见，并满腔热情地在政治上、生活上关心他们，主动为他们排忧解难，努力使我校统一战线呈现出团结、民主、和谐的气氛，丰富和活跃统一战线工作。

二

今后五年，要根据校第六次党代会的精神，紧紧围绕全校的中心任务，继续深入贯彻落实党的统战方针，团结一切可以团结的力量，调动一切积极因素，高举社会主义和爱国主义两面旗帜，巩固和发展最广泛的爱国统一战线，为我校政治稳定、教育事业发展，为"四化"建设和推进祖国和平统一大业做出新的贡献。

1.继续深入学习和贯彻党的统一战线的理论、政策

要加强党的统一战线的理论、政策的学习宣传,进一步提高广大党员对统一战线工作的重要性、必要性和长期性的战略意义的认识,深刻认识爱国统一战线在九十年代所担负的历史使命,充分发挥统一战线这个法宝的作用,推动我校统一战线工作的发展。

2.贯彻党的"十六字"方针,坚持和完善联席会制度,搞好合作共事

认真贯彻"长期共存、互相监督、肝胆相照、荣辱与共"的方针,坚持和完善党委负责人与民主党派、有关团体负责人联席会议制度,进一步搞好合作共事。积极帮助民主党派、有关团体知情出力,创造更好的工作条件,发挥民主党派的参政党作用。

各党总支应该建立健全与民主党派成员座谈会的制度,听取民主党派成员意见。总支要检查各单位贯彻落实统战政策情况。

积极支持和协助各民主党派加强自身建设。当前,要支持和帮助他们把主要精力放在巩固组织,加强思想建设上;召开民主党派加强自身建设经验交流会;积极协助各民主党派做好1992年换届的工作,帮助他们培养、选拔拥护四项基本原则、德才兼备而有代表性的中青年骨干,促进领导班子新老交替和合作。

建议利用我校已办有党校的有利条件,协助民主党派组织对其骨干进行培训。加强民主党派后备干部队伍的建设,在认真考察和广泛征求意见的基础上,提出不同层次的后备干部队伍名单;做好党外人士档案收集、管理工作。

3.认真做好非党知识分子中代表人物的联系工作

建立和完善各级领导和党外知识分子联系的制度,明确联系的对象,加强与重点对象的联系,与他们交净友。统战部要主动向校领导提出联系对象的名单。对党外知识分子的思想动态和普遍关心的问题,要加强综合分析,及时反映,提出建议。

4.进一步做好党外人士的举荐工作

要根据省、市委的布置,积极推荐民主党派成员到人大、政府、政协进行安排,使他们在这些方面发挥积极作用。统战部要与民主党派共同做好这项工作,根据德才兼备原则和干部"四化"方针,在实践中注意培养,考察对象,把基础工作做在平时。

我校在安排、调整各级行政领导干部时,对经过考核符合条件的民主党派成员,根据条件和领导班子配备的需要,统筹考虑,积极安排。

5.以对台为重点,进一步开展"三胞"工作

对台工作是九十年代的一大任务。我校有对台工作的优势,要支持和协助民主党派、有关团体开展以对台工作为重点的海外联谊工作,积极配合学校有关部门开展与台湾地区高校的校际科技文化交流活动。继续开展与"三胞"和海外华侨华人的联谊活动,深交老朋友,广交新朋友,认真做好有关的接待工作。扩大与海外校友的交流,争取他们更多地关心支持母校的建设和发展。

1992年1月

——本文摘录自《认真贯彻党的统一战线方针　进一步搞好我校统战工作》,党委办公室〔1992〕第4号,档号1992-DQ01-4

加强党的领导　深化国防教育改革

（1992 年 1 月）

厦门大学党委武装部

一

在校党委和厦门警备区党委的直接领导下，在国家教委学校国防教育办公室的关心指导下，五年来，我部认真贯彻执行党中央的路线、方针、政策和国家的有关文件精神，结合部门的实际，坚持党管武装的原则，认真抓好四项基本原则教育，加强思想政治工作，改进工作作风，提高办事效率，建立和完善各种管理制度，较好地完成了各项工作，并取得了明显的成绩。

1.组织并完成了 1986—1991 级万余人的集中军事训练。

1986 年我校被国家教委列为全国军训试点学校。根据国家教委、解放军三总部等八部委《关于加强高等学校学生军事训练试点工作的通知》和中央有关大学生军训的指示精神，按照《高等学校学生军事训练大纲》的要求，自 1987 年起，我们先后组织了 1986、1987、1988、1989、1990、1991 级万余学生到部队或在校内的集中军事训练，使学生掌握了基本的军事技能，增强了国防意识，为培养社会主义的建设者和接班人，为人民解放军培养预备役军官打下了基础；严格的制式训练也使学生克服了自由散漫的弱点，加强了组织纪律性；加深了对军队、军人的理解，增强了社会责任感；培养了集体主义、革命英雄主义精神，促进了校风学风建设；培养和锻炼了年轻的辅导员队伍，对国防教育起了很好的作用。

这些成绩，得到了上级部门的表扬与肯定。国家教委对我们训练的组织实施方法给予充分的肯定，并把我们的做法向其他院校推荐。综合起来，我们主要采取了以下一些做法：

一是端正指导思想，明确军训目的。

二是注重军训制度建设，把军训工作推向深入。第一，建立军训办公室制度。每期军训期间，成立以主管军训的校领导为首的，包括教务处、总务处、宣传部、团委、校办、武装部（军事教研室）等有关部门的负责同志参加的军训办公室，确保军训的顺利进行。第二，军训带队干部派遣制度。学校明文规定军训期间各系必须派出带队干部，并对派出的带队干部提出具体的要求。第三，建立军训考核及有关学籍处理的规定。第四，制定《厦门大学学生军事训练暂行规定》，这一规定的颁布，是我校军训向制度化方向迈进的重要一步。《规定》对军训的指导思想，军训形式、考核、组织领导，军训中的政治思想工作，军训的后勤保障以及各有关部门在军训期间的职责都做了明确的规定，从各方面保证了军训的完成。

三是重视军训的政治思想工作和宣传工作，并做到有的放矢。在军营训练期间，根据不同时期的特点，分别开展了“是我们适应军营，还是军营适应我们”、“同龄人谈心活动”、“部队英模报告会”、评选先进连队和优秀学员等活动。在校内训练期间，针对 1989 年动乱后学生思想不够稳定的情况，及时代党委起草并下发了《关于加强军训学生思想政治工作的通知》，安排了“东欧形势的演变及其对策”“人民解放军光荣传统”“坚持四项基本原则”“坚定社会主义信念”等内容的专题报告，1991 年的军训中，又增加了“中国共产党七十年光辉历程”“反和平演变”专题教育，使学生们在思想上充分认识到，只有共产党才能救中国，只有社会主义才能发展中国，从而增强了广大学生的爱国热情和国防意识。我们还利用黑板报、墙报、电台、简报等形式，大力宣传好人好事，也为同学们提供了一块抒发军训豪情的天地。五年来，我们先后举办了“绿色长城”“我爱军营”“军训随想录”等三次征文比赛,举办国防诗歌朗诵会一次,军歌比赛三次,军训随想演讲比赛一次,简报11期,校电台播稿几十篇,校报发稿8篇。此外,我们还积极向有关新闻单位发递稿件,先后向省市电视台选送并播放了二十多条电视新闻,市电台三条新闻,福建日报二条,厦门日报九条新闻报道,收到了良好的社会效果。

2.组织并完成了1986—1989级六千多学生的军事理论教学任务。

在搞好集中军事训练的基础上,我们以《高等学校学生军事训练大纲》为依据,五年来,我们开设了“军事科学概论”“毛泽东军事思想”“古代军事思想”“兵役法”“战时动员”等近十门课程,获得了良好的效果。

军事理论教学中,我们首先抓住师资队伍建设,针对目前军事教员短缺的情况,除注意发挥现有专职教员和部队派驻教员的作用外,还从学校与军事理论课程相关的系、专业中聘请教学经验丰富、教学能力强的教员,建立了一支专兼结合的基本教学队伍。

其次,努力改善教学条件,建立粗具规模的军事理论课专用教室,初步实现了电化教学。编写出版了《大学生军训知识》一书;同时还编印了《军事理论教学提纲》。

再次,我们严格教学过程管理,促进了教学质量的不断提高。对教师要求把好“三关”即备课关、教案关、试教关,对学生做到“三严”即严格学分管理、严格考勤制度、严格考试制度,保证了教学效果。

在抓好教学师资队伍、教学条件和教学质量的同时,我们特别注意把好教学的方向,把教书与育人有机地结合起来。

一是坚持结合工作实际,组织教师认真学习马克思主义的军事理论和毛泽东军事思想,规定每个教师要通读毛泽东的六篇军事著作,以提高自己的理论修养。

二是在组织备课时,把好教学内容的思想方向,尤其在当前国际大气候下,对一些“舶来品”“新思潮”不是简单地和盘端给学生,而是在教师中先行“消化”,以期“去其糟粕,取其精华”。

三是在组织教学中,旗帜鲜明地宣传马列主义、毛泽东思想。五年来,我们一直把毛泽东军事思想课作为整个军事理论教学的重点,安排了较多的课时,配备了较强的教学力量,保证开好这一课。

另外,我们还注意提高教学层次,促进国防教育的深入开展。一是结合军事理论课教学,引导学生从战略的高度去思考国防问题。二是结合国际军事斗争的新动向,开好选修课,引导同学们关心国家的防卫问题。

3.开展广泛而深入的国防教育活动。

根据党的十三大提出的“应当加强国防教育,提高全民的国防观念”的战略要求,五年来,我们结合我校实际,有计划、有组织地在全校范围内开展了形式多样的国防教育活动,有效地增强了广大师生员工的国防观念,同时也推动了我校两个文明的建设。如在1990、1991年两年,举办了两届“校系领导国防活动日”活动,校系领导参加人数逾一百四十人次。在学生中开展与部队“共学、共建、共育”活动,加强国防知识熏陶,培养学生的爱国主义和革命英雄主义精神。

我们还通过一些大家喜闻乐见的形式对师生员工进行潜移默化教育。如1989级学生军训结束后,我们举办了“军训随想”演讲比赛。1991年在纪念“一二·九”运动六十五周年之际,又举办了“厦门大学国防知识大奖赛”活动,全校师生员工踊跃报名参加近千人。此外,我们还举办了电影招待会二次,军训图片展四次,邀请三十一集团军文工团来校进行专场演出二场,这种多渠道、多形式的国防教育,取得了明显成效,深受广大师生员工的欢迎。

再是根据厦门所处的地理位置,利用旅游参观的形式向外地来宾进行国防教育,扩大国防教育辐射面。我部在警备区支持下,先后组织各类人员参观云顶岩或前沿八次,计400余人。五年来,我们还先后邀请部队首长和英模为我校师生做了“我国的军事战略”“厦门解放的经过”“8·23炮战”“军事科学与国防建设”“发扬雷锋精神”等内容的报告。

在“双拥共建”活动中,我们积极协助有关部门开展智力拥军活动,充当学校与部队之间沟通联系的桥梁,1991年初我们及时召开了有军地双方同志参加的厦门大学双拥工作会议,贯彻全国双拥工作会议精神，总结我校的双拥工作，通过表彰先进的方法，鼓励我校师生员工积极参与到双拥和共建活动中来，促进了我校国防教育活动的深入开展。

4.完成了上级军事机关每年下达我校的兵役登记工作、征兵工作和战时动员资料统计工作，参加市、区海防管理工作和军警民联防，都取得了一定的成绩。

5.开展学术研究和校际交流。几年来，针对新时期的特点开展学术研究和校际交流，取得了较好的成绩，共发表了学术论文 11 篇，其中一篇获奖，出版了两本书。另外，与江苏、北京、上海、四川等地广泛开展校际交流，取长补短、受益匪浅。

6.加强作风制度建设，提高工作效率。在认真贯彻学校和上级军事部门的规章制度的同时，针对实际，我部制定了岗位职责和一系列的管理规章制度，在贯彻执行中，取得明显的效果。

几年来，我们做了一些工作，受到上级的好评，所在党支部 1986、1988 年连续被评为市、校两级先进党支部。1991 年底，全省对 1986—1991 级学生军训工作进行检查，我校被省委宣传部、省高工委、省军区司令部和省教委评为全省第一。《厦门大学集中军事训练的组织实施和军事理论教学》被评为厦门大学优秀教学成果一等奖和福建省优秀教学成果二等奖。武器管理被厦门市政府和厦门警备区评为先进单位。一人受到省级表彰，二人受到市级表彰，六人次受到校级表彰。

二

几年来，在实践中我们有如下几点体会：

1.认真贯彻执行党中央和国家关于国防教育的文件、法规，是做好各项工作的前提。

国防教育是写进党的十三大政治报告和七届人大一次会议政府工作报告的一项战略任务，是关系到国家兴衰存亡的大事。国家教委、解放军总部等有关单位先后多次发文，贯彻党中央、国务院的精神，并做出了明确的规定和部署。五年来，我们在学习、贯彻、执行党和国家关于国防教育的文件、法规中，深刻地认识到，目前我国在以经济建设为中心的同时，认真抓好国防教育是一件战略性的决策，而且和平建设时期以爱国主义为核心内容的国防教育，不仅是保障祖国安全的需要，同时也是国家发展、民族振兴、增强民族凝聚力和向心力的有力措施，高等学校的任务是培养德智体全面发展的社会主义建设人才，能否在学生的头脑中树立牢固的国防观念，是关系到祖国未来安危的重要问题。因此，必须重视国防教育工作。

2.清醒地认识当前的国际国内形势，是做好工作的重要基础。

1989 年东欧形势的急剧变化，国内的动乱，给人们敲响了警钟。痛定思痛，人们不得不认真总结经验教训，重新分析和估计形势。首先，从国际形势来看，和平与发展是世界两大主题，但世界并不安宁，局部战争从未停止过，只要帝国主义存在，战争的根源就不会消除。在我国周边还存在着领土争端和海洋权益纠纷问题，这些对我国主权和安全尚存在威胁，还面临着外敌入侵的可能。值得注意的是，自苏联形势剧变后，西方敌对势力逐渐把“和平演变”的目标和力量转移到中国来，他们利用我国对外开放时机，进行腐蚀渗透，以达到“和平演变”的目的。其次，从国内情况来看，一些敌对分子、一些搞资产阶级自由化的人，勾结国际敌对势力，反对四项基本原则，走资本主义道路，妄图颠覆共产党的领导，渗透与反渗透、“和平演变”与反“和平演变”的阶级斗争仍然存在，有时还表现得十分尖锐复杂。而台湾海峡对岸的一些情况，也说明我们不能掉以轻心。因此必须端正对新时期人武工作重要性的认识，做好我们的工作。

3.领导重视，兄弟单位支持是做好工作的重要保证。

校党委行政始终把深化国防教育，搞好学生军训，作为重要工作来抓，提上议事日程，校领导带头关心支持国防教育工作。军训期间，校党政领导都亲临指导，王洛林书记、郑学檬副校长都为军训学生做过政治教育专题报告，刘瑞堂副校长还深入部队看望过学生。每年的军训阅兵，校领导一定到场检阅、指导，为深化国防教育带了好头。

在我部开展的各项活动中，始终得到三十一集团军和厦门警备区的大力支持，部队首长亲自过问，及时解决问题,在训练中先后几次到校检查指导工作和为军训学生做报告。他们派出得力干部来进行指导,解决武器弹药和训练上的困难,使军训工作得以顺利完成。

学校各有关部门也大力支持,密切协作,积极为国防教育活动和学生军训工作的顺利进行提供了各种条件,有效地保障国防教育任务的圆满完成。

4.充分调动工作人员的积极性是完成各项任务的根本保证。

几年来,我部在仅有四个工作人员的情况下,圆满完成上级交给的各种任务,并做出一定的成绩,这是工作人员充分发挥主人翁精神、集体合作的结果。在部长杨良兴同志的领导下,大家服从集体利益,积极主动协作,发挥整体力量,保证工作按时保质完成。如二次军训服装鞋帽到货都是在晚上,大家没有怨言,把所有物资全部扛到三楼,整理分类,直到清晨才结束。有时为了清查一件武器,彻夜不得安宁,真是又苦又累,但高度的主人翁责任感总是促使大家积极主动地完成工作任务。

三

今后五年工作规划和设想:

1.认真学习贯彻执行党的十一届三中全会以来的路线方针政策,坚定不移地走建设有中国特色的社会主义道路,与党中央保持高度一致,发扬人民解放军的光荣传统,坚持党管武装,在校党委的领导下,做好本职工作,为贯彻实施《我校"八五"计划和十年规划》做出努力。

2.认真学习,贯彻执行国家的法规和全国双拥会议精神,有计划地安排学习国家《兵役法》、《保守国家秘密法》、《军事设施保护法》、《行政诉讼法》、《福建省征兵工作奖惩条例》和《福建省海防管理工作暂行规定》等有关法规,提高法制观念。积极搞好"共建"工作,为国防建设做出努力。

3.大力开展国防教育,认真选取五年来在国防教育实践中创造出来的好的形式,继续改革创新,深化国防教育,增强师生的国防观念,搞好双拥工作。

4.总结军训经验,认真抓好1992—1996年学生的集中军事训练和军事理论课教学工作,严格按照《大纲》规定和要求,确保训练任务的圆满完成,并争取在军事理论研究方面更上一层楼,以实际行动迎接全国高校学生军训检查。

5.认真抓好武器弹药的管理工作,保证武器弹药的完好率,加强值班制度和管理制度。做好兵役登记工作和征兵工作,完成上级及军事部门下达的任务。

6.认真抓好《厦门大学机关人员守则》的贯彻执行,提高工作人员的政策水平和办事效率,加强组织纪律性,改善工作作风和服务态度,加强管理,廉洁奉公,树立全心全意为人民服务的思想,努力为实现第六次党代会提出的各项任务努力奋斗。

1992年1月

——本文摘录自《加强党的领导　深化国防教育改革》,党委办公室〔1992〕第6号,档号1992-DQ01-4

努力增强党组织的凝聚力和战斗力

——谈坚持“党要管党”的工作方针和“全心全意为人民服务”的根本宗旨

(1992年1月)

中共化学系总支

1991年，中共福建省委授予化学系党总支“先进党总支”奖匾和奖旗。这一光荣称号是对化学系党总支长期以来努力做好各方面工作的鼓励。总支下属的化学系、物理化学研究所、化工厂多年来教学、科学研究和生产成果丰硕，近年来还创立了我校乃至我省第一个国家重点实验室，建立了2个博士后科研流动站，又创办了材料化学、石油化工2个新专业。去年，又被国家教委首批批准建立理科基础科学研究和教学人才培养基地。化学系成为一个在国内外有一定影响的集体。1991年，还配合学校创办了化学工程系，成立了厦门大学化学化工学院。党总支为这些成绩的取得提供了强有力的思想政治保证。

化学系党总支长期以来，能较有成效地做好工作，体会是多方面的，而最主要的有以下三条。

一、总支坚持“党要管党”的工作方针，在党建方面努力做好工作，建立并长期坚持10个方面的制度

总支坚持“党要管党”的工作方针，党内的生活制度健全，坚持组织党员的学习；加强对党员的教育、管理；重视培养、发展新党员；努力做好党员、群众的思想政治工作。这些方面，总支基本上形成了制度，并且一直坚持下来，主要有以下10个方面：

1.坚持两周一次的组织生活制度(这样的组织生活如有可能尽量安排在业余时间不影响上班的工作)；

2.坚持每周六下午的政治学习制度；

3.坚持每学期过一次双重组织生活；

4.坚持每学期召开1～2次向总支和系行政工作提意见的会议(这样的会请工会的同志、团总支的同志、教研室主任、党支部书记参加)；

5.坚持在教工、研究生、本科生中组织党的知识学习小组活动；

6.坚持做好经常性的党员发展工作；

7.坚持结合党的中心工作和国际、国内形势，向党员进行专题报告或组织党员学习，以保证党员在思想政治上同党中央保持一致；

8.坚持每学期做出书面工作总结；

9.坚持根据学校的工作安排结合本系实际情况制订一学期的工作计划；

10.坚持每学期初召开总支党员大会，就上学期的工作总结和新学期的工作计划向党员报告。

上面所说的10个方面制度的坚持，我们都力求形式、内容和效果的三个统一。一个制度的坚持就是一篇大文章，要做到这三个统一，有好多事情可做。比如坚持在教职工、研究生和本科生中组织党的知识学习小组活动这一项工作，每个学期都要根据教职工、研究生、本科生不同层次的实际来确定学习内容，找出学习材料，拟订学习计划，给每个学习小组发考勤表、记录本；给他们上党课，组织学习的交流，还要

自己选编一些有针对性的学习材料,以弥补买的、发的、借的材料之不足,像我们的老书记王火同志亲自选编过《党员入党志愿书》,就是把我们本总支各方面表现比较好的共产党员当年入党填写的志愿书一一找出来,选编打印成册,发给参加学习的积极分子,像这样的材料是买不到也借不到的,但却很有学习的价值,很有现实的教育意义,因为积极分子既看到这些党员当年填写的入党志愿书,又看到学习、工作在他们身边的这些共产党员的实际表现,通过这种现实的教育使积极分子明白我们的党员的先锋模范作用,不但是写在纸上,而且是落实在行动上的,绝不是说说写写而已。发给入党积极分子自编学习材料,还有《马克思主义党的学说常识百题》《党的生活知识 112 题》等等,共已编印 6 册。这些学习材料,由于针对性较强,参加学习的师生员工反映效果不错。

上面说的,仅仅是前面讲的总支工作 10 个坚持,形成制度中关于在教职工、研究生和本科生中坚持党的知识学习小组活动这么一项工作。由于总支坚持抓了这些工作和党员同志平时注意党性的锻炼,所以在关键时候,共产党员的政治坚定性就充分表现出来了。比如在 1989 年春夏之交的那场政治风波期间,总支的同志、系行政领导、工会领导、各支部的领导和教职工党员除坚守各自的工作岗位外,都到第一线去做学生的教育疏导工作。当校园内出现反对四项基本原则的大字报、标语时,总支的同志在学生大会上理直气壮地强调必须坚持党的领导,与反动大字报、标语针锋相对地进行斗争,教育学生不要上当,不要误入歧途。即使是学生党员,他们在出面做同学的工作比较难奏效的情况下也能及时、主动将学生中的情绪、动态向组织上反映,以便组织上能够掌握情况、及时做好工作。由于我们的组织、干部、党员发挥了作用,全系上下 100 多名共产党员和 600 多名共青团员没有一个提出口头或书面的退党、退团声明,尽管在当时错综复杂的情况下,有的同志有过困惑,有过迷茫,但仍然相信我们的党,遵守党的政治纪律。表现特别突出的是已在国外获得博士学位的青年党员、副教授孙世刚同志,当时他正在加拿大进行科研合作,国内出现政治风波时,一些不明真相的熟人、朋友纷纷从美国、法国等地打去电话劝他暂时不要回国。合作研究的国外单位和导师也挽留他,加拿大移民局还要为他延长签证,在临行的前一天,加拿大航空公司也表示愿为他全额退掉订好的机票。所有这些都没使他动摇,他坚信我党会处理好问题的,义无反顾毅然如期回国。还有,在整体的利益与个人的利益发生冲突的时候,作为一名共产党员,怎么正确去处理这些关系,也是对党员党性的检验。一九九〇年上半年,现在的物理化学研究所所长吴辉煌教授有一个出国讲学的机会,可以出去开眼界,扩大知识面,还可以增加一点经济上的收入,何乐而不为?可那时也正是学校加紧筹建化工系、创办石油化工专业的时候,学校希望他留下来参加新系、新专业的创建工作,于是他留下不走了。还有现在的化学化工学院副院长许书楷副教授有作为高级访问学者出国的机会,为了工作也毅然放弃出国机会。另外,在学校里,一些人看来,科研重要于教学,客观上,在某些方面从事科研的也实惠于从事教学的,但是如果大家都往科研方面去,作为高校的一项首要的教学工作怎么办?在化学系,负担课程最重的,几乎都是党员,这些都从一个侧面体现了党员吃苦在前,享受在后的高尚情操。不计较个人得失,默默奉献的共产党员在我们的教师队伍中大有人在,在我们的行政、政工、后勤队伍中,也是很突出的,比如我们系早些年就评上讲师的几位年轻同志,像庄栋良、潘宝柱、黄基钊等,他们原来从事的是教学科研工作,由于工作需要他们调换工作,改行搞行政、政工,他们便无条件服从组织需要。调换工作以后,一个人要管一大摊事情,工作时间长,烦恼的事情多,待遇报酬有的还不如讲师,早出晚归,经常还要挨家庭埋怨,我们的一大摊后勤、行政、政工工作,特别是在现在还难以都做到按劳付酬的大小环境里,如果没有像这样一些默默奉献、任劳任怨的共产党员在那里起带头、骨干作用,要做好工作更是困难。还有这么多干部,总支、行政、工会的兼职的同志,不但没多得什么好处,还要多工作多辛苦,有时还要得罪人,如果没有奉献精神,就不可能在那里勤勤恳恳地干好工作。

二、总支努力履行我党"全心全意为人民服务"的根本宗旨,坚持密切联系师生员工的工作作风,努力为师生员工办实事

"全心全意为人民服务"是我们党的根本宗旨。密切党组织与群众的血肉联系是我们党"全心全意为人民服务"的根本宗旨在我们工作作风中的体现。切实地关心和帮助师生员工解决工作、学习和生活中各种各样的困难和问题,是化学系总支一贯的工作作风。全系一千多名师生员工,不论哪一位同志碰上什么问题,总会有总支、支部、行政、工会的领导出现在他们的面前。对子女的升学、就业,患病的检查治疗,经济困难的克服,家庭矛盾的解决,喜事的庆贺,丧事的处理等等,总支领导都要切实给予关心,有困难、问题需要解决的,只要是在政策范围之内,都会请有关同志、有关部门帮助解决,这种帮助力求落到实处,而不是停留在口头上,确实解决不了的,也要向当事同志说明原因。这样,困难、问题得到解决的心情舒畅;解决不了的也不会有意见。就是对已经离退休的同志或已经去世的教职工的遗属,同样继续给予关心,不存在"人在人情在,人一走茶就凉"的现象。有一位叫江中游的职工1979年退休回同安,他的工资等关系都已转到当地民政部门,但是每年的春节、暑假,系里都要派人前往同安登门探望,带去组织和同志们的温暖。还有一位1963年留校任教的付孙利教师,1970年下放三明,关系也都转去了,不久在三明病逝。这位教师的母亲、爱人、子女等遗属一家在上海,20多年来,系总支没有忘记这位已故教师的遗属,每年春节都寄去慰问信,汇去补助款,系里的同志到上海出差,总支也要交代上他家看看。

对待国内的同志是这样,对于出国的同志也是如此。改革开放以来,化学系共有70多位教师出国访问、进修、合作科研或留学,对于这些同志,不管他们的家属在国内或到国外,凡是遇到困难,组织上总是给予真诚的关心、帮助,组织上的关怀使他们感到温暖,至今学成归来或出访归来的已有50多位同志。尽管还有一些同志未归,我们仍然与他们保持联系,除了平时的信件往来外,每年的12月份都要给在国外、境外的同志寄去慰问信,介绍国家,特别是我校、我系这一年来的发展、变化。我们通过这些工作,让他们知道,我们不但没有忘记他们,而且把他们当作自家人惦记着。在外学习、工作的同志也不忘关心系里的工作,如这次国家教委批准我们建立人才培养基地,需要外面的教材以供参考,在外的同志知道后纷纷寄来资料、材料;还有系里建立危重病基金也同样得到他们的支持,同志们慷慨解囊,确实是身在异邦,心系母校。

对于学生,总支在给予严格要求的同时,也尽量密切与他们的关系,努力帮助他们解决一些实际问题,保持与同学们的密切联系。除了班主任、辅导员的辛勤工作外,总支还在学生集中的芙蓉一学生宿舍楼设立"联系箱—回音板",方便同学们提意见,提问题,提建议。这个"联系箱—回音板"自1988年下半年设置以来,已收到190多封同学来信,有反映开水供应、宿舍环境、东西被窃、食堂伙食、用水紧张等生活问题,也有反映一些同学的违纪不良行为,也有谈及自己的思想郁闷,情绪低落,还有反映教学上、行政管理上的问题,还有对学校的管理和学生的教育工作提意见的。对于同学们反映的各种各样的问题、意见,有的是该找学校有关部门联系解决的,有的是我们自己可以做到的,不管是要通过什么途径解决,只要是正当的,能够做到的,我们都千方百计予以落实。不合理的或者应该的但条件尚不具备的也给予说明。所有这些,如果可以在回音板上公开答复的就给予公开答复,不好公开答复的就给予个别答复。一些反映思想问题的也能引起关注,给予疏导。这样的"联系箱—回音板"做法,有联系,有回音,联系的渠道很畅通,效果自不待言。这些工作,使同学们感受到:组织上不只是在教育、要求他们要做到"这个那个",而且是在切切实实关心、爱护、帮助他们。由此,也进一步密切了领导与同学的关系,对我们的思想政治教育工作是大有好处的。总之,我们坚持以"爱动其心"和"严导其行"并重的方针努力引导我们的同学朝着积极、健康向上的方向成长。

三、总支主要领导人的作用

在有一千多名师生员工的集体,多少年来,党内外同志有什么意见或问题都乐于找总支反映,全系上

下,大家工作、学习心情舒畅,师生员工和谐向上,呈现一派生机勃勃的喜人景象。总支在党内外群众中为什么有这样的凝聚力,有这样的威望呢?究其原因,其中非常重要的一条就是总支领导心中装着群众,为群众办实事。通过许许多多一件件一桩桩的实实在在的工作,总支把党的优良传统优良作风渗透到全系师生员工的心里,使大家切身感受到党组织的温暖。我们这么一个总支,所属师生员工一千多名,党员170多个,下面支部十几个;总支下属的机构多,而且层次比较高,除了化学系外还有固体表面物理化学国家重点实验室、物理化学研究所、博士后科研流动站等等,人员、机构比较多。多年来这么个大摊子如果从好的方面来说,给人家的印象似乎是:①工作成绩还不错;②领导班子团结;③党、政、群关系密切。工作要有成绩,没有群众的热情、群众的积极性当然是不可能的。要使群众的积极性调动起来又能形成集体的力量,就得靠领导(包括个人领导和集体领导),要调动群众的积极性,要群众团结起来形成合力,领导首先就得团结协调,如果不是这样,就会出现群龙无首的局面。其次领导要联系群众,关心、了解、爱护、帮助他们,如果不替师生员工排忧解难,对他们漠不关心,群众的积极性就难以调动起来。这些都是密切联系的,不是孤立的。这里所说的领导,其实就是中国共产党,因为我们是执政党,在我们这么一个总支下属的行政机构中,行政领导主要也是共产党员。要完成校党委或上级组织布置下来的工作,或者是行政方面布置下来的任务,非常重要的一条就是使我们的共产党员——党的支部——总支上下能贯通,能形成整体的力量。既要做到领导层团结,又要做到上下一致,我们靠的很重要的一条就是前面所说的建立和坚持一些党内生活的制度,通过这些组织生活的磨炼砥砺,提高党性修养,形成整体力量。这些制度要建立是不怎么困难的,可要坚持就不那么容易了。这些年来,不管社会上刮的是东南风,还是西北风,我们硬是这样坚持下来了,我们能做出一点成绩,也就是坚持下来的结果。

我们的总支能有成效地做好一些工作,除了支部、党员的因素外,还有很重要的一条是总支的领头人的领导作用。回顾一下解放以来,在化学系担任党的领导工作的几位同志,他们是刘正坤、林仲柔、王火三位同志。时间最长的是刘正坤同志,再来是王火同志。他们有这么一些共同点:一是上过大学受过高等教育;二是长期在高校从事党的思想政治工作;三是受过革命战争年代的磨炼、熏陶,有着我党思想政治工作光荣传统和实践经验。他们信念坚定,又熟悉高等学校工作的规律,又有在高校从事党的思想政治工作的丰富经验,还有为党和人民辛勤工作的崇高的奉献精神。这样的同志来担任党的一级组织的领导,既能掌好舵,又在工作中身体力行,团结、带领一班人一起干,这是做好工作的一个非常重要的因素。现在,书记换年轻的同志了,又要经受改革开放、商品经济、"和平演变"的严峻考验,是继往开来还是败下来了,对年轻同志是严峻的考验,同时又是实际的锻炼。

有关化学系总支的工作,1991年8月5日《厦门日报》头版头条有一篇报社记者采写的通讯,题目是《凝聚力在这里产生——记厦门大学化学系党总支》,还有,《厦门大学》校刊1991年6月30日的第252期也有一篇报道,题目是《坚持党要管党　密切联系群众　化学系党总支富有凝聚力》,如有同志感兴趣,可以去翻翻。

1992年1月

——本文摘录自《努力增强党组织的凝聚力和战斗力——谈坚持"党要管党"的工作方针和"全心全意为人民服务"的根本宗旨》,党委办公室〔1992〕第15号,档号1992-DQ01-4

在培养研究生工作中发挥党支部的战斗堡垒作用

(1992 年 1 月)

中共财金系总支委员会

我系财政学和货币银行学两个专业现有研究生 111 人，是全校研究生最多的系。培养的研究生层次多，规格齐全，既有博士生，也有硕士生；既有应届的和非应届的教科型研究生，也有应用型研究生。系总支为加强党对研究生培养工作的领导，加强研究生的思想政治教育和管理工作，“把支部建在连上”，1986 年成立了研究生党支部，现有党员 22 人。几年来，研究生党支部在校党委和系党总支的直接领导和关怀下，在研究生院和学校有关部门的支持帮助下，我们在研究生党支部的思想建设、组织建设方面，在研究生的专业学习、科研和生活管理方面，取得了显著的成绩，真正发挥了战斗堡垒作用，并具有自身的几个特点：

一、支部一班人思想过硬，团结协调，廉洁奉公，严于律己，能在政治上较好地发挥领导核心作用，学习、工作中起先锋模范作用，在群众中享有较高的威信。首先，系党总支对研究生支部成员的挑选都注意严格的要求，对每年改选增补的委员人选，均由政治思想上和业务上过硬的同志来担任。支部书记由系总支副书记陈大靖同志兼任。去年下半年改选后的支部成员中有应用型研究生蒋博，博士生承浩(女)、刘雨初和王柯。支部共分三个党小组，组织机构健全，既有分工又有合作，使党的建设和各项工作能有序地开展。党内生活制度能正常进行，基本上保持“两周一会”制度(即每两周召开一次支部大会或党小组会)，及时向全体党员传达中央、省市委和校党委有关文件精神，结合对党员进行形势任务教育、党的“三基知识”教育，同时开展批评和自我批评，做到同志之间互相帮助，提高觉悟，增强党的观念，加强党员的自我教育。

二、坚持培养研究生的正确政治方向，使他们在风云变幻的国际形势下能经得起“和平演变”和反“和平演变”斗争的考验。坚持党在社会主义初级阶段的基本路线，成为社会主义现代化建设的专门人才。我们深深地懂得，研究生教育是我国高层次的教育，是培养科技、教育、文化战线上的“国家队”。今天的研究生就是明天的国家栋梁。我们要培养又红又专，德、智、体全面发展的社会主义事业的建设者和接班人，而不是反党反社会主义事业的“精英”，更不是社会主义事业的掘墓人。有句俗话说：“智少是次品，体差是废品，德缺是危险品。”这是颇能发人深省的。政治上的坚定性有赖于扎实的马列主义理论修养和无产阶级先锋队的觉悟。我们重视在研究生中开设马列主义基础理论课，如“资本论”“资本论和社会主义初级阶段”“马克思、恩格斯财政思想研究”等课程，一方面让他们掌握马克思主义的基本理论，一方面用马克思主义的方法、观点、方式来指导专业学习。在前几年，有的同学对马列主义经典著作学习不感兴趣，认为《资本论》的学习没有必要，有的甚至认为《资本论》已经过时，不适用于当前改革开放的新形势等等。因此有的同学希望免修这门课。有的虽然修了，但不够重视，缺课人数较多。党支部了解到这种情况之后，及时对个别有模糊认识的同学进行教育。同时，党总支和党支部的负责同志，还在党内外各种会议上，反复强调学习马列主义经典著作的重要性和必要性，及时纠正了那种错误倾向。这几年来，政治上的“防震”工作年年有，对此，我们也一直很重视做好。特别是一九八九年春夏之交发生的那场政治风波中，党支部一班人都立场坚定、旗帜鲜明地站在反对动乱和暴乱斗争的第一线，带领全体党员，发挥党支部的战斗堡垒作用。在斗争极为激烈，由于少数动乱分子的干扰，造成学校教学秩序不能正常维持的情况下，我系的研究生教学工作，在全体党员的努力带领下，在研究生导师的配合下，全体研究生仍然坚持正常上课。有关研究生的论文答辩、毕业分配都按时完成。在动乱中个别研究生的模糊认识和过激言行,支部做了大量的教育和疏导工作。如有一位同志,五月份到大连参加青年财政工作会议,会后又去了北京,受到了一些影响。回校后在"三家村"做了"介绍北京状况"的几次演讲,犯了错误。针对这种情况,在平息暴乱后,我校开展清查清理工作,我们支部和老师多次找他谈话,帮助和教育他,使他认识到了错误。在提高了认识分清是非之后,认真地做了检讨,表示要痛改前非。在他走上工作岗位后,还多次给研究生党支部来信,感谢党组织对他的爱护、关怀和帮助,决心在实际工作岗位上勤奋工作,改正错误,不辜负党和老师们的期望。在学校发生动乱期间,还有一位毕业班的研究生,说是要搞"民主运动",没有时间写毕业论文,后经党组织和导师的严肃批评,他认识了错误,终于按规定完成了毕业论文和论文答辩。

在国际形势风云变幻,国际共产主义运动处于低潮的情况下,我们还重视结合各个时期国内外形势,对研究生进行形势教育。我们组织党员学习《毛泽东选集》中有关反对"和平演变",坚持社会主义道路的著作,使大家进一步明确了资本主义必然灭亡,社会主义必然胜利的历史发展规律,同时结合学习江泽民"七一"重要讲话,使党员明确当代共产党人的历史使命,坚定共产主义信念。我们还请马列教学部的老师,为研究生做关于苏东形势和我国对策的报告,正确认识当前共产主义运动的形势,明确坚持走建设有中国特色的社会主义道路,一心一意搞好我国的现代化建设的重要性。在江泽民总书记视察我校后做的重要讲话传达后,党支部及时组织全体党员认真学习,使大家充分认识到党和国家对大学生、研究生寄予的厚望,充分认识到青年学生的社会责任感和时代使命感。

三、重视抓好发展党员的工作,加强党的组织建设。我们组织党章学习小组,有计划有组织地对争取入党的积极分子进行考察和教育。现有二十多位研究生向支部递交了入党申请书,积极主动向党组织靠拢,接受党组织的考察。对要求上进的积极分子,支部都建立了档案,派正式党员同他们联系和对他们的表现进行考察,要求他们定期向组织汇报。同时对他们加强教育,帮助他们不断提高政治觉悟,从一九八九年以来,我系开始招收应用类研究生,我们为保证质量,保持对积极分子考察过程的连续性,支部及时发函到研究生原单位了解情况。在履行入党手续时,坚持做到政治上严格把关,手续上一丝不苟,坚持成熟一个发展一个的原则。一九八六年至一九九一年间支部共发展党员 30 多名,每学期都有发展几名,保证了新党员的政治素质,为党组织增添了新的血液,从而从整体上推动了我系研究生思想政治工作的顺利开展。对研究生学习期间因条件未成熟还没有发展的积极分子,支部都认真负责地在他们毕业时做好鉴定,转到新单位继续培养。

四、重视对研究生的综合培养以利于他们全面发展。在支部的领导下,我系研究生在学习、科研和社会实践等方面,都取得了显著的成绩,在已经毕业的 130 多名研究生中,都在教学、科研和实际业务部门成为骨干,担任起重任。有些同时已经是处级和副处级以上的干部。在综合培养方面,我们做了以下几项工作:

1.重视系研究生会、共青团和班级干部的选拔和管理。对干部人选,我们多注意广泛地征求意见,严格审查,保证让那些政治素质好,有一定业务水平又有领导才能的同志担任,以便从各方面为抓好研究生工作创造一个好的育人环境。对每届研究生会,系党总支都给予具体指导,帮助他们制订好工作计划。研究生会的成员也能团结协调,使工作顺利开展。此外,我们还向每一届新成立的校研究生会推荐校一级研究生干部人选,校研究生会的一些主要领导骨干都有我系的研究生担任。他们在工作中也不负组织的期望,出色地完成工作任务。

2.重视研究生的科研活动和社会实践活动。为了培养研究生从事科研和学术活动的能力,我们经常邀请国内外专家教授为他们做学术报告。系里还专门给研究生拨出科研经费,支持他们举办讲座、召开学术讨论会和征文评奖活动。这些活动大大活跃了研究生的学术气氛,同时也为他们多出科研成果创造好了条件。据不完全统计,我系研究生已出版和即将出版的专著、译著有 18 部,在国内外各种刊物上发表的文章数百篇,其中一九八九级应用型研究生在校期间发表的论文就有 65 篇。

为加强研究生的实践能力方面的培养,使他们理论联系实际,学以致用,我们组织他们到银行、财税等实际部门做深入系统的调查研究,掌握丰富的实际情况和材料,为他们写好专业论文提供重要参考材料。如一九八九级应用类研究生，就利用暑假到厦门特区各家银行做调查研究，在掌握资料的基础上撰写了有一定水平的论文，其中有五六篇论文参加了厦门市金融学术会议，受到了与会学术界和金融实务工作者的好评。

3.组织研究生开展课余文化娱乐活动，寓教于各种有益的活动之中。支部利用节假日组织研究生或到厦门岛附近的小岛参观游览，或组织足球赛、象棋比赛或举办周末舞会等等，这些课余的文娱体育活动丰富了他们的业余文化生活，让他们陶冶情操、开阔眼界等，对学习效率的提高很有帮助。

4.培养研究生的崇高道德风尚。同学之间关系融洽、团结友爱。如一九八八级研究生陈跃进手受伤之后，同学们都给予关心和帮助，同学们自己凑了 200 多元，为陈跃进同学治伤养病排忧解难。一九八九级夏祥芳同学在外校进修期间、林杰在外出进行调查时患了病，同学们都给予了无私的帮助。这充分体现了新时期研究生团结互助、助人为乐的精神风貌。

财金系研究生党支部所做的工作和取得的成绩，得到了学校和中国人民银行总行的肯定。到目前为止共有“光华奖学金”获得者 26 名，获“进雄奖学金”1 名，“亚南奖学金”1 名，“嘉庚奖学金”1 名，“中安奖学金”2 名，校“优秀党员”1 名。1991 年 7 月由人民银行总行牵头，四大专业银行的总行及人民大学、南开大学、上海财经大学、西南财经大学、人民银行总行研究生部在我校召开的全国应用类研究生培养工作座谈会上，对我系 1989 级应用型研究生的培养试点工作给予了肯定和好评。

总之，财金系研究生党支部，近几年来在校、系党组织的关怀下，在思想建设、组织建设、人才培养和日常管理中都取得了一定的成绩，积累了一定的经验。当然，由于财金系存在着系规模大，人数多，研究生培养层次类型多样等特点，在教育和管理过程中某些工作环节还没有做深做细，在如何抓好典型带动一般方面，也还有不足之处。我们决心在今后的工作实践中继续努力，不断地总结经验，把研究生党支部工作做得更好。

1992 年 1 月

——本文摘录自《在培养研究生工作中发挥党支部的战斗堡垒作用》，党委办公室〔1992〕第 16 号，档号 1992-DQ01-4

发挥党支部战斗堡垒作用和党员先锋模范作用

(1992年1月)

法律系研究生党支部

法律系现有硕士、博士研究生42名,其中党员13名,约占三分之一。在系党总支领导教育下,系研究生党支部根据研究生特点,积极探索工作路子,发挥党支部战斗堡垒作用和党员先锋模范作用,促进研究生工作的长足进步。从1990年至今,发展党员6人,培养重点发展对象6人,积极分子6人;全系21人次获得"优秀党员""三好生"等光荣称号和"光华""进雄"奖学金;1人承担省涉台法学科研项目;1人以论文参加了"立法与现代化"国际研讨会;10多人次参加省级法学研讨会,共有28篇论文发表在国家级、省级法学杂志上。1991年党支部被评为全校唯一的研究生先进党支部。总结过去,我们主要的做法和体会是:

一、做好支部思想和组织建设,发挥党员先锋模范作用

1.把思想建设放在首位,提高党员政治素质

我们健全党内政治学习制度,每两周集中学习一次。两年来,除及时传达党中央及校党委布置的有关文件外,还组织学习了《"三基"110题》《党员学习材料350题》等有关内容,组织了针对性的讨论和辅导讲座。

我们还健全党内民主生活会制度。每月组织全体党员讨论支部近期工作安排,对支部工作提出建议;研究确定入党积极分子、发展对象等;在党员评议后,继续开展批评与自我批评活动,这就增加了党支部工作的重要性,增进了党员、支委间的团结和集体荣誉感。

我们还开展新时期研究生党员具体标准是什么的讨论,使党员认识到:改革开放时期的党员标准不能降低放宽,相反学生党员应根据自身特点,正确把握党员标准的时代特征,把党员标准具体化到研究生平时政治觉悟、思想品德、专业研究、社会工作等实际表现中,更严格地以党员标准要求自己,争创优秀党员和先进支部。

2.狠抓党员的模范带头作用

履行党员义务是判断党员合格与否的重要尺度,党支部重点抓党员对义务的履行。每个党员,无论是否担任学生干部,都要承担党支部分配的做联系人等项工作;凡要求同学做到的,党员要首先做到、党员干部带头做到。正是通过思想建设、党员标准和党员义务教育,广大党员在政治上、专业学习上、社会工作中起带头骨干作用十分明显。例如:两年来,我系12人获"光华""进雄"奖学金,其中党员占9人,1991年我系6人获"三好生""优秀学生干部"等光荣称号,其中党员5人。我系研究生中唯一省级科研项目和国际学术研讨会均是党员承担或参加。平时党员带头关心群众生活,为群众排忧解难,如:我系一位同学病重,支部组织党员送往医院,昼夜陪伴,一位党员还牺牲暑假时间,对患病者关心备至,受到群众的好评。

3.扩大积极分子队伍,培养发展党员,增强支部的新生活力

我们把组织发展工作的着重点转移到对积极分子、重点发展对象的培养教育上,帮助他们提高对党的认识,坚定共产主义信念,端正入党动机。通过直接领导党章学习小组和确定培养联系人的做法,对积

极分子和发展对象做细致的指导、帮助和考察工作。党支部每季度对积极分子队伍做一次分析，每半年对发展对象做一次全面的考察。支部还自制了“建党对象考察登记表”，由党支部和培养考察人将发展对象的思想、品德、学习及工作等具体表现陆续记载于表内，以保证党支部将培养发展工作落到实处。

在确定发展对象时，党支部广泛征求党内外意见：一是听取联系人的介绍，认真审查发展对象的入党动机、思想品德等情况；二是开全体党员大会，征询党员意见，必要时以无记名投票方式征求党员意见；三是召开群众座谈会，听取群众的意见及建议；四是党支部根据收集的意见，指定支委负责对发展对象进行具体的教育帮助，指出缺点，促其改正，做到坚持党员标准，保证新党员质量。

二、做好群众思想政治工作，不断提高政治学习质量

针对文科研究文化理论层次高，自学与思考问题能力比较强的特点，特别是我系研究生有80%是在职干部，有一定社会工作实际经验的实际情况，党支部根据研究生特点，把改进思想政治教育方式作为改善和加强党的领导的突破口来抓，主要做法是：

1.研究生政治学习，采用自学为主，适当辅导，集中抓好专题讨论，写学习心得体会的方法，学习效果较好。学习江泽民同志“七一讲话”时，支部按系总支布置的内容和要求，在通谈全文的基础上，分四个专题自学，二次组织党员听教授专家的专题辅导讲座，集中抓好专题讨论，要求写好发言提纲并踊跃发言，这样，讨论认真热烈，畅谈学习认识，坦诚交流思想，把思想统一到讲话的内容上。学习结束后，每人联系思想、联系实际写出心得体会，如：《国情与党的基本路线的认识》《苏联变化的教训与启示》《在法学研究中坚持和发展马列主义》等文章，这就巩固与提高了学习效果，进一步明确了政治方向和政治原则，坚定了社会主义信念。1992年元旦，党支部精选了十多篇心得体会，出版“元旦特刊”，以互相交流，扩大成果，宣传榜样。

2.政治学习注重“三结合”，提高学习的生动性和针对性。

政治学习与党章学习相结合。党章是党的最基本的纲领性文件，我们注意把政治学习内容结合党章相应部分一起学。如：我们把江泽民同志“七一讲话”第一专题结合党章的总纲、党的性质、任务一起学，既加深了对党章的认识，又认识到党的领导地位、核心作用的形成是客观历史的必然。

政治学习与国内外实际相结合。党支部组织研究生联系现实、联系国情，运用政治学习中的马列主义观点分析国情，分析国内外形势，加强形势教育。例如：运用学习江泽民同志“七一讲话”第四专题中党面临考验和反“和平演变”的重要性的观点，分析苏联“和平演变”给苏联人民及国际社会和平带来的危害，增强研究生坚持社会主义方向，反对“和平演变”的信念。

政治学习与研究生政治理论课程学习相结合。党支部要求研究生平时学好“反杜林论”“社会主义法哲学”等课程，把马列主义基本立场、观点与政治学习相结合，用理论分析解决问题，提高政治学习针对性。例如：运用《反杜林论》序言中，社会主义从空想到科学的理论，结合江泽民“七一讲话”第三专题，讨论中国共产党的庄严使命和当前任务。

3.根据法学专业特点，引导组织研究生参加社会实践、服务社会。

党支部认为：组织社会实践活动，服务社会，认识国情是支部开展生动活泼、富有教育意义活动的重要方法，根据专业和青年特点，我们开展了法律咨询、到律师事务所实习、参加企业法律协会、社会调查等活动，寓教于活动中，使研究生从感性上认识国情，增强社会责任感。

三、做好指导与帮助学生会、团支部的工作，发挥党支部的核心作用

指导和帮助研究生会、团支部开展工作是党支部的一项重要工作，也是发挥党支部核心作用的重要表现。首先，支部主持抓好两届学生会和团支部的换届改选工作。经过考察与党总支研究，向研究生会和团支部推荐了主要干部。由于干部责任心强，能力好，研究生分会与团支部的工作蓬勃开展，使我系良

好的学风与活泼的生活环境逐步建立。

其次,党支部帮助研究生分会和团支部根据专业特点和青年特点,突出组织了几次社会实践活动:①利用节日组织研究生在厦门市文化宫、同安县等地举办多次法律咨询活动,解答群众法律问题上百个,既了解社会,又服务社会。②适当组织研究生到厦门特区参观优秀企业、厦门大桥工程等,深化研究生对改革开放、对国情的感性认识。③组织六位已取得律师资格的同学参加厦门市企业法律协会,按企业法律需要、义务提供法律服务,并选派一名积极分子为该会秘书长,处理日常事务。④组织研究生到律师事务所实习,进行实战考验。⑤鼓励与要求同学结合专业知识,利用假日及业余时间,开展社会调查。一年来,写出《我省审理涉台民事案件情况的调查报告》等八篇,四篇发表于专业杂志。以上活动,加深了研究生了解社会,认识国情,增强社会责任感,收到良好的教育效果。

最后,党支部协助研究生分会和团支部开展经常性的工作,如:学术讲座活动,每年一次的迎新,节日文体活动,"五四""一二·九"座谈会,制定"法律系研究生宿舍文明公约",创建文明宿舍等。党支部还鼓励党员群众学雷锋、做好事。1991 年主动出工上百人次为系里搬家具;组织 10 多人,费时 10 多天为系图书室整理图书,编目录卡二万多册。这些充分说明了党支部在研究生中的核心作用已逐步形成,法律系研究生热爱集体,服务社会,人人求上进已蔚然成风。

1992 年 1 月

——本文摘录自《发挥党支部战斗堡垒作用和党员先锋模范作用》,党委办公室〔1992〕第 17 号,档号 1992-DQ01-4

群策群力，加强思想政治工作

（1992 年 1 月）

中共厦门大学图书馆直属支部

厦大图书馆是我省几家大馆之一，馆舍大，藏书多，在省内图书资料行列中颇具影响。总的说来，图书馆的各项工作还是较齐整的，领导班子能团结一致，大多数党员能以身作则，安心本分工作，大多数职工能尽职尽责，工、青、团、妇、民主党派人士能围绕在党支部周围，为共同搞好本馆工作而努力奋斗，上级交予的任务能够完成，还能注意适应新的形势，不断有所改革，有所进步，因此常受到学校和上级有关部门的表扬。

然而长期以来图书馆的工作没有受到应有的重视，有一个阶段甚至把图书馆当作“收容所”，这就造成图书资料工作被人瞧不起，自己也瞧不起。厦门经济特区建立以来，因为经济生活的变化和人们物质生活水平的提高，“向钱看”的思潮严重冲击了厦大师生的思想，同时也严重地影响着图书馆的各项工作。有些人认为在图书馆工作既无“前途”，又无“钱途”，有些人则比较图书馆与系所资料室的工作，感到图书馆管得紧、工作重，既无时间，又没钱财，加上有些人喜欢传播小消息，人际关系变得很复杂，因此“人心思走”，离心力很大，职工队伍很不稳定，一些党员同志也存在这种情况，这就给图书馆的工作造成了困难。

另一个情况是由于前几年淡化党的领导，尤其是 1989 年北京的那一场政治风波，图书馆一些青年党员受到了影响，思想涣散，消极情绪较为普遍。

针对着上述这些情况，图书馆的党支部分别从几个方面进行工作，以加强支部的战斗堡垒作用。

一、借助整党东风，整顿组织、健全支部生活

图书馆支部目前有正式党员 20 人，其中 5 名是离退休老党员。1990 年初支部的几位领导同志相继离休，支部委员会实际上只剩下二个人。同时，从当时的民主评议党员，党员重新登记的情况看，不少党员持有独善其身的想法，“事不关己，高高挂起”，不愿多管事，不愿承担社会工作，或者认识糊涂，对动乱有错误看法，或者不安心工作，希望能换个地方，不能起到党员应有的模范带头作用，因此有些群众埋怨说：“图书馆有的党员有时还不如群众！”针对着这种情况，党支部于 1990 年下半年进行了整顿改选，增补了三位新支委，做了细致分工，明确分管的职责，同时考虑到退休党员的特点，新设立一个退休党员小组。为了保证支部工作能够正常进行，支部大会决定，应该使支部各项工作制度化、规范化，从制度上保证支部的核心作用和堡垒作用。支部规定，每个月第一周星期四下午为支部大会时间，以后不再另行通知，党小组每二个月过一次组织生活会，每季度研究一次组织发展工作，每半年召开一次图书馆工、青、团、妇、民主党派人士座谈会，每学期开始，支部必须订立工作计划，学期结束时，党支部要做工作小结；鉴于目前党内思想认识情况，支部还强调必须组织党员定期学习马列主义理论、毛泽东思想，学习政治时事，学习哲学，以提高大家的认识水平，真正在思想上入党。

图书馆现在的三位馆领导都是中共党员，这是搞好工作的有利条件，支部规定，馆领导同志二个月过一次双重组织生活会，以沟通思想，统一认识，齐心协力，搞好工作。

一年多以来，我们坚持了这些制度，很多事实证明，这些制度对于我们增强党的观念、增强党性，提高党的战斗力，坚定共产主义信念，是有利的。譬如我们坚持了领导干部过双重组织生活，有些问题平时难

以开口,在会上却可以得到较完美的解决;坚持每月一次支部大会,上级党委的指示精神可以及时得到贯彻落实,党员可以做到先走一步,有利于起到带头作用。

二、坚持思想建党,增强支部的战斗堡垒作用

坚持思想建党,加强党员的马克思主义、毛泽东思想理论学习,历来是我们党的立党根本,也是我们党区别于其他政党的显著标志之一。前几年,党内的思想教育工作放松了,党员的素质降低了,这就严重影响了我们党的战斗性。为了增强党支部的战斗堡垒作用,支部重视党员的政治理论学习,结合时事,有针对性地提一些问题来进行讨论,做到敞开思想,明辨是非,统一认识,提高水平。如今年八九月间,面对苏联国内所起的变化,支部组织党员学习江泽民同志的七一讲话,谈我国形势,结合苏东情况,认清我们的基本国情,站稳脚跟,坚定信仰,提高信心,与党中央保持高度的一致。我们通过比较,认识到苏东的变化,是从量变到质变的结果,它们那儿的情况,与我们国内不一样,我们正在走的道路,是具有中国特色的社会主义,我们的改革是相当成功的,我们国内现在是政治清明、经济发展、人心安定的,这说明我们的路子是走对了,因此我们一定要坚定社会主义信念,走自己的路,今年夏天江淮的抗洪胜利也充分说明了我们的社会主义制度具有强大的凝聚力和生命力。

党支部还组织大家学习中央领导的有关讲话,加强为人民服务的思想观念,结合本职工作,认清自己的工作与培养和教育革命事业接班人有关,关系到我们的革命事业成败的大问题,因此尽管我们的工作环境较苦,任务较重,却是十分光荣的。

去年十二月十九日,厦门经济特区举办特区十周年庆祝活动,中共中央总书记江泽民同志来厦参加。庆典期间,江总书记到厦大看望广大师生,受到了热烈的欢迎。江泽民同志和部分师生代表座谈了近五十分钟,做了十分重要的指示,这是一种莫大的关怀。过后,校党委专门做了一个决定,要求大家认真学习江总书记的讲话精神,我们支部也认真贯彻了这个决定。我们觉得,江泽民同志所说的"学一行,干一行,爱一行",不仅是对学生讲的,也是对我们的鞭策和鼓励。图书馆是高校办学的"三大支柱"之一,担负着教学与科研的重大任务,目前我们的国家正处于伟大的经济变革时期,"科学技术是第一生产力",而图书馆所具的"情报职能"是可以化为生产力,为经济建设服务的,我们的工作绝不是简单的"借借还还",我们不仅要安心工作,还应提高自己的业务能力,搞一些科研,为我校乃至我市的工作做出贡献。

经过学习,党员的思想有了较明显的提高,一些同志主动要求承担工作,协助做青年人的思想政治工作。如有的同志"文革"中做了一些错事,长期以来很怕再惹是生非,对一些事常持沉默态度,小心谨慎,但求无过,近来则经常主动向支部提建议,帮助年轻干部搞好工作。还有一位老党员,去年孩子因公殉职,家中困难重重,但他顾不得自己身体有病和家中的困难,依然一心一意扑在图书馆的工作上,为的是更好地帮助本部门做好清理积压问题,事迹十分感人。

三、注意培养党外积极分子,做好支部组织发展工作

由于不安心工作,一些人尽管表现不错,却不愿提出入党申请,尤其是一些青年人。还有些老同志虽然很早就提出了申请,却因为还有这个或那个问题,一时难以解决,造成思想上一些情绪,党支部对这些情况做了分析,认为不能光是"坐着等",还要主动关心,"拉"一把。支部每季度一次研究组织发展工作,各小组汇报情况,专人负责,计划发展,做到实事求是,不急于求成,又热情关心,认真负责,尽可能地帮助他们提高思想觉悟。

党支部于去年初组织了一个党章学习小组,学习党的"三基",学习哲学和时事,请老同志讲党章,结合苏联、东欧变化讲社会主义与民主社会主义的区别。支部几次召开党外积极分子座谈会,交流思想,请他们提出批评与建议,如去年"自查"工作中,我们就请了这些同志谈谈对图书馆党政领导有什么看法,本学期末又召开一次座谈会,请大家谈谈对近期国内外情况的看法。

由于注意抓好这方面的工作,目前又有三位青年同志提出申请,支部正在积极培养。

四、密切联系群众,关心群众的利益和要求,做好群众工作

图书馆人员目前有“二多”,退休人员多,女同志多。我们于 1990 年底成立了一个“离退休教职工工作领导小组”,由支部书记任组长,工会主席和二位退休同志任副组长。支部经常关心离退休同志的生活,领导小组征求同志们的意见以后,定每月 15 日为离退休同志活动时间,馆里为他们提供活动场所,支持活动经费,安排活动内容,如去年国庆到元旦期间,我们就组织这些老同志参加了几次活动:中秋博饼,国庆文艺晚会,敬老节祝寿,请到海外探亲的老同志谈观感,元旦图书馆游园等。通过这些活动,联络了老同志与在馆人员的感情,又了解了这些老同志的困难,及时帮助他们解决。

对于本馆职工的困难,如生老病痛,家庭不幸,邻里不和,住房困难等,支部都尽可能地给予关心。尽管我们的能力有限,有些问题不一定解决得了,但我们尽了心,出了力,同志们也看在眼里,感动在心里,这些都有利于党群关系、干群关系,也有利于日常的工作。

党支部还注意指导和协助工会、共青团搞好工作,如逢年过节,支部与馆行政都得协助工会办好一次文化活动,从筹集资金、组织人员,到安排活动内容,一一做了计划,以丰富职工的文化生活。团员教评,支部一定指定专人参加,帮助指导,保证工作的顺利完成。

图书馆的妇女同志占多数,大家都说不止“半边天”,因此重视妇女工作,关系到本馆各项工作的成败。馆领导除了关心女同志的思想和生活以外,还注意发挥她们的作用。去年校工会成立校女工委员会时,图书馆极力推荐馆内一些优秀女职工前往参加。今年学校举行“巾帼建功”活动,党支部认真执行校“巾帼建功”领导小组的有关规定,走群众路线,发扬民主精神,评出几位较优秀的女职工为校先进个人候选人,体现了一种认真负责和积极支持的态度。

五、坚持制度,表彰先进,协助馆行政领导不断改进工作

图书馆的工作是平凡的,这里需要有奉献的精神和严格的纪律,因此思想政治工作与各项规章制度必须同步进行。图书馆有各种各样规定和制度,建立这些制度不难,然而要坚持这些制度却不容易。往往有这样的情况,当某些人违反了制度以后,部里的领导也明明知道该如何去处理,然而碍着情面,总感到不好办。在这种时候,就需要支部有力地支持他们坚持制度,秉公办事,党支部积极配合馆行政建立各种必要的规章制度,并努力支持馆的各级行政领导坚持这些制度。

与此同时,我们还注意树立样板,肯定成绩,表彰先进,以促进各项工作的顺利进行。如我们从 1990 年起在全馆进行“岗位学雷锋”活动,并在 1990 年底工作考评的基础上,评出十名“图书馆 1990 年度工作积极分子”,馆里给表彰,发给证书,于 1991 年夏天组织他们到江西南昌、庐山等地参观旅游,馆里给予一定的补贴。今年我们在总结去年经验的基础上,准备评出十名积极分子,同时还评出五名“青年馆员工作积极分子”,以表彰青年中一些较优秀的职工,因为我们去年的评选中青年人太少,不利于调动年轻人的积极性。这十五名积极分子评出以后于明年送他们到武夷山去参观旅游。这件事虽然花一些钱,但就去年的情况看,这钱还是值得花的,因为这些同志不仅去旅游,还顺带参观了几个图书馆,请庐山图书馆馆长、全国劳动模范徐效刚同志做了报告。这种活动不仅有益健康,还增进了业务,可说是一举两得。

除外,我们还注意表扬在各方面有成绩的同志,如在市、校各项竞赛活动中获奖人员,馆里都给相应金额的物质奖励,凡在刊物上发表的论文、文章等,都可以在年终考评中得到体现。这样做法,减少了一些消极因素,树立了正气,增加了图书馆的凝聚力,对稳定职工队伍很有好处。

图书馆党支部是厦大党委直属的一个基层党组织,因为我们能够团结一致,以身作则,艰苦奋斗,和同级行政领导一道搞好本馆工作,因此取得了一点成绩,受到上级党委的肯定和表扬。去年厦门市委授予我们“先进基层党组织”的称号,这是对我们工作的肯定和鼓励。我们感到尽管工作中有一点成绩,但

还存在不少薄弱的环节,如组织发展工作做得还不好,职工队伍不很稳定,图书馆的合理化创收还搞得不好,群众工作还不够细致深入等等。这些问题虽然有其外在的原因,但与我们的主观努力不够是有关系的,因此我们一定注意加强这些方面的工作,同时希望学校党委能经常给予指导,帮助我们克服困难,使我们的工作更上一层楼。

1992 年 1 月

——本文摘录自《群策群力,加强思想政治工作》,党委办公室〔1992〕第 18 号,档号 1992-DQ01-4

根据本院师生特点　搞好思想政治工作

(1992 年 1 月)

中共厦门大学海外教育学院支部

几年来,我支部与院行政领导密切配合,根据本院师生的思想特点,开展思想政治教育工作,取得了一定的效果。目前全院秩序稳定,各部门配合比较协调;全院教职工积极向上,有进取精神;1989 年政治动乱期间,没有师生参与动乱活动,教职工坚持教学和正常工作,外国学生坚持正常学习;党内较团结,绝大部分党员能起模范带头作用,1991 年在全校庆祝党成立 70 周年大会上,我支部被校党委授予先进党支部光荣称号,在“七一”党员歌咏比赛中与南研所、台湾所、高教所支部联队共获三等奖。我们在思想政治工作中的主要体会有:

一、加强教职工政治学习的针对性,突出重点,讲求实效

我院是对外教育的单位,教育的对象是海外学生。几年来,我院海外教育事业有较大发展,复办 10 年来共招收海外函授生 6000 多名,外国留学生 1300 多名,分布在全世界 57 个国家和地区。海外学生强烈要求了解中国情况,学习中国语言文化,但他们对中国情况了解很少,语言不通或不很通。他们长期生活在不同国度和社会制度中,在思想观念上和生活习惯上与我国有许多不同。面对这样的学生,如何更好地对他们进行思想教育和教学,教职工中常常遇到一些问题。

几年来,我们根据不同时期师生的思想情况,确定一些专题,有针对性地组织教职工政治学习,并通过教职工去对外国学生进行思想教育。对教职工,我们着重进行国际形势教育、外事政策和外事纪律的教育、爱国主义思想的教育。对海外学生着重进行中国国情、中外友好的教育,遵纪守法的教育,学习态度和职业道德的教育。

重点专题确定之后,我们就进行精心的安排,并尽力按计划执行,努力达到预期目的。如在 1989 年春夏之交北京动乱期间由于资产阶级自由化思潮的影响,教职工中一些人对党的领导、社会主义制度和民族文化传统等问题存在着一些模糊认识,我们便确定进行爱国主义的专题教育,我们以电视片《河殇》为靶子,通过放映《河殇》,介绍《河殇》出笼的背景、实质,组织教职工联系本院的实际,开展对资产阶级自由化思潮的批判。经过专题教育,大家进一步认识到中华民族的伟大,社会主义道路的正确;认识到资产阶级自由化思潮全盘否定民族优秀传统,全盘否定社会主义是彻头彻尾的卖国主义,是对民族和国家的背叛。教师们联系学院的实际情况,深有体会地说,外国学生不远千里来我们这里学习中国语言和文化,这不是充分说明中国语言和文化的优秀?如果我们全盘否定优秀文化传统和现在的社会制度,我们用什么去教育海外学生?又如我院对外教育,具有很强的政策性,“外事无小事”。因此我们经常组织教职工学习外事政策和外事纪律。对出国人员,在出国前组织深入学习外事政策和外事纪律,提出要求,回国后听取汇报总结,保证了出国人员很好地完成出国工作的任务,杜绝违反外事政策和外事纪律的现象。1989 年动乱期间,我院有两位教师在国外,他们密切注意国内动态,做出正确判断,拒绝国外有关部门要他们推迟返国的要求,按时回国。在此期间,我们还对外国留学生进行对外的方针政策、法规、校规的教育,稳定了外国学生的秩序。我们及时召集外国学生开会,向外国学生明确地提出三条规定:(1)不参与国内学生的游行示威;(2)不参加张贴大小字报;(3)不到现场拍照。这些措施使学生在此期间情绪稳定,

安心学习。个别学生偷拍国内学生集会游行的照片，我们就及时进行了教育，使其认识了错误，保证不再做类似的事情。

二、党政密切配合，建立一支由党政工团骨干组成的思想政治工作队伍，齐抓共管，共同做好思想工作

我院党政领导每周一次固定的党政联席会议，共同研究学院的大事。在研究制订党政工作计划或研究落实具体工作问题时，总是把思想工作放在重要位置上。党政领导互相支持，互相配合。如行政领导总是以普通党员的身份，积极认真地参加党组织的各项活动，并在活动中发挥骨干的作用。在开展各项行政工作中，党组织能动员并要求党员在各项工作中起模范带头作用。在我院1990年年终评选先进集体和先进个人的活动中，开始时，群众评选的意见比较分散，大家偏重推选本单位。党政领导决定发动党员从党性出发进行讨论测评，测评的结果较客观，较符合实际情况，党员测评的意见成了学院评委最后评定的重要参考。学院每学期制订工作计划或布置各项工作时，总是先征求部门骨干的意见，统一思想，通过各部门骨干先做好思想工作，使各项工作得以顺利进行。在组织群众性的活动中，注意发挥工会和共青团的作用。现在工会干部比较团结，工作积极认真，有较强的组织能力，能密切配合党政领导工作，各项工作完成得较好，在组织和发动群众的工作中发挥了较好的作用。

三、发挥党员的模范先锋作用

我院党员27人，占全院教职工的三分之一，而且多数担任各级领导。充分发挥党员的模范先锋作用，对团结全院教职工，圆满完成各项工作具有重要意义。支部经常教育党员把支持和配合院行政领导搞好全院工作作为重要任务，要求党员在全院教职工中做到“五带头”：(1)带头参加政治学习；(2)带头参加学院组织的各项活动；(3)带头完成学院布置的各项工作任务；(4)带头加强团结；(5)带头开展批评和自我批评。针灸教研室教师9人，党员4人，教研室主任和工会小组长均是党员，在党员的带动下，几年来在教学和科研方面都做出了突出成绩。去年暑假，全体教师总动员，自己动手装修中医门诊室，经过艰苦的努力，出色地完成了装修任务，扩大了中医门诊室基地，同时为学院节约了4000多元的经费开支。1990年年终评比时，被评为学院先进集体。1989年动乱刚过不久吸收入党的对外汉语教师卢伟，在出国工作一年后又经过两年在职研究生进修，政治思想上和业务上又有了重大进步。今年他担任教研室主任，工作认真负责，处处以身作则，事事带头苦干，在他的领导和带动下，对外汉语教研室的精神面貌又有了新的变化。一位对外汉语的党员教师在电教方面有专长，学院要他负责电教工作，开始他思想有顾虑，怕被人看不起。学院党政领导反复做思想工作，他认识了电教工作的意义后，愉快地承担这一工作，并满腔热情地投入这一工作，使学院的电教工作有了新的发展，并积极承担对外汉语教研室教师的考题和作业的电脑打字工作。

四、开展多样的群众性活动，让群众在活动中自己教育自己

几年来，我院教职工每年、每学期都组织一些形式多样、生动活泼、有实际内容和有意义的群众性的政治活动和文体活动，如定点投篮比赛、乒乓球比赛、联欢晚会、参观访问等，参加的人数多，群众情绪高涨，通过活动联络了感情，加强了团结，受到了生动的社会主义思想教育。1989年，为了推动教职工互相比学赶帮，进行社会主义的友好竞赛，我院决定在全院内开展评选先进集体和先进个人活动。经过制订评选条例，广泛动员，实践中创造成绩，总结评比，在群众中形成你追我赶、争当先进的风气。1990年底，评出一个先进集体和五个先进个人，树立了标兵，推动了全院的工作。今年的评选先进活动正以更加明

确的指导思想，更高的起点，更深入的发动和更扎实行动的势头在向前发展。

对外国留学生除通过课堂教学进行教育外，还组织他们到工厂、农村、名胜古迹参观访问，组织生动活泼的文体活动，加深了他们对中国国情的了解，增进了他们对中国、学校和老师的友好感情。许多学生深情地说："中国好"，"福建真美"，"厦门是我的第二故乡"，"厦大是我的母校"，"我们希望以后再来厦门"……

1992 年 1 月

——本文摘录自《根据本院师生特点　搞好思想政治工作》，党委办公室〔1992〕第 19 号，档号 1992-DQ01-4

关于党费的收缴、管理意见

(1992年3月25日)

我校党费的收缴、使用和管理工作,基本上能够按照中央规定,专款专用、确定专人管理,按时按期交纳党费,但也有个别党员对党费的缴纳、使用、管理认识不清,出现少数单位拖欠党费,一部分党员不按规定比例缴纳党费的现象。

为了进一步做好党费的收缴和管理工作,现就有关问题,提出如下意见:

一、党费的收缴

共产党员按时缴纳党费,是对党应尽的义务,是党员关心党的事业的具体表现,党员缴纳党费,不仅是为党的活动提供部分资金,更重要的是能增强党员的组织观念,提高党员的政治觉悟。

关于党员(包括预备党员)缴纳党费的办法,中央曾经有文件做过具体规定,现重申有关内容:

(一)凡有固定工资收入的党员,按照工资比例缴纳党费:

1.工资收入每月在百元以下者,缴纳工资额的百分之零点五;

2.工资收入每月在一百零一元到二百元者,缴纳工资额的百分之一;

3.工资收入每月在二百零一元到三百元者,缴纳工资额的百分之一点五;

4.工资收入每月在三百零一元到五百元者,缴纳工资额的百分之二;

5.工资收入每月在五百元以上者,缴纳工资额的百分之三。

党员应按照每月固定的工资收入缴纳党费,根据中组部通知国家机关和事业单位工作人员的党费,以基础工资、职务工资和工龄津贴(包括教龄、护士工龄津贴)、地区工资补贴以及最近新规定的优秀专家特殊津贴,组成的基本工资收入为基数,缴纳党费。党员调整工资或升级后,应从补发工资的月份起补缴党费。

(二)没有工资收入或收入不固定的党员,按照下列数额缴纳党费:

1.实行浮动工资、计件工资的党员,其党费按每月实际收入缴纳。

2.离退休教职工党员,按照离退休后的基本工资为基数缴纳党费,继续返聘的党员应以离退休后的工资与返聘补差工资之和为基数缴纳党费。

3.在高等院校学习的本科生、研究生和专科生的党费缴纳标准是:无工资收入的各类学生每月缴纳党费伍分至壹角,带工资学习的,按其工资标准交纳党费。

4.当合同工、临时工的党员有了工资收入后,应参照有固定工资的党员缴纳党费的比例缴纳党费。

(三)各系党总支、直属党支部,应该教育党员主动地按照规定和比例缴纳党费,对于没有正当理由不按照规定又不按期缴纳党费的党员,应当进行教育和批评,对于连续六个月无故不缴纳党费,同时不参加党的生活,不做党所分配的工作的党员,就以自行脱党论。

二、党费的管理

(一)各党总支、直属支部要指定专人管理党费、层层负责,每月党支部应向党总支缴纳一次党费;党总支应向党委组织部缴纳一次党费，组织部每月在30日前向银行存入党费，每季度按比例向市委组织部上缴一次党费，并在每年年底向各党总支、直属支部报告一次全年党费的收缴、使用情况。

（二）各党总支、直属支部，对于党费收入和上缴的情况，应该定期向党员大会报告、公布，今年五月份之前，各党总支、直属支部应该按本总支、支部的党员工资数核定每人应缴党费数量，并予公布和上报，以后每年一月份都应预算本总支、支部每月应收缴党费的金额，向党委组织部做出书面报告。

中共厦门大学委员会组织部

一九九二年三月廿五日

——本文摘录自《关于党费的收缴、管理意见》，(92)厦大委组字003号，档号1992-DQ02-1

·教学与科研工作·

积极主动,努力开创学生工作新局面

(1992年1月)

中共厦门大学学生工作部

学生工作部(处)是新成立的单位,根据校党委的指示和校职能部门的分工,我部(处)的主要任务是:学生的思想政治教育、日常管理和毕业生分配。这些任务都是紧紧围绕着培养和输送德、智、体全面发展的社会主义事业的建设者和接班人的。在新形势下,要教育学生坚持正确的政治方向,热爱社会主义祖国,激发成才斗志,提高学习积极性,坚持反对"和平演变"和资产阶级自由化,严格管理制度,建立良好学习生活秩序,认真总结经验,完善毕业生分配办法。一句话,我们的工作目标就是要根据实际情况,积极主动,努力开创学生工作新局面。

一、学生工作的现状

我部(处)成立后,所抓的第一项工作,就是深入各系各单位进行调查研究,了解我校学生工作情况以及目前学生的思想动态。我校有本科、专科、硕士、博士等八千多学生。目前,广大学生的主流是好的,绝大部分学生能够坚持四项基本原则,拥护改革开放,拥护党的领导,热爱社会主义、热爱祖国,能坚持为社会主义四化建设而努力学习,自觉走与工农相结合的道路,把自己的成才与祖国的经济腾飞联系起来,态度端正,刻苦用功。绝大部分同学能够遵守学校各种规章制度;在对待毕业分配问题上,同学们能够从祖国建设需要出发,服从分配。这些好的方面是我们进一步开展工作的基础。

我校在学生工作方面有许多成功的经验。校党委十分重视学生工作,长期以来都把学生工作列入学校工作的重要议程,有许多行之有效的措施和制度,这是我们继续开展工作的有利条件:

第一,在思想政治教育上,建立以校党委宣传部、学生工作部、团委会牵头的其他职能部门齐抓共管的工作制度;根据各个时期的形势特点和学生思想调研情况而定的各种内容的政治教育制度;政工干部的具体工作制度;以学生党团组织为主体的学生自我教育制度等。事实证明,这些制度是必要的、有效的,保证了我校面对着资产阶级自由化几次冲击,都能保持相对稳定。

第二,在学生管理方面,学校历来主张从严治校。有关部门在长期实践中积累了丰富的经验,形成了许多规章制度,如建立了优秀三好生、三好生、优秀学生干部及优秀学生奖学金的奖励制度;校系两级对不同程度违纪行为的学生予以纪律处分制度;学生的贷款、档案管理制度;学籍及学生宿舍管理制度;以学生会为主体的学生自我管理制度等。这些制度,对树立良好的校风学风,优化学习环境,促进学生德、智、体全面发展和校园文明建设,保证培养目标的实现发挥了重要的作用。

为了搞好学生管理工作,学校人事处学生科在这方面做了大量的工作。(1)为了严肃校规校纪,教育广大学生,对学生中的违纪行为进行了严肃的处理,自1986年以来,共指导、配合各系处理违纪学生298人(次),维护了学校正常秩序,既教育了学生,又加强了校风学风的建设。在这一工作中,我们注意贯彻党的惩前毖后、治病救人的方针,坚持实事求是,以事实为根据,以校规校纪为准绳,至今未发生过因事实不符或处理不当而产生遗留问题,保证了处分的质量和效果。我们在对违纪学生进行处理的同时,不断总结经验,在此基础上,制定出《厦门大学学生行政纪律试行实施细则》,进一步完善处分管理办法,做到科学化、规范化。(2)重视学生档案管理工作。我校每年新生入学、毕业生离校,有三千多人的档案进出学生科,流动量大,责任很重。为了做好学生档案的接收、转递、寄发工作,学生科的同志高度负责,对每份档案都认真检查、核对,发现问题及时处理,并制定印发有关规定给各系,指导和督促各系做好学生档案的接收保管以及毕业生档案的整理交寄工作。五年来共有19644袋档案材料经过处理未发生遗失事故,做到准确迅速,保证了各系及时了解新生情况,配备学生干部,也保证了各用人单位对毕业生的使用和安排。(3)做好学生贷款工作。1987年以来,我们根据国家教委统一布置,在原来学生助学金和奖学金相结合的基础上,进一步深化改革,取消学生助学金,实行学生贷款制度,制定了《厦门大学学生贷款实施办法》。经过几年的努力,目前在全校各年级的本科生中都实行了贷款制度,以帮助家庭经济确有困难的学生解决在校学习期间的生活费用问题。对一些家庭经济发生变化的同学,我们配合有关的系对他们的贷款金额及时进行调整。与此同时,我们还注意把贷款与学生在校的表现联系起来考虑,促进了学生德、智、体健康成长,改变了以往国家包得过多,学生及其家庭产生依赖心理的情况。

第三,在毕业生分配工作方面,我校较好地贯彻执行了国家对毕业生分配的方针、政策。五年来,在校党委直接领导下,校毕业生分配部门取得了国家教委、福建省有关部门关心指导,并主动与各有关部委、省市毕业生分主管部门密切配合、通力合作,顺利地完成了向国家输送六届一万多名本专科毕业生、毕业研究生的任务,我校广大毕业生在教育、科技和经济建设等各条战线正在发挥积极作用,许多人已成为社会主义现代化建设的重要力量。总结我校五年来的毕业生分配工作,应该说既保证了国家对毕业生分配方针、政策的贯彻和执行,又保证了我校稳定,没有出现一起因毕业生分配而引发的事故,这项工作受到国家教委、福建省以及校党委的好评。校毕业生分配部门在做好这项工作中,能够不断积累经验。首先从我校校情出发,采取了一系列措施,注意宣传党和国家对毕业生分配的方针、政策,注意调查研究,积极参加毕业生分配改革探索,注意实践经验总结上升到理论高度。校毕业生分配部门的同志几年来陆续在全国及省级刊物发表有关论文近二十篇。其次,注意抓好毕业分配工作每个具体环节,如抓好分配前对毕业生摸底了解以及各方面基础准备工作;抓好推荐毕业生以及供需见面工作;抓好编制计划以及毕业调配派遣工作;抓好毕业生分配后跟踪调查以及总结工作等。在整个工作过程中校党委的高度重视是一个重要的保证。如我校设有校系两级毕业生分配工作领导小组,有“三榜公布”和“五公开一监督”的工作制度等,保证我校毕业生分配工作达到国家教委提出的要求:“把毕业生分配到应该去的工作岗位上,当作检验学校是否坚持社会主义的办学方向的标准。”

以上所述是好的方面,另一方面,我们也必须看到,在学生工作中还存在一些亟待解决的问题,主要是如何进一步提高学生的思想境界和解决一些学生的深层次思想问题;如何改变学生的精神面貌,进一步整顿校风校纪问题;如何理顺和建立健全正常有效的学生工作系统问题;如何进一步提高对“三育人”重要性的认识和提高效果的问题;如何把毕业生分配工作的“供需见面”“双向选择”加以科学化、制度化的问题。这些问题解决得如何,直接关系到能否开创学生工作新局面。

二、今后的工作打算

中共中央总书记江泽民同志来我校与师生代表座谈时说:“对你们(指学生)有时要求严格一些,也是恨铁不成钢,未来世界谁主沉浮?就是你们年青一代。”这段话表达了党中央对青年学生的信任,同时也告诉我们要爱护我们的学生,严格教育,严格管理,使他们担当得起历史的重任。这不仅是对青年学生的鼓舞,也是对我们从事教育工作同志的指导和鞭策。

(一)要讲求实效,狠抓思想政治教育

培养社会主义现代化事业的建设者和接班人是高等学校的根本任务,德育必须放在首位。要把德育放在首位,工作是多方面的,需要落实到学校工作的各个具体环节当中去,其中我部(处)所担负的学生思想教育是主要的且是不可缺少的部分。当前,国际上的“和平演变”与反“和平演变”的斗争,和与之相联系的国内资产阶级自由化与坚持四项基本原则的斗争十分激烈,世界社会主义事业受到了严重的挫折,国际反动势力把“和平演变”的希望寄托在青年一代身上,青年学生更是他们争夺的对象。高等学校政治思想教育工作任务十分繁重。我们认为,学生工作部应从以下几个方面加以努力:(1)要采取切实措施,做好学生思想调研工作,及时掌握学生思想动态,科学预测学生思想变化的趋势,提出有效的对策。(2)要以反“和平演变”为重点,加强灌输马克思主义,以正面引导为主,深入教育,警惕并抵制国外敌对势力的思想渗透和国内资产阶级自由化的侵蚀。同时开展各项生动活泼的活动,通过教学、文化娱乐、录像、讲座、专题报告、个案处理等方式,加强思想教育。(3)要在进行马克思主义世界观教育的基础上,加强对学生进行人生观、成才观、价值观、恋爱观等教育,提高学生辨别是非的能力,以抵制各种西方思潮的侵蚀。(4)依靠校系党政领导和政工人员、依靠学校职能部门和任课教师,把思想教育工作贯注到教学、科研、管理、后勤各项业务工作中去。进一步开展“教书育人、管理育人、服务育人”活动,把思想教育工作落到实处、“虚功”实做。这些工作在校党委的统一部署之下,制订出具体的思想教育计划,分发给有关领导和人员。分别召开各类会议,统一认识,在实施过程中经常地组织人员检查落实情况,发现问题及时纠正,发现好的做法及时推广,相互学习,特别是教学环节,课堂教育,要当作重点来抓。(5)要开展学雷锋“争优创先”等活动。制定学生思想品德素质综合测评等措施,努力提高学生的道德修养,养成文明习惯。

(二)严格要求,把学生管理制度化

加强对学生管理也是实施德育的一个方面,是培养社会主义事业建设者和接班人的重要保证。我校是唯一地处特区的综合性重点大学。因此,把我校学生管理工作搞得有声有色,提高到新的水平,具有特殊意义。我们认为,搞好学生管理,就是要使学生养成“爱学习、讲卫生、守纪律、讲秩序、有文明、讲修养”的习惯。这些习惯的形成不是一日可成的,而是要经过深入细致的工作,有计划、有步骤的实施逐步形成的。“贵在经常,点滴入手”,只有日常养成良好习惯,才有可能全面提高学生素质,才能学好更高的科学文化知识,才能把学生培养成为祖国建设需要的人才,除此之外,还要继续完善各项规章制度,使学生的行为有规可循。不断建立健全各种规章制度,使规章制度体系化、合理化、科学化。管理制度宣传要做到及时经常,每年新生入学,先组织他们学习《大学生手册》,让新生熟悉学校规章制度。制度的建立和修订以后,要及时向全校学生讲清其中的内容和特点。日常思想教育中,要经常宣讲学校的各种规章制度,这是严格执行管理制度的思想基础。要保证管理制度执行的严肃性和一贯性。经常检查各项规章制度落实情况,奖优罚劣,带动中间,对优秀的学生和干部、文明宿舍等好的方面及时地给予奖励和表扬。对违纪犯规的学生予以严肃恰当的行政处分。表扬和处分都是为了教育学生,把表彰先进与批评错误辩证地统一起来,扬善抑恶,这样可以促进大部分的学生争优创先不甘落后。要利用教学、后勤等部门的工作直接面对学生的特点。教务部门通过抓学生学习、教师规范和教学管理制度的落实,把教学工作与育人工作结合起来,促进我校学风的建设。后勤部门通过抓食堂和宿舍管理,把管理服务与育人结合起来,使宿舍与食堂也成为教育培养学生的重要场所,使“三育人”工作落到实处,齐抓共管,常抓不懈。

(三)要认真总结经验,继续探索和改进我校毕业生分配工作办法

毕业生分配是一项涉及面广、政策性强的工作。这项工作进行得如何,直接关系到教育能否更好地为社会主义现代化服务的问题。同时,毕业生分配工作进行得是否顺利,也直接影响学校的稳定。过去

的几年里,我校党政领导高度重视这项工作,这是我校几年毕业生分配工作顺利进行的最有力保证。在实际工作中,我们获得了许多宝贵经验。由于国家对毕业分配制度还在改革探索之中,又加上我们的培养与社会需要仍然存在相脱离现象,一些配套政策也没有及时跟上等原因,目前毕业生分配工作任务仍然是十分艰巨的。我们必须抓好如下几点:第一,要从国家、学校以及社会的客观实际情况出发,认真研究、探索毕业生分配改革办法,使这项工作真正达到有利于调动学生学习的积极性,全面提高学生自身的素质,激发他们努力进取与奋发成才的精神,促进他们努力掌握社会所需要的知识和能力,使他们更好地为社会主义现代化建设事业服务。第二,进一步做好毕业生思想教育以及就业指导工作。把这个工作当作毕业生分配工作中的重要环节来抓,目的是使毕业生明确国家对毕业生分配的方针、政策和精神,从祖国需要出发,自觉服从分配,更好地为社会主义四化建设贡献自己的聪明才智。第三,要增强毕业生分配工作透明度,进一步完善"三榜公布""五公开一监督"等工作制度,注意克服毕业生分配工作中所存在的不足之处,加强抵制不正之风,努力开创平等、公正、清廉的毕业生分配工作的外部环境。第四,要通过毕业生分配工作,及时反馈社会对我校学生培养工作的意见,促进我校教育改革,使我校能够更好地按照社会需要来培养合格的"四有"人才。

总之,学生工作是一项经常性、具体性、复杂性的工作。随着时代的发展,对这项工作的要求也越来越高,我们将努力探索,锐意进取,不断改进。目前,我们决心以校第六次党代会为新的起点,把这次大会精神贯彻到各项工作中去,努力完成大会提出的各项任务,力争开创我校学生工作新局面。

1992 年 1 月

——本文摘录自《积极主动,努力开创学生工作新局面》,党委办公室〔1992〕第 5 号,档号 1992-DQ01-4

认真总结经验,进一步提高研究生培养质量

(1992年1月)

厦门大学研究生院

自1978年恢复研究生招生制度和1981年国务院颁发《学位条例》以来,我校不间断地招收和培养了博士、硕士和研究生班各层次的研究生。至1991年,共招收博士生225名、硕士生2399名,研究生班研究生158名;其中获博士学位76名,获硕士学位1503名,目前在学的各类研究生800余人。

1986年6月经国务院批准,我校成立研究生院,成为全国33所研究生院之一,同时又是全国唯一地处经济特区的研究生院。自此之后,在学校党政的关心和支持下,我校的研究生教育工作有了长足的发展。目前全校有7个全国重点学科,18个博士学位授权学科专业,37位博士生导师,57个硕士学位授权学科专业。全校有两百多位教授、副教授参加了各类研究生培养工作。我校1985年建立了化学学科博士后科研流动站,有物理化学、分析化学两个专业招收博士后人员,先后有16人进站工作,已有8人期满出站。1991年经国务院博士后管委会批准,在我校又建立生物学科博士后科研流动站。十几年来,我校的研究生教育和学位工作已粗具规模,大批毕业研究生在各个岗位上大多成为业务骨干,涌现出像林昌健、陈支平、巫克飞、李若山、苏永全、林旭等受到国家表彰的有突出贡献的优秀博士生和硕士生。这和我校的党政领导认真贯彻执行国家教委1986年30号文件《关于改进和加强研究生工作的通知》精神,进一步改进和加强我校研究生教育和学位工作是分不开的。

一

切实加强研究生的思想政治工作,是研究生教育中最重要的一环。我校研究生思想政治工作是由校党委领导,校团委具体负责,院、系(所、室)密切配合齐抓共管的管理体系。研究生院有一名专职政治秘书配合,重点放在基层党总支,各系(所、室)有一位党总支副书记分工抓研究生的思想政治工作,并通过在研究生中积极开展建党工作,深入开展思想政治工作。全校已有15个单位成立研究生党支部,现在校的研究生中,共有中共党员175人,占研究生总数的23%,这有利于发挥党支部的战斗堡垒作用和党员的模范作用,有利于加强对研究生的思想政治工作。在1989年春夏之交的政治风波中,绝大部分的研究生党员能旗帜鲜明地反对资产阶级自由化,反对动乱,基本上稳住了研究生这个队伍。

要做好研究生的思想政治工作,研究生的导师也是重要的一环。所以我们注意发挥导师教书育人的作用。许多导师都意识到对研究生加强思想教育是每位导师的职责,他们教育研究生应树立正确的人生观和正确的学习目的性。在1989年的政治风波中,导师们更是积极主动地配合学校党政认真做好研究生的思想工作,用自己在国内外的亲身经历,通过各种形式教育研究生必须坚持四项基本原则,旗帜鲜明地反对资产阶级自由化,反对动乱,使研究生深受教育。

多年来研究生的教育实践告诉我们,加强研究生参加社会实践工作,尤其对文科研究生,是我们综合大学研究生教育改革的重要内容。它不仅是研究生业务培养的一个必不可少的环节,而且也是研究生思想政治教育一个十分必要的内容。它对于培养研究生进一步掌握马克思主义的世界观和方法论,树立阶级观点、劳动观点、群众观点,树立理论联系实际的学风、接触实际、了解国情,增进对工农的感情,增进对国家、民族和社会的责任感等有着十分重要的意义。所以多年来我们紧抓研究生参加社会实践工作不放

松。我们要求研究生充分利用寒暑假、短学期和论文调研工作积极开展社会实践活动，收到一些十分可喜的成效。如经济系的部分研究生在导师的指导下开展“以厦门为中心的闽南开发区发展战略”为主题的社会调研活动；计统系的研究生开展“厦门特区经济模型的研究和调查”的科研活动以及在导师的指导下承担了建立“厦门经济特区总供给和总需求的宏观调节模型”和“厦门市技术进步对经济增长的分析”等科研任务；会计系的研究生在导师的指导下协助厦门经济特区合营企业进行审计工作，利用所学的知识对这些企业进行可行性研究，并且组织部分研究生对上海的股票市场、横向经济联系问题和上海、南京一些工厂的财会工作、内部经济核算制度、目标管理等进行了社会调查；财金系的研究生开展的“厦门经济特区社会发展的资金与金融”调研活动以及到深圳、珠海等经济特区的金融界进行有关的“金融体制改革，特别是有关金融市场的建立和发展问题”的社会调查。这些丰富的社会实践活动不仅提高了研究生理论联系实际的水平，而且也提高研究生认识社会，了解改革开放信息的能力。

同时在校党委领导下，我院认真组织学习、讨论，落实国家教委《关于哲学社会主义科学部分学科研究生教育改革的若干意见》。为适应反对资产阶级自由化，抵御“和平演变”，坚持和捍卫建设有中国特色的社会主义的需要，推动哲社学科研究生教育改革，逐步完善文科研究生教育，探索培养青年一代马克思主义理论战士的有效途径，我院与各有关文科系所一道对研究生教育进行认真的回顾、总结和反思，找出存在问题，进而制订有关学科、专业的具体改革方案和实施措施。近期内按《若干意见》的要求，检查和落实 1992 年文科研究生招生的准备工作，为此我院还相应成立了办公室配合校党、政领导贯彻落实《若干意见》。

二

研究生教育是我国高等教育的最高层次，代表着我国高等教育的水平。为了保证所培养的研究生的业务质量，除了在招生时严格把关，保证生源的质量外，我们狠抓了培养这一环节。培养方案的制订是培养的基础。经过四次的修订，我校硕士生的培养方案日臻完善，学位课程设置逐渐合理。为了使我们培养的研究生能适应社会主义经济建设和文化建设的需要，我们从强调自学、增大读书量，改进教学方式，鼓励研究生多参加校内外的学术活动和社会实践活动等方面来加强研究生能力的培养。

我们根据国家教委关于“加强研究生品德评定和学籍管理，对在校研究生建立必要的筛选制度”的精神，在研究生的培养中引进了竞争机制。1987 年校办公会议通过了《厦门大学攻读硕士学位研究生中期水平考核分流试行办法》，从 1986 级起对四届研究生（其中硕士 883 人，博士 104 人）进行中期考核分流工作。其中有 11 位优秀生被推荐提前攻读博士；28 人被提出筛选警告；15 人未能进入论文阶段，按研究生班毕业；5 人（其中 1 人为博士生）被中期淘汰，中止学习，按肄业或退学处理。这对提高研究生的培养质量起了一定的促进作用。

对博士生的培养，我们也从思想政治、业务学习、学籍管理、论文工作等方面加强管理。特别对博士生的论文选题，我们要求理论联系实际，坚持与科研紧密结合，论文选题既符合科技发展的方向，服从国民经济总体规划，又有创新内容，以适应社会主义现代化建设的需要。在立足国内培养博士生的前提下，我们还与国外合作培养博士生。从 1986 年至今，我校共公费派出 21 名博士生与国外合作培养，现已有 9 人按期回国，9 人期限未到，只有 3 人逾期未归，比起同类学校，情况还是比较好的。现在我们要求各有关单位在与国外合作培养博士生时做统筹安排，订出计划，对重点学科、亟待发展的应用学科、高技术领域和涉外专业点的建设及师资队伍建设的需要，努力做到有计划地选派。

为了更好地适应社会主义建设事业的实际需要，逐步实现培养规格和培养途径的多样化，我校根据国家教委 1988 年怀柔会议“有关改进文科研究生的培养工作”的要求，率先在“货币银行学”专业试点培养应用类的研究生，从学习年限、培养模式、课程设置、授课方式、挂职实习、实行教学与实际部门的双导师制，进行一种新型培养方式的尝试。现有首届毕业研究生 13 名，从其政治和业务素质及用人单位的良好评价来看，试点工作基本上是成功的。这在 1991 年 6 月份全国金融系统应用类研究生培养试点工作座谈会上得到了肯定。1992 年我校法律系的"民法""国际经济法"两个专业也将试行应用类研究生的培养工作。同时我校又是国内"中国工商管理硕士"学位授予工作的几个试点单位之一。

为了随时检查我校研究生的培养质量,我们开展多种类型的调查研究工作对毕业研究生进行追踪调查,从用人单位的反馈意见,找出我们培养工作中的薄弱环节,以便改进和提高。

三

加强学位管理,提高研究生学位授予质量,是研究生教育中一项政策性十分强的工作。我校有博士学位授权点 18 个,硕士学位授权点 57 个。为了保证学位授予质量,我校从 1987 年起持续开展全校性的研究生教育和学位授予质量的自检工作,同时在自检的基础上还接受国务院学位委员会的学位授权点及其研究生教育质量评估。我校有物理化学专业、有机化学专业、政治经济学专业、财政学专业、货币银行学专业、马克思主义哲学专业和科学社会主义专业等七个专业已接受了检查和评估,除个别专业外,评估结果都是好的或比较好的。为此,我们注意抓经常性的管理工作。我们从研究生的论文开题报告抓起,严格论文答辩的一切审批手续,把好论文答辩的质量关。

经国务院学位委员会批准,我校从 1987 年起就开始在职人员申请学位的试点工作,至今已接受 74 名在职人员申请硕士学位。1991 年又经国务院学位委员会批准,我校有 39 个学科、专业点正式开展授予在职人员硕士学位工作。

四

我院承担博士后科研流动站的管理工作。自 1985 年经国务院博士后管委会批准试办博士后科研流动站后,我校首批建站为化学学科,招收专业有物理化学专业和分析化学专业。由于学校党政领导的重视和研究生院、化学系等方面的努力,采取了一系列行之有效的措施,从建站以来共吸引了在国内外学成的博士生 16 人进站,其中从国外回来的有 9 人,已有 8 人期满出站。进站人员之多,出站人员质量之好,在国内各建站的院校中名列前茅,多次受到国务院博士后管委会的表扬。化学学科博士后科研流动站由于成绩显著,1990 年度荣获厦门大学"南强奖",涌现出了像郑兰荪、王小如、田中群、陈世刚等出类拔萃的人才。

五

我院近期的主要任务和一些措施是:

1.认真贯彻落实国家教委《关于哲学社会科学部分学科研究生教育改革的若干意见》,通过深化教育改革,努力培养政治素质好、业务水平高的文科高层人才,具体措施:

(1)在校党委领导下,我院配合抓好学科领域中清理和消除资产阶级自由化思潮影响工作。

(2)在全面清查基础上,把深化改革落到实处:

a.导师对培养合格的研究生起着关键性作用,完善和严格地执行遴选研究生导师的制度。

b.重新修订教学计划,加强被削弱的马克思主义经典著作的课程,增加马克思主义原著和基础理论学习的分量。

c.认真抓好教材建设,抓好现有教材的审定和修订,重编一些高质量、有战斗性的教材。

d.围绕"建设有中国特色的社会主义"这个大课题,结合我校的科研特色进行有科研性的深入研究,我院协助抓好这项工作。

e.加强社会实践(社会调查)的环节。

2.根据学校"八五"计划和十年规划,加强学科建设,争取新建十个博士点和四个重点学科。为此,当前应努力建设好我校现有的硕士点和博士点，它是促进我校的学科建设和教学科研水平迅速提高的关键。我院必须从招生、培养到学位授予的各环节把好质量关，具体措施：

(1)继续贯彻导师聘任制，遴选和聘任导师时应把政治思想水平与学术水平统一起来，导师应切实履行我院规定的职责，把教书育人落实到教学的各个环节，在各项业务活动中，有关教师应有意识、有目的地引导研究生树立正确的人生观、价值观，坚定正确的政治方向和正确的政治倾向。

(2)抓好第四次修订硕士生培养方案工作和博士生培养方案制订的试点工作，使博士生按“拓宽基础，加深专业，掌握前沿”的原则，培养成能进行创造性研究工作和具有严谨的科学作风的人才。

(3)继续开展好硕士点和博士点的评估工作，认真总结经验，研究问题，不断深化改革，办成有自己特色和适应“四化”建设需要的高水平的硕士点和博士点。

3.努力探索和完善应用型文科人才的培养，调整教学计划、课程设置、教学内容等，达到拓宽专业口径，加强基础，增强能力的培养，使我们培养的人才能适应国家建设和社会发展的需要。

我院在校党政领导的支持和关怀下，在改进和加强研究生工作中取得了一点点成绩，但仍存在着不少问题和差距：

1.德育要放在研究生整个培养环节的首位，但我校研究生的思想政治教育管理体系没有理顺，各单位党总支具体负责的主渠道还不够畅通，以致有的单位研究生政治学习没有人抓，思想政治工作没有人做，放任自流。我们建议学校把研究生的政治学习纳入各所在的教师教研室(研究室)；校党委要把研究生的思想政治工作摆到议事日程上，真正做到关系理顺，组织落实。

2.研究生院的机构不够健全，人员配备不足，研究生分配渠道不畅通，造成了个别在中期考核分流中被淘汰的研究生和在学籍管理中中途被处理的研究生得不到妥善的安置，扯皮的事情时有发生，希望学校领导能重视研究生院的建设。建议在研究生院设立一个管理处，具体负责学籍管理、奖惩、社会实践和毕业分配等问题。

3.各单位配备的研究生秘书大多是兼职的或是轮换式的，以致研究生的教学管理、学籍管理、成绩管理等出现不少问题。希望学校能像重视本科生的教学管理那样来重视研究生的教学管理工作。

4.在重点学科建设和博士生的培养中，存在着博士生导师年龄偏大，培养经费不足，实验设备、图书资料不足等问题，这些问题亟待解决。

总之，我们总结经验、寻找差距的目的在于发扬优点，克服不足之处，有利于在新的一年里，在校党委的领导下，争取在学位授予、研究生培养及我院自身建设诸方面取得更大成绩。

1992 年 1 月

——本文摘录自《认真总结经验，进一步提高研究生培养质量》，党委办公室〔1992〕第 7 号，档号 1992-DQ01-4

努力进取　深化改革　切实提高本科教学质量

(1992年1月)

厦门大学教务处

1986年我校第五次党代会以来,国际国内的政治、经济和科学技术发生了深刻的变化,本科教学面临着各方面的严峻挑战。我校在党委的领导下,努力贯彻党的教育方针和政策,克服种种困难,积极推进教学改革,抓紧各项基本建设,使我校的教学工作出现了令人可喜的进步。

第一,我们根据社会主义建设需要、特别是经济特区建设发展需要,积极调整我校专业结构。五年多来,我们新建了八个专业,这八个专业是:广播电视新闻、材料化学、经济信息管理、税收、建筑学、国际经济合作、国际会计、石油加工。这些新建专业突出了外向型、技术型、应用型的特点,从而在当前和今后的人才竞争中,使我校处于比较优越的地位。从八十年代初期开始的较大规模的专业调整工作已使我校的办学规模有了较大的发展,形成了具有文、理、财经、管理、政法、工程技术、艺术教育的多科性综合大学模式。

近两年,我们还积极筹建理科科研和教学人才培养基地。在强手如林的竞争中,我校化学专业已获国家教委批准,成为全国首批十四个理科科研和教学人才培养基地中的一个。

第二,坚持以德智体全面发展培养学生,坚定不移地把坚持社会主义方向放在首位。在资产阶级自由化泛滥的那些时候,尽管学校马列主义教学受到冲击,我们依然坚持开设马列原著选读课,并且积极地开展政治理论课教学改革的试验。在文科各系和马列主义教学部、思想政治教育教研室广大教师的努力下,政治理论课教学取得比较令人满意的效果。我们还先后在教学计划中增加了“大学生成才修养”、“法律基础”和“军事理论”课程,有针对性地对学生开展思想品德、法制教育和国防意识教育,突出了马列主义在本科教学中的主导地位。去年,我校对文科五个系1989、1990届两届毕业生的毕业论文的政治倾向做了一次全面的清理,及时地总结了我校坚持马列主义指导文科教学的成绩,同时,对毕业论文中所反映出来的一些政治倾向问题也做了归类,指出了存在的问题和改进的方向。这一做法得到国家教委的肯定,并向其他院校推广。

第三,五年来,我校教学工作以增强学生适应能力为重点进行了积极的改革与探索。我们实施了“三学期”制、主辅修制,开展了教学检查与评估,制定并贯彻教师教学规范,建立了奖学金制,推荐优秀学生免试升入研究生阶段学习……我校的教学改革比较稳妥扎实、讲究实效。

我们组织了五个“短学期”的教学。每个短学期开出二三百门全校性选修课;扩大了学生的知识面,一批科研成果得以引入教学,一批中青年教师获得锻炼提高,建设了一批“精、新、交叉”特色的选修课程。“短学期”的设立,还使我校能较顺利地解决安排军训和社会实践与课内教学时间冲突的矛盾。

五年来,我校教学计划内的社会实践活动获得了很大发展,取得了明显的成效。现在,每年都有两千多名学生按照教学计划开展各种形式的实践活动,其中有1800多名学生的实习时间在4周以上。我校对社会实践的组织形式、内容和质量管理等方面都进行了认真的研究和多方面的探索。现在,不仅有一般的参观、见习、专业实习形式,还有结合专业开展专题性调研、创作,结合下乡扶贫开展技术咨询、教学培训,以及顶岗实习等多种形式。实习的内容也由一般的专业范围扩大到结合专业实习对学生做国情教育、思想教育、劳动观点教育等范畴。这些做法,提高了学生的思想品德素养,培养了学生综合分析、解决问题的能力。

1989 年和 1990 年，我校两度全面修订了专业教学计划。这是在总结八十年代我校教改经验基础上，全面吸收十年来改革成果，在完善学分制方面迈出的一步，也是我校经历了大规模专业调整之后，朝着专业内部结构的改革继续深化的标志。这次专业教学计划调整，强调了对学生能力的培养，适当压缩了必修课的学时，增加了技能课和实践性教学的比重。在文科，开设了中国文学、中国通史、中国哲学史、形式逻辑、大学语文、写作等共同基础课程，拓宽了专业面；在财经类专业开设了十一门共同核心课程，保证了基本规格要求，体现了较宽的专业面和技能；在理科各专业，贯彻兰州会议精神，加强应用型人才的培养。全校社会实践安排在教学计划中得以全面落实。

第四，五年来为了更好地提高教学质量，学校大力加强教学管理工作。新修订学生学籍管理实施细则，实施之后，使学分制学籍管理逐步得到实现。现在，学生毕业资格审查不再延用学年制办法；学生的留降级、退学、学位授予均以学分为依据；学生经过申请，可以提前或推后修读课程；留降级学生不必像学年制那样将该年级课程全部重修一遍，只要经过努力，补上所缺学分，仍可跟原班毕业；学习特别努力的学生提前修完教学计划规定的内容可以提前毕业也已成为可能；系与系之间贯彻辅修制，使学生获得第二专业的基本知识，有利于学生求职和适应社会对人才的选择。由于实行三学期制，开设了大量选修课，学生跨系选修获得实现。随着学分制管理的逐渐改进、完善，我校的教学管理工作会更加科学有序。

五年来，我校坚持了教学检查制度。继 1986 年底、1987 年初全面课程评估之后，还有三次较为深入的普查。1988 年、1990 年校领导、教务处及有关单位采取下系调查办法，检查了教学中遇到的各种困难和存在问题，总结了各系的经验，及时解决了一些实际问题。本学期，教务处有关人员分批到各系，对教学各个环节的情况又做了一次全面的调查。教学管理部门改进机关工作作风，深入基层，了解教学实际情况，使教学管理工作一直能够比较及时地协调，解决问题更有针对性。

在教学检查获得信息的基础上，我校针对新专业多、新教师多的情况，于 1989 年制定了《教师教学工作规范》，对各个教学环节提出了明确的规范，使全体教师、管理干部有章可循。几年来执行结果表明，《规范》的贯彻，对稳定我校教学秩序、科学管理教学环节起了重要的促进作用。

此外，我校还大力加强了外语教学和计算机教学。1986 年以来我校学生连续五年在全国大学英语四级水平统考中取得较好的成绩。计算机教学在我校逐步得到重视和加强。理工科各系普遍增加了课程、学时，进入了实用；经济学院各系的计算机基础课要求有所提高；文科开设了算法语言课，今年短学期又增加了"计算机知识"课。计算机教学今后还应继续加强。

五年来，我校开展了多种教与学的评优活动，取得了瞩目的成绩。1989 年，首次全国优秀教学成果评奖，我校共评出 51 项优秀教学成果。其中，有 3 项获得国家教委优秀奖，14 项获得省级一、二等奖；在 1987 年首次全国优秀教材评奖中，我校获得国家级特等奖一部，国家级优秀奖四部，国家教委优秀教材奖二部、二等奖四部；我校还先后两次表彰了教师育人先进个人共 69 名。

从 1987 年起将原来的人民助学金制度改为奖贷制；一些校友、企业也纷纷在我校设立各种奖学金。奖学金制成为鼓励学生积极向上的重要措施。以今年为例，除有 30% 以上学生享有奖贷基金类的奖学金外，还有 400 余名本专科学生获得了校级以上奖学金。在奖学金评定中，我们坚持德智体全面衡量的标准，克服业务指标硬、思想表现指标软的倾向，制定了比较合理的指标体系——"奖学金评定量化评分法"，按照严格的评选程序和公开的原则，做到评选公平，得到同学普遍的赞同，鼓舞了学生的上进心，促进了学风的建设。

此外，从 1985 年开始，我校每年都推荐少数应届毕业生免试攻读硕士学位研究生。这项措施的实行，不仅提高了本科学生的学习积极性，而且也给研究生注入了良好的血液。许多免试生在研究生阶段学习优秀、成果累累。有的毕业留校成为教学科研骨干。

当今，世界已跨入了九十年代，我们面临着国际国内政治、经济和科技的各种挑战，肩负着培养跨世纪人才的历史重任。今后的五年，高等教育改革任务更加繁重。我们考虑应加强以下几个方面的工作。

一、进一步坚持社会主义办学方向，深入贯彻 1990 年 7 月在兰州召开的全国高等理科教育工作座谈会和 1991 年 4 月在成都召开的全国高等院校文科教育改革座谈会的精神，深化教学改革，提高培养本科人才的质量。

要深入贯彻“教育为社会主义建设服务,教育与生产劳动相结合,德智体全面发展”的方针,始终把坚定正确的政治方向放在首位,把培养社会主义建设者和接班人作为根本任务。

哲学社会科学各专业教学改革的基点要放在加强马克思主义基础理论的教学和以马克思主义为指导的各类课程建设上面。要从政治理论战线和意识形态领域存在的尖锐斗争实际出发,针对资产阶级“和平演变”的挑战,抓好教学中清理和消除资产阶级自由化思潮影响的工作,坚持马克思主义的革命批判本质。帮助学生领会马克思主义立场、观点和方法,运用马克思主义分析问题、解决问题,提高辨别大是大非、抵制和批判错误思潮的能力。

理科教育要切实解决脱离实际与脱离国情的问题,主动适应社会主义建设事业的实际需要。要用马克思主义世界观、方法论作为学科指导,克服理科教育中存在的重理论、轻实践的偏向。

为了培养合格的社会主义大学生,我们应大力加强大学生社会实践,努力提高社会实践活动的质量。要继续探讨社会实践组织形式、内容与基地建设问题,完善社会实践管理制度。鼓励教师,特别是青年教师率先参加社会实践,提高指导学生社会实践活动的水平。对理科学生还应进一步加强实验动手能力的培养。

二、今后五年,要继续搞好专业调整与专业建设。基础学科的调整方向是:把过去以培养科研与教学人才为主转到加强培养应用型人才方面来。要拓宽专业口径,加强基础,增强能力的培养。要采取鼓励学生跨专业选修课程、辅修第二专业、分流培养,增开技能型、应用型课程,以及其他配套措施,以增强学生的适应能力。

理科要贯彻国家教委主持制定的理科专业基本培养规格和教学基本要求。一方面,加快研究落实培养应用型人才的具体方案和措施;另一方面,要从学校情况出发,努力使我校成为国家重要的理科科研和教学人才培养基地。我们要花大力气,逐项落实化学专业科研和教学人才基地建设计划。同时力争在“八五”期间再有1～2个系(专业)成为新的科研和教学人才培养基地。

“八五”期间,除少数经过严格论证,能对我校发展起较大促进作用的专业继续申报增设之外,一般不再增设新的专业。

三、加快课程建设步伐,提高教学质量。

要进一步做好课程结构调整,努力优化课程体系。目前我校执行的教学计划在指导思想上还受到窄口径专业思路的束缚。这里既有历史的原因,也有师资队伍、教师知识结构的局限。要优化专业课程体系,除了继续解放思想之外,还要调整目前师资队伍结构,积极列入新人、开设新课;原有的教师要通过科研、进修学习等途径,努力吸收新的知识,改变原有的知识结构。这项工作困难大,但形势逼人,不能不予以充分的重视。有利的条件是,近十年正处教师队伍新老交替高峰期,当务之急是以高度的战略发展眼光,抓住机遇,物色一批学有所长的青年补充我们的教学队伍,以保证今后的一代能够承担起建设高水平有特色的厦门大学的重担。

经过一段时间的酝酿,我们拟再进行全面的教学计划修订工作。

今后五年,我们将致力于课程建设。学校准备分期分批地把公共基础课、专业主干课建设扎实开展起来。通过达标、评优等形式对课程建设的情况予以验收。在这五年中,要争取全校专业主干课基本达到建设标准,并有一定比例的课程达到优秀,在国内居于先进水平。

今后五年,我们要积极组织教师进行教学内容、教学方法研究,鼓励教师编著教材,对其中水平较高的要给予资助出版。教材的管理要加强研究和交流,拟建立全校性已正式出版的教材的陈列室。要继续做好教材评优组织工作。

四、完善和加强教学管理。学校教学管理部门将继续发扬改革精神,稳妥地把教学改革引向深入,指导学校教学工作朝着民主化、科学化的方向努力。要继续完善和建立各种教学管理制度,做到按章办事,科学管理。要引入先进的管理机制,调动工作人员的积极性。运用现代化管理手段,努力提高办事效率。采用微机等现代化手段,处理教学信息,在计划、学籍、选课、考试等方面逐渐实现微机管理。努力改变我校教学管理手段落后的状况。

要继续严格教学各个环节的管理。坚持行之有效的教学检查制度。教研室是教学和科研的基层单位,要大力加强教研室工作、抓紧教研室建设,切实把教研室工作开展起来。

要协调与促进教学条件的改善。针对目前存在的理论课教学与实践性教学脱节、教学设备条件较差和管理使用上的问题,我们要积极加以协调。重点放在解决计算机上机时数少、基础课实验室条件差、电化教学手段不普及的问题。努力解决全校性英语听力设备问题,建立外语无线听音系统。

此外,还要积极推进我校的学风建设。要通过严格管理,培养学生的严谨学风。诸如加强课外作业的布置和检查;规定学生的必读书目;严格考试,有条件的科目要实行全校或部分专业的统一命题、统一考试,杜绝考试作弊现象。要重视学生的"第二课堂"活动,多开设讲座,活跃学生的学术研究气氛,丰富学生的课余生活,把学生的兴趣引到学习上来。

1992 年 1 月

——本文摘录自《努力进取　深化改革　切实提高本科教学质量》,党委办公室〔1992〕第 8 号,档号 1992-DQ01-4

发扬成绩,加强协作,为提高我校科学研究水平而努力

(1992年1月)

科研处

我校是一所有特色的全国综合性重点大学,学科门类比较齐全,高水平专家比较集中,科研工作在我校占有重要地位。“七五”期间,我校科研工作进一步贯彻科学技术必须为国家经济建设服务的方针,注意发挥我校的优势和特色,积极承担国家和地方的各类科研任务。基础研究稳步发展,应用研究和科技开发逐步加强。科研选题更注重其应用背景,因而更能吸引各级政府主管部门和产业部门对我校的科研投入。较之“六五”,“七五”期间我校科研经费有较大幅度的增长,出了一批高水平的理论研究成果和应用研究成果。科研工作的开展促进了师资队伍素质的提高,也促进了一批高水平、高层次科研人才的成长,为把我校办成“教育”和“科研”两个中心做出贡献。以下就自然科学和社会科学两大片工作情况做简要汇报。

自然科学和技术科学的研究情况

“七五”期间我校理工科片承担国家和省各级科学基金项目和各部委、产业界委托科研合同项目共476项,总经费共1983.7万元,为“六五”期间总经费数的1.47倍。

我校在基础研究方面有较好的基础和较强的实力,近年来取得一系列优秀成果;应用研究和科技开发起步较晚,但也有可喜的收获。全校“七五”期间在国际和全国性学术刊物上发表论文1799篇(单1990年发表论文429篇,为1978年的3倍);出版学术著作53部,通过专家鉴定和评审的科技成果81项,有28项成果获国家专利,有39项成果荣获国家各级政府的奖励,其中6项成果分别荣获1987年和1989年国家自然科学奖,使我校在这两次国家自然科学奖中获奖项数及等级总积分分别居全国高校第6位和第5位;另有2项发明成果荣获国家发明奖,2项应用研究成果荣获国家科技进步奖。

在全校获奖的26项基础研究成果中,物理化学领域的成果尤为突出:张乾二等人完成的“群论方法在量子化学中的新应用”(1989年国家自然科学二等奖项目),在国际上首次将图形方法同群论相结合,建立一种新型的多电子体系波函数,为解决化学中多粒子问题提供了创造性的有效方法。田昭武等人完成的“电极过程动力学研究”(1987年国家自然科学三等奖项目),在多孔电极极化理论、半导体电极光电转换理论、自催化电极过程理论及电极交流阻抗理论等方面有诸多创新性的具有国际水平的建树。蔡启瑞等人完成的“在固氮酶作用下和在铁催化剂作用下固氮成氨的研究”(1987年国家自然科学三等奖项目),在国际上首次提出一个具有微观结构参数的固氮酶活性中心原子簇结构模型和生物固氮过程中ATP驱动电子传递机理,关联了生物固氮和化学固氮两个过程,并用现场谱学方法验证所提氨合成缔合式机理创新见解。动物学领域的研究引人注目:唐仲璋等人完成的“福建省寄生虫病病原生物学及流行学研究”(1989年国家自然科学四等奖项目),在科学上首次报道了幼儿西伯瑞氏绦虫病的全程生活史、传播媒介及流行病学,为该类寄生虫病的防治提供科学依据和措施。此外,在理论物理、金属电沉积理论、分析化学、植物形态分类学、水声学、海洋生物学、系统工程学等领域,也取得多项在学术上达到国内先进水平或居国内领先地位的优秀科研成果。

全校有25项应用研究成果获奖，它们绝大多数有较高的学术水平和实用价值，有的已在生产上推广应用。如田昭武等人完成的“离子色谱抑制柱”(1990年国家发明三等奖项目)为我国提供一种性能达到国际先进水平、价格便宜的离子色谱抑制柱，已被生产厂家采用；陈金泉等人完成的“台风暴潮数值预报方法研究”(1988年国家科技进步三等奖项目)，建立了一个包括开阔海域、一般岸段台风暴潮数值预报模型和方法，并成功地用于福建省风暴潮及感潮河段水位预报。“七五”期间，我校还有不少获部委、省、市级奖励的应用研究成果，在生产中取得较大的经济效益和社会效益。如“乙苯脱氢制苯乙烯系列催化剂”，为我国多数苯乙烯生产单位所采用，年直接经济效益一百多万元；“从蜂蜡制取正三十烷醇”的产品，进一步被配制成“丰产素”“强力增产素”等植物激素，在全国26个省、市、自治区推广使用，其面积达几千万亩；“半导体发光器件光学参数测试”统一了我国的测试方法，并为电子工业部采用定为部颁标准，几年来，测试国内发光器件传递标准样管几百批。此外，我校在电化学仪器，电分析、光分析仪器，计算机软件设计，环境监测与保护，海洋调查，城市规划及人口预测等方面均有一些有特色的较高水平的成果，为福建省的经济建设，尤其是厦门经济特区的发展做出了应有的贡献。

继国家教委批准，在我校建立物理化学研究所、亚热带海洋研究所、寄生动物学研究室和细胞生物学研究室等四个研究机构之后，为适应国民经济建设及厦门经济特区发展需要，学校又成立环境科学研究所，并分别与福建省、厦门市合办抗癌研究中心和新技术研究所。1987年经国家计委和国家教委批准，在我校建立“固体表面物理化学国家重点实验室”。经过近三年的建设，实验室已于1990年2月通过国家验收，正式对国内外开放。该室贯彻“开放、流动、联合”的宗旨，促进学术思想和人才交流，不断提高我国固体表面物理化学的基础研究和应用基础研究水平，成为聚集和培养优秀人才的中心、取得高水平研究成果的基地。1989年，国家计委、国家教委又确定在我校建设“肿瘤细胞工程专业实验室”，将进一步改善我校在该学科领域的研究手段。

哲学、社会科学的研究情况

“七五”期间，我校承担国家社科基金项目47项(其中国家重点项目11项)，国家教委社科基金项目和青年项目计35项(其中重点项目18项)，国家教委博士点基金研究项目62项，省社科基金项目27项，省教委社科基金项目49项，总计220项，为“六五”期间我校承担项目数的5.7倍。在国家教委委属院校中，我校承担的国家哲学和社会科学研究项目的数量名列前十名之内。除此之外，还批准实施了校级科研项目100余项，另有若干项与中央有关部委、省市有关部门合作的横向联系科研项目。“七五”期间，共争取到研究经费151万元，年均经费约30万元，项目总经费为“六五”期间的8倍。在各级领导的支持下，经过广大教师、研究人员的辛勤努力，目前有近70%的项目已按原定计划完成或基本完成，部分项目延期继续执行。据初步统计，“七五”期间，全校哲学社会科学已出版著作(专著、编著、译著)352部，发表论文3185篇，均为“六五”期间的近2倍。其中获省级(含省级)以上各类优秀成果奖励的达到94项，远远超过“六五”期间。

“七五”期间，我校哲学社会科学研究坚持以马克思主义为指导，围绕建设有中国特色的社会主义的重大理论和实际问题，取得了一批重要成果。有些成果受到党中央、国务院有关部门的重视与肯定，部分成果对我省、市党政领导的决策、有关业务部门的重大问题的解决，提供了有价值的咨询和参考，还有许多成果对加强学科建设起着重要作用。

在经济学科研究领域，无论是基础理论的研究，还是部门经济、区域经济、数量经济的研究方面，都有大批新成果问世，部分研究成果在国内处于领先地位。例如，我校国民经济综合平衡研究所最先在国内从事国民经济核算理论与方法的研究，处于领先地位。其成果直接为国民经济管理和经济决策提供分析方法和依据。《国民经济综合平衡统计学》一书，曾获国家教委颁发的优秀教材奖。在国民经济运行的理论与方法研究方面，该所结合中国社会主义经济建设实际，进行经济理论和实践问题的研究，所出版的《国民经济学》一书，被载入《世界新学科辞典》。在会计学研究方面，“有计划商品经济体制下会计理论与方法研究”“现代管理会计研究”“国际会计及特区涉外会计研究”等项目,都被列为国家教委第一批博士点项目,已全部完成,共出版专著7部,发表论文60余篇。这些成果直接为社会主义现代化经济建设服务、为改革开放服务,受到社会的好评。其中《通货膨胀会计》一书获1988年福建省哲社优秀成果一等奖,《中外合资经营企业会计》获福建省哲社优秀成果二等奖。《会计学导论》已成为全国各高等院校会计教学主要教材之一和研究生教学主要参考书。在财政学研究方面,“财政理论与政策研究”项目已有系列研究成果,出版专著、教材、译著11部,公开发表论文30多篇,其中《社会主义财政学》获国家教委优秀教材奖,《比较财政学》获省哲社优秀成果一等奖,《财政理论与实务》获省哲社优秀成果二等奖,《美国财政理论与实践》获省哲社优秀成果三等奖。经济研究所长期以来是国内《资本论》研究和社会主义经济建设研究的重要阵地之一,《资本论》研究在国内仍处于领先地位。改革开放以来,该所在国内最早开展特区经济研究,其多项研究成果直接为省市制定经济发展战略和有关政策提供了有益的参考。教育学研究方面,《高等教育学》的出版标志着该门新兴学科的正式建立。高等教育理论和管理问题的研究,对高教改革有直接的指导意义;私立高校法规条例的研究及草案的拟写,直接为国家教委政策法规司服务;派出留学生政策理论研究为教委制定留学政策提供理论依据。

法学研究方面,法律系关于“国际经济法的系列研究”项目,已取得多项成果,先后出版了《国际投资法》《国际贸易法》《国际货币金融法》《国际税法》《国际海事法》等五部著作和多篇论文,对增进我国法律理论界和实务界的涉外法律意识,以法律手段维护我国在涉外经济交往中的合法权益,有着现实的和理论的意义。《国际投资法》一书已被选定为全国高校文科教材,并获1988年省哲社优秀成果一等奖。

“七五”期间,我校哲学社会科学研究注意发展本校优长学科和特色学科的研究,在台湾研究、东南亚研究、华侨华人研究、中国经济史研究、汉语方言研究、哲学史研究、文化人类学研究等方面都获得明显进展,研究工作不断深入,学术梯队日渐形成,有价值的成果明显增多。我校台湾研究所为主体进行的台湾问题研究,在国内外颇有影响。台湾研究所自1980年建所以来,发展较快。“七五”期间,该所以研究当代台湾政治经济为重点,研究成果不论在数量上或质量上都处于国内领先地位,成为大陆、台湾和外国学术界公认的台湾问题研究中心之一。《台湾时报》评价说:“两岸关系权威,厦大当之无愧。”除了在学术上有所创见以外,在应用研究方面,其研究成果多次在国家内参发表,并直接为党政部门提供决策参考。国家主席杨尚昆与台湾记者谈话时也指出,“厦门大学台湾研究所也提供决策参考”。台湾研究所还利用自己拥有的优势,将研究提高与普及教育结合起来,先后为各省、市、县培训对台工作人员数千人次。以我校南洋研究所为主体进行的东南亚问题研究、华侨华人问题研究都取得较大进展。厦大已被公认为是国内东南亚研究、华侨华人研究的重要基地。“七五”期间,南洋研究所关于南海诸岛主权归属的系列研究,直接为国家的外交斗争服务。关于华侨、华人的研究,已有15部著作出版,百余篇论文发表,其中获得国务院侨务办公室“全国侨务工作优秀论文奖”的有4篇,获得省哲社优秀成果奖的有3项,并为侨务部门、涉外部门提供了重要参考。有关东南亚经济、亚太经济发展问题的诸项研究,也受到中央、省市有关部门的重视。在文史哲等优长学科的研究方面,哲学系和哲学研究所关于毛泽东思想与中国文化传统的研究,关于国家学说史的研究,关于福建朱子学的研究,在国内外学术界都具有一定影响。例如汪澍白的《毛泽东思想与中国文化传统》一书出版后,国内外十多家报刊发表了评论,认为该成果的新观点、新见解,解决了近代中西文化论争的来龙去脉无法理清这一个难题,为毛泽东思想研究开拓了新领域。哲学研究还面向社会实际,运用马克思主义哲学—社会学的理论和方法,研究厦门特区在改革开放中遇到的社会问题,为政府的相关决策提供依据。“七五”期间,哲学系、所出版著作41部,发表论文131篇,有7项成果获得省级以上奖励。在历史学研究方面,我校以社会史和经济史相结合为特点,研究成果突出。“七五”期间,出版著作28部,发表论文349篇,论文数居全校文科榜首,有10项研究成果获省级以上优秀成果奖。部分研究成果的学术水平处于本学科的发展前沿,在国内外有一定影响。在汉语言文学研究方面,闽南方言研究、福州方言变调研究,深受国内外学术界的重视,其研究成果的学术价值得到好评。此外,在人类学研究方面,关于百越民族、畲族和高山族的研究,对闽台古文化渊源关系的研究,不仅具有显著的地方特色,而且对于宣传贯彻党的民族政策,对于祖国统一大业都具有现实的意义。

对外学术文化交流情况

我校地处厦门经济特区,空运海运发达,人员来往方便,信息流通,为国内外学术交流提供良好条件。“七五”期间,全校自然科学和社会科学共 140 人次出国、出境参加有关国际学术会议,为“六五”期间 66 人次的 2.1 倍。其中自然科学为 86 人次,社会科学 54 人次。由我校主办,或合办在厦门召开的国际学术会议有“中日美三国催化学术会议(1987)”“战后海外华人变化国际学术研究会(1989)”“中国海关史第二届国际研究会(1989)”“财政金融政策与宏观调控——1989 年中国国际学术会议”等。与台湾学术界的交流活动也在这一期间得到发展。1988 年和 1990 年,我校台湾研究所与台湾“台湾史研究会”两次联合召开“海峡两岸台湾研究学术交流会”。国际性学术交流活动,有利于我们及时了解掌握国际学术动态,增进了我校与国外境外学术同行之间的学术交流和友好往来,进一步扩大了我校的对外影响,也疏通了国际学术交流和合作的渠道。

“八五”科研工作设想

为把我校办成一所面向现代化、面向世界、面向未来,高水平、有特色、开放型的社会主义综合性重点大学,“八五”期间,我们要按照党中央提出的,自觉地把经济建设转到依靠科技进步和提高劳动者素质的轨道上来,结合学校工作实际,使我校的科学研究上新台阶,多出成果,为国家经济建设和社会主义精神文明建设做出新贡献。自然科学技术科学要进一步贯彻面向经济建设的方针,在继续重视基础和应用基础研究的同时,大力加强应用研究和科技开发,加速科技成果的应用和推广,组织我校教师和科技人员更多地介入经济建设主战场;要进一步优化我校的科技队伍,克服分散,提高竞争力,以利于争取更多的重大项目,做出高水平的研究成果。哲学社会科学在总结“七五”研究项目经验教训基础上,要进一步贯彻执行党和国家提出的哲学社会科学研究的方针政策和光荣任务。在马克思主义指导下,继续加强对建设有中国特色的社会主义的重大理论和实际问题的研究,加强对九十年代我国经济和社会发展以及改革开放中重大问题的研究,加强对省情、市情的研究,为第二步战略目标的实现贡献力量;要继续发挥我校文科的特色和优势,加强对台湾地区、周边国家或地区有关问题的研究;进一步重视和加强马克思主义基本理论的研究和宣传,开展反和平演变的斗争,批判各种错误思潮。

回顾过去的五年,我校的科学研究工作取得一定成绩。展望“八五”,许多新领域、新问题,有待我们继续去认识、探索和解决。我校是一所有特色的综合性重点大学,应该也完全可能依靠一支队伍办成“教学和科研两个中心”。要根本改善我校的素质,造就一支高水平的师资队伍,培养更多高水平的人才,充分发挥我校的社会功能,都有赖于高水平的科研工作。让我们更加紧密地团结在以江泽民同志为核心的党中央的周围,坚持四项基本原则,坚持改革开放,振奋精神,努力工作,在科学研究工作中做出更出色的成绩,为办好“南方之强”的厦大,为建设有中国特色的社会主义伟大事业,做出我们应该也可能做出的一份贡献。

1992 年 1 月

——本文摘录自《发扬成绩,加强协作,为提高我校科学研究水平而努力》,党委办公室〔1992〕第 9 号,档号 1992-DQ01-4

厦门大学关于加强和改进我校马克思主义理论课教育的意见纪要

(1992年2月12日)

为了认真贯彻国家教委社科〔1991〕2号文件精神,切实加强我校马克思主义理论课的教育工作,校党委办公会议于1992年1月10日召开会议进行专门研究。出席会议的有办公会议成员王洛林、林祖赓、郑冬斯、王豪杰、郑学檬、梁敬生、林连堂、郑志成、朱之文、辜建德以及有关职能部门负责人或代表陈章干、张翼、洪桂芳、洪成得、游泽民、吴水澎、陈国凤、陈长源、刘金桂、朱崇实、林长华、黄九如、陈铁民、陈永毅等,林祖赓校长主持会议,常务副校长郑学檬就《加强和改进马克思主义理论课教育的纪要(草稿)》做说明,王洛林、林祖赓、王豪杰分别讲了话。经讨论,就加强和改进我校马克思主义理论课教育的有关问题,做出相应的决定。

一、要从社会主义高等学校的性质和办学宗旨,从反对"和平演变"和争夺接班人的战略高度来认识和加强马克思主义理论教育的重要性。要充分认识到,对青年学生进行马克思主义理论教育,是社会主义教育区别于资本主义教育的根本标志之一。马克思主义理论课是高校思想政治教育的主要阵地和主要渠道,是全面贯彻党的教育方针、坚持社会主义办学方向、完成高校教育任务的一项根本措施和基本途径。因此,全校各级党政领导,都要把搞好马克思主义理论教育作为党和人民赋予的历史责任,切实抓好。

二、长期以来,特别是改革开放以来,我校始终坚持马克思主义课阵地,马列主义教学部和绝大多数从事公共马克思主义理论课的教师,能自觉地在政治上、思想上和行动上与党中央保持一致,在条件困难的情况下,坚守教学阵地,为改进和提高教育质量做了不懈的努力,这是难能可贵的。十一届四中全会以来,马列主义理论课教育的大环境有了改善,广大教师精神更加振奋,学生对学习政治理论课的认识逐步提高,学习态度不断端正,因而,教学秩序比较稳定,教学质量也有所提高。但是,应该看到,各级领导对于马克思主义理论课教育的重要性还认识不足,重视不够,领导不力,与形势对我们的要求不相适应。由于历史的原因,马列部在几经分合中,受到严重削弱:教师队伍数量不足,质量参差不齐,年龄结构老化,新师资补充困难,现有教师队伍不够稳定;图书资料严重不足,教师的社会实践、进修、科研也遇到许多困难,严重影响教师和教学质量的提高;"理论脱离实际和淡化意识形态的倾向""学生不重视马列主义理论课的状况",仍不同程度地存在,急需采取切实措施加以解决,办学条件也急待改善。

三、采取坚决的措施,把2号文件关于马克思主义理论教育"作为重点学科和一项基本建设","要采取有效的措施,对理论课教师和理论课教学工作给予多方面的政策倾斜"的精神落到实处。结合我校实际,特别要在加强马列部的师资建设和改善办学条件方面给予政策倾斜。具体办法如下:

1.责成人事处,按照小班上课,教师每星期一次下班参加学生政治学习,每三年有一学期轮流脱产进修的原则确定马列部的教师编制,逐年配备。从1992年起三年中,每年增加2～3名教师。

为解决当前教师严重不足、青黄不接的状况,一方面要继续按照中发〔1989〕4号文件有关精神,对那些政治上、业务上素质好,身体健康的老教师按政策给予延聘或返聘;另一方面,要注意吸收和培养那些政治思想坚定,马克思主义理论基础好,具有讲授理论课能力的政工干部兼任和充实马列部的教师队伍。

2.鉴于马列部经费的特殊困难,从1992年起三年内,在各种正常拨款之外,每年另追加给马列部经费两万元,用于马列部图书资料建设、教师外出进修和社会调查的开支。此次由财务处另立专项,由主管校领导审批。

马列部属非创收单位，其奖金与其他非创收单位同等待遇，由财务处发放。马列部自己的少量创收，除规定的留成外，其余部分不再抵扣学校所发奖金，归马列部自行安排。

3.教务处、研究生院、师资处、科研处、电教中心、图书馆，均应把加强和改进马克思主义理论课视为自己的重要职责，积极支持和协同马列部工作，按照教社科〔1991〕2 号、教人〔1991〕20 号、(87)教职改字 058 号等文件精神，分别把马克思主义理论课的课程安排，教材和教学参考资料建设，学生思想政治情况调查，学生教材购置周转金，师资培训、教师职称职务的岗位设置和评聘，科研选题和经费，电化教学资料、理论参考书刊的购置，一一落到实处，共同为加强和改进马克思主义理论课教育做出努力。

《厦门大学学报(哲社版)》《中国经济问题》应开辟专栏，组织和选登马克思主义理论课理论研究和教学经验的文章。

4.各系党政领导、研究生院，均应把马克思主义理论课作为对学生进行思想政治工作的主要阵地和主要渠道，列入自己工作的重要议事日程。各单位领导不仅要配合马克思主义理论课教师做好教学组织工作，主动与他们商讨改进和提高理论课教学质量和教学效果的措施，还应有组织地亲自参加听课、课堂讨论等教学活动。在研究学生思想工作时，应邀请在本单位任课的理论教师参加，同时组织他们参加、指导学生政治时事学习和学生党团的若干活动。

学生工作部、团委会，应教育各级学生党团组织，密切配合政治理论课教师，定期向他们反映学生的思想政治情况，协助组织政治理论课的教学活动，为提高政治理论课的质量和效果而努力。

各级组织在评选三好生、优秀学生干部和各类奖学金、发展党团员时，应把学生政治理论课的学习态度和成绩作为考评的重要标准之一，凡政治理论课学习态度不端正、成绩不合格或在良好以下者，应不予评奖。

5.马列主义教学部是理论课教学的直接组织和实施单位。在校党政加强领导、学校各方面密切配合的同时，马列部要采取切实措施加强自身建设。要在进一步组织全部的教师、党员认真学习、全面领会 2 号文件精神的基础上，就如何发挥党组织的战斗堡垒作用和党员的先锋模范作用，不断提高马列主义理论课教师的责任感和光荣感，加强师资建设，不断提高全体教师的政治觉悟、理论水平和教学能力，贯彻理论联系实际的原则，加强学科建设，加强全面的教学管理，主动同各方面的联系和配合，不断提高教学质量和效果，充分发挥学校政治思想教育的主要阵地和主要渠道的作用，提出切实的实施方案。

四、切实加强对马克思主义理论教育的领导。校党政领导每学期至少专门研究一次马克思主义理论课教育工作，召开一次全校马克思主义理论课教育工作会议，听取马列部的汇报，检查加强和改进马克思主义理论课措施的落实情况，解决理论课教育工作中的实际困难和问题，调动和组织各方面的力量，为提高马克思主义理论课的教学质量和教学效果共同努力。

党委要关心理论课教师的思想建设和业务建设，及时向他们传达中央有关理论工作的文件、报告和内部资料，党政领导要分别定期向马列部教师做关于党的路线、方针、政策和重大时事的报告和专题讲座。

党委指定常委、常务副校长郑学檬同志主管理论教育工作，党委宣传部负责人协助，经常了解情况，参加马列部的重要活动，及时向党委汇报并解决应该由党政领导解决的问题。

1992 年 9 月，是我校马列室建室 40 周年，为了总结交流经验，提高马克思主义理论课教师的光荣感和责任感，促进马克思主义理论课教育的提高，办公会同意马列部举行纪念活动，活动应本着勤俭节约、注重实效，重内容、不图形式的原则，主要进行三项活动：(1)在《厦门大学学报(哲社版)》办一期增刊，发表马列部教师加强学科建设的研究成果和经验总结的文章；(2)召开学术讨论会；(3)召开一次座谈会。经费由马列部制订计划，经学校讨论后另拨。

——本文摘录自《关于认真执行〈关于贯彻国家教委社科〔1991〕2 号文件精神，加强和改进我校马克思主义理论课教育的意见纪要〉的通知》，厦大委综字〔1992〕1 号、厦大办字〔1992〕3 号，档号 1992-XZ09-1

厦门大学评选“优秀三好生”“三好生”“优秀学生干部”暂行办法

(1992年2月18日)

为表彰先进,促进校风及学风建设,培养德、智、体全面发展的优秀人才,根据国家教委《普通高等学校学生管理规定》,结合我校实际情况,制定本办法。

一、评选对象:在全校二年级以上本、专科生中评选出“优秀三好生”、“三好生”和“优秀学生干部”。

二、评选时间:每年评选一次,于每年三月份评选上年度的先进个人。

三、评选名额:

三好生:占在学本、专科生数的10%;

优秀三好生:占选出的“三好生”数的20%;

优秀学生干部:占在学本、专科生数的2%。

四、评选条件:

先进个人均应具备以下条件:

1.有正确的政治立场、观点和态度,坚持四项基本原则,反对资产阶级自由化,自觉维护安定团结的政治局面。

2.认真学习马克思主义基本理论,积极参加形势政策教育和学习,各门政治理论课成绩一般应在70分以上。

3.遵纪守法,模范执行《高等学校学生行为准则》和学校各项规章制度。

4.学习目的性明确,态度端正,有较强的分析问题和解决问题的能力。

5.积极参加各项文体活动(特别是学校规定的文体活动),身体健康,达到或接近《大学生体育合格标准》和《国家体育锻炼标准》。

6.积极参加社会实践和学校各项义务劳动。

优秀三好生还应当具备:

(1)在学习、工作、生活和校系组织的各项活动中能较好地起先锋模范作用,受到普遍的好评。

(2)学习成绩优秀(至少应有3/4课程在80分以上,其余在及格以上或总成绩在可比的学生中名列前茅)。

三好生还应当具备:

学习成绩优良(至少应有1/2课程成绩在80分以上,其余在及格以上或总成绩在可比的学生中居前1/3)。

优秀学生干部还应当具备:

(1)担任班委、团支委以上职务,任职时间达一年以上的在任学生干部。

(2)学习成绩优良(至少有1/3课程在80分以上,其余在及格以上或总成绩在可比的学生中居前1/2)。

(3)有较强的组织、领导和协调能力,完成任务好,工作实绩突出,群众基础好。

五、评选办法:

1.学校成立评审领导小组,由校领导、学生工作处、宣传部、教务处、团委的负责人组成,负责全校的评审工作。

2.各系应成立由分管学生思想政治工作的党总支副书记、系副主任、团总支书记并吸收部分师生代表组成的评审小组，负责初评。

3.各系应在学生思想品德考核、鉴定的基础上，以系为单位，先评出"三好生"和"优秀学生干部"人选，并在"三好生"人选中推荐出20%特别优秀、符合条件者，作为"优秀三好生"人选，一并报学生工作处汇总，然后由校评审领导小组根据条件评审并确定名单。

4.各系应严格掌握评选条件，坚持宁缺毋滥的原则，并充分发扬民主，以适应的方式公布初评结果，征求群众意见。

六、奖励办法：

1.获得"优秀三好生""三好生""优秀学生干部"称号的名单将张榜公布，予以表彰，先进材料装入学生个人档案，并作为学生品学考核的重要依据。

2.先进个人按下列情况分别享受同年度奖学金：

获得"优秀三好生"者，享受一等奖学金，获得"三好生"或"优秀学生干部"称号的，享受二等奖学金。

七、凡弄虚作假或违反规定者，将视情节轻重分别给有关人员取消荣誉称号、追回奖学金的处理。

厦门大学

一九九二年二月十八日

——本文摘录自《厦门大学评选"优秀三好生""三好生""优秀学生干部"暂行办法》，厦大学字〔1992〕2号，档号1992-XZ11-1

把短学期经验植入两学期制的调整方案

(1992年3月25日)

我校试行三学期制已有六年,取得了许多成功经验,也存在一些较难克服的缺点。在认真总结经验基础上,经多方协商并经校务委员会扩大会审议,最近学校决定把短学期的经验植入两学期制中,以推动教学改革继续有序、有效地向前发展。

调整方案如下:

一、原则

短学期的优点在两个长学期中要继续发扬,最主要是改善学生知识结构、扩大知识面的构想要继续贯彻落实,具体是:

1.压缩必修课学习的做法要坚持;

2.非限制性选修课要根据学生知识结构,扩大知识面的要求开足开好;

3.完善跨系选修课的组织和实施;

4.保证军训和社会实践的顺利开展。

二、步骤

1.重新修订专业教学计划

(1)调整各门课程的学分和周学时数。实行两学期后,秋季学期周数增加,要特别注意防止必修课学时的自然膨胀,要严格控制总学时和周学时,做到既能腾出足够的时间开设选修课,又不加重学生的负担。

(2)各专业的限制性选修课要在原有基础上继续落实配套。

(3)规划、组织本系和跨系的非限制性选修课。

(4)除统一规定一年级上学期4周军训时间之外,各专业在四年级要排定社会实践的时间。

2.把短学期跨系选修课移入两个长学期

(1)课程分为两部分,一部分为本系跨专业课程或相关专业开设的选修课程,由本系组织或联系落实,列入教学计划;另一部分为全校性选修课程,由教务处规划,各系开课,列入计划。

(2)学生在学期间每人必须修习四门(8学分)由本系组织的跨专业或相关专业开设的选修课程(不包括各专业原有的限制性选修课),各系可根据具体情况在四年里安排这些课程。二、三年级学生每人每学期还必须另修习一门(2学分)由学校组织的全校性选修课程。

(3)全校性选修的课程,根据估算,应开设80门左右。这些课程确定后,每学期都面向全校开课,但可根据需要对其中少数课程做必要调换。

为使全校选修课、学科分布较为合理,各学科课程开课数大体做如下安排:

经济类30门左右,包括管理、部门经济、经济理论等。

文史类30门左右,初拟开设:外语5～6门;有关当代世界政治、经济、文化、外交5～6门;有关中国社会科学，如马列主义理论、语言、文学、史学、新闻学、人类学、广告、电视、逻辑、法律、行政管理、社会工作与管理，以及台港澳问题等20门左右。

理工类开设17门左右，其中应用技术10余门，理工科基础知识5～6门。

科学史类2～3门。

艺术类3～5门。

按照上述规划，各系先自报科目，学校协调，确定开设课程，正式纳入课程计划。各系每学期都得按计划支出，以保证本计划的实现。

(4)全校性选修课选课办法

为减少选课的盲目性，对全校性选修课做适当分类定向，对每门课的修习范围做一定限制，对学生选课趋向进行分流、引导。

实行限额选修，以简便选课手续、便于操作，减少大班上课。由教务处规定各门课程最高选修人数，由各系按所分配的名额接受报名，满额为止。

(5)排课

各系组织的跨专业或相关专业开设的选修课由系自行安排，这些课程安排在正常的教学时间内；由学校组织的选修课统一规定每周一个下午为排课时间(如排不下，再加一个晚上)。在此时间内，对参加选课的二、三年级学生，校系不安排其他课程和活动。

(6)工作进度安排

本方案从1992—1993学年第二学期即明年春季开始全面实施。

本学期完成专业教学计划调整，包括落实全校性选修课和本系跨专业课程或相关专业开设的选修课程。各系应在本学期内按教务处发的统一表格填写新的教学计划，同时上报上述两类选修课的课程名称。

下学期(1992—1993学年第一学期)完成开课前各项准备工作(包括备课、教材、参考资料的准备和选课等)。

作为过渡，今年不开设短学期，秋季学期也暂不开设全校性选修课程。今年1990、1991级学生原计划在短学期修习的学分相应免去，1989级由各系按原计划安排社会实践；1992级新生入学后仍安排军训。

另外，本学期原定7月5日放假，7月5日至8月15日为暑假时间。现改为7月11日放假，7月11日至8月29日为暑假时间。本学期推迟放假的时间用来复习考试。

——本文摘录自《关于实施“把短学期经验植入两学期制的调整方案”的通知》，厦大教字〔1992〕5号，档号1992-XZ12-1

厦门大学关于执行《研究生奖学金制度试行办法》的通知

(1992年5月25日)

为了鼓励我校研究生在校期间勤奋学习,刻苦钻研,品学兼优,全面发展,根据国家教委、财政部教财〔1991〕98号文件关于印发《普通高等学校研究生奖学金制度试行办法》的通知精神,结合我校的实际情况,决定将发放研究生生活补助费的办法,改为试行研究生奖学金制度,现通知如下:

一、研究生奖学金,分为普通奖学金和优秀奖学金。

二、普通奖学金:

(一)享受普通奖学金的条件

凡是具备以下基本条件的研究生,均可享受普通奖学金:

(1)热爱社会主义祖国,拥护中国共产党的领导;

(2)遵守学生守则和学校有关规章制度;

(3)勤奋学习,努力掌握专业知识,各门课程学习成绩合格。

(二)普通奖学金标准

博士研究生:

(1)入学前没有参加过实际工作的(指应届毕业生及其他非在职人员,下同),每生每月90元。

(2)入学前为国家正式职工的,大学毕业后,参加实际工作累计时间满二年以上者,每生每月100元;大学毕业后,参加实际工作累计时间满四年以上者,每生每月110元。

硕士研究生:

(1)入学前没有参加过实际工作的,每生每月70元。

(2)入学前为国家正式职工的,大学毕业后,参加实际工作累计时间满二年以上者,每生每月80元;大学毕业后,参加实际工作累计时间满四年以上者,每生每月90元。

三、优秀奖学金:

在专业学习和研究中成绩突出的研究生中,除享受普通奖学金外,还可享受优秀奖学金。

博士研究生:每生200元,评定比例不超过15%。

硕士研究生:每生150元,评定比例不超过10%。

优秀奖学金在每学年末评定,一次发给(由研究生院制定具体评定办法)。

四、凡在校研究生均按本规定发放奖学金,同时享受学校所在地政府规定的粮、油、副食品价格补贴。入学前为国家正式职工的研究生,不再享受原单位工资、津贴、补贴、奖金等待遇。

五、现在校学习的国家正式职工考取的研究生,原享受的生活补助费高于本规定的奖学金标准的,可保留其高出部分。

六、委托培养、定向培养的研究生待遇,如另有合同或协议确定不由学校负责的,则按合同或协议及有关规定执行,非脱产的在职研究生不执行本规定。

七、其他有关问题:

(一)学习期间书籍补助费标准,博士生每生每年100元,硕士生每生每年60元。

(二)为了解决研究生本人学习期间生活上的特殊困难,按每生每月2元的标准编列预算,由各系

(所、室)集中掌握,用于对研究生的临时生活困难补助。

八、本通知自 1992 年 1 月 1 日起执行,原厦门大学厦大人字〔1986〕第 3 号文件同时废止。

厦门大学

一九九二年五月廿五日

——本文摘录自《厦门大学关于执行〈研究生奖学金制度试行办法〉的通知》,厦大学字〔1992〕8 号,档号 1992-XZ11-1

厦门大学评选研究生“三好学生”“优秀学生干部”试行办法

(1992年6月15日)

为表彰先进、促进我校研究生勤奋学习,刻苦钻研,培养德智体全面发展,品学兼优的优秀人才,根据国家教委、财政部关于《普通高等学校研究生奖学金制度试行办法》,决定评选研究生“三好学生”“优秀学生干部”,并和评选“优秀奖学金获得者”结合,根据我校实际情况,制定如下试行办法:

一、评远对象:全校有正式学籍的博士生和硕士生。

二、评选名额:

三好学生:占博士生数12%,硕士生数7%;优秀学生干部:占博士生数2%,硕士生数2%。

三、评选时间:每年评选一次,于每年六月份评选本学年度“三好学生”“优秀学生干部”。

四、评选条件:

三好学生:

1.热爱祖国,坚持四项基本原则,具有良好的品行修养和高尚的道德情操。

2.认真学习马克思主义基本理论,积极参加形势政策的学习和教育活动,各门政治理论课成绩一般应在良好以上。

3.模范遵守学校规章制度和有关国家法令。

4.学习刻苦勤奋,基础扎实,学习成绩优秀(所修学位课程至少应有3/4成绩优秀,其余应合格以上,或总成绩在可比学生中居前1/4,附上学年成绩证明材料)。

5.在专业学习和研究中,学术思想活跃,有较强的科研能力,善于创新,能写出较高水平的作品或有一定创见的学术研究论文,并在相应的刊物发表(附上论文单行本和刊物目录封面复印件,并标明刊物等级)。

6.积极参加文艺、体育活动,在各项公益卫生义务劳动中表现好,身体健康。

优秀学生干部:

参照“三好学生”的基本条件,并具备:

1.担任研究生班委、团支委、分会委员以上职务,任职达半年以上的在任学生干部。

2.有较强的责任心和奉献精神,完成本职工作任务,群众基础好,有一定工作实绩。

五、评选程序:

1.先以班级(或小组)为单位评选推荐,经教研室和导师联合签署意见送系评审小组。系评审小组应由系主任、总支书记、研究生导师代表、系团委书记、班主任、研究生秘书、研究生分会主席(或班长)组成。

2.系评审小组审查候选名单应严格掌握评述条件,坚持宁缺毋滥的原则,并充分发扬民主,以适当方式广泛征求意见公布初选结果,在签署意见后,将评选的有关材料于6月30日前报送研究生院办公室。

3.校评审小组由校领导、研究生院、学生工作处、宣传部、团委的有关负责人组成,负责全校的评选终审工作。

六、奖励方法:

1.获得研究生“三好学生”“优秀学生干部”称号的名单将张榜公布,予以表彰,先进材料装入学生个人档集,并发给荣誉证书。

2.博士生获“三好学生”“优秀学生干部”同时享受博士生“优秀奖学金”。

3.硕士生获“三好学生”“优秀学生干部”同时享受硕士生“优秀奖学金”。

4.凡弄虚作假或违反规定者,将视情节轻重,分别给予取消荣誉称号、追回奖学金的处理。

厦门大学

一九九二年六月十五日

——本文摘录自《厦门大学评选研究生“三好学生”“优秀学生干部”试行办法》,厦大研字〔1992〕2号,档号1992-XZ28-1

关于做好毕业生离校工作的几点意见

(1992年6月23日)

为了做好1992届毕业生离校工作,维护学生宿舍的正常生活秩序,减少学校财产损失,现根据我校学生宿舍特点,提出如下几点意见:

一、各类毕业生均应按学校规定时间到宿管科办理离校手续,并由宿管科在离校单上盖章后,各系方可准予该生离校。

二、毕业生应于办完离校手续三日内离开宿舍。离校时应爱护公物,将宿舍打扫干净,家具摆放整齐,做到文明离校。未按时离校者,由宿管科会同校风督导队及学生自律会,采取必要措施,进行清理。

三、少数毕业生办理离校手续后,确因特殊情况不能按时离校者,需凭所在系证明到宿管科办理有关手续,经宿管科同意后,每人预交押金50元(离校时退还),每日收住宿费2元,由宿管科另行安排集舍集中住宿,延长住宿时间不得超过两周。

四、各系需凭学生宿舍管理科签发的毕业生检验单方可到校学生工作处领取毕业生报到证。

五、毕业生未按时离校或在离校过程中有严重违章行为者,除按学校有关规定处理外,暂扣该生报到证并将该生违纪表现向其分配单位通报。

厦门大学

一九九二年六月廿三日

——本文摘录自《关于做好毕业生离校工作的几点意见》,厦大学字〔1992〕12号,档号1992-XZ11-1

关于毕业生分配工作的五点注意事项的通知

（1992 年 6 月 26 日）

各系：

经校毕业分配领导小组研究决定，请各系按照如下五点要求做好毕业生派遣前的有关工作：

(1)受警告处分并且又无学位的毕业生不安排留厦门市工作。

(2)只受过警告处分或者无学位的毕业生，申请留厦门市工作的，暂不公布其第一榜分配方案名单，须经校毕业生分配领导小组审批后方可公布。

(3)根据国家教委《普通高等学校毕业生分配暂行规定》第二十二条的有关精神，结业生不包分配，介绍回原生源地区由其自谋职业。

(4)凡受过处分的毕业生，各系务必如实将处分情况向用人单位及时反映。

(5)各系必须认真检查所有受处分的毕业生材料是否完整装入学生档案，并把受处分学生档案提前交学生工作处学生管理科核查。

厦门大学

一九九二年六月廿六日

——本文摘录自《关于毕业生分配工作的五点注意事项的通知》，厦大学字〔1992〕13 号，档号 1992-XZ11-1

厦门大学重点学科暂行管理办法

(1992年7月11日)

重点学科建设是学校一项长期的、带根本性的战略任务,它对于把学校建成教学、科研两个中心具有十分重要的意义。为了加强我校重点学科的管理,特制定本暂行管理办法。

一、重点学科的任务

重点学科应承担教学、科研双重任务。

1.要自主地、持续地培养和国际水平大体相当的博士生、硕士生及本科生,接受国内外访问学者前来进修、研究。

2.积极承担高水平的教科书和科学专著的编著任务。

3.积极承担国家部委和省市委托的重大科研项目,解决四化建设中的重大科学技术问题和重大社会科学的理论、实际问题,为国家科学技术的发展及社会经济发展提供科学的决策。

二、重点学科发展战略和建设规划

1.确立学科发展战略。各学科应认真分析国内外的研究状况和发展趋势,结合本学科在国内相同学科中所处的地位,制定学科短期(三至五年)和长期(五至十年)的发展战略,寻找与自身实力相适应尽可能高的起点,确立应达到的目标和层次。发展战略应明确几个对科学技术和国民经济建设有重大意义和效益的、稳定的研究方向。研究方向应体现本学科的特色,能发挥本学科的优势和水平。

2.制定学科发展规划。各学科应分阶段根据近期的发展战略所确立的目标,制定具体的学科建设规划。学科建设规划主要应包括:

(1)学科队伍建设计划:学术带头人的选拔和培养、学术梯队的形成和组织;中青年学术骨干的提高,派出人员的学习安排;培养研究生和选送出国培养研究生的计划。

(2)科学研究计划:根据本学科的研究方向,确定预备争取的课题和经费,争取课题拟采取的步骤和措施,课题人员的组织,分阶段应取得的成果。

(3)实验室建设计划:根据研究方向和科研课题的需要,考虑所需要的实验室规模、实验或测试的仪器设备、图书情报资料,以及实验室、情报资料室人员的配备及培训等。各学科应本着自我发展的创业精神,积极争取项目与经费建设重点学科。学校也应在条件许可下给予适当的倾斜和支持。

(4)国内外横向交流与合作计划:与校外企事业单位、兄弟院校和国外有关单位进行人员互访、讲学、合作进行科研、联合培养研究生等。

三、重点学科的检查和评估

为了不断提高重点学科水平,保证所承担的人才培养和科研任务的完成,学校对重点学科点进行定期(一至二年一次)检查与评估,所要进行的工作包括:

1.校学科领导小组应制定和完善评估重点学科工作的指标体系,内容包括评估项目、评估标准、评估方法等。

2.组织进行检查评估工作。

检查评估步骤为:

(1)各学科点首先进行自我评估;

(2)由学校组织校内或校外有关专家进行评估,并公布评估结果和评估意见;

(3)经过检查评估,对综合条件较好的重点学科,学校应尽可能给予优先支持。

四、领导管理机构及各职能部门职责

我校重点学科实行校系两级管理,由校、系(所)分别成立重点学科建设领导小组。

1.学校重点学科领导小组由主管校长任组长,其成员由研究生院、科研处、教务处、师资处、人事处等单位领导组成。

校重点学科领导小组的职责是:掌握国内外高校的发展势态,根据上级和主管部门的要求,结合本校情况制定学科总体发展战略;组织全校重点学科发展规划的制定,检查实施情况;制定保证学科建设的具体政策,协调校内各职能部门采取必要措施,促进重点学科建设规划的实施;定期组织校内检查、评估、表彰,协调校内相关学科及各学科与校外的横向联系。

2.系(所)重点学科领导小组由系主任(所长)任组长,其成员由学科学术带头人、博士生导师及有关教研室(实验室)负责人组成。

系(所)重点学科领导小组的职责是:负责本系(所)重点学科规划的制定和实施,协调重点学科之间以及重点学科与一般学科之间的关系,组织与学科建设有关的活动。

3.研究生院是学校重点学科的主管部门,学校重点学科领导小组在研究生院设立管理办公室。

4.各职能部门职责

(1)研究生院:协助校重点学科领导小组制定全校重点学科建设总体发展规划并组织实施,对全校重点学科情况进行调查了解和分析研究,收集、整理有关信息,向学校提出对重点学科建设的意见和建议;协同有关部门进行重点学科建设的管理工作。

(2)科研处:对重点学科所承担的重大科研课题进行管理,协助多渠道地争取重大科研项目和科研经费,在掌握的学校科研经费上给重点学科予支持。

(3)人事处:负责引进和招聘及校内调整重点学科学术骨干、高职称人员,促进重点学科的梯队建设。

(4)师资处:采取优先和倾斜政策,促进重点学科学术梯队的年龄结构、知识结构、职称结构的合理化,尽可能多渠道地支持重点学科的人才培养和交流。

(5)财务处:负责重点学科课题科研经费和主管部门及学校投入的专项经费的管理,在所掌握的学校经费上对重点学科予支持。

(6)图书馆:对重点学科所需的图书情报资料在采购引进和使用管理上给予优先和照顾,并对重点学科提供国内外情报咨询。

(7)实验办:协助重点学科做好重大仪器设备的引进和实验室建设工作,所管理的全校性仪器设备对重点学科的使用应予支持和方便。

(8)外事办:对重点学科的国际学术交流与人员往来,包括聘请外国专家、学者讲学,进行国际学术交流和举办国际学术会议给予支持。

(9)总务处:对重点学科实验室、资料室的用房,水、电供应给予优先支持和保证。

厦门大学

一九九二年七月十一日

——本文摘录自《厦门大学重点学科暂行管理办法》,厦大研字〔1992〕3号,档号1992-XZ28-1

厦门大学试行研究生兼任助教、助研、助管工作的办法(修订)

(1992 年 10 月 20 日)

研究生培养制度的改革是深化我校综合改革的重要组成部分。为加强研究生实际工作能力的培养,并为毕业研究生中选留教、研、管人员提供考察依据,现将厦大校研字〔1984〕29 号《厦门大学试行研究生兼任助教工作的暂行办法》修定,试行聘用研究生担任部分助教、助研和助管的办法。

一、在充分发挥本单位青年教职人员工作的原则下,根据教学、科研和管理工作的需要,可从学有余力的在学研究生中有计划、有选择地聘用部分政治思想好、能为人师表、工作责任心强、身体健康的研究生担任助教、助研和助管工作,但不计工龄、不改变学习年限。

二、为保证研究生培养计划的正常进行,研究生兼任助教、助研、助管工作的时间不要超过一年,兼职工作量一般约占助教、助研、助管工作的三分之一到二分之一。考虑到研究生学习的特点,兼职工作以安排在第二学年为宜。

三、聘用研究生的单位,应尽可能少配备或不配备专职助教、助研、助管。聘用单位应有一位负责同志主管该项工作,对受聘担任兼职的研究生,按岗位职责的标准,严格要求,加强指导和考核(办法另定)。

四、聘用办法,可采用公开招聘的方式,聘用单位(目前暂定经人事处确认的缺编单位)将拟聘在学研究生兼职工作的任务,工作条件、聘用要求和待遇等事项公布。

经本人报名申请,导师推荐,由系主任、所长决定聘任。受聘研究生应和聘用单位签订合同。各单位应将每学年聘任兼职工作的研究生名单报送研究生院、人事处。经人事处审核后,报主管副校长批准,抄送教务处和财务处。

五、研究生在受聘期间付给适当补贴,其补贴标准:承担助教、助研、助管工作量 1/2 的研究生,按本科毕业生见习期工资的半数发给;承担 1/3 工作量的按上述规定的 1/3 发给。上述补贴款每月八日在兼课酬金中开支。

六、在职研究生应按规定完成工作量,不得参加本办法规定的聘用担任助教、助研、助管工作。

七、凡被聘任为助教、助研、助管的研究生可免去教学实践。

厦门大学研究生院

一九九二年十月二十日

——本文摘录自《厦门大学研究生工作手册》,档号 1992-XZ28-2

厦门大学关于制订应用型研究生培养方案的几项要求

（1992 年 10 月 27 日）

应用型研究生培养方案的制订，原则上按原教育部 1993 年发出的《关于制订硕士学位研究生培养方案的几项规定（征求意见稿）》进行。

一、培养目标

培养面向实际部门的实际工作者，向各种实际部门输送高层次专门人才的后备力量。应用型的硕士生，和以培养教学、科研能力为主的硕士生所授的学位水平相当，但在培养要求、课程设置和能力训练上各有侧重。应用型研究生应该是政治思想好，具有相当的理论基础和专业知识、较丰富的务实知识和较强的解决实际问题的能力。

二、学习方式和年限

应用型研究生可采取脱产学习和半脱产学习两种形式。

脱产学制：两年半

半脱产学制：三年半

半脱产学制每学期要有 6 周以上的课堂讲授时间（不含复习考试时间），每周授课时数不低于 24 学时，其所修专业学位课程必须与该专业应用型脱产学制的同一标准。全校应用型研究生专业学位课和外语课的过关考试应用卷考试。

三、学位课程设置

课程设置必须保证研究生能掌握本学科的基础理论和专门知识以及基本技能和方法。

(1)马克思主义理论课和外语课

在开好“科学社会主义的理论与实践”课的同时，结合各专业的需要开设好“马克思主义经典著作选读课”。

外语课要在打好语言基础的前提下，强调应用能力的培养。

(2)基础课和专业课

按二级学科设置三至四门基础课专业课。教学内容应做到理论与实践统一，基础与应用并重，增加文献阅读和课堂讨论。

加强选修课和实务课的设置，教学内容要面向实际问题。

四、挂职实习

为进一步培养硕士生的实际工作能力,在第四学期将安排脱产研究生到实际工作岗位上进行锻炼。实习结束时,由实习所在单位对他们做出书面鉴定。在实际部门工作四年以上的研究生可以免去“挂职实习”。

五、学分的计算

(1)总学分为32学分。

(2)所有必修课的考试成绩必须达到70分以上方可取得学分。选修课成绩须达60分以上方可取得学分。

(3)一学期内必修课一门不及格者可补考一次,选修课不及格不补考,但可改选其他选修课。

(4)攻读硕士学位的脱产研究生必须在一年半内修满32学分。半脱产研究生必须在二年半内修满32学分,方可进入论文或调查报告工作阶段。

六、培养方式

为培养适应实际部门需要的应用型高层次专门人才。凡招收应用型研究生的专业,应加强师资队伍建设和教材建设。要成立由导师负责的指导小组,采取导师指导和集体培养相结合。指导小组原则上要有在实际部门工作具有高级专门技术职务的专家参加。

实行双导师制,聘请实际部门的人员兼任研究生的指导教师,加强指导能力。论文答辩委员会成员中,至少要有三分之一是在实际部门工作的,具有高级专业技术职务的专家。

七、学位论文和学位的授予

第五学期,在导师指导下进行专题调查和科学实践,并在调查研究的基础上完成学位论文。

学位论文应有一定的实用价值,选题要面向实际工作的需要。学位论文可以是专题研究,可以是高质量的调查研究报告。论文的内容应是所学基础理论和专业知识的体现,解决或阐明实际问题或理论问题,要有自己的见解,表明本人有独立从事专门业务工作的能力。

在授予学位时,除考核研究生是否掌握基础理论专门知识和基本技能外,还应着重考核其实际工作能力。两方面都通过了考核和答辩,方能授予硕士学位。

厦门大学研究生院教育处

1992年10月27日

——本文摘录自《厦门大学研究生工作手册》,档号1992-XZ28-2

厦门大学博士后研究人员管理工作暂行规定

厦大研办字(92)001 号

(1992 年)

为了做好我校博士后人员各项管理工作,根据国家科委 1986 年 3 月印发的《博士后研究人员管理工作暂行规定》及有关文件的精神,结合我校情况,制定本暂行规定。

一、博士后人员的资格

1.凡在国内外获得博士学位,品学兼优,身体健康,年龄在 35 岁以下,尚未正式分配工作的优秀青年,均可作为博士后研究人员(以下简称"博士后")。考虑到近年获得博士学位者年龄一般偏大,在试办期间对博士后年龄要求可放宽到四十岁。

2.为了鼓励人才交流,博采众长,避免学术上的"近亲繁殖",本校培养的博士生,毕业后不得申请进本校同学科的博士后科研流动站(以下简称"流动站")。

二、申请和审批手续

1.凡申请做博士后者,可向我校研究生提出书面申请,并同时提交下列材料:

(1)两位本学科领域博士生导师的推荐信;

(2)博士学位证书复印件或其他证明文件(如学位论文答辩决议书)等;

(3)博士学位论文详细摘要;

(4)本人希望从事的研究工作的设想及要求。

2.研究生院在收到申请者所提供的全部材料后,即提请流动站有关系领导组织专家评议小组(一般为系学位评定分委员会),对申请者的政治思想、科研能力、学术水平和已取得的科研成果进行评议,并写出评议意见,若同时有多人申请并超过该站年度计划数时,应按择优录用的原则,确定录用者名单。录用者名单经研究生院初审后,同意者发给登记表,由申请者填写,并由流动站所在的系领导在登记表第 5 页的上半页签署意见,报校长审批。经校长审批同意后,由研究生院发出录用通知书。

3.博士后人员录用后,研究生院负责将本人申请书、登记表、导师推荐信、博士学位证书及有关证明材料的复印件报国家人事部专家司、国家教委学位办备案。

三、科研工作

1.博士后的研究方向和研究课题,在力求结合我校博士后流动站承担的重点项目的前提下,由本人提出,经博士后联系人和流动站所在系领导批准,并报研究生院备案。

2.博士后所在流动站应为每位博士后聘请一位博士导师作为博士后联系人,联系人除对博士后的科研工作负责审议开题、指导和考核外,还应从各方面关心他们,使其尽快适应工作,博士后应在进站三个月内完成开题,并将开题报告以书面形式报系(所)和研究生院备案。

3.博士后在站期间不得申请到国外做博士后或进修,若工作需要,条件具备,经有关单位批准可出国参加学术会议或交流活动,也可短期出国进行与博士后课题直接有关的合作研究或实验工作,期限不超过三个月。

四、工作期限

1.博士后在站工作期限一般为二年,期满后,必须流动出站,或到另一站工作。在不同站的流动总期限不得超过四年。

2.博士后在站工作期间,如提前完成研究项目,由本人申请,经学校批准,可以提前离站,如在两年内未能完成,经本人申请可由研究生院报请国家教委批准,适当延长时间。延长期一般不超过半年。

3.博士后在站工作期间,其表现不适于继续做博士后研究工作的,学校可报请国家教委批准,劝其离站,由国家人事部专家司安排工作。

4.博士后在站工作期间,因病连续请假半年以上者,应中止其工作。待其恢复健康后,由人事部专家司安排工作。

五、经费及福利待遇

1.博士后的日常经费每人每年人民币一万五千元,由国家人事部专家司拨给,用于补助科研经费和本人的生活福利费用(包括工资、奖金、公费医疗、困难补助、探亲、生活补贴等项费用)。博士后日常经费用于补助科研费用的部分一般不低于65%,用于生活福利的费用一般不超过35%。

2.博士后申请延长工作期限,其延长期间的日常经费,人事部专家司不再拨给,各项开支应由博士后所在的流动站自筹解决。

3.博士后在第一站和第二站工作期间的工资标准(即六类工资区的基础工资和职务工资之和)分别定为122元和131元,并发给工龄津贴。

4.博士后除享受同本单位正式职工一样的生活福利待遇(包括奖金、特区补贴、公费医疗、困难补助、探亲、书报补贴等)外,并享受每月100元的生活补贴,用于购买书籍资料及交纳博士后房租等。

5.博士后研究工作期满或因故提前离站,由财务处及时将经费使用情况报全国博士后管理委办公室,提前离站的应将剩余的经费退回。从博士后终止工作的下一个月起,停发生活补贴。

6.博士后在站工作期间,属国家正式工作人员,应计算工龄。

六、住房

1.博士后住房标准为二室一厅的一套,供本人及其配偶和未成年的子女使用,房租标准按学校规定缴付。

2.博士后出站后不留在本校工作的,本人及其配偶、子女必须及时从我校住房中迁出。

七、户口及配偶、子女的随迁

1.博士后在我校流动站工作期间,在我校落常住户口,可凭国家人事部专家司出具的介绍信和户口迁移证明(留学回国的博士后只凭介绍信)到本校派出所办理落户手续。

2.博士后的配偶及其未成年的子女可以随本人流动,落暂住户口。凭国家人事部专家司出具的介绍信到本校派出所办理暂住手续。他们所需要的定量供应商品,按常住户口同类人员标准供应。子女上学问题,按常住户口同等对待,由本市教育部门予以解决。

3.博士后的配偶如系国家正式职工，愿意随博士后本人流动的，经本人提出要求，校人事处可与其工作单位协商按借用人员安排适当工作，并按照原工资等级标准发给工资。生活福利及奖金等与其所在部门职工享受同等待遇。

八、工作分配和期满离站

1.博士后工作期满离站或要求到另一流动站时，我校流动站应对他们的学术水平、业务能力及科研成果进行全面考核、评定。博士后需要期满前两个月到研究生院领取工作分配登记表并认真填写。

2.博士后期满后的工作安排可由本人联系，流动站推荐或全国博士后管委会协助联系，博士后如系现役军人，其工作安排须通过解放军总政治部。

3.同意接受我校期满离站博士后的单位人事部门，应及时给全国博士后管委会发同意录用的函件，管委会将根据博士后工作分配登记表和同意录用的函件分配博士后工作。

4.凡要求流动到第二站的博士后，可按照第一站工作的申请办法在期满前三个月向其他建站单位申请。

九、分级管理

博士后录用后应在规定时间内到我校人事处报到，然后去有关单位工作，其科研业务与日常生活等均由流动站所在系负责管理。各流动站要将工作进展情况和存在的问题逐年向校博士后管理办公室（设在研究生院）报告一次，并由学校定期向国家教委和人事部专家司汇报。

——本文摘录自《厦门大学研究生工作手册》，档号1992-XZ28-2

厦门大学教材档案管理办法

(1992年11月16日)

我校是一所多学科多专业的综合大学,有大量的教学材料,这些材料真实地反映了我校的教学状况和教学改革进程,是学校档案的重要组成部分。其中,自编的教材、讲义是教学成果的真实记录,反映了学校的教学水平,尤应认真收集管理。为了进一步发挥它的作用,根据国家教委(1989)6号令《普通高等学校档案管理办法》和(1987)教办字016号文件《关于加强高等学校档案工作的几点意见》等有关规定,特制定教材档案管理办法如下:

一、教材档案的归档范围

1.本校教师、科研人员自编(包括与外校合编而在本校使用)的教材、讲义。

2.本校自编、主编的教学指导书、习题集和题解。

3.其他有保存价值的自编教学参考资料。

4.同一教材归档一次,重印的不必再归档。

5.校、省、国家级优秀教学成果,获奖优秀教材的有关材料。

二、教材归档办法与要求

1.本科生教材由各系上交教材科,教材科统一整理、归类后移交档案馆。

2.研究生的教材统一上交研究生院,由研究生院移交档案馆。

3.各类函授学历班、干部专修班、专业证书班、夜大学使用的教材由各系、各有关部门上交成人教育处,成人教育处归类、整理后移交档案馆。

4.教材档案归档壹式壹份,并填好移交清单一式两份。

5.凡属我校自编讲义归档所需经费由教材科统一支付。

三、归档时间

1.1991年度以前(含1991年度)有关的教材各单位尽可能收集,直接移交档案馆。

2.1992年度以后(含1992年度)有关的教材每学年归档一次,各系应在每学年度第一学期的上半学期将前一学年的教材移交教材科、成人教育处和研究生院,教材科、成人教育处和研究生院则在该学期结束前将教材移交档案馆。

四、教材档案管理和利用

教材档案由学校档案馆统一集中管理。档案馆将建立教材库,妥善加以保存并积极开发利用。管理和利用的办法按学校档案查阅有关规定执行。

厦门大学

一九九二年十一月十六日

——本文摘录自《厦门大学教材档案管理办法》，厦大综〔1992〕92号，档号1992-XZ09-3

《厦门大学本、专科学生学分制学籍管理实施细则》补充规定

(1992 年 11 月 28 日)

一、教学计划规定的各门课程,第一次补考后仍不及格,毕业前或毕业后一年内需要再补考一次的,按每学分 20 元收缴补考费。

二、考试作弊,以零分计,不准正常补考,如确有悔改表现,经教务处批准,在毕业前可给予一次补考机会,但需按每学分 40 元收缴补考费。

三、学生留级(本科生累计不超过两次,专科生不超过一次),均须按该专业自费生收费标准向学校缴纳一年培养费。

四、学生符合转系条件并要求转系者,经相关的系及学校批准,一般降一级学习。降级学习,须按所转专业的自费生收费标准向学校缴纳一年培养费。

五、由于学业原因退学的学生,经学生本人申请,学校批准,可试行收费降级试读一年的办法。收费标准与自费生同,一年期满成绩合格者转为正式生,不合格者不再试读。

本规定从 1993 年 1 月 1 日起开始执行。

厦门大学

一九九二年十一月廿八日

——本文摘录自《印发〈《厦门大学本、专科学生学分制学籍管理实施细则》补充规定〉的通知》,厦大教〔1992〕39 号,档号 1992-XZ12-1

关于执行"学籍管理补充规定"的有关说明

（1992年12月）

各系：

学校于1992年11月28日颁布厦大教〔1992〕39号的"《厦门大学本、专科学生学分制学籍管理实施细则》补充规定"，请各系及时向师生传达。现就执行此"规定"做如下具体说明：

一、关于收费有关规定的执行时间：对1993年1月1日后考试的课程，符合文件规定条件的补考进行收费；对1993年1月1日后办理的留级、降级和退学试读实行缴费。

二、补考费由各系直接收缴并开给财务处的收款收据，上缴财务处后由系里支配使用（可用作教师补考命题、监考等的劳务费）。公共课的补考费也由系里向学生收取，其中的50%交公共课开课单位支配使用，学生需凭收据方可参加补考。

三、留级、降级和退学试读的学生缴交的培养费，直接交财务处并凭收据到教务处办理有关手续。

四、涉及以上缴费的，要在办理有关手续时一次性交清。

——本文摘录自《厦门大学学生手册》，档号1993-XZ12-2

·管理与服务工作·

努力深化教育改革,大力发展校办产业

(1992年1月)

厦门大学校办产业管理委员会

发展校办产业是深入贯彻"教育为社会主义现代化建设服务,教育与生产劳动相结合"方针的需要,是深化教育改革,促进教学、科研和生产紧密相结合,提高教育质量,发挥高校的综合科学技术优势和人才优势,加速科学技术成果的产业化,为社会经济建设服务的重要方式;也是高校依靠自己力量艰苦奋斗,以产业收入补充教育经费、改善办学条件和师生员工生活条件的重要途径。因此,发展校办产业应当成为我校九十年代发展规划的一个重要部分,必须认真抓好。我们认为应该从以下三个方面努力抓好校办产业的发展工作。

一、统一认识,转变观念,提高对发展校办产业意义的认识

最近,校领导多次传达了国家教委领导对于努力办好校办产业的重要指示,党代会、教代会也都把发展校办产业作为一个很重要的议题和任务来讨论。这对于发展我校校办产业无疑是十分重要的,但是也应当看到,我校的校办产业起步较晚,基础较差,要真正抓出一二个像样的校办产业拳头产品并不是很容易的事情。应当看到,在如何发展校办产业的认识上还有很多差距。如何统一认识、转变观念,提高对发展校办产业意义的认识,仍然是抓好我校校办产业发展工作的一个关键。长期以来,人们对高校任务的认识,一般以为,主要是培养好人才,搞好教学和科研,至于搞产业应当说是缺乏经验的,尤其我校是文理科综合性大学,不是工科院校,因此,对兴办产业更不熟悉;甚至,有不少同志认为搞科技开发、搞校办产业,只是权宜之计,主要是为了赚几个钱,因此对发展校办产业的重要意义认识不足,或多或少不同程度地存在着轻视从事科技开发和校办产业工作的看法。还有的同志对发展校办产业的难度估计不足,认为学校有那么多经济系、企管系、财金系、会计系,能够培养出厂长、经理、企业家,为什么就管不好自己学校的工厂呢?当然也有的同志对发展校办产业缺乏信心,对于校办产业的风险不能正确认识,使不少经营校办产业的同志背上了只准赢、不准输的包袱,再加上学校是事业单位,对于校办产业这种企业经营机制,究竟应当如何运行才是正确的,还缺乏必要的准则和措施。因此对于如何创办学校的高科技企业,校办产业应当采用什么样的管理机制,以及如何采用灵活而又不违反原则的经营手段等方面存在的不同认识就很多了。

我们应当看到大力发展校办产业绝不是权宜之计,而是社会主义现代化建设的需要,也是高等教育发展与改革的需要,是高校工作的一个重要组成部分,是贯彻党中央提出的"经济建设必须依靠科学技

术，科学技术必须面向经济建设"的重要方针，办好校办产业，当然可以增加一些学校收入，缓解教育经费的不足，为教师多发一些奖金，但这并不是我们的根本目的，我们办好校办产业的目的，是促进科学技术尽快转化为生产力，使教育更好地为经济建设服务，这是历史和时代赋予我们这一代科技人员的重任。

宋健同志曾经说过："中国人勤劳勇敢，比外国人更辛苦，但是我们的劳动生产率只是人家的十分之一、二十分之一，甚至几十分之一，因此如果不能达到用高新技术产业大幅度提高劳动生产率这一目标的话，中国永远富不起来。"我们高校集中了许多高级专门人才，是我国科技力量最密集的地方，有大量的设备、仪器、图书资料，还有源源不断的科技信息和新思想产生，因此，高校可以而且应该成为产生或孵化出高新技术产业的重要基地。

当然我们还应当看到，在高校兴办校办产业是很不容易的，固然高校能够培养出各种各样的人才，包括厂长、经理、企业家，但严格地说，高校只能是厂长、经理、企业家、工程师的摇篮，培养出来的人才只能是未来厂长、经理、企业家的苗子，究竟能不能真正成为精明的厂长、经理、企业家，还得靠实践的磨炼，所以从这个意义上来讲，能培养厂长、经理、企业的教师本身并不一定能当好厂长、经理、企业家，也不一定能管好工厂，因为一个企业经营的好坏是很复杂的事情，有各种因素，例如，资金的多少、设备的好坏、技术的高低、销售市场的占有程度等，还有管理运行的机制、奖惩制度的建立，也都直接影响企业的经营。从目前国内校办产业搞得较好的兄弟院校经验来看，一个比较好的校办产业拳头产品的形成一般要有十年左右的奋斗，要有比较大的投入，例如，北大方正激光照排系统，年产值已达1亿多，利润2000多万，这是经过14年的奋斗，科研开发投资达6000多万，才有今天这样的规模。南开大学的树脂与甜菊糖、成都科技大学的止血纤维、南京大学的尿激酶、浙江大学的单晶硅、天津大学的化工填充料、上海交通大学的激光医用碎石机等，都是经过十年左右的开发研究才得到成功的。

最后我们还应该看到高校办校办产业，尤其是办高科技产业是有风险的，应该允许校办产业承担一定的风险，要看到高校很缺乏经营管理人才，不善于开发市场，而如果我们的好产品没有市场，卖不出去，水平再高也是没有用的，所以我们应该转变观念，不要轻视搞商品流通工作的同志，相反地还应当积极鼓励有决心从事经营管理的同志，要从办好整个学校的高度来看待校办产业，部署力量，也就是说要选派很得力的同志去做这项工作，只有把市场搞活了，企业才会有生命力，我们应该转变认为搞实际开发、生产经营没有什么水平的老观念，以及对从事实际流通工作和经营者不重视的片面看法。我们应当看到再优秀的成果，不经过"商品化"变成商品是体现不出对国家的贡献的，应当看到"商品化"的过程也促进了科研新思维、新技术深化的过程，对学术的发展也是有利的。例如，北大的方正激光照排是王选教授研究出来的，他有一个深刻的体会，搞科研就是要"顶天立地"，"顶天"就是说：选项目要瞄准国际上的高水平，占领国标上的前沿，"立地"就是说：要做好成果后的进一步开发和生产工作，并把市场开辟出来，才能使工作最后落到实处。这实际上就是商品化的过程，在这一过程中，北大新技术公司的总经理楼滨龙副教授做了大量的工作，现在他已经成为一个很有经验的企业家。可见科研工作者和经营管理者的成功结合能够大大促进校办产业的发展。

二、加强调查研究，认清我校发展校办产业的有利条件和制约因素

最近一段时间，我们围绕着如何加快我校校办产业的发展步伐开展了一系列调查研究工作，初步认清了我校发展校办产业的有利条件和制约因素。

我校发展校办产业的有利条件是：

1.厦门大学是国家教委直属的唯一地处经济特区的综合性大学，特区经济建设的发展和对外开放的扩大，为我校校办产业的发展提供了一个广阔的前景，使我们能够接触到更多的先进技术，接触到更多的外商和外资企业以及更多的用户，从而为我们提供了更多的信息、市场和机会。

2.厦门大学是一个有着70年悠久历史的由爱国华侨领袖陈嘉庚先生创办的大学，在国内外，尤其是在东南亚各国和香港地区，有着很多热心母校发展事业的校友，这些校友中有许多著名的企业活动家，可

以取得这些国内外校友对发展校办产业的有力支持。

3.我校学科齐全、人才济济,近年来已有104个应用科研项目获奖,尤其是化学化工学院和经济学院已经取得了许多高水平的科研成果,培养了许多高水平的企业家,有的成果已经产生了较好的经济效益,如化学化工学院、化工厂生产的催化剂、三十烷醇,已经得到较好的经济效益,生物系完成的"金定鸭培育"在全国19个省市得到推广,各系也都完成了许多科技开发项目,已有不少科研成果转让给校外,应用到生产中去,取得了较好的经济和社会效益。最近我们又通过调查研究发现了一些有开发前景的较好的项目,这些都是进一步发展校办产业的有利因素。

4.几年来我校已创办了一些校办产业,尽管由于种种原因,经济效益不好,但经过学校三年多来的治理整顿,总结了经验,接受了教训,现已初见成效。加强了化工厂、科学器材公司、科技开发公司、艺术公司、劳动服务公司、校园服务中心的经营管理,近年来这几个单位都做到年年盈利。同时由于采取引进外资、承包经营的管理办法,使原来生产亏损的仪器厂、矿泉水厂开始为学校创造经济效益,所有这一切都为校办产业的进一步发展创造了条件,使校办企业开始朝着盈利的方向逐步发展。

5.我校科学器材公司具有外贸进出口权,这是全国高校少有的,是发展校办产业难得的好条件,近年来公司改善了经营,扩大了技工贸相结合的业务经管项目,每年已能创汇30万美元,1991年取得了创利润30万元的好成绩。

6.我校已出现了一些发展势头较好的校办产业,例如科学器材公司与国防科技大学合资兴办的厦门银河电脑联合研究所,创办1年多来,已承接多项较大型的计算机开发工程;电子技术设备厂已有了一套较好的波峰焊生产流水线,可以承接电子方面的生产开发任务。我校还依托经济学院和一些系所创办了会计师事务所、经济咨询事务所、广告与公关事务所、资产评估事务所,面向社会服务,已取得较好的经济效益,为文科创办校办产业积累了有益的经验。

7.我校还创办了一些第三产业,如国际学术交流中心的宾馆、厦大招待所以及厦大一条街的房地产。这些正在逐步发挥较好的经济效益。

8.发展我校校办产业更为重要的一个条件是需要有领导的高度重视,要有较好的政策,去吸引众多的人才。最近,校党政领导都很重视发展校办产业,全校教职工都在关心这项工作,并寄予了很大的希望,学校已正式成立了校办产业管理委员会,并加强了对它的领导,无疑地,这一切都会推动校办产业更快更好地发展。

我校发展校办产业的制约因素是:

1.我校不是工科院校,校办产业的基础较差,起步较晚,投入较少,缺乏经验。

2.我校目前的校办产业缺乏拳头产品,没有竞争力,销售市场没有打开,经济效益较差。

3.校办产业的管理体制没有理顺,没有做到由学校集中人、财、物重点办好一二个大厂,相反的各系力量比较分散,校办企业缺乏一个有效的管理办法,企业吃大锅饭现象很严重,财务分配办法不尽合理,学校拿不到钱。

4.缺乏一个较好的调动教师和科研人员积极投入校办产业的好政策、好措施,还没有从根本上解决从事校办产业人员的后顾之忧。如职称评定、奖金分配、成果转让的优惠政策,还没有真正拟定和落实。

5.缺乏一个从事校办产业的稳定的科技骨干队伍。目前校办产业缺乏大量的高水平很得力的技术骨干和精明、强干的经营管理人员。因此,无法得力地去打开市场。

6.缺乏一个长期的规划。因为一个校办企业的成功要经过很长时间的奋斗,所以学校要有较长期的通盘规划和打算,否则不容易孵化出新的拳头产品。

三、九十年代积极发展我校校办产业的设想与对策

经过初步调研,我们认为近年有可能发展成为较大规模的校办产业项目是:

1.化工厂:1991年化工厂产值达330多万,利润63万。目前准备新投产项目有中高压陶瓷电容瓷

料，正在研究新的“乙苯脱氢制苯乙烯催化剂”，化工厂有希望在“八五”期间建成一个产值500万元以上，利润达100万元的科技企业。

2.厦门银河电脑联合研究所：1991年利润50万元，有希望在“八五”期间办成一个利润超过100万元的科技企业。

3.以科学器材公司和科技开发公司为中心建立技工贸一体化的各种经营部。如“生物医学工程部”“应用化学技术部”“园林绿化工程部”“防腐蚀新技术开发部”等，有希望在“八五”期间办成一个利润超过100万元的科技企业。

4.选择生物系、物理系、化学系和科仪系的有关项目，力争再办几个投资少、见效快、效益好的校办企业，争取在生物工程、乙肝诊断盒、信息光电子材料和器件开发生产方面有新的突破。

5.“八五”期间要抓好印刷厂的生产发展规划和管理工作，争取把印刷厂办成效益高、服务好的校办企业。

1990年校办产业上缴学校基金60万元左右，1991年校办产业上缴学校基金80万元左右，估计1992年可突破100万元。我们希望在“八五”期间校办产业（不含国际学术交流中心）年利润能够达到400万元至500万元，上缴学校年基金希望能达到200万元左右。

为了实现我校校办产业较快发展的规划，我们认为学校必须采取下列对策：

1.深化教育改革，尽快制定鼓励教师、科研人员从事科技开发和校办产业的优惠政策，包括职称评定办法、奖金分配办法、成果转让办法和奖励办法。

2.要改革校办产业管理制度，理顺体制。要按国家教委一校两制的精神，用国家管理同类企业的办法来管理校办企业。要允许校办企业进行各种管理改革的试验，包括工资制度、人事管理制度和奖惩制度。要给学校的校办企业以更多的自主权。要支持厂长、经理工作，对那些不遵守企业生产纪律，对企业不做贡献的职工一定要严格要求、严格管理教育，直至从企业除名。

3.要增加对校办产业的投资，要给校办产业本身创造自我发展、自我完善的条件，要抓紧做好校办老企业的技术改造，设备更新的工作，要实行“科技办厂，科技兴厂”的方针，不断提高职工队伍的素质。要集中分流出一定数量的科技人员，投入校办产业，努力造就出一支懂业务、善经管的稳定的技术骨干队伍，努力开辟市场和经营渠道，尽快打开校办产业的局面。

4.大力发展外向型校办企业，积极争取海外校友的帮助，进一步开拓校办产业的发展项目，充分利用经济特区的政策优势，尽量把优惠政策用好、用活、用足。

5.要努力做好发展校办产业的统筹规划工作，要扶植和鼓励教师、科研人员积极从事科技开发工作，科技工作要面向经济建设的主战场，要以市场和经济建设需要作为我们选择研究课题的重要依据，要创造出更多的科技成果，使校办产业有更坚实可靠的基础。要集中力量突出重点，首先抓好一二个有水平、有效益、有影响的骨干项目。

6.要深入发动群众，充分调动大家的积极性，依托各有关系、所努力做好科技攻关工作，各有关部处和主管部门都要团结一致，努力做好发展校办产业的协调工作。

我们深深体会到发展高校校办产业是一项艰巨的、光荣的事业，从事这项工作的同志们要具有开拓和奉献精神，我们相信在校党委领导下，经过大家坚持不懈的努力，我校校办产业的发展一定会出现新的局面，它必将会为提高教学和科研水平，改善我校办学条件和提高师生员工的生活水平，做出应有的贡献！

1992年1月

——本文摘录自《努力深化教育改革，大力发展校办产业》，党委办公室〔1992〕第10号，档号1992-DQ01-4

进一步发挥职能作用　为“八五”计划多做贡献

(1992年1月)

人事处

一、“七五”工作回顾

自第五次校党代会召开以来,在校党委、校行政及上级主管部门的正确领导下,人事处同学校其他职能部门一道,为完成“七五”计划及第五次党代会提出的各项任务,积极工作,开拓奋进,取得了一定成绩,也积累了一些经验。在第五次党代会召开以来的五年期间,我们主要做了以下几个方面的工作:

(一)严格编制管理,加强人员调配工作

早在1985年,根据国家教委的有关规定和要求,人事处就在学校领导下对全校各单位的各类人员编制进行确定,并推导出一套各类人员定编定员的计算公式和方法,拟订了《厦门大学人员调配的几点规定》。几年来,人事处在人员调配的具体工作中,认真执行上述编制计划和有关规定,严格控制人员增长。1991年底,人事处又会同学校有关部门,根据学校实际情况的变化,在原有基础上进一步论证、调整、修订编制方案,改变原来以系数计算编制数的办法,采用以具体承担的工作量来计算各单位的编制控制数,使定编工作逐步趋向合理化、科学化。严格编制管理,是为了防止队伍无限制地膨胀,并不是要控制学校的发展。基于这一认识,根据学校事业发展的需要,几年来共调进、引进学校急需的各类专业技术干部151人,选留补充毕业生745人,这些人绝大多数被充实到教学、科研工作第一线。尤其是1989年以后,在国家教委实行调入人员冻结的情况下,为保证重点学科、博士点、短线专业、新办应用专业及适当照顾长线保留专业的需要,通过使用省属编制和报国家教委特批的办法调入一批骨干力量,在一定程度上缓解了用人单位对急需、优秀人才的渴求。为了节约编制并优化人员结构,几年来人事处严格执行退休制度,并将95名公派出国留学逾期未归者列为编外,对77名自费出国留学逾期未归者,以自动离职处理;与此同时,为保证教学、科研工作的正常开展,几年来共招收合同制工人77名,招聘合同制干部9名,还从优秀工人中聘用干部41人。这些工作的进行,对于学校控制规模、稳定队伍、激励广大教职工更好地为教学、科研服务均起到积极的作用。

(二)认真做好工资调整和专业技术人员职务聘任工作

自1987年以来,我校先后进行六次全校范围的调资工作,共有10056人次工资调整变动,月增资额为79018.0元。由于调资时间紧、任务重,我们本着严格按政策办事、积极反映教职工合理要求的精神,动员有关同志加班加点,认真做好调资的审核、报批工作,使每次工资调整都能平稳、顺利地进行,因而我校调资工作受到省工改办的表扬。为从宏观上控制消费基金的过速增长,根据国务院及省政府文件精神,人事处加强了对全校工资基金的审批管理,除了对全民所有制职工工资基金管理外,还对全校集体所有制在职职工366人、临时工790人,实行工资基金管理;为加强对劳动力管理,调动职工的积极性,几年来为全校438名集体所有制工人(在职366人、退休72人)办理了退休养老保险,为全校113名合同工办理了退休养老保险和社会待业保险,为全校485名外来劳力办理了务工许可证。

在我校专业技术人员管理工作中，人事处具体承担全校各类专业技术人员职务聘任工作。几年来，先后为2707人次办理职务聘任的审核、报批、兑现工资等手续。专业技术职务聘任工作量大，涉及教职工的切身利益，为做好这项工作，在校教师和其他各类专业技术职务聘任委员会指导下，根据国务院和国家教委关于聘任条件的有关规定，对各单位择优聘任后送上来的名单认真审核，并报送省教委、省人事局审批，一经上级主管部门批准同意，立即为受聘人员兑现其职务工资及其他有关的福利待遇。在做好受聘人员职务聘任工作的同时，人事处还积极配合有关部门和基层单位，认真做好未聘人员的思想工作和合理流动工作。

(三)退休职工管理和人事档案管理工作步入正常化轨道

随着退休人员的逐年增加，为加强对退休工作的领导，学校于1989年6月成立了退休教职工管理科，隶属于人事处。几年来，退休教职工管理工作从无到有并步入正常化轨道，先后为705人办理了退休退职手续，拟订了《厦大退休教职工管理服务暂行条例》和《关于高级专业技术人员退(离)休有关问题的通知》等文件，建立了退休教职工名册，为全校400多位退休职工办理了厦门市退休职工公园、风景点门票优惠证，积极协同有关部门，定期开展一些有益老年人身心健康的活动。在学校成立校退休教职工管理委员会之后，学校已有49个单位成立退休领导小组，进一步加强了退休教职工的管理服务工作。

我校现有人事档案5000多册。几年来，人事档案室在1987年全校人事档案大清理的基础上，认真做好人事档案的装订整理及编目分类工作，建立了一套关于人事档案保管、查看、借阅、转递的管理措施，拟订了《厦大校内查(借)阅人事档案细则》，从而使人事档案管理工作走上正常化和规范化管理的轨道。在保密和安全的前提下，几年来，人事档案室为学校各方面工作和教职工的调资、评定职称、出国留学开具证明等提供了良好的服务。

(四)积极为教职工办实事、办好事

几年来，人事处在解决教职工后顾之忧、为教职工多办好事方面，采取了一些积极的措施。为解决专业技术人员家属农转非问题，每年都积极向厦门市人事局反映我校的实际困难，争取增拨指标，几年来共办理30户70人的“农转非”手续；在增人指标有限的情况下，每年都争取拿出一部分指标用以解决夫妻两地分居和身边无子女教职工的困难，几年来因照顾家属共调入49人；为全校900多名教职工办理从教三十年荣誉证书的审核、颁发手续；为30名教职工办理工资升级奖励的推荐、报批手续；每年春节前夕、教师节期间，受学校委托登门慰问、探望因病住院或在家治疗的危重病号，对生活困难的教职工，遗属，烈、军属给予适当经济补助。此外，人事处有关同志还深入山区、农村调查了解，先后为23名六十年代被精简回乡的归侨或侨眷职工落实政策，为他们办理退职安置手续。

(五)抓部门自身的廉政勤政建设

为提高全处同志的政治业务素质，人事处注意抓好政治业务学习和思想教育工作。在1989年的动乱中，全处同志都能坚持工作，没有人参与非法活动，以实际行动同党中央保持一致，同年被福建省人事局评为全省人事、编制系统先进单位。几年来，人事处注意抓廉政建设，制定了五条廉政措施，在学校还没有普遍提倡“两公开一监督”的情况下，从1987年起在一些主要工作中，就实行“两公开一监督”，自觉接受广大群众和各级领导的检查和监督，从处领导到一般干部，形成自觉抵制不正之风、廉洁奉公的好风气。以廉政促勤政，几年来人事处的同志均能自觉遵守劳动纪律，努力做好本职工作，提高办事效率，工作作风和服务态度有明显的好转。

应当看到，我们的工作虽然取得了一些成绩，但也存在不少薄弱环节，人事管理工作中还存在不少复杂的问题等待我们去研究、解决。比如对学校机构编制的管理还缺乏严格的科学性、权威性；专业技术人员职务聘任和人才流动的措施、政策尚不完整、配套；因忙于应付繁杂事务而缺乏调查研究；一些改革设想、管理制度虽已形成文件，但执行起来决心、步子不够大；人事干部的政治业务素质还需进一步提高。

这些都需要在今后的工作中予以重视解决。

二、“八五”工作设想

学校“八五”事业计划和第六次党代会明确提出了今后五年的奋斗目标。人事处作为学校的职能部门,在总结“七五”工作的基础上,为贯彻落实“八五”计划的具体目标,并把人事工作推向前进,特提出如下努力方向:

(一)坚持和加强党对干部人事工作的领导

党管干部是我们党的一贯方针,是干部管理制度的一个根本原则。人事工作只有牢牢遵循这一根本原则,才能始终沿着正确的政治方向不断推进,用人与治事才能有政治上、思想上、组织上的保证。因此,人事处作为行政职能部门,必须积极主动地接受党委的领导。实践证明,正是在校党委的正确领导下,五年多来我校人事工作进展顺利,人事管理正朝着科学化、制度化、民主化的方向迈进。今后应进一步加强党对人事工作的领导,具体体现为:(1)在日常工作中,要坚决贯彻执行党的路线、方针、政策,尤其是党的知识分子政策和人事劳动政策;(2)在选拔任用科级干部、选留补充毕业生、人员调配等工作中,要坚持党的德才兼备原则和“四化”标准,会同党的组织、纪检部门把好用人的质量关;(3)凡处理重大人事问题、推行校内人事管理制度改革,都要在党委领导下进行。

(二)推进人事管理改革,为教学、科研服务

1.加强定编工作,强化编制意识

确定高校各类人员和各单位的编制是一项基础性的行政管理工作,也是人事管理改革的重要组成部分。“八五”计划提出稳定发展规模,意味着今后五年内要严格控制学校的机构设置和人员增长,而控制机构设置和人员增长,关键在于加强定编工作,强化各级领导的编制意识。第三届教代会代表对学校机构庞大、人浮于事、办事效率不高等现状提出尖锐的批评,说明加强定编工作已成当务之急。“八五”期间人事处将本着“精兵简政”的指导思想,严格以编制为依据,来管理、审批机构设置和人员补充。

2.采取切实措施,加强师资队伍建设

“八五”期间,人事处的首要任务就是协同有关部门,共同建设好一支数量适中、素质优良、结构合理并拥有若干著名学术带头人的教师队伍。根据这一任务要求,拟采取以下措施:第一,多渠道、有选择地吸收国内外的优秀人才。根据林祖赓校长在第三届教代会上关于要利用地处经济特区的有利条件,吸引并招聘一批学术骨干或学术带头人的讲话精神,通过招聘、引进、调动等多种渠道,积极吸收国内外品学兼优的特别优秀人才到厦大工作。凡属学校引进的特别优秀人才,可不受时间、编制、职称数额等的限制,住房由学校优先给予保证,只有采取优惠条件,才能吸引到并留得住特别优秀人才。第二,要有计划地选留、补充一批高水平的博士、硕士毕业生。今后每年选留、补充毕业生不可能很多,因此必须把有限的指标用于保证教学、科研第一线的需要,提高选留、补充人员中博士、硕士毕业生的比例,本科生原则上不得选留从事教学、科研工作。人事处将与用人单位密切配合,只要是确因岗位和队伍建设需要,经考核又是政治、业务素质都优秀的博士毕业生,随时可以申请选留。第三,进一步拓宽人员补充的渠道和视野。长期以来,尤其是自 1989 年国家教委实行调入人员冻结后,我校补充师资力量主要靠选留毕业生,而且以选留本校毕业生居多。今后要拓宽师资补充渠道,除了坚持“少而精”原则选留部分本校毕业生外,要争取多从省内外高校和科研单位调入有一定实践经验的德才兼备的人才,充实我校师资力量,并以此为师资补充的主渠道。今后凡调配、补充师资队伍,应根据“八五”计划精神,在保证各基础、新兴学科的教学、科研工作能正常开展的情况下,优先满足重点学科和博士点学科梯队建设的需要。

3.试行工资总额包干管理

实行工资总额包干管理,是高校继人员定编之后进行人事管理改革、增强办学活力的一条值得探索

的新路子。在机构和人员编制得到较有效控制的情况下，可以在适当范围内推行工资总额包干管理。所谓包干，就是在核定一个单位工资总额的前提下，实行增人不增资，减人不减资，超支不补，节余留用。人事处拟选择一至两个内部条件相对成熟的单位试行工资总额包干，并帮助试点单位建立健全内部管理配套措施，如制定岗位责任制、考核、评估、检查、监督、奖惩等制度；允许试点单位搞内部工资改革，把原来的工资、福利等全部记入各自的档案，根据各人的德、能、勤、绩等方面情况重新评定工资等级。只有这样，才能使工资总额包干管理真正起到既控制用人单位的人员编制，又提高工作效率的积极作用。此外，在个别单位试行工资总额包干的同时，一定要下决心打破我校历年来奖金平均发放的惯例，实行按贡献大小分级分档发放奖金，为全校范围内推行工资总额包干管理和校内工资改革做好行动上和心理上的准备。

4.完善职务聘任制，建立岗位责任制

从调动积极性和打破“大锅饭”的角度出发，对于学校不同工作性质的人员，必须采取不同形式的管理制度。我校目前对教师和其他专业技术人员实行职务聘任制，对新招收工人实行合同制，对党政干部尚无检查、考核其任务完成情况的管理制度。“八五”期间，对于已实行的聘任制和合同制，要进一步坚持和完善。我校从1987年开始实行教师和其他专业技术职务聘任制，由于其他配套措施没跟上，聘任制存在形式化、走过场的问题。今后要严格聘任条件，完善考核办法，把受聘与未聘人员的各种待遇区别开来，同时要制定关于人才流动的相应措施，努力改变“聘与不聘一个样”的不合理状况。

要提高我校综合管理水平，改变党政部门职责不顺、办事拖拉、服务态度差等现象，就必须尽快建立党政机关的岗位责任制。务必将各部门的组织程序、办事规则、工作职责范围等理清、理顺，努力做到让基层单位和群众办事方便，党政干部工作起来有章可循，有据可依。同时，人事处将在学校的领导下，协同有关部门对党政干部实行年度考核，作为以后选拔任用、晋升职务或奖励的主要依据。对新招收工人仍将实行合同制管理，同时将根据劳动政策和改革精神，不断完善管理办法，以利进一步调动职工为教学、科研服务的积极性。

(三)加强部门自身建设，增强服务意识

为了提高管理水平，增强服务意识，人事处应大力加强本部门的队伍和制度建设。首先，全处同志要加强政治、业务学习，努力提高理论、政策水平和业务能力。人事工作政策性强，涉及面广且责任重大，现有人员中年轻人多，经验不足。为此，处里每周坚持安排两个单位时间，组织全体同志学习政治、时事和人事劳资业务政策，不因忙于日常事务而放松学习。其次，要建立部门岗位责任制。为了方便基层和群众办事，人事处正着手将广大教职工关心的校内外有关人事政策、法规、制度等汇编成册，同时拟将现有工作人员的职责范围在各自的办公室内予以公布，并定期检查每位同志任务完成情况。最后，要充分发挥党员干部在勤政、廉政建设中的先锋模范作用。人事处党支部现有12名在职党员，占全处人员的绝大多数，支部要求每位党员要严于律己，努力工作，自觉抵制不正之风。为防止以权谋私，保证全处同志为政清廉，人事处仍将坚持重大人事问题集体研究制度，同时不断完善办事公开和接受监督制度。

“八五”计划描绘了今后五年学校的美好图景，要把这美好图景变成现实，需要全校教职工在党代会精神指引下，振奋精神、开拓进取，扎实工作。人事处全体同志将进一步树立人事干部的光荣感和责任感，努力按上述要求开展工作，以崭新的姿态，去开创人事工作的新局面，为实现学校“八五”计划做出应有的贡献。

1992年1月

——本文摘录自《进一步发挥职能作用　为“八五”计划多做贡献》，党委办公室〔1992〕第11号，档号1992-DQ01-4

认真做好师资和职称工作　为我校教学和科研服务

(1992年1月)

师资与职称工作处

我校“八五”计划和十年规划对师资队伍建设工作提出了明确的要求,把我们的工作放在十分重要的位置。高校作为教育人、培养人的一个主要阵地,师资队伍素质的高低直接关系到学校工作的成败。我处作为学校负责师资队伍建设工作的一个主要职能部门,任务十分艰巨,但我们有信心在校党委及校行政的正确领导下,与兄弟部处一道,为抓好我校师资队伍的建设,提高师资队伍的素质做好自己的一份工作。

对今后的工作我们有以下的具体计划与设想:

1.配合有关部门抓好教师的思想政治工作。作为我们来说,要着重从提高教师的职业道德方面入手,增强大家作为人民教师,特别是作为一个培养高级专门人才的人民教师的光荣感和责任感。教师的选留要在严格考核业务能力的同时,把好道德品质关,要把那些热爱教育事业、有志于从事教育工作的优秀人才留下来,要尽力地减少那种把学校当作跳板的现象。要认真地做好青年教师上岗前的培训工作,除了必要的业务培训以外,特别要加强职业道德教育这一环节。要加强青年教师的社会实践教育。

2.要建立和完善师资队伍管理制度。目前的当务之急是健全和完善教师的工作考核制度,对教师的工作业绩尽可能地做到以量化的标准来检测,增强教师业务考核的客观性和统一性,尽量地减少人为的主观评价,使教师的工作考核具有更高的权威性,成为教师评级升等的主要依据。要建立和健全教师的业务档案,争取做到对教师的业务前景可进行大致准确的预测。

3.认真做好教师队伍现状的调查和研究工作,及时、准确地掌握教师的异动情况,这种异动包括教师在校内、系内的异动情况,为校领导在做学校的学科设置、专业设置等重大决策时提供依据,也使得教师的选留配置工作更有针对性,更加符合整个学校的总体要求。

4.拟定师资队伍建设规划,做到既有重点,又有一般地搞好师资队伍的建设工作。从重点上讲,作为实施《厦门大学中青年教师培养条例》的一项具体措施,要建立学校学术带头人后备队伍的选拔、考核、培养制度,并将此作为师资队伍建设的一项重要战略措施来抓。比如我们设想是否可以从现有的中青年优秀骨干教师中,根据学科建设的需要选拔出100名来作为学术带头人的后备队伍,加以重点培养,根据每个人的具体情况制订培养方案,提供发展条件,每年组织评估一次,连续两年无法达到培养方案要求的便自然淘汰,以5年为一培养周期,5年之后再换一批,争取到2000年全校能够有100～120名骨干教师成长为各学科的学术带头人。从一般上讲,要利用多种途径和方式来促进和刺激教师不断地提高自身的业务素质,要让教师从思想上认识到不断提高自己的业务水平,也是一种起码的职业道德。与此同时,要为教师的业务水平提高创造各种条件。如合理地安排各种国内外进修机会;在现有条件下,尽可能地提高一些在国内进修的待遇,尤其是要改革一些不合理的政策规定;鼓励青年教师在职进行各种更高层次的学历或非学历教育;建立和完善助教导师制,即每一位作为助教的青年教师都必须有一名或两名导师,以使得青年教师能更快地达到作为一名合格教师所必须具备的条件。当前要重视将中青年优秀教师推到教学第一线去锻炼。

5.进一步深化职称改革工作,逐步完善学校专业技术职务评审工作的有关制度。

①《厦门大学教师职务评审程序若干规定》是根据中央和省职称改革工作的有关文件规定,并结合我

校实际情况而制定的，其中仍有不少不够完善之处，需根据中央的新规定及实践中发现的问题，在广泛听取群众意见的基础上，逐步予以修改，以使我校评审工作更为顺利，评审结果更为公平、合理。

②根据国家教委办公厅教人厅〔1991〕6 号文件转发的国办发〔1991〕14 号文件精神，为加强专业技术队伍建设促进中青年专业技术人才迅速成长，我校从 1991 年开始，对具备教授（研究员）任职条件的 45 岁以下及具备副教授（副研究员）任职条件的 35 岁以下的优秀中青年教师给予及时晋升并报国家教委审批。由于首次进行这项选拔工作，在选拔条件方面还须逐步予以完善。

③对一些长期从事高校教学工作的老教师的职称问题，学校要采取某些妥善办法予以解决，对以前规定中的不足之处将逐步改进，以使老教师安心搞好教学工作，充分发挥余热。

④对越级、超前及学历破格晋升高、中级职务的任职条件及其他有关规定也有待于逐步完善。

6.根据学校事业发展的“八五”计划，在定编的基础上，根据学科建设的需要重新设置各职务岗位。

1986 年学校根据各单位承担的教学、科研任务制定了《教师职务定额计算办法》。按照这个计算办法，学校给各系、所进行了教师各级职务、岗位的设置。这种岗位设置办法对我校教师职务的评审起了积极的作用，但通过几年的实践，也发现这个办法存在一些不足之处。因此，根据学校事业发展的需要，为加强重点学科和博士点建设的需要，拟重新进行教师各职务岗位的设置。

7.为吸引更多中青年拔尖人才，学校准备建设校长特批制度。

随着学校事业的发展，对国内外一些中青年拔尖人才愿意来我校工作的，学校将给予及时晋升高级职务，故学校需建立校长特批制度。校长特批制度需设立特批程序，制定出特批的条件。

8.继续进行教师和各类专业技术职务的评审工作。

1992 年 1 月

——本文摘录自《认真做好师资和职称工作　为我校教学和科研服务》，党委办公室〔1992〕第 12 号，档号 1992-DQ01-4

搞好我校总务后勤工作　当好教学科研和师生生活的“先行官”

(1992年1月)

总务处

党的十一届三中全会以来,特别是我校第五届党代会以来,我校总务后勤工作在校党委和行政的正确领导下,依靠全处干部、职工的共同努力,根据学校事业发展的需要,为教学、科研及师生员工生活提供了必要的服务,为他们创造了良好的工作和生活条件,为学校培养四化建设人才做出了一定的贡献。下面把五年多来我校总务后勤工作的一些情况做一个汇报。

一、适应教育事业发展的需要,进一步加强后勤基础设施建设

基础设施建设是制约着学校事业发展的重要条件。为了尽快改变我校落后的基础设施与事业迅速发展不相适应的被动局面,多年来,在学校领导的高度重视及校内外有关单位的大力支持下,我校及时地完成了自来水、液化气、程控电话机、汽车等项基础设施建设任务,使学校事业的发展有了一定的物质保障基础。一九九〇年以来,又先后建成了石井女生食堂、海滨新区食堂、澡堂和幼儿园、1200门自动电话总机,以及完成了集中供热工程和改造旧锅炉工程等,进一步改善了后勤基础设施条件,为学校事业的顺利发展提供了更多的物质保障。在完成上述任务的过程中,我们体会到:由于特区经济的发展和市场的变化,许多“硬件”物价在升涨,我们不当机立断,抓紧各项建设,那就会失去有利的时机。例如当初仅花不到60万元的自来水工程不上去,仅仅依靠唯一绕过蜂巢山坡顶的一条小自来水管进水,无论如何是达不到今天日均进水量从原来的不足千吨上升到日均进水超万吨,从而彻底解决了长期存在的“用水难”问题。又如,我们及时地花了二十多万元购进十几辆进口汽车,使车队能够适应我校各方面对交通运输的需要。如果错过时机且迟了一步,汽车价格好几倍甚至十几倍的提高,别说买了十多辆,恐怕连一辆都很难买得起。再如,我校安装的市区428门程控电话,平均每门仅花费六百多元,现在每门三千多元还排不上队。这些事例说明了,学校领导对总务后勤工作的决策是正确和果断的,因而取得了显著的经济和社会效益。液化石油气站的建成并投入使用,也是为我校教职工办的一件实事好事。现在,我校教职工使用液化气的用户,已由1985年的几百个增加到现在的近三千个用户,这不仅减少了教职工烦琐的家务劳动负担,而且还减少了煤灰对生活环境的污染。去年花费40多万元完成的1200门自动电话总机工程,较大程度地改善了我校的通信条件,方便了我校同上级和校外单位的通信联系,以及校内各部门间、师生员工之间的信息沟通,大大节省了时间并提高了工作效率。全校“供热中心”的投入使用,既为学校节约了大量的物力、财力和人力,也极大地方便了我校师生食堂、浴室和国际学术交流中心、招待所、专家楼等的用气,而且还避免了林立的烟囱对校园环境、校园景观的污染和破坏。新区食堂、澡堂及石井女生食堂的投入使用,已进一步改善师生,尤其是学生的生活条件;新建成的幼儿园为我校幼儿教育事业提供了良好的育人环境。

上述基础设施建设任务的顺利完成,如果没有校领导的高度重视,没有学校在教育经费困难的情况下,努力从各方面克服困难,筹集资金并及时投入,无论如何是不可能办到的。

二、走改革之路，加强后勤工作的科学化、规范化管理

高校后勤管理工作的唯一出路是改革，这是我们通过实践不断加深认识的。首先是从改革旧的行政管理体制开始，实行简政放权，使下属各科室逐步成为充满生机和活力的服务或经营实体。

我们首先从改革膳食管理体制开始，接着在汽车、电话、水电等方面，逐步试行“经费任务与定额包干”管理办法，均取得明显的经济效益和社会效益。实行后勤工作的量化管理与规章制度管理，可以较快地改变后勤职工过去实际存在的“吃大锅饭”状况，更好地体现了社会主义的分配原则，从而在一定范围内和不同程度上堵塞了漏洞，避免了浪费，达到“增收节支”的目的。同时，还可以克服“人治”及办事随意性的弊端，做到一切按规章制度办事，培养后勤职工廉洁奉公精神，增强工作的透明度，推动总务后勤干部队伍的廉政建设。通过管理改革，许多总务后勤服务工作都取得了明显的效益，如承包的膳食管理费指标，从开始按总营业额的 20％提取，下降到现在的按 12.3％封顶，每年为学校节省了大笔管理经费。供电方面，在学生宿舍安装电表，并实行电费定量包干，结果，头一年节省的电费就超过 5 万元，回收了安装电表的费用。去年我们又利用空闲的学生宿舍，安排培训生、自费生住宿，一年就为学校增加十八万元的计划外收入并及时上缴校财务处。电话经过整顿并实行经费定额包干管理，在一九九〇和一九九一年两年中，至少可为学校节省开支近二十万元；新建的 1200 门电话总机由于加强了管理，也可以为学校和师生员工个人节省大量经费开支。汽车运输实行经费任务承包，虽然近几年有关汽车的零配件、油料、维修、保险和养路费等价格猛涨，但也使学校每年减少开支十多万元。实行水电经费任务包干以后，严格实行定额管理，采取有效的节能措施，仅 1988 年就为学校节省水电经费 20 多万元，1991 年又节约经费开支 30 万元。

三、加强基层党的建设，充分发挥后勤部门党员干部、职工先锋模范作用，在斗争中经受考验，在服务中做出贡献

在改革开放的新形势下，总务后勤战线的共产党员和广大干部、职工，不仅要经受各种客观矛盾斗争的锻炼，在服务方面不断提高为人民服务的自觉性，而且还要在风云变幻的国际形势下，经受渗透与反渗透、腐蚀与反腐蚀、“和平演变”和反“和平演变”斗争的考验。要完成总务后勤繁重而又艰巨的任务，需要充分发挥基层党组织的战斗堡垒作用和党员的先锋模范作用。面对上述斗争现实，机关第三党总支十分重视加强党的建设，认真抓好党员的教育，同时加强总务后勤职工的思想政治工作，把党组织的政治核心作用和思想政治工作贯穿于总务后勤工作的全过程，使广大党员和职工坚定共产主义信念，树立正确的人生观和价值观，充分调动他们的社会主义积极性。总务处 5 个党支部的 69 名党员，绝大多数都能成为各项工作的骨干，他们政治上跟党中央保持一致，工作上吃苦在前、勇挑重担，哪里有困难，党员干部和党员职工就出现在哪里，保证了总务后勤各方面工作的顺利完成。在一九八九年春夏之交的政治风波中，全处的党员干部和职工都能与党中央保持一致，旗帜鲜明地反对动乱和暴乱。他们不信谣，不传谣，不参加动乱。在斗争形势十分复杂严峻的情况下，处、科领导个个废寝忘食，积极配合学校党政部门做好制止动乱的有关工作，夜以继日地轮流坚守工作岗位，坚守在制止动乱的第一线。经过这场风波，事实证明了我们这支总务后勤队伍是经得起政治考验的，是一支思想上、业务上都值得信赖的队伍。

我校总务后勤工作在保证教学、科研的需要，改善师生员工的生活条件等方面做出一定的贡献，但仍然存在着许多突出的问题和困难。由于教育事业发展过快，与之相配套的后勤基础设施未能得到根本改善，后勤有些设备陈旧，长期超负荷运转。供水供电线路、管道老化，事故时有发生；教职工住房困难问题还没有完全解决；部分老旧的学生宿舍和食堂亟待彻底维修或重建；几辆运载中小学生及幼儿园小孩的破旧汽车急需更新；等等。这都在一定程度上影响了学校教学科研及其他工作的正常进行。今后，我们

将继续结合学校的实际,进一步探索具有中国特色的高校后勤管理工作新体制,努力当好教学科研和师生生活的"先行官"。

(一)"八五"期间,要继续坚持"三服务、两育人"宗旨,通过深化后勤管理改革,围绕实施学校"八五"事业发展计划和十年规划为中心,把总务后勤系统建设成为一个充满生机和活力的整体,为学校事业的发展和社会主义建设人才的培养做出新的贡献。

(二)不断完善和加强后勤管理机制,增加经济效益和社会效益。

我处在管理改革方面要进一步打破包办式的后勤管理体制和管理模式,使高校后勤管理向"服务经管型"和"经管服务型"发展,改行政手段为主的直接管理为以行政管理、政治思想工作、经济手段和民主管理等"四管齐下"的综合管理。要进一步完善各种承包责任制,并积极创造条件,逐步过渡到实现全面承包的目标责任制管理,增强学校的创收能力,使后勤部门能够通过改革达到自我完善和自我发展。这方面要抓的工作:一是要进一步提高包干指标的合理性和先进性,完善评估标准和考核办法,克服分配上的平均主义"大锅饭";二是要健全行政上的监控机制和师生员工的民意监督机制,把行政监督和群众监督结合起来;三是要大力开展"双增双节"活动,做到少花钱多办事,要通过设立二级财务管理并制定相应的管理办法和核算制度,提高投入和产出的效益;四是要逐步试行劳动用工制度的改革,通过优化劳动组合并严格实行人定岗、岗定责等办法,完善竞争机制和激励机制,奖勤罚懒,优胜劣汰,提高工作效率和服务质量。

(三)改善办学条件,加强后勤基础设施建设。

"八五"期间,为进一步改善教学、科研和师生员工生活的条件,要完成铺设我校二回路供电电缆的任务,确保我校用电,避免出现因停电事故而影响教学科研工作。同时要有计划地逐年更新、改造一部分旧设备,包括对部分老旧学生宿舍和食堂的彻底维修和重建,以保证学校后勤工作的正常运转。要再次扩大电话总机容量,适当扩大电话公务用户和个人用户,使更多的教师、专业人员通信条件得到改善。要继续创造条件为师生员工多办实事好事。

(四)加强校园管理,优化育人环境。

要通过努力,逐步改变校园环境脏、乱、差的面貌,搞好学生宿舍、教室、食堂以及公共场所的环境卫生。配合宣传等部门,制定出切实可行的爱护校园、维护公共卫生等规章制度,纠正不文明不卫生的行为,建议学校要恢复师生员工周末进行环境卫生大扫除的制度,在各单位所在地及教职工住宅区实行"门前三包"制度,要继续开展创建学生"文明宿舍""文明宿舍楼""文明教室"等竞赛活动,切实加强我校的精神文明建设。

我校总务后勤工作几年来所取得的成绩,是在校党委的正确领导,以及与各单位和广大师生员工的支持下取得的。但是总务后勤工作中存在的问题还不少,这有待我们的继续努力。今后,我们一定要紧跟党中央,认真贯彻我校第六次党代会的精神,团结在以江泽民同志为核心的党中央周围,在校党委的直接领导下,坚定信念,振奋精神,团结奋进,坚持改革开放,为我校教育事业的发展和培养合格的社会主义建设者和接班人,做出新贡献。

1992年1月

——本文摘录自《搞好我校总务后勤工作　当好教学科研和师生生活的"先行官"》,党委办公室〔1992〕第13号,档号1992-DQ01-4

我校治安保卫工作的回顾和今后的任务

(1992 年 1 月)

保卫处

学校第六次党代会的胜利召开,是全体师生员工政治生活中的大事,她标志着我校已经进入了一个新的历史发展时期,必将对改革开放和教学科研等各项工作产生深远影响。

过去的五年,我校治安保卫工作人员经受了学潮和动乱的考验。广大公安干警、校卫队员和治保成员在校党委的正确领导下,团结一致,艰苦奋斗,忠实地执行党的基本路线,坚持四项基本原则,围绕"稳定压倒一切"这个中心任务,贯彻社会治安综合治理方针,一手抓防范,一手抓打击,竭尽全力维护校园政治稳定,保卫教学科研生产工作的顺利进行,保护国家和人民生命财产不受侵犯,受到上级公安机关的肯定和师生员工的好评。五年中,我校保卫处、派出所共发现并处理政治性案件 80 余起,突发性事件 130 余起,侦破刑事案件 178 起,查处治安案件 456 起,依法逮捕犯罪分子 53 人,劳动教养 17 人,少年管教 6 人,拘留 191 人,治安处罚 400 余人。缴获自行车 2000 余辆,摩托车 11 辆,彩电 8 台及一大批赃款赃物,折合人民币 40 余万元,较有力打击了现行破坏活动,保卫了学校和师生员工的合法权益。

在打击现行犯罪和破坏活动的同时,加强安全防范工作,搞好各项基础业务。五年来,共制作和颁发居民身份证 22704 人,迁移变更户口 22985 人次;填发外来人员暂住证 18290 人,办理出国出境手续 707 人次,边境征手续 1300 人次,对全校 127 家服务网点和摊店进行整顿,83 家私房出租和特种行业实行安全许可证制度。坚持每年开展全校性安全大检查,先后发现不安全因素近千处,并通报有关单位及时整改,排除险情,堵塞漏洞,确保安全。派出所、校卫队长年累月坚持值班巡逻,节假日和敏感时期,全校动员,组织干部师生护楼护馆,总数超过五万人次。对违法人员的帮教工作也取得可喜成绩,先后建立 85 个帮教组织,其中 82 名违法人员改过自新,不再重新犯罪,列管率达 100%,改好率达 96%,落实了党的政策,减少了侵害因素,促进了校园治安。一九九一年度,全校开展创建安全单位活动,21 个市校两级重点要害和 80 个处级以上单位实现全年无案件、无事故、无违法犯罪人员,经厦门市公安局组织验收,取得 92.6 分的好成绩。

在五年的斗争实践中,全体公安干警和广大治保成员经受了锻炼考验,较好地发扬了不怕苦、不怕死和连续作战的优良作风,热爱本职工作,不计名利得失,不图报酬,忠于职守,秉公执法,争创第一流的工作业绩,全处的凝聚力和业务技术明显提高,岗位责任制和作风纪律有所加强,警民关系、干群关系得到改善,各种群众性治保组织不断充实壮大。截至一九九一年底,全校成立治保会(组)64 个、483 人,义务消防队(班)15 支、273 人,培训安全员 800 多人,值班值宿人员 213 人,成为学校治安保卫工作的主力军。他们坚守岗位,默默无闻,勤奋工作,为学校安全、治安及保卫工作做出了可贵的贡献,建立了不可磨灭的功绩。武装保卫处党支部连续两年被评为市校先进支部,派出所荣立集体三等功,7 名同志被评为全国和省市先进工作者,在一九九一年度创优活动中,涌现了 3 个优等单位、8 名优秀民警、8 名优秀校卫队员,23 名同志得到嘉奖。事实证明,我校治安保卫队伍是一支忠实、可靠,并有深厚群众基础、富有战斗力的队伍。过去的五年,是我们为学校改革开放和教学科研生产工作创造安全环境的五年,也是艰苦创业、开拓进取的五年。

在肯定成绩的基础上,我们也必须清醒地看到,我校的治安保卫工作任重而道远。目前的主要问题是:治安隐患突出,危旧房多,电线老化,高层建筑消防能力弱,靠山校区缺乏消防水源,煤气供应站设在居民区等等,对学校安全构成威胁;暴力犯罪猖獗,酗酒闹事,流氓滋扰,打架斗殴,抢劫掠夺,故意伤害等恶性案件时有发生;盗窃案件发案率居高不下,又绝大多数发生在学生宿舍和单身教职工宿舍。另外,学校的自行车管理混乱,失窃现象严重。从保卫部门看,公安干警编制不足,待遇偏低,经济困难,装备落后,不适应治安形势发展的需要。

总结经验,吸取教训,明确方向,把今后的工作做得更好。我们认为,在今后一段时间内,治安保卫工作应集中精力,抓好三件大事:一是搞好社会治安综合治理工作,在校党委的统一领导下,组织全校各部门各单位认真贯彻“谁主管、谁负责”原则,管好自家人,看好自家门,办好自家事,保证本单位、本部门不发生案件、事故和出现违法犯罪人员。保卫部门在综合治理工作中,要积极当好党委参谋,集中力量打击现行破坏活动,从重从快查处各类案件。二是继续深入持久地开展创安活动,落实防特、防火、防盗、防灾害事故工作,提高侦破案件能力。学校与各单位分管保卫工作领导签订“责任状”,建立治安保卫工作责任制度,定期检查验收,实行奖惩办法,调动学校各单位的积极性,为创建安全学校而努力。三是加强政治保卫工作,维护国家安全和校园政治稳定,仍然是高校当前压倒一切的首要任务。因此,要大力加强法制教育和“三反”教育,增强师生员工的阶级斗争和对敌斗争观念,时刻保持高度警惕,防止非法组织煽动和敌特策反、渗透等破坏活动。同时,要加强保卫队伍的自身建设,加强军政业务训练,改善服务质量,为民多办实事,提高办案能力和执法水平。

回顾过去,展望未来,我们满怀希望,充满信心,决心在第六届党委会的领导下,忠于无产阶级专政职能,乘胜前进,为开创我校治安保卫工作新局面而努力奋斗!

1992 年 1 月

——本文摘录自《我校治安保卫工作的回顾和今后的任务》,党委办公室〔1992〕第 14 号,档号 1992-DQ01-4

关于校办产业管理委员会职责范围的决定(试行)

(1992年1月3日)

根据“教育必须为社会主义现代化服务,必须同生产劳动相结合”的方针及国家教委关于高校校办产业的有关规定,为加强对全校校办产业的统一领导和管理,经学校研究决定,成立“厦门大学校办产业管理委员会”。

一、机构组成

校办产业管理委员会设主任、副主任及委员。委员会下设办公室。办公室下设技术市场管理科、财务科和生产经营管理科。

二、职责范围

校办产业管理委员会在校长领导下,负责管理全校各类校办产业并接受上级校办产业管理机构的领导。具体职责如下:

1.代表学校统一管理全校各类校办产业,是我校校办产业的行政主管部门,对校办产业实行业务归口统一管理,负责制定校办产业的发展规划及审批各校办产业的年度生产和财务计划,并监督、检查年度计划的实施,负责统一审定和管理校内各单位与校外单位联合兴办经济实体或进行科学技术成果转让的工作,并有权代表学校审定或签订校办产业对外的有关协议、合同,并监督协议、合同的实施。重大协议、合同(金额超过30万元以上)必须报请学校批准。

2.负责组织创办我校的高科技产业。必要期,可召开有关会议或组织校内有关院、系、所、管理部门的专家、教授、专业技术人员及管理人员进行充分的调研、咨询和论证工作。

3.负责协调全校校办产业与校内其他部门的关系。

4.负责协调全校校办产业与地方政府及有关业务主管部门的关系,并负责校办产业新建、撤销、合并的审查报批和注册登记等工作。

5.负责制定全校校办产业的管理条例,按企业运行机制和国家对同类企业的有关规章制度、法令来管理我校校办产业。

6.根据“统一领导、分级管理和权责结合”的原则,在校办产业管理委员会内设立财务科,统一管理全校校办产业的财务工作;并接受校财务处的指导和监督检查。财务管理工作的细则另行规定。

7.在校办产业管理工作中,应提倡廉洁奉公、勤政务实,必须加强遵纪守法教育,注意提高各级管理人员及本机构人员的素质与业务水平,保证校办产业的健康发展。

8.执行校长授予的其他职责。

厦门大学

一九九二年一月三日

——本文摘录自《关于校办产业管理委员会职责范围的决定(试行)》,厦大综字〔1992〕2号,档号1992-XZ09-2

校办企业厂长(经理)离任审计暂行办法

(1992年2月27日)

第一条　根据《全民所有制工业厂长工作条例》第十条和《教育系统内部审计工作规定》,为了完善校办企业人员管理制度,加强厂长(经理)责任制,提高校办企业资金使用效益和社会效益,根据我校的实际情况,特制定本暂行办法。

第二条　校办企业厂长(经理)在调动、免职、辞职、撤职或离退休时,都应依照本办法的规定进行离任审计,未经审计不得调离所在企业。

第三条　校办企业厂长(经理)离任审计,由原职务任免的主管部门在宣布离任决定前报告校长,由校长下达《经济责任审计通知书》提前十五天委托校审计处或社会审计组织进行就地审计;审计终结,提出审计报告,征求离任者意见后做出审计结论和决定,审计结论要经离任者签字,然后报主管校长批准,离任者若对审计结论有异议,可在接到结论的十天内向上一级审计机关申请复审,如对复审结论仍有争议,则由国家教委审计局仲裁。复审期间,原审计结论照常执行。

第四条　审计部门依照有关法律、法规、制度、政策和离任者任期内经济责任目标文件(合同、协议、决定),并考虑校办企业的实际情况,坚持客观公正、实事求是的原则,对厂长(经理)任职期间的有关事项进行审计。

第五条　校办企业主管部门,应事先通知厂长(经理)在离任前组织本企业清查财产、物资债权、债务,写出任期终结报告。任期终结总结报告的主要内容:

(一)任职起始时间,接任时企业资产、债权、债务、产(商)品品种、质量、效益情况,任期内的经济责任目标。

(二)为实现任期内经济责任目标,在生产、经营、管理、科技进步等方面所进行的主要决策,改革措施及其效果。

(三)任期内经济责任目标实现的程度,任期终结时资产、债权、债务、产(商)品品种、质量、效益情况及其与任职起始时的分析比较。

(四)任期内重要的决策失误、损失浪费、违规违纪、遗留问题等事项及其经验教训。

第六条　学校内审机构接到校长书面交办离任审计事项后,应立即着手准备,并要求离任者在规定的期限内报送下列资料:

(一)任期经济责任目标的有关文件(合同、协议或决定)及附件。

(二)任期终结时企业资产盘点、债权债务清理的有关资料。

(三)任期起始和终结年度的财务计划、会计报表、财务决算等资料。

(四)离任者各年度工作报告和任期终结总结报告。

(五)离任审计所需的其他资料。

第七条　学校内部审计机构,在评价企业内部控制系统和审计财务收支的基础上,离任审计的主要内容有:

(一)审计任期起始和终结的有关会计报表和年度决算。

(二)审计任期内各主要决策,改革措施的实际效果及企业资产、债权、债务、产(商)品品种、质量、效益发生变化的原因及其经济责任。

(三)审计任期内执行国家财经纪律情况,有无虚报盈亏或潜亏挂账等问题。

(四)审计财产移交手续是否完备、内容是否真实。

(五)其他需要审计的事项。

第八条　对拒绝提供有关资料和阻挠审计的,审计部门可按国家教委9号令《教育系统内部审计工作规定》第二十条规定,根据情节轻重,提出警告、通报批评、行政处分、经济处罚等意见,报请单位领导或监察等有关部门处理。

第九条　被审人员成绩显著,贡献突出的,审计部门有权向单位主管部门提出嘉奖或晋升的建议。

第十条　审计人员应坚持原则,忠于职守,秉公办事,对于滥用职权徇私舞弊,玩忽职守的,应予从严查处。

第十一条　本办法由学校审计处负责解释。

第十二条　本办法自一九九二年三月起实施。

厦门大学

一九九二年二月廿七日

——本文摘录自《校办企业厂长(经理)离任审计暂行办法》,厦大审字〔1992〕4号,档号1992-XZ19-1

校办工厂审计工作规范

(1992年2月29日)

第一,审计准备阶段。

1.根据有关规定,组成审计小组,编发审计通知书,并提前10天发至被审单位,以便被审单位做好准备工作。

2.调查被审单位有关情况,要求被审单位提供有关计划、制度等资料。了解被审单位性质、隶属关系、经营状况、各项规章制度和历年财务资料等。

3.评价被审单位内部控制系统是否完整齐全,是否发挥控制功能和作用。

4.拟订审计工作计划。

第二,审计实施阶段。

一、账证审计

(一)账表检查

1.核对会计报表与总账、明细账,检查账面金额与报表是否相符。

2.审阅会计报表,注意应列项目是否完备。

3.审阅明细分类账,注意是否和总账相符。

(二)凭证检查

1.外来原始凭证,检查抬头、日期、摘要、盖章是否完备,金额计算是否正确,有无涂改及其他可疑情况。

2.自制原始凭证,应填各项内容是否完备并经有关人员审核,经济业务是否合法、合规,数字计算是否正确。

3.记账凭证,会计科目运用是否正确,是否附有原始凭证及其张数是否齐全,摘要内容与原始凭证内容是否一致,有关人员盖章是否齐全。

二、财产物资审计

(一)货币资金检查

1.库存现金检查,应注意账面结存与实际库存是否相符,是否有白条抵库、挪用、私设小金库以及超过规定额的现象,另组织突击方式检查库存现金。

2.核对银行日记账与银行对账单是否一致,有无转借银行账号与其他单位套购物资等非法活动,有无长期未达账,调整后的银行存款结存数与银行对账单是否相符。

(二)材料审计

库存材料:

1.审阅材料明细账和仓库材料卡,注意账卡、物是否相符。

2.实地盘点库存中的贵重、稀有、可用作生活用品的材料及耗用量大、收付频繁的材料。注意有无霉烂、变质、短缺情况,材料保管是否完善、安全。

3.检查材料收发凭证、收发料制度是否健全;收发料凭证有无涂改;有无发大于收、出现赤字材料;有无大批购进,随机整批领出情况;有无长期未收未付的材料。

委托加工材料：

1.检查委托外加工合同及其执行情况，加工费支付是否合理。

2.检查外加工材料收发是否按合同执行，余料是否回收。

（三）固定资产审计

1.检查固定资产账卡是否相符、清点实物，注意账实是否相符。

2.检查固定资产的购置、验收、入账、保管、使用、维护、检修、调出等管理制度是否健全。

3.检查报损、报废固定资产是否经过批准，报废的资产零件是否完整，清理、出售价格是否合理。

（四）产成品的管理

1.检查入库的产成品是否经过严格的质量检验，是否办理正式手续，及时入账。

2.检查发出的产品是否全部入账，发出时是否有完备的手续。

3.检查结存的产品是否真实，是否定期盘存，账实是否相符。

4.审查产成品的计价是否正确。

三、财务收支审计

（一）材料采购检查

1.审查材料明细账和供应合同，注意合同价格是否合理，手续是否合法，采购材料业务中有无不正之风。

2.核对购料、收料凭证。

（二）生产费用、管理费用检查

详细查阅明细账和原始凭证，检查有无虚报、冒领、浪费及其他不正之风，凭证有无涂改，发票是否统一，内容是否完整；有无混淆两类资金的费用支出，应注意：

1.折旧是否按规定提取；预提、待摊费用是否按规定摊销。

2.是否有不按规定标准支付工资的现象。

（三）专项基金检查

查阅账册及原始凭证，检查各类资金的提取使用是否合规，有无混淆两类资金的使用情况。

（四）产品销售收入检查

1.检查销售计划、购销合同执行情况。

2.检查销售发票、销售明细账。

（五）材料销售收入检查

1.检查材料销售发票及明细账，注意出售原因，有无转售牟利情况。

2.检查销售发票，有无削价出售积压物资，削价是否经过批准，有无以低于市价出售给私人的情况。

（六）其他收入检查

检查收入凭证，注意各部门的其他收入，是否都做财务收入处理，有无转入小金库做不正当开支。

四、结算资金审计

（一）应收账款的审计

1.应收销货款

(1)应收销货款是否按客户建立明细账，是否定期清理，是否按规定进行结算。

(2)审查销货是否真正实现，是否虚设账户，长期未清销货款是否存在作弊行为。

(3)审查呆账的处理是否合规合法。

2.其他应收款

(1)注意审查用现金结算的业务，特别是对结算金额已经超过现金结算限额的应收账款，要注意审查其业务往来的合法性、合理性，防止贪污、挪用现金。

(2)注意查清长期挂账做其他应收款，是否存在着挪用在外资金的现象。

(3)注意审查其他应收款中有无隐匿利润，虚列成本、费用的现象。

(4)注意审查暂付、预付款项,检查确系业务经营需要,还是存在着其他违法行为。

(二)应付购货款的审计

1.应付购货款

(1)审查原始凭证与记账凭证内容、数量等是否一致,是否为调节成本而虚列账户的现象。

(2)审查长期挂欠购货款的处理是否合理合法。

2.其他应付款

(1)审查原始凭证与记账凭证内容是否一致,业务往来是否真实合法。

(2)审查是否有借用“暂付及应付款”科目转移资金、调节成本或利润的行为。

(3)审查长期挂账不做处理款项的形成原因及呆账处理的合理、合法性。

五、产品成本检查

1.检查产品成本计算单,有无用不正当手段虚报成本,人为地降低或提高产品成本。

2.检查间接费用明细账和分配表,费用分配是否正确,有无混淆两类资金情况。

3.检查在产品盘存表,注意在产品品种是否齐全,数量是否正确,在产品计价方法是否与上期一致。

六、经济效益审计

1.检查劳动生产率

2.检查设备利用率与完好率

3.检查材料利用效益

4.检查资金利用率

5.检查生产计划完成情况

第三,审计报告阶段。

一、编写审计报告

1.根据审计结果,按照国家有关的方针、政策、法律、法规和学校有关规定编写审计报告。

2.审计报告应制成一式二份,一份由审计小组留存,一份送被审单位征求意见,并取得书面回执。审计组在收到被审单位书面回执后,应将回执、审计报告及附件一并报送处领导审定。

3.经审定的审计报告,应按公文程序报送学校主管领导,经签批后,报送上级主管机关。

二、编写审计结论和决定

根据有关政策、法规、规定,以审计报告为基础,对审计的事项做出结论和决定,并按照规定程序审批签发。

三、反馈审计结论和决定的执行情况。

第四,立卷归档阶段。

对审计项目的文件、材料进行综合整理,精练立卷。一般按审计文书、取证材料、审计工作方案等编排归档。审计文书包括审计结论和处理决定;该审计事项的请示、报告的批复;审计报告正本及原稿;被审单位对审计报告的书面回执;被审单位对审计决定执行情况的报告;审计通知书;复审结论和处理决定;复审报告;申请复审单位或个人对复审报告的书面回执;被审单位或个人申请复审报告。

取证材料,是指按审计报告中所列问题的先后顺序排列附有证据的审计工作底稿。

审计工作方案包括被审单位基本情况,内部控制系统测试评价结果,审计工作计划等。

厦门大学

一九九二年二月二十九日

——本文摘录自《校办工厂审计工作规范》,厦大审字〔1992〕3号,档号1992-XZ19-1

厦门大学房地产管理委员会职责

（1992年3月3日）

房地产是学校最重要的资产，是学校教育事业发展最基本的物质条件。我校现有1500亩的土地和46万平方米的房屋建筑面积。由于社会的、历史的和管理方面等诸多因素，学校房产和地产被挤占的现象较为严重，为加强对房地产的管理、开发和利用，更好地为教学、科研和教职工生活服务，学校决定成立“厦门大学房地产管理委员会”。为了明确其工作职权范围，特制定本职责。

“厦门大学房地产管理委员会”是代表学校统一管理、使用、分配、维护和开发全校房产、地产的职能机构。房地产管理委员会下设房产管理科、地产管理科。履行如下职责：

（一）统一管理学校辖区内的土地和分布在厦门市为学校所拥有的土地。负责与市政府有关部门确定学校所拥有的土地的红线图。参与制定校园总体规划和住房建设计划。

（二）负责根据国家土地管理的有关规定并结合学校实际情况制定学校所拥有的土地管理办法。在厦门市城管大队指导下，配备隶属市城管大队系列的执法人员，负责对学校拥有的土地上的违章建筑、违章搭盖和非法占地实施清理。

（三）统一管理学校的公用房和教职工住房。负责分配、调整公用房。并对教职工住房分配提出具体的实施建议，交分房委员会审定和实施。负责制定公用房、教职工住房管理使用条例和有关合同，并监督、检查执行情况。

（四）负责制定全校各类用房的维护制度。会同基建处、财务处对全校各类用房进行调查、鉴定，提出房屋维修和危房改造计划。负责审核房屋修缮经费的使用，并报校长审批。

（五）负责清理不合理占用、使用学校各类用房，会同基建处做好基建拆迁工作。负责与市政府有关部门联系、调查、处理各项房地产悬案，维护学校拥有房产、地产的合法权益。

（六）按照厦门市的房改方案，结合学校的实际情况，负责落实学校的房改工作，统筹管理房屋租金、房改公积金和住房建设债券，经校长审批，合理使用，按规定偿还。

（七）负责学校房地产开发，充分发挥房产、地产的经济效益。会同校办产业管理委员会和财务处制定并负责实施生产经营性单位使用学校土地、房屋应向学校交纳房产、地产占用费的具体管理办法。

（八）执行学校领导根据工作需要授予的其他职责。

厦门大学

一九九二年三月三日

——本文摘录自《厦门大学房地产管理委员会职责》，厦大综字〔1992〕10号，档号1992-XZ09-2

厦门大学1992学年住房清理工作方案

(1992年3月16日)

根据国家教委计〔1991〕83号文有关“要尽快组织力量对本校住房情况进行彻底的清理摸底”精神，我校已于1991年9月成立了由有关部处负责人组成的清房工作领导小组，并相应从各单位抽调部分工作人员成立了清房工作组，开始对全校教职工住房、研究生宿舍进行全面的调查摸底。截至上学期末，已完成了全校教职工住房的普查、摸底、分类工作；并将不合理的占房、住房、用房情况划分为十大类；还完成了出国逾期未归人员的住房清理和研究生宿舍的清理工作。其他类住房的清理尚在进行中。这学期，学校已决定继续完成出境出国类清理的遗留问题；并对其余九大类进行彻底的调查清理及研究生宿舍的重新调并。

一、继续完成出境出国类清理的遗留问题

截至上学期末，校清房工作组已清理出境出国类问题户55户，尚遗留13户，由此，这学期需具体分析情况，提出处理意见，严格按清房有关政策办事。清房对象的所在单位必须抓紧落实处理，尽快清退。个别拒绝清退户，学校将组织力量进行清理。

二、对其余九大类住房进行彻底的调查清理

这是本学期的清房工作的重点之一。具体工作全面铺开后，将进行重点调查。详细查清其来龙去脉及各种转换关系，形成文字材料，填写重点调查表，在调查研究的基础上，根据有关住房规定，结合学校的实际情况，针对各种不合理占房、住房、用房，认真研究实施处理办法。具体清理方案及实施处理办法应提交校办公会审定通过。由清房工作领导组、清房工作组会同校有关部门负责执行。清理时可根据调查结果，分轻重难易，打破各类别界限，重新划块，有计划有步骤地实施清理。清理情况及时在“两公开一监督栏”公布。

三、加强对住房的科学管理

1.健全管理条例

在对全校教职工住房和研究生住房进行全面清理的同时，要下决心在深入调查研究的基础上，进一步建立健全住房分配制度、住房管理制度和住房维护制度，并依据行政和法律的手段重新修订各项管理条例，加强住房管理条例的行政和法律效力。

2.应用计算机管理住房，提高住房的科学管理水平

通过这次清房，对全校住房进行了一次大普查，系统掌握了第一手基本材料，今后要尽快将这些基本材料输入计算机，逐步健全数据库，为今后住房的分配、科学管理及建立良好的运行机制奠定良好的基础。

四、清理住房的组织领导

校清房领导小组、清房工作组将继续负责组织实施清房的具体工作。各系、各单位的清房领导小组应继续对本单位的住房情况进行调查，对清房对象实施清理。党、政、工、团、区委员会、楼委会、地段民警也应积极支持配合清房工作、继续造成良好的清房环境。

五、具体要求

1.重点调查必须在三月底以前完成。

2.其他类的清理方案，具体清房对象的确定必须在四月中旬完成。

3.四月中旬至六月中旬必须完成对其他类清理对象的清理。

4.制定各类住房的管理制度和出国人员住房协议。住房分配方案的修订和分配协议的制定必须在五月底完成。

厦门大学

一九九二年三月十六日

——本文摘录自《厦门大学 1992 学年住房清理工作方案》，厦大综字〔1992〕15 号，档号 1992-XZ09-2

校风建设第一阶段实施方案

(1992年3月19日)

根据国家教委关于从严治校的精神,学校把加强校风建设作为今年度的重点任务之一。做好这项工作,对于继续维护学校安定、团结的政治局面,推进校园精神文明建设,创建一个良好的教学、科研工作环境和育人环境,提高我校的整体管理水平,有着迫切而又重要的意义。

为了动员学校各方面的力量,同心协力来搞好校风建设,使这一工作扎实、持久而又讲求实效,特拟订第一阶段实施方案。

一、校风建设的目标和阶段任务

要通过一段时期的努力,逐步建立和形成"文明、勤业、团结、自强"的校风,造成一个文明、整洁、优美的校园环境和良好的教学、育人环境。

本学期以早操、宿舍环境卫生和校园文明风尚为重点,着重做好四项工作:

1.通过建立制度,加强督促检查,完善考勤管理,抓好早操工作,使之养成习惯,持之以恒,力求早操出勤率达到90%以上;

2.通过完善组织,建立周末义务劳动和环境卫生包干责任制度,加强检查督导力量,开展评比活动,抓好学生宿舍区和环境包干区的卫生,并进而推动单身教工楼区和家属楼区的卫生面貌的改观;

3.制订校园文明守则,在广泛发动和思想教育的基础上,加强检查督导,辅之以行政管理措施,制止一些不文明的行为和不良风气,养成讲文明、讲礼貌、讲道德,自觉遵纪守法的良好风尚;

4.结合校园治安综合治理,以反偷盗为重点,开展校园创安活动,力求做到保证本单位不发生案件、不发生事故,无违法犯罪人员,使校园治安状况有进一步好转。

在此基础上,做好学风、教风的调查研究工作,以逐步深入学风、教风领域。

二、健全组织,加强领导,明确分工,建立校风责任制

1.学校成立校风建设领导小组,负责指导全校的校风整顿和建设工作。下设办公室,负责每一阶段工作的实施和检查督促。印发简报,及时通报校风建设情况,交流工作经验,开展评比表彰活动。组建督导队,加强校园内不文明行为举止的督导。

2.各系及有关单位应相应建立校风建设领导小组,由党总支、系行政各一位负责人、系办公室主任、部门工会主席、团总支书记、治保会主任、政治辅导员及有关班主任组成,负责本系校风建设工作,并指定其中专人负责某一单项工作,责任到人。各系及有关单位的校风建设领导小组,必须定期研究本系校风建设情况,根据学校有关制度和规定,结合本系情况制定相应制度,提出切实措施,组织检查督导力量,层层落实。要把本系校风建设的成效作为考核干部政绩的一项重要内容。

3.充分发挥校各行政职能部门的作用,明确分工,落实职责。早操工作,由学生工作处牵头,会同教务处、体育室制定有关制度,组织实施;

学生宿舍区卫生,由总务处宿管科牵头,会同团委会、学生工作处共同组织实施;环境卫生和绿化,由

总务处校园管理科牵头,会同基建处组织实施;

单身教工宿舍楼区和家属宿舍楼区卫生,由总务处牵头,会同工会、基建和居委会共同组织实施;

校内商业摊点的卫生,由校办产业管理委员会牵头组织实施;

校园文明风尚和文化活动管理,由党委宣传部牵头,会同学生工作处、团委会、保卫处共同组织实施;

校园创安活动,由保卫处牵头,会同各有关部门组织实施。

各牵头单位应负责提出切实可行措施,制定相应规定、制度和管理条例,组织检查督导力量,配合和协助校风建设领导小组及其办公室,做好各项工作。

三、具体实施步骤

三月上旬、中旬:

建立健全各种组织,召开各类干部会议进行部署和动员;

制定各项有关制度和管理规定;

结合学雷锋、迎校庆活动,组织二次集中性的周末义务劳动,打扫和整理环境包干区卫生、绿化;

检查早操制度的落实情况。

三月下旬、四月上旬:

检查学生宿舍卫生、卫生包干区的制度落实和执行情况;

总结交流经验,研究进一步巩固和保持学生宿舍区、卫生包干区卫生面貌,完善各项管理的措施;

落实单身教工宿舍楼区和教工家属宿舍楼区的卫生责任制。

四月中旬、五月下旬:

在学生中普遍进行一次校纪校规和文明风尚的教育;

制定校园文明守则,并公布实施;

组织督导力量,进行经常性的文明行为举止的督导工作,严格管理,落实奖惩措施;

表彰一批组织早操、宿舍卫生、包干区卫生有显著成效的先进集体、文明宿舍和先进个人。

六月上旬、六月下旬:

开展学风、教风建设的讨论;

组织学风、教风的调查研究,并提出学风、校风建设的初步思路和意见;

结合期末考试,进行一次考前思想和纪律教育,严格考场纪律和管理。

四、工作的几点要求

1.校风建设涉及方方面面,有一定难度,是一项系统工程,必须动员各方面的力量通力合作才能顺利进行。因此,要求各级党政领导都能充分重视,不仅要抽调一定力量把本单位的校风建设工作做好,而且要从大局出发,密切配合,支持有关职能部门共同做好各项工作。

2.在严格执行各项制度,加强管理的同时,要做好过细的思想教育工作,学校各种舆论宣传工具,要造成有利于校风建设的氛围,各系各单位在贯彻执行各项管理条例和制度规定前应针对学生的思想障碍,讲明道理,力求做到教育在先,以理服人,调动学生的积极因素,使他们能更多地参与,自觉、主动、积极地投入校风建设。

特别要注意充分发挥学生干部、积极分子的骨干带头作用。

3.各级领导和干部在校风整顿和建设中,要经常深入学生宿舍,主动关心学生的思想学习和生活,对学生中一些合理的建议和要求,应及时反馈给学校有关部门,求得适当的解决。学校在力所能及的范围内,要及时做好各项维修工作,逐步完善一些基础设施,以不断改善学校的硬环境。

4.在开展校风建设中,应鼓励和提倡敢抓敢管敢于负责的精神,根据实际情况,进行扎实的、创造性的工作，不断开拓新的经验，防止互相推诿和扯皮现象，力求避免各种形式主义。

厦门大学校风建设领导小组

一九九二年三月十九日

——本文摘录自《校风建设第一阶段实施方案》，(92)厦大综字3号，档号1992-XZ09-3

厦门大学监察工作暂行规定

（1992年4月17日经校办公会议讨论通过）

（1992年4月17日）

第一条　为了加强学校行政监察，改善行政管理，提高行政效能，促进行政机关及其工作人员遵纪守法、廉洁高效、履行职责，参照行政监察条例及上级有关精神，并结合我校实际情况，制定本规定。

第二条　监察处为学校内设监察机构，是在校长的领导下负责主管学校行政监察工作的职能部门，监察业务接受国家教委监察局的直接指导和省监察厅、省教委监察室的指导。

第三条　学校监察工作遵循党的基本路线，坚持社会主义办学方向，正确贯彻、执行党和国家的教育方针，保证国家政策、法律、法规和校纪、校规的贯彻实施，促进学校教育改革和各项工作的顺利进行。

第四条　行政监察工作贯彻实事求是的原则，在适用法律和政纪上人人平等，充分发挥监察工作惩处、教育、监督、制约、保护和服务的职能作用。

第五条　根据分级管理的原则，监察处的监察对象主要是校部行政机关各部门及其工作人员，各院、系、馆、所及校直属单位的行政负责人。

上述范围以外的工作人员的违纪问题，按照干部分管的权限，分别由所在单位或人事部门负责调查处理，重大违纪问题，监察处可以直接进行检查处理。

工人的违纪问题，由所在单位或人事部门负责处理。但工人编制担任行政领导职务，在履行职责中违反政纪的，应作为监察对象对待。

第六条　监察处的职责、主要任务是：

（一）监督检查监察对象贯彻实施国家法律、法规、政策和决定、命令以及校纪、校规的情况，并保护监察对象依法行使职权；

（二）受理有关监察对象违反政纪行为的检举、控告，并根据情况，有的直接查处，有的转给有关部门处理；

（三）调查处理监察对象违反国家法律、法规、政策和决定、命令以及校纪、校规的行为；

（四）对于监察对象中违反政纪需要给予行政处分的，根据干部管理权限和行政处分程序的规定，审议做出处分决定，或提出处理建议；

（五）受理有关监察对象不服行政处分的申诉，以及法律、法规规定的其他由监察机关受理的申诉；

（六）协助学校领导或配合有关部门对全校行政工作人员进行廉洁奉公、遵纪守法、履行职责的教育；

（七）参加学校对监察对象的考核和评议工作；

（八）完成校长、上级监察机关交办的其他监察任务。

第七条　监察处在检查、调查中有权采取下列措施：

（一）查阅、复制与监察事项有关的文件、资料，了解其他有关情况；

（二）暂予扣留、封存可以证明违法违纪行为的文件、资料、物品和非法所得；

（三）必要时可以通过当地政府行政监察机构按照规定程序对与查处案件有直接关系的人员在银行或者其他金融机构的存款进行查核，并可以通知银行或其他金融机构暂停支付；

（四）要求被监察部门和有关人员报送与监察事项有关的文件、资料及其他必要情况；

（五）责令有关人员在规定的时间、地点就监察事项涉及的问题做出解释和说明；

(六)责令被监察部门和有关人员停止正在或者可能损害国家利益和公民合法权益的行为;

(七)建议主管机关暂停有严重违法违纪嫌疑人员的公务活动或者职务。

第八条　监察处根据检查、调查结果,遇有下列情况,可以提出监察建议:

(一)不执行、不正确执行或者拖延执行国家法律、法规、政策以及校规校纪的;

(二)发布的决定、规章、制度、办法不适当应予纠正或撤销的;

(三)录用、任免、奖惩决定明显不适当的;

(四)按照有关法律、法规规定需要予以行政处罚的;

(五)其他需要提出监察建议的。

第九条　监察处根据检查、调查结果,遇有下列情况,可以做出监察决定:

(一)违反政纪按照管辖权限应当给予行政处分的;

(二)违反国家有关法律、法规的规定取得非法收入,依法应当由学校监察机关没收、追缴或责令退赔的;

(三)已经给国家、集体利益和公民的合法权益造成损害,需要采取补救措施的;

(四)对于控告、检举重大违法违纪行为的有功人员应予表彰、奖励的。

前款所列情况,监察处也可以提出监察建议。

第十条　关于行政处分审批权限的规定:

(一)对学校任命的各处、室、院、系、馆、所行政负责人,以及相当这一职务的人员需要给予行政处分的,由校监察处提出处分意见,学校行政做出处分决定。

(二)对学校行政机关担任科长及相当这一职务的工作人员需要给予记过及其以下处分的,监察处提出处分意见,经校领导批准后,由监察处下达处分决定;需要给予记大过及其以上行政处分的,监察处向校领导提出处分建议,由校行政做出处分决定。

(三)校行政机关一般工作人员以及院、系、馆、所等直属单位的一般工作人员,需要给予记大过及其以下处分的,校监察处提出处分意见,经校领导批准后,由监察处下达处分决定;需要给予降级及其以上行政处分的,由监察处向校领导提出处分建议,校行政做出处分决定。

第十一条　监察处负责人可以列席以研究制定学校重大决策、规章制度为内容的校长办公会议和校务委员会;监察干部可根据需要列席其他职能部门的有关会议。

第十二条　各院、系、馆、所及校直属单位的行政负责人应兼管本单位的监察工作。

第十三条　为了形成有广泛群众基础的监察网络,校监察处可在校直属单位和教代会、民主党派中聘请若干名兼职监察员或特邀监察员。兼职或特邀监察员的主要任务是,随时向监察机关反映有关监察事项的情况、意见和建议;转递教职员工对监察对象的检举、控告材料;参加监察处组织的专项检查或者重要案件的调查;对监察工作中的重要决策提供咨询等。

第十四条　兼职监察员和特邀监察员所在单位考核工作时,应将兼职监察员、特邀监察员受委派进行的监察工作,纳入本人考绩工作量。

第十五条　本规定在施行中如有与上级规定相抵触之处,按上级规定执行。

第十六条　本规定自公布之日起执行。

——本文摘录自《关于颁发〈厦门大学监察工作暂行规定〉的通知》,厦大监字〔1992〕3号,档号1992-XZ20-1

关于建立中青年教师选拔培养和跟踪管理制度的暂行规定

(1992年4月21日)

抓好骨干教师队伍建设,培养、造就一批跨世纪的新一代学术带头人,是保证学校未来事业发展的关键。为了落实校"八五"事业计划和十年规划中提出的师资队伍建设规划,促进中青年业务骨干和学术带头人尽快成长,根据国家教委的有关精神和要求并结合我校的实际情况,特做出如下规定:

一、建立中青年教师选拔培养和跟踪管理制度

根据我校学科建设的需要和客观实际条件的可能,在全面加强师资队伍建设、提高师资队伍整体素质的基础上,将对部分中青年教师实行重点培养和跟踪管理。作为重点培养的中青年教师必须具有良好的政治素质和职业道德,愿为人民的教育事业奉献力量,有较高的业务水平和具有开拓创新学术思想,身体健康,年龄一般在45岁以下。

将在以下范围内选拔部分中青年教师作为首批培养对象:

1.一九八七年以来作为优秀中青年教师提升的45岁以下的教授(研究员)、副教授(副研究员),特别是35岁以下的副教授(副研究员);

2.获博士学位后工作两年而提升的教授(研究员)、副教授(副研究员);

3.在教授、科研工作中表现突出,做出突出贡献的青年教师。

二、对培养对象的具体要求

列为培养对象的中青年教师应当更加严格地要求自己,要把组织的培养化为自我完善、自我提高的压力和动力,把又红又专作为自己的努力方向。

1.加强马克思主义基本理论的学习,增强坚持四项基本原则的信念,坚持正确的政治方向。

2.注重社会实践。通过经常的社会实践,熟悉社会、接触工农,了解国情,提高理论联系实际的能力。

3.注重师德修养。树立为人师表、团结协作、严谨治学的师德风范和优良学风。要不仅能够自己独立完成工作,而且要善于与他人协作,能够带动周围的人一道完成工作。

4.要教学、科研并重,把自己培养成教学、科研兼优的人才,要力争做到既有坚实的理论基础,又有最新的知识结构和敏锐的思想触觉,能够不断地掌握本学科最前沿的信息与知识,创造出一流的教学、科研成果。

5.每个人在五年的时间里除了圆满完成日常的教学任务及其他工作之外,至少要争取主持或参与完成一至二项国家级科研项目,并取得良好的成果。

三、培养措施的原则意见

建立中青年教师选拔培养和跟踪管理制度是我校师资队伍建设的一项战略性措施,成功与否,直接

关系到我校在下一世纪的地位与竞争力,对此要有充分的认识,要采取有力的措施来实现预期的培养目标。

1.要统一认识,加强领导,学校将把此项工作作为今后十年的一项主要战略任务来抓,各部、处、系、所都要加强领导,加强配合,确保这一任务的完成。

2.要切实地把加强培养对象的思想政治教育和解决他们的实际困难结合起来,全面关心他们的成长。学校将为每个培养对象建立个人政治、业务档案,随时了解他们的情况,并根据各人的不同情况,落实具体扶持措施。

3.鼓励培养对象及时地向学校反映他们的各种困难和要求,学校领导或有关职能部门将在一周之内做出答复并提出解决办法,暂时无法解决的要说明原因。

4.实行严格考核、筛选制度,采取滚动式的培养方法。每个人若经考核,连续两年业绩一般,则自然退出重点培养行列;每年提升的45岁以下教授(研究员)、35岁以下的副教授(副研究员)及其他优秀青年教师,将逐年增列。

5.一个完整的培养周期为5年,5年之后由校学术委员会对每个人的情况做一全面的考核,写出考核意见,以此作为使用的重要依据。

以上规定自即日起实行。各单位在实行中发现问题望及时上报,以利该项制度不断得到修正和完善。

厦门大学

一九九二年四月廿一日

——本文摘录自《关于建立中青年教师选拔培养和跟踪管理制度的暂行规定》,厦大师职字〔1992〕26号,档号1992-XZ14-1

关于房改方案实施中几个具体问题的规定

(1992 年 4 月 24 日)

厦门市住房制度改革方案于 5 月 1 日起正式实施,我校将与厦门市同步进行房改。根据我校各类住宅的实际情况,经研究,对房改方案实施中几个具体问题做如下规定:

一、各类住宅等级标准

1.甲等三级

敬贤区 4、7、8、9 号楼;北村区 7 号楼;白城区 7～17 号楼。

2.乙等一级

敬贤区 1 号楼;海滨区 7～50 号楼;成伟区 5 号楼;滨海区 4 号楼;顶沃仔宿舍。

3.乙等二级

凌峰区 1～10 号楼;成伟区 4 号楼;西村区 11～22 号楼;白城区 1～6 号楼;海滨区 1～6 号楼;北村区 1～6 号楼;大南区 14～16 号楼;南光区 4、5 号楼;海滨学生宿舍 3 号楼。

4.乙等三级

东村区;敬贤区 2、3、6 号楼;国光区 1～3 号楼;鼓浪屿 26、28 号楼;勤业区 1～3 号楼;丰庭区 1～3 号楼;芙蓉区 2、3、5、6 号楼;南光区 6、7、9 号楼;凌云区 5 号楼。

5.丙等一级

大南华侨房;大生里宿舍;鼓浪屿 24 号楼、5 号楼;东边三宿舍;大桥头楼。

6.丙等二级

所有平房。

二、凡因房改后增支较多,经济困难者,除按规定离休人员享受减免外,学校一律不予补助,鼓励适当调整住房。

三、凡住户自行改、扩建的住宅,产权一律收归学校,按改扩建后的增加面积加租。

四、凡住用集体宿舍一个床位者,暂不签订住宅租赁合同,按目前实际住用的面积计租,如住用情况发生变化,则按改变后的面积计租。(如某房间定员住二人,现实际只住一人,由现住人交纳整个房间的租金,一旦增加人员,则由二人平均负担。)由一人交纳租金时,并不等于该房间全部租赁给交纳人使用。

五、凡没有经过房产部门分配的均按擅自占用处理,擅自占用均应退回,在清房前擅自占用住宅及其他各类房屋,暂借住房者,按占用、借用的实际面积计租,学校不与占用、借用者签订住宅租赁合同。

六、凡迁新居后不按学校规定的时间退还原住房者,两边同时计租。

上述三至六条只适用于计租,不影响职能部门按学校住房分配管理条例对违章者进行处罚及学校清房有关规定。

厦门大学

一九九二年四月廿四日

——本文摘录自《关于房改方案实施中几个具体问题的规定》,厦大综字〔1992〕30 号,档号 1992-XZ09-2

厦门大学机关工作人员工作守则(试行)

(1992年5月)

第一条　努力学习

1.努力学习马克思列宁主义、毛泽东思想。

2.关心时事政治,领会贯彻党的路线、方针和政策。

3.积极钻研本职工作所必需的文化科学知识。

4.坚定正确的政治方向,不断提高思想理论水平、政策水平和工作能力,全心全意为人民服务。

第二条　忠于职守

1.坚守工作岗位,遵守工作纪律,按时上下班,不迟到,不早退。

2.认真履行职责,处理公务,要积极主动,准确迅速,符合法纪。

3.保证完成本职工作任务,注重质量、讲究效率。

4.注意总结工作经验,研究工作规律,改进工作方法,不断提高管理水平。

第三条　服从领导

1.下级服从上级,积极接受上级分配的工作,自觉服从上级指挥,认真执行上级决定。

2.对上级交办的事,要按时完成,及时汇报,遇有重大或难以独立处理的公务,要主动向上级领导请示汇报。

3.上级要关心部属的学习、工作和生活。部属要支持领导工作,积极提出工作建议或意见;但不得因为领导不予采纳或因对领导工作有意见则消极怠工。

4.对上级的决定如认为不妥,可以提出更改建议,如果上级维持原决定,则必须执行;紧急情况下必须先按上级决定执行。上级要对其决定负责。

第四条　搞好服务

1.遵守社会主义职业道德,讲究文明礼貌,热情地为师生员工服务,为基层服务。

2.师生员工来机关办事,要给予热情接待,认真办理。凡是能够办理的事要及时办理,不得拖延;不能办理或暂时不能办理的事,要说明理由,耐心解释;需要研究才能决定的事,在研究决定后要及时答复。

3.对基层工作及师生员工的工作和生活中的实际问题,要经常了解,主动关心,帮助解决。

4.虚心听取师生员工的批评和建议,自觉接受群众监督,努力改进机关工作作风。

第五条　加强协作

1.部门之间和岗位之间,都要树立全局观念,分工不分家,既各司其职,又要团结协作,共同努力,提高机关工作整体效能。

2.相关情况要主动通报,相关工作要及时协商;对相关工作遇有不同意见,经协商仍不一致的,要及时报请上级领导协调解决。

3.在办理相关工作过程中,要注意工作衔接,互相配合,出现失误问题,要吸取教训,积极补救,不要互相指责,争功诿过。

第六条　实事求是

1.依实际情况处理公务。要注意调查研究,全面了解真实情况;不要偏听偏信,不要主观臆断。

2.要负责如实反映情况,不得弄虚做假,谎报成绩,也不得隐瞒事实真相。

3.积极开展批评和自我批评，敢于坚持真理，支持好人好事，勇于揭露和纠正工作中的缺点和错误，反对各种不良倾向。

第七条　廉洁奉公

1.坚持原则，秉公办事；不徇私情，不记宿怨，不计较个人得失。

2.厉行节约，勤俭办事，讲究工作效益。

3.不得以权谋私，假公济私，损公利私；自觉维护机关工作的良好声誉。

4.执行公务，涉及钱物时，要遵循制度，公私要分明，手续要清楚，账目要公开；坚决反对贪污、盗窃或受贿等腐败现象。

第八条　遵纪守法

1.模范执行国家法律命令，自觉遵守学校规章制度。

2.坚持按原则制度和工作程序办事，不因人情而变异，不为利诱而动摇。

3.对各种违法违纪行为，要坚决反对，敢于揭露，勇于追究。

第九条　保守秘密

1.严守保密纪律，不得泄露国家秘密和工作秘密。

2.妥善保管有关秘密的文件和材料；对必须保密的事项，不该传的不传，不该看的不看，不该问的不问。

3.发现有泄密的行为或情况，要坚决制止，及时报告，努力补救。

——本文摘录自《厦门大学机关工作人员工作守则(试行)》，档号2019-DQ06-001

厦门大学机关工作作风建设暂行规定

(1992年5月)

第一章　总　则

第一条　为树立和发扬学校机关良好的工作作风,加强管理,提高效率,搞好服务,根据《厦门大学机关工作人员工作守则(试行)》制定本规定。

第二条　机关工作作风建设指导思想:

(1)贯彻务实精神,主动深入基层,联系群众,调查研究,解决实际问题。

(2)树立服务思想,努力为基层服务,为师生员工服务,为教学科研服务。

(3)提高责任意识,认真履行职责,做好本职工作;团结协作,共同完成本部门及相关的各项工作任务。

(4)保持清廉作风,遵纪守法,坚持原则,秉公办事,自觉维护国家、学校和集体的利益。

第二章　基本要求

第三条　准时上班,不迟到,不早退,不懒散。

(1)各部门及所属科室都得按时开门办公。

(2)实行上班签到制度,由各部门领导或由领导指定的人员负责每天的考勤事务;上班时间,因公不能到办公室办公的应向负责考勤的同志说明事由和去处,并在考勤表中注明。不能就位办公的,应征得领导同意将有关事务交有关同志代为办理或承接,要做到事事有人受理。

(3)办公时间,应将精力用于处理公务、研究工作、学习业务,不得为私事或闲聊而影响公务。

第四条　认真办事,讲礼貌,讲原则,讲效率。

(1)对来机关办事的人员要热情接待,对送到机关的办事文书要及时处理。能够办的事要马上办;不能办理的或暂时不能办理的事,要说明理由,耐心解释;需要研究才能决定的事,在研究决定后要及时主动答复。不得利用公务关系,谋取不正当的利益。

(2)向基层布置工作或分配任务,应考虑基层方便,通知及时,要求明确,不搞形式主义,防止文牍主义。

(3)机关之间的相互工作,要互通情报,及时协商,搞好协调,主办单位要主动负责安排协商事宜,相关单位应积极支持配合,克服扯皮和推诿现象。

(4)各部门都应主动、迅速、准确地处理职责权限范围内的各项工作问题;属重大问题应在征得主管领导意见后处理。

第五条　严格管理,定规章,定奖惩。

(1)各部门对主管事务要制定和完善管理规章制度;需经几个部门共同办理的事务,其规章制度由主办部门牵头制定,各部门领导要组织对有关规章制度的宣传教育,使所属的工作人员都熟悉,使有关的办事单位和人员都了解。做到办事有章可循,坚持按章办事。

(2)各部门应建立健全工作岗位责任制和内部管理制度,合理分工,明确职责,各司其职,务尽其责。

团结协作，互相督促，保证完成本职工作和本部门的各项工作任务。

(3)各部门领导要严于律己，以身作则；要遵守制度，坚持原则，秉公办事；对本部门的工作要敢于负责，善于安排，严格要求，抓好落实。

(4)各部门领导对所属工作人员的工作情况要经常检查，定期评议：表彰先进，帮助后进，查究工作失误，总结经验教训。

第三章　检查监督

第六条　负责检查监督机关工作作风建设的机关是党办、校办、人事处、监察处。根据工作需要，可以设立检查监督领导小组，可以聘请部分离退休干部担任检查监督员，可以约请部分院系有关同志担任检查监督信息员。

第七条　检查监督的主要职责：

(1)经常检查各部门工作人员的出勤情况、工作态度和办事效率。对于检查中发现的问题，负责检查监督的机关、组织和人员有权进行调查核实，有关单位和人员应当积极支持，并如实提供情况。每月 2 日至 5 日，各部门负责考勤的同志要把上个月本部门的考勤登记表送领导审核后报人事处。

(2)对机关工作人员出勤差、态度不好或工作上发生推诿、扯皮、拖拉、失误等不良现象，负责检查监督的机关、组织和人员，应当向有关领导反映，或提出改进建议，并可以按照校主管领导的意见督促有关部门尽快解决。

(3)每季度末，对各部门工作作风建设情况进行一次评议。由负责检查监督的机关商定具体评议办法，组织评议委员会实施，评议结果可以通报或张榜公布。

第八条　各部门领导负责对所属工作人员的工作作风进行检查监督和评议。

第四章　奖　惩

第九条　被评议确认为优良的部门，所评季度由学校发给该部门工作奖。评为优良的标准：本部门主管事务和内部管理的规章制度，能够有计划地逐步建立和健全。考勤制度健全，所属工作人员能遵守上下班制度，基本上无迟到、早退现象；各项公务都有人及时受理。工作态度好，没有敷衍塞责、要态度、发脾气，或与来机关办事人员吵闹现象，认真处理公务，能完成本部门工作任务和领导交办的任务，没有发生失误、推诿、拖拉等现象；能积极主动协同其他部门处理相关事务，领导和来机关办事的同志感到满意。

部门领导应根据所属工作人员实际表现，合理分配该项奖金，有下列情况之一的工作人员不发该项当月奖金：

①一个月内旷工一天(两次政治学习无故不参加者，以旷工一天计)；

②一个月内迟到、早退，累计达 5 次；

③一个月内事假累计达 3 天/病假累计达 7 天(应附医生证明或病历)；

④虽经批准请假，但事后查核请假理由不实；

⑤考勤中弄虚作假；

⑥不服从组织调动的决定，经教育仍不到位工作；

⑦待人办事态度不好，群众意见较大；

⑧工作失职，造成严重后果或不良影响；

⑨受党内严重警告、行政记大过以上处分未满一年；

⑩有违法违纪问题，在立案审查或停职检查期间。

第十条　有下列情况之一的部门，所评季度应扣发该部门所属工作人员的综合奖奖金 10%～30%：

①本部门及所属科室不能按时开门办公；

②考勤制度不落实，上班时间迟到、早退和出溜办私事现象较严重；

③时常发生公务无受理或有推诿、拖拉等现象;

④工作中发生较大失误或严重事故;

⑤有学校规定的其他情况。

第十一条　人事处根据每次评议结果编造奖惩名册,报校主管领导审批后实施奖惩。

第五章　附　则

第十二条　本规定适用于校部党、政、群机关。校办产业管理委员会下属单位、总务处下属科室和单位、基建处下属单位、保卫处下属校卫队、实验办下属单位、医院,由主管部门参照本规定拟定奖惩办法,报校办公会议审查同意后施行。院、系、所机关工作人员的管理和奖惩办法,暂由院、系、所领导制定并实施。

第十三条　本规定由校人事处根据负责检查监督的机关的共同意见负责解释。

——本文摘录自《厦门大学机关工作作风建设暂行规定》,档号 2019-DQ06-001

厦门大学学生宿舍管理条例

（1992 年 5 月 18 日）

加强学生宿舍管理，给学生创造一个文明、安全、整洁、舒适的生活及学习环境，是稳定正常教学秩序和生活秩序的重要环节，是关系到全面贯彻党的教育方针、培养"四有"人才的大事。为此，特制定本条例：

一、全体学生应严格遵守学校的作息时间和有关的规章制度，安排好课余生活，晚上熄灯后不得喧哗或在外闲逛。

二、学生应按总务处宿管科调配的房间、床位住宿，不准擅自调换房间和家具，室内家具设备、门窗玻璃要爱护，如有损坏或丢失由直接责任者照价赔偿，查不到直接责任者，赔偿或罚款由本室住宿者共同均摊。

三、宿管科应在学校保卫部门的指导下由专人负责宿舍的安全保卫工作。要定期检查各项安全措施，注意防火、防盗、防事故，确保宿舍人身及财产安全。严禁闲杂人员进入宿舍，外访者由宿管人员传呼在室外会客，午休及夜间熄灯后不准外访，不准私自留客住宿，亲属来访需住宿者，须经学校保卫部门同意并办妥有关手续方可住宿，违者除令其退出外，另按每日伍元罚款。

四、严禁在宿舍内大声喧哗、打麻将、跳舞、酗酒、打球、踢球、高音量放收录机、聚众起哄肇事等，以确保宿舍文明和安静。

五、宿舍的公共卫生由宿管人员负责清扫，每天至少清扫两次并要随时保洁。宿舍的内务卫生由本室成员轮流值日，共同负责清扫和随时保洁。室内的家具及个人的其他物品应摆放整齐。不准随意泼洒、抛扔污水、废物；不准随地吐痰；不准在室内、走廊墙壁上随意楔钉，乱拉铁丝、绳子。

六、宿舍公共水电设施由宿管人员严格管理，经常巡回检查，发现故障及时排除。学生要爱护水电设施，并自觉养成节约用水、用电的良好习惯，杜绝长明灯、长流水现象。不准私拉乱接电线，严禁用一切取热器具做饭、烧水、取暖等，违者，除没收用电器具外，并按电力管理部门违章用电的有关规定予以罚款。

七、为保证女同学宿舍有良好的生活、学习环境，男生不得随便进入女生宿舍，特殊情况须经值班人员许可。外访由宿管人员传呼在室外会客，午休及夜间熄灯后不准外访。夜间女同学必须按规定时间返回宿舍，迟归者须到值班室登记，经常迟归或不归者，由宿管科报有关部门处理。

八、每幢宿舍楼设楼长（由楼委会选举产生），每间宿舍设室长（由本室成员选举产生），协助宿管人员管理楼房寝室生活事务，检查宿舍纪律和安排卫生值日等。

九、宿管人员要履行岗位职责，认真做好各项服务工作。学生应尊重宿管人员的劳动，接受宿管人员及学校有关人员的检查指导。同学之间要讲究文明礼貌，互助互爱，提倡"五讲四美"，树立文明风尚。

十、本规定自公布之日起施行。如有违犯者，除按本规定有关条款给予处罚外，各院、系应视情节轻重给予批评教育，或按学校有关规章制度予以处理。

厦门大学

一九九二年五月十八日

——本文摘录自《厦门大学学生宿舍管理条例》，厦大综字〔1992〕39 号，档号 1992-XZ09-2

关于校园文化活动管理的若干规定

(1992 年 5 月 20 日)

校园文化活动,是学校精神文明建设的重要组成部分,也是加强学校思想政治工作的重要内容之一。

为了有效地加强校园文化活动的管理,优化育人环境,以保证校园文化活动丰富、活跃、文明、健康,沿着正确的政治方向发展,推动学校的精神文明建设,促进"四有"人才的培养,根据国家教委的有关精神,特制定我校校园文化活动管理的若干规定。

一、学生社团应在校团委会领导下进行活动,教工社团应在校工会领导下进行活动。各社团的筹立必须严格审批手续,经过呈报、登记,得到批准后方能开展活动。社团的重大活动,均应得到主管部门的指导,未经批准不得随意举办报告会、讲座、研讨会、自由论坛和沙龙。不得成立同乡会等类似组织和未经批准的任何社团组织。

二、学生中各种油印、打印、铅印刊物,均必须经过呈报、登记,得到校党委宣传部批准发给许可证,方能刊印发行。各系办学生刊物由各系党总支(支部)负责指定专人审查把关。学生会、自律会、研究生会和校学生社团的刊物由团委会指定专人审查把关,严禁未经批准和审查的刊物私自发行。

三、邀请校外人员和外籍教师来校做报告或开设课外专题讲座,应经有关主管部门批准。在本系本单位内部做报告和开设讲座的应经本系和本单位党的组织批准,在全校范围内举办的报告会、专题讲座应经党委宣传部批准。任何人未经批准均不得擅自邀请校外人员和外籍教师来校做报告或开设讲座。

四、校内非教学录像放映室的设立均必须报请党委宣传部审批,并报市有关部门批准、登记、备案后方可开放,未经批准,不得擅自开设录像点。经批准设立的录像点,各单位应加强领导,放映时间、张贴海报地点、票价等均应按规定执行。录像点放映的应是经市文化管理部门审查公开发行录像片,严禁放映有反动政治观点和淫秽、色情的录像片。

五、校内经有关部门批准设立的书店、书亭,出售的书刊,必须是经国家出版总署批准的出版社的正式出版物,严禁出售政府明令查禁的书刊和非法出版物,严禁出售淫秽、色情书刊。未经校党委宣传部批准许可,不得在校园内任意设立书刊出售点和出租点。不得在师生中复印、传抄和传报有严重政治错误观点、淫秽、色情的书刊、非法出版物以及各种宣传品。

六、学生中不准经商,为校园文化服务的各种社会实践活动必须向校学生会、研究生会呈报,经过校团委会的批准许可,方可进行。未经批准许可而举办的各类录音室、培训班等均需停业整顿,向校学生会、研究生会申请具报经营情况,由校团委会视其所具备条件、经营范围、经营方向审查批准,发给许可证后才能按规定开展活动。不准在校园内任意设立摊点。

七、凡属于校内通知、布告、海报、广告等各种张贴物均必须在学校设置的固定的布告栏、广告栏内张贴。不得在宿舍、楼墙、走廊、门柱、树木、电线杆上随意张贴。张贴物必须署明单位、团体或真实姓名。凡属学生社会实践活动的广告,必须经团委会、学生会准许方可张贴。凡属学生失物寻物启事,必须报请学生自律委员会,统一张贴。未经校有关部门批准,不准任意张贴校外单位的广告、海报和启事。不准张贴大小字报,不准张贴商业性广告。不准张贴同乡组织的海报。布告栏、广告栏由学生自律委员会统一管理,若有违反规定者,可随时给予处理。

八、舞会应按学校规定在周末(星期六晚上)或节日晚举行,主办单位应负责维持秩序和保持良好的会风。不得在学生宿舍内跳舞或举办舞会,任何单位和个人均不准在非周末或节日期间举办舞会,若有违反者应追究主办者和提供场地者的责任。

九、学生的文化娱乐活动，应在课余时间进行，不能影响上课、自修、午休和晚间休息，不能影响宿舍环境的安宁，上课、午休和晚自修时间不得在宿舍内下棋、打扑克，不准在学生宿舍打麻将，严禁以各种文化娱乐活动为名，进行变相赌博和发生赌博行为。

十、在校内公共文化娱乐场所，应贯彻“谁主管谁负责”的精神，任何人均应遵守有关管理规定，倡导文明风尚，自觉维护公共秩序，不能插队乱挤，不得伪制假票，不得打闹起哄，不得酗酒肇事，不得扰乱公共秩序，不得损坏和破坏公共设施。

上述规定自发布日起正式试行，希全校师生共同维护和自觉遵守。各系各单位应加强教育、检查和督促，违反上述规定的应由各主管单位，会同校学生自律委员会、校保卫处执行处罚，轻者进行批评教育、罚款和通报批评，情节严重者则按校纪校规，甚至治安管理条例进行处理。

厦门大学

校风建设办公室

党委宣传部

一九九二年五月二十日

——本文摘录自《关于校园文化活动管理的若干规定》，(92)厦大综字 41 号，档号 1992-XZ09-3

厦门大学校园管理暂行条例

(1992年5月20日)

为了加强校园秩序、绿化、卫生的管理,创造一个秩序井然、文明整洁、舒适优美的教学、科研和生活环境,根据政府有关部门的管理规定,结合我校的实际情况,特制定本暂行条例。

第一章 校园秩序管理

第一条 严禁在校园内张贴大小字报和散发传单,以及未经校方允许的各种标语。

第二条 任何单位和个人的通知、海报、广告、启事、声明等,必须在学校指定的地点张贴。

第三条 不准聚众赌博、起哄闹事、酗酒摔瓶、滋事打架;不准异性公民在校园和公共场所搂搂抱抱、勾肩搭背。

第四条 禁止在离教学、科研、办公和宿舍区的楼外墙10米以内及楼道内打球和哄闹;禁止在公共场所及主干道两旁晒衣物、堆放有碍校容美观的物品。

第五条 外来机动车辆(包括汽车、翻斗车、摩托车)未经允许不准驶入校园。确需经常进入校园的机动车辆,应到校卫队办理通行证,按指定路线慢速行驶(车速不超过20公里/时,严禁鸣号)。本校机动车辆亦应减速行驶并不准鸣喇叭。自行车下坡时禁止滑坡。

第六条 单位和个人都必须严格执行消防法规。校园内不准引火烧枯草、废纸、树叶、垃圾等,确需焚烧的,报校园管理科批准,焚烧期间有关人员不得擅自离开现场;严禁上山野炊。

第七条 学校重要场所、交通要道及各楼馆、宿舍区,必须按指定地点停放机动车辆和自行车。不得乱停乱放。

第八条 未经学校批准的任何单位和个人一律不准在校内摆摊设点;已经批准者,必须在指定地点经营。严禁无证经营和串楼叫卖。

第九条 凡基建或维修项目,其堆放物料、搭设工棚、堆存建筑垃圾等地点均由基建处和校园管理科共同商定。施工完毕,应及时清场。禁止任何单位和个人未经批准擅自搭设建筑物。如有违反,除强行清场、拆除外,建造单位或个人要承担清场与拆除的一切费用。

第十条 严禁任何单位或个人未经批准擅自挖沟、破路而影响交通。确因需要挖沟破路时,承办单位应事先向校园管理科申请(基建处和动力科的公共工程应急挖沟除外)。符合安全要求并能按时恢复原状的方批准其在指定的时间内施工。有关单位和个人必须确保安全。违反者除令其停止施工,恢复原状外,将给予经济处罚。

第二章 校园绿化管理

第十一条 绿化美化校园,爱护花木,人人有责。不准乱爬,乱攀树;不准乱刻乱剥树皮;不准乱折采树枝花果;不准在树上乱抹污物;不准在树上拴铁线,钉钉子;不准在树上拴绳晒衣物;不准向树坑内倒有害污水和垃圾;不准在草坪、绿化区内进行各种球类活动;不准进入新栽高级草坪内。违者按有关规定予以罚款。

第十二条 校园花草树木是学校财产的一部分,任何单位和个人不得侵占、损坏、乱砍滥伐。确因基建、安装上下水管道、架设电线等需砍伐、移植者,应由承办单位在事前向校园管理科提出申请,经批准并按规定缴纳育苗费和移植费后方可砍伐、移植，否则按擅自砍伐论处。

第十三条　严禁学校规划外的一切违章搭盖，违者除限期拆除外，将视情节轻重处以罚款。

第十四条　不得在规定的绿化区内堆放水泥、沙土、砖石等建筑材料及其他设备；不得在绿化园地、宿舍区周围及路旁种植任何农作物（含种菜），以确保校园整洁美观。

第十五条　花房、苗圃是供绿化校园育苗、布置会场所需花卉的基地，未经批准不得擅自入内。

第十六条　不得在园林建筑、雕塑及其他设施上刻画涂写；不得向水塘、沟渠内投放任何废物。违者予以罚款处理。

第十七条　校园内禁止使用气枪、弹弓猎捕鸟雀，以保护益鸟，防止树木病虫害。违者除没收工具外并处以罚款。

第三章　校园卫生管理

第十八条　每周六下午后半段为全校性大扫除时间，各系各单位应按学校爱委会划分的卫生包干责任区的范围和要求，认真组织人员清扫，经常保持本区内的环境卫生和室内整洁。同时，要不断清除蚊蝇滋生地，使蚊蝇密度逐年显著下降。要经常投放毒饵灭鼠器等，做好灭鼠工作。

第十九条　校园垃圾实行统一管理，生活垃圾应倒入学校设置的垃圾池、垃圾道和垃圾桶内，严禁乱倒；基建维修的渣土、食堂煤灰及生产单位的工业垃圾应及时清运出校外，或送到指定地点，并按规定支付储运费。不得就地长期堆放和乱倒。违者处以罚款。

第二十条　校园内不准随地吐痰、便溺；不准随地乱扔果皮废物；不准乱泼脏水；不准随地乱倒剩菜剩饭。

第二十一条　建立教职工住宅楼卫生值周和门前“三包”制度，由住户轮流负责楼里楼外的清扫，使之保持整洁并做到楼道内不占用公共场所堆放物品，不在门前屋后庭院内堆放杂物，不向窗外乱扔废物，不因排放拖布、冲洗晒台、浇花而影响楼下住户卫生。单身教工宿舍要由住宿人员交纳一定卫生费，雇请清洁人员负责打扫。

第二十二条　校内严禁饲养鸡、鸭、猪、狗、兔等家禽家畜，违者予以罚款。

第二十三条　禁止在马路上及其他重要公共场所拌水泥，不得在绿化区内熬沥青；运输水泥、砂石、泥土、垃圾、渣土等，不得沿途撒漏。

第二十四条　专业队要负责校园环境卫生死角的清除，下水道、排水沟要畅通无堵塞，室外公共厕所清洁无蝇蛆，垃圾桶、箱要做到当日清洁干净。

第二十五条　有损人体健康的化学药品、放射性残物、有毒物品等或含有以上物质的废液废气、污水，各使用单位必须自行妥善处理，否则引起的一切后果由使用单位的领导人负责，并赔偿损失费。

以上《条例》自公布之日起，由校园管理督导队监督检查执行。有违反上述规定者，视情节轻重分别给予批评、教育、通报批评、限期整改、赔偿损失或处以 10～500 元的罚款。触犯校纪的给予行政处分，触犯治安处罚或刑律的交公安派出所依法查处。

厦门大学
一九九二年五月二十日

——本文摘录自《厦门大学校园管理暂行条例》，厦大总字〔1992〕4 号，档号 1992-XZ16-1

关于加强学生宿舍管理工作的几点意见

(1992年5月20日)

一、学生宿舍是学生生活和学习的重要场所,是对学生进行道德品质教育、组织纪律教育和集体主义教育的课堂,也是培养学生自我管理和自我教育能力的阵地。学生宿舍的状况如何,是综合反映学校管理水平和校风校纪现状的一个缩影。学生宿舍的管理教育工作做好了,对学生成长有着积极的促进作用。

二、要搞好学生宿舍的管理教育工作,单靠某个职能部门不行。一定要和各系对学生的教育管理工作结合起来,明确对学生的政治思想、组织纪律教育的主阵地在学生宿舍,各系必须把对学生的政治思想、组织纪律教育的重点放在学生宿舍。宿舍反映出来的问题较多,所以,依靠广大教师,依靠专兼职政工干部,深入学生宿舍,做耐心细致的思想政治工作,这是搞好学生思想政治教育的关键。

三、总务处学生宿舍管理科是学生宿舍管理的职能部门,担负着日常行政管理工作,它的主要任务有:

1.搞好宿舍的公共卫生,每天按照要求,认真清扫厕所、洗漱间、楼道门厅等,定期消毒,做好卫生清理工作。

2.搞好日常小型维修,对门窗、玻璃、锁及水电等设施维修要及时,并做好其他公共设施的维护保养。

3.严格执行宿舍管理规定、加强宿舍纪律教育,搞好防火防盗防事故工作,节约水电;爱护公物,对一般性违章事件进行处理。

4.组织领导楼委会工作,组织学生自我教育和自我管理。积极开展创建“文明宿舍”活动,尽可能为学生提供方便的生活条件。

5.做好日常行政工作,安排值班、调配宿舍、检查卫生、配发卫生工具,以及完成上级交办的随机任务。

四、总务处学生宿舍管理科除了做好五项本职工作外,还要配合其他部门做好以下几项工作:

1.配合各系搞好学生宿舍室内卫生和纪律教育工作。

2.配合基建处维修部门,搞好宿舍的中型和大型维修工作。

3.配合总务处物资部门,搞好宿舍家具物品的配备工作。

4.配合校医院,做好宿舍防疾病、防传染病工作。

5.配合保卫处治安部门做好有关案件的侦破工作。

五、各系在学生宿舍的主要工作:

1.搞好宿舍室内卫生,根据室内卫生标准,定期检查每室的卫生值日情况。

2.加强对学生的纪律教育,深入宿舍定期检查,根据保卫处、宿管科提供的情况和自查情况,认真教育处理违纪行为。

3.以宿舍为单位,积极开展节约水电、爱护公物、遵守纪律,创建“文明宿舍”活动。

4.搞好班主任辅导员夜间巡视检查工作,各系都要安排班主任、辅导员经常到宿舍巡视检查,督促学生正常学习与休息,发现问题及时处理。

六、坚持搞好宿舍卫生的几条措施:

1.每天值日:每室每天都要安排一名学生轮流值日,按规定要求负责打扫和整理,宿管人员做到经常检查。

2.班级检查:每周六下午,作为各班级检查室内卫生日。

3.系级检查:每隔周六下午作为各系检查本系室内卫生日。

4.校级检查:每月最后一周周六下午作为学校对宿舍大检查日。

检查成绩,要按班系公布名次,对一次不合格的宿舍提出批评,二次不合格给予警告,三次不合格全体通报批评。对好的宿舍给予表扬。

七、健全宿舍自我教育和自我管理的组织。

1.各系明确每室室长,然后推出本系若干名室长;组成各系宿舍管理小组。

2.宿管科管理员根据各系推出的管理小组长名单,协调组成各楼的楼委会。

3.由楼委会成员民主选举楼长。楼长按照楼委会章程领导开展工作。

八、积极开展创建"文明宿舍"活动。

1."文明宿舍"的标准

(1)同学都能自觉遵守《厦门大学学生宿舍管理条例》,没有违纪行为,敢于批评各种不良倾向。

(2)每室都有文明公约、卫生轮值表,宿舍无乱贴、乱画及传播"黄色文化"倾向。室内卫生清洁,物品排放整齐,布置美观、高雅。

(3)宿舍风气正,团结友爱,互相帮助,自我管理、自我教育能力强。

(4)积极开展健康文明的文体活动,坚持早操锻炼,出操率达98%以上。

(5)爱护公物,节约水电,无损坏公物、浪费水电、违章用电现象,节约用水用电效果显著。

(6)积极参加周末卫生大扫除,不乱抛废物、乱泼脏水、乱倒剩饭剩菜,维护宿舍公共环境卫生。

(7)确保宿舍安全。不留宿外人,无人为造成失火或失窃现象。发现问题及可疑人员或安全隐患能及时报告。

(8)尊重服务人员劳动,支持宿管人员工作,服从有关人员的监督检查。

2.全校每年拨出一定经费,作为各系创建"文明宿舍"的活动经费,并根据检查评比情况分等级下发各系以鼓励先进。

3.学校每年召开一次"文明宿舍"表彰大会,表彰一批"文明宿舍"、创建活动搞得比较好的先进系和指导教师,系级表彰活动由各系自行安排。

4.创建"文明宿舍"活动实施细则由宿管科另行制定。

厦门大学

一九九二年五月二十日

——本文摘录自《关于加强学生宿舍管理工作的几点意见》,厦大总字〔1992〕5号,档号1992-XZ16-1

关于修改《厦门大学出境出国人员住房管理暂行条例》部分条款的决定

(1992年5月30日)

《厦门大学出境出国人员住房管理暂行条例》(以下简称《条例》)自一九八九年十二月二十三日颁布执行以来,对加强我校住房的管理,起到了良好的作用。随着住房制度改革的实施以及两年来执行过程中各类问题的不断出现,部分条款已不适应新的情况。经研究,决定对《条例》做如下修改:

一、第四条"学校按其住房房租的十五倍标准收取房租"改为"学校对其超过部分住房面积按房改后租金的十倍收取房租"。

二、第五条第4款改为"留居期间学校对其住房按房改后租金的十倍收取房租"。

三、关于出境出国定居类增加以下条款:原在我校工作的离退休教职工出境出国定居,其配偶不在本校工作,住房暂时仍需学校提供使用者,必须按其原职称(务)做相应调整。副教授、副处级以上者,调换使用一房一厅;讲师、科级以下者,调换使用一单间,租金按房改后标准收取。若其配偶不接受调整住房,超过部分的使用面积则按房改后租金标准的十倍收取房租。

四、第七条"学校直接从其国内担保人工资中代扣其原房租之十五倍的租金,直至退房",改为"从列为编外之日起,学校直接从其国内担保人工资中代扣房改后租金标准十倍的房租,直至退房"。

五、第十条第一段即"公派出境出国人员,居住单身教职工宿舍者"以前的条文删去。

厦门大学

一九九二年五月三十日

——本文摘录自《关于修改〈厦门大学出境出国人员住房管理暂行条例〉部分条款的决定》,厦大综字〔1992〕49号,档号1992-XZ09-2

厦门大学校园管理通告(第一号)

(1992 年 6 月 15 日)

为了维护校园秩序,改变卫生面貌,优化育人环境,培养广大师生员工文明举止,推动校风建设,现根据《厦门市人民政府关于加强市容卫生管理通告》和《厦门大学校园管理暂行条例》的规定,制定本通告。

一、不准在校园内张贴大小字报。不准随意张贴标语、海报、启事及商业性广告。

二、不准乱倒垃圾、土头,乱扔果皮、纸屑、废弃物,乱泼水,不准随地吐痰、大小便。

三、不准单位和个人无证经商,任意摆摊设点,串楼叫卖。不准校内摊点夜间超时营业,不准学生经商。

四、不准聚众赌博、起哄肇事、酗酒摔瓶、打架斗殴。学生不准打麻将。

五、不准损毁学校公共设施,不准违章搭盖占道经营。不准未经批准挖沟破路,或在公路上拌水泥、堆杂物。

六、不准乱踩草坪、砍伐树木、攀枝摘花偷果,打鸟钓鱼,放养家禽家畜。

七、不准在楼道、建筑物旁、园林观景区打球,不准在树木、雕塑、建筑物涂写刻画。

八、不准外来车辆未经允许驶入校内,不准一切车辆在主干道停放。

九、不准异性公民在公共场所勾肩搭背、搂搂抱抱等不文明举止,不准光背、泳装在校内游荡。

十、不准在夜间熄灯后高声喧哗、喝酒甩拳、结伴游荡。

上述规定,望全校师生员工家属和校外来客自觉遵守,如有违反,由校风建设督导人员给予批评教育,责令纠正后,视情节轻重和态度好坏罚款 10～500 元。对不接受处罚的,可加处三至五倍罚款。对阻碍公务或辱骂、殴打督导人员的,扭送派出所,依法严肃查处。

特此通告。

厦门大学

一九九二年六月十五日

——本文摘录自《厦门大学校园管理通告(第一号)》,厦大综字〔1992〕53 号,档号 1992-XZ09-2

厦门大学“七五”期间聘请外国文教专家工作总结

(1992年6月18日)

国家教委国际合作司：

我校是一所包括文史、财经、政法、理工和艺术教育等多科系的综合性大学。为适应社会主义四个现代化建设对人才的需要，我校从自身实际出发，坚持面向世界，努力博采各国之长，积极引进外国智力，为提高教学、科研水平和培养人才服务。“七五”期间，我校总共聘请了277名长短期外国文教专家来校从事教学、科研和学术交流，其中长期专家68名(包括一般外教)，短期专家209名。这些专家通过不同渠道，分别来自美国、加拿大、英国、日本、法国、比利时、荷兰、苏联等国和香港地区。另外，我校与加拿大达尔豪西大学、圣玛利大学联合创办的中加班(MBA Center)，自1987年至1990年，先后从加拿大这二所大学聘请了8名教授来校上课，经济学院利用世界银行资助从美国有关院校聘请了14位教授来该院讲学。

这些外国文教专家来校工作、讲学，使我校众多的科系、专业和研究所受益，对提高我校的学术水平，增强我校的教学和科研能力，对培养人才，促进新专业、新学科的建设，师资队伍的培养，学术交流，外语水平的提高，图书资料的充实等方面，起到了积极的促进作用。

根据国家外国专家局和国家教委国际合作司近年来有关文件的精神，我们从宏观管理上提出了适当控制聘请数量，努力提高聘请质量和聘请效益的目标。为此，我们先后制定了长期专家管理工作试行条例，强调要明确聘请目标，加强聘请工作的计划性，加强教学管理，合理使用，实行目标管理，提高聘请效益。在管理体制方面，我们实行三级负责制：校级负责宏观控制，抓计划、抓检查、抓效益；系级负责本系计划制订和计划落实，做出详细的教学计划，并组织落实，对聘请工作进行总结，对聘请效益做出评估；教研室负责对教学或讲学计划进行具体安排和组织实施，并填报聘请专家成果效益表。

在短期专家管理工作方面，主要从聘请、使用和评估总结三方面做出了一些具体规定。第一步要把好聘请关，要求各单位明确聘请任务和目的，认真物色学术水平较高、对我校确有帮助和需要的讲学人选，并要求填写有关讲学专家的学术简历、业务专长、详细讲学计划等，事先报经校外办商定。第二步要做好接待工作，专家到校后，聘请单位要派专人负责生活接待和讲学安排，以保证专家能尽量发挥作用。第三步要做好总结评估工作。专家离校后，聘请单位应及时对专家的讲学情况、收获、存在的问题及意见写出书面总结，报送校外办。专家在校期间，校外办从各方面协助聘请单位落实原定讲学计划。

在加强反“渗透”、反“和平演变”工作方面，我们主要在聘请时尽量摸清拟聘专家的对华态度及有关背景，到校后利用每学年初召开的情况介绍会，向专家宣讲有关政策、规定，要求聘请单位负责人对专家使用的教材、讲稿，事先进行审查，把好讲学的第一关，并要深入课堂，经常听课，发现问题及时反映。同时注意加强对有关师生员工进行外事纪律、社会主义和爱国主义教育，提高防变反变意识，增强免疫力。

我校自“六五”开始聘请外国文教专家，至“七五”中期，长期专家多数为语言专家，基本上集中在外文系各专业，专业结构很不合理。近几年来，我们对这一情况进行了较大的调整，除了保留外文系一些尚属必要的专家外，对一些新专业、新兴学科和国家重点学科聘请长、短期专家进行重点扶植。如新闻传播系国际新闻专业、法律系国际经济法专业、经济学院工商管理教育中心(MBA Center)等，这几年都聘请了长期专家。其余文科各系和理工科各系、所，则通过聘请短期专家讲学的方式来实现和扩大对外合作与交流。我校新闻传播系是 1984 年创办的一个新系，设有国际新闻、广告学和广播电视新闻三个专业。从该系成立开始，我们便采取倾斜政策加以扶持，先后聘请了两位任期均为两年的美国专家前来执教。从 1988 年至今，来自美国纽约的英健博士(Dr. Janice Engsburg)一直任教于该系。这几年来，这些专家相继为该系开设了门类比较齐全的应用型专业课程，如大众传播、传播学概论、国际传播与新科技、新闻编辑、国际传播学、传播学研究方法、专题报道、杂志写作、杂志编辑、公关学等，在该系的课程建设、教材编写、图书资料的积累，以及仪器设备的建设方面取得了很大的成绩，并得到国外的不少馈赠，如 1990 年建成的现代化演播厅，价值折合人民币 100 万元左右，内设录影棚、录音室、编辑室、专用电脑等，可供该系三个专业进行教学和科研。目前该系教学、科研工作已走上正常发展阶段。1989 年至今的三届毕业生均受到社会各界的欢迎。同时，该系的一批年轻教师在专家的帮助下也开始成长起来，在教学活动中承担起越来越重要的任务，有的甚至可以替代专家开设的某些课程。又如，经济学院的工商管理教育中心(MBA Center)，是经国家教委批准的首批招收工商管理硕士生的试点之一，首届硕士生 26 人已于 1990 年 7 月毕业走上了工作岗位。该中心自创办以来，8 名加拿大教授先后来任教，另外，自 1989 年 3 月份起，聘请来自美国加州的威廉 · 布朗博士(Dr. William Brown)来该中心教授“组织行为学”、“公司经营战略与策略”和“比较管理学”等我方教师尚无法开设的课程。布朗博士从自己的教学实践中发现目前我国高校使用的《组织行为学》教材均是从国外照搬过来的，不符合中国的国情，便向我们提出，他打算结合我国的情况，并根据他自己的教学实践和针对我国学生的特点，编写一本利于培养中国式的工商管理硕士所需的《组织行为学》教材。我们即表示给予支持。经过他近两年的努力，该书现已完稿，目前正在组织力量进行翻译，并正式列入出版计划。另外，布朗博士还构想编写另一本主要教材《比较管理学》。他在从事教学的情况下，还十分关心国际斗争的形势，为此，他根据自己对西方的深刻了解，抽空撰写了《西方的人权就人道吗?》和《人权与主权》的论文，分别发表在《瞭望》周刊(1992 年 2 月 17 日，海外版)和《北京周报》(1992 年 6 月 1—7 日)上。

一般外籍教师(语言类)的聘用，主要集中在大学外语教学部和新建的涉外专业。以前我校公共外语教学水平较差，师资队伍较年轻。后来我们采取倾斜政策，重点扶植，增加外教名额，促进了外语教学水平的明显提高，并带动了师资队伍的成长。在全国高校大学英语四级考试中，我校考试成绩为：

1986 级(1987 年 6 月考试)及格率为 64%；

1986 级(1988 年 8 月考试)及格率为 82%，全国前三名；

1987 级(1990 年 1 月考试)及格率为 66%；

1988 级(1990 年 6 月考试)及格率为 76%。

在短期专家方面，我们坚持三个方向：一是坚持为新兴学科、前沿学科的教学服务的方向；二是坚持为科学研究服务的方向，主要请来校指导科研、合作科研，帮助解决科研难题，使我少走弯路，早出成果；三是坚持为特区建设服务的方向。我校地处经济特区，特区的建设与我校的教学、科研息息相关。我们把聘请短期专家的计划重点放在理工各系，而且对生物系和化学系的重点学科和国家重点实验室给予重点扶植，利用这两个单位一批知名教授和一批从国外学成归来博士生与外界的广泛联系，每年聘请一批短期讲学专家来我校指导、帮助实验室的建设工作，开展合作科研，合作培养博士生，对我校的教学与科研起到了一定的推动、促进作用。

虽然在过去的二三年进行了一些探索，并取得了一些成就，但是，我校的专家工作还存在着不少问题。例如聘请专家的专业结构仍然不够合理，长期专家中语言专家仍占多数，在“八五”期间要下大力气逐步调整。有的单位在聘请专家的指导思想上还不够端正，不是着眼于学习专家的先进知识和教学方法，把专家作为“工作母机”来对待，而是把专家当作“强劳力”来使用，教学管理和评估工作抓得不紧。我们在专家管理工作方面很大程度上还停留在经验型管理上，规章制度也不尽完善和健全。这些问题都要求我们在以后的工作中进一步加强领导，在适当控制规模的基础上，调整专业结构，调整语言专家和理工专家的比例，调整社会科学专家和自然科学专家的比例，调整长期和短期专家的比例，把重点放在重点专业、新兴学科、缺门学科和重点实验室的建设，重点科研项目的完成以及高层人才和骨干师资队伍的培养上,努力提高聘请质量和聘用效益。

厦门大学

1992年6月18日

——本文摘录自《厦门大学"七五"期间聘请外国文教专家工作总结》,厦大外字〔1992〕15号,档号1992-XZ22-1

厦门大学审计人员工作守则(试行)

(1992 年 6 月 19 日)

一、努力学习

1.努力学习马列主义、毛泽东思想,谦虚谨慎,积极进取。
2.坚持党的四项基本原则,不断提高思想理论水平、政治水平和工作能力,全心全意为人民服务。
3.积极钻研本职工作所必需的文化科学知识。

二、忠于职守

1.坚守工作岗位,模范遵守国家法律和法规以及有关规章制度,按时上下班,不迟到、不早退。
2.认真履行岗位职责,勤奋工作,处理公务要积极主动,符合法纪。
3.保证完成本职工作任务,注意质量,讲求效率。
4.总结工作经验,研究工作规律,改进工作方法,平等待人,不断提高管理水平。

三、加强协作

1.部门之间和岗位之间,都要树立全局观念,分工不分家。既各司其职,又要团结协助,共同努力,提高工作整体效能。

2.相关情况要主动联系,相关工作要及时协商,对相关工作遇有不同意见,经协商仍不一致的,要及时报请上级领导协调解决。

3.在办理相关工作过程中,要互相配合。出现失误问题,要吸取教训,积极补救,不要互相指责,争功诿过。

四、无私奉献

1.遵守审计职业道德,讲究文明礼貌,热情为基层服务。
2.虚心听取有关的批评和建议,自觉接受群众监督,努力改进工作作风。
3.积极为被审单位排忧解难,帮助提高管理水平。

五、服从领导

1.下级服从上级,积极接受上级分配的工作,自觉服从上级指挥,认真执行上级决定。
2.对上级交办的事,要按时完成,及时汇报,遇有重大或难以处理的公务,要主动向上级领导请示汇报。

3.上级要关心下级的学习、工作和生活。下级要支持上级工作。对上级的决定认为不妥,可以提出更改的建议。如果上级维持原决定,则必须执行,上级要对其决定负责。

六、廉洁奉公

1.坚持原则,秉公办事,不徇私情,不记宿怨,不计较个人得失。

2.厉行节约,勤俭办事,讲究工作效率。

3.执行公务,涉及钱物时,要遵守制度,不得以权谋私或假公济私、损公利己。要坚决反对贪污、盗窃或受贿等腐败现象。

七、客观公正

1.按实际情况处理公务,要注意调查研究,全面了解真实情况,不要偏听偏信,不要主观臆断。

2.要如实反映情况,依法审计,实事求是,不得弄虚作假,不得隐瞒事实真相。

3.积极开展批评与自我批评,敢于坚持真理,支持好人好事,对各种违法违纪行为,要坚决反对,敢于揭露,勇于追究。

八、保守秘密

1.严守保密纪律,不得泄露国家秘密和工作秘密。

2.妥善保管有关秘密的文件和材料;对必须保密的事项,不该传的不传,不该看的不看,不该问的不问。

3.发现有泄密的行为或事情,要坚决制止,及时报告,努力补救。

厦门大学

一九九二年六月十九日

——本文摘录自《厦门大学审计人员工作守则(试行)》,厦大审字〔1992〕9号,档号1992-XZ19-1

厦门大学审计档案管理实施细则

（1992年6月26日）

第一条　为了加强我校审计档案的科学管理，现根据《中华人民共和国档案法》和审计署、国家档案局颁发的《关于审计档案管理工作的规定》，结合我校的实际情况，特制定本实施细则。

第二条　学校的审计档案是内部审计机构在进行审计活动中直接形成的、具有保存价值的、各种形式的历史记录。学校审计档案指的是：审计报告、审计调查、审计制度、会计报表及其分析资料、审计工作计划和总结、审计文件等材料。分为业务档案、文书档案、秘密材料等三大类。

第三条　审计档案是学校档案的重要组成部分，建立和管理审计档案是审计工作中不可少的环节。审计档案管理人员应保持相对稳定。

第四条　审计档案由审计处负责人分管审计档案工作，并确定由处秘书为审计档案管理人员，要求及时做好审计档案的立卷、整理、归档工作。审计人员在完成每一项审计工作任务后，应当及时按照归档要求，负责做好统计、整理立卷和装订成册，并办理移交给处秘书的手续。

第五条　审计处的审计档案工作，受学校档案馆和上级审计机关的指导和监督。学校档案馆接受保管的审计档案，原则上应当保持原卷册的封装，个别需要拆封重新整理的，应当会同审计处审计档案管理人员共同拆封整理，以分清责任。

第六条　审计处档案管理人员的基本任务是：

（一）组织、指导、监督审计处业务档案、文书档案、秘密材料的立卷归档工作；

（二）收集、整理和保管本处在各项工作中形成的全部档案，并负责档案的提供利用和统计工作；

（三）按照有关规定，对审计处的审计档案定期进行鉴定，暂由审计处一般保存二年（不含当年），期满后（即第三年的上半年）必须将应当归档的审计档案全部移交给学校档案馆，并认真做好交接手续；

（四）贯彻执行国家档案工作的法令、法规和方针政策。

第七条　为了保证审计档案的完整、系统和便于利用，一般不得将审计监督和行政管理两类文件材料混合立卷，或在审计案卷和文书案卷中重复立卷。涉及审计事项的行政诉讼文件材料，另行立卷。

第八条　积极开展审计档案的利用工作。审计处审计档案管理人员应将档案存放有序，并按审计档案类别和保管期限表（附件一）编制出必备的检索工具，做到查找方便。同时，必须严格执行上级有关审计档案的安全防护和保密制度，提高科学管理水平，严格各项管理措施，确保档案不丢失、不损坏、不泄密。

第九条　审计处每年第一季度必须对去年的文件资料进行清理、鉴定，对没有保存价值的文件资料，由审计处保存一年后自行销毁。

第十条　审计档案交给学校档案馆后，一般不对外借阅，必须借阅者，必经分管校领导或审计处负责人批准，并办理借阅手续。

第十一条　严格审计档案鉴定制度，对超过保管期限的审计档案，应由校档案馆和审计处负责人以及处档案管理人员组成鉴定小组，逐卷审查鉴定，确定存毁。对确无保存价值的审计案卷，应清点核对，登记造册，经分管校领导批准后销毁。

第十二条　审计档案销毁时，校档案馆和审计处共同监销，销毁后，监销人员应在清单上签名盖章，并报告分管校领导。

第十三条　建立审计档案统计制度，审计档案管理人员对审计档案的立卷、归档、利用等情况，应及时准确统计，按规定向上级审计机关报送。

第十四条　本实施细则由学校审计处负责解释。

第十五条　本实施细则自颁发之日起执行。

厦门大学

一九九二年六月廿六日

附件一：

厦门大学审计档案类别和保管期限表

<table>
<tr><th colspan="4">类别和代号</th><th rowspan="2">保管年限</th><th rowspan="2">发文单位</th><th rowspan="2">备注</th></tr>
<tr><th>大类</th><th>代号</th><th>中类</th><th>代号</th></tr>
<tr><td rowspan="3">业务档案</td><td rowspan="3">YW</td><td>年报表类</td><td>1</td><td>15</td><td>1.审计处
2.财务处
3.基建处
4.企业单位
5.其他单位</td><td rowspan="7">发文单位的编号：
1.校内单位的编号基本上按财务处的规定
2.校外单位的编号由审计处规定
3.审计报告的编号按打印文的编号，编号前加 1 或 2
4.其他资料的编号按发文单位编号，编号前分别加 1、2 或 3</td></tr>
<tr><td>审计报告</td><td>2</td><td>30</td><td>1.工作计划
2.计划外</td></tr>
<tr><td>审计制度</td><td>3</td><td>15</td><td>1.上级机关
2.自定制度
3.省市及院校
4.校内</td></tr>
<tr><td rowspan="2">文书档案</td><td rowspan="2">WS</td><td>文件类</td><td>1</td><td>15</td><td>1.上级机关
2.省市及院校
3.校内单位</td></tr>
<tr><td>其他资料</td><td>2</td><td>30</td><td>1.计划与总结
2.其他审计资料
3.其他重要资料</td></tr>
<tr><td rowspan="2">秘密材料</td><td rowspan="2">MM</td><td>审计档案</td><td>1</td><td rowspan="2">按国家保密局文件的规定</td><td rowspan="2">1.上级机关
2.校内单位
3.其他单位</td></tr>
<tr><td>文书档案</td><td>2</td></tr>
</table>

附件二：

厦门大学审计档案分类编号方案

根据我校审计处档案管理的实际情况，可分为以下几个大类和中类：

一、业务档案　代号 YW

1.年报表类　代号 1

2.审计报告(包括工作底稿)　代号 2

3.审计制度　代号 3

二、文书档案　代号 WS

1.文件类　代号 1

2.其他资料　代号 2

三、秘密材料　代号 MM

1.审计档案　代号 1

2.文书档案　代号 2

分类编号方法：设三个大类、七个中类，为了配合计算机审计，以年度分开进行流水编号。

	大类	年度	中类	发文单位及编号	
例一：	业务档案		年报表类	财务处	编号
	YW	91	1		205

即 YW　91　1　205

	大类	年度	中类	发文单位及编号	
例二：	业务档案	年度	审计报告	工作计划	打印文编号
	YW	91	2	1	002

即 YW　91　2　1　002

	大类	年度	中类	发文单位及编号	
例三：	文书档案		其他资料	工作总结	审计处
	WS	91	2	1	207

即 WS　91　2　1　207

——本文摘录自《厦门大学审计档案管理实施细则》，厦大审字〔1992〕7 号，档号 1992-XZ19-1

厦门大学住房清理工作方案

(1992 年 6 月 30 日)

根据学校工作计划安排,继续抓校外人员占房等九类不合理住房的清理工作,为全校重点工作之一。目前,校外人员占房等九类不合理住房的调查核实工作已基本完成。现将开始实施清理。

实施清理工作在学校直接领导下,统一部署,集中动员,任务落实到各系、各单位。清房办人员分成三个小组,划片包干,配合各系、各单位清房小组开展工作。具体清理办法按如下几类实施。

一、校外人员占用我校住房

凡属我校自管和调配使用的住房,目前使用人非我校教职员工的,均属外校人员占用房。有下列情形之一的,一律由学校收回:

(一)未经学校批准,将学校住房转让、转借、出租给外单位或非本校工作人员使用的;

(二)在外单位工作的家庭成员分到住房,未经学校同意将我校的住房交给外单位分配的;

(三)未经学校同意,将学校住房与市区居民或外单位交换的;

(四)原为我校工作人员,调离我校后按规定应交回住房的;

(五)夫妻离异,学校住房交由校外工作一方使用的;

(六)曾派驻我校协助工作,而现在非我校工作人员仍使用我校住房的;

(七)原为我校工作人员,后因故被除名、开除、列入编外或已离职、自动离职,按规定应退还学校住房的;

(八)用其他形式占用我校住房的。

二、改变住房用途

无论以何种理由,凡未经学校批准将住房必做他用,实际上已不做职工或家属住房使用的,有下列情形之一的一律由学校收回:

(一)未经批准,将住房转借、转让、出租给他人做店面、仓库、办公用房,或利用住房经商、办厂的;

(二)未经批准,将住房转借、转让、出租给来厦打工、经商人员使用的;

(三)虽仍有家庭成员在该房住宿,但同时兼做店面、商品仓库、办公室或雇员住宿用房的;

(四)补充房、午休房不做居住使用,用于堆放杂物或旧家具的;

(五)凡扩建或搭盖做店面、工场或出租用房的;

(六)有其他改变住房用途行为的。

三、多处住房

夫妻双方或一方,有两处以上住房的,应列入多处住房。

(一)多处住房户有下列情形之一的,应退还学校所分配的住房;

1.在市区内有住房(包括私房),面积基本达到学校规定的住房标准的,学校分配的住房原则上一律清退;

2.调整住房后,未按学校要求退还原住房或床位的;

3.未经学校同意,占用公用住房的;

4.其他不合理占房的。

(二)按原认可分得二处以上住房,现因家庭成员就业、就学、婚嫁、死亡、户口迁移等原因,居住人口减少,使用面积超标准的,应按现有分房条件重新调整或收回一处住房。

(三)因拆迁等原因分有二处以上住房的,按清房条款清理。另有住房协议的,在协议有效期内,按协议有关条款执行。

四、超标准住房

(一)凡使用学校住房,无论一处还是多处,合并建筑面积超过其家庭中享受住房标准最高一位成员的标准的,均应列为超标准住房。原则上应重新调整。超标部分为完整套房、单间或集体宿舍床位的,由学校收回另行分配。

(二)超标准住房户有下列情形之一的,可保留住房,暂不调整。

1.使用特殊地段、特殊结构的住房,超过住房标准的20%以内的;

2.使用办公用房改为住房和条件很差的简易住房,未超过学校规定的宽限幅度的;

3.引进人才,经特批使用校长留房超标的。

(三)遇有多处住房类中所列第二、三条情形者,按该类有关条款处理。

五、使用人变更房

(一)无论何种原因,未经学校同意将住房或床位转让、转借、转租给他人使用的,均应列入使用人变更类,原则上一律清退。

(二)以下情形也应列入使用人变更类清退:

1.配偶一方在校外工作,在校内工作一方已脱产读研究生的;

2.职工死亡,其住房现由户口不在本辖区内的直系亲属或他人使用的;

3.未经校产科办理正式手续,私自调换住房或床位的。

六、闲置房

(一)套房、单间、集体宿舍的床位,长时间无正常使用的,应视为闲置。闲置房原则上一律清退。

(二)有下列原因之一者,可以保留原住房(床位):

1.因公外出学习、进修、讲学、实验、协作、外借等(出境出国人员另有规定);

2.因病经学校批准在外就医,或在外休养的;

3.因家庭变故等原因,经领导同意回家或外出照料、处理的;

4.妇女因婴儿在哺乳期需特殊照料原因在外住宿一年以内的。

(三)离、退休后实际长期在外居住,校内使用率很低的住房,应动员户主退还学校。

七、遗属住房

(一)凡我校死亡教职员工的亲属,使用我校住房有下列情形之一者,应退还住房:

1.配偶双方均已死亡，子女已成年，且非本校职工，有固定收入的；

2.本市有住房(包括私房)的；

3.死亡教职工原配偶非本校工作人员，现又与非本校人员再婚的；

4.遗属将住房转借、转让、出租给其他人或外单位使用，或长期托管、闲置，或改变住房用途的；

5.未经学校同意，将住房与市区居民或其他单位交换、对调的；

6.遗属在外单位工作并分得住房，将学校住房交给外单位分配或使用的；

7.未经学校同意，在学校住房内外改建、扩建、搭盖给校外亲友居住或使用的；

8.利用我校住房或地皮经商、开店、办企业或有其他谋利行为的；

9.遗属户口不在本辖区，或原在本辖区后已迁往别处的；

10.遗属是农业人口的。

(二)职工死亡已满两年，遗属是本校工作人员，但保留原住房超标的，应按现有条件重新调整住房。

八、改建、扩建住房

凡未经学校同意，私自在住房内外进行扩建、改建或搭盖的，均属改、扩建类。

(一)扩建和搭盖物产权归学校所有，按实际占地面积计租。

(二)扩建和搭盖物影响或破坏自然景观，影响或破坏周围住户的居住环境和条件的，应限期自行拆除，恢复原状。

(三)因改建、扩建改变或破坏原住房结构的，由学校另行处罚；情节严重的，收回住房。

九、其他类

有下列情形之一的，也应列入清退：

1.强行占用学校住房或强行占用别人床位的；

2.向学校借用住房，期限已到的。

出境出国逾期未归人员住房清理工作，按厦大综字〔1991〕10号《厦门大学出境出国人员住房清理实施计划》进行。

本方案经1992年6月5日按行政办公会议通过施行。

本方案由校清房办负责解释。

厦门大学

1992年6月30日

——本文摘录自《厦门大学住房清理工作方案》，厦大综字〔1992〕59号，档号1992-XZ09-2

厦门大学离休干部使用车辆暂行规定

（1992年7月8日）

根据国务院机关事务管理局(85)国管财字318号文件精神，参照国家教委离休干部用车实行公里定额包干试行办法，结合我校具体情况，为保证方便离休干部正常用车、奖励节约，特制定本规定：

一、实行公里定额包干和发放交通费相结合：

1.正式办理手续的享受副部长级和司局级待遇（含单项待遇，下同）的离休干部，均实行公里定额包干。副部长级人均每月定额300公里，司局级人均每月定额150公里。

2.正式办理手续的享受处级以下（含处级，下同）待遇的离休干部，不实行公里定额包干，发放交通费自行安排，处级待遇人均每月15元，其他待遇人均每月8元。

二、供车范围：

1.凡实行公里定额包干的离休干部，保证所需用车。

2.处级以下离休干部，急诊、重病、住院保证供车，其他事情要视车辆忙闲情况，由车队酌情调派。

3.离休干部使用车辆范围仅限本市。

三、收费标准：

1.实行公里定额包干的离休干部，在限定公里数（以月计算）内，小车双趟每公里0.20元，单趟每公里收费0.25元；旅行车双趟每公里0.30元，单趟每公里收费0.35元，超过规定公里数，每公里按学校现行收费标准的80%计收。

2.不实行公里定额包干的离休干部，小车双趟每公里收费0.50元，单趟每公里收费0.55元；旅行车双趟每公里收费0.60元，单趟每公里收费0.65元。

3.离休干部使用车辆，取消基本公里数，每次用车路程不足四公里按四公里计算，超过四公里按实际乘坐的公里数计算。

4.为保证学校车辆更好地周转，提高用车效率，离休干部用车在外等候停留时间在30分钟以下，不收取停车费；超过30分钟按学校规定标准收取停车费，一律按每小时14元收费。

5.多人共用一部年辆，据实际路程，按人头分摊公里数。

6.过洞费、过桥费由用车人自理，停车费由车队承担。

7.离休干部确因前往医院看病就诊，用车次数较多，而超过月规定公里数，每季度结算时，可根据困难情况，从老干科用车专款中酌情补贴。

四、公务用车：

1.离休干部参加集体组织活动（指在市区或近郊），离休干部个人因公出差需往机场、车站、码头接送，到市区出席会议，参加社团活动等，所用车辆属公务用车。

2.校外离休干部来校用车，免费接送，在校期间，需用车辆，按学校现行规定标准收费。

3.老干科工作人员为离休干部办事、购买供应物品所需车辆，属公务用车。

4.送接老干部住院和转院（指本市）所用车辆属公务用车。

五、派车及结算办法：

1.离休干部私人用车一律直接通知车队，除急诊、重病、住院等特殊情况，须提前一天向车队预约登记；乘坐人要讲明上车时间、地点、去向和是否等候，以便准时接送，统筹安排。

2.离休干部本人公务用车,须提前一天告诉老干科,做好记录和通知车队等项工作。若直接跟车队联系,属私人用车。

3.司机凭派车单出车,并按规定实事求是地填写所行驶的公里数,由用车人签字后有效,派车单交回车队。

4.老干科每季度第三个月的30日向车队了解离休干部个人用车情况,填好季报表,每季度结算一次,结算报表必须与用车者见面核实。

5.老干科代向离休干部个人用车者收款送交车队,结余部分发给本人。

六、经费:

1.离休干部的交通费在老干部承包经费中列支。

2.离休干部用车收费与现行学校收费标准(以年度计算,在定额公里内)的差额,由学校和总务处共同负担。

3.离休干部、老干科的公务用车,在学校拨给的老干科用车专项经费中包干使用。

七、本规定从1992年7月1日起执行。1986年4月23日制定的《关于我校离休干部用车实行公里定额包干的试行办法》同时废止。

组织部

一九九二年六月三十日

——本文摘录自《通知》,厦大委组字〔1992〕19号,档号1992-DQ02-1

厦门大学离休干部健康休养和参观学习工作条例

（1992年7月8日）

为更好地组织离休干部健康休养和参观工农业建设，在1986年暂行规定的基础上，根据新的情况，特制定以下条例：

一、凡本校离休干部，每人每年均可自愿报名参加健康休养或参观学习一次。

二、离休干部健康休养或参观学习，以集体组织为主，也可采取个别组织或同爱人所在单位一起外出的形式；休养与参观应以达到增强身心健康，开阔视野，有所收益为目的。

1.集体组织：

(1)必须本人自愿报名、体检通过，医师签名，家属同意，主管校领导批准。

(2)严密组织，加强纪律，注意安全。组成参观团、确定正副团长，成立临时党支部，根据参加人数多少配备工作人员和医生。

(3)健康休养和参观之前，必须制订切实可行的计划(包括参观往返路线、时间、中转站、终点站、住宿院校等)和注意事项。

(4)每批外出人员掌握在10～15人。

2.个别组织：

(1)参加健康休养或参观者，必须有两人以上结伴同行，应由本人提出书面申请，并符合第二条第一款第一项的规定。

(2)健康休养和参观场所、食宿交通、健康安全均由本人负责解决。

(3)老干科帮助联系有关院校，多方提供方便。

三、经费标准：

1.凡参加集体组织或个人组织而外出健康休养、参观学习的离休干部，实行经费包干。厅局级待遇(含单项待遇)每年限400元以内，处级以下(含处级)待遇每年限300元以内，一律凭单据报销，超过部分自理，节余部分交回。

2.健康休养或参观时的集体合照费用，从公务费中支付，扩印费自理。

3.集体组织的健康休养或参观时所派工作人员、医务人员按在职干部办理出差手续，其费用由老干科包干经费支付。

四、其他：

1.因病或其他原因未能外出健康休养、参观学习者，在年终结账时，按各自标准发75％的休养经费，作为健康营养补贴，25％归老干部公用经费。

2.凡享受护理费和健康疗养者，均不再享受当年的健康休养或参观学习。

3.以老干科为主组织的离休干部健康休养与参观学习，若老干科人员不足，可借用其他单位的工作人员。休养与参观的膳宿地址以兄弟院校为主。

五、未尽事项由组织部、老干科和有关单位协商解决。

六、本工作条例自1992年7月1日起执行。

组织部

一九九二年六月三十日

——本文摘录自《通知》,厦大委组字〔1992〕19号,档号1992-DQ02-1

厦门大学离休干部医疗保健工作条例

（1992年7月8日）

为了做好离休干部医疗保健工作，增进老干部的体质，使他们身体健康、精神愉快度过晚年，特制定本制度，具体条款如下：

一、校医院成立老干部医疗保健小组，保健科建立老干部健康档案。

二、校医院对离休干部的健康状况每年体检一次，有些不能做的项目，由校医院负责联系检查单位，时间安排在每年第四季度。

三、对离休干部实行挂号、治病、配药“三优先”；医院挂号室每天上午九点前、下午三点前各留一个号，以解决老干部诊治牙病的问题。

四、继续办好白城老干部医疗室和大南门诊室，并配备服务态度好、医术水平较高的医师，保证老干部就诊需要。

五、对长期患病、年老、行动不便的离休干部，建立家庭病床，并根据临床情况，定期派医生、护士到家检查治疗，建床费、巡诊费按有关规定收取。

六、对重、危、急病人原则上在校医院治疗，若确需转院者，校医院应及时办理转院手续；离休干部在校医院期间，陪伴床铺费由学校解决，老干科负责落实。

七、对危重病人需要护理时，以家属为主，在确有困难的情况下，原单位和老干科共同协助找雇陪护，所需护理费用由家属、原单位、老干科各承担三分之一。

八、离休干部外出健康休养和参观学习时，校医院负责全面体检，如集体外出并派医生随同前往，负责途中医疗保健，陪同人员费用在老干科包干经费例支。

九、离休干部到校外或外地区医院（县级以上）看病（包括经批准外出），医疗费在50元以内的，直接到校医院报销（不包括自费药及滋补药），50元以上的按医院规定的手续报销。

十、经批准到省干部疗养院和金鸡山疗养院进行健康疗养的老干部，校医院负责疗养期间的医疗费、床铺费；老干科负责往返车费、交通费及伙食补助。

十一、未尽事项由组织部、老干科和有关单位协商解决。

十二、本条例从1992年7月1日起执行。

组织部

一九九二年六月三十日

——本文摘录自《通知》，厦大委组字〔1992〕19号，档号1992-DQ02-1

厦门大学关于教师职务评审程序的若干规定

(1992年8月31日)

教师职务的评审工作涉及面广，政策性强，为了引进竞争机制，促进公开、平等的竞争，增加教师职务评审工作的透明度，实行"两公开一监督"，根据中央和省职改工作有关文件精神，经研究，决定将1989年制定的教师职务评审程序的若干规定修订如下。

一、本人申报，群众评议。

1.申请晋升教师职务需由本人提出。申请人在任职期间，每年度工作考核结果均必须是优秀或称职，其中申请破格晋升者或优秀中青年骨干教师的选拔，原则上年度工作考核结果均必须是优秀。

凡申请晋升高一级职务者必须提交晋升高一级职务后的服务期合同。

2.申请者经所在教研室(组)或研究室教师评议(必要时申请者可先到会简要介绍本人的思想政治表现、工作态度和成绩、教学科研成果等情况)，教研室(组)或研究室领导在听取群众意见的基础上，写出书面意见，并送交所在单位(系、所)考核推荐小组。

二、单位考核、推荐。

1.鉴于我校教师年度工作考核才进行三次，目前各单位在提出推荐名单时，仍采用年度工作考核结果与评审职务时集中考核相结合的办法。待年度工作考核完全正常后，采用任现职期间各年度工作考核结果平均分作为单位推荐顺序的依据，不再进行集中考核打分。

2.各单位召开考核推荐小组会议时，申请者应先到会汇报本人的思想政治表现、工作态度和成绩、教学科研成果等情况及本人年度工作考核结果。考核推荐小组成员对每位申请者进行民主评议，然后评分，考核推荐小组根据全体成员考核评分(去掉一个最高分和一个最低分后)的平均分数进行排队。考核结果送交职改办并在本单位张榜公布。

3.凡申请破格晋升者，或优秀中青年、骨干教师的选拔，或申请"统评教授"或"统评副教授"岗位者，须经所在单位考核推荐小组无记名投票表决，凡赞成票数达到全体成员的三分之二及其以上者，方能与其他申请者一起考核评分。

其他申请者在考核推荐时不进行表决。

各单位对推荐破格晋升或选拔对象或申请"统评教授或副教授"等三种申报人晋升高一级职务，应提出推荐理由和意见(包括表决结果)的书面材料，送交职改办。

凡文科教师申请优秀中青年骨干教师的选拔的，需将任现职以来所有正式发表、出版的论文、著作送交职改办，转校文科论著审读组进行审查。

4.各单位晋升高级职务的推荐人数为本单位可晋升岗位数的150%以内；晋升中级职务的推荐人数为本单位可晋升岗位数以内。

5.个别单位推荐结果出现异常情况，申请者可向职改办提出申诉，由校长酌情处理。

三、校职改领导小组初审。

凡属申报学校专项职务定额的申请者，经各系(所)推荐报学校后，由校职改领导小组进行初审，并根据专项职务定额的150%以内提出送审名单。

校职改领导小组初审时，根据本人提供的有关材料进行认真审查，并进行无记名投票表决，赞成票超过二分之一的，方能送审。

四、代表作送审。

1.各单位推荐和校职改领导小组通过的拟晋升高级职务的申请者，应提1～3篇有代表性的论著一式二套(申请破格晋升教授、研究员者需提交代表性论著一式三套)，并由各单位填写“代表作审批表”，经校评审委员会主任审批送同行专家鉴定。

申请晋升教授(研究员)职务者的代表作须送校外单位的教授级同行专家鉴定，其中优秀中青年骨干教师的选拔对象的代表作须送同行博士导师鉴定。申请晋升副教授(副研究员)职务者的代表作至少应送一名校外单位同行专家鉴定。

2.送审代表作的要求：

晋升教授(研究员)的代表作必须是任现职以来，在国家、部委或省级正式发行的学术刊物或正式发行的大学学报上发表的具有创见性的科学论文，或正式出版的著作、教科书，或在科学研究上有重大发明创造的成果。晋升副教授(副研究员)的代表作必须是任现职以来，在正式发行的学术刊物上发表的科学论文，或正式出版社出版的著作、教科书，或参加国际学术讨论会议大会宣读并被收入论文集的论文，或对促进科学研究和经济社会发展做出重要贡献的成果(须经学校与合作单位的主管厅局共同审核证明)，或在革新实验技术设备和实验室建设方面成绩卓著的。

一九六六年前大学本科毕业，毕业后一直从事高等学校公共课、基础课、专业基础课教学的教师，符合晋升副教授任职资格最低任职年限要求者，任现职以来，具备下列六项条件中的五项条件(其中前二项为必备条件)，可申请副教授任职资格：

(1)近五年来，平均每年完成教学工作量1060学时以上；

(2)经考核评议，学校考核组严格考核，教学成绩卓著；

(3)获两次以上校级教学质量奖或教书育人奖；

(4)撰写具有一定水平的教学经验总结，在内部交流刊物上发表，经同行专家鉴定具有较高水平；

(5)编写教学讲义十万字以上，经学校教学部门批准在校内使用二轮以上，学生反映好，经同行专家鉴定具有较高水平；

(6)在实验或教学改革方面取得突出的成绩。

未经正式出版、发表的专著、论文、教科书和未获奖或未经省级及其以上机关鉴定的成果，参加全国性学术会议的论文以及非大学本科使用的讲义或教科书均不能作为送审代表作。

3.艺术专业教师晋升高级职务时，正式发表的作品可作为代表作之一，还必须至少有一篇在公开发行的学术刊物上正式发表的学术论文作为代表作。

4.经校教师职务评委会或学科组评审(议)，如属本单位有职务定额而未通过者，第二年重新申请时，必须重新送审代表作(其中至少有一篇论文是否决后正式发表的)，如属本单位职务定额限制而未通过者，其代表作是否重新送审，由本人决定。上述两种情况在次年重新申请时，均必须有新成果(指上年否决后正式发表或出版的论著等)。

五、学科评议组评议。

学科评议组应以民主程序进行工作。评议组成员应认真审阅申报者的有关材料，在充分讨论的基础上，经无记名投票表决(单位定额1～5名的，学科组可按该单位职务定额多一名进行表决；单位职务定额6～10名的，学科组可按该单位职务定额多2名进行表决；余者类推)，赞成票数超过全体成员的二分之一方为通过(其中申请优秀中青年骨干教师的选拔、破格晋升及申请“统评教授或副教授”的，赞成票数须达到或超过全体成员的三分之二方为通过)。

学科组表决结果于次日在申请者所在单位张榜公布。自公布之日起三天内，凡获得赞成票数不低于全体成员的三分之一的未通过者，认为表决结果与本人情况出入较大，并有足够的理由和材料，可向上一级评审委员会提出申诉，要求给予复议。凡属申报优秀中青年骨干教师的选拔、破格晋升或申请“统评教授或副教授”虽未获得通过，但已获得赞成票数不少于全体成员的二分之一的，也可向上一级评委会申请复议。

六、分科评审委员会评审。

分科评审委员会应认真听取学科评议组全面评议情况的汇报，对学科评议组评议通过的对象进行评审，同时对学科评议组没有通过且符合复议条件的申请者提出申诉意见，认真进行讨论，审阅其所提供的材料，经委员会表决，获全体委员三分之二以上委员同意的情况下，可以在评审委员会会议上与其他评审对象一起投票表决。表决时，按各单位可晋升岗位数投票，除申请优秀中青年骨干教师的选拔、破格晋升及“统评教授或副教授”的，赞成票数须达到或超过全体委员的三分之二方为通过外，其他申请者获赞成票数超过全体委员的二分之一方为通过。

分科评审委员会评审结果于次日在评审对象所在单位张榜公布。自公布之日起二天内，未被通过的评审对象，如已获得赞成票数不低于全体委员的三分之一(申请优秀中青年骨干教师的选拔、破格晋升及“统评教授或副教授”的，需获得赞成票数不低于全体委员的二分之一)的未通过者，认为表决结果与本人情况出入较大，并有足够的理由和材料，可向校评审委员会提出申诉，要求给予复议。但其中在学科组表决时未获通过，分科评审委员会复议后表决又未通过的申请者或本单位已无空岗位的申请者，虽已获得不少于全体委员三分之二赞成票也不能再向校评审委员会申请复议。

七、校评审委员会审定。

校评审委员会听取分科委员会的评审情况汇报，对分科委员会评审通过的对象进行审定，委员如无不同意见和属优秀中青年骨干教师的选拔对象，申请“统评教授或副教授”及短期周转教授者均应进行无记名投票表决。表决结果除选拔对象、“统评教授或副教授”者需获赞成票数达到或超过全体委员的三分之二方为通过外，其他评审对象需获赞成票数超过全体委员的二分之一方为通过。

对于分科评审委员会没有通过，但符合第六条所述复议条件的申请者提出的申诉意见，委员会应认真进行讨论，审阅其所提交的材料，经委员会表决，获得全体委员三分之二及其以上赞成票数的，可以在评审委员会会议上进行表决，表决结果除选拔对象，破格晋升及“统评教授或副教授”者需获赞成票数达到或超过全体委员的三分之二方为通过外，其他评审对象需获赞成票数超过全体委员的二分之一方为通过。

凡在分委员会表决时，获得二分之一以上赞成票数的人数超过所在单位可晋升岗位数时，取赞成票数较高者为通过；若获得二分之一以上赞成票数的人数超过所在单位可晋升岗位数且有二人或二人以上获相同的最低赞成票数时，由校评审委员会表决裁定。

八、校职改领导小组审批。

根据国家人事部人职发〔1991〕8号文和闽职改字〔1990〕081号文规定，评审委员会的评审结果必须经校职改领导小组审核批准。个别评审不准确，群众反映意见较大的，经校职改领导小组研究同意后，由校评审委员会进行复议。

九、评审者或申报者必须做到：

1.各级评审组织的成员(包括校评审委员会委员、分科评审委员会委员、学科评议组成员及考核推荐小组成员)必须认真学习和贯彻中央关于改革职称评定，实行专业技术职务聘任制的方针、政策和各项规定，坚持从实际出发，严格把住质量关，必须认真执行“坚持标准、保证质量、全面考核、择优晋升”的原则，秉公办事，不徇私情，严守秘密，不准向外泄露评议情况，违者应追究责任。

2.申请者在进行申报和评审工作期间，不得本人或通过他人找各级评审组织的成员说情。若有人举报并经查实确有违反规定者，将取消其本次申请资格，若已经评审委员会评审通过的，亦将取消其任职资格。

3.申请者在开展评审工作期间，有意见者可根据组织原则向本单位领导或直接向校职改办反映。反映意见必须实事求是，有证有据。

4.凡申请晋升高一级职务者，不参加本次本单位考核推荐小组。考核推荐小组成员在上报学校审批后在本单位张榜公布。

凡评审(评议)对象是评审委员会(学科评议组)成员或其亲属(父母、夫妻、子女、兄弟姐妹、女婿、儿媳等)时,考核评分、评审(评议)、投票表决等过程,本人应自动提出回避。本人回避后,投票结果如出现对等票的情况,经评审委员会(学科评议组)酝酿复议,可再投票一次,若仍出现对等票时,以未通过计。

5.申请者应如实填报教学工作量和教学、科研成果(包括著作、教科书、学术论文和研究成果等,其中著作、教科书、学术论文必须是正式出版社出版或公开发行的学术刊物上正式发表的,研究成果必须有省级及其以上机关鉴定或获得省级及其以上机关奖励),经教研(研究)室和系(所)领导审核后,在本单位张榜公布。

十、关于校教师职务评审委员会委员因出国、出境或参加国家重要会议暂停其委员职务。

凡校教师职务评审委员会委员、各分委员会委员及各学科评议组成员因出国、出境或参加国家重要会(如全国党代会、全国人代会、中央全会、全国人大常委会、全国政协和全国政协常委会会议)或参加中共中央党校学习不能出席学校教师职务评审、评议会议的,由校职改领导小组在召开评审、评议会之前认定,暂停其委员(学科评议组成员)的职务(待其回校后,自动恢复其委员、学科评议组成员的职务)。委员会(学科评议组)全体成员人数应以扣除上述暂停职务委员人数后的委员人数为准。

暂停委员职务后的委员会或学科评议组的人数若为偶数,投票表决结果出现对等票时,参照本规定第九条第4项的回避制度的做法执行。

十一、其他。

1.以前文件的规定如与本规定不符的,均以本规定为准。

2.各类专业技术职务的评审工作参照本规定执行。

3.本规定自公布之日起执行。

厦门大学职称改革领导小组

一九九二年八月三十一日

——本文摘录自《厦门大学关于教师职务评审程序的若干规定》,厦大职改字〔1992〕17号,档号1992-XZ14-3

厦门大学关于教学、科研和专业技术人员晋升高一级职务实行定期服务制度的决定

(1992年9月1日)

一、为了配合校内管理体制改革,进一步发挥教职工的工作积极性,加强学科建设、稳定教学科研队伍,经研究决定,从一九九二年九月起,凡本校教学、科研和其他各类专业技术人员申请晋升高一级职务,一律实行定期服务制度。

二、教学、科研和其他各类专业技术人员,被批准晋升高一级职务后,必须在校服务两年。两年期满,本人方能提出调动辞职或自费出国留学等要求。

三、凡服务期满要求调动辞职或自费出国留学,必须提前三个月向人事处提出申请,经人事处与有关单位协商,妥善安排工作接替后予以研究批准。

四、教学、科研和其他各类专业技术人员晋升高一级职务,必须与人事处签订服务期保证书。保证书签订后,师资与职称工作处方可受理晋升职务申请。

厦门大学

一九九二年九月一日

——本文摘录自《厦门大学关于教学、科研和专业技术人员晋升高一级职务实行定期服务制度的决定》,厦大人字〔1992〕88号,档号1992-XZ10-2

厦门大学教职工请假暂行办法

（1992 年 9 月 6 日）

为了进一步完善我校教职工的请假制度，更好地调动广大教职工的积极性，保证我校教学、科研等各项工作的顺利进行，根据上级有关文件精神，结合我校具体情况，制定本暂行办法。

一、事假

1.教职工因本人或家庭特殊事情必须亲自处理的可酌情请事假。事假一年累计在十五天之内的，工资照发。超过十五天者，从第十六天起停发其本人全部工资。对于既无正当理由，又未办理续假手续而无故超假的，单位应督促本人及时返回工作岗位，超过三个月，即按自动离职处理。

2.教职工擅自离职，如在离职后一个月内，本人承认错误返回原单位的，可继续工作，但应给予批评教育，并视情节轻重给予适当的行政处分，同时扣发其全部工资；超过一个月的，即按自动离职处理。

3.我校教职工的配偶或直系亲属病情危重，经医院证明必须陪伴外出就医。经系、部、处领导同意报人事处批准后，所请事假超过十五天的，可不扣其工资。

二、病假

1.教职工因病不能坚持正常工作，凭医院（县级以上医院）证明，可以请病假。

2.病假期间的工资待遇。

（1）工作人员病假超过两个月而不满六个月者，从第三个月起按照下列标准发给病假工资：

①工作年限不满十年的，发给本人工资的百分之九十。

②工作年限满十年的，工资照发。

（2）工作人员病假超过六个月的，从第七个月起按照下列标准发给病假工资：

①工作年限不满十年的，发给本人工资的百分之七十。

②工作年限满十年的，发给本人工资的百分之八十。

3.一九四九年九月底以前参加革命工作，具备离休条件的在职干部，病假期间工资照发。

4.获省、市、自治区人民政府和国务院各部门授予的劳动英雄、劳动模范称号并仍然保持荣誉的，经批准可适当提高病假期间的工资，提高幅度可以在本人标准工资的百分之十到百分之十五之间，但提高标准后的病假工资不得超过本人的原标准工资。

5.大、中专毕业生及合同制工人在见习试用期间病假一个月以上者，其见习试用期应相应延长。

6.病假超过三个月以上，每月随工资发的 16 元奖励工资不发。

三、探亲假

1.已婚教职工两地分居，每年给予一方探亲假一次，假期为三十天。

2.已婚教职工不与父母住在一起，又不能在公休假日团聚的，每四年可探望一次父母，假期为二十天。

3.未婚教职工不与父母住一起的，每年可探望一次父母，假期为二十天。

4.归侨、侨眷、台胞教职工出境探望配偶，四年以上探望一次的，给假半年，不足四年的，按每年给假一个月计算。

5.未婚归侨、侨眷、台胞教职工出境探望父母的，四年以上探望一次的，给假四个月；三年一次的，给假七十天，两年一次的，给假四十五天，一年一次的，给假二十天。

6.已婚归侨、侨眷、台胞教职工出境探望父母,每四年给假一次,假期为四十天。

7.归侨、台胞教职工回国或回大陆参加工作十年以上,从未出境探亲或从未因私事出境,也未在境内会见从国外或港澳台回来的配偶和父母的,第一次出境探亲,可给假半年。

8.归侨、侨眷、台胞的教职工按国家规定可享受出境探亲待遇,但又因故不能出境探亲的,在内地会见从国外或港澳台回来的配偶或父母时,可享受国内探亲的同等待遇。

9.父母已经去世的归侨、台胞教职工,可以探望其国外或台湾的兄弟姐妹,出境探望的,每四年给假一次,假期四十天;在境内探望的,每四年给假一次,假期二十天。

10.教职工丧偶或离婚满一年以后,符合探望父母条件的,可按未婚教职工探望父母的待遇处理。

11.凡符合探亲条件的教职工利用各种机会(如出差、学习、因病在家治疗休养)与配偶、父母团聚的实际时间累计达到或超过探亲假的天数,在规定的年限内,均不能再享受探亲假待遇。

12.凡享受探亲待遇的教职工,探亲应该在寒暑假期间进行,如果假期时间较短,可由本单位适当安排,补足探亲假的天数。探亲假期是指与配偶、父母团聚的时间,包括公休假日和法定假日,不包括路程假。

13.教职工探望配偶和未婚教职工探望父母的往返路费,由学校负责,已婚教职工探望父母的往返路费,在本人月标准工资百分之三十以内的,由本人自理,超过部分由学校负担。符合上述探亲条件的归侨、侨眷,港澳台同胞眷属职工,其路费只限于从教职工工作地点至出境口岸路程,境外路费自理。

14.学徒在学习期间,见习人员在见习期间均不能享受探亲待遇,学习和见习期满后可享受探亲待遇。如在下半年期满的,须自下一年度开始享受探亲待遇。

15.出国前确定的留学年限在三年以上的公派出国研究生,婚后在国外学习期限达一年以上者,其国内配偶出国探亲,假期为三个月。

四、婚丧假

教职工结婚,按规定可请婚假三天。双方均达到晚婚年龄的(男 25 周岁、女 23 周岁以上)婚假延长到 15 天。双方不在一地工作的,可根据路程远近给路程假。

教职工直系亲属(父母、公婆、岳父母、配偶和子女)死亡时,可请丧假三天,需要职工本人去外地处理丧事的,可根据路程给路程假。祖父母丧葬时,职工要求请假,经单位行政领导批准,可做事假处理,但如职工的父母已死亡,其祖父母又是本人供养的,可酌情按直系亲属丧假处理。

在批准的婚丧假和路程假期间,教职工的工资照发,途中的车船费等,全部由教职工自理。

五、产假

1.女教职工产假为 90 天,其中产前假 15 天,难产的增加 15 天,多胞生育的,每多生育一个婴儿,增加产假 15 天。

2.国家干部,职工双方晚婚的,晚育又领取独生子女证的,产假延长到 160 天,夫妻双职工的,可给男方一星期的照顾假。

3.女职工怀孕流产的,其所在单位应根据医疗保健部门的意见,分别下列情况给予产假。

怀孕三个月以内流产的,给予产假 15～30 天。

怀孕三个月以上七个月以内流产的,给予产假 42 天。

4.女教职工哺乳期间,确有实际困难,经本人申请,所在单位同意,人事处审批,可申请哺乳假至婴儿一周岁止,产前假、哺乳假期间按本人工资的 70%发给,随工资发给的物价补贴照发。并可计算工龄。

5.教职工符合计划生育的产假(含独生子女的优待产假)正值寒暑假期间的,可按实际占用寒暑假天数,顺延其休假时间。

六、私事出境

1.凡归侨、侨眷教职工在国家规定的探亲假待遇之外,申请短期出境或出境定居的,均按私事出境对待。

2.在职教职工因私事短期出境申请事假,其假期按公安局批准期限为准,假期内的工资和副食品价格补贴上半月份出境者于下个月一日起停发工资;下半月出境者,从下个月十六日起停发工资。起薪日期，如在每月十五日以前报到者，从当月一日起发工资，如在每月十六日至三十一日报到者，从当月十六日起发给工资。

3.退休、退职人员和离休干部短期出境的假期，赴港澳的，除特殊情况外，一般不超过三个月，出国的一般不超过一年。假期从离境之日起计算。在短期出境假期内，退休、退职人员的退休费，退职生活费、副食品价格补贴和离休干部的工资(包括按规定享受的生活补贴)等均照发。超假后，上述待遇、赴港澳的一律停发，回来后仍享受原待遇；在国外的，由所在单位保留一年。在此期限回来的或获准在国外定居的，全部补发；超过此期限的，从回来后或获准在国外定居起按月发给(离休干部的生活补贴，则按年度发给)，原保留的不补发。

4.在职教职工因私事短期出境，申请赴港澳的，最长给假三个月。到国外的，最长给假半年，超过假期(包括续假，下同)一年以内予以停薪留职，超过一年以上的按自动离职处理，不发给离职费。

5.在职职工，退休、退职人员和离休干部短期出境后，要求(包括本人来信或委托亲友代办，下同)在境外定居、赴港澳的，不予办理手续；去国外的，应向原单位或主管部门申请，按规定办理有关手续(在职教职工应在假期内办理离职手续)。

6.凡因私事短期出境后的旅费，境外的医药费，均由本人自理，出境期间死亡的，其丧葬费用按现行规定办理。

7.凡不符合国家规定的退休、退职条件的在职教职工，获准出境定居的，可以发给一次性离职费，其标准如下：

连续工龄满一至十年的，每满一年发给一个月的本人标准工资；连续工龄满十年以上的，从第十一年起每满一年发给一个半月的本人标准工资。满一年的尾数，不足六个月的，按半年计算，超过六个月的，按一年计算。离职费的总额，最高以本人二十四个月的标准工资为限。连续工龄不满一年的，发给一个月的本人标准工资。计算离职费时，包括副食品价格补贴8元。

七、请假手续与销假

1.教职工需要请假，应由本人提出申请，填写请假单，经本单位领导批准，并报人事处备案后方可离开工作岗位，凡遇特殊情况，未能事先请假者，应于事后一天内补办请假手续，并注明原因。

2.假期满后应及时到人事处劳工科销假，凡未按时销假者，按超假处理。

3.假期满后遇特殊情况，需要续假的，必须提前申请，经本单位领导同意后，报人事处审批，否则按超假处理。

八、审批权限

1.一般职工请事假十五天之内者，其请假单须由系主任或部、处长批准签订后送人事处劳工科备案，请事假十五天以上，一个月以内者，由系主任或部、处长签署意见后送人事处批准，请事假一个月以上者，由系主任或部、处长签署意见后，报分管校领导批准，批件送人事处备案。

处级干部请假应经上一级主管领导批准。

2.一般职工请病假一个月之内者，应持有医院证明报系主任或部、处长审批签字后送人事处劳工科备案；请病假一个月以上者，应持有医院证明，报系主任或部、处长签署意见后报人事处审批。

九、本办法如有与上级新规定不符者，按上级新的文件规定执行。

十、本办法由人事处负责解释。

厦门大学
一九九二年九月六日

——本文摘录自《厦门大学教职工请假暂行办法》，厦大人字〔1992〕90号，档号1992-XZ10-2

厦门大学人事档案查(借)阅暂行办法

(92)厦大委组字010号

(92)厦大人字064号

(1992年9月6日)

为了有效地保护和利用人事档案，更好地为干部工作服务，根据中组部、国家档案局制定的《干部档案工作条例》以及福建省委组织部、省档案局制定的《干部档案管理工作细则》等有关规定，结合我校具体情况，特制定本办法。

一、人事档案的管理

1.我校人事档案(学生档案除外)由校人事处档案室集中存放、统一管理。

2.人事档案在管理和使用过程中，实行本人回避制度。任何人(含管理人员)均不得查阅或借用本人及其直系亲属的个人档案。

二、人事档案的查阅

(一)本校各单位因工作需要查阅本校教职工人事档案，均需按下列规定办理审批手续后，指派专人前往查阅。

1.查阅在职校级干部的人事档案，须持经系或部处级单位领导签署意见，组织部或人事处领导审查后，经有关校领导批准的查阅档案报告[见附件一(略)]，由副处级以上党员干部前住人事档案室查阅。

2.查阅副教授或副处级干部及其以上人员(含相应职称者)的人事档案，须持经系或部处级单位领导签署意见，经组织部或人事处领导批准后的查档报告，由副科级以上党员干部前往人事档案室查阅。

3.查阅以上两类人员之外的干部、教师及工人的人事档案，须持经系或部处级单位领导签署意见，经组织部或人事处领导批准的查档报告，由党员干部前往人事档案室查阅。

4.人事档案一般不予外借，确因工作需要借出使用或复印，应填写借阅人事档案报告[见附件二(略)]，按上述规定审批后执行。

(二)校外单位因工作需要，查阅我校教职工人事档案的，须持有县处级以上单位的组织人事部门的介绍信，经校组织部或人事处领导审批后，前往人事档案室查阅，或由人事档案室代为办理。

(三)人事档案不允许个人查阅。如果个人确需某方面材料，应由本单位组织指派专人按规定的程序办理手续后，前往查阅或由人事档案室代为办理。

三、查(借)阅人事档案时应注意的事项

(一)查阅

1.查阅人须持经领导批准的查档报告和本人有关的身份证件，在阅档室查看有关材料。

2.查阅人只能在查档报告批准的材料范围内阅看,不得翻阅其他内容。

3.查阅人不得在档案材料上划线、批注、涂改、勾画,不得拆散档案,增加或抽换材料。

4.查阅人欲摘抄有关材料,须在查档报告中注明,所摘材料用完后,由经办人员自行销毁,不得私自存放或扩散。

5.查阅人不得向无关人员泄露档案内容。

(二)借阅

1.借阅人须持经领导批准的借档报告和本人有关身份证件前往借阅。身份证件交人事档案室保存,待借出的材料全部归还后,再退还本人。

2.借阅人对所借出的人事档案材料,应当场清点检查。

3.借阅人不得将借出的人事档案材料让无关人员接触,或向无关人员泄露材料内容。

4.借阅人不得在档案上划线、批注、涂改或勾画。不得拆散档案,增加或抽换材料,不得私自拍摄或复印。

5.借阅档案应在限期内归还,如不能在批准期限内归还,应及时办理续借手续。

(三)复印

1.复印经办人须持经领导批准的借档报告和身份证件到人事档案室办理复印手续,报告中要注明复印何种材料、复印份数,由档案室管理人员复印。

2.复印经办人要做好原件材料的保密与安全工作,不准中途转借他人,复印材料用完后由经办人负责销毁,不得私自存放或扩散。

四、违反规定的处理

对于在查(借)阅档案过程中不遵守以上规定者,人事档案室有权视情节后果轻重,给予批评教育、停止查(借)阅、扣留有关人员身份证明、责令赔偿损失等处理。情节严重者报请有关部门给予行政处分。对触犯有关法律者,将报请有关部门依法查处。

厦门大学党委组织部
厦门大学人事处
一九九二年九月六日

——本文摘录自《厦门大学档案管理文件汇编》,2002年12月10日版

厦门大学文书处理部门文件材料立卷归档办法

(1992 年 9 月 18 日)

文书立卷指的是将办理完毕的具有查考和保存价值的文件材料,按照它们在形成过程中的联系和规律组成案卷。“文革”前,我校文书立卷由各文书处理部门完成,保证了立卷文书材料的齐全。“文革”期间,我校的文书处理部门立卷工作中断,造成文书材料丢失,使案卷材料完整性失去保证,影响机关工作的查考利用,不利于学校科学化、现代化的管理。为了提高我校文件材料归档工作的效率和归档案卷的质量,根据国家教委 1989 年第 6 号令《普通高等学校档案管理办法》第二十条“高等学校实行文件材料形成部门、课题组立卷的制度”、中共中央办公厅〔1989〕27 号《中国共产党各级领导机关文件处理条例(试行)》(附件一)及 1987 年国务院《国家行政机关公文处理办法》文件规定(附件二),特制定本办法:

一、本校各院、系、所(含直属教研室、研究室)、部、处、委、办、馆、团委、工会等,均为立卷单位。凡立卷单位,必须坚持实行文书处理部门立卷,定期向校档案馆归档的制度。

二、文书处理部门的专职或兼职的文书档案工作人员负有文书立卷工作的职责,应认真履行岗位职责,做好立卷工作。各院、系、所、各部门领导和科室的同志都必须予以支持、合作和协助。

三、要坚持做好平时归卷工作。凡办理完毕的文件材料,经办的领导和有关人员应将文件材料及时送交本部门文书档案工作人员;部门文书档案工作人员应及时收集办理完毕的、具有查考价值的文件材料,并给予恰当分类,归在有关的卷夹内,以便及时查找利用和年终立卷归档。

四、各立卷单位要根据部门工作情况,在每年初拟定“案卷类目”[第一年由档案馆拟(附件三)]。以后每年在上一年的基础上进行调整。“类目”应根据机关活动的规律,以该年可能形成的文件,按照立卷的要求与方法拟制。

五、立卷要求:

1.各部门立卷归档的文件材料应以本单位形成的材料为主,上级发来的文件材料,属于本机关的主管业务并要执行的,也要立卷归档。凡需归档的文件材料一定要收集齐全,包括收发文件的正副件、电报、会议记录、大事记、照片及公文拟办过程中形成的全部有价值的材料。领导外出开会带回的需要贯彻执行的文件等,也需立卷归档保存。如发现文件不全,确实无法收齐的,经由立卷单位写出报告,随卷归档。

2.各单位对不需要归档的公函文件,包括各单位的会计文件材料,以及内部或含密级的刊物、资料再登记造册,经单位党政领导签批后,送档案馆统一销毁。任何单位和个人无权私自销毁文件材料,违者按《中华人民共和国档案法》有关规定处理。

3.卷内文件材料要按照重要程度或时间先后和事情的来龙去脉有次序地排列。即:

(1)一个作者一个问题,按文件日期先后排列;

(2)一个作者几个问题,先排问题,后排时间;

(3)一个问题几个作者,先排作者,后排时间;

(4)重要文件在前,一般文件在后;批文在前,请示在后;复文在前,问文在后;正文在前,定稿在后;文、电合一。

4.案卷标题的文字应简明确切。案卷标题由作者、问题、名称三个部分有机组成。要正确地反映卷内文件内容。

5.卷内的单面、双面筒子页,大小页文件或图纸都应在文件正面右上角编写张号。图片、照片可在背面左上角编。不得漏编、重编。

6.书写案卷标题、内目等,必须用碳素墨水,不得用铅笔、圆珠笔或纯蓝墨水书写。

7.各单位应在每年6月前完成立卷工作。规定时,由立卷单位填写案卷标题目录(一式二份),卷内文件细目(一式二份),向校档案馆进行交接。

六、临时办事机构的文件立卷,归哪个部、处主管的,由主管单位负责立卷。撤销单位的文件,应在撤销前将文件立卷向校档案馆归档。

七、凡立卷单位都要建立健全收发文登记制度、文件借阅登记制度、文件催办和清退制度、归档案卷领导审阅制度、平时归卷和年终文件立卷归档制度。

八、校档案馆负责对各单位的专职或兼职的文件档案工作人员定期进行业务培训,加强经常性的业务指导。

以上办法,希各单位遵照执行。

附件:

厦门大学文书档案案卷类目和保管期限(试行稿)

顺序号	名　　称	保管期限
1.党委办公室		
1-1	上级机关的文件、简报及机要电报等	
(1)	针对本校且重要的	永久
(2)	针对本校一般的而且要长期参照执行的	长期
(3)	短期参考的	短期
1-2	党代会的通知、报告、讲话、决议、总结、纪要、主席团名单、代表名单、候选人材料、选举结果、上级批示、提案	永久
1-3	党委会、党委扩大会、党委办公会会议记录、纪要、决议	永久
1-4	党委的各种专题会议、纪要	长期
1-5	党委在上级召开的会议上的重要发言材料	永久
1-6	参加上级召开的各种会议带回的主要文件材料	长期
1-7	党委的工作计划、总结、决定、规定、通知及上级的批文	永久或长期
1-8	本校党委成立机构,启用、废止印章的通知	永久
1-9	本校有关调查研究形成的文件材料	永久或长期
1-10	情况简报,重要的通知、通报	长期
1-11	处理人民来信、来访记录及有关文件材料	长期或短期
1-12	大事记	永久
1-13	党委干部任免报告、批复、通知	永久
1-14	党委重要的工作日程安排表、统计表	长期
1-15	重要的电话记录	长期
1-16	党委所属各部门的规章制度	长期
1-17	收发文登记	短期
1-18	其他	

2.组织部

2-1	上级、本校有关组织工作的指示、决定、通知、通报	长期
2-2	工作计划、总结、报告及上级批示	永久或长期
2-3	党员名册、干部名册、党员、党组织统计年报表	永久
2-4	中层以上干部任免材料	永久
2-5	本校参加全国、省党代大会代表名单、材料	永久
2-6	发展新党员名册、预备党员转正名单及取消预备党员资格材料	长期
2-7	党组织机构设置、组织、建设,支部、总支改选的报告、批复,正副书记、委员情况	永久或长期
2-8	党员组织关系转出、转入介绍信及存根	短期
2-9	先进党支部、优秀党员评选材料	永久
2-10	大事记	长期
2-11	参加上级组织部门召开的工作会议带回的文件材料	短期
2-12	离休干部审批表	长期
2-13	党委关于退党、撤销党员资格请示、决定、批复	永久或长期
2-14	出国人员政审材料、出国人员保留党籍的报告、批复	长期
2-15	党员轮训、计划、总结、名单及党课教育材料	长期
2-16	党费的收支报表	长期
2-17	其他	

3.宣传部

3-1	上级关于宣传工作的指示、意见、通知	长期
3-2	工作计划、总结	长期
3-3	宣传部会议记录及召开重要会议记录、纪要	长期
3-4	本校政治学习计划、安排意见	短期
3-5	上级和本校关于职工、学生政治思想工作的文件材料	长期
3-6	反映我校重要工作活动的新闻报道、照片	永久
3-7	本校校刊及校领导修改、撰写的重要原稿	永久
3-8	本校宣传部召开的重要会议记录、讲话稿	长期
3-9	参加上级有关宣传工作会议带回的文件	短期
3-10	收发文登记本	短期
3-11	大事记	长期

4.统战部

4-1	上级、本校关于统战工作的指示、意见、通知	长期
4-2	会议记录、工作计划、总结、报告	长期
4-3	各民主党派名单、登记表、活动材料	永久
4-4	知名人士有关情况	永久

4-5	参加各级人代、政协会议人员名单、材料	永久或长期
4-6	有关少数民族、侨务工作、对台工作的材料	短期
4-7	民主党派、民主人士思想情况材料及来信来访处理	长期或短期
4-8	组织各界人士各种活动的材料、照片	长期或短期
4-9	大事记	长期
4-10	收发文登记	短期
5.武装部		
5-1	上级、本校有关工作的指示的通知	长期或短期
5-2	本校武器弹药管理意见、变化、库存情况统计注册	长期或短期
5-3	军训计划、总结、报告、表彰等材料	长期
6.纪委会		
6-1	上级、本校关于纪检工作的指示、规定、决定、通知	长期
6-2	纪委工作计划、总结、汇报材料、统计表	永久
6-3	纪委会议记录及纪要	长期
6-4	违纪党员的处理报告、决定、批复，个人检查、调查材料	永久或长期
6-5	党员申诉及复查材料	永久或长期
6-6	纪委关于本校党纪、党规的调查报告通报	长期或短期
6-7	会议记录及大事记	永久或长期
6-8	需要查报结果的人民来信、来访处理材料	永久或长期
6-9	收发文登记本	短期
6-10	其他	
7.团委会		
7-1	上级、本校关于团的工作规定、通知	长期或短期
7-2	团代会文件材料	永久
7-3	团委会工作计划、总结、报告及上级指示	永久或长期
7-4	表彰先进集体和个人名单材料	永久或长期
7-5	团员处分和撤销处分的决定及依据材料	长期
7-6	各级团组织建设、团干部名单、改选团干部材料	长期
7-7	团委组织的各项重要活动记录、材料、照片	长期
7-8	团委常务会、团总支书记会议记录、简报	长期
7-9	团委工作大事记	永久
7-10	团员、团组织统计表	永久
7-11	其他	
8.工会		
8-1	上级、本校关于工会工作指示、通知、规定	长期或短期
8-2	会议记录、工作计划、总结、报告、财务预决算	长期

8-3	工代会、教代会文件	长期或短期
8-4	表彰先进集体和先进个人的文件材料	永久
8-5	统计报表	永久
8-6	上级、本校关于工会福利、计划生育、独生子女及有关文件材料	长期或短期
8-7	大事记	长期
9.校长办公室		
9-1	上级来文	
(1)	针对来校的指示、批示、通知、通报	永久
(2)	非直属上级机关颁发的针对本校主管业务并要贯彻执行的文件	永久
(3)	与教学科研有关的方针、政策性、法规性文件	长期
9-2	校长办公会议记录、纪要,校务委员会会议记录	永久
9-3	党和国家领导、地方政府领导以及上级机关领导来校视察、检查工作所形成的有关文件材料、讲话记录、照片等	永久
9-4	校长会议记录	永久
9-5	上级召开的会议材料	
(1)	本校领导在会上的发言稿	永久
(2)	会议报告、总结、决议等文件	长期
(3)	会议简报、参考材料	短期
9-6	本校与上级有关领导、著名人士的来往函、电、信等	长期
9-7	本校工作计划、总结、规划、通报等	永久
9-8	本校各项工作统计年报及汇总材料	永久
9-9	本校启用、销毁印章、印模的通知	永久
9-10	本校重要的请示与上级的批复	永久
9-11	校内各部门的请示与校部的批示	长期
9-12	本校体制改革、各项重要的规定、报告	永久
9-13	校友会工作计划、总结、校友名册及重要活动材料	长期
9-14	校庆活动材料、照片剪报	
(1)	重大活动议程、会议记录、讲话、纪念册、题词和著名人士(国内外)活动情况及有关文件、总结、学术报告会材料	永久
(2)	各种邀请书、贺电、贺信、纪念品清册	长期或短期
(3)	各种学术活动、接待活动的安排等事务性材料	短期
9-15	本校大事记、历史沿革、概况介绍等	永久
9-16	本校与国外学校等单位签订的合同、协议书	永久或长期
9-17	本校与国内学校等单位签订的合同、协议书	长期或短期
9-18	本校行政中层以上干部任免材料	永久
9-19	有关校成立机构、撤销、人员组成的名单	永久

9-20	重要电话记录、电传、传真稿	长期
9-21	区人代会选举工作文件	永久或长期
9-22	本校承办全国、省的会议材料	长期
9-23	本校办公室工作计划、总结、大事记	长期
9-24	本校有关教学、科研、行政管理、学生管理的制度、通知、通报、规定	长期或短期
9-25	《每周信息》《情况参考》	长期
9-26	校领导参加上级有关的会议带回的文件	长期
9-27	收发文登记本	短期
9-28	本校知名人士亡故追悼会及善后工作材料	长期
9-29	校长信箱专栏	短期
9-30	上级有关普发性文件、讲话等	短期
9-31	其他	
10.人事处		
10-1	上级、本校关于人事工作的指示、通知、规定	长期
10-2	本校有关机构人员编制、工资奖励等规定、办法	长期
10-3	本校教职工名册	永久
10-4	本校机构设置及干部任免科级干部的请示、批复	永久或长期
10-5	工作计划、报告、总结及上级的批示	永久或长期
10-6	劳动工资报表、干部统计报表	永久
10-7	招聘、招工、招干、转正定级,安置转、复、退伍军人的计划、报告、批复、名单及临时工管理材料	永久
10-8	教职工奖励材料及工作满三十年人员名单	长期
10-9	教职工处分决定	
(1)	受开除公职处分	永久
(2)	留校察看以下的处分	长期
10-10	教职工要求复查的调查报告、复查结论	长期
10-11	教职工退休、退职、终止合同登记表、审批表	长期
10-12	教职工调配工作计划、总结、报告、名单、调动审批表、调令、工资转移单和行政介绍信、调出人员介绍信存根、留校学生报到证	长期
10-13	教职工工资评定、调整工资的指示、通知、规定、计划、总结、报告、上级批复及名单	长期
10-14	劳动福利工作及教职工伤、残的规定、通知,死亡人员名单及善后工作等材料	长期
10-15	本校教职工结婚登记材料	短期
10-16	会议记录及重要电话记录	长期
10-17	大事记	长期
10-18	参加上级有关人事工作会议带回的文件材料	短期

10-19	本校上级关于派出工作的指示、通知、规定、决定	长期
10-20	派出计划、名单、政审表	长期
10-21	本校干部定期统计报表及工资年报、统计分析	永久
10-22	领取独生子女费名单	长期
10-23	收发文登记	短期
10-24	其他	

11.学生工作处

11-1	上级和本校关于毕业生分配工资的指示、通知、计划、总结和派遣名单	永久
11-2	毕业生遗留问题的处理报告及上级批复	长期
11-3	上级、本校关于奖学金(含各类奖学金)及获奖学生名单、学生贷款、还款材料、用于学生专项拨款	长期
11-4	会议记录及重要电话记录	长期
11-5	大事记	长期
11-6	各系毕业生登记表	永久
11-7	学生自费出国、短期出访的材料	长期

12.教务处、招生办

12-1	上级、本校有关教学工作的指示、通知、规定	永久或长期
12-2	本校教育事业发展规划、教学工作报告、计划、总结及上级批示	永久
12-3	本校学制、专业设置、调查的报告及上级批复	永久
12-4	上级、本校有关学籍管理、学历证明、退学、休学、留学、转学、转专业的规定、处理情况报告、学生毕业材料、证书发放存根、毕业及学位审核材料等文件材料	长期
12-5	本校编报招生计划	长期
12-6	本校接受进修教师计划、总结、统计表、名单	长期
12-7	编写教材计划、编委名单、自编教材目录	长期
12-8	上级委托召开的教材编审会的通知、计划、记录报告等	短期
12-9	本校拟定的学制、教师工作量等文件材料	长期或短期
12-10	优秀教师质量奖评选方法、受奖人名单、事迹材料、教学评估、教学检查、考试	长期
12-11	会议记录及重要电话记录	长期
12-12	学年初末报表	永久
12-13	参加上级召开的会议、代表学校的发言稿	永久或长期
12-14	大事记	长期
12-15	参加上级和校外教学工作会议带回的文件材料	短期
12-16	上级、本校关于招生工作的指示、规定	长期
12-17	上级、本校关于招生工作计划、总结,录取新生名册和成绩册	永久
12-18	高考阅卷工作文件材料	短期

12-19	本校关于新生复查情况、取消或保留入学资格的报告、批复名单及调查材料	长期
12-20	其他	

13.科研处

13-1	上级、本校有关科研工作的规定、通知	永久或长期
13-2	本校关于成立科研机构的报告、上级的批复	永久
13-3	本校科研工作规划、计划、总结、科研成果报表	永久或长期
13-4	有关科研协作项目的文件材料	长期或短期
13-5	上级和外单位有关科研工作的来往文书	短期
13-6	本校关于出国短期讲学、考察、参加国际学术会议的文件	长期
13-7	国际科研合作的通知、计划、协议书、来往信件	永久
13-8	科研三项经费的文件材料	长期
13-9	科技统计年报表	长期
13-10	参加国际学术组织的报告、上级批复、名单	永久
13-11	会议记录及重要电话记录	长期
13-12	“八五”科技攻关	永久
13-13	大事记	长期
13-14	参加上级召开的科研工作会议代表学校的发言稿	永久或长期
13-15	参加上级召开的科研工作会议带回的文件	短期
13-16	各类基金申请书及推荐表	长期
13-17	省科技项目设计书	长期
13-18	本校基金资助项目进展情况报告	短期
13-19	处工作计划、总结、制定的规章制度、岗位职责	长期
13-20	上级下达本校的科研计划、任务	长期
13-21	本校科研成果汇编及受奖情况	永久
13-22	本校科研成果鉴定工作的来往函件	长期
13-23	校学术委员会成员名单、会议记录和活动材料	永久
13-24	本校获专利项目的名册、统计材料	永久
13-25	收发文登记	短期
13-26	其他	

14.师资处、职称办

14-1	本校教职工考核、聘任、职务晋升材料	长期
14-2	教职工评定职称、学衔名单及评审情况材料	
(1)	公布的名单,重要的规定、办法	永久
(2)	职称评审呈报表及评审情况材料	长期
14-3	教职工出国进修、讲学、援外、考察人员名单、请示、批复	长期
14-4	本校教师出席国际会议请示、批复	长期

14-5	派遣教职工进行干部培训、进修的名单	长期
14-6	大事记	长期
14-7	收发文登记	短期

15.成教处、夜大学

15-1	上级、本校关于成人教育管理工作的规定	长期
15-2	函授、夜大、干部专修科的招生计划、简章、录取名单	永久
15-3	上级有关自学考试的规定、毕业生名单	长期
15-4	学生表彰处分材料	长期
15-5	学籍管理有关材料	永久
15-6	其他	

16.总务处、房地产委员会

16-1	总务处及各科工作计划、总结及各项制度改革材料	长期
16-2	关于学校地界、产权的凭证材料,总务处各部门各类统计材料	永久
16-3	一般房屋产权、租赁协议、改建房屋宿舍教室管理及各项费用的规定、通知	长期
16-4	账簿、凭证、汇总表	永久
16-5	有关通信、用电、用水、修建、膳食、宿舍、仓库、运输管理等工作的规定、制度	长期
16-6	房屋分配办法、方案、名单等材料	长期
16-7	收发文登记簿	短期
16-8	其他	

17.基建处

17-1	上级有关基建工作的规定、通知	长期或短期
17-2	工作计划、总结、会议记录	长期
17-3	有关征用、借让土地的报告、上级批复及纠纷处理来往材料	永久
17-4	本校基建计划、规划、投资计划、预决算、基建年报表、总结及上级批示	永久
17-5	大事记	长期
17-6	收发文登记簿	短期
17-7	其他	

18.财务处

18-1	上级下达的财务工作的规定、通知等文件	长期
18-2	本校财务年度预算、决算、报表	永久
18-3	本校接受世界银行贷款、科技三项费用项目支出决算表	永久
18-4	上级单位下达各项经费指标的通知	永久
18-5	本校税收、财务工作、总结、检查、报告、各项费用、管理的规定、办法、计划	长期
18-6	全校工作材料、奖学金、津贴等	长期
18-7	会计涉外涉证、账簿	永久
18-8	收发文登记簿	短期
18-9	其他	

19.审计处

19-1	本校各项综合指标分析、财务决算、审计报告、汇总材料	永久
19-2	审计工作各项规定、办法，校审计工作计划、总结	长期
19-3	清查对外经济合同情况报告	长期
19-4	本校各专项资金审计自查报告	长期
19-5	对本校财务、经费、外汇使用自查报告、登记表	长期
19-6	上级来校进行监审工作的报告及有关文件	永久或长期
19-7	上级有关审计工作的文件及法规材料	长期
19-8	经济案件的审理及依据材料	永久或长期
19-9	收发文登记簿	短期
19-10	其他	

20.监察处

20-1	本校监察工作计划、总结，重要的会议记录、情况、报告	永久或长期
20-2	有关监察工作的各类统计表及上级的重要材料	永久或长期
20-3	本校监察工作的规定、办法、政策	长期
20-4	监察工作的案件或问题的查处、立案报告、调查材料、依据材料(调查报告或结案报告、处理意见)监察书以及廉政方面的有关规定	永久或长期
20-5	收发文登记簿	短期
20-6	其他	

21.保卫处

21-1	保卫工作计划、总结、规章制度、治安简报、上报的汇总材料	长期
21-2	处务会议记录及治安情况通报、简报	长期
21-3	重要的请示与批复、报告，各项治安、消防、政保业务工作情况检查	长期
21-4	各种业务数据统计、名册	永久
21-5	上级部门给以立功表彰的材料	
	(市以上的)	永久
	(校一级)	长期
21-6	各部门业务案件处理材料	
21-7	其他	

22.外事办

22-1	外事工作计划、总结、重要会议记录	永久或长期
22-2	本校关于外事工作的规定、通知	长期
22-3	外宾赠送的礼品清单	长期
22-4	外国贵宾来访的接待计划、重要讲话(照片)	永久
22-5	与国外科技交流时签订的合同、协议书	永久
22-6	利用世界银行贷款、邀请专家讲学的材料	永久

22-7	聘请外籍专家讲学的报告、批复、通知	永久或长期
22-8	本校授予外籍学者名誉教授、名誉博士名单、简历、授职仪式上的讲话稿、声像材料	永久
22-9	本校聘请的外籍顾问教授、客座教授名单、简历等材料	长期
22-10	在本校工作过的外籍专家名单及有关外事工作总类、统计表	永久
22-11	外宾、华侨来访登记表	长期
22-12	对外籍专家讲学的评价材料	永久
22-13	上级关于外事工作的规定、通知	长期
22-14	重要电话记录和传真电报	长期
22-15	收发文登记簿	短期
22-16	其他	
23.出版社		
23-1	出版社工作计划、总结、规章制度、执照、许可登记	长期
23-2	聘任工作规定、名单、合同及管理工作材料	长期
23-3	年度出书统计表、目录名册、获奖书目及有关材料	永久
23-4	重要的请示、批复、汇报材料	长期
23-5	上级有关出版工作的文件	短期
23-6	上级检查工作的评语及本社工作汇报	永久或长期
23-7	收发文登记簿	短期
23-8	其他	
24.校办产委		
24-1	校产业管理工作计划、总结,各种产业经营申请章程、规章制度	长期
24-2	管理工作中重要的信函、电报、电传、请示及上级的批复	长期或短期
24-3	产业管理各种统计表、登记表	永久
24-4	上级下达的各种有关校办产业的有关文件	长期或短期
24-5	校办产业经营管理各种协议、合同文件	永久
24-6	收发文登记簿	短期
24-7	其他	
25.图书馆		
25-1	图书馆会议记录、工作计划、总结、重要的规定	长期
25-2	图书馆各科室工作计划、总结、合同、职责范围	长期
25-3	图书馆工作考评意见、管理工作意见、办法	短期
25-4	上级和本校有关图书工作的指示、规定、通知	长期或短期
25-5	本校订购书、刊的计划、报告、批复	长期
25-6	国际接受、赠送、交换书刊的单位及重要来往文书	长期或短期
25-7	统计年报表	永久

25-8	校史陈列品的清单、校友礼品清单、文字陈列、图片、照片等	长期
25-9	重要会议记录及大事记	长期
25-10	收发文登记	短期
25-11	其他	

26.档案馆

26-1	上级业务主管部门关于档案管理方法、法规、方针、政策	长期
26-2	本校关于档案工作的规章制度	长期
26-3	全校档案工作会议总结、计划及会议形成的材料	长期
26-4	档案工作检查、评比、表彰活动中形成的材料	长期
26-5	工作计划、总结	长期
26-6	档案基本情况统计及利用情况统计	永久
26-7	重要会议记录及大事记	长期
26-8	档案鉴定会议记录、鉴定材料报告、审批材料	长期
26-9	文件材料移交、销毁清册	永久

27.实验办

27-1	实验办年度工作计划、总结、处务会议记录	长期
27-2	上级统配物质、设备的申请计划、材料汇总核算表	长期
27-3	有关各种物质、危险品、设备管理的材料	长期
27-4	实验室设备、发展规划、管理办法、请示、批复	长期
27-5	世界银行贷款项目、设备审核报告上报的各类设备统计	长期
27-6	国外赠送设备以及引进的关键设备的报告、批复、清单和申请办理入口免税的函	长期
27-7	教学仪器设备、经费使用情况报告	长期
27-8	本校有关设备、仪器、实验室管理工作的制度、规定、办法	长期
27-9	上级有关实验办设备工作的普法性文件	短期
27-10	本校关于计量设备维修工作的请示、意见、报告	长期
27-11	综合年度统计报表	永久
27-12	收发文登记	短期
27-13	其他	

28.研究生院

28-1	上级和本院关于研究生工作的规定、通知、计划、报告	长期
28-2	本校研究生招生计划、总结、简章、录取名单	永久
28-3	研究生毕业分配名单	永久
28-4	研究生处分及学籍处理材料	长期
28-5	本校研究生培养计划、总结	长期
28-6	授予硕士、博士学位研究生名单、报告、批复	永久

28-7	校、系学位委员会名单及校学位委员会会议记录	长期
28-8	会议记录及重要电话记录	长期
28-9	参加上级召开的会议代表学校的发言稿	永久或长期
28-10	参加上级召开的会议带回的文件	短期
28-11	大事记	长期

29.各院、系所总支、行政

29-1	系总支、系行政工作计划、总结及会议记录	长期
29-2	党政联席会议记录	长期
29-3	科、科级以下干部的任免材料	长期
29-4	系表扬材料和处分材料	长期
29-5	院、系大事记	长期
29-6	系学术委员会名单、会议记录	长期
29-7	系庆材料	永久
29-8	系规定规章制度	短期
29-9	系聘任通知单	长期
29-10	其他	

——本文摘录自《厦门大学文书处理部门文件材料立卷归档办法》,厦大综〔1992〕79号,档号1993-XZ26-1

厦门大学校园管理第二号通告关于违反《校园管理通告》处罚暂行规定

（1992 年 9 月 20 日）

一、违反第一条规定："在校园内张贴大小字报"的，送交派出所处理；"随意张贴标语、海报、启事"，处 10 元以上罚款；"张贴商业性广告"，处 50 元以上罚款。

二、违反第二条规定："乱倒垃圾、土头、污水和随地大小便"处以 20 元罚款；"乱扔果皮、纸屑、废弃物"处以 10 元罚款。

三、违反第三条观定："在校内无证经商、任意摆摊设点、串楼叫卖、超时营业"处 50 元以上罚款；"学生经商"视其性质及规模大小处 20 元以上罚款，拒交罚金可暂扣其商品。

四、违反第四条规定："聚众赌博、起哄肇事、酗酒摔瓶、打架斗殴"一律送交派出所处理；"学生打麻将（非赌博性）"处每人 10 元罚款并没收麻将。

五、违反第五条规定："损毁学校公共设施"，如属故意，责其赔偿损失，并处 20 元以上罚款，损毁公物价值 50 元以上，送派出所处理，令其赔偿损失并处 500 元罚款；"违章搭盖、占道经营""未经批准挖沟破路"处 50 元以上罚款；"在公路上拌水泥、堆杂物"处主干道 8 元/米^2、次干道 6 元/米^2 罚款，并限期改正。

六、违反第六条规定："乱踩草坪、砍伐树木、攀枝摘花偷果、打鸟钓鱼"处 20 元以上罚款，并没收工具；"放养家禽家畜"处 10 元罚款，并限期 3 天内处理，超过期限每天按 20 元累计罚款。

七、违反第七条规定："在楼道、建筑物旁、园林景观打球"处 10 元罚款；"在树木、雕塑、建筑物涂写刻画"处 50 元罚款。

八、违反第八条规定："外来车辆未经允许驶入校内"处 50 元罚款；"车辆在主干道停放"自行车处 10 元罚款，三轮车、板车处 30 元罚款，机动车辆处 50 元罚款，拒交罚金暂扣车辆。特种车辆不受此限。

九、违反第九条规定："异性公民在公共场所勾肩搭背、搂搂抱抱等不文明举止"处 10 元罚款；"非法同居或有两性关系"送交派出所处理。

十、违反第十条规定："在夜间熄灯后故意高声喧哗、喝酒甩拳、结伴游荡"处 10 元罚款。

十一、违反本规定，给予批评教育，令其改正，并处罚款，情节严重、态度恶劣的，可加处三至五倍罚款。

十二、经教育，仍不接受处罚的，按下列办法处置。

1.本校师生员工由所在单位领导带回教育，限其三天内补交罚款，超过时限加倍扣罚。

2.厦大居民、外来人口和身份不明的交派出所从严查处。

3.无理取闹，妨碍督导公务，威胁、辱骂殴打督导人员者，交派出所从重查处，并由所在单位给予行政处分。

本规定自公布之日起执行。

特此通告。

厦门大学

一九九二年九月二十日

——本文摘录自《厦门大学校园管理第二号通告关于违反〈校园管理通告〉处罚暂行规定》，厦大综字〔1992〕第 77 号，档号 1992-XZ09-3

厦门大学校内银行章程(试行稿)

(1992 年 9 月 28 日)

建立校内银行是高校深化改革、搞好经济的重要途径,有利于集中财力保证宏观控制,有利于筹集、调节资金实现微观搞活,达到用经济方法管理经济,充分发挥资金使用的经济效益和社会效益。为了使校内银行更好地运作,特制定本章程,作为校内银行管理与业务活动的基本准则。

第一章　总　则

第一条　校内银行是全校结算中心、金融活动中心,实行行长负责制。

第二条　校内银行宗旨:坚持党的基本路线,积极支持学校内部深化改革;向学校和开户单位负责及时调节资金余缺,为学校各项事业发展提供准确、便利、优质的服务。

第三条　校内各单位根据各类资金的性质,在校内银行开设相应账户,自主安排资金收支和往来划拨结算。校内各单位未经校长批准,一般不得在校外银行另开户头。

第四条　校内银行是学校所属单位,实行独立核算,代表学校在校外专业银行统一开户。在业务活动中有筹集、调节和运用资金,向国家金融机构贷款和通过国家金融机构贷款向社会贷款的权利和义务。

第二章　组织机构

第五条　校内银行挂靠学校财务处。设行长一人,履行校内银行领导职责。

第六条　校内银行下设业务部,具体组织业务活动,引进资金和调度资金,管好用活资金,充分发挥经济效益。

第七条　业务部可根据业务内容,具体分设会计组、出纳组、票据结算组、互助储金会。

第三章　业务范围

第八条　校内银行面向校内各单位、挂靠的团体及师生员工,提供优质服务。

第九条　校内银行的主要服务项目有:

1.单位存款。凡在校内银行开户的单位,其存款属有息存款性质的,校内银行均按国家规定利率支付利息。

2.资金调节。根据开户单位申请,视资金情况和项目需要,采用计息办法,提供必需的教学、科研、生产、后勤的中短期周转资金。

3.代发工资。工资发放按财务处编制的表册,统一转到互助储金会代发放,结存部分从发放日的第二天起按有关规定计息。

4.互助金借款。对在校内工作有固定工资收入的教职工,遇到生活、子女上学、住房等突出困难,可提供限额低息借款。

第四章　职　责

第十条　加快资金周转,提高资金利用率是金融活动取得效益的关键。校内银行必须掌握全校的资金活动,及时调节余缺,管好用活资金,确保账款安全,方便群众,提供优质服务,树立信誉。

第十一条　疏通金融渠道，正确及时处理账务，对违反管理规定及违约支付的款项，校内银行有权拒绝受理。每天上、下午送存现金、票据，办理汇款托收、转账业务。

第十二条　每日营业结束前，必须按资金分户、分类结平余额。钱对账平，坚持日清月结，按月编制会计报表，按时装订凭证、账册，妥善保管档案资料。

第十三条　安全、保密。

1.全体工作人员必须保护存款、现金、有价证券的绝对安全，保证万无一失。

2.必须严格遵守国家金融政策和纪律，对金融信息保密，确保金融活动安全。

3.校内银行对开户单位、个人存款和资金活动保密，任何单位和个人无权查询其他单位和个人的存款、账册、凭证。

第十四条　切合实际制定各岗位职责。全体工作人员要认真履行职责，做到岗位落实，责任明确，分工协作，奖惩严明。

第五章　开户单位注意事项

第十五条　在校内银行开设账户的单位必须是在编单位或经学校批准的经营实体和挂靠团体，具有一定的自有资金，有专职或兼职财会人员。按要求填报“开户申请书”。遵守校内银行的各项业务规则。

第十六条　开户单位必须建立银行存款、现金明细账，以校内银行结算凭证作为记账依据，按时间顺序逐笔及时记账。准确掌握存款余额，杜绝签发空头支票，按月核对存款账，出现不符及时查对纠正。

第十七条　各类凭证均应按有关规定，完整、正确、真实地填写。

第十八条　开户单位撤销、合并，必须在校内银行办理销户手续，偿还校内银行借款，交回领出的全部剩余空白支票及其他凭证，并注销作废，否则造成的后果由原单位负责人和经办财会人员负责。

厦门大学

一九九二年九月廿八日

——本文摘录自《关于颁发〈厦门大学校内银行章程〉的报告》，厦大财〔1992〕66号，档号1992-XZ18-3

厦门大学校内银行结算办法(试行稿)

(1992年9月28日)

第一章　总　则

第一条　为加强全校资金的宏观控制、微观搞活、管好用好资金,提高资金使用效益,正确履行校内银行的职责,根据中国人民银行《银行结算办法》,制定本办法。

第二条　校内银行是全校预算内外资金和信贷结算的组织者,是全校的结算中心和信贷中心。

第三条　校内银行的任务是:准确、安全地办理结算、融通资金,开展信贷业务,为各开户单位经济活动提供优质服务。

第四条　开户单位办理结算必须遵守国家的法律、法规及本办法的各项规定。

第五条　本办法适用于在校内银行开户的所有单位的人民币资金结算。

第六条　校内银行和开户单位办理结算都必须遵守下列结算原则。

一、恪守信用,履约付款;

二、谁的钱进谁的账,由谁支配;

三、银行不垫款。

第七条　校内银行的业务范围。

一、办理学校与各开户单位之间的资金下拨、上缴等业务;

二、办理各开户单位之间及对外的收付结算业务;

三、办理校内的信贷业务;

四、需经校内银行办理的其他业务。

第八条　各项经济往来,除按国家现金管理规定可以使用现金外,都必须办理转账结算。

第九条　开户单位办理结算,其账户必须有足够的资金保证支付,对透支行为按国家有关规定予以处罚。

第十条　各开户单位的库存现金限额,由校内银行按照国家专业银行的规定核定。各单位办理现金收付业务,均按《现金管理暂行条例》规定执行。

第十一条　票据和结算凭证是办理结算的依据。开户单位办理结算必须使用校内银行统一规定的票据和结算凭证及专业银行的有关凭证。正确填写,字迹清楚,印章齐全,单位和银行的名称应写明全称,异地结算的应冠有省(自治区、直辖市)、县(市)字样。

第十二条　校内银行按本办法的规定审查票据、结算凭证和有关单证。收付双方发生经济纠纷,应由其自行处理,或向仲裁机关、人民法院申请调解或裁决。

第十三条　校内银行依法为开户单位的存款保密,维护其资金的自主支配权,不代任何单位查询、扣款,不得停止开户单位的正常支付。

第十四条　校内银行按照国家专业银行的规定,支付给开户单位利息。每季度计算一次,季末付给。

第二章　付出种类

第一条　支票

一、开户单位在本岛内的商品交易、劳务供应以及其他款项的结算均可使用支票。

二、支票分成现金支票和转账支票。

三、转账支票金额起点为一百元。

四、支票付款期为五天(从签发的次日算起,到期遇到节假日顺延)。

五、签发现金支票应使用墨汁或碳素墨水,未按规定填写,被涂改冒领的,由签发人负责。

六、支票大小写金额和收款人不得更改,其他内容如有更改,必须由签发人加盖预留校内银行印鉴之一证明。

七、签发人必须在银行账户余额内签发支票,对签发空头支票或印章与预留印鉴不符的支票,校内银行除退票外并按票面金额处以百分之五但不低于五十元的罚款。对屡次签发的,根据情节给予警告、通报批评,直至停止签发支票。

八、已签发的现金支票遗失,可以挂失,但在挂失前已经支付,校内银行不予受理。

九、开户单位提取备用金及 5000 元以下现金,填写“厦门大学校内银行现金支票”,到校内银行办理,提取 5000 元以上大笔现金,应填写“厦门大学校内银行现金支票”,到校内银行转换专业银行现金支票,到专业银行办理。

十、开户单位对外办理转账业务,凭“厦大校内银行转账支票”在校内银行换取国家专业银行的转账支票。多笔业务可合并或分类填写“厦大校内银行转账支票”,其存根联作为开户单位付款凭证,注明正式支票的号码。

十一、校内各开户单位间的转账业务。只需填写“厦大校内银行转账支票”,留底联作为开户单位的付出凭证,其他联送校内银行或收款单位。

十二、各开户单位如业务需要,可申请领取专业银行的备用空白转账支票。并指定出纳人员负责办理领取空白支票手续,其他人员不得办理。领取的空白支票要妥善保管,因被盗、遗失所造成的经济损失,均由开户单位负责。

十三、备用的空白支票如已使用,要在使用后三天内到校内银行办理注销,如遇月末,应在当月内办理注销,不得跨月。对于不及时办理注销、长期拖拉的,校内银行根据情节提出警告或停止使用空白支票。

十四、空白转账支票的注销,开户单位根据已使用的专业银行转账支票的留底联金额,开出“厦大校内银行转账支票”一并交校内银行。正式转账支票的留底联留校内银行做账,“厦大校内银行转账支票”的留底联作为开户单位的付款凭证。

第二条　汇兑

一、汇兑是开户单位委托校内银行将款项汇给外地收款人的结算方式。

二、汇兑分信汇和电汇两种,由开户单位选用。

三、开户单位办理汇兑手续,须填写“厦大校内银行汇兑委托书”。

四、汇兑的邮费、手续费、电报费的支付,须填写“厦大校内银行邮电手续费单”,加盖预留印鉴,第一联经校内银行盖章后,开户单位据以做付出凭证。(汇兑手续费按国家统一标准收取。)

第三条　汇票

一、银行汇票是由银行签发给汇款人持往异地办理结算或支取现金的票据。

二、银行汇票的汇款金额起点为五百元,付款期为一个月。

三、开户单位办理汇票手续,参照本章第一条第十项。

四、开户单位需持专业银行“汇票委托书”到校内银行加盖印鉴后,再到指定的国家专业银行办理。

五、汇票办完后,开户单位当日应将“汇票委托书”第一联交校内银行,校内银行据以做付出凭证。

六、有关汇票的使用,均按国家专业银行的规定办理,汇票的手续费收取按本章第二条第四项执行。

第四条　外单位托收和委托收款

一、校内银行收到国家专业银行转来托收无承付凭证(如水电费、保险费、运输费等),及时填制“厦大校内银行特种转账付出凭证”,连同原单据,作为开户单位的付出凭证。

二、校内银行收到国家专业银行转来的托收承付凭证和委托收款单据,应于当日通知开户单位前来领取。

三、承付款项:开户单位应在规定付款期限内填写“厦大校内银行转账支票”,连同原托收单第五联送交校内银行,留底联作为付款凭证。

四、拒绝付款:开户单位部分或全部拒付,务在三天内,填写“托收拒付理由书”,经校内银行盖章后,连同原托收单送交专业银行或校内银行。部分拒付的要待专业银行同意后,开户单位开出“厦大校内银行转账支票”交校内银行,留底联做付出凭证。

五、开户单位接到校内银行的通知,不及时前来领取单据造成银行付款;或没有在规定的期限内将“托收拒付理由书”送交银行;以及拒绝理由不充分,国家专业银行不予受理的,由此造成的款项划出,均由该开户单位负责。

六、开户单位无款支付,又无拒付理由的,校内银行每天处以万分之五但不低于五元的罚款,直到该开户单位弥补其透支数额为止。

第三章　收入种类

第一条　现金

一、开户单位送款,须填写“厦门大学校内银行送款单”一式三联。连同现金送交校内银行。

二、校内银行将“厦门大学校内银行送款单”第一联盖章后退给开户单位,作为入账凭证。

第二条　汇票和转账支票

一、开户单位收到外单位送来的汇票第二、三联和转账支票,须填写“厦大校内银行进账单”一式三联,连同原单据送交校内银行。拿回第三联(已盖章),作为校内银行的受理凭据。

二、校内银行待收到款项后,在“厦大校内银行进账单”第一联上盖章,开户单位以此作为收入凭证。

三、在校内银行开户单位之间的经济往来,由付款单位填写“厦门大学校内银行转账支票”,送到校内银行,留底联作为付款单位的付出凭证,盖章后第四联作为收款单位的收入凭证,不必填写“厦大校内银行进账单”。

四、开户单位和校内银行收到外单位送来的汇票和转账支票,要鉴别真伪,如属伪造、不真、过期、涂改的应立即退还。如果均无法确认,国家专业银行退票的,校内银行立即将其退还开户单位。开户单位将“厦大校内银行进账单”第一、三联退还校内银行。

第三条　托收承付和委托收款

一、托收承付和委托收款,是开户单位委托校内银行向付款单位收取款项的结算方式。

二、委托收款分邮寄、电报划回两种,由开户单位选用。

三、开户单位办理委托收款或托收承付均按国家专业银行规定办理。须填写正式的托收单和“厦大校内银行进账单”,连同随行附件一并交校内银行,取回第三联,作为受理凭据。

四、待款项划入该开户单位,校内银行即将“厦大校内银行进账单”第一联交回校内银行;注销受理章,同时退还原托收单据等。

第四条　外来款项

一、外来款项指外单位通过国家专业银行转来的汇兑、转账支票、汇票退款以及由于各种原因的退款。

二、校内银行收到外来款项,当日开出“厦门大学校内银行特种转账收入凭证”,通知开户单位据以入账。

三、如果外来款项填写不明，用途不清，校内银行无法确认是何开户单位的，请有关开户单位前来认领，待确认后立即进该开户单位账户。确实无法确认的款项，校内银行暂为代管，直到该开户单位前来认领，即进所属账户。

第五条　利息

一、校内银行按国家规定付给开户单位利息，于每季末开出“厦大校内银行特种转账收入凭证”，开户单位据此入账，同时分户汇总开出“厦大校内银行特种转账付出凭证”，作为校内银行付出利息的凭证。

二、开户单位如发现校内银行计算利息有误，请在季初 10 日前带利息收入凭证到校内银行查询，确因计算差错，及时更正。

第四章　结算纪律和责任

第一条　开户单位办理结算，必须严格遵守银行结算办法的规定。不准出租、出借账户；不准签发空头支票和远期支票；不准跨取银行信用。

第二条　校内银行办理结算，必须严格执行结算办法的规定。需要向外寄发的结算凭证，必须于当天及时发出，最迟不得超过次日；校内银行收到结算凭证，必须及时将款项支付给确定的开户单位，不准延误、积压结算凭证，不准挪用、截留客户的结算资金。

第三条　开户单位办理结算，由于填写结算凭证有误影响资金使用，票据和印章丢失造成资金损失的，由其自行负责。

第四条　开户单位违反银行结算规定和纪律，校内银行按国家有关规定予以经济处罚，情节严重的，应停止其使用有关的结算办法，因此造成的后果，由其自行负责。

第五条　校内银行因工作差错，发生延误，影响开户单位资金使用，应按利率计付赔偿金。因违反结算制度规定，发生延误、挪用、截留结算资金，按结算金额每天万分之三计付赔偿金；因错付或冒领的，应及时查处，如造成开户单位资金损失，要负责资金赔偿。

厦门大学
一九九二年九月廿八日

——本文摘录自《关于颁发〈厦门大学校内银行结算办法〉试行稿》，厦大财〔1992〕67 号，档号 1992-XZ18-3

厦门大学教师国内进修的若干暂行规定

(1992年10月18日)

教师脱产到国内兄弟院校或研究单位进修,是培养教师有效途径之一。为完善我校教师外出进修制度,促进教师业务水平的提高,就教师国内进修事宜做如下规定:

一、准备申请国内进修的教师须提前三个月向所在系(所)提出申请报告和进修计划,经系主任签署意见后,报师资职称工作处审批,获准后申请者可对外联系进修单位。

二、申请者应以访问学者、骨干教师、助教、短期研讨班等进修形式向国内专业基础雄厚、科研水平较高的学校或科研单位申请进修。以就近节约使用经费为原则。

三、进修期限一般不超过一年。国家教委规定限度内的进修费用由学校负担,超过部分由系(个人)负担,学校酌情给予补助。

四、进修人员进修期间应享受所在单位的平均奖金和外出生活补助。奖金按学校规定的奖金发放办法发放,生活补助由学校发放,具体按厦大财字〔1992〕57号文执行。

五、进修结束,凭进修结业证明(成绩证明),报销进修费用。进修成绩不合格,或有其他违纪行为,视其情况,由本人自理其部分或全部进修费用,同时扣发进修期间的奖金。

六、本规定对1992年9月1日以后派出人员有效。

厦门大学

一九九二年十月十八日

——本文摘录自《厦门大学教师国内进修的若干暂行规定》,厦大师职〔1992〕72号,档号1992-XZ14-2

厦门大学公派出国留学人员家属探亲的暂行规定

（1992 年 10 月 20 日）

根据国办发〔1992〕44 号文精神，结合我校具体情况，在教委还没有下发具体实施细则的情况下，对这一段时间里公派留学人员的家属提出探亲事宜做如下规定：凡在境外满一年的公派留学人员，原则上允许其家属（配偶、小孩）赴境外探亲。探亲期限为三个月，最长不超过六个月。

此规定经校领导批准，作为有关部门处理具体事宜的内部依据。

一经教委下发新的实施细则，则以国家教委的实施细则为准。

厦门大学

一九九二年十月二十日

——本文摘录自《厦门大学公派出国留学人员家属探亲的暂行规定》，厦大师职〔1992〕76 号，档号 1992-XZ14-2

厦门大学留学归国工作总结及今后设想

(1992年10月21日)

自一九七八年以来,我校共向国外派出各类留学人员660人次,分布在美国、加拿大、英国、法国、德国、日本、苏联等二十多个国家和地区,到目前为止,已归国313人次,回国率为47.4%,其中高级访问学者、访问学者和进修人员为279人次,攻读博士、硕士学位的回国人数为34人。当前,改革开放进入一个新的发展时期,在这新形势之下,如何更好、更多地吸引出国留学人员归国工作,为祖国的四化建设贡献才干,是摆在我们面前的一项重要任务。

一、留学回国人员的工作概况

多年来,我校在出国留学工作上始终注重"派遣"与"回收"并重,特别注重发挥留学归国人员的专长与才干,大胆地把他们推向教学、科研等各项工作的第一线。在目前已回国的近300位教师中,几乎百分之百承担有教学任务,他们根据国内的实际需要,结合自己在国外所学,将国际上的最新知识及最新研究成果运用到教学中,介绍给我们的学生,大大地优化了学生的知识结构,改变了在教学上长期存在的教材老化、教学内容多年一贯制的弊病,使得我们的学生在毕业之后能够更好地适应社会的需要。例如,经济学院各系从一九八二年起根据中加文化交流协议由加拿大政府CIDA项目所提供的资助向加拿大派遣了36位留学人员,现已归国20人,这些教师归国之后立即将国外所学的经济学知识,特别是应用类的经济学知识运用于教学中,结合我国当前经济建设迅速发展的需要,开设了包括国际经济学、国际投资学、市场营销学、进出口业务、西方财务会计、国际会计制度比较、国际金融市场等等国内建设所急需的课程,并自己编写了一系列教材、讲义,初步地建设起了一批既有国际最新知识,又有中国特色,符合中国实际需要的应用类经济学课程。今年年初,主要由留加的工商管理硕士担任主讲教师的厦门大学工商管理教育中心被国家教委列为我国首批九所培养中国自己的工商管理硕士(MBA)的教学单位之一。

留学归国人员在教学上发挥了重要作用,在科研方面更是一支生力军。在我校目前所有的重大科研项目中都有留学归国人员在参与,据不完全统计,已归国的近300位留学人员几乎都主持或参与完成了1～2项的国家级科研项目。例如,我校的化学系博士后科研人员流动站自一九八六年建站以来,先后吸收了13位留学归国的青年博士进站工作。几年来,他们分别申请承担了国家级、部省级的各类科研课题共38项,到今年上半年已完成19项,其中多数达到国内先进水平,部分项目达到国际先进水平,其中一些科研成果填补了国内、国际上的空白。在完成科研项目的同时,几年来,他们还在国际学术刊物上发表论文34篇,国内学术刊物上发表论文89篇,还提交了27篇论文参加国际学术会议,75篇论文参加国内学术会议,并且还指导了不同方向的17位博士、硕士研究生。为表彰他们做出的突出贡献,他们中的郑兰荪、王小茹、孙世刚、林昌健、田中群等人获"优秀留学回国博士、硕士""厦门市十佳杰出青年""福建省优秀三八红旗手"等光荣称号。在不久前评出的第三届霍英东高等院校基金获奖者名单中,化学系黄培强博士榜上有名,在化学学科已评选出的三届共9名获奖者中,我校化学系占有三名,他们是第一届郑兰荪博士、第二届杨建灵博士、第三届黄培强博士。这三位均为归国青年博士,所占比例之高,在全国高校化学系中居首位。再如海洋系洪华生教授是我国第一位海洋学女博士,一九八四年十月她从美国学成归来,丝毫未减在国外工作、学习的劲头与效率,仅一九九一年她就和同事们一起主持完成了5项科研课题，发表论文 5 篇、著作一本。目前她在另外两名归国博士的配合下，主持厦门大学环境科学研究中心的工作，该中心所进行的一些科研项目，引起了国内外同行的极大关注，一些国外大学、研究所纷纷要求与他们进行合作研究。今年九月份，校师资处向物理系、外文系、会计系等 12 个单位前 50 名留学归国人员，进行了一个归国后的情况调查，他们一共完成科研项目 99 项，出版专著 58 本，在国外刊物发表论文 136 篇，在国内刊物发表论文 518 篇，编写教材 52 本，开设新课程 100 门，获国家级奖励 7 项，国际上获奖 1 项。

留学归国人员的聪明才智不仅在教学、科研领域得到发挥，在行政管理方面亦留下他们的贡献。留学归国人员大多见多识广、思路开阔、思维敏捷，具有较强的开拓精神和责任感，这一切都十分有利于他们搞好行政管理工作。厦门大学十分注重发挥他们在这方面的才干，积极地把他们推到各级管理岗位上。目前，我校的 6 位校级行政负责人中有 3 人是留学回国人员，各系、所主任(所长)中有近半数是留学回国人员。这些同志都是"双肩挑"干部，既要完成自己的教学、科研任务，又要负责自己所在单位的行政领导工作，可以说他们往往要比常人多付出一倍的劳动。例如，我校法律系系主任廖益新副教授，年仅 35 岁，是我校最年轻的系主任之一，一九八八年从当时的联邦德国留学归来，一九九〇年学校将他推上行政管理岗位。法律系是一个拥有近 70 名教职工、近 600 名学生的大系，廖益新副教授上任后，刻苦工作，大胆管理，把法律系的工作搞得井井有条，有声有色。

总的来说，我校的派出留学工作效益是好的，这些留学回国人员给历史悠久的厦大带来了新的活力和生机，全校上下都承认他们的成就与贡献，同时也都希望他们今后能为国家为学校做出更大的贡献。

二、为进一步吸引人才来校服务而采取的措施

目前，我校尚在国外的留学人员还有 347 人，其中约有 200 人已获得博士学位而滞留国外，如何做好工作，吸引这批宝贵人才早日回国服务，已成了我校留学人员管理工作的重点。就此，我校根据现有的条件和可能制定了以下措施：

1.学校规定，留学人员归国，只要专业对口，学校给予优先提供岗位，若专业不对口，学校在尊重本人意愿的前提下，帮助调整对口单位，以保证其所学能有所用。

2.根据每位留学回国人员的具体情况，由学校拨给一定的科研启动费，以帮助他们尽快地开展工作、投入科研，同时学校还尽可能地为留学回国人员提供先进的实验设备。

3.为留学回国人员选配助手。一方面是为他们直接调配实验室工作人员，以便他们能把精力集中在科研上，免除杂务的干扰；另一方面是尽可能地创造条件让他们招收研究生，通过指导研究生的途径来解决他们部分科研助手不足的困难。

4.在职称问题上给予特殊政策，实行校长特批制度，凡国外归来的博士、硕士，不论他们何时回国，可以不受职称评聘时间限制，由校长根据他们的实际成果与水平，聘以相应的职称与职务。

5.支持留学回国人员再次出国，无论是再次出国进行合作研究、讲学、开会或学习，学校都给予支持和帮助，尽快地为他们办理有关手续和提供必要的条件。

6.为亲属出国探亲提供方便，只要符合国家的有关规定，学校一概给予支持和帮助。

7.在住房分配上，留学回国的博士安排两室一厅住房一套，家属调动问题由学校负责安排解决，孩子的入学入托等问题也由学校帮助解决，以确保他们没有后顾之忧。

8.加强感情投资，学校利用一切可能的机会与条件沟通与海外学子的感情和联系，使得他们能不断地保持与增强自己的爱国、爱校、思乡的情感。

除了以上的各条具体措施之外，还有一条最根本的措施就是不断地提高学校的整体学术水平和学术地位，继续做好已归国的留学人员的工作，进一步改善他们的工作和生活环境，以利他们在自己的工作岗位上做出更大的成绩和贡献，从而为尚在海外的留学人员起一种示范效应，让他们清楚地了解回国后大有他们发挥才干的机会与条件，只要努力工作同样可以做出成绩，获得成果。

三、留学回国人员管理工作中的困难和几点建议

1.有一些出国留学人员八十年代初就出国了,因时间或其他原因,部分人对祖国、对母校已不十分了解,形成留学人员与母校在联系与沟通上的困难,除了应当通过各种渠道更加大力地宣传祖国的改革开放成就和经济建设状况,让海外留学人员明确祖国人才需要之外,国家还应当为各高校提供更多的"走出去""请进来"的机会,即一方面组织"招聘团",到一些留学人员比较集中的国家和地区招聘人才,"招聘团"除了由能够拍板的领导者参加外,还应挑选懂得业务的专家参加,这样才能真正地发现人才,招到人才;另一方面邀请一些海外留学人员代表回祖国参观访问,让他们目睹改革开放的巨大成就,感受与了解祖国对人才的渴求与热爱,促成他们回国的决心。

2.经费上的困难。留学人员回国,虽由学校视各人情况,拨给一定数量的科研启动费,但由于财力所限无法满足需要,按财务规定,中青年教师出外开会或学习,无论是教授还是副教授,一般都只能坐火车。我校地处东南一隅,几乎不管到哪,都不方便,不但劳累,而且浪费时间,希望能扩大国家教委设立的留学归国人员科研启动基金的申请范围,从而更好地解决或部分解决这一困难。

3.据调查,许多中青年归国留学人员存在住房困难问题,按我校现有条件,只能为来校工作的归国留学人员提供一套两室一厅的住房,对于上有老、下有小的中青年教师来说,住房就显得拥挤了,直接影响他们的工作与生活。

建议给予归国博士住房安置费,增强对国外留学人员的吸引力。如上所说,我校目前条件,只能给来校工作的博士一套两室一厅的住房,倘若国家教委能够设置一笔专项基金,为每位归国博士加拨 1 万元的住房安置费,这样作为学校来说,即可为他们安排三室一厅的住房(所增加的一室视为国家教委专项资助),这样就会大大地增强厦大对国外留学人员的吸引力。

厦门大学

一九九二年二月二十八日

——本文摘录自《关于上报我校留学回国工作总结的报告》,厦大师职〔1992〕73 号,档号 1992-XZ14-2

厦门大学邀请国内专家学者来校讲学的暂行规定

（1992 年 10 月 22 日）

为加强我校学科建设，活跃学术气氛，促进校际学术交流，各系、所根据本单位的实际需要可邀请国内有关专家学者来校讲学。为切实做好此项工作，特做如下几点规定：

一、凡拟邀请来校讲学的须是学术水平高、造诣深，学术成就在本学科处于国内领先地位的博士生导师或相当于博士生导师的专家学者。

二、所开设的课程一般是我校目前尚未开设或虽已开设但是教学力量比较薄弱的，需要重点扶持的主干课或基础课程。为研究生开设的课程必须报研究生院审核批准；为本科生开设的课程必须报教务处审核批准。

邀请校外专家为本科生开设课程必须从严掌握。

三、讲学时间一般应在一个月以上，平均每周授课课时不低于 8 课时。

四、国内专家学者的讲学费用（包括差旅费、课时酬金），由学校拨专款解决。具体使用标准按学校财务处的有关规定办理。

五、各单位必须严格加强对邀请国内专家学者来校讲学工作的管理，必须保证质量，保证效益。若发现有草率邀请的现象，则费用由单位自理。

六、各单位必须做好有关邀请计划，邀请对象的名单及有关材料（包括邀请对象的个人简历及所授课程的有关情况），必须提前 2 个月报师资与职称工作处，以便有关主管部门审核批准。

厦门大学

一九九二年十月廿二日

——本文摘录自《厦门大学邀请国内专家学者来校讲学的暂行规定》，厦大师职〔1992〕75 号，档号 1992-XZ14-2

厦门大学系、所资料室管理办法(试行)

(1992年11月8日)

为了更好地贯彻《普通高等学校图书馆规程》,提高我校系、所资料室的管理水平和业务工作水平,加强资料室人员的专业队伍建设,适应校内各学科专业教学和科研工作发展的要求,特制定本条例,作为系、所资料室工作评价和工作人员考核的参考依据。

一、系、所资料室的性质、任务和领导体制

(一)系、所资料室是全校图书资料情报系统的组成部分,是为本专业的教学、科研服务的学术性机构。它的工作是教学、科学研究工作的重要环节。

(二)系、所资料室的主要任务是进行与系、所有关专业文献情报的收集、整理和研究,面向全校有关专业人员,开展文献情报服务;完成图书馆部署的业务工作任务;进行情报资料工作的学术研究,不断提高文献情报报务水平。

(三)资料室实行系、所和图书馆双重领导。系、所应有一名副主任分管资料室工作。资料工作人员列入系、所编制。图书馆负责资料室的业务领导和协调。

(四)资料室的藏书,包括向图书馆借调的书刊以及自筹经费购置的图书资料,均应由图书馆统一协调,在保证专业重点的同时,做到校内文献资源共享。

(五)图书馆负责资料室人员的业务培训。

(六)资料室工作评估,由图书馆为主负责,系、所给予必要配合。

二、系、所资料室的业务工作

(一)资料室应根据管理工作和业务活动的需要,建立岗位责任制,制定业务工作细则,健全规章制度。

(二)图书资料收藏工作

1.资料室必须掌握学科专业的教学大纲和科研计划。根据教学和科研需要,通过各种渠道,有计划、有重点地收集、补充国内外文献资料,逐步形成有水平、有专业特色的资料体系。

2.资料室应积极协助图书馆做好专业书刊的预订工作。资料室自筹经费订购图书资料,须先与图书馆联系查重避免重复浪费。选订书刊时,应在本单位充分征求意见,经分管领导同意并报图书馆审定后进行订购。订购书刊应以专业书刊为主,一般不备复本。

3.各系、所专业人员出差或出国,利用公款选购的图书资料,必须先交资料室办理入藏手续后再行借用,限时归还。

4.资料室入藏的各种图书资料,均应按图书馆的业务工作规范要求进行登录、分编、建账,逐步实现国家统一的标准化要求。

5.资料室应重视发展同国内外对口单位的横向联系,开展专业资料的交换工作。

6.资料室应及时、完整地收集本专业教学。科研人员撰写的论文、著作、译作和编写的教材以及硕士

研究生、博士研究生的学位论文，进行分类入藏，提供借阅。

7.资料室应建立藏书的目录组织。图书、期刊、资料都要制备公务目录和读者目录，以供检索使用。

(三)图书资料的管理工作

1.资料室藏书应有专人负责管理，建立财产账，制备藏书目录。书库按分类排架，严格办理借阅手续。在这个基础上逐步实现规范化管理。

2.由图书馆分到系所资料室的报纸杂志，资料室应负责及时整理，并与图书馆期刊部联系送装、编目，保持报刊资料的系统性和完整性。

3.资料室应定期进行图书资料的清点和剔除工作。剔除方案应先在本单位充分讨论并经图书馆同意后实施。及时做好剔除书刊的销账工作。剔除出来的图书、报刊应报请图书馆回收，不得自行处理。

4.资料室应做好业务统计和报表工作。及时填报图书馆下达的业务表报。向图书馆提交专题资料目录和年度业务工作报告。从一九九一年起，每年新入藏的书刊均应多打一张卡片送图书馆汇编总账及提供文献资料查目使用。一九九一年以前所藏书刊，由资料室负责陆续补送一套卡片给图书馆。

5.资料室工作人员调动时，应认真做好交接工作。

(四)读者工作

1.资料室应贯彻为人民服务、为社会主义服务的文化工作方针，树立"读者第一""服务至上""一切为了读者"的服务观念，最大限度地满足读者对资料室的一切合理要求。为建设社会主义精神文明和物质文明，培养社会主义建设人才做出积极的贡献。

2.资料室的藏书应尽量实行开架阅览，方便读者。

3.开展参考咨询服务。

4.根据专业教学与科研工作需要，负责向图书馆借调有关图书资料。

5.专业资料服务工作是资料室工作重点，包括报道专业科研的信息动态、编译专题资料、编制专题题录和文摘、撰写专题文献综述以及开展定题情报跟踪服务等等。系、所资料室应积极创造条件，把工作重点逐步转移到专业资料工作上来。

三、资料室工作人员的考核

资料室工作人员的考核应结合所担任的专业技术职务和具体的工作职责要求，从德、绩、能、勤几个方面进行全面的考核。

(一)指导思想

通过考核，提高资料室人员的思想政治素质，加强专业队伍建设，发挥资料室工作的整体效益。明确工作人员的岗位职责，做好本职工作。按劳分配，调动工作人员的积极性，为资料室工作人员的晋升、提职提供基本依据。

(二)考核内容

1.政治思想表现和工作态度

拥护中国共产党十一届三中全会以来的路线、方针、政策，积极参加政治学习，遵纪守法，工作认真负责，职业道德高尚，同事间团结协作，有奉献精神。

2.工作成绩

能很好地完成岗位职责所规定的工作任务，工作质量好。

3.工作能力

能很好独立完成与职务相应的工作任务，工作效率高，有开拓精神。在工作实践中善于发现问题和解决问题，并能很好总结经验教训，不断提高工作水平。

4.知识更新

努力学习与资料室工作有关的学科理论知识，并运用于工作实际。刻苦钻研业务、积极参加业务学术活动，并取得一定成效。

5.出勤情况

按时上班，不迟到早退，无特殊情况不请假，上班时间不做与公务无关的事情，不随便离开工作岗位。

(三)考核办法

1.根据考核工作的指导思想，对照五个方面的考核内容，每年六月进行一次考核。

2.考核程序：先进个人年度书面工作小结，并在资料室范围做汇报，然后进行民主评议，评出优、良、一般、差四个等级，由系、所领导审定。

3.对考核成绩优良者应予表彰和适当的物质奖励。奖励经费可在学校发给的综合奖金及系、所创收入等项目中划出一定比例专用。

(四)资料室工作人员的年度考核工作以系、所为主负责，图书馆给予必要的配合。

——本文摘录自《关于发布〈厦门大学系、所资料室管理办法(试行)〉的通知》，厦大综〔1992〕91号，档号1992-XZ09-3

厦门大学声像档案管理暂行规定

（1992年11月30日）

我校的声像档案是指以摄录手段记述和反映我校的党政管理和教学、科研等各方面活动的具有保存价值的专门载体材料（包括照片、录音带、录像带、影片等）的历史记录，它是我校档案的重要组成部分，是党和国家的宝贵财富。但是，由于这部分声像档案材料往往分散于各有关部门和个人手中，造成声像材料不齐全、不完整，甚至失落。为了保证我校档案的完整、准确、系统，根据国家教委〔1989〕年第6号令《普通高校档案管理办法》及国家档案管理部门有关文件规定，特制订如下规定：

一、声像档案的归档范围

（一）全校主要职能活动和工作成果类

1.在学术上造诣较深的教师授课、重点学科的学生实验、师生共同探讨、教改、电化教学、生产实习、科研训练等活动的声像材料；

2.历届毕业生的合影（专集）；

3.学生的各种重大的比赛、竞赛、社团活动的声像材料；

4.反映培养研究生过程，及重点学科博士点、博士后流动站等教学、科研训练的声像材料；

5.新生入学、毕业生的迎新、欢送等活动的声像材料；

6.由我校主持发起的、全国性、省级学术活动，本校学术年会的声像材料；

7.学校重大科研课题系列活动和兄弟单位进行科研等的交流活动及成果转让，成果展览、召开鉴定会，成果推广利用和获得成果奖励的声像材料；

8.代表学校获奖的各类声像材料；

9.在教学、科研、管理活动中获得市级以上奖的声像材料；

10.反映学生课内、课余体育活动、军事训练生活的声像材料；

11.学校历届田径运动会盛况的声像材料；

12.学校艺术教育学院师生创作、汇报的作品的声像材料；

13.学校组织的全校性文艺汇演、书画、摄影等展出的声像材料；

14.学校艺术团体参加省级以上文艺汇演及去部队或其他单位慰问演出的声像材料；

15.学校的各重大表彰及颁奖仪式的声像材料。

（二）学校领导人、学校代表参加国内重大公务活动类

1.建校以来主要领导在校任职期间主持或接待参加重要会议活动的声像材料；

2.本校与兄弟单位交流、协作的声像材料；

3.中央、省市党政领导来校视察等活动的声像材料。

（三）重要的外事活动类

1.外国领导人或代表团来我校参观访问等活动的声像材料；

2.在我校主持召开的国际性学术会议，外国著名专家、学者来校参观、访问、交流、讲学，对外授予名誉学位等的声像材料；

3.海外校友及港台人士捐赠项目的各类仪式;

4.建校以来我校重要的出访活动、组团访问、考察、讲学、学术交流等声像材料。

(四)重大事件和事故类

1.建校以来主要领导出访和接待重大活动、参加国际和国内重要会议活动的声像材料;

2.我校历届党、政、教、工团、学代会等重要会议情况的声像材料;

3.我校特邀著名人物及英模报告等活动的声像材料;

4.建校以来校庆、教师节和重大的庆祝及纪念活动,游行集会等的声像材料;

5.建校以来所发生的各项重大事故和自然灾害。

(五)主要建筑、校园风光类

1.建校初期的照片,包括校办公楼,教学楼,教职工、学生宿舍校园风光等;

2.陆续新建的校内建筑群的照片;

3.重大项目的奠基典礼、竣工仪式等的声像材料;

4.校基建规划图、重要建筑模型、雕塑等照片。

(六)与其他载体档案有密切联系、有保存研究价值的照片。

二、声像档案的归档要求

1.凡属归档范围的声像材料,必须由摄录人员或各单位在摄录工作结束后,负责收集整理并送交档案馆一份(照片需写明事由、时间、地点、人物、背景及摄录者六要素;录像带、影片可送目录一份并说明录制的时间、地点、内容、播放所需时间等)。在归档前要编制目录。

2.摄影中心应按类别,以收集照片、卡片整理归档。

3.反映某一活动或事件,必须主题突出,照片清晰、完整。

4.归档的声像材料一般应是原版、原件,历史照片可以是复制品,对于已污损或滋生霉菌的声像材料需经过处理方可入库。

5.各部门凡上述需存档的有关活动的,请通知校摄影中心前往拍摄,并按有关规定做好图片归档。

三、归档时间

1.由摄影中心及有关部门拍摄的照片,需按年度及专题活动装入相册(其底片要装袋)连同说明逐张编号一起归档,一般每年一次向档案馆送交。

2.由电教中心摄录的录像带,编制好后,需编制目录和说明,实物仍存放电教中心库房,目录每年送交档案馆一份。档案馆应加强对录像档案材料的检查、监督指导工作。

3.个人摄录的音像材料。可随时归档,学校将根据宝贵程度给予奖励。

四、音像档案的保管

1.音像档案与文书、科技档案载体不同,一般要单独存放。因我校档案馆现有库房条件不完备,拟采取分级管理两种方式,即电教中心设音像档案专柜,存放录像带和影片,在现有学校档案库房设照片、录音带档案专柜。

2.定期检查声像档案保管情况,对长期保存且不常用的录音带、录像带,每年重绕一次,照片每年抽查一次。

3.声像材料的保管,应创造良好条件,控制库房温度 14°C～15°C,相对湿度 40%～60%,并排除或避开 30 奥斯特以上磁场。

4.归档的声像档案未经批准,任何人不得私自复制、消磁、涂改。

5.声像档案的借阅利用。

照片档案可参照《厦门大学档案借阅制度》中有关规定执行,其他类则视具体情况处理。

厦门大学

一九九二年十一月三十日

——本文摘录自《厦门大学声像档案管理暂行规定》,厦大综〔1992〕96号,档号1992-XZ09-3

厦门建南集团公司章程

(1992年12月6日)

第一章　宗　旨

第一条　厦门建南集团公司(简称“集团公司”)是在新形势下,全面贯彻党的教育方针,深入进行校办产业管理体制改革,主动面向经济建设主战场,对校办产业实行企业化管理而成立的“以高科技产业为龙头,集技术开发、咨询服务、内外贸易、旅游宾馆、房地产开发为一体”的技工贸相结合的校办企业。“集团公司”为厦门建南集团的核心企业。

第二条　集团公司的宗旨是:充分发挥厦门大学学科门类齐全、人才智力集中、信息渠道广泛等综合优势,立足特区,面向海内外,积极沟通教育科技与经济建设的联系,促进教学、科研和生产的密切结合;积极参与市场竞争,在为社会主义经济建设做贡献的同时,更快更好地发展教育,为提高学校教学水平、科研水平和人才培养质量服务。

第二章　名称、地址及主管部门

第三条　公司名称是“厦门建南集团公司”。公司地址是厦门大学敬贤五号楼。

第四条　集团公司的上级主管部门是厦门大学。

第三章　经济性质

第五条　集团公司为全民所有制的校办企业,具有企业法人资格,是实行自主经营、独立核算、自负盈亏的经济实体,集团公司在厦门市工商行政管理局核准登记注册。

第四章　注册资金及其来源

第六条　集团公司注册资金为人民币1680万元。其中固定资金680万元,流动资金1000万元。

第五章　经营范围和经营方式

第七条　经营范围:

外贸:1.经营粮油食品、土畜产品、纺织品、工艺品、轻工产品、五金矿产品、化工产品、机械电器设备、仪器仪表、医疗保健产品的进出口及代理业务;

2.承办“三来一补”业务;

3.承办合资生产、合作经营业务。

内贸:

主营:1.批发零售电器机械及器材、普通机械、五金交化、化工、百货、纺织品、仪器仪表、文体用品、建材、金属材料、木材、水暖器材、橡胶制品、塑料制品、陶瓷制品、日用玻璃、日杂、农林牧渔机械、煤及煤气、粮油食品、土畜产品、水产品、医药保健品等;

2.经济、法律等咨询服务。

兼营:物业管理及餐饮服务业。

第八条　经营方式为科技开发、咨询服务、旅游服务、房地产开发、商品批零兼营及进出口。

第六章　组织机构及其职权

第九条　集团公司总经理办公会议就本公司的经营活动对厦门大学负全面责任;集团公司的经营方针、重大经营决策、利润分配方案、重要规章制度等提请厦门大学审议批准。

第十条　集团公司内设:总经理办公室、人事教育部、财务部、开发咨询部、经济贸易部、旅游服务部、房地产开发部、企业发展部等经营管理部门;各部门根据分工的职责范围和确定的计划目标(指标)开展工作,直接对总经理负责。

第十一条　厦门大学已创办的经济实体(现有的公司、中心、事务所、工厂等共24个)和今后通过核准注册的经济实体,均属建南集团的成员企业;建南集团对成员企业负有领导、管理、扶持、检查、监督的权利和责任。

第七章　法定代表人产生程序和职权范围

第十二条　集团公司设总经理一人、副总经理若干人,均由厦门大学任命。集团公司实行总经理负责制,总经理是集团公司的法定代表人。

第十三条　总经理的职权范围为:

1.执行厦门大学有关校办产业的重大决策,提出并组织实现集团公司的经营目标。

2.组建集团公司的经营管理机构,向厦门大学推荐集团公司副总经理人选;聘任部门正、副经理;考核聘任成员企业的负责人;在人事上有选拔、招聘及解雇职工的权利。

3.全权负责集团公司的日常经营管理活动;代表集团公司对外签约。

4.主持制定和组织实施集团公司的重要规章制度。

5.决定集团公司的分配方案和投资项目。

6.定期向厦门大学报告集团公司经营情况,提交年度经营计划、年终经营报告。

7.其他应由总经理负责的事项。

第八章　财务管理制度和利润分配形式

第十四条　国家关于企业财务核算的规章制度、国务院国发〔1989〕10号文件规定的校办产业优惠政策和其他有关的财务规章,是集团公司实行财务管理的政策依据;会计年度采用公历年制。

第十五条　集团公司税后利润除按规定上缴学校基金外,留成利润的分配原则上分为企业发展基金、奖励福利基金、后备基金和弥补意外亏损等。

第九章　劳动用工制度

第十六条　集团公司的干部职工除部分从学校直接调入外,其余向社会公开招聘,实行劳动合同用工制度。

第十七条　从学校调入的事业编制的干部职工,在集团公司开办头一年内,工资及有关津贴、补贴由学校拨付,从第二年开始仍由学校拨付,年终由集团公司返回;向社会招聘(或毕业生分配)的干部职工,均须通过厦门市人才交流中心办理招聘手续,户口挂靠人才交流中心,属企业编制;工资由集团公司按有关标准支付。

第十八条　劳动报酬与经济效益挂钩,切实贯彻按劳分配、多劳多得的原则;工资与奖金的增长幅度不得超过企业效益增长的幅度;对业绩显著、贡献大的干部职工给予重奖;对违反劳动纪律、规章制度和给企业造成损失的干部职工,给予必要的处罚、解聘,直至追究刑事责任。

第十章　章程的修改

第十九条　本章程需要修改时,由总经理提出建议和修改方案,经厦门大学批准,报送工商行政管理部门核准备案。

第十一章　章程终止程序

第二十条　由于某些原因,集团公司无法继续经营时,须由厦门大学决定并组织清算小组,负责清理债权债务、完税手续和其他善后工作,而后向登记机关办理注销登记手续。

第十二章　其他事项

第二十一条　本章程如与国家法律、法规和政策有抵触时,以国家法律、法规和政策为准。

第二十二条　本章程经审批部门及工商行政管理部门核准后生效。

1992 年 12 月 6 日

——本文摘录自《厦门建南集团公司章程》,档号 1994-XZ24-1

关于《厦门大学关于教师职务评审程序的若干规定》的修改意见

（1992年12月11日）

根据国家教委及国家人事部有关文件精神，经研究，决定对《厦门大学关于教师职务评审程序的若干规定》的有关条款修改如下：

一、各级教师职务评审委员会(学科评议组)会议须有全体委员的三分之二委员出席方为有效。

二、各级教师职务评审委员会(学科评议组)的评审(评议)结果，评审(评议)对象须获得全体委员的二分之一以上赞成票方为通过(其中申请优秀中青年骨干教师的选拔、破格晋升及申请“统评教授”者获得赞成票数须达到出席会议委员的三分之二方为通过)。

评审(评议)对象表决时未通过，但已获得全体委员的三分之一赞成票(其中申请优秀中青年骨干教师的选拔、破格晋升及申请“统评教授”的，须获出席会议委员的二分之一赞成票)者，认为表决结果与本人情况出入较大，并有足够理由和材料，可向上一级评审委员会申请复议。

各级教师职务评审委员会对申请复议者的材料认真审阅，经委员会表决，获得全体委员的三分之二委员同意的情况下，可以在评审委员会会议上与其他评审对象一起投票表决。

三、除《厦门大学关于教师职务评审程序的若干规定》第十条已明确规定外，凡参加校外无法改期的且不能不参加的会议的委员，不能出席学校教师职务各级评审委员会(学科评议组)会议的，由学校职改领导小组在召开评审(评议)会议之前认定，暂停其委员(学科评议组成员)的职务。委员会(学科评议组)全体成员人数应是扣除上述暂停职务的委员人数后的委员人数。

四、凡申请评后调离的教师，须有调入单位的委托评审函，方能申报晋升高一级职务。经校教师职务评审委员会评审通过其晋升高一级职务任职资格后，又不愿意调离学校者，由校职改领导小组审定，取消其晋升后的任职资格。

厦门大学职改领导小组

一九九二年十二月十一日

——本文摘录自《关于〈厦门大学关于教师职务评审程序的若干规定〉的修改意见》，厦大职改字〔1992〕21号，档号1992-XZ14-3

厦门大学关于人事管理工作的若干补充规定

(1992 年 12 月 18 日)

为配合校内管理体制改革,保证学校教学、科研、行政、后勤等工作的顺利进行,调动广大教职工的积极性,促进人才合理流动,根据上级组织人事部门有关文件精神,结合我校实际情况,对我校人事管理工作做如下补充规定。

一、简化办事程序,下放人事管理权限。

(一)人员调进的审批

1.缺编单位申请调进高级职称人员,在单位具有相应的岗位职数的条件下,可自行物色人选,只要基本条件符合学校规定,经考核合格,即可报人事处办理调动手续。家属经过协商,落实到具体接收单位后,可一并调入。

2.对一些长期缺编的短线专业,物色挑选人员有较大困难,可在全国性报刊上登广告公开招聘,招聘单位根据学校关于调入人员的有关规定对受聘人员的条件进行审核,符合条件者即可报人事处办理调动手续。

(二)科级干部的考核任免

1.科级干部考核任免,在认真执行上级有关政策规定的前提下,进一步下放权力,扩大院、系、所任免干部自主权。凡院、系、所办公室主任或秘书,在学校规定的干部职数范围内,可根据科级干部任职条件,自行物色人选,组织考核,报人事处办理任命手续。

2.对一些科级干部岗位长期缺人的单位,可以在校内公开招聘,只要应聘对象符合科级干部任职条件,就可以参与平等竞争。用人单位可根据择优录用原则,予以聘任。

(三)选留毕业生

选留补充应届毕业生,在单位具有进人指标的前提下,博士毕业生可由用人单位组织考核,确定后报人事处呈送主管校长审批,学校不再具体组织考核;硕士毕业生、本科生可由用人单位物色推荐,学校组织考核,原则上在尊重用人单位意见的基础上予以审批。

(四)劳动工资管理

1.招收合同制工人,用人单位具备岗位职数和招工指标,具体人选可由用人单位自己考核、确定,然后报人事处审批。

2.在学校批准的临时工使用数额里,具体人选由用人单位考核确定。

3.临时岗位津贴以及年度综合奖除出国出境人员及受处分人员由人事处审核外,其余的由各单位根据临时岗位津贴、年度综合奖发放的有关规定,审核本单位教职工的具体发放金额,扣发金额归各单位使用。

二、因工作需要从校外调进人员的基本原则。

1.根据校内管理体制改革的原则要求,学校必须严格控制事业编制数的增长,凡满编和超编单位一般不再从校外调人。

2.缺编单位从校外调进的人员,应是教学、科研骨干或紧缺专业急需人才。党政管理干部和工勤人员只在校内调剂,不从校外调人。

3.为了严格掌握标准,保证进人质量,各单位申请调进人员应具有高级职称同行专家三人以上进行考核评议,签署意见,并经所在单位领导集体研究,主要负责人签字,然后报人事处备案,以示负责。

4.从校外调进的人员,应是中青年骨干,教授年龄原则上在 50 岁以下,博士导师年龄可适当放宽;副教授年龄在 45 岁以下;讲师在 35 岁以下,助教以下人员,原则上不从校外调进。

三、照顾教职工家庭困难调进家属应遵循的基本原则。

1.解决夫妻两地分居,应考虑本人工作表现和学校的需要与可能,并视家庭困难情况和分居时间长短等条件,统筹兼顾,逐步解决。如有可能,应尽量联系安排在市区工作,以减轻学校压力。

2.根据我校具体情况和厦门市有关规定,具有讲师、科级职务的人员,分居时间在五年以上,可以考虑把在外地工作的配偶调进本市或本校。

3.副教授、副处级以上职务、博士毕业生、省市劳模、全国三八红旗手、国家重大科研成果获奖者(或项目主要负责人),可以优先照顾,对分居年限的要求可以适当放宽。

4.教职工配偶在本市岛外工作,因家庭困难要求调进校内,教职工本人应具有中级以上职称(含中级)、科级以上职务(含科级),分居时间在五年以上,同时校内又有适宜安排其配偶的工作岗位,方可考虑。

5.照顾教职工家庭困难调进的人员,男的年龄必须在 50 岁以下,女的必须在 45 岁以下,超过以上年龄,不予考虑。

6.照顾教职工实际困难调入的人员,具体工作应服从学校安排。

7.大集体工人原则上不予照顾调入。

四、调离、辞职、自费出国留学等情况的处理办法。

1.为适应特区人才流动的发展趋势,稳定一部分办学骨干,今后凡分配来我校工作的毕业生及校外调进人员,一律实行定期服务制度,服务期限为五年(不含见习期)。新进人员来校报到时,应签订服务期合同书。

2.凡服务期未满,要求解除合同者(包括六类人员),无论是调离、辞职、脱产考上全日制各类高等院校学习或自费出国留学,均应交纳违约补偿费。

3.违约补偿费标准,目前按每人每年 2000 元计算,今后如有变动,以新规定为准。

4.过去毕业分配来校或从校外调进人员没有签订合同的均按上述办法处理。

5.公派出国人员回国后要求调离,原则上按上述办法处理。服务年限从回国之日算起。公派出国留学一年以上人员回国后服务期为三年,公派出国攻读硕士学位人员回国后服务期为四年,公派出国攻读博士学位人员回国后服务期为五年。

6.教职工在职攻读硕士学位和博士学位研究生,毕业后至少在原单位服务五年,服务期未满,要求调离、辞职和自费出国留学,按上述办法处理。

7.教职工在受聘期间,不能申请调离。受聘期满后要求调离,必须提前三个月向学校提出申请。学校在没有特殊需要的情况下,应允许其调出,并尽快给予办理手续。辞职和自费出国留学按有关规定办理。

8.夫妇双方均为厦大教职工,若一方要求调出校外,原则上双方均要一起调离。如果对方为教学、科研骨干,所在单位又是缺编单位,经学校领导批准其不必同时调出的,可以继续留校工作,但必须退出住房。

9.夫妇双方均为厦大教职工,若一方要求辞职,另一方在校内有住房的,需根据在校一方本人条件,调整住房。

五、本补充规定经校长办公会议通过,从即日起实行。

厦门大学

一九九二年十二月十八日

——本文摘录自《厦门大学关于人事管理工作的若干补充规定》,厦大人字〔1992〕89 号,档号 1992-XZ10-2

1993年

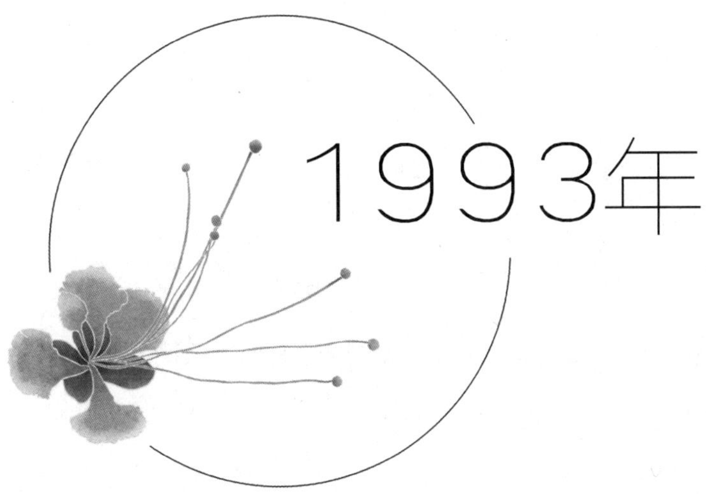

·特　载·

全面推进改革　创造新的业绩——新年献词

(1993年1月10日)

校长　林祖赓

在深化教育改革和扩大开放的热潮中,我们送去了难忘的1992年,迎来了催人奋发的1993年。在这辞旧迎新、举国欢庆的喜悦时刻,我代表校党委和行政向全体师生员工致以节日的祝贺和亲切的慰问!

过去的一年,全校师生员工在邓小平同志南方谈话的极大鼓舞下,在十四大精神指引下,激发出空前的改革热情,以主人翁姿态积极投入教学、科研、管理等改革工作中,有力地促进了学校各项事业的顺利开展,并且取得了明显成绩。学校在广泛深入调查研究的基础上,制定了建设一批新的博士点和重点学科的规划;围绕着学科建设,学校高度重视新一代学科带头人的培养与造就,认真选拔一批中青年教师作为重点培养对象,建立一套培养与跟踪管理制度;为加强学校博士生的指导力量,学校设立了博士副导师,形成结构较合理,具有活力和发展潜力的导师梯队;校办产业正在逐步发展,尤其是充分利用学校自身条件的第三产业发展较快,创收形势有明显的好转;去年到位的科研经费大幅度提高,比上年增长59%;新建1.392万平方米住宅已经竣工。特别是校内管理体制改革方案的大讨论,引起了广大教职工的空前关心和积极参与,现在学校正在进一步完善各项方案,使之更加科学、规范,便于操作,为新一年的改革奠定较好的基础。

新的一年是全面推进改革的一年。我们要在改革中求生存、求发展,要在十四大精神指引下,认真落实全国高等教育工作会议提出的各项改革措施,从我校实际情况出发,解放思想,实事求是,扩大改革内涵,加快改革步伐,增强改革力度,通过深化校内管理体制改革,理顺各种关系,以改革统揽全局,推动各项工作的顺利开展,使学校在规模、结构、质量、效益几个方面全面协调地发展。

今年,我们要坚决推行校内管理体制改革,完善改革方案,全面规划,综合配套,分步实施,逐个推进。要求改革的态度要坚决,行动要积极,工作要做细,各系各单位要正确地引导群众投身到改革中来。

我们要调整专业方向,增设新专业,以适应经济建设为中心的要求,适应社会主义市场经济发展的需要。各系要开动脑筋,挖掘潜力,实事求是,努力把教学、科研、人才培养与市场经济衔接起来。

我们要改变单一的办学形式,打破过去只招研究生、本科生的格局,开展多种形式的办学,增加招收本科自费生、大专自费生,开办自费应用型研究生班;成人教育学院成立后,要扩大成人教育招生规模,拓宽招生渠道,为社会培训更多的、合格的、各种层次的建设人才。

我们要下力气提高教学质量。学校改革能否成功,事业能否发展,培养出来的人才是否具备竞争力,归根到底,关键看我们的教学质量如何。我们必须重视以提高教学质量为中心、提高学生素质与能力的教学改革。学校准备今年开始逐步实行双学位、本科兼修专科第二学历等培养方式,力争使我校培养的人才在社会上更具吸引力,更富竞争力。

我们要积极主动地面向经济建设主战场,大力开展横向科研工作,使之更上一个新台阶。我们要进一步完善各项政策,动脑筋挖掘潜力,调动广大教师的积极性,大范围、多层次地加强与社会联系,争取更大幅度地提高横向科研经费。当然,基础研究工作也要不断提高,稳步发展,这关系到我校的水平和后劲,应有足够的重视。

我们要建立校办集团公司,努力使校办产业有个新的发展。近期内发展一些短平快的第三产业,还要努力创造条件,积极兴办科技产业,增强学校经济实力,改善学校办学条件,提高师生员工的生活水平。

我们要积极推进机关、后勤工作的改革。转变机关职能,提高服务质量,形成一套同教学科研改革与发展相适应的机关、后勤服务体系和管理运行机制。

在新的一年里,我们必须花大力气抓落实。国家教委提出“211 工程”计划,到 2000 年,要使我国有一批高等学校和学科、专业,在教育质量、科研水平和学校管理方面,能与国际著名大学相比拟。这就给我们提出了光荣而艰巨的任务。时不我待,机不可失。现在距 21 世纪只有短短的七年时间。我们应该有勇气、有信心、有能力承担这个任务,集中精力搞好学校改革,努力提高教学、科研、管理水平,使我校有更多的学科达到国内乃至国际先进水平。

1993 年是我校事业发展的关键一年。我们要认真学习和贯彻十四大的精神,进一步解放思想,转变观念,实事求是,在校党委和行政领导下,团结一致,同心协力,勇于开拓,不断进取,共同创造新的更大的业绩。

——本文摘录自《厦门大学》(校刊),1993 年 1 月 10 日第 278 期

朝着国际先进水平大学的目标迈进

——厦门大学的建设和发展

（1993年3月30日）

厦门大学是爱国侨领陈嘉庚先生于1921年创办的，现在是唯一处在经济特区的全国重点综合性大学。迄今，学校的建设和发展，已经历了七十二个春秋，为国家的经济建设、科技进步和社会发展，造就了大批人才，不少杰出之士，驰名中外，建树五洲。可谓群贤荟萃，声望卓著，是一所莘莘学子倾心向往的美丽的高等学府。

陈嘉庚先生爱国兴学，他为教育事业的发展而倾资、倾心、倾力。1919年6月，他在筹办厦门大学召开特别大会的通告中指出，“专制之积弊未除，共和之建设未备，国民之教育未遍，地方之实业未兴，此四者欲望其各臻完善，非有高等教育专门学识，不足以躐等而达”。7月，他在厦门浮屿陈氏宗祠举行特别大会上，又激昂慷慨地陈述筹办厦门大学的动机和目的。他说：“窃吾人欲竞存在世界而求免天演之淘汰，非兴教育与实业不为功。此固尽人所知，然就进化之程序而言之，则必先兴教育，而后实业有可措手。”他还认为，“非速筹办大学高师，实无救济之良法”。他准备创办的大学，“欲制造各种专门人才，以活动于教育界、实业界或政治界，为吾国前途放一异彩”。可见，他办学的目的是为国家前途放异彩，是为竞存于世界求免被淘汰。

经过几代人的艰苦奋斗，努力建设，开拓创新，如今的厦门大学，已拥有27个系52个专业、18个博士点、57个硕士点、7个国家级重点学科、2个国家重点实验室、30多个科研机构、4个博士后流动站。1986年经国务院批准，成立了研究生院，并先后由部分系科成立了经济学院、化学化工学院、技术工程学院、政法学院、艺术教育学院、海外教育学院和成人教育学院，在校学生近万名。

厦门大学能有今天，并不是轻而易举的，而是一代又一代厦大人，弘扬陈嘉庚先生爱国主义精神和艰苦奋斗的优良传统的结果；是在党和人民政府领导下，广大师生员工坚持社会主义办学方向，长期努力建设和发展的结果。

改革教育培养高质量人才

改革开放14年来，学校采取了一系列措施，加强师资队伍建设，特别是创造条件让优秀中青年教师脱颖而出，造就了一批新的学科带头人和学术骨干。目前，全校45岁以下的教授和35岁以下的副教授已有百余人，其中有中国第一位海洋女博士洪华生教授，有成功地完成具有国际领先水平的“激光等离子体源飞行时间质谱计”研究的年轻教授郑兰荪等。现在，厦大的1757名教师中，有教授、副教授769名；有中国科学院学部委员5名，国务院学位委员会委员、学科评议组成员4人，博士生导师38人。学校还聘请杨振宁、李远哲等诺贝尔奖获得者及其他知名人士为名誉教授、客座教授，组成一支力量雄厚的教学、科研队伍。

八十年代以来，学校根据改革开放和现代化建设对人才培养的迫切需要，兴办了国际金融、国际贸易、国际会计、国际经济合作、国际经济法和国际新闻等一批涉外性专业，并创办计算机科学系、系统科学系、材料化学和石油加工等一批技术性的学科和专业，同时还进行了一系列专业、科系的调整改革，从而突破了过去的文理综合大学的旧模式，建成了包括自然科学、技术科学、人文科学、社会科学和管理科学的专业比较齐全、结构比较合理、内容比较先进的学科体系,成为我国较强的综合性大学之一。

厦门大学在优化学科结构的同时,还注意根据经济建设和社会发展的不同需求,改革原来单一的办学形式,实行多层次、多规格、多种形式办学,目前已形成了本专科生、硕士、博士、博士后、留学生和成人教育、业余函授、自学考试、夜大学等以本科生和研究生为主的完整的高等教育人才培养系列。在学生数,本专科生从1980年的4500多名增加到现在的7500多名,研究生则由1980年的160名发展到800余名,其中博士生112名。此外,还有海外函授生3600余人,短训班学员1000余名,国内函授生750多名,夜大学学生430多名。

为了使培养的人才适应对外开放、发展外向型经济的需要,学校特别强化英语和计算机的教学,学生在国家教委组织的1987年全国英语四级标准考试中名列第十位,在1988年全国综合教学考试中名列第三位。

厦门大学在深化教学改革中,强调重视基础,加强应用,培养能力,综合提高。为此进行了以改革教学内容为中心,以课程建设为重点的教学改革,编写出一批高水平、有特色的专著和教材,已出版的有《国际经济法总论》《国际贸易法》《国际投资法》《国际货币金融法》《国际海事法》《国际税收法》《外向型经济发展战略》《社会主义对外经济概论》《特区经济概论》《外商投资项目的经济效应评估》等一大批专著和论著。在1987年和1992年全国高等学校优秀教材评奖中,学校有16部教材获得国家优秀教材奖,其中《海洋浮游生物》获优秀教材特等奖。

为了适应发展外向型经济、参与国际经济合作与竞争的需要,学校着力改革课程体系和教学内容。例如,经济类专业开设了国际企业组织与管理、国际竞争理论、中外合资经营企业会计、国际企业管理、国际营销管理、跨国公司财务与会计、金融市场与投资、国际银行概论、国际结算、涉外经济合同法等一批涉外经济课程。学校还进行了教学管理体制改革,推行学分制、主辅修制,鼓励同学跨系、跨专业修课,拓宽知识面,更新知识结构,使学校培养的人才更好地适应经济建设和科技进步的需求。

学校在学科建设方面,取得显著成就。尤其是物理化学专业形成了一支雄厚的师资队伍,在人才培养和科学研究上做出突出贡献。1991年经国家教委批准,厦大化学学科成为国家首批15个理科基础科学研究和教学人才培养基地之一,成为教育中心和科研中心,其人才培养和科学研究达到了国内和国际先进水平。国际咨询局和中国审查委员会顾问、美国斯坦福大学K.O.霍奇森教授1984年12月在厦门大学进行了为期半个月的工作访问,他在书面报告中写到:厦大化学系具有一支多种学科和不同水平的师资队伍,其中不乏杰出的科学家,可以肯定,厦大化学系可待今后若干年内其科研在世界范围内具有竞争力。1987年10月,诺贝尔化学奖获得者、美国加州大学伯克利分校教授李远哲博士来校访问,经过参观、座谈,对厦大化学系和物理化学所的工作给予高度评价,他说化学系在美国可以排在前20名之列。

狠抓科研创造高水平成果

厦门大学是一所历史悠久的国家重点综合大学,学科门类比较齐全,师资力量相当雄厚,学校在完成培养为社会主义建设服务的高质量人才的同时,大力开展科学研究,并做到教学和科研相互促进,形成既是教学中心,又是科研中心。近五年来,学校科学研究的规模和水平有了很大的发展和提高,取得了一大批高水平的理论研究成果和应用研究成果。

自然科学和技术科学的研究,以经济建设为中心,面向经济建设主战场,“七五”期间,承担和完成了国家、省、各级科研基金项目和各部委、产业界委托科研合同项目共476项。通过专家鉴定和评审的科技成果81项,有28项成果获国家专利,39项成果荣获国家各级政府的奖励,其中6项成果分别获得1987年和1989年国家自然科学奖,厦大在这两次国家自然科学奖中的获奖项数及等级总积分分别居全国的第6位和第5位。

在获奖的26项基础研究成果中,物理化学领域的成果尤为突出,张乾二教授等完成的“群论方法在量子化学中的新应用”(1989年国家自然科学二等奖项目),在国际上首次将图形方法同群论相结合,建立一种新型的多电子体系波函数，为解决化学中多粒子问题提供了创造性的有效方法。田昭武教授等完成的“电极过程动力学研究”(1987年国家自然科学三等奖项目)，在多孔电极极化理论、半导体电极光电转换理论、自催化电极过程理论及电极交流阴抗理论等方面有诸多创新性的具有国际水平的建树。蔡启瑞教授等完成的“在固氮酶作用下和在铁催化剂作用下固氮成氨的研究”(1987年国家自然科学三等奖项目)，在国际上首次提出一个具有微观结构参数的固氮酶活性中心原子簇结构模型和生物固氮过程中ATP驱动电子传递机理，关联了生物固氮和化学固氮两个过程，并用现场谱学方法验证所提氨合成缔合式机理创新见解。唐仲璋教授等完成的“福建省寄生虫病原生物学及流行学研究”(1989年国家自然科学四等奖项目)，在科学上首次报道了幼儿西伯瑞氏绦虫病的全程生活史、传播媒介及流行病学，为该类寄生虫病的防治提供科学依据和措施。此外，在理论物理、金属电沉积理论、分析化学、植物形态分类学、水声学、海洋生物学、系统工程学等领域，也取得多项在学术上达到国内先进水平或居国内领先地位的优秀科研成果。

全校有25项应用研究成果获奖，它们绝大多数有较高学术水平和实用价值，有的已在生产上推广应用。“离子色谱抑制柱”(1990年国家发明三等奖项目)为我国提供一种性能达到国际先进水平、价格便宜的离子色谱抑制柱，已被厂家采用；“台风暴潮数值预报方法研究”(1988年国家科技进步三等奖项目)，建立了一个包括开阔海域、一般岸段台风暴潮数值预报模型和方法，并成功地用于福建省风暴潮及感潮河段水位预报。“七五”期间，学校还有不少获部委、省、市级奖励的应用研究成果，在生产中取得较大的经济效益和社会效益。

哲学、社会科学的研究，围绕建设有中国特色的社会主义的重大理论和实际问题，取得了一批重要研究成果。“七五”期间，学校承担完成国家社会科学基金项目47项(其中国家重点项目11项)，国家教委社科基金项目和青年项目35项(其中重点项目18项)，国家教委博士点基金项目62项，省社科基金项目27项，省教委社科基金项目49项，总共220项。在国家教委委属院校中，厦大承担的国家哲学和社会科学研究项目的数量名列前十名之内。在此期间，全校哲学社会科学已出版专著、编著、译著352部，发表论文3185篇，其中获省级以上各类优秀成果奖励的达94项。

厦大经济学科的研究，具有悠久的历史，力量雄厚。改革开放以来，经济学科研究紧密结合我国经济建设和社会发展的实际，积极开展研究，无论是基础理论的研究，还是部门经济、区域经济、数量经济的研究，都有大批新成果问世。葛家澍、余绪缨、常勋等教授分别研究的“有计划商品经济体制下会计学理论与方法研究”“现代管理会计研究”“国际会计及特区涉外会计研究”等项目，都列为国家教委第一批博士点项目，已全部完成，出版专著7部，发表论文60余篇；钱伯海教授的《国民经济综合平衡统计》和《国民经济学》的研究项目和专著，被誉为全国首创，已载入《世界新学科总览》；邓子基教授等的财政理论与政策研究项目，已有系列的研究成果，出版专著、教材、译著11部，公开发表论文30多篇，其中《社会主义财政学》获国家教委优秀教材奖，《比较财政学》获省哲社版优秀成果一等奖。

厦门大学发挥多科性综合大学优势，主动为厦门经济特区建设服务，组织跨系跨学科力量，开展综合研究，如组织经济学院、技术工程学院和台湾研究所等有关的教授、专家共同参加“1985—2000年厦门经济社会发展战略研究”，完成了“厦门经济特区逐步实行自由港某些政策的构想”“厦门市2000工业发展战略”“厦门在祖国统一大业中的地位、作用及前景研究”等项研究。所有这些研究成果，都直接或间接地为改革开放和特区经济建设服务，为社会主义现代化建设服务，受到社会的好评。

厦门大学的科学研究，还注意从学校所处地理环境出发，开展富有特色的研究。厦大南洋研究所1956年成立以来，较早开展了东南亚问题研究、华侨华人问题研究。改革开放以来，他们又结合对外开放、引进外资开展多项研究，出版了《东南亚五国经济概况》、《战后东盟国家的经济发展战略》、《近代华侨投资国内企业研究》和《海外华人在中国大陆投资的现状与前景》等专著。该所关于南海诸岛主权归属的系列研究，出版了《南海诸岛史地考证论集》《西沙群岛和南沙群岛自古以来就是中国的领土》《祖国的南疆》等专著，直接为国家的外交斗争服务，受到中央、省市有关部门的重视。厦大已被公认为国内东南亚研究、华侨华人研究的重要基地。

厦门大学台湾研究所1980年成立以来，开展大量研究，该所以研究当代台湾政治经济为重点，同时进行历史、文化、民俗等方面研究，先后承担国家和福建省的科研任务有“台湾政治研究”(全国哲学社会科学“七五”重点项目)，以及国家教委“七五”重点项目“台湾地方史”“一国两制与台湾法律研究”，并承担福建省“七五”重点项目“台湾现代文化研究”和博士点基金“战后台湾经济”等研究项目。研究成果在数量和质量上都处于国内领先地位。厦大已成为大陆、台湾和外国学术界公认的台湾问题研究中心之一。

最近经专家组评审，国家教委审批，厦门大学承担国家教委高校“八五”人文、社会科学研究项目有42项，资助经费总额51万元。这些研究项目的一个突出特点是围绕我国改革开放和现代化建设的重大实际应用研究问题和基础理论应用研究。

——本文摘录自《厦门大学》(校刊)，1993年3月30日第281期

厦门大学 1992—1993 学年第二学期工作计划要点

（1993 年 2 月 12 日）

本学期，要以党的十四大精神为指导，着重抓好四个方面的工作：一要逐步推行校内管理体制改革，这是本学期的中心工作；二要加强和改进党建工作、思想政治教育和校风建设；三要加强学科建设和教学科研管理；四要进一步开拓校办产业和改善后勤服务工作。

一、逐步推行校内管理体制改革

当前，校内管理体制改革的重点是人事制度和分配制度。人事制度改革首先要抓好定编、定责、考核和聘任这四个环节；分配制度改革主要是引入竞争机制，破除平均主义，贯彻按劳分配原则，实行校内职务津贴制和业绩津贴制。现在，改革方案已经修订完成，开学后就要逐步付诸实施。

改革方案先要向全校教职工传达，做到人人皆知；三月份，先在几个单位试行；四至五月份，在全校分批推行。

同时，要边进行学校机构改革，边改进机关工作，有些权力要下放，办事程序要简化，提高工作效率。

二、加强和改进党建工作、思想政治教育和校风建设

要继续组织师生员工，深入学习党的十四大文件，全面领会和贯彻党的十四大精神。应着重学习领会建设有中国特色的社会主义理论和社会主义市场经济理论，指导学校教育改革，主动适应社会主义市场经济发展的需要；要提高贯彻执行党的基本路线的自觉性，解放思想，实事求是，积极支持和参加各项改革，继续维护安定团结的政治局面。成立学校思想政治教育工作委员会，注重调查研究，统筹和协调全校思想政治教育工作。应合理安排每星期六下午各单位师生员工的集体活动，坚持两周一次的政治学习制度，提高政治学习质量。

要花大力气加强基层党组织建设。坚持从严治党的方针，健全党的各项工作制度和组织生活制度，加强党员教育管理，经常进行党风、党纪教育，坚持民主集中制，加强组织纪律性；认真组织党员学习新党章，以党员标准严格要求和教育党员，用新党章规范各级党组织和广大党员的行为，推动党的组织建设、思想建设和作风建设，进一步发挥党总支的政治核心与监督保证作用，加强党支部战斗堡垒作用，逐步克服有些基层党组织的软弱涣散现象。同时，要重视和加强在青年教职工和学生中的建党工作，造就坚强的党员骨干队伍。

要加强领导班子建设，继续做好部分中层领导干部的考核和调整工作。研究制订干部队伍建设方案，对干部的培养、选拔、使用、交流和新老交替等要有新措施，使干部队伍建设逐步进入良性循环的轨道。各单位、各部门的领导干部，要解放思想，真抓实干，敢于负责，推进改革，并要带头同各种违纪和腐败现象做斗争。

要加强对工会、共青团的领导，充分发挥群团组织的作用。三月份召开三届二次教代会。继续加强同各民主党派合作共事，帮助各民主党派搞好自身建设。

加强校风建设。首先要大力加强精神文明建设。今年是毛泽东同志“向雷锋同志学习”题词三十周

年,要进一步深入开展"学雷锋、树新风"活动。要丰富学生的课外活动内容,除文体活动外,还应根据不同学科的特点,加强组织领导,积极开展学术科技活动。要抓好各个教学环节的管理,严格教学纪律,以教风带学风,把学风建设同教风建设结合起来,互相促进,相辅相成。要清理整顿目前学校部分单位的服务收费项目和标准,做出比较合理的规定。要进一步制定校园建设整体规划,严格执行,加强管理。在逐步抓好基础建设的同时,环境卫生、绿化和美化的工作也要跟上,整治脏乱差死角;加强安全保卫工作。

三、加强学科建设和教学科研管理

要继续加强重点学科和博士点建设;研究调整部分硕士点。在职称、经费等方面要采取有效措施,落实中青年学术带头人的培养计划。

要根据社会主义市场经济发展的需要,研究调整部分专业设置,发展高科技及应用性学科;优化课程结构、更新教学内容,搞好教材建设。研究试行部分本科生兼学其他专科的教育改革方案,以拓宽学生的知识面,增强毕业后就业的适应性。做好扩招本科自费生、招收大专自费生和自费应用型研究生的准备工作。

坚持科技工作为社会主义建设服务,鼓励科研人员面向经济建设主战场。开学初,要进一步组织好纵向科研基金和科研项目的申报工作;要采取走出去或请进来的办法,主动加强与地方企事业单位的联系,多方争取横向科研经费和科研项目,并组织学校科技成果的应用、开发和推广工作。

四、进一步开拓校办产业和改善后勤服务工作

校办产业集团公司要边组织、边充实人员、边开展业务。集团公司应按经济规律办事,实行企业化管理;学校在政策、人力和财力上给予支持。要制定鼓励科研开发和发展科技产业的优惠政策,研究调整收益分成比例,进一步调动校、系和教职工三方面的积极性;利用学校科技成果,发展校办产业,注重发展高科技产业。校办工厂企业要转换经营机制,搞好资产评估,严格成本核算,订立责任指标,在市场竞争中出效益。其他校办产业均应进一步开拓和加强制度建设。

总务后勤要根据后勤服务工作的特点,研究事业单位企业化管理办法,实行劳动用工和分配制度改革,完善各种形式的承包责任制,正确处理好服务、管理和经营三者之间的关系,提高服务质量,增强社会效益和经济效益。对后勤服务工作中长期存在的"难点"问题,要通过改革,采取切实有效的措施,一个一个地逐步解决。教学科研必需的仪器设备等物资的购置或更新,可适当下放审批权限,但要加强管理和监督制度,讲求效益。财务活动既统一管理,又要适当搞活,简化程序,提供方便;可试行旅差费定额包干制度。基建工作要抓质量、抓进度;东边社搬迁的各种准备工作要继续抓紧。在年底前完成任务,有关部门和单位都应关心和支持。

各单位、各部门要围绕学校中心工作,参照本计划要点,制订具体的工作计划,并抓好落实。

中共厦门大学委员会
厦门大学
1993 年 2 月 12 日

——本文摘录自《关于厦门大学 1992—1993 学年第二学期工作要点》,厦大委办〔1993〕3 号,档号 1993-DQ01-1

学校本学期工作计划要点

（1993年9月15日）

8月下旬，校党委和校行政制定了1993—1994年第一学期工作计划要点。《要点》提出，本学期要认真贯彻党的十四大文件、《中国教育改革和发展纲要》和全国高校第四次党建工作会议精神，以建设有中国特色社会主义理论为指导，从适应社会主义市场经济需要和高等教育发展规律出发，解放思想，实事求是，改革创新，振奋精神，做好各项工作；要增强学校自我发展能力，积极创造条件，使我校早日进入“211工程”。要注重抓好以下三个方面的工作：

一、进一步加强党的建设和思想政治工作

继续加强各级领导班子建设。坚持中心组学习制度；坚持双重民主生活制度；实行民主集中制，维护班子团结。提高宏观决策水平，发挥各部门和基层的积极性、主动性，调动各方面的积极因素。要深入群众，深入实际，关心群众生活，注意工作方法。修订领导干部的选拔、任用和管理制度，继续做好考核、调整若干中层领导班子工作。

注重抓好从思想上建党的工作。各级党组织要对党员经常进行“三基”教育、理想信念教育和组织纪律性教育。要组织党员学好新党章，明确新时期对党员提出的新要求，进一步发挥党员的先锋模范作用。坚持“两手抓，两手都要硬”的方针，进一步深入开展反腐败斗争，搞好廉政建设。同时，大力加强在青年教职工和学生中的党建工作。

继续加强基层党组织建设。健全党总支和党支部的各项工作制度。党总支要定期研究党支部工作，及时总结推广先进党支部工作经验，切实整顿软弱涣散的党支部。

改进和加强思想政治工作。建立学校思想政治教育工作委员会，加强指导和协调。进一步发挥党、政、工、团、民主党派等各方面的积极性，组织齐抓共管的思想政治工作网络。要围绕学校教学科研中心，紧密结合形势任务和学校教育改革，针对师生员工中的“热点”问题，开展宣传教育和思想政治工作。在师生员工中，要经常进行社会主义、集体主义和爱国主义教育，进行正确的人生观、价值观和世界观教育，进行社会公德和民主法制教育，维护政治稳定，保证教学科研工作顺利进行。

重视加强马克思主义理论课和德育课教育。要把这“两课”作为重点课程来建设，有关部门和单位都要支持这“两课”教学。同时，要加强“两课”师资队伍的建设。

二、积极推进学校改革与发展

为确保我校早日进入“211工程”，本学期必须组织力量，对我校进入“211工程”的条件进行论证工作，采取措施，力争我校的教学、科研、管理、人才培养和对外交流等工作跨上新台阶。

深化校内管理体制改革。在检查总结上学期施行的校内管理体制改革的基础上，进一步完善、落实定编、定岗、定责和聘任工作，有计划地研究制定有关的配套措施。机关改革要研究调整校部机构设置，明确职责权限，理顺关系。改进干部管理制度，试行职员职级制，完善干部考核制度、聘任制和交流制。总务后勤部门要按照“小机关、多实体、大服务”的模式改革管理体制，提高服务水平和经济效益。

加强学科建设,逐步进行专业改造。要根据社会经济发展和学科专业前景,组织力量对我校现有的系、专业和研究机构进行分析研究,提出调整方案。对一些必须加强和发展的学科专业,要在政策上给予倾斜。要采取适当的方式,逐步调整和改造一些学科专业。要制定专业管理条例。

注重学术梯队建设。要从21世纪我校教学科研队伍实力着眼,制定中青年学术梯队的选拔和培养条例,并采取有效措施,加强业务培训、外语培训和计算机操作技能培训。要严格执行退休制度的规定。

三、加强管理,改善办学条件

要继续稳定教学秩序,加强教学过程管理,保证教学质量,建立良好的教学秩序和生活秩序。要研究制定自费生、大专生、港澳台学生的管理办法。

继续支持建南集团公司做好产业开发起点工作。理顺科技开发管理体制,制定有关科技开发政策,鼓励高新科技成果转入学校科技开发系列。

加强学校财务管理。进一步研究有偿服务收入的分配和使用办法,在改善教工生活的同时,增加教育投入。不断改善学校教学科研条件。要加强学校资产管理、后勤服务管理。做好东边社的搬迁工作。

加强校园管理。加强学校保卫工作,严厉打击盗窃、流氓和各种犯罪活动,维护校园治安。采取措施,坚决制止斗殴、砸瓶、损毁公物等行为,整顿校园摊点和工棚,建立良好的校园秩序。建立环境卫生责任制度,开展学生文明宿舍活动,坚持学生早操制度。有计划地加强校园绿化、美化和基础设施建设,建立优美的校园环境,建设良好的校风、学风,迎接明年五月份的校园评估活动。

——本文摘录自《厦门大学》(校刊),1993年9月15日第288期

·专 文·

在基金楼奠基仪式上的讲话

(1993年4月6日)

校党委书记 王洛林

我们刚刚庆祝了建校七十二周年和教育发展基金会的成立,现在又来举行一个简短仪式,为"基金楼"奠基。在这里,我首先要代表全校师生员工再次表示衷心的感谢,感谢提供基金的十四家企业的全体职工,感谢倡议设立基金的厦门市委和市政府,感谢对这一创举给予大力支持的国家教委和省委、省政府,感谢对于基金的设立给予充分评价的新闻界的朋友们!

我们为之而奠基的这座基金楼,是基金会提供给厦门大学的第一项工程。这座楼的建造具有很大的纪念意义和象征意义,它体现了厦门市委、市政府对于教育事业,对于人才培养的高度重视,它浇铸了十四家企业全体职工的心血,它召唤着更多的企业、单位来为教育发展基金增砖添瓦。我们相信,刚刚成立的教育发展基金将会像新建一座楼房一样,随着时间的推移而不断地成长。

同时,这座基金楼不仅仅是一座基金会的纪念碑,它还将成为厦门大学的外语培训中心。我们将在这里集中一部分先进的外语电教设施,为全校培养外语人才,为整个厦门经济特区培养外语人才,特别是为提供基金的企业培养外语人才。从这个意义上,也可以说,这座楼的建造将成为一个新的起点,它开辟了企业和学校合作办学、共同培养人才的途径。不久的将来,当一批又一批的外语人才从这里走向全社会、走向全世界的时候,我们基金会的效益和设立这笔基金的深远意义,将会更加充分地体现出来。

——本文摘录自《厦门大学》(校刊),1993年4月15日第282期

新的里程碑

(1993年3月30日)

校长　林祖赓

当我国正在确立社会主义市场经济新体制,改革开放和现代化建设事业进入一个新的历史阶段时,我们迎来了厦门大学七十二周年校庆。

每逢纪念校庆的时候,我们都深切地缅怀厦大的创办人陈嘉庚先生和为厦门大学发展做出贡献的海内外各界朋友。我们尊崇地将热心教育、倾资兴学的义举称之为"嘉庚精神"。"嘉庚精神"就像一座丰碑永远矗立在鹭岛之上。"嘉庚精神"的弘扬就像奔腾不息的鹭江一样,一浪接一浪。七十余年后的今天,在市委、市政府的倡议和支持下,厦门市十四家部批地方性外经贸企业发起并捐资设立"厦门市外经贸厦门大学教育发展基金会",支持厦门大学向着确保"211工程"和国际先进水平方向发展,再现了"嘉庚精神",在厦门大学的发展史上又树立了一座新的里程碑。

发起建立"厦门市外经贸厦门大学教育发展基金会"的十四家企业,大都是近二年才逐步走出困境,有所起色的。它们艰苦创业,在财力还不十分雄厚的情况下,以睿智的目光和非凡的胆识慨捐巨资支持厦门大学的发展,为探索中国高等教育建立"以政府办学为主体、社会各界共同办学"的新体制开了风气之先。基金会的成立,使企业直接参与了厦门大学的发展,这使厦大的师生员工受到了极大的鼓舞和鞭策,进一步增添了办好厦大的信心。教育振兴有希望,厦大振兴有希望!

我们要把对十四家企业关心学校发展的由衷感激之情化成动力,加速校内管理体制改革的步伐,加强学校的各项管理,充分调动广大师生员工办学的积极性,加强学科建设和师资队伍建设,不断改善学校的办学条件,吸引更多的优秀人才来建设厦大。

目前,厦门正在为建设繁荣的经济特区和发达的文化、教育、艺术之城而努力,这些目标如不假以深厚的教育,特别是高等教育做基础是很难做到的。洪永世市长不久前视察厦大时说:"厦大在厦门,厦大的发展就是厦门的发展,关心支持厦大的发展是厦门市政府和人民义不容辞的责任。"现在,我也要郑重地说,厦大在厦门,把厦门建设成繁荣的经济特区、科技领先和文化发达的教育之城,厦门大学也责无旁贷。为此,我们要以高质量的教学、高水平的科研成果、高素质的学生,以第一流的业绩,来回报热心支持学校发展的企业,回报厦门和厦门人民,回报全社会!

——本文摘录自《厦门大学》(校刊),1993年3月30日第281期

在庆祝建校七十二周年大会上的讲话

（1993年4月6日）

校长　林祖赓

今天，我们在建南大礼堂隆重举行庆祝厦门大学建校七十二周年暨厦门市外经贸厦门大学教育发展基金会成立大会。我谨代表厦门大学党委、校行政以及全校师生员工向光临大会的国家教委、省、市及各部门领导，各报社总编、记者，厦门市十四家外经贸公司总经理，各位来宾和校友，表示热烈的欢迎，并致以崇高的敬意！

厦门大学是一九二一年四月六日由爱国华侨领袖陈嘉庚先生创办的。七十二年来，特别是解放后四十几年来，我们厦门大学在党和政府的亲切关怀下，在"嘉庚精神"和"南方之强"精神的激励下，在海内外校友和朋友的大力支持以及全校师生员工的共同努力下，教育事业有了很大的发展，学校规模不断扩大，办学条件不断改善，教育改革不断深化，教学和科研水平也不断提高，获得了一系列具有国内外先进水平的科研成果，培养了数以万计的合格毕业生。我们厦门大学在为国家、为福建省和厦门经济特区的建设做出自己应有的一份贡献的同时，本身也发展成为一所拥有万人学生规模的全国重点综合性大学，在海内外享有盛誉。

回顾我校七十二年来的发展历程，我们倍加怀念陈嘉庚先生，深切怀念为中国革命和建设事业而献身的我校革命先烈和校友，我们衷心感谢国家教委、省、市领导对我校教育事业的亲切关怀，衷心感谢广大校友和各界朋友对我校教育事业的大力支持，衷心感谢全校师生员工为学校改革发展做出的奉献。

厦门大学作为唯一地处经济特区的委属重点综合性大学，长期以来承受着经济问题的困扰，资金投入不足，设备更新困难，图书资料不足，各项优势不能充分发挥。厦门市委、市政府高瞻远瞩，代表厦门市人民的心愿，把厦门大学的发展看成是厦门经济特区的发展，把办好厦门大学作为厦门人民义不容辞的责任。在厦门市委和市政府的大力倡导和支持下，最近厦门十四家外经贸公司弘扬陈嘉庚先生倾资办学的精神，率先发起并捐款建立"厦门市外经贸厦门大学教育发展基金会"，以实际行动贯彻落实《中国教育改革和发展纲要》。

成立"厦门市外经贸厦门大学教育发展基金会"，这不仅集中表明了厦门市委和市政府对教育的一贯重视，对厦门大学的一贯支持，而且突出地表现了十四家外经贸公司作为企业和社会，参与办学、支持教育的改革潮流。这是贯彻《中国教育改革和发展纲要》精神，改变政府包揽办学旧格局的有力举措；是逐步建立以政府办学为主体，社会各界共同办学新体制的良好开端；这是促进教育与经济发展相结合，互相促进，共同发展的新创举。我们希望并相信，在厦门市十四家外经贸公司的带动下，社会各界及海内外各地区的校友和朋友，也将会起而仿效，用各种方式支持厦门大学办学，共同推动教育事业的发展。

厦门市外经贸厦门大学教育发展基金会的成立，对我校更新教学和科研设备，充实图书资料，加强重点学科和实验室建设，创造条件吸引国内外高级专门人才，发展我校教育事业，将起重要作用。我谨代表厦门大学，向厦门市委、市政府和基金会的各位理事长、常务理事表示衷心的感谢和崇高的敬意！并希望通过各位总经理向十四家外经贸公司的全体职工转达我们的感谢和敬意！您们捐资办学的义举，将载入厦门大学史册，传遍海内外。

厦门市外经贸厦门大学教育发展基金会的成立，也表明了厦门市党政领导、十四家外经贸公司和厦门人民对我校改革发展的深切期望。因此，我们应当努力工作，不断进取，确保厦门大学进入"211工程”,并向国际先进水平大学进军,为把我校办成面向现代化、面向世界、面向未来,高水平、有特色、开放型的社会主义大学而奋斗。在今后一段时期内,我们要继续加强党的建设和思想政治教育工作,坚持社会主义办学方向,全面调动广大师生员工的办学积极性;要继续深化校内管理体制改革,为学校管理注入生机与活力,全面提高办学效益;要继续加强学科建设,集中力量开展高新技术研究,推动更多的学科进入世界科技发展的前沿阵地;要继续加强教学科研队伍建设,大力培养、积极引进业务素质高,善于合作攻关的青年业务骨干和学术带头人,造就跨世纪的、学术造诣高、学术思想活跃的教学科研生力军;要逐步更新教学科研设备,充实图书资料,扩大国际学术交流,创造各种条件帮助教学科研人员提高教学质量,攀登科技高峰。

厦门大学七十二年的办学历程,为我们积累了丰富而又宝贵的办学经验。我们相信,有国家教委、省、市领导的关怀和指导,有广大校友和各界朋友的支持和帮助,只要我们再接再厉,奋发进取,我们一定能实现预定的目标,取得更多的业绩,做出更大的贡献。

——本文摘录自《厦门大学》(校刊),1993 年 4 月 15 日第 282 期

· 党建与思想政治工作 ·

关于贯彻落实中央近期反腐败斗争工作部署的实施意见

（1993 年 10 月 4 日）

根据中纪委二次全会和江泽民同志重要讲话的精神，省委召开了工作会议、省纪委召开五次全体扩大会议，国家教委也下达了实施方案。现结合我校的实际，提出如下实施意见：

一、做好传达和组织学习的工作

1.首先向校党委常委和校行政领导班子传达省委工作会议和省纪委五次扩大会议的精神，认真进行学习、讨论，并联系我校的实际提出初步贯彻意见。

2.召开处以上中层领导会和总支书记、部处长会议，分别传达省委工作会议和省纪委五次扩大会议的精神，并要求全校中层以上干部通过双重组织生活的形式，认真进行学习，领会精神。

3.召开各民主党派负责人会议，传达通报省委工作会议和省纪委五次扩大会议精神。

4.在中层干部学习提高认识、统一思想的基础上，以总支为单位，召开全体教职工大会，传达贯彻中央、省委的会议精神（由纪委拟定传达提纲）。

5.学习中要引导教职工正确认识当前的形势和反腐败斗争的现状。“不能否定党的主流是好的，也不能低估腐败现象的严重性和危害性。”应该看到我们党的路线是正确的，党的主流是好的，大多数党员和干部是廉洁奉公的，相信我们党有能力解决自己的问题，对反腐败斗争应该有信心。另一方面，也要正确认识我们学校的现状。我们学校虽然不是党政机关，但是不能认为学校就是“清水衙门”，就是“一片净土”，应该看到消极腐败现象和种种不正之风，同样是存在的。解决“学校特殊论”和“腐败问题不严重”的松劲麻痹思想。通过学习增强反腐败斗争的信心，以新的姿态和实际行动响应党中央的号召，积极投入反腐败斗争。

二、近期反腐败斗争的具体安排

1.处以上干部廉洁自律五项规定的自查自纠。要求各系以总支为单位（工会主席、团委书记参加），机关以部处为单位（科长以上干部参加），以双重组织生活的形式，根据中央的五条规定进行自查自纠。具体做法和要求，待中央纪委的实施细则下达后再做安排。

2.抓紧查办案件。自中央提出反腐败斗争号召以来,教职工群众来信来访反映校内问题增多了,纪委将根据这些线索进行初查,问题严重的,该立案的立案,抓紧查处,对现有案件积极配合有关部门抓紧处理。

3.严格、认真开展财务大检查。即将开展的全校财务大检查,要贯彻当前反腐败斗争精神,当作反腐败斗争的一项重要措施,认真开展,要根据往年财检存在的问题,抓薄弱环节,突出重点,对查出的问题,要严肃纪律、防止走过场。

4.在上学期清理整顿机关各类服务收费的基础上,提交校办公会议研究,决定公布一批不合理的收费项目。对保留的收费项目,要建立健全制度,加强管理。

5.对其他方面的不正之风,如公款请吃、变相的公费旅游等问题,应结合加强管理,改进工作,加以纠正,今后有关领导有关部门要严格掌握审批制度。

三、组织领导和分工职责

为保证党中央提出的三项工作的落实,取得成效,此项工作由常委会直接领导,并确定郑冬斯、卞守耆两同志具体负责,日常工作由纪委、监察处负责。有关处以上领导干部廉洁自律的自查自纠工作,由纪委、组织部负责;治理整顿各项收费问题,由财务处、监察处负责;有关反腐倡廉的宣传教育工作由宣传部、组织部、纪委负责。各有关部门要互相配合,紧密协作,各自提出实施的办法,采取有力措施,抓紧落实,以求在今年底前取得明显成效。

中共厦门大学委员会

1993年10月4日

——本文摘录自《关于贯彻落实中央近期反腐败斗争工作部署的实施意见》,厦大委办〔1993〕14号,档号1993-DQ01-1

加强领导干部廉洁自律，校党委做出七条新规定

（1993年11月15日）

最近，校党委根据中央提出的党政机关县（处）以上领导干部廉洁自律的“五条规定”，结合原厦大纪（91）3号《关于深入持久地抓好党风和廉政建设的意见》中提出的“十不准”要求，对我校处以上干部廉洁自律的内容做出七条新规定，要求各单位按照党委近期反腐败斗争的具体安排，开好双重组织生活会，按照中央的“五条规定”和我校的若干规定进行自查自纠。七条廉洁自律的新规定是：

1.不准经商办企业；不准从事有偿的中介活动；不准利用职权为配偶、子女和其他亲友经商办企业和中介活动提供任何优惠条件。

2.不准在公务活动中接受礼金、各种有价证券以及贵重物品（如手表、金银首饰等），遇到无法推辞的原因，接受后要如数上交。

3.在招生、毕业生分配工作中，不准利用职便收受礼金、贵重物品，有时遇到本人不在场的情况下，造成既成事实，也应把礼金、贵重物品上交。

4.本单位的创收经费必须指定专人管理，账目必须清楚，定期向群众公开，不准个别或少数人控制和私分创收经费。严格实行收支两条线。

5.不准截留和转移外存学校和单位的公款，包括科研基金、科技开发服务创收，不准使用未经财务处统一核准的收款收据。

6.不准挪用或借用公款（包括单位的创收款）谋取私利。

7.人事、职称评定、招生、毕业生分配等工作实行必要的回避制度。

——本文摘录自《厦门大学》（校刊），1993年11月15日第292期

·教学与科研工作·

关于《我校本专科生实习差旅费标准》的补充通知

(1993年1月13日)

由于近年来社会上各种费用标准的提高,原实习差旅费标准已不适应变化了的新情况。根据学校财力,经研究决定,对本专科生实习差旅做如下调整:

一、生活补助费,途中带队教师和学生,伙食补贴每人每天均8元;住勤费教师每天4元,学生每天1.60元,野外实习(采集标本、田野发掘),教师出差标准(8元),学生仍按住勤费标准。

二、住宿费,带队教师每人每天15元,学生每人每天5元,不分省内外。

三、市内交通费,在一个地方实习半月以上,原则上购买月票,其他每人每天控制在一元以内。

标准提高以后,将增大我校教育事业费的支出,鉴于目前学校财力有限,望各系安排计划时,必须切实贯彻"就地就近"的原则。在保证完成生产实习任务的前提下,凡能在校内实习的就不到校外;能在本地实习的,不到外地去;能在近处实习的,不到远处去。能争取实习单位解决或优惠提供住宿条件的应努力争取;其他费用也应节俭开支。

本办法自一九九三年一月起执行,其他规定与本办法相抵触的以本办法为准。

厦门大学

1993年1月13日

——本文摘录自《关于〈我校本专科生实习差旅费标准〉的补充通知》,厦大财〔1993〕10号,档号1993-XZ18-3

厦门大学科技产业“八五”发展规划

（1993 年 3 月 5 日）

一、现状与目标

厦门大学是国家教委直属的唯一地处经济特区的综合性大学。拥有一支精干、稳定的基础研究队伍，拥有国家重点实验室专业实验室；在基础科学的研究方面取得较好成绩，“七五”期间，全校科研经费 1800 多万元，国家重大项目、重点项目或课题 11 个；一些高新技术也在基础和应用基础研究的基础上得到发展。近年来，已有 104 个应用研究课题获奖，一批成果转化为生产力，取得较好的经济效益和社会效益。科技开发工作越来越受到重视，科研成果的商品化、产业化、国际化成为领导和师生员工热心关注的议题。

“七五”期间我校采取多种形式，组织科技力量投入经济建设主战场，以不同方式参与科技成果转化为生产力的工作。化学系“多效唑(PP333)的制备方法”发明专利，以宜兴生物化工厂为基地中试成功，在此基础上，又与该厂推出“粉锈宁生产工艺”和“三唑磷生产工艺”，获得较好的经济效益；获得国家发明三等奖的“离子色谱抑制柱”，以技术转让的形式分别与青岛崂山电子仪器厂、上海生物工程科仪厂合作，又开发出新型的离子色谱仪，并已定为环境监测的必备专用仪器；海洋系为南京军区研制出国内首台居世界领先水平的“超声定向测距仪”；物理系完成机电部 764 厂委托的“GaP 发光二极管芯片制造技术”；我校新技术所、电子设备厂以技术入股的形式与外资企业合作生产计算机显示器；物理系与外资企业合作生产激光防伪商标等等，都取得了较好的成绩。

“七五”期间，我校的科技开发和科技产业工作，取得了不少的成绩，积累了一些经验，但也存在不少的问题和教训。主要表现在如下几方面：通过鉴定获奖的成果多，但转化为商品的少；成果转让出去或与外单位的合作的形式多，但由学校直接使之生产化、商品化的少；各系各单位小范围零散开发的项目多，学校统一下大气力形成规模产业的少；观望、议论的人多，有胆略、有远见、敢于真心“下海”的人少。凡此种种，造成我校科技产业发展缓慢，经济效益不高。究其原因，有观念上的问题，也有管理体制、政策配套和规章制度上的因素。较长的一段时间以来，对应用研究和技术开发重视不够，对市场经济更缺乏足够的认识；学校没有一个实实在在可操作的保障体系，在许多具有开发前景的成果面前当事人望而生畏，望而却步，谁也不想去冒大风险，致使一些较好的领先项目错过机遇，而后来者居上。此外，在科技产业资金筹措方面，形式单一；生产管理和营销手段落后，市场开拓能力差。所有这些，都成为我校科技产业规模化发展的障碍。

根据我校《八五事业计划和十年规划设想》中关于“有计划、有步骤、多层次、多形式地组织理工各科的力量，搞好科技开发和校办产业工作——重点办好二三个科技产业”的意见，在总结前几年经验教训的基础上，决定“八五”期间重点抓好下列几方面的工作：

依据学科优势，从技术改造入手，把化工厂发展成为以“新材料和专用化学品”为龙头的高科技产业；

面向大农业，开发新型农用生产调节剂(6-BA、KT)系列产品，形成农业化学调控技术产业；

发挥经济学科优势和计算机、系统科学的技术实力，发展有特色的软科学信息咨询产业，筹建面向会计、金融、统计、经济管理的软件公司；

聚合电化、电子学科的技术力量,选择以化学能源和环境仪器为发展方向,形成有特色有规模的电子科技产业;

利用我校现有的辣椒和鲜姜方面的深度加工技术,生产辣椒油、辣椒色素、姜油、姜黄素等系列产品;

开发生物医学试剂等。

二、重点发展的科技企业及主要产品规划

经论证确定,“八五”期间重点发展的科技企业有:

1.厦门大学化工厂,项目为“新材料和专用化学品的生产与开发”。

厦门大学化工厂是全民所有制校办小型综合化工厂,创办于1970年,产品主要有乙苯脱氢催化剂、三十烷醇、胶粘剂等,1992年产值约为400万元,实现利税110万元。现有厂区面积12000平方米,厂房建筑面积3200平方米,水电蒸汽供应设施能满足生产需要。现有职工86人,其中专业技术人员35人。

主要产品之一的乙苯脱氢催化剂,1988年产量为40吨,产值75万元,纯利约10万元。1991年产量73吨,产值175万元,纯利约46万元。中国石化总公司委托研制新型乙苯脱氢催化剂,按合同规定,1994年将完成小规模研制,预期指标要比美国G84C高3～4个百分点。为适应国内催化剂市场的需求,特别是进口催化剂的国产化,需对催化剂车间进行技术改造,使生产能力由目前的年产100吨提高到400吨(产值960万元),生产工艺由目前手工方式改造为基本上机械化生产,方能使产品在物理性能(颗粒的长度、直径的均一性、表面光滑度、机械强度等)方面达到要求。预计1992—1994年间增加投资,需申请贷款400万元,其中用于设备290万元,车间改造及厂房装修80万元,其他30万元。经改造,预计1996年该催化剂销售量为300吨,产值达720万元,实现利税200万元。

主要产品之二是三十烷醇。它是多种农作物的生长促进剂,近年来得到广泛推广应用。1988年销售三十烷醇晶体160公斤,产值29万元,纯利10万元。1991年销售415公斤,产值75万元,纯利26万元。计划由现在的年产500公斤扩大到1000公斤,实现产值180万元,利税50万元。

主要产品之三是中高压陶瓷材料。目前我校研究开发以钛酸锶为基础的中高压陶瓷电容介质材料,已通过技术鉴定。工厂开发生产“低损耗中高压陶瓷电容器用的瓷料”和“PTC热敏电阻器用瓷料”,1992年完成产品定型、生产车间规划,预计到1993年增加投资需申请贷款300万元,其中用于生产设备220万元,检测设备50万元,基建费10万元,其他20万元。预计年产瓷料50吨,产值500万元,实现利税150万元。

以上三项总计增加投资需申请贷款700万元。全面投产后,年创值1400万元,税利400万元。这些材料和专用化产品属于高科技,具有低投入高产出的特点,且市场前景比较好,创造条件抓上去,将使化工厂成为我校粗具规模的高科技产业。

2.开发细胞分裂素(6-BA,KT)系列产品,形成低投入高产出的高技术科技产业。

细胞分裂素在低浓度下,可显著地抑制收获果蔬中蛋白质的减少,保持叶绿素的含量,降低呼吸率,减少水分的损失;因此,可较长时间地保持果、蔬、鲜花的鲜度。它也是组织培养必不可少的组分。开发细胞分裂素系列产品具有很好的前景。

细胞分裂素(6-BA,KT)的制备工艺已完成实验室工作。产品含量大于94%,产品经中科院上海植物所、厦大生物系、福师大生物系、杭大生物系等有关单位试用,活性基本与进口分装样品一致。

目前国内用户主要依赖进口,按占领国内五分之一市场预测,规模可达年产800～1000公斤,3～5年可实现。拟投入固定资产50万元,流动资金20万元,厂房100～200平方米,人员10人,投资回收期一年半。产出:按每年500公斤计,产值200万元,税利100万元。

3.开发功能有机硅系列产品。

计划分三期组织生产。前期产品有高纯度六甲基环三硅氧烷(D3)(国外售价每吨23万美元),低聚二甲基硅氧烷和室温固化硅橡胶(每吨5万元),预计投资需申请贷款200万元,其中用于生产与测试设

备费 150 万元，流动资金 50 万元。预计前期产值可达 300 万元，实现税利 80 万元。

4.辣椒、鲜姜深度加工产业。

由辣椒果深加工可得到高辣度辣椒树脂油和辣椒色素。我校“高辣度辣椒树脂油”已获专利及 1989 年第四届全国发明展览会银牌奖，并经福建省新产品鉴定会通过，已多次在国内转让。无味辣椒色素的生产技术也有多次转让。辣椒果实的深加工可得多种较高经济价值的产品。“八五”期间拟筹建加工一百吨辣椒干的车间，生产无味辣椒色素和辣椒树脂油。固定资产投资 50 万元，厂房 600 平方米，人员 35 名，生产辣椒色素和树脂油共 4 吨，每吨产品成本 40 万元，售价 50 万元，年产值 160 万元，税利 40 万元。

鲜姜的深加工技术也是我校一项新的科技成果，拟同时开发生产姜油、姜黄素等系列产品。

5.以精密仪器厂为基地，开发电动车用电池、空气电池及开放式毛细管电泳仪等新产品。

6.开发生产生物医学试剂。本校抗癌中心在乙肝诊断试剂研究方面居国内先进水平，有小批量生产，未形成规模。现又在开发戊型肝炎诊断试剂、肝癌诊断试剂、鼻咽癌酶联试剂等。根据国内市场分析，戊型肝炎诊断试剂每年 100 万份，产值 500 万元，利税 200 万元的规模是可以实现的。需厂房 300 平方米，冷库 20 平方米，仓库 20 平方米，仪器设备投资 100 万元(分期)。

7.筹建以开发商品化会计软件为先导，形成服务于会计、计划管理、劳资管理、设备管理的完整信息系统的软科学信息产业。

商品化财会软件的出现才是近几年的事，它以很快的速度在发展。我校经济学院、计算机系、系统科学系、计算中心等单位为省、市不同的行业分别开发了大量的软件，虽未形成群体优势，但已有较强的技术实力和实践经验，随着改革开放形势的发展，地处特区的高校，有较好的形成软科学信息产业的优势，加之发挥我校会计等重点学科的优势，发展软件产业的前景是非常好的。目前拟从下面几方面开展工作：(1)集合一支队伍，开发商品化会计软件；(2)与厦门市合作，争取建立会计信息中心。

三、保障措施

为保证我校科技产业“八五”规划的实现，促进校办科技产业的稳步发展，经研究决定采取如下保障措施：

1.统一认识，转变观念，为高新技术研究和科技成果产业化创造良好的环境。当前，要充分认识发展科技产业对促进高校教育和科技发展的地位和作用，改变认为发展校办科技产业是“单纯创收”的观念；在充分发挥我校基础研究优势的同时，进一步树立重视应用研究和开发研究的观念；采取有力的政策措施，鼓励面向经济建设主战场的高新技术研究，促进高新技术成果的转让和实现产业化；积极创造一个真正有利于高新技术研究和科技产业发展的环境，使热心于科技开发和从事科技产业工作的科技人员、管理人员安心工作、积极向上，从而促进校办科技产业的发展。

2.理顺关系，改革体制，为高新技术成果实现产业化创造更有利的条件。发展校办产业几年来的实践证明，只有正确处理校办产业与学校事业的关系，把产业与事业相对分开，按经济规律办事，对产业实行企业化管理，校办产业才能得到迅速发展。这也是发展校办科技产业的必由之路。校办产业管理体制理顺了，才能为科技产业发展创造更有力的条件。为此，我们决定改革用行政的办法、用管事业单位的办法管产业的体制，组建统筹校办产业的“厦门建南集团(有限)公司”，对校办产业实行企业化管理。这就为科技成果进入市场，根据市场要求，促进高新技术实现产业化创造了更有利的条件，提供了更加广阔的前景。

3.采取有力措施，制定优惠政策，促进高新技术成果尽快实现产业化。为了调动校、系所和教师、科研人员发展科技产业的积极性，我们拟制定《厦门大学发展校办科技产业的若干规定》等政策，鼓励教师、科研人员面向经济建设主战场，大力开展高新技术研究和开发工作，吸引有开发潜力的科技成果直接办成校办科技产业。对于发展科技产业有开发前景的科研成果，学校从人力、财力、物力等方面给予全面配套，扶植和促进该成果尽快产业化；对于已经形成的科技产业，从产业收益中直接划拨专项开发基金，支持成果获得者继续从事开发研究工作;对于发展科技产业的有贡献的教师、科研人员,从职称评定、住房分配、工资奖金、利润分成等方面,给予特殊的优惠和奖励。在学校内部真正形成一个全员关心校办产业发展的良好风气,促进科技产业的尽快形成和发展。

4.挑选人才,优化组合,建设一支稳定而强有力的科技产业队伍。校办科技产业的发展,既需要有一支勇于探索、善于学习、认真踏实的骨干力量,又要有一批适合技工贸要求的专业人员,还要有一批符合科技产业特点训练有素的职工队伍。为此,我校决定切实抓好科技产业队伍的建设。一方面,注意挑选有开发能力和献身精神的技术带头人,带着科研成果,暂时离开教学科研岗位,专心领办科技产业;另一方面,物色和动员一批懂科学、善管理、会经营的人才,专职从事科技产业的管理经营工作,从而确保一支素质良好、结构合理、相对稳定的产业队伍的逐步形成。

5.采取多种形式,争取社会配合,确保校办科技产业健康顺利地发展。发展校办科技产业是一项复杂的社会系统工程,具有技术要求高、投资强度大、更新速度快、市场竞争强等特点,同时涉及面广、政策性强、关系也比较复杂。因此,在实现形式上,既要有完善的内部保障机制,更需要全社会的支持和配合。我们拟在理顺体制、配套政策、健全队伍的同时,立足特区,依托学校高新成果优势,引进外资,采取合资、合作、技术入股以及学校自筹、群众集资和社会联合等多种形式,筹措资金,创造条件,保证校办科技产业的快速发展;我们要主动地争取所在地方政府对发展高科技产业的支持,在信贷、人员、原材料和税收等方面给予政策上的优惠;我们也希望国家教委在组织制定规划的基础上,能通过相关的渠道,争取高校的科技产业发展规划能列入所在地方政府的经济发展总体规划,并设立高校科技产业的扶植基金,提高高新技术成果商品化、产业化、国际化的实力和承受风险的能力。只有这样,高校的科技产业才能蓬勃发展。

厦门大学
1993 年 3 月 5 日

——本文摘录自《厦门大学科技产业“八五”发展规划》,厦大综〔1993〕14 号,档号 1993-XZ09-1

在科技体制改革的推动下我校科研工作跃上新台阶

（1993年3月30日）

随着我国科技体制改革的不断深入发展，我校科学研究工作在稳定基础、加强应用、发展高新技术方面均跃上了新台阶，更好地为社会主义经济建设服务。

近二年来，学校注重发挥学科优势，调动广大教师、科研人员的积极性，在向外争取科研项目及科研经费方面，取得较显著的成绩。1992年全校科研经费实际到位数达977万元，比1991年的490万元净增一倍，是“七五”期间年均科研经费400万元的2.4倍。自然科学研究方面，总经费为833万元，由教师、科研人员向外争取的纵、横向各类科研经费为706万元，比1991年的292万元净增1.4倍，其中企事业单位委托的横向应用与开发研究经费达350万元，约占对外争取总经费的一半；社会科学研究方面，总经费为144万元，由教师、科研人员向外争取的纵、横向科研经费为80万元，比1991年的13万元净增5倍多，其中有10万元经费是企事业委托的横向科研经费。

近年来我校不仅科研经费有较大幅度的增长，而且科研课题的层次与性质亦有明显变化。1992年，自然科学研究方面的426个在研课题中，有2项国家攀登计划课题，其中一项是化学系张乾二教授等承担的“多体理论中的键表酉群方法”，另一项是化学系万惠霖教授等承担的“优化固氮活性模型信息研究”；还有4项国家“八五”科技攻关课题，2项国家“863”高新技术项目。社会科学研究方面的134个在研课题中，有6项“八五”国家社会科学重点课题。承担各类国家级重大研究课题，表明我校在上述领域中有较扎实的理论基础和较强的技术研究实力。

此外，我校还承担了15项国家自然科学基金及部委级重大或重点课题，其中6项由45岁以下年青教师承担。化学系教授郑兰荪博士获得国家优秀中青年人才专项基金25万元，是首批获得该项基金资助的14位中青年科学家之一。1992年，全校回国留学人员获国家教委的科研启动费52万元，使我校成为获得该类资助的少数大户之一，显示了我校年轻科研队伍的实力。

近二年来，我校基础研究方面稳步发展，取得不少优秀成果，在应用与开发研究、高新技术研究方面亦有可喜收获。仅1992年，自然科学方面发表研究论文513篇，其中在国外、国际性学术刊物上发表53篇，哲学社会科学方面发表论文1135篇，其中在国外、国际学术刊物上发表25篇，全校获省、部委等各类科技成果奖24项，其中10项成果获国家教委科技进步奖，为福建省高校获该项奖励总数（11项）的91%。获得国家教委科技进步二等奖的三项成果分别是：化学系林仲华教授等4人完成的“光学光谱电化学”，该成果在分子水平和电子结构层次上深化对电化学界面结构、吸附行为和动力学过程的认识，创立电化学新理论，促进我国电化学研究进入国际先进行列，居国际先进水平；海洋系黄奕普教授等4人完成的“海洋环境中铀系不平衡的研究”，该成果运用海洋环境中铀（钍、锕）系不平衡研究一系列重大的海洋学问题，填补了我国该领域的空白，达到国际先进水平，在有关分离钍、铀、铁的“单柱法”，东澳大利亚珊瑚礁年龄的重新评价等方面的研究居国际领先水平，该成果对我国海洋地球化学水平的提高起重要推动作用；海洋系陈金泉教授等5人完成的“湄洲湾海域污染物迁移扩散自净能力及其利用研究”，该成果对水动力学及污染物的扩散、输运和自净过程的研究达到国际先进水平，在水质数值预测模型及水质控制研究方面具有国际领先水平，它已为湄洲湾的合理开发及今后的水质管理提供了科学依据。

在近二年通过技术鉴定的38项科技成果中，达到国际先进水平以上的有14项，且多数是应用与开发研究成果,它们均已在不同程度上推广应用。其中化学系郑兰荪教授等完成的“激光等离子体源飞行时间质谱计”,化学系林昌健教授等完成的“不锈钢表面耐蚀处理方法”等成果均达到国际领先水平。获得国家教委科技进步三等奖及国家发明专利的科研成果“多效唑(PP333)的制备方法”,是化学系廖联安副教授等人完成的,该成果已在省内外推广应用,多效唑在农业上的应用已正式列入“国家科技成果重点推广计划”,它用于水稻、油菜的壮秧技术已被农业部列为“八五”至本世纪末十大重点推广项目之一。海洋系与电子工程系承担的国家“863”课题也取得可喜进展,水下图像全方向传输,实现了每 8 秒传输一帧 160×100 个像素,灰度级 8 级,能在 1000、2000、4000、7000 米等距离上接收到稳定的、清晰的图像,其研究进展居国际领先水平。

我校的科学研究,注意以多种形式为厦门特区的经济建设服务,取得一定成绩。1992 年全校文理科在研的科研项目中为厦门特区服务的横向课题有 36 项,其中 10 项已通过技术鉴定。我校与厦门市工厂、企业共同完成的“微机控制啤酒工艺参数采集系统”“玻璃窑炉微机控制系统”“食用氢化油新型催化剂—油脂氢化 NCAS-145 型催化剂”等科研成果,已在生产上运用并取得显著经济效益与社会效益。计算机系林旌扬副教授等人完成的“国贸计算机网络管理信息系统”,不仅在厦门国贸运行,而且成为厦门市外经委指定向全市外贸单位推广的项目。生物系许宏毅副教授等完成的“养殖对虾病害的预测预报及其防治”研究,在国内首次建立了对虾弧菌病免疫学快速诊断技术,并研制了“厦大 1 号、2 号、3 号”等系列药物饵料,有效地预防和治疗对虾细菌性病毒,深受虾农的欢迎,并取得显著的经济效益和社会效益。

——本文摘录自《厦门大学》(校刊),1993 年 3 月 30 日第 281 期

厦门大学高等专科专业学分制教学计划总则

（1993 年 3 月）

一、培养目标

本校的高等专科教育面向社会实际部门，培养德、智、体全面发展的应用型专门人才。学生毕业后可从事与本专业相关的具体业务工作。

具体要求是：

努力学习马列主义、毛泽东思想；具有良好的道德品质修养；有为祖国四化建设事业献身的理想和艰苦奋斗、为人民服务的精神；自觉遵纪守法。

掌握本专业的基础理论知识；熟悉本专业的基本业务与技能；具有运用所学知识与技能，解决实际问题的能力；初步掌握一门外语。

具有健全的体魄。

二、学制：二年或三年。

三、学分

二年制专科最低学分总数为 80 学分；三年制专科最低学分总数为 120 学分。

原则上每周上课一学时、课外自学两学时，上满一学期，折算为 1 学分；体育课每周两学时，上满一学期，折算 1 学分；实验课、习题课每周 2～3 学时，上满一学期，折算 1 学分；生产实习、科研训练或毕业总结按相应学习量计算学分，大约每周集中学习时间 48 小时左右，折算 1 学分。

课程教学大纲中规定必须进行的教学实习、现场教学等活动，其学习量计入该课程之内，不另计学分。

四、课程设置

第一类：必修课，包括学校统一规定的政治理论课、外语课、体育课；以及专业基础课、专业课。

1.全校统一规定的必修课有：

思想道德修养：2 学分（一年级上、下学期开设）。

马克思主义原理：3 学分（文科二年级上学期、理科二年级下学期开设）。

体育：2 学分（一年级上、下学期开设）。

英语：二年制专科 12 学分（分三学期开设）。

三年级专科 16 学分（分四学期开设）。

2.专业必修课（专业基础课和专业课），根据各专业情况确定。

第二类：选修课，视各专业需要而定。

五、其他教学环节

为突出高等专科教育的应用特点，在制订专业教学计划和进行课程教学的过程中，应大力加强对学生实践动手能力的培养。一般而言，实践性教学（包括实验、设计、上机、实习、调查等）的时间应占专业教学时间三分之一以上。其中，学校统一规定的有：

科研训练（或毕业总结）：4 学分。

实习（含文科社会调查等）一般安排 4 周左右。凡安排在教学计划内的可计算学分。

生产劳动不计学分，但应进行考核。

六、时间分配

1.二年制专科,共98周,其中:

课内教学(含科研训练、总结)80周;

生产实习(亦可用于课内教学)4周;

寒假14周。

2.三年制专科,共150周,其中:

课内教学(含科研训练、总结)122周;

生产实习(亦可用于课内教学)4周;

寒暑假24周。

——本文摘录自《厦门大学学生手册》,档号1994-XZ12-3

厦门大学攻读硕士学位研究生中期水平考核分流试行办法

（1987 年 8 月 6 日校办公会议通过）
（1993 年 4 月修订）

第一条　为贯彻执行国家教委(86)教研字 030 号《关于改进和加强研究生工作的通知》精神，围绕研究生教育要贯彻“面向现代化、面向世界、面向未来”这一总的指导思想，改进研究生培养工作，促进多出人才、快出人才、出好人才，决定在我校试行研究生中期水平考核分流办法(以下简称“研究生中期分流办法”)。

第二条　研究生中期分流办法旨在对研究生实行鼓励与淘汰相结合的管理原则，鼓励竞争，以使优秀人才脱颖而出，迅速成长。而思想品德差，课程成绩不合格，缺乏科研和实践能力且又不刻苦学习的研究生也可较早得到适当安排。

第三条　硕士生应在入学后一年半接受统一安排的水平考核。考核的内容：一、政治思想表现；二、硕士学位课程的成绩；三、科研和实践能力或科研成果的数量和质量。

考核的结果一般分为：优秀、良好、合格、不合格四等；对个别特别突出者，给“优异”等级。

考核的办法是：

一、由各系(所、室)负责研究生政治思想工作的总支书(或副书记)和分管研究生工作的系主任(或副主任)负责组织考核。

二、着重考核研究生平时的政治思想表现和学习、科研情况。一般不另行组织统一考试。考核时要客观、全面、实事求是，不徇私情。

三、对具有优异才能，在科研上表现突出的少数研究生，组织包括指导教师在内的四至六位同行专家进行认真评议。

四、在考核中如发现少数思想品德差，或学业成绩差，或科研能力低下的研究生，应组织指导教师、同行专家和各系(所、室)分管研究生工作的总书记(或副书记)和系主任(或副主任)四至六人全面考察，认真研究，慎重做出结论。

五、各类考核的结果，均需记录在案。经各学位分委员会认真审核后，上报研究生院。

第四条　硕士生中期分流的去向为：一、经系校严格考核免试提前攻读博士学位；二、提前毕业分配工作或提前毕业参加攻读博士学位研究生入学考试；三、按原培养计划进入硕士论文阶段；四、中期淘汰；课程成绩合格，但缺乏科研能力的，按研究生班毕业处理，课程成绩不合格者，按结业处理，作为本科生毕业分配工作。

具体标准如下：

(1)思想品德好，成绩优秀、科研和实践能力较强，得到指导教师或同行专家好评，有进一步培养前途的，如已完成毕业论文，可以提前进行学位论文答辩，答辩通过者，准予毕业并授予硕士学位分配工作；如本人愿意继续攻读博士学位的，可以参加当年入学考试。

(2)思想品德好，成绩优异，科研能力突出，科研成果得到国内外同行专家的赞许，除按(1)中的有关办法处理外，还可免试提前攻读博士学位；在选拔与国外联合培养博士生人选时，优先推荐。

(3)课程成绩良好或合格，具有科研和实践能力的，可继续攻读硕士学位。

(4)课程成绩合格,但明显缺乏科研和实践能力的,应终止攻读硕士学位,按研究生班毕业。

(5)思想品德差,或学习态度很不端正的,课程成绩不合格,明显缺乏科研能力的,应中止攻读硕士学位,以结业处理。

(6)学位课程两门不及格,取消学籍;一门不及格,重修一次后仍不及格,取消学籍。

第五条　中期分流的处理应严肃慎重,实事求是。一般情况下应为两头小,中间大。

第六条　对中期结业或肄业的研究生,将发给中期结业或肄业证书,并由学生工作处按国家有关规定执行,分配适当工作。

第七条　本办法经校办公会通过后,在1986级攻读硕士学位研究生中开始试行。

——本文摘录自《厦门大学研究生工作手册》,档号1992-XZ28-2

厦门大学关于攻读博士学位研究生培养工作的若干暂行规定(试行稿)

(1993年4月)

根据《中华人民共和国学位条例》《中华人民共和国学位条例暂行实施办法》和国家教委关于加强博士研究生培养的有关精神,结合我校目前的实际情况,制定本暂行规定。

一、培养目标

博士生的培养,必须全面贯彻"面向现代化、面向世界、面向未来"这一总的指导思想,必须坚持德、智、体全面发展的方针,贯彻理论联系实际的原则。具体要求是:

1.博士生是接受最高层次培养的专门人才,他们应掌握马克思主义的基本原理和科学方法论;具有正确的政治方向,坚持四项基本原则,坚持改革、开放;热爱祖国、热爱社会主义;自觉遵纪守法,品德高尚,具有强烈的事业心和献身精神,积极为社会主义建设事业服务。

2.在本门学科上具有坚实宽广的理论基础,掌握系统深入的专门知识;掌握两门外国语;具有严谨的学风能够独立从事学术活动和科学研究,并取得创造性的成果,达到《中华人民共和国学位条例》规定的博士学术水平。

3.具有健康的身体。

二、学习年限

博士研究生的学习年限一般为三年,在职博士生为四年。个别因特殊情况需延期的,须向研究生院提出申请,经审核批准后可以延期,但不得超过一学年(在延期学习期间,国家不再拨给培养经费和助学金)。

在职博士生在学期间,应有三分之二的时间用于课程学习和科学研究工作。

三、课程安排

博士生的学位课程时间一般占总学时的三分之一。学习的方式一般以自学为主。具体要求是:

1.马克思主义理论课

要求进一步掌握马克思主义的基本理论。

文科各专业的博士生开设"马克思主义与当代社会思潮"课程。在学生自学马克思列宁主义有关原著和当代社会科学代表性名著的基础上,进行专题研讨。在教师指导下,由学生根据马克思主义的基本观点,结合本专业的特点撰写一篇评述当代社会思潮的课程论文。

理工科各专业的博士生开设"现代科学技术革命与马克思主义"的课程。在学生自学马克思主义哲学有关原著和现代科学技术革命有关代表著作的基础上,进行专题研讨。在教师指导下由学生根据马克思主义的基本观点,结合本专业的特点,撰写一篇课程论文。

文科和理工科各类专业博士生的马克思主义理论课均按200学时(包括课内外)安排,其中教师讲授和集体讨论应不少于50学时。

提交的课程论文,应在入学后一年内完成,任课教师应及时将博士生马克思主义理论课的成绩评定表送研究生院备案。

2.外国语

博士生必须掌握两门外国语。

(1)第一外国语一般由研究生院统一组织上课,课内安排144学时。要求达到读、写、听、说四会,能够熟练地阅读本专业的外文资料,有一定的写作能力和初步的听说能力。在本课程修完时要进行过关考试。

(2)博士生入学考试成绩优良者(80分以上)可申请免修第一外国语,但必须参加过关考试。

凡通过国家一级考试成绩合格者(如托福、GRE、EPT考试,成绩两年内有效)或经过出国外语培训且有合格成绩证明者,或在国外学习或工作时间达一年以上者,可以申请免修第一外国语,不必参加过关考试,记载“合格”成绩。

(3)第二外国语为博士生的必修课。一般由研究生院统一组织上课,课内安排144学时,要求达到有阅读本专业外文资料的初步能力。本课程修完后要通过考试。

凡在硕士生阶段已选修过第二外国语,且成绩合格者,可申请免修,并按原来的成绩登记。

(4)特殊专业经校学位委员会批准,可免修第二外国语。

3.基础理论课和专业课

每个专业应根据各个博士生的特点,开设二至三门的基础理论课和专业课。课程应明确规定学习内容和考试范围,要注意博士和硕士阶段学位课程的衔接和层次上的区分。作为二级学科的基础课和专业主干课应在硕士阶段打好基础,以便通过所修课程的学习,切实使博士生在本门学科上掌握坚实宽广的基础理论和系统深入的专门知识。同等学力或跨专业考入的博士生,根据本专业需要应补修硕士阶段的基础理论和专业理论的学位课程三至四门,凡是未补修的,一律不得进入博士论文阶段。

为了检查博士生学习情况,每门课程必须进行考试,评定成绩。有一门必修课程考试不及格,即取消学籍。

在学完全部课程后,要举行一次综合性学科考试。综合考试须按一级学科组成考试委员会,其委员会成员名单于考试前半个月内报研究院审定。

博士生必须通过学科综合考试,方能进入博士论文工作。

四、学位论文

学位论文在博士生培养工作中占有极其重要的地位,应在导师指导下,由博士生本人独立完成。博士生至少要用两年时间进行学位论文工作。

博士生入学后,应在导师指导下,明确研究方向,并在收集资料和调查研究的基础上确定研究课题。一般要求在入学后一年左右在教研室里做一次选题报告,广泛听取意见。

在论文工作中,应十分重视实践训练。没有从事过实际工作的博士生,更必须加强社会实践和科研训练。

博士生学位论文应能反映作者在本门学科上掌握了坚实宽广的基础理论和系统深入的专门知识,表明作者具有独立从事科学研究工作的能力,取得创造性的成果,具有一定的实用价值或理论意义。

博士生学位论文答辩和学位授予工作参照《中华人民共和国学位条例暂行实施办法》和《国务院学位委员会关于做好博士研究生学位授予工作的通知》等有关文件办理。

五、学籍及成绩管理和中期分流

1.博士生须在入学后的两个月内,在指导教师指导下填写《厦门大学攻读博士学位研究生个人培养计划》(一式三份),并由导师、教研室主任、系(所、室)主任签章后送研究生院审核,方正式取得学籍。

2.博士生的学籍及成绩管理参照《厦门大学研究生学籍暂行规定(讨论稿)》和《厦门大学关于研究生成绩考核试行办法》等有关文件办理。

3.对在校博士生建立必要的分流制度。

博士生在进入论文工作之前(一般一年左右)进行一次考核,全面审查该生各门课程的单科考试成绩和单科综合考试成绩,以及政治思想表现和身体状况。达到基本要求者,允许进入论文阶段;不符合基本要求者,停止论文工作,其中已取得硕士学位的,按硕士毕业生分配工作;未取得硕士学位的可转为攻读硕士学位。

其他有关分流的规定参照《厦门大学攻读硕士学位研究生、研究生班研究生中期水平考核分流试行办法》的精神。

六、培养方法

博士生的培养宜采取导师负责和由以博士点学术梯队为主体的指导小组集体培养相结合的方法。把导师个人负责制与集体指导结合起来,负责指导博士生的课程学习、科学研究及思想政治教育。同时要注意组织横向指导,注意开辟与国内外合作培养博士生的渠道。

导师应全面关心博士生的成长,做好教书育人工作。

指导小组成员由导师推荐,所在教研室同意,系(所、室)审核,报研究生院批准。

本暂行规定自颁布之日起,从1986级博士生起开始试行。

1987年10月制订

1993年4月修订

——本文摘录自《厦门大学研究生工作手册》,档号1992-XZ28-2

厦门大学关于试行学分制修订各专业硕士生培养方案的几项规定

(1987年8月6日校办公会议通过)

(1993年4月修订)

为了贯彻教育要“面向现代化、面向世界、面向未来”的指导思想,为使我校各专业硕士生培养方案更好地适应四化建设和学科发展的需要,提高我校硕士生培养水平,对我校现行的攻读硕士学位研究生的培养方案做如下修订。

一、培养目标和研究方向

硕士生的培养,应坚持四项基本原则,坚持改革开放,坚持德、智、体全面发展的方针。具体要求是:

1.研究生是接受高层次培养的专门人才,应该是品学兼优,有理想、有道德、有文化、有纪律,热爱祖国和社会主义事业,具有为国家富强和人民富裕而艰苦奋斗的献身精神和创业精神,热忱为四化建设服务的新一代。

2.在本学科内具有坚实的理论基础,掌握系统的专门知识,具有较宽的知识面;掌握现代实验技术,具有运用计算机的能力;较熟练地掌握一门外国语,具有独立进行科学研究、教学工作和承担专门技术工作或其他实际工作的能力,达到《中华人民共和国学位条例》规定的硕士学术水平。

3.具有健康的身体

各专业应根据上述总的培养目标,对本专业研究生提出具体的培养要求。在确定研究方向时应考虑四化建设和学科发展的需要,防止过窄、过偏的倾向。

二、学习年限和时间分配

1.硕士生学习年限一般为三年,成绩优异者可酌情缩短为二年至二年半。研究生班的学习年限定为一年半(全脱产)。

2.研究生用于课程学习的时间约占一半,毕业论文工作不得少于一年。研究生班只安排课程学习。

三、总学分与各类课程的学分配比

每门研究生课程的学分数应在培养方案中列出。硕士生至少应修满32学分,一般以32~34学分为宜。其中学位课程(包括马克思主义理论课,第一外国语,三至四门基础理论课和专业课)应修满20~22学分,选修课不得少于总分的三分之一,具体由各专业根据需要确定。

研究生班的学员至少应修满30学分。

四、课程设置

课程设置应着眼于使研究生掌握坚实的基础理论和系统的专门知识,有效地提高实际工作能力,课程内容应同本科生课程有质的区别,能体现学科的当前发展水平,应变准确;严密地阐明基本概念与原理。

学位课程应由副教授以上职称的教师担任,要求指导教师至少能为研究生开出一门课程(必修或选修课程)。

每门研究生学位课程和主要选修课程都必须制定教学大纲并定期进行修订。

(一)必修课程:所有学位课程都是必修课程

1.马克思主义理论课　5学分

所有文、理、工硕士研究生和研究生班学员都要参加“科学社会主义的理论与实践”课的学习。学习时间一个学期,课内安排36学时,由教师进行专题辅导和讲授。成绩合格者,记3学分。

文科各专业还要结合本专业的特点开设“马克思主义经典著作选读”课,学习时间一个学期,课内安排70学时,在学生自学指定的马克思主义原著的基础上,由老师进行专题辅导讲授。成绩合格者,记3学分。

理、工科各专业还要开设“自然辩证法概论”课,学习时间一个学期,课内安排54学时,成绩合格者,记3学分。

2.第一外国语(含专业外语) 6学分

第一外国语分为语言基础与专业外语两部分。语言基础课安排216学时,由学校统一开课。专业外语可与专业课学习或学位论文准备工作相结合,其学时安排及指导教师由各单位确定。

硕士生凡未达到国家教委《研究生外国语学习和考试的规定(试行草案)》的要求并通过学位课程(一般指语言基础部分)考试者,一般应重修一年。

3.基础理论课和专业课 9～12学分

每个专业一般应开出二至三门按二级学科设置的共同学位课程和一门具有各研究方向特点的学位课程(特殊专业除外)。

(二)选修课程:10学分左右

1.第二外国语为选修课,课内安排84学时,成绩合格者,记3学分。

2.鼓励硕士生跨系、跨专业选修研究生课程或与专业关系密切的本科生主干课程,成绩合格计学分。

3.凡未修过“计算机语言”课程的硕士生,均应由所在系安排和补修,不计学分。已修过该课程的硕士生要提供证明,否则不能参加毕业论文答辩。

4.同等学力或跨专业考入的硕士生,应根据专业需要补修某些大学本科的主要课程。补修的课程一般不给学分,但如补修的课程门数课时过多,因为无力再行选修其他课程者,可酌情给予学分,但一般不超过5学分。

(三)教学实践:2学分

教学实践课为研究生的必修课,是培养研究生工作能力的重要环节之一。硕士生参加大学本科教学实践应不少于120学时(研究生兼任助教工作的,可计入教学实践时间)。研究生教学实践结束后,应由指导教师填写“教学实践报告表”,考核合格者,记2学分。

凡具备大专院校二年以上教龄或在职教师人员考上硕士生者,可申请免于参加教学实践。获准免修者仍记2学分。

(四)学位论文

硕士生至少要用一年时间进行学位论文工作,不计学分。

学位论文在硕士生培养工作中占有重要地位,应在导师指导下由研究生独立完成。硕士学位论文对所研究的课题应当有新的见解,以表明作者具有独立开展科学研究的能力。

五、按照《厦门大学攻读硕士学位研究生中期水平考核分流试行办法》的规定,将对在学研究生进行筛选。

六、过去有关文件以本《规定》为准。

七、《规定》经校办公会议批准后,从1987级研究生开始执行。

——本文摘录自《厦门大学研究生工作手册》,档号1992-XZ28-2

厦门大学关于硕士研究生成绩考核试行办法

(1987年8月6日校办公会议通过)

(1993年4月修订)

为了贯彻《中华人民共和国学位条例》及其《暂行实施办法》和国家教委(86)教研字030号《关于改进和加强研究生工作的通知》精神,检查研究生教学的效果,保证培养质量,现对原《厦门大学关于硕士研究生成绩考核的意见》做如下修订。

一、考试科目:所有必修课和选修课,都要进行考试。

二、考试方式:必修课程以笔试为主,其他课程可根据不同的情况,采用笔试(闭卷或开卷)、口试(必须有明确的试题)等多种形式,但无论采用何种形式,都必须严格围绕教学大纲的内容进行。采用笔试形式的,要将试卷交系统一保管。采用其他形式的要仔细登记"研究生课程成绩评定表"送系统一保管(其中采用口试形式的,其试题及详细记录,均要保留存档)。

同等学力或跨专业考入的研究生补修大学本科专业课程,一般采用考查方式,但不计学分。如补修课程过多,没有能力和时间去选修其他课程,在考查合格的前提下,可视具体情况给予适当的学分,但一般不得超过5学分。

三、评分批准:各门学科的成绩评定主要以结束时考试成绩为依据,必要时可参考平时的成绩。必修课程考试成绩评定,标准是:90分以上为优,80~89分为良,70~79分为中,60~69分为及格,59分以下为不及格,学位课程考试成绩以70分为合格,选修课以"及格"为合格,成绩合格可取得学分。

四、命题要求:各门课程的考核要坚持理论与实际相结合的原则:要求研究生全面掌握本课程大纲规定的内容,并要有一定的深度;注意考察研究生分析和解决问题的能力。

命题力求难易适度,分量得当,以利鉴别每个研究生的实际水平。各门课程的考试题目,应由有关教研室审定。考试前有关教研室和教师,对试题要加以保密,不得以任何形式暗示试题内容。

五、考试时间:一般安排在每个学期结束前的二周内,如个别课程情况特殊,可视具体情况另行安排。

六、课程免修:马克思主义理论课和某些实践性较强的课程,原则上不得免修。研究生要求免修其他课程,应由本人提出申请,经导师或教研室同意,系主任审批,其中公共必修课须经研究生院审批:要求免修的课程必须经过考试,试题须经教研室和系主任审阅,成绩应达到教学大纲要求的"80分"以上的水平,方可免修。免修课程在学籍总卡及记分册中,注明"免修"字样,并按正式修课对待,将成绩登记和计算学分。

有以下情况者,第一外国语基础部分可以申请免修,但专业外语部分不得免修:

(1)凡通过国家一级考试合格者(TOEFL、EPT考试,六级考试成绩70分以上,成绩两年内有效),可以申请免修,但必须参加过关考试。

(2)凡是外文专业或其他涉外专业本科毕业生考上其他专业的研究生,可以申请免修,但必须参加过关考试。

七、缓考问题:研究生如有特殊原因(如本人因住院或家中亲人突然死亡)不能按时应考,可以事先申请缓考,经任课教师同意,系主任批准(公共必修课须经研究生院批准),方可缓考。擅自缺考者,或申请缓考未获批准而不参加考试者,其成绩按不及格论处,是否可以重修,视具体情况酌情处理。

缓考的试题必须同正常考试的一样,不得降低要求。

八、取消补考和重考

培养方案中规定的学位课程,如有两门考试不及格,取消学籍;如有一门考试不及格,可以在下学年内重修一次,考试仍不及格,取消学籍。

学位课程考试成绩不合格,允许重修一次,但不得超过两门。如重修后仍有一门考试不合格,不得参加学位论文答辩,成绩及格者,按研究生班毕业处理。

选修课程如不及格,不计学分。欲取得该门课程学分,须重修,及格者方能取得学分。

九、社会调查和业务实习:研究生在社会调查和业务实习前,应提交调查提纲和业务实习的目的及内容,完成后向导师提交调查和实习报告。导师应根据研究生的实际情况,写出评语,并以“合格”“不合格”评定成绩。合格者可计学分。

十、教学实践:教学实践课程为研究生的必修课,一般不得免修。教学实践完成后,应由指导教学实践的教师填写“教学实践报告表”,写出评语,并以“合格”“不合格”评定成绩。合格者可计学分,不合格者必须重修。

如研究生入学前在大专院校任教两年以上,可提供证明申请免修。经研究生院审核后,可免修并记“合格”成绩和计算学分。

十一、考试作弊问题。对在考试中作弊的研究生,除给予必要的纪律处分外、该门课程成绩以“0”分登记,并注明“作弊”字样,不得补考,不得授予学位。

十二、论文成绩评定。论文的成绩评定分为“合格”“不合格”两种,不计学分。合格者给予毕业,不合格者按结业处理。学位授予工作按我校《硕士学位和博士学位授予工作细则》办理。

十三、研究生在校学习期间因故自动退学,作肄业处理。

十四、各系(所、室)研究生教学管理人员应认真填写和妥善保管好“厦门大学研究生学籍总表”;对各门课程的试卷和“研究生课程成绩评定表”一定要及时收齐,妥善保管。

十五、本办法经校办公会议通过之日试行,原有的规定如有与本办法不一致的,按本办法执行。

——本文摘录自《厦门大学研究生工作手册》,档号1992-XZ28-2

厦门大学培养在职研究生试行办法

厦大校研字〔1984〕13号

(1993年4月修订)

培养在职研究生是提高青年教师教学和科研水平,加速师资队伍建设的一项措施。根据《研究生条例》有关规定,制定如下试行办法。

一、报考在职研究生的我校职工必须参加研究生招生统一考试。被录取为“在职研究生”的,编制仍在所在系(所、室)、教研室(研究室),边工作,边学习,工资及福利待遇不变。根据教育部、财政部(81)教计财字266号文件精神,在职研究生享受研究生学籍待遇(按同专业脱产研究生年限发给)。

二、我校脱产攻读硕士研究生学习年限一般为三年,脱产攻读博士研究生学习年限为三年,在职研究生学习年限可相应延长一年。在职硕士研究生每年至少用二分之一的时间进行学习,在职博士生每年至少用三分之二时间进行学习。所在单位应根据“培养方案”的要求,合理予以安排,做到学习、工作两不误。

三、在职研究生的教学与学位论文工作安排:

1.在职研究生应在入学二年内通过政治理论课和第一外国语的考试。

2.业务必修课必须在第三学年内修毕,并通过学位课程考试。

3.最迟应在第三学年内确定学位论文题目,从事学位论文工作的实际时间不得少于一年。在职研究生从事学位论文工作时,根据各专业的具体情况,可脱产半年至一年。

4.在职研究生在录取前如已担任过一年(含一年)以上大学本科的教学工作,教学实践课可以免修。

四、指导教师应与在职研究生所在的教研室(研究室)密切配合,安排好在职研究生的学习和工作,并指导订好个人学习计划。

五、在职研究生根据上述各项规定,提前完成“专业培养方案”中的各项任务,经校长批准可以提前毕业。

——本文摘录自《厦门大学研究生工作手册》,档号1992-XZ28-2

厦门大学研究生学籍管理暂行规定(试行稿)

(1993 年 4 月)

为了加强研究生的学籍管理,建立正常的教学秩序,保证完成国家交给我校培养研究生的任务,根据原教育部《研究生学籍管理暂行规定》(修改稿)的精神,结合我校具体情况,制定本暂行规定。

一、入学与注册

第一条　新生持录取通知书和有关证件(户、粮关系,工资关系,党、团关系等),按规定日期到校报到。如有特殊原因不能按期报到者,须凭有关证明请假。请假时间最多不得超过一个月。病假一个月后,仍不能报到者,凭县级以上医院证明,可申请保留入学资格一年,由所在系(所、室)签署意见,校医院核查,报校长批准。

新生入学后,在三个月内进行政治和健康复查。在复查中有下列情况之一者,经所在系(所、室)提出,报研究生院审核,校长批准,取消入学资格。

1.无故逾期两周不报到者;

2.事假超过一个月;

3.病假超过一个月,不申请保留入学资格,不报到者;

4.在健康复查中,有不符合体检标准者;

5.发现入学前有严重政治问题或道德败坏者,或在报考过程中有徇私舞弊行为者。

第二条　新生在健康复查中,发现有疾病不能坚持正常学习,由校医院证明,经过治疗在一年内能达到健康标准的,由本人申请,所在系(所、室)主任(所长)签署意见,报校长批准,可以保留入学资格一年,回家或原单位治疗。

新生因病保留入学资格期间,在职人员回原单位,按国家有关患病职工的规定对待;高等学校应届毕业生(本科生、硕士生)由我校发给原本科生、硕士生助学金,享受公费医疗;其他人员,回家休息治疗,费用自理。

保留入学资格的研究生,应于下学年新生入学前一个月提出入学申请.并附县级以上医院证明书,寄所在系(所、室)办公室,经系(所、室)及校医院审查同意后,通知其到校复查。复查合格,由校医院证明,送研究生院审核,报校长批准,办理入学注册手续。复查不合格或逾期不办理手续者,取消入学资格。

第三条　每学期开学时,研究生应在规定日期内到系(所、室)办理报到注册手续。研究生因病、因事不能按时到校注册者,均须事前向系(所、室)请假并提供证明。不请假或请假未获批准而不按时注册者,以旷课论。对旷课的研究生将根据情节轻重和认识错误的态度,进行批评教育或给予纪律处分。无故逾期两周不注册者,或在一学期内旷课累计达两周以上(含两周)者,按自动退学处理。

二、转学和转专业

第四条　研究生一般不得转学和转专业。如因专业调整和导师变动,或因其他特殊情况本单位不能继续培养,可以转学或专业。

在校内转专业的,由所在系(所、室)提出申请,征得拟转入系(所、室)同意,送研究生院转报校长批准。

转学的,由所在系(所、室)提出申请,经研究生院审核,校长批准后,由研究生院与拟转入单位联系,在征得拟转入单位同意后,方可办理转学手续(包括解决户口问题),并报国家教委备案。

外单位研究生要求转入我校者,应由申请人所在单位向我校研究生院提出申请,经审查,确认其符合转入条件并征得转入系(所、室)和指导教师同意,报校长批准后,由研究生院通知申请人所在单位办理转学手续。

三、休学与复学

第五条　研究生因病不能坚持学习,经校医院诊断证明,确需休息并在短期内可以治愈的,由本人申请,所在系(所、室)审核(附校医院诊断证明书),送研究生院转报校长批准休学。

第六条　研究生休学,一般以一学期为限,期满后仍不能复学的,可继续申请休学,但休学时间累计不得超过一学年。休学期满未申请继续休学而不按期复学,或休学满一学年仍不能复学的,做退学处理。

第七条　因病休学的研究生,休学期间享受公费医疗(可在当地公立医院就诊,医疗费按公费医疗管理规定办法向校医院报销,办理报销手续最迟不得超过当年年底)。休学半年者,助学金照发,超过半年者,发给百分之七十,书籍费一律停发,休学离校的,其往返路费一般由本人自理,经济确有困难者,由本人申请,经所在系(所、室)批准,在研究生困难补助费中酌情予以补助。

第八条　研究生休学期满,必须持县以上医院诊断证明书,在学期结束前 2 周向所在系(所、室)申请复学,经所在系(所、室)同意和校医院复查,确认能坚持正常学习者,由所在系(所、室)主任(所长)在申请书上签署意见并附校医院证明,送研究生院转报校长批准,才能办理复学手续。

四、退学

第九条　研究生休学期满不申请复学者;或准予复学,而在开学后两周内不到校办理复学手续者,按自动退学处理。休学一年期满仍不能复学者,予以退学。研究生因学习困难,身体有病或其他原因,而难以坚持学习者,由本人申请,导师和系(所、室)主任(所长)签署意见,送研究生院转报校长批准退学。退学研究生应报国家教委备案。

第十条　在学习期间,非经国家教委研究生工作办公室批准,校内外任何单位不得抽调计划内招收的研究生,申请自费留学者,按中央有关规定办理。

研究生在学习期间,不得请假出国探亲(个别因直系亲属发生意外事故者除外)。利用寒暑假出国探亲的,应在开学时如期返校,逾期不返者按本规定第三条处理。

第十一条　研究生必须完成培养方案规定的各项任务(如课程学习、调查研究、教学实践、学位论文等),参加学校规定的各项考查,课程考核及学位(毕业)论文答辩等。指导教师及所在系(所、室)要定期对研究生进行德、智、体全面考查,有下列情况之一者,由指导教师及系(所、室)提出,经校长批准,予以退学:

1.研究生参加规定的必修课程(一般指学位课程)一门以上考试不及格,或有一门经补考后仍不及格者(只允许补考一次);

2.博士生在入学后一年半以内,仍未能通过各门学位课程和学科综合考试者;

3.无故不完成论文工作,科研能力明显低下;

4.在科学研究工作中伪造数据,剽窃他人成果者;

5.在一学期内事假累计超过一个月,或未经请假擅自离校达两周以上者;

6.患有精神病、麻风病等严重疾病,经县以上专科医院诊断证明,难以坚持学习,且在一年内不能治愈者；

8.其他原因不宜继续培养者。

经校长批准退学的研究生，要报教育部备案。

第十二条 因病退学的研究生和因病保留入学资格满一年而未痊愈者，原是在职职工的退回原单位，按国家有关患病职工的规定处理；其他人员回家休养。

第十三条 退学的研究生由学生工作处负责与有关部门联系，分别做如下处理：

1.入学前是国家或集体企事业单位在职职工的，由原单位接收，原单位并入其他单位的，由并入单位接收；原单位撤销的，由主管部门接收安排。

2.入学前为应届毕业生(本科生、硕士生)，因病休学满一年(含保留入学资格满一年)不能复学而退学者，病愈后经县级以上医院证明恢复健康并能坚持正常工作的，不纳入国家分配计划，由家庭所在地的人事部门参考其学历和实际情况安排工作。其他原因退学的，由学生工作处报当地主管毕业生调配部门分配工作。

3.入学前是待业人员的，一律回家，由家庭所在地劳动人事部门参考其学历和实际情况安排工作。

退学(不含因病退学)的研究生，在等待分配期限内，享受原助学金和公费医疗。一旦安排落实并通知本人后，应按期办理离校手续，逾期不办者，停发助学金和停止公费医疗。

退学(含因病退学)的研究生，由学校发给学历证明，学满一年且考试成绩合格者，发给肄业证书。

五、奖励和处分

第十四条 对品学兼优的研究生，应予表扬和奖励，其方式有：通报表扬，发给奖状、奖品，授予荣誉称号等。

第十五条 对于政治表现不好，品质恶劣及违反学校纪律和国家法律的研究生，应根据情节轻重，分别给予警告、严重警告、记过、留校察看、勒令退学、开除学籍的处分。其具体处理意见参照《厦门大学学生违纪处分条例》执行。

第十六条 对犯错误的研究生，要进行说服教育，处理时要持慎重态度，坚持调查研究、实事求是。处理结论要同本人见面，允许本人申辩、申诉和保留不同意见，对本人的申诉，有关单位要认真进行复查。对坚持错误，无理取闹者，要从严处理。

处分由系(所、室)提出，征求导师意见，给予警告处分的，由系征得研究生院意见后，由系、所(室)处理；并送研究生院备案，严重警告(含严重警告)以上处分的，送研究生院审核，报校长批准。给予勒令退学和开除学籍处分的，由人事部门报地方有关部门和国家教委备案。其中因有反党反社会主义言论和行为而给予开除学籍处分的，须按省委的规定，报有关部门审批。

第十七条 被勒令退学和被开除学籍的研究生，不发给学历证明。被勒令退学和被开除学籍的研究生必须按学校规定的日期离校，在规定的日期内，享受原助学金和公费医疗；逾期不离者，停发助学金，停止公费医疗，并将其户口迁至其家庭所在地。

六、提前毕业和延长学习年限

研究生提前修满学位课程和培养方案规定的课程总学分，完成教学实习、学位(毕业)论文答辩，答辩通过者，经研究生院审核，校长批准，准予提前毕业。

提前半年或一年毕业的研究生名单，由学生工作处报国家教委，争取提前列入计划分配工作。提前毕业时间不到半年的研究生，可留校选修其他课程，扩大知识面；或由所在系(所、室)安排适当工作，发给生活补贴(按研究生兼任助教、助研、助管工作的办法执行)。

第十九条 研究生应在规定年限内完成学习任务，一般不得延长学习年限。如因学业突出，经短期延长可取得更明显成绩者,或因其他客观原因未能按期完成学习任务者,由指导教师提出申请,系(所、室)同意,报校长批准,可以延长学习期限,但一般不得超过半年。学习时间的延长并不改变学制。

七、毕业和分配

第二十条　研究生在分配前,由学生工作处统一部署,做好毕业鉴定。自我鉴定和班组鉴定都必须认真进行,实事求是,肯定成绩,找出差距,明确努力方向。研究生本人应虚心听取组织意见,同时允许本人申述或保留不同意见。

第二十一条　研究生完成培养方案规定的全部学习任务,成绩合格,所在系(所、室)应将全部材料(包括学位申请表、毕业论文、论文答辩情况表、评议书、表决票、表决表、答辩记录、毕业鉴定等)交研究生院审核,报校长批准后,准予毕业,并发给毕业证书。

未通过毕业论文答辩者,按结业处理,发给结业证书。如本人申请补行答辩,经答辩委员会同意,硕士生可在一年内补行答辩一年,博士生可在两年内补行答辩一次。如答辩仍未通过,则不再补行答辩。

第二十二条　研究生毕业后,根据国家的政策分配工作,必须全心全意为人民服务。

八、在职研究生

第二十三条　高等学校本科毕业,具有二年以上相关专业工作经验,符合报考研究生条件的在职工作人员,经人事处同意,都可报考在职研究生,符合录取条件者,可选拔为在职研究生;个别因特殊情况录取为在职研究生者,须经校长批准。

在职研究生不脱离本单位工作,完成规定的工作量,在学习期间,享受在职人员的工资、劳保和福利待遇。

从在职人员中选拔的脱产研究生,一般不得改为在职研究生,或在职研究生需改为脱产研究生者,均需原单位提出,经人事处审查同意,报校长批准,国家教委备案。

九、附则

第二十四条　研究生在学习期间,提倡不结婚,符合晚婚年龄要求结婚者,由学生工作处酌情审批。入学者已婚者应当晚育,学校不给生育指标,不发独生子女费。因生育中断学习,做退学处理。

第二十五条　本《研究生学籍管理暂行规定》(讨论稿)经校学位评定委员会会议讨论通过,自一九八五年九月一日起实行。本校以前有关规定与本规定有不符之处,以本规定为准。待国家教委学籍管理条例正式颁布后,对本规定再做必要的修改。

1985 年 5 月制订

1993 年 4 月修订

——本文摘录自《厦门大学研究生工作手册》,档号 1992-XZ28-2

厦门大学硕士学位和博士学位授予工作细则(修订稿)

(1993年5月)

第一章 总 则

第一条 根据《中华人民共和国学位条例》《中华人民共和国学位条例暂行实施办法》和国务院学位委员会《关于做好博士研究生学位授予工作的通知》,结合我校的实际情况,制定本工作细则。

第二条 经国务院批准我校有权授予硕士、博士两级学位,按哲学、经济学、法学、教育学、文学、历史学、理学、工学八个学科门类授予。我校有权授予博士学位、硕士学位的学科、专业详见附件。

第三条 凡是拥护中国共产党的领导,拥护社会主义制度,愿意为社会主义建设事业服务。遵纪守法品行端正,并具有相应的学术水平者,均可按本细则的规定,申请相应的学位。

第二章 学位评定委员会

第四条 学校成立学位评定委员会,由校领导,校学术委员会正、副主任,教授、副教授等廿五人组成,任期二至三年。校学位评定委员会名单,由研究生院提名,经校长同意,报国家教委批准,国务院学位委员会备案。

按各系(所)或学科门类成立学位评定分委员会,协助校学位评定委员会做好学位评定工作。分委员会由七至十五人组成。分委员会设正副主席各一人,主席由校学位评定委员会委员担任;应有一定数量的、符合条件的中年教师、科研人员参加。

第五条 校学位评定委员会履行以下职责:

1.审查接受硕士学位申请;

2.审批学位申请人免除部分或全部课程考试的申请报告;

3.审定硕士学位课程和博士学位课程考试科目与考试范围,审批考试委员会成员名单;

4.审批答辩委员会名单;

5.做出授予硕士学位和博士学位的决定;

6.做出撤销学位的决定;

7.处理学位授予工作中的争议和其他事项;

8.通过授予名誉博士学位的提名。

分委员会协助学位评定委员会进行以下工作:

一、代行校学位评定委员会1、2项的职责;

二、初审博士学位课程考试范围,提出博士学位基础理论和专业课考试委员会人员名单报校学位评定委员会批准;

三、审批硕士学位答辩委员会成员名单;提出博士学位答辩委员会成员名单报校学位评定委员会批准;

四、初评授予硕士学位和博士学位人员名单。

学位评定委员会以不记名投票方式做出是否授予学位的决议,需经全体成员半数以上通过,方为有效。

第三章　学位申请人资格及申请办法

第六条　学位申请人符合以下条件者,均可申请学位:

1.政治表现良好;

2.在校研究生必须完成培养方案规定的学习项目,经考核合格,取得规定的学分;

3.导师或推荐人认为论文质量符合申请条件。

第七条　本校应届毕业研究生在最后一学期结束前二个月,向所在教研室(研究室)做论文报告,交出论文,同时办理申请学位手续(填写学位申请表)。指导教师向教研室(研究室)介绍论文水平并写出详细的学术评语;教研室(研究室)在听取研究生论文报告及导师介绍后,提出是否推荐的意见,经系主任同意,方得向学位评定分委员会提出申请。

第八条　本校应届毕业研究生在申请学位时,申请人和所在系(所、室)应提交申请材料(含学位申请书和学位论文评阅书等)。

第九条　在职人员申请学位,按国务院学位委员会正式公布实施办法办理。

第四章　学位学术水平的要求

第十条　学位申请人通过硕士或博士学位的课程考试和论文答辩,成绩合格,达到下述学术水平,方可授予学位。

一、硕士学位

1.在本门学科上具有坚实的理论基础,掌握系统的专门知识;

2.具有从事科学研究工作或独立担负专门技术工作的能力;

3.能比较熟练地运用一种外国语阅读本专业的外文资料,并能写论文摘要。

二、博士学位

1.在本门学科上具有坚实宽广的理论基础,掌握系统深入的专门知识;

2.具有独立从事科学研究工作的能力;在科学或专门技术上做出创造性的成果;

3.第一外国语要求熟练地阅读本专业的外文资料,并具有一定的写作能力;第二外国语要求有阅读本专业外文资料的初步能力。

第五章　学位课程和考试办法

第十一条　硕士学位课程的科目有:1.马克思主义理论课。2.基础课和专业课,一般为三至四门。3.外国语一门。上述课程及考试要求必须符合《中华人民共和国学位条例暂行实施办法》第七条的规定。学位课程考试成绩良好以上者方为合格。

本校硕士生的课程考试,可按相应学位学术水平的要求,结合培养计划安排进行。其他课程考试成绩及格,学位课程考试成绩合格,取得规定的学分后,方可参加学位论文答辩。学位申请者如有一门必修课程不及格,可以补考一次。补考后仍不及格,不得参加学位论文答辩;如有二门学位课程不合格,可以重考一次,重考仍有一门不合格,一般不得参加学位论文答辩。若其论文确属优秀,经学位评定分委员会同意,可以参加学位论文答辩。

同等学力人员申请学位的课程考试,按有关规定另行组织。

第十二条　博士学位课程的科目有:1.马克思主义理论课。2.基础课和专业课,至少为二门。3.两门外国语(个别专业经分委员会审定,可只考第一外国语)。

博士学位课程考试要求按《中华人民共和国学位条例暂行实施办法》第十一条规定办理。学位课程考试成绩良好以上方为合格。成绩合格方可参加博士学位论文答辩。

本校博士生的学位课程考试，可按博士学位学术水平的要求，结合培养计划安排进行。

马克思主义理论课应由副教授以上的教师主持考试或评定成绩。文科博士生导师应参加所指导的博士生的马克思主义理论课的考核工作。

外国语考试，参照教育部《研究生外国语学习和考试的规定(试行草案)》及其他有关规定执行。

博士学位基础理论课和专业课的考试委员会成员，由本学科专业和相关学科专业中副教授以上职称的专家组成，名单由分委员会提出，校学位评定委员会批准。

第六章　学位论文的基本要求

第十三条　学位论文应在导师指导下，由研究生独立完成。硕士论文的基本要求是：1.论文的基本论点、结论和建议，应有理论意义或实际价值。2.论文内容应能反映作者在本门学科上掌握本课题的研究方法和技能，具有从事科研工作或独立担负专门技术工作的能力。3.应有新的见解，取得一定的科研成果。

博士论文的基本要求是：1.论文的基本论点、结论和建议应具有较大的理论意义和实践价值。2.论文内容反映作者在本门学科上掌握坚实宽广的基础理论和系统深入的专门知识。3.应能反映作者已独立掌握本研究课题的研究方法和技能，具有独立从事科学研究工作的能力。4.有创造性的见解，取得较显著的科研成果。

第十四条　论文一般包括序言、实验与计算、事实与理论分析、总结、参考文献等。对于科学论点，要有理论上的论证或实验验证。对所选用的研究方法的可行性，要加以严谨的论证。引用别人的材料，要引用原著原文。利用合作者的思想和研究成果时，要加附注。要求词句精练通顺，条理分明，文字图表清晰整齐。硕士论文最多三万字左右，博士论文最多五万字左右。

第七章　论文评阅工作

第十五条　论文经教研室(研究室)审查，同意推荐答辩后付印。导师对论文的评语和推荐意见，应密封传递，注意保密。答辩前两个月，由教研室(研究室)提名，分委员会同意，聘请与论文有关学科的专家评阅论文。硕士学位论文评阅人为两名，其中校外的教授、副教授至少一名。博士学位论文评阅人三名，其中校外的教授两名。评阅人应是责任心强，学风正派，学术造诣较深，近年来在相关领域的科学研究中有成绩的专家。

硕士学位论文和博士学位论文评阅人由所在系(所、室)聘请。答辩前评阅人的姓名和意见应对申请答辩者保密，并密封传递。

答辩前应将博士论文或详细摘要印送有关单位及个人，或将学位论文的主要内容在全国性学术刊物上发表，认真听取意见，搞好同行评议。

第十六条　评阅人应对论文写出详细的学术评语，供答辩委员会参考，评阅人可参照下列几个方面审查论文质量：1.研究成果的理论意义和实际价值。2.论文的观点、结论是否正确，论据是否充分、可靠，学术水平如何。3.论文的见解和创造性。4.论文的主要优缺点(包括研究方法、写作的逻辑性和技巧)。

第八章　论文答辩委员会和答辩规则

第十七条　硕士学位论文答辩委员会由三至五人组成；如果指导教师参加答辩委员会，应由四至六人组成；指导教师不能担任答辩委员会主席。委员中教授、副教授或相当职称的专家应占半数以上。答辩委员会主席由副教授以上专家担任。委员会设秘书一人。除新设和薄弱的专业外，硕士生的学位论文答辩，可不请校外专家参加。

博士学位论文答辩委员会由五至七人组成；指导教师参加答辩委员会，由六至八人组成。成员的半数以上应是教授或相当职称的专家。成员中必须包括一至二位外单位的专家。论文答辩委员会主席一般由教授或相当职称的专家担任。委员会设秘书一人。博士学位答辩委员会成员，由分委员会提名，校学位评定委员会批准。

答辩委员会成员的名单在答辩前应保密。论文答辩的组织接待工作由所在系(所、室)安排,申请答辩者不得参加接待工作。

第十八条　答辩工作应在申请人交出论文后三个月内进行完毕。答辩前应先审阅评阅人的评语;未收到评阅意见书一般不得进行答辩。如遇一名评阅人的评语是否定的,暂不进行答辩,应增聘一名评阅人;如多数评阅人的评语是肯定的,可进行答辩,如多数评阅人的评语是否定的,则不进行答辩。

第十九条　答辩委员会必须坚持学术标准,坚持实事求是的科学态度。答辩委员会成员一定要严肃认真,严格把关。

答辩应发扬学术民主;以公开方式举行(保密专业除外)。

论文答辩委员会采取不记名投票方式,做出是否授予学位(包括硕士和博士)的决议,经全体成员三分之二以上同意方得通过。决议经答辩委员会主席签字,送分委员会初评后,报校学位评定委员会审批。

硕士学位论文答辩不合格的,经论文答辩委员会过半数同意,可在一年内修改论文,重新答辩一次。

博士学位论文答辩未通过,但答辩委员会认为可以考虑进一步修改的,经不记名投票,全体成员半数以上通过,可做出在两年内修改论文重新答辩一次的决议。

答辩委员会未做出修改论文的决议,任何个人无权同意修改论文和重新组织答辩。

第二十条　硕士学位申请人的论文,如已达到博士学术水平,答辩委员会除做出授予硕士学位的决议外,还可推荐授予博士学位。

博士学位申请人的论文虽未达到博士学术水平,但已达到硕士学术水平,申请人又未获得该学科硕士学位的,答辩委员会可以做出建议授予硕士学位的决议。

第二十一条　论文答辩的程序是:1.主席宣布开会;2.导师介绍研究生课程学习成绩和论文撰写情况(非本校应考人员由答辩委员会秘书介绍情况);3.学位申请人报告论文的主要内容(不超过一小时);4.委员提问(可休会15～20分钟让应考人准备,也可以不休息),申请人答辩;5.休会,委员举行会议(由秘书宣读指导教师和评阅人的学术评语,商定评价论文的标准,对论文做出评语,对是否授予学位进行表决);6.主席宣布委员会对论文的评语和投票结果。

为保证论文答辩有充分时间,一般在一次会上只答辩一篇论文。答辩时要详细记录或录音。博士论文答辩要有录音。

第二十二条　论文答辩结束后,各系(所、室)应将学位申请书、课程成绩表、论文的全文与论文摘要、导师评语、评阅人论文评阅书、专家推荐书、答辩委员会决议和答辩委员会记录、表决票、毕业研究生登记表(毕业鉴定或申请人所在单位党组织意见)、录音磁带等有关材料整理立卷,送校学位评定委员会存档。

学位论文由各系(所、室)送学校图书馆一份存档;硕士学位论文争取在一年内公开发表(保密专业除外)。博士论文按规定由学校送国家有关部门存档。

第二十三条　为了加强学术交流,不断提高学位论文质量,改进学位授予工作,凡已通过的学位论文,各系(所、室)要组织研究生编写论文摘要。硕士论文摘要每篇一般为1500字,由研究生院编印成册,报国务院学位委员会和学科评议组审阅,并与兄弟单位交流,听取同行评议。博士论文的中、英文摘要和科研成果的报送按国务院学位办〔1991〕3号文件进行。

第九章　名誉博士学位

第二十四条　对于国内外卓越的学者或著名的社会活动家,经学位评定委员会提名,报国务院学位委员会批准,可以授予名誉博士学位。

第十章　其　他

第二十五条　在我国学习的外国留学生申请学位,参照本细则办理。

第二十六条　各级学位证书,由校长颁发。证书生效日期,一般以学位论文通过答辩之日起。

第二十七条　校学位评定委员会如确认学位错授或发现有舞弊作伪严重违反学位条例时，应予复议，可以撤销。

第二十八条　本细则(修订稿)经校学位评定委员会讨论，校长批准，报国家教委和国务院学位委员会备案，于一九九三年九月一日起执行。

——本文摘录自《厦门大学研究生工作手册》，档号1992-XZ28-2

全日制本科生就读夜大学第二专业(专科)试行办法

(1993 年 6 月 3 日)

一、申请对象:普通全日制在校本科生经一学期以上学习,学习成绩及各方面表现良好,学有余力,自愿交费,并能坚持业余参加学习夜大学第二专业(专科)者。

二、申报与批准程序:个人申请、系主任同意、教务处审核、夜大学批准录取。

三、学习计划安排

1.在校学生(今年为 1992 级学生)于一年级下学期向所在系提出申请,经有关部门批准录取之后,从二年级开始,利用业余时间,一般在二年内跨科修完夜大学的一个专科专业。少数学生如本科专业教学计划时间安排许可,可以延长半年修习时间,用于补修或续修未完成的课程。

2.就读夜大学第二专业的本科生,凡在本科专业修过的与专科专业相同的课程,其教学要求和学分数不低于专科专业课程的,原取得的学分可以相抵。另外,参加修习夜大学第二专业的学生可以免修本科教学计划规定的全校性选修课程。

3.本科生在夜大学学习期间,如本科课程出现不及格应立即终止夜大学的专业,已取得的学分可以视同取得非限制性选修课的学分记入学籍档案。

4.本科生在夜大学就读期间应遵守夜大学的有关学籍管理规定。不及格的课程可以补考;补考后仍不及格的课程在毕业之前允许再补考一次;学生累计二门课(指夜大学课程)补考不及格的应该降级。凡达到降级的就应终止夜大学学习。

四、收费标准及办法

1.收费标准:每生每学年培养费为 800 元人民币。

2.学生须在每学年第一学期到夜大学注册时交清一学年培养费。凡中途自愿停止学习,或由于本科课程不及格、夜大专科成绩达到降级等原因终止学习的均不得退款。

厦门大学

1993 年 6 月 3 日

——本文摘录自《全日制本科生就读夜大学第二专业(专科)试行办法》,厦大教〔1993〕16 号,档号 1993-XZ12-2

学校召开外语教学委员会会议 提出加强外语教学工作七点意见

（1993 年 6 月 9 日）

6 月 9 日下午，学校召开校外语教学委员会会议，主要研究非外语类专业公共英语的教学问题。

委员们在充分肯定公共外语教学取得成绩的同时，也认真分析了当前存在的问题和困难。主任委员郑学檬副校长对委员们就我校近几年公共外语教学取得的成绩和当前外语教学存在的问题所发表的意见表示同意，并对今后如何进一步加强外语教学工作提出七点意见：

(1)学校要采取切实措施解决公共外语教师缺编多、负荷重的问题，要有计划地加速补充外语教学的师资队伍，并继续在职称、待遇等方面采取倾斜政策吸引青年教师安心任教。

(2)公外教师在繁忙教学过程中，应同时注意不断提高自己的教学水平，进一步改进教学方法，加强教材教法研究，使我校的外语教学工作更上一层楼。

(3)对个别系科学生外语学习积极性不高的问题，要采取措施加以扭转，首先是有关的系领导要思想重视，其次是任课教师要加强教书育人，对基础差的学生要耐心、热情，帮助他们提高对外语学习的自信心。

(4)校图书馆要在有限的经费内，想办法多采购一些外文书刊，尤其是国内出版的外文参考读物和工具书。

(5)各系应加强三、四年级学生的外语训练，开好专业英语课和情报文献课；积极开展学生的外语第二课堂活动，如英语角、英语各类竞赛等，经常请留学回国人员开设外语科技讲座，同时积极引进同类的国外原版教材，布置外文习题，努力实现外语学习四年不断线。

(6)要努力提高我校研究生外语的教学水平，要根据当前研究生层次多、程度参差不齐的特点因材施教。同时，加大力度，提高强度，严格要求，严格管理。此外，承担博士生课的外籍教师加配一个中国教师，对硕士生课加配一名外籍教师，努力提高研究生的听说能力。

(7)要尽可能研究解决在校内安装调频发射台的问题，积极创造学生学习外语的语言环境，把我校的外语教学提高到一个新的水平。

——本文摘录自《厦门大学》(校刊)，1993 年 7 月 1 日第 287 期

厦门大学毕业生派遣工作的有关规定

(1993年6月14日)

厦门大学各单位集中办理毕业生离校手续的办公地点与任务

1.图书馆:在图书馆出纳台办公,任务是检查图书是否还清,并收回图书证。

2.医院:在医院保健室办公,任务是检查公医费用是否结清,并收回公费医疗证。

3.物资管理科:在物资管理科(囊萤楼一楼)办公,任务是检查有否借出公务用具,是否已还清。

4.财务处:在财务处办公室办公,任务是检查挂支款是否已还清。

5.体育室:在体育室办公室办公,任务是检查有否借出体育用具,是否已还清。

6.宿管科:在宿管科办公室(南光六)办公,任务是检查学生宿舍家具、玻璃、门窗、电器设备情况,电费缴交情况及办理退还家具押金手续(详见附件),以离校单盖章为准。

7.各系:在本系的办公室办公,任务是(1)办理本系应办的手续;(2)收回每个毕业生的学生证和校徽,如果有遗失学生证的,收赔款五元,遗失校徽的,收赔款贰元,两项遗失的共收七元。并在毕业生派遣完毕后,将回收的学生证、校徽及遗失赔款汇总后交至校学生处。

装寄毕业生档案的有关要求与注意事项

一、各系应指定专人负责将以下材料装入学生本人档案:

厦门大学毕业生鉴定表

厦门大学学生登记表

厦门大学学生健康检查表

厦门大学学生学籍总登记卡(复印件)

厦门大学学生学年小结

在校期间入党(团)的有关材料

在校期间受表彰的三好生、优秀学生干部、优秀团员、奖学金获得者的有关申报登记材料

在校期间受警告以上处分的决定

其他应该归档的有关材料

二、分配名单批准后,凡经厦门市人事局批准分配在厦门的毕业生,其本人档案单独捆扎,填写清单一式二份,并加盖系公章,档案与清单上毕业生姓名的顺序应一致。请各系用铅笔直接在档案袋上注明所分配的单位,在规定的时间内送学生处转交厦门市人事局。

三、在分配名单批准后,立即组织人员填写“毕业生档案转递单”(即三联单)和一式二份的“机密文件交寄单”,写好邮寄档案的信封(留厦门的毕业生、留校及考取本校研究生的不必填写转递单、交递单、信封)。

信封书写规格分横式上、中、下三行。

上行:写寄往地点名称,包括省、市、(县);

中行:写具体报到单位的全称(如该单位是中央部委的下属单位,则应先写中央部委名称,再写该单位的名称);

下行:写报到单位人事部门收(如人事处或干部处收)。

信封的右下角写“厦门大学毕分办寄”,左下角写“机密×××号”,号码应同“毕业生档案转递单”和“机密文件交寄单”的号码相一致。

四、各系将已填好的“毕业生档案转递单”三联的下两联撕下,连同已装好的毕业生档案放入信封封好,之后,按“机密文件交寄单”上填写的单位顺序,将档案每十袋一捆绑好。

五、在规定的时间内,将准备寄出的档案,连同“机密文件交寄单”一式二份和“毕业生档案转递单”存根一起交学生处,由学生处统一寄出。

六、分配留校的毕业生档案直接交人事处,考取本校研究生的毕业生档案直接交有关的系。

七、分配福建省各地市(厦门市除外)所属单位的毕业生档案寄各地、市人事局收。

附件:

其他有关的工作

1.请有向财务处挂款的毕业生,在六月底以前到财务处一科办理清账,账未还清者,不办理离校手续。

2.毕业生七月份补贴发半个月。

3.毕业生的派遣费由各系指定一名负责毕业生分配人员到财务处统一领取,以保证安全。

4.行政科有备车送毕业生到车站,托运行李和送程,发车地点在三家村,行李运费及送程费由财务处发给毕业生的调遣差旅费中开支,毕业生凭财务处发的车票用车,用车具体时间请与行政科联系,行政科随时准备车辆以保证输送任务。

5.行政科代理毕业生和暑假回家的师生员工的车票,以系为单位集体办理,联系地点:行政科办公室。

6.毕业生到宿管科办理离校手续前,应先将本人使用的方凳交到本楼值班室,换取证明卡,方能到宿管科办理退还家具押金手续。

7.毕业生中超用电费、违章用电罚款未交清的或宿舍内公共设施损坏的,在办理离校手续时一并扣除。

8.毕业生应在办完离校手续一周内离开本宿舍,少数毕业生在办理离校手续后,因特殊情况不能按时离校者,凭所在系证明由宿管科安排集中住宿,并收取住宿费(每日二元)。

——本文摘录自《毕业生派遣工作的有关规定》,(93)厦大学字007号,档号1993-XZ11-1

厦门大学学生贷款实施办法

(1993年11月1日)

一、为了帮助部分家庭经济特别困难、无力解决在学期间的生活费用的学生，由国家向学生提供无息贷款，贷款的原则是“有借必有还”。

二、申请贷款的条件

1.学生家庭经济特别困难，不能支付学习期间全部或部分生活费用；

2.奋发向上，努力学习；

3.遵守国家法律和学校有关规章制度，道德品质良好。

三、学生每年贷款经费总额按各系各年级平均每人每年54元计算。

四、学生贷款分为三个等级，甲等每年为600元；乙等每年为400元；丙等每年为200元。具体比例由各系根据学生中经济特别困难的学生数，在规定的贷款经费总额内确定。

五、申请贷款的程序和办法

1.学生本人提出贷款申请报告，由班级民主评议，经系审查批准后，填写“学生贷款申请表”(一式三份)。

2.由学生将“学生贷款申请表”(一式三份)寄给家长签署贷款意见并承担还款保证人。

3.经家长所在单位或镇、乡人民政府签署意见后交回本系。

4.各系对收回的“学生贷款申请表”(一式三份)汇总后经审批留一份本系保存；一份退还给学生家长(还款保证人)保存，一份经学生处复核后转财务处办理发放并保存。

六、学生家庭经济情况如发生变化，学生贷款需变动调整的，具体手续按第五条规定办理。

七、凡已享受职工助学金的学生不再参加学生贷款和专业奖学金的评定。

八、学生在学期间，如触犯国家法律，应终止贷款。受到党、团组织和行政严重警告以上处分或学习态度极不端正、学习极不努力的学生，各系可视其情况，决定终止或减少贷款。

九、学生贷款偿还办法，按厦门大学《关于本、专科学生偿还贷款有关问题的通知》的规定(厦大财字〔1990〕92号文件)执行。

十、学生在校学习期间发生临时困难，可从“奖贷基金”或“专业奖学金”总额中，按每人每月2元的标准提取，由各系集中掌握使用，用于学生临时困难补助以及临时短期贷款。

十一、本办法自一九九三年九月一日起实行。原《厦门大学学生贷款实施办法》(厦大人字〔1987〕97号文)同时废止。

——本文摘录自《关于印发〈厦门大学学生贷款实施办法〉的通知》，厦大学〔1993〕13号，档号1993-XZ11-2

厦门大学专科自费生学籍管理补充规定

（1993 年 12 月 9 日）

我校专科自费生在校学习期间的学籍管理按照 1990 年 7 月制定的《厦门大学本、专科学生学分制学籍管理暂行细则》和 1988 年 10 月颁发的《关于自费生学籍管理及有关问题的通知》执行。

为了更好地调动学生学习积极性，强化激励机制，提高人才培养的质量，以适应改革开放和经济建设的需要，现就我校专科自费生学籍管理的有关问题做出补充规定。

一、试行优异生选拔制，即在三年制专科专业中选拔优异生转入相同或相近专业的本科专业学习。选拔资格如下：

1.凡属国家计划内招收的专科自费生，修完教学计划所规定的课程学分绩点排在全班人数前 20%以内者（不得有课程补考）；

2.须通过国家英语四级考试；

3.德育方面表现良好；

4.属委托培养的学生，出具原委托单位同意转入本科学习的书面材料，方可参加选拔。

选拔工作安排在三年级下学期进行。选拔后插入本科专业的三年级，由各系制订相应的教学计划，以进行补缺补漏或跟班学习。各专业选拔比例严格控制在 15%以内，宁缺毋滥。

专科生转入本科学习后，一律按委培或自费本科生管理，必须按本专业本科收费标准缴纳培养费。

二、专科自费生可以参加“三好生”等荣誉称号的评定。

厦门大学

一九九三年十二月九日

——本文摘录自《厦门大学专科自费生学籍管理补充规定》，厦大教〔1993〕27 号，档号 1993-XZ12-2

·管理与服务工作·

厦门大学关于外口暂住管理规定

(1993年1月)

凡进入我校的外来人口,包括来校探亲访友、租住出租房屋、民工建筑队、商业网点、发廊、旅社招待所及饮服行业雇工,均须遵守厦门市政府、市公安局关于外口暂住的规定。

一、办理暂住证须知

1.办证时须携带本人身份证,一寸照片两张,当地街道、乡(镇)、村、单位证明,房屋出租介绍信,并填写外口登记表;

2.到达本市七天内应申报、办理暂住户口手续,按规定交纳两元工本费,离厦前应注销并缴纳暂住证;

3.严禁把暂住证外皮作为他用;

4.办证时间:每周一、三、五。

二、探亲及租住出租房屋者,办证需由该户主携带户口簿及其亲友或租住房屋当事人当地证明、身份证、介绍信、照片方可办理。

私房需出租者,房东应向派出所申办领取"安全许可证",对承租人负有治安连带责任签订治安责任状,注意关照和发现可疑,发现问题要及时报告,对知情隐匿不报者,将以包庇罪论处。

三、对商业网点、发廊、旅社招待所雇用外来临时工,应及时办理暂住证外,店主或单位负责人须加强对所雇员工的教育,积极配合公安机关搞好治安工作,发现问题,及时报告,严禁唆使、强迫或包庇纵容雇工进行带有色情性的服务。

四、对民工队伍的管理

1.民工队民工须集中住宿,民工队长应承担对所雇民工的生产、生活及治安责任,实行谁主管谁负责,并签治安责任状;

2.民工队长(组长)于每天晚上就寝前应清点人数、认真管理、发现问题、及时报告;

3.民工队长应于每月二十八日到派出所集中开会,汇报本月民工队伍的思想状况、生活管理、办证情况,做好安全防范等四防工作;

4.外口管理人员每月应不定期三至五次深入民工队检查、落实办证情况,检查安全防范等四防工作,及时发现和消除处理治安隐患。

厦门大学保卫处
厦大派出所
1993 年 1 月

——本文摘录自《厦门大学校园文明建设制度汇编》,档号 1994-XZ27-2

学生宿舍值班员职责

(1993年2月)

一、热爱本职,尽职尽责,工作主动,热情服务。坚持原则,秉公办事,不谋私利,廉洁奉公。谦虚谨慎,团结协作,提高道德修养,乐为师生服务。

二、遵章守纪,服从调配,认真完成科办交代的各项工作,维护正常工作秩序,上班不干私活,不聊天。维护楼内秩序,保持楼内安静。值班室要有人值班,不在值班室打牌下棋等。举止文明,男女有别。

三、关心学生,深入实际,联系群众,了解情况,解决问题。加强巡视,对可疑人员进行盘查,做好防盗防窃工作。发现情况,及时处理并及时向督导队、派出所、宿舍科报告。不留外人在值班室过夜。

四、诚实劳动,注重质量,讲求实效,搞好卫生,保持环境优美整洁干净。

五、接传电话要及时、认真、负责,态度热情,说话和气,礼貌待人,并认真做好外线电话收费工作。

六、坚持勤俭节约、艰苦奋斗精神,爱护公物及劳动工具,协助做好家具保管及家具清点工作。

七、天天检查水电设施,做好维修登记及有关收费工作,及时报告维修组。

八、确实做好用电安全及防火防灾工作。严格按规定时间送电和断电,不能用电烧水。

九、认真做好电费收缴工作,协助做好纠正违章用电的工作,并做好登记及报告处理。

十、加强与楼委会、自律会、学生会、研究生联系,密切配合,接受监督共同搞好工作。

宿管科

1993年2月

——本文摘录自《厦门大学校园文明建设制度汇编》,档号1994-XZ27-2

厦门大学一九九三年伙食管理费包干使用办法

(1993 年 2 月 19 日)

在校领导的重视及财务部门的支持下，我科从一九八二年起试行了“经济承包责任制管理办法”，按营业额提取伙食管理费。

一九九〇年元月一日起执行“厦门大学一九九〇年伙食管理费包干使用的试行办法”，实行学校封顶拨给伙食管理费，由我科统一掌握使用，全年六十五万，结余留用，超支不补。从一九九二年十月一日起膳食管理经费又实行“暗补改明补”的办法，即学校照样封顶拨给我科膳食管理费，我科按规定食堂盈利15%，然后由我科按每月 10 元(全年按 10 个月计算)明补给计划内学生。此项改革，一是有利于防止补贴外流保护师生利益，为学校节约经费；二是有利于促进食堂管理机制转换，改善服务态度，提高服务质量，增强食堂内部活力；三是有利于抑制高消费，克服享受福利不平衡问题；四是有利于转变思想观念，实现服务商品化的市场经济和社会化的市场调节机制，逐步改变学校、食堂、学生三者的经济核算关系。但考虑到学校计划内招收的自费生、代培生不断增加，我科明补给学生的伙食补贴对象越来越多，而且不明确，随着物价的上涨，我科公杂费、办公用品费逐渐增加。经研究，建议明补给学生的伙食补贴由学校财务处发给，什么对象该补，补多少，均由学校决定，我科按规定食堂盈利 15%(成本计算为原料加燃料)收回伙食管理费。

一、伙食管理费开支范围

1.职工工资：包括工资、学校发的各种补贴、大集体工资、临时工工资、防暑降温费等；

2.加班费、值班费及夜餐补贴费；

3.职工福利费：包括按人事处提出的困难补助费、工会经费；

4.办公用费：包括文具纸张及其他办公用品；

5.劳保用品费：属劳保用品的雨鞋、毛巾、袖套、围裙、肥皂、茶叶及工作服等；

6.单价 200 元以下的炊厨具和低值易耗品的购置费和炊具的零星修理费；

7.工资补贴：包括采购员、驾驶员的补贴，锅炉工的高温补贴、冷库工的低温补贴、厨师补贴、房租补贴、公积金；

8.汽油费：膳食科日常的运输用油费用(不包括运煤费用)；

9.营业奖：按月营业总额的 1.5%～2%提取，作为当月奖金列支；

10.综合奖：参照学校统一规定的标准发放；

11.炊事员伙食补贴费；

12.交通补贴费。

二、下列费用分别从学校修缮费、人头经费和给食堂另立专项的设备费中按审批手续和控制指标中申报开支：

1.单项价格 200 元以上的设备及炊具，如家具、冰箱、搅拌机及磅秤等；

2.固定资产 200 元以上的维修费：包括房屋、家具、水电、炉灶、冷库、冰箱等机械设备的维修；

3.技术革新费用：做出计划经上级有关部门和领导批准的技术革新项目可列报申请经费；

4.不在膳食部门工作的在编人员由校人员工资经费列支：

(1)全休或半休六个月以上的职工；

(2)经卫生部门检查不适合食堂工作而又未调离食堂的职工；

(3)浴室管理人员的工资及相应的费用，从浴室包干经费中列支；

(4)按学校批准人数负责校区开水供应工作人员的工资及相应的费用。

5.锅炉维修费：锅炉每年都得按有关管理条例进行维修，维修经费学校另行拨款列支；

6.饭、菜票的更新、添置费(同单项价格200元以上设备一样处理)；

7.运输费：学生食堂、澡堂及水房等用煤的运输；

8.电话费：师生食堂及科办公室的定额电话费；

9.新建食堂的开办经费：包括200元以上设备、设施、炊厨具、家具等。

三、包干经费使用范围内允许追加经费的项目按审批手续申报予以追加经费

1.职工工资：职工工资以一九九二年的基数为标准，凡因国家政策性调整而提高的工资部分(包括全民、大集体、临时工的工资)，可造册申报、审批，按实际增加额追加经费；

2.辅助性工资：辅助性工资以一九九二年基数为标准，凡因政策性调整而增加发放的部分，如岗位补贴、燃料补贴、特区补贴、房租补贴、公积金、物价补贴等，按实际增加的数额造册申报审批予以追加经费；

3.综合奖：综合奖参照学校基数发放，如因伙食管理经费及二线生产收入不足支出未能如数发放给职工，不足部分按审批手续，报校领导及财务处审核批准追加经费。

四、二线、三线创收30%作为发展基金，20%上交总务处，50%作为奖酬金和集体福利基金。

总务处膳食科

一九九三年二月十九日

——本文摘录自《厦门大学校园文明建设制度汇编》，档号1994-XZ27-2

厦门大学水电维修管理暂行办法

（1993年2月22日）

为提高水电维修质量，改善服务态度，特制定本办法，以做到确保全校供水供电正常进行，方便教学、研究、生产及师生员工生活。

一、任务与范围

1.动力科下设由8人组成的水电维修队，设队长、副队长各壹人，负责全校供水管道和供电线路的原样维修。范围包括教学、科研、行政、后勤、教职工集体宿舍、住宅区及路灯等水电设施。

教职工新迁住房后自行增加安装的水电设施损坏，其维修费及材料费均由用户自理。

2.水电维修队做到24小时电话值班，认真登记用户报修的项目、地址、约定维修的时间及电话号码。

3.如遇紧急抢修任务，必须及时组织力量抢修，确实无法解决的应及时报告科长，由科长迅速组织人员参加抢修工作。

4.及时提供供水供电变动信息，遇到停水停电应提前通知，以免影响学校正常的工作与生活秩序。

二、维修人员职责

1.水电维修人员必须保证完成职责范围内的任务，经常检查供水供电管道线路，发现问题及时排除。

2.凡当天22时前登记报修的维修项目，应做到小修不过夜；大修、中修由队长组织人员维修，一般不应超过三天。

3.水电维修队分成每班三人轮流值班。其中两人认真做好日常报修项目的维修工作，一人专门接听电话并认真做好报修项目的登记工作。22时后需留一电工通宵值班。

4.22时后，用户报来的维修项目在维修任务多的情况下可与用户约好时间后第二天再处理，但遇到特殊情况应及时维修。校医院、锅炉房、抽水站等水电故障的维修，做到随叫随到。

三、收费办法

1.凡当天22时前登记的维修项目，并在约定时间内上门维修的一律收取手续费伍角；如上门维修遇用户家中无人，维修人员应在用户门上张贴通知单，告知用户与维修组另约时间；第二次上门修理时，该用户须交手续费壹元。

2.维修人员更换的水电材料应由用户在维修单上签名。其中材料在壹元以下免费；材料费在壹元以上，用户应交50％材料费；人为造成的水电设施损坏，所需维修工料费，由肇事者支付。

3.维修单和收费凭证由总务科统一印刷。当班维修人员在修缮后按规定向用户收费。公用水电设施故障维修，免收维修费，但应由该楼楼长或用户在维修单上签名，以示证明。

四、奖惩办法

1.水电维修队圆满完成规定范围内的全校水电维修任务，并经处、科有关人员检查考核，情况属实者，维修队每人每月校内津贴包干金额肆佰元标准计算，统一由维修队按照校内津贴的发放办法进行分配。

2.水电维修值班人员如没有完成当天登记的水电维修任务，或用户反映没有及时维修的，一次扣发当班责任者校内津贴贰拾元；一个月连续累计三次以上的人员，应调离维修队并扣发当月所有的校内津贴。

3.水电维修人员不得将水电材料送人、转移或据为己有。违反者，除追回原材料外，并按如下处理：

第一次加倍罚款,第二次罚款三倍,第三次罚款五倍并在全科大会上做检查。发现维修人员收费弄虚作假或谋取私利者按情节轻重处以十倍以上罚款并调离维修队。

4.电话值班人员如擅离岗位,经发现无人接电话,一次扣罚伍元;一个月内累计发现三次者扣发当班人员当月所有校内津贴,并调离维修队。

5.水电维修人员应准时上下班并严格执行考勤和交班制度,如发现当班维修工无人值班,一次扣发校内津贴贰拾元;;一个月累计三次者应调离岗位并扣发全月校津贴。

6.维修人员因工作严重失职而发生的责任事故,并造成一定的经济损失者,除扣发当月一切校内津贴外,还要根据情节轻重给予必要的行政处分直至追究法律责任。

7.贯彻按劳分配原则,维修人员根据维修项目、数量、质量并凭用户证明,按月将维修单汇总交队长统计工作量,以便合理地计发当月校内津贴。

8.总务处设维修举报电话,号码:2290(校内机)、285976(程控机),并在部分住宅区设举报信箱,以便处、科对水电维修工作实行有效的行政监督和教职工的民主监督。

五、本管理暂行办法从学校批准之日起施行,并由总务处负责解释。

厦门大学总务处

一九九三年二月廿二日

——本文摘录自《厦门大学校园文明建设制度汇编》,档号 1994-XZ27-2

教学、科研器材采购管理暂行办法

（1993 年 3 月 1 日）

随着我校教学、科研事业的不断发展和我国市场经济的建立，我校教学、科研器材采购供应工作日益复杂、繁重，经费来源和供应渠道日益多样化。为了适应这一变化，做好供应工作，现对教学、科研器材采购管理办法修订如下：

一、下放器材采购审批权限。各系、各单位要切实做好采购的论证审批工作，购买性能优良、价格合理、使用率高的设备，保证实验室建设和教学、科研的需要。

1.教学器材采购计划（总金额控制在各系、各单位经费指标范围内）：单价 3 万元以下的由系审批，单价 3 万元以上的（含 3 万元）应附可行性报告（附录 1），由物资与实验管理办公室（下简称物资办）审批。

2.科研器材采购计划：单价 3 万元以上的经科研处审批。运杂费（厂商代垫的包装费、运费、保险费）按实际开支计算。为了简便，1 万元以下的也可按贷款的 3％～4％计费。

3.购置 5 万元以上（含 5 万元）的设备，属基建设备投资，应附可行性报告，经物资办、财务处会稿后报分管校长审批。

4.购置国家专项控制商品应填写专栏申请表（附录 2）和附表（附录 3），说明购置理由，经物资办和财务处会稿后，由分管校长审批签章后，报市专控办批准后采购。

5.教学、科研的专项经费必须专款专用，采购计划应符合原申请报告，若内容有变动要说明理由，分别经物资办或科研处批准后方可采购。

二、经费使用坚持量入为出的原则。采取预算包干、结余留用、超支不补的管理办法。

三、物资供应部门应做好市场调查，采取多种灵活采购方式，择优选购，为提高效率，降低采购费用，应加强采购工作的计划性，按时保质保量完成任务。

1.各系、各单位根据教学、科研计划，每年两次编报年度器材计划（9 月底报送下一年度计划，3 月底报送本年度补充计划）。

2.临时需要的教学、科研器材属于本市采购的每周五编送计划一次，外地采购的每月五日、二十日各编送计划一次。

3.急需的器材可随时报送请购单。

4.常备器材由物资办仓库编报采购计划。

5.物资供应科应将市购和外购的落实情况分别于第二周和第二个月内及时通知申请单位。型号、厂家变动和价格超过 10％都应征求用户意见。

四、除由物资供应部分集中采购外，各系可用自购方式解决某些短缺或技术复杂的器材。为避免科教人员过多负担，自购量应适当控制，也可由系和物资部门合作采购。器材自购工作应规范化。

1.自购经费的审批权限同第一条。

2.自购经费不得用于差旅费、办公费、图书资料等其他开支。

3.常备器材不予自购。

4.各系、各单位自购器材必须严格执行验收入库、领用登记等规定。

（1）各系、各单位必须由供应室或指定专人（名单报物资办和财务处备案）负责自购器材的验收入库工作，采购和仓管不能由一人兼任。

(2)验收人凭发票核对实物填写材料入库单(附录4)或仪器设备卡。验收时注意数量和质量的检查,仪器应开机检查其技术性能及指标(可请技术人员参加验收)。发现损坏、短缺、货票不符、主要指标未到达规定要求的不得入库,并责成有关人员采取更换、退货、索赔等措施。

(3)自购器材报销时需附材料入库单或固定资产增加报告(附录5)或200元以下仪器设备增加报告(附录6)。

(4)以上单据由物资办统一印刷发放。各系、单位每年一月份向物资办缴纳上一年材料入库单存根。

五、本办法自一九九三年三月十五日起执行。

厦门大学物资与实验管理办公室

一九九三年二月二十六日

(附录略——编者)

——本文摘录自《关于转发〈教学、科研器材采购管理暂行办法〉的通知》,厦大综〔1993〕12号,档号1994-XZ27-3

关于离退休教职工返聘的重新规定

（1993 年 3 月 13 日）

随着校内管理体制改革的深入进行，原《厦门大学教职人员返聘的暂行规定》（厦大人字〔1987〕2 号）已不适应形势需要。经研究，重新就教职工返聘问题做如下规定：

一、教职工离退休后返聘。涉及各个单位的编制、聘任和校内分配等一系列问题，各单位应从严掌握，非特殊需要一般不予返聘。

二、缺编单位因指导研究生或上课需要，返聘离退休教师，须经主管部门审核，报主管校长批准。返聘人员应占所在单位聘任数。

三、超编单位的教师原则上不予返聘。带研究生的导师因指导工作无人接替，经主管部门审核并报主管校长批准后，方可继续返聘至研究生毕业，但应占所在单位聘任数。

四、科研人员必须是承担国家部委级、省级科研项目（含国家基金项目），离退休时任务尚未完成，或离退休后继续申请到国家或地方的科研项目的课题组负责人，经主管部门审核并报主管校长批准，方可以给予返聘。

五、党政人员原则上不予返聘。如因特殊需要或因工作确实无人接替，需要短期返聘，须经主管校长批准，但最多不超过半年。

六、返聘人员一经办理返聘手续，应根据校内管理体制改革有关规定与在职人员一起填写返聘任务卡，参加年度考核。党政人员返聘后要与在职人员一样参加考勤。

七、在校内管理体制改革方案出台后，返聘人员的报酬，除执行厦门市标准发放退休费和生活补助费外，另按在职时标准发给奖励工资和校内职务津贴；按完成任务情况和年度考核结果，享受校内业绩津贴。原厦大人字〔1987〕2 号文件第五条规定返聘人员的报酬“增发本人离退休前结构工资的 25％或 30％”不再执行。科研人员返聘，返聘报酬一律由科研项目经费支付。

八、本规定从公布之日起实行。

厦门大学

一九九三年三月十三日

——本文摘录自《关于离退休教职工返聘的重新规定》，厦大人〔1993〕18 号，档号 1993-XZ10-3

厦门大学教职工提前退休暂行规定

(1993 年 3 月 13 日)

根据校内管理体制改革的需要,为进一步优化队伍提高工作效率,同时解决一部分教职工的实际困难,经研究,对教职工提前退休做如下暂行规定:

一、凡男满 50 周岁,女满 45 周岁。经医院证明,完全丧失劳动能力,确实无法继续工作者,符合国家有关政策规定,可以办理退休手续。

二、凡男满 55 周岁,女满 50 周岁。因病长期病休,时间在五年以上,可以申请提前退休。

三、凡男满 57 周岁,女满 52 周岁。因病无法工作,连续请病假一年半以上的,可以申请提前退休。

四、凡男满 57 周岁,女满 52 周岁。所在单位超编,在校内管理体制改革方案实施后,单位因岗位限制或因其他原因,无法聘用者,可以申请提前退休。

五、凡不符合以上年龄规定,不能办理提前退休,又因病无法继续工作,或符合以上年龄规定,因病无法继续工作,本人不愿提前退休的,可以办理病休手续,同时按国家规定发给病休工资。

六、凡已办理病休手续的教职工,不得从事第二职业。一经发现从事第二职业,按自动离职给予除名处理。

七、以上规定,从公布之日起实行。

厦门大学

一九九三年三月十三日

——本文摘录自《厦门大学教职工提前退休暂行规定》,厦大人〔1993〕19 号,档号 1993-XZ10-3

厦门大学差旅费包干试行办法

（1993 年 3 月 16 日）

第一条　为方便全体师生员工出差的需要，并贯彻“坚持原则、简化手续”和“勤俭节约、艰苦奋斗”的精神，特制定本办法。

第二条　差旅费包干试行办法适用于我校教学、科研和行政工作人员因公出差，如教学、科研调查、野外考察及参加各种会议；研究生毕业论文调查；本科生生产实习等。

第三条　差旅费包干办法试行后，各系、所、各单位，要严格执行出差审批制度。认真审查出差任务、人员、天数、地点。教育事业费和科研经费均由系、所、单位一支笔审批。科研经费不论基金或纵横向经费，均需课题组先签署意见。教育事业费取消按职务、职称乘机规定，需乘机者由各系各单位一支笔审批。科研专项经费乘机按原办法办理。

第四条　差旅费领取办法。出差人凭差旅费审批表，领取差旅费，返校后一周内，将车船票或机票交回并办理核销手续，以便检查差旅费执行情况。

第五条　差旅费包干项目和标准

1.车船费及乘机费：所有出差人员乘坐火车、轮船、汽车均按交通部门规定的火车硬卧、软卧和汽车普通座位的票价计算。批准乘机者按机票价计算，教授乘坐汽车按大巴或中巴计算；厦门至福州按火车票价计算；没有直达车船的地点，按直线中转，每个中转点按三天二晚标准计算住宿费和补贴（三天含到达当天和离开日）。

2.市内交通费：工作人员每人每天 2 元；研究生毕业论文调查每人每天 1.50 元；本科生在一个地方实习半个月以上，原则上按当地月票计算；半个月以下每人每日控制在 1 元以内。

3.住宿费：按出差人员类别和出差时间分段加权计算住宿费包干金额，剔除车船上过夜天数。会议住宿费，应根据会议通知标明住宿自理，方可领取。

各类人员包干标准

<table>
<tr><th colspan="2" rowspan="2">职务职称</th><th rowspan="2">时间</th><th colspan="3">住宿标准(元)</th></tr>
<tr><th>省内</th><th>省外</th><th>特殊地区</th></tr>
<tr><td colspan="2" rowspan="3">校党委正、副书记，正、副校长；纪委正书记；教授、研究员及相当职务人员；职称工资相当于教授的副教授、副研究员以及其他系列高级职务人员；工改前高教科研、工程技术六级、原行政 14 级以上人员</td><td>10 天内</td><td>30</td><td>40</td><td>50</td></tr>
<tr><td>20 天内</td><td>25</td><td>35</td><td>45</td></tr>
<tr><td>30 天内</td><td>20</td><td>30</td><td>45</td></tr>
<tr><td colspan="2" rowspan="3">一般人员(含研究生)</td><td>10 天内</td><td>20</td><td>25</td><td>35</td></tr>
<tr><td>20 天内</td><td>15</td><td>20</td><td>30</td></tr>
<tr><td>30 天内</td><td>10</td><td>15</td><td>30</td></tr>
<tr><td rowspan="2">生产实习</td><td>带队教师</td><td>实习期间</td><td>15</td><td>15</td><td>—</td></tr>
<tr><td>本科生</td><td>实习期间</td><td>5</td><td>5</td><td>—</td></tr>
</table>

4.生活补助费:教职工出差到一般地区不分省内外,每人每天8元;到北京、深圳、珠海、汕头、海南每人每天14元;外出参加会议,凭会议证明领报;研究生毕业论文调查按教工标准1/3计算;本科生实习途中带队教师和学生均按8元标准,住勤生活补助费教师每天4元,学生每天1.60元。野外实习(采集标本、田野发掘)教师按出差标准。

5.其他:订票手续费火车4元;飞机票6元,机场建设费厦门机场40元。其余机场20元,飞机人身保险费5元。

第六条　不在包干试行办法之内的出差(如参加各种学习、各种工作队、科研协作等)仍按原办法办理。

第七条　差旅费包干后,出差人员在包干项目内节约费用归己,超支不补。各单位指标一经核定,超支部分,学校不再追加。

第八条　本规定自一九九三年四月一日起执行。本办法执行前预领差旅费仍按原规定执行。

厦门大学

一九九三年三月十六日

——本文摘录自《关于印发〈厦门大学差旅费包干试行办法〉的通知》,厦大财〔1993〕28号,档号1993-XZ18-3

厦门大学校园管理第三号通告
关于加强文明经营活动管理的暂行规定

（1993年4月29日）

根据中华人民共和国城市管理的有关法规，为维护校园正常秩序，保护消费者权益，推动学校精神文明建设，现就在校文明经营活动特做如下规定：

一、凡设在我校范围内的商业网点必须文明经商、礼貌待人，合法经营。不准出售伪劣商品和违禁物品，不准在校园内出售白酒，不准短斤少两，欺骗顾客。违者没收商品或计量器具，并处50～500元罚款，触犯刑律的交公安机关查处。

二、我校各单位及在我校从事生产、经营的单位（包括工厂、加工点、商店、旅社、饮食点等），实行门前三包。一包"卫生"，即保持门前清洁，在责任区域内应实现无垃圾、污水等废弃物。二包"美化"，即保持门面整洁，保护花草树木。不准违章搭盖，堆放杂物。三包"治安秩序"，各单位必须落实安全措施，防止盗窃、打架和火灾等案件和事故的发生；不准占道经营和在人行道上停放车辆。违者处20～100元罚款。

三、校园内各种服务网点必须遵守学校作息时间，晚上十一点应停止营业。违者处50元以上罚款。

四、我校学生不准经商。凡属师生员工之间小件物品交换和服务性经营活动，必须持有单位证明，经校风建设督导队批准，缴纳管理费；必须在限定时间和限定地点内进行。违者处20～50元罚款。

五、商业性广告必须经校自律委员会督导部批准，缴纳广告管理费，按指定地点张贴。经营活动中禁止使用扩音设备，招揽生意。违者处50元罚款。

六、不服从文明督导和处罚的，按校园管理第二号通告第十二条办法处置。

本规定自公布之日起执行。

厦门大学

一九九三年四月廿九日

——本文摘录自《厦门大学校园管理第三号通告　关于加强文明经营活动管理的暂行规定》，厦大综〔1993〕28号，档号1993-XZ09-1

关于加强学校土地管理的规定

(1993 年 5 月 25 日)

我校校园现有土地 1500 亩,各类建筑约 50 万平方米,在市区和鼓浪屿等处也有一些房产和土地。近年来,学校用地被侵占的现象不断发生,既影响学校总体规划,又破坏校园景观,有些已形成公共安全隐患。为了加强学校土地管理,保持和合理利用土地资源,切实制止违法、违章用地行为,实施统一管理,学校于 1991 年 12 月成立了厦门大学房地产管理委员会。为使学校的房地产管理有章可循,特做如下规定:

一、授权本校房地产管理委员会对学校一切土地实行统一管理。

二、计划内基建项目由基建处负责。由基建处提出用地计划,报校领导批准后,由学校行文对外报批。

三、凡计划外基建、改建、扩建项目和装修工程,由使用单位提出用地申请,经校房地产管理委员会审核后,报校领导批准,方可对外办理各种报批手续。

四、对学校的房地产及校园周边开发,由校办公会议讨论,由学校行文,授权有关职能部门负责对外办理各种审批手续。

五、所有计划内基建项目和计划外开发项目的征地、拆迁、安置工作,一律由校房地产管理委员会负责。

六、职工个人住房需要装修、改建、改造、扩建、加层、搭盖的,由户主提出申请,连同图纸一并报校房地产管理委员会审核,经审核同意后方可施工。

七、需占用学校土地,空间和道路等公共设施做其他用途的,一律报校房地产管理委员会审批,审批同意后方可占用。

学校以往规定与本规定不符的,以本规定为准。

厦门大学

一九九三年五月廿五日

——本文摘录自《关于加强学校土地管理的决定》,厦大综〔1993〕38 号,档号 1993-XZ09-1

厦门大学膳食科财务制度

（1993年5月）

厦大膳食科财务组是膳食科领导下，代表校财务和总务处财务科从事核算管理膳食科所有预算内外资金职能机构，是伙食管理的重要组成部分，特别是在市场经济的体制形势下，更应强化财务管理，为充分利用会计资料对办好伙食搞好创收的参谋和管理作用特制订本办法：

一、膳食科财务组必须配备必要的专业人员和设施，按照专业分工要求进行合理分工相互督促，所有的财会人员和物资管理人员必须思想品行端正，注重提高思想水平，认真学习财会专业知识，不断提高专业水准，廉洁奉公，全心全意为办好食堂搞好创收，为师生员工生活服务。

二、财务的收支活动必须依照国家、学校和总务处的有关法规、制度进行业务处理并接受校、财务处、处财务科的业务指导和财检办、审计处的业务监督。

三、有关专业要求必须按《会计法》等制度规定，按照认真、准确、真实、完善的要求设置会计科目，填制凭证、记账和编制会计报表。不得设置与现行制度不符的会计科目，要按照会计达标要求逐步健全核算制度，使管理程序规范化。

四、财务核算必须按下列制度和办法执行：

1.财务审批制度

各食堂购买的食品物资发票报销时，要先经保管员验收，采买经办人签字，经管理员审核盖印后，出纳人员方能付款。科办及二线如需报销公杂设备费等，应先由经办人填写经费报销单后，经验收签收。由总会计审核签名后，再经科领导批准。

2.现金管理办法

（1）现金收付必须由科总出纳及各食堂出纳员专职办理，做到收有凭、付有据。

（2）东膳厅浴室和海滨新区浴室一律使用洗澡票。

（3）库存现金，出纳员要遵守国家现金管理规定，按校内、外银行有关现金管理及“备用金”数额规定办事。会计应定期不定期抽查出纳员的现金情况。

（4）经济责任指标经营单位收取现金需有二人以上在场.上缴手续应完整，并签字以示负责。

3.支票和发票领用办法

采购人员或机修、车队、各食堂经管人员，需要挂支领用支票，需经科领导批准，主管会计签字后向出纳人员领取。领出支票时，一定要登记支票号码，以防遗失或出漏洞。收款收据发票由科总会计或主管会计统一管理审核登账。

4.财产管理办法

膳食科统一编造计划购置的炊具设备等物资，由科保管员验收保管，建卡登账后，实行二级管理。收进发出要进行详细登记，然后由食堂保管员领用管理，经常核对，做到账物相等。

5.物资管理办法

物资管理必须按照当日进出情况登记物资进出账，物资进出必须有管理员、验收人、经手人签字认可。所有的物资必须进行定期盘点，以确保账物相符并做到账账相符。各物资管理人员必须按月向科财务组报送各物资进出情况报表。

6.有价证券的印领办法

科内部所发的一切有价证票,要根据食堂需要,事先请示,经研究批准后,指定专人负责监印,清点验收,并会同经办人监章做发行证依据,对需要烧毁的票券,须列出清单,经批准后监烧。

7.食堂财务结算公布与督促

膳食科财会工作,应当严格履行财务管理职责,负责对膳食科所属食堂,单位的账目的收、支、结算、库存物资、食堂餐券、进行管理监督,并于每月底做好物资的盘点工作。为了让全科会计于次月十日内上报各食堂膳费收支对照表和资产负债表,按时公布食堂盈亏情况,各单位采购、出纳、保管于三号前将上月各食堂账务报表上交主管会计。

各种会计凭证、账簿、报表和会计资料,要按月装订成册,妥善保管,严防丢失和损坏,以备查用。

认真执行《厦门大学伙食管理费若干使用办法》的有关规定。

总务处膳食科

一九九三年五月

——本文摘录自《厦门大学校园文明建设制度汇编》,档号 1994-XZ27-2

关于校党委、校纪委联席会议纪要

（1993 年 6 月 3 日）

1993 年 6 月 1 日晚，校党委和校纪委举行联席会议，出席的党委委员 23 人（请假 2 人），纪委委员 5 人，还有 4 名有关部门的负责人列席；会议由校党委书记王洛林同志主持。联席会议着重讨论了当前我校教学秩序和校园管理方面存在的问题，一致提出加强教育，严格管理，稳定教学秩序，改善育人环境的意见。现纪要如下：

一、教学、科研是学校的中心工作，培养又红又专的社会主义事业建设者和接班人是学校的根本任务。学校各部门、各单位，各级领导和广大师生员工，无论在什么时候，在什么情况下，都要坚定不移地贯彻党的基本路线，牢牢把握教学科研这个中心，并围绕这个中心组织开展各方面的工作，努力提高学校教学科研水平。

近期以来，一些院系的教学管理有些松懈，教学秩序不够正常；校内若干娱乐场所开放过于频繁，摆摊设点出现紊乱。这些问题如不及时纠正，势必影响、削弱甚至冲击学校的教学工作。因此，当前要注重加强教学管理，稳定教学秩序；加强对娱乐场所和各类摊点的管理，改善校园育人环境。这不仅要求主管部门加强管理，认真履行职责，而且也要求学校各部门配合，各单位抓落实，常抓不懈，共同努力搞好综合治理。

二、当前，各级领导干部要把做好教学的组织领导工作和保障服务工作放在突出地位，既要敢于管理，严格管理，又要耐心说服教育，一级抓一级，一级带一级，级级到位，人人负责，切实维护学校教学工作的良好秩序；要深入实际，调查研究，及时发现和解决教学过程中的各种实际问题；要经常关心，并积极帮助解决师生员工的一些实际生活困难问题。

许多单位挖掘潜力，组织力量，积极开展社会有偿服务，增加本单位的教学科研经费和教职工的经济收入，这是必要的；但在坚持以教学科研为中心这个问题上，要保持清醒的头脑，做好组织协调工作，不能因此而影响学校的教学科研工作。为了维护学校良好的教学秩序，保证师生集中精力搞好教学和期末复习考试，校党政领导重申并补充了《教师教学规范》和《加强校园文化活动管理的规定》，决定整顿和清理一些摊点，把各娱乐活动场所的开放时间限定在周末（星期六晚上和星期天）和节假日时间，这是必要的；各部门和各单位领导要以大局为重，坚决支持和执行学校的决定。

三、广大教职工应当把主要精力放在搞好学校的教学科研工作及其服务工作上，要遵守工作纪律，执行工作规范，尽职尽责，认真完成自己所承担的教学科研工作及服务工作的任务，不得以任何理由马虎应付。有些教工自谋第二职业，在校外兼职兼课，因此而影响本职工作的进行，甚至妨碍了本职工作任务的完成，这是不能允许的。广大教职工要以教书育人、管理育人和服务育人的高度责任感，加强教风和工作作风建设，并以良好的教风和工作作风带动学风建设。

学生要树立为国家、为人民、为社会主义现代化建设而努力学习的自觉性。要以全部精力投入学习中去，不仅要努力学习专业知识，而且要学好政治理论课，使自己成为又红又专的合格的社会主义事业的建设者和接班人。学生不能在校内摆摊设点，也不能在学习过程中经商或从事经营性活动。学生的勤工俭学活动，可由学校委托的部门根据实际情况组织安排。

最后，联席会议要求各级领导干部和广大教职工，认真学习邓小平同志南方讲话和党的十四大文件，深刻领会新时期解放思想、实事求是的精神实质,进一步研究探讨市场经济环境中如何遵循高等教育的发展规律,建立良好的教学秩序,办好社会主义大学。联席会议还号召广大共产党员,在加强教学管理,改善育人环境中,要发挥先锋模范作用,为提高我校教学科研水平做出新的贡献。

附件一、关于重申《教师教学规范》及若干稳定教学秩序的补充规定。

二、关于重申《厦门大学校园文化活动管理的若干规定》及几项补充规定。

(附件略——编者)

中共厦门大学委员会

一九九三年六月三日

——本文摘录自《厦门大学校园文明建设制度汇编》,厦大委办〔1993〕9号,档号1994-XZ27-2

厦门大学关于重申《教师教学规范》及若干稳定教学秩序的补充规定

（1993年6月3日）

教学是学校的中心工作。稳定教学秩序，确保教学质量是学校当前的重大任务。为此，特重申学校颁布的《教师教学规范》，并对有关条款做出若干补充规定。

一、认真执行《教师教学规范》，严格按照《规范》处理教学事务，特别是要正确处理好教学与科研、教学与创收、本职工作与兼职工作、校内教学与校外办班的关系。教师要把主要精力放在教书育人工作上。

二、教师兼职兼课应以不影响校内教学为前提。凡不接受教学任务或未完成校系下达的其他任务、教学工作量未达聘任时所规定的、教学质量没有保证的就不得兼职兼课，并按聘任有关规定处理。

三、教师（尤其是担任基础课教学的教师）在上课期间，原则上不得外出开会或参加学术活动等。确需外出者应事先向系主任请假，教师和系副职领导外出一周以内的由系主任审批，一周以上报教务处审批。系主任要严格区分情况，从严掌握。院、系正职领导外出须报校长办公室转主管校领导审批。未经批准手续外出者按教师旷课处理，分别予以批评或警告处分。

四、凡外出开会或参加学术活动，除按规定办理请假手续外，还要妥善安排好教学工作，所缺课时要及时予以补上。各系承担外地办班，原则上不能安排校内有教学任务的教师前去工作。确有困难而需动用校内有教学任务的教师时，应经教务处批准，以免打乱学校教学秩序。

五、教师因病、因家事等特殊原因需要调课的要办理请假手续并通知学生，但属个人外出兼职兼课的一律不准停课调课。如发生因个人兼职兼课原因而停课调课的要以旷课处理，各系必须如实上报学校，分别给予批评或警告、严重警告、记过处分，情节严重者予以解聘。

六、教师要教书育人，要从政治上、思想上、学习上、生活上关心和帮助学生。班主任、辅导员要到位工作，要深入学生、课堂了解情况，做学生工作，切实把建设优良学风当作首要任务。任课教师每月至少要下学生宿舍一二次，了解学生的学习困难和意见，及时帮助学生解决疑难问题。

七、教师要言传身教，首先要注重师德修养。言谈举止要能为学生树立榜样，工作作风要严谨。课堂要严肃，上课时着装要整洁大方，不能穿拖鞋，不能携挂传呼机。

八、严肃考试纪律是教师义不容辞的职责。各系（教学部）要认真安排好监考和巡考人员（尤其是公共课和期中考试），从本学期期末考试起，主考、监考人员一律佩戴胸章上岗，以严肃考场气氛，明确主、监考责任和便于巡视检查。主考人员的胸章底色为红色，监考人员胸章底色为黄色。对不按规定佩戴胸章上岗和不负责任的人员要予以通报批评。

——本文摘录自《厦门大学校园文明建设制度汇编》，档号1994-XZ27-2

厦门大学关于重申《厦门大学校园文化活动管理的若干规定》及几项补充规定

(1993年6月3日)

目前,我校校园有些文化活动,如舞场、卡拉OK、录像点等,在布点设置、开放时间、播放音像制品内容等方面,出现了一些混乱现象,影响了学校的正常教学秩序,有碍于师生学习、工作和生活,不利于师生的身心健康和学校的精神文明建设。为了保证学校有一个文明、有序、宁静、充满学术气氛的教学环境,也为了确保必要的、适度的、丰富的有益于师生身心健康奋发向上的课余文化生活,根据校党委关于稳定教学秩序加强教学管理的决定精神,除了重申[92]厦大综字41号文件《厦门大学校园文化活动管理的若干规定》外,特就上述几项活动做如下补充规定:

一、各主办单位的党政领导应加强对所属舞场、卡拉OK、录像点的领导和管理,根据学校有关规定精神,制定必要的管理制度和措施,并指定一名负责同志进行经常的检查监督,使其纳入正常、健康的轨道。上述文化场所不得任意转给校外人员承包。

二、凡校园内舞场、卡拉OK、录像点只能在周末(星期六晚上和星期天)和节假日开放。遇有特殊情况需经校风建设办公室批准。

三、各录像点播放的音像制品要有正当来源,必须是经上级有关部门正式出版发行或市有关社会文化部门批准正式租放的音像制品;属内部参考资料片的需经校党委宣传部审阅同意后才能播放。

四、各场点举办的各种活动的海报,应按学校规定,在指定的布告栏内张贴,不得在校园各处乱贴。

五、各主办单位应组织人员,负责维持好各活动场点的秩序和安全,防止校外人员的扰乱。

六、目前校园内上述场点已经过多,自规定之日起未经批准,一律不准增设新点。

七、本规定自公布之日起执行,学校责成校风建设督导队进行经常性的检查监督,如有违反规定者,由校风建设督导队按规定严肃处理,如屡纠不改者需追究经办人并主办单位领导人的责任。

——本文摘录自《厦门大学校园文明建设制度汇编》,档号1994-XZ27-2

厦门大学关于教职工去世后丧事处理的有关规定

（1993年6月9日）

教职工去世后，办理丧事既要庄严肃穆，也要勤俭节约；要表达对逝者的哀思，也要教育后人发扬我们民族的优良传统，促进社会主义精神文明建设。现根据上级有关文件规定精神，结合我校实际情况，就我校教职工去世后丧事处理有关问题做如下规定。

一、我校教职工去世后，一般不开追悼会，不举行遗体告别仪式，不以组织名义邀请直系亲属以外的外地人员参加。本人生前有遗嘱或家属有要求丧事从简的，要积极支持。

二、教授、校级干部（含同级职称职务者）去世，学校成立治丧委员会，由校长任主任。除在校内发讣告外，可以以学校名义在《厦门日报》上登30 cm^2 以下规格讣告一天。学校及各部、处（室）各送花圈一个。具体治丧事宜由原单位办理。

三、副教授、处级干部（含同级职称职务者）去世，学校成立治丧小组，由分管校领导任组长。除在校内发讣告外，不以学校名义在《厦门日报》上登讣告。学校及有关部门、处（室）各送花圈一个。具体治丧事宜由原单位办理。

四、其他教职工去世，由原所在单位负责治丧，有关部、处（室）各送花圈一个。

五、教职工去世后，按上级有关部门规定发给遗属抚恤金、丧葬费和困难补助费。

厦门大学

一九九三年六月九日

——本文摘录自《厦门大学关于教职工去世后丧事处理的有关规定》，厦大人〔1993〕45号，档号1993-XZ10-3

厦门大学实行《高等学校教师职务试行条例》的实施意见

(1993 年 7 月 9 日)

根据国务院、国家教委和福建省教委有关评定教师职务文件的规定,并结合我校实际情况,制定本实施意见。

一、指导思想

评定教师职务的目的,是为了充分发挥我校教师积极性、创造性和主动性,不断提高教学和科研水平,为培养我国社会主义现代化建设需要的高、精、尖人才和发展我国科学文化、技术事业做出贡献。

评定教师职务的工作,要从学校教师和各类专业技术人员队伍的长远建设和总体规划着眼,把这项工作与师资队伍的改造和建设结合起来,通过评定工作不断提高我校教师队伍的素质,优化结构。

在此项工作中,特别要看到提拔优秀中青年教师的重要性和紧迫性,要引入竞争机制,打破论资排辈的旧思想,不拘一格地选拔人才,及时把一批有学识、有才干的中青年教师提拔起来,发挥他们的作用。

评定教师职务的工作,一定要坚持党的领导,注意思想政治工作;正确掌握思想政治条件与学术业务标准;处理好教学和科研、基本理论研究与应用研究之间的关系;坚持德才兼备的正确导向,坚持标准,保证质量,宁缺毋滥,择优评聘,使聘任职务的教师名实相符。

二、各级教师职务的标准

(一)基本要求

各级教师应热爱社会主义祖国,坚特四项基本原则,努力学习马克思列宁主义、毛泽东思想;学习建设有中国特色社会主义的理论和党的路线、方针、政策及决议;忠于人民的教育事业,服从分配,勇担重任,刻苦钻研业务,不断提高教学质量和学术水平,积极完成本职工作;有严谨的学术作风和高尚的科学道德,团结合作,作风正派、品行端正,教书育人,走又红又专的道路。

各级职务的教师一般既要承担教学工作,也要从事科研工作,努力探索真理,攀登科学高峰,以学校的学术地位为重,以学校能早日跨入国际先进行列为己任。

(二)职责

见习助教:

见习助教应担任本专业的一门课程的辅导答疑,批改作业,讲习题课,协助主讲教师组织课堂讨论等教学工作,并应根据需要兼任学生的班主任工作,其教学工作量不得少于总工作量的二分之一。

助教:

1.担任二门课程(或一门一学年的基础课)的辅导答疑,批改作业,组织课堂讨论,讲习题课,指导实验、实习和社会调查,协助指导毕业论文等教学工作。

体育、外语、政治课等公共课的助教均应讲课，其他专业的课程，经系主任批准，助教也可以讲授一部分或全部。

2.有实验室单位的助教，应有一定的时间参加实验室建设工作，无实验室单位的助教，也应有适当的时间参加业务实习或教学参考资料的建设等工作。

3.在讲师、副教授的指导下，进行科学研究，协助指导大学生毕业论文。每学年应写一篇科研工作总结或文献报告；在任助教期间至少要有一篇学术研究论文在学术会议上宣读或学术刊物上发表。

4.任助教期间，根据工作需要应兼任二年以上的班主任或校内其他教学、科研管理工作，参加一定的社会实践工作。

5.承担和完成教研室分配的任务以及校系交办的其他工作。

讲师：

1.系统地讲授一门或二门课程，组织课堂讨论，组织与指导实验、实习或社会调查以及指导大学生毕业论文。

工作需要时也应承担辅导答疑，批改作业，讲习题课等工作。

2.有实验室单位的讲师，应承担实验室的建设工作，进行实验更新和技术设备改造，编写实验教材，组织实验教学。

无实验室单位的讲师，应参加业务实习或承担编译教学参考资料等工作。

3.讲师在科学研究工作上，应做到每一至二年至少有一篇具有一定水平的学术论文，在学术会议上宣读或在学术刊物上发表(不宜公开发表的应由内部同行专家鉴定，以下同)；或做出一些具有实用价值，产生一定的经济或社会效益的科研成果，或者在二至四年内编译出一部具有一定水平的教材或教学参考书。对参加周期性较长的重大研究课题者，应完成年度工作计划，提出阶段的研究成果。

4.协助副教授指导研究生和进修教师。

5.根据工作需要，担任学生思想政治工作和教学、科研等方面的管理工作。

6.承担和完成教研室分配的任务以及校系交办的其他工作。

副教授：

1.系统地讲授二门或二门以上课程(其中一门必须是基础课或专业基础课)，教学内容应能反映本学科当前的研究成果，组织与指导课堂讨论、实验、实习和社会调查。工作需要时，也应承担课程辅导，批改作业，讲习题课等工作。

2.指导硕士研究生，培养中青年教师，协助指导博士生。

3.担任实验室建设的副教授，负责制定实验室建设与发展规划，在建设与改革实验，组织教学，编写教材以及培养实验教学技术人员等工作上做出较好成绩。

4.应是科研课题的组织者或主要成员，每年应向科研组报告所研究项目的国内外动态与发展趋势。每一二年至少应提出一篇有较高学术水平的科学研究论文，在学术会议上宣读或在学术刊物上发表(包括编著出版具有较高水平的著作、教材和教学参考书等)；或做出一项具有实用价值，并产生较大经济或社会效益的研究成果(包括实验室的成果或较高水平的专题调查报告)；在参加周期性较长的重大研究课题时，应完成年度工作计划，提出阶段的研究工作成果。

5.根据工作需要，担任学生思想政治工作或教学、科研等方面的管理工作。

教授：

1.系统地讲授三门或三门以上课程(其中一门必须是基础课或专业基础课)，教学内容充实，能反映现代科学技术最新成就，并有独立见解。

2.指导博士研究生或硕士研究生，培养中青年教师。

3.应是科研课题组或本学科的组织者，每学年应向科研组报告所研究项目的国内外学术动态及发展趋势，制订研究工作计划。每一二年至少提出一篇有较高学术价值的科学研究论文(包括教学研究论文)，在学术会议上宣读或学术刊物上发表(包括出版质量较高的专著、教材和教学参考书)；或做出其他有较高水平和效益的研究成果。在组织和指导周期性较长的重大研究课题时,应完成年度工作计划,提出阶段性的研究成果。

4.根据工作需要,担任教学、科研等方面的管理和学生思想工作,在高等教育体制改革中起积极主导作用。

三、任职条件

评审或转定各级教师职务任职资格,必须全面坚持《试行条例》所规定的思想政治、工作能力、业绩、学历、任职年限和相应职务的外语水平等任职条件,并根据下列要求实施。

(一)学历和任职年限要求(符合下列相应职务任职条件之一)

见习助教:

获得学士学位在校任教,第一年确定为见习助教,见习期一年。

助教:

1.见习助教见习期满,履行转正手续后经考核符合条件。

2.获得硕士学位后在校任教,经考察表明能胜任助教工作。

3.在工作实践中进修提高,经考试和考察,证明达到学士学位或同等学力,并能履行助教职责。

讲师:

1.获得博士学位后在校任教,经考察表明能胜任讲师工作。

2.获得硕士学位后,已承担二年以上助教工作,经考察,能全面完成助教工作,工作业绩良好,并具备履行讲师职责能力。

3.在获得硕士学位前已确定助教职务,在本科院校承担二年以上助教职务或大学本科毕业在高等专科学校担任助教职务二年以上并在我校担任助教职务一年以上者,经考察证明已全面完成助教工作要求,且业绩良好,并具备履行讲师职责的能力。

4.获得研究生毕业证书或双学士学位,已承担二至三年助教工作,经考察,全面完成助教工作要求,成绩良好,并具备履行讲师职责能力。

5.大学毕业担任助教职务四年以上,并取得助教进修班结业证书,或进修本专业或相近专业六门研究生课程,考试成绩合格,经考察,全面完成助教工作要求,并且具备履行讲师职责的能力。

以上教师均须经过高等教育学、心理学的培训,成绩合格。

副教授:

1.获得博士学位,担任讲师职务工作二年以上,并全面完成讲师工作,经考察,教学、科研工作成果优良,表明具备履行副教授职责的能力。

2.担任讲师职务工作满五年,全面完成讲师各项工作,教学业绩优良;能够密切联系实际进行比较深入的研究工作。任现职以来在公开发行的学术刊物(有CN刊号,下同)上发表过或在全国性学术会议上宣读并收入论文集出版过一定数量和水平的学术论文(包括教学法研究),其中在国家部委及所属研究院(所)、全国专业学会及分会(不含省级学会,下同)主办的学术刊物、重点大学学报上发表或在国际学术会议上宣读并收入论文集出版过三篇以上(独立撰写或第一作者署名,下同)的学术论文;或出版过有一定学术水平的著作、教科书十万字以上;或在实验室建设或其他科学技术工作方面有较大的贡献,获得国家四等、省部级三等以上等科技成果奖(只限发明奖、自然科学奖、科技进步奖、星火奖、社会科学优秀成果奖,限前二名,下同);或教学成绩显著,获得国家普通高校优秀教学成果奖、省普通高校优秀教学成果一等奖(限前二名,下同)或在科技开发、推广应用中,取得显著经济效益(如每年为学校创收二十万元以上)和社会效益,表明能胜任和履行副教授职责。

1966年底以前本科毕业,长期(1986年以前开始至今)从事公共课、基础课教学的教师(每年满教学工作量)，其论著要求可适当放宽。

3.助教、讲师在教学、科研工作中成绩卓著，经考察，表明已能胜任副教授所应履行的职责和任务可不受学历、学位、工作年限规定的限制破格晋升副教授职务(破格条件见本文四)。

教授：

1.担任副教授职务工作满五年，全面完成副教授工作，教学成绩卓著，对本学科具有系统而广博的知识，能提出创造性见解。任职以来，须在国家部委及所属研究院(所)、全国学会及分会主办的公开发行的学术刊物或重点大学学报上发表过系列并有创见性的学术论文，其中在国家部委、全国学会(不含下属研究院、所和分会，下同)科学院所属研究所主办的学术刊物或相当上述级别的国外学术刊物或在重点大学学报上发表论文五篇以上；或发表过系列有创见性的学术论文并出版过专著、教科书二十万字以上或获国家三等、省部级二等以上科技成果奖、国家普通高校优秀教学成果奖；或发表过有创见性的论文，并在科技开发、推广应用中取得显著经济效益(如每年为学校创纯利润五十万元以上)和社会效益；或在实验、生产技术等方面做出重大贡献，经考察，表明能履行教授职责的。

2.在教学、科研工作中成绩突出，发表过有创见性的高水平论著，经考察，表明确已达到教授职务的水平，能胜任教授所应履行的职责和任务。不受学历、学位、工作年限的规定限制，破格晋升教授职务(破格条件见本文四)。

(二)关于评定教师职务的工作量要求

根据有关文件规定，教师提职时必须完成规定的教学工作量，教学工作量参照《厦门大学教师职务聘任工作实施办法》中有关的计算方法。

按照此种计算方法，教学人员评定职务，其教学工作量不得低于相应职务要求的教学工作量的三分之二(即应达到 66%以上)，总工作量应达到 100%(总工作量即教师工作量包括教学工作量、科研工作量和其他工作量)。

自 1993 年校内管理体制改革实施之日起，今后评定教师职务工作中任职年限的计算严格按全聘者算一年；半聘者算半年；缓聘或不聘者不算其工作年限。

(三)关于外语水平的要求

根据《试行条例》中有关外语水平的规定，按各级职务不同的外语要求由学校统一组织考试，考试合格或及格者才能参加申报高一级职务任职资格。

学校没有终审权的学科，教师申报晋升职务时参加省教委统一组织的外语考试。

四、破格晋升各级职务的任职条件

对少数不具备《试行条例》和本文件规定的学历、任职年限要求，确有真才实学、成绩显著、贡献突出，具备下列相应条件的教师，可破格晋升教师职务。

1.破格晋升讲师职务

取得硕士学位、研究生班毕业证书、第二学士学位，且担任助教工作一年以上；或大学本科毕业并修完研究生主要课程且担任助教三年以上；或不具备上述学历要求、专业性很强的学科(如艺术等)教师，担任助教五年以上，已系统讲授一门课程，教学认真、教学效果优良，师生反映好，教书育人成绩突出(获校优秀教学奖或教书育人优秀奖)，并符合下列条件之一的：

任现职以来，在正式公开发行的学术刊物上发表过五篇以上学术论文；或正式出版专著、教科书十万字以上；或获得省级以上科技成果奖或省普通高校优秀教学成果奖的主要贡献者(限前三名)。

2.破格晋升副教授职务

(1)越级或担任讲师职务不满三年超前晋升副教授或不具备规定学历(含大学本科毕业未修完研究

生六门课程)破格晋升副教授,任现职以来,须符合下列四项条件中的两项条件(不具备规定学历超前或越级晋升的,须符合三项条件):

A.获得国家三等或省、部委级二等以上科技成果奖(只限发明奖、自然科学、科技进步奖和社会科学优秀论文奖,下同)项目的主要贡献者(限定前二名,下同);

B.在国家部委全国学会主办(不含下属科研单位和分会)的正式公开发行学术刊物上发表五篇以上有较高价值的学术论文;

C.正式出版二十万字以上的专著或译著(译著限语言专业翻译的学术专著或世界名著,不累计,下同)或编写出版全国统编教科书二十万字以上;

D.获国家或省政府表彰的突出贡献专家、优秀教师,或获得国家普通高校优秀教学成果奖或省普通高校优秀教学成果一等奖的主要贡献者(限定前二名,下同)。

(2)具备规定学历(含大学本科毕业已修完研究生六门课程者)且担任讲师职务三年以上超前晋升副教授的,任现职以来,须符合下列三项条件中的二项条件:

A.获国家四等或省、部委级三等以上科技成果奖项目的主要贡献者;

B.在国际学术会议上宣读并被收入论文集,或在全国学术刊物上发表五篇以上有较高水平的学术论文;

C.正式出版十五万字以上的专著或译著,或编写出版教科书十五万字以上;

D.对促进科学研究和经济、社会发展做出重要贡献并已产生明显实际效益的科研成果;

E.承担并完成省、部委“七五”“八五”重点项目,或“863”项目的主要贡献者(一级项目的限前五名、二级项目的限前三名,下同),并通过省、部委级鉴定。

科研成果特别突出,获国家科学技术成果二等奖项目以上的主要贡献者不受学历、任职年限的限制。

3.破格晋升教授职务

(1)越级或担任副教授职务不满三年超前晋升教授的,任现职以来,须具备下列五项条件中的两项条件(未获得硕士学位和担任讲师职务未满五年而越级晋升的,须具备三项条件):

A.获得国家二等或省、部委级一等科技成果奖项目的主要贡献者;

B.在代表本门一级学科(原则上应与国务院学位委员会制定的学科分类一致)最高水平的学术刊物上发表三篇以上有创见性的学术论文(由校评委会和学科组认定);

C.正式出版四十万字以上的专著或译著,或编写出版全国统编教科书四十万字以上;

D.获国家表彰的突出贡献专家、优秀教师或获得国家普通高校优秀教学成果奖的主要贡献者;

E.承担并完成国家“七五”“八五”重点项目,或“863”项目的主要贡献者,经国家鉴定,达到国际领先水平。

(2)担任副教授三年以上超前晋升教授的,任现职以来,须符合下列五项条件中的两项条件:

A.获国家三等或省、部级二等以上科技成果奖项目的主要贡献者;

B.在国家部委、全国学会主办(不含下属科研单位和分会)的正式公开发行的学术刊物上发表七篇以上有创见性的学术论文;

C.正式出版三十万字以上的专著或译著,或编写全国统编教科书三十万字以上;

D.获国家或省政府表彰的突出贡献专家、优秀教师或获得国家普通高校优秀教学成果奖或省普通高校优秀教学成果一等奖的主要贡献者;

E.承担并完成国家“七五”“八五”重点项目,或“863”项目的主要贡献者,经国家鉴定,达到国际领先水平。

科研成果特别显著,获得国家一等科技成果奖或国家普通高校优秀教学成果特等奖的主要贡献者,不受学历、任职年限的限制。

五、优秀中青年骨干教师的选拔条件

为了我校今后的发展和学科建设的需要，学校决定继续选拔优秀的中青年教师晋升教授、副教授职务。对具备相应职务任职资格的 35 岁以下的教师晋升为副教授、40 岁以下的教师晋升为教授，所需职务定额报国家教委审批后专项下达。

优秀中青年骨干教师的选拔条件如下(试行)：

优秀中青年骨干教师晋升高级职务者，必须是拥护中国共产党的领导，热爱社会主义祖国，拥护党的“一个中心，两个基本点”的基本路线，积极参加政治理论学习，热爱高等教育事业，坚持又红又专的方向，教风严谨，教书育人，为人师表，团结合作，有良好的职业道德，在年度工作考核中为优秀者，同时还必须具备下列相应职务条件。

1.晋升副教授[必须符合下列六项条件中的二项条件，其中(1)项为必备条件]

(1)任现职期间已系统讲授一门新学科课程或原学科中新开设的课程，或系统地讲授一门公共课或基础课，教学效果好，受师生好评；

(2)教书育人成绩显著，获省、部委级表彰或多次评为校级教书育人先进工作者；

(3)教学成果获省、部委级奖励，本人均为主要贡献者，持有荣誉证书；

(4)在某一新学科(交叉学科、边缘学科)领域或在本学科的学术前沿或在高新技术方面或在哲学社会科学领域开展研究工作，并取得较大成果(获国家级三等或省、部委级二等科技成果奖，或获得国家级、省部委级表彰的突出贡献的中青年教师，或获得校南强奖、清源奖、素端奖，持有荣誉证书)；

(5)在国际正式发行的有影响的学术刊物或国家一、二级学科刊物上发表二篇以上(含二篇)学术论文(经同行专家鉴定学术水平较高的)；

(6)承担国家自然科学基金、国家社会科学基金、博士点基金或国家教委研究课题，为项目负责人或主要合作者之一；或承担“七五”“八五”重点项目，或“863”项目的主要合作者(须附基金项目申请书影印件等证明材料，下同)，并已取得成果或阶段性成果。

2.晋升教授[必须符合下列六项条件中的三项条件，其中第(1)项为必备条件]

(1)任现职期间已系统讲授一门以上新学科课程或原学科中新开设的课程，或系统讲授一门公共课(或基础课)的课程，在国内独具特色或影响较大，教学效果优秀，并受到师生好评；

(2)教学成果获国家级奖励或多项获省、部委级奖励，本人均为主要贡献者，持有荣誉证书，或获省、部委级有突出贡献专家称号；

(3)在某一新学科(交叉学科、边缘学科)领域或在本学科的学术前沿或在高新技术方面取得显著成果(获国家级二等或省、部委级三等科技成果奖)，或哲学、社会科学领域取得创新性成果，并在国内处于领先地位；

(4)在国内学术界有一定影响，知名度较高，或在全国性一、二级学科学会中担任理事或委员及以上职务；

(5)在国际正式发行的有影响的学术刊物或国家一、二级学科发表三篇以上(含三篇)具有创见性的学术论文，论文中的某新观点、新成果被引用(须附证明材料)；

(6)承担国家自然科学基金、国家社会科学基金、博士点基金或国家教委研究课题，为项目的主要负责人；或承担“七五”“八五”“863”重点项目，为项目负责人或主要合作者之一，并已取得成果或阶段性成果。

凡符合上述条件者晋升相应职务，不受学历、任职年限的限制。

凡申报越级晋升副教授具备上述晋升副教授六项条件中的三项条件；越级晋升教授者须具备上述晋升教授六项条件中的四项条件。

六、其他

(一)本实施意见自一九九三年九月一日起实施,以前的规定若与本实施意见不符的,按本实施意见执行。

(二)本实施意见由校职改领导小组负责解释。

——本文摘录自《厦门大学关于印发〈厦门大学关于实行《高等学校教师职务试行条例》的实施意见〉(试行)和〈厦门大学专职科研人员职务实施细则〉的通知》,厦大职改〔1993〕010号,档号1993-XZ14-4

厦门大学专职科研人员职务实施细则(试行)

(1993 年 7 月 9 日)

第一章　总　则

第一条　为加强我校科学研究人员队伍的建设,做好科学研究人员职务的评聘工作,提高教育质量和学术水平,根据国务院、国家教委和福建省教委有关评定专职科研人员职务文件的规定,并结合我校实际情况,制定本实施细则。

第二条　研究职务是根据高等学校科学研究(包括社会科学研究和自然科学研究)工作的需要而设置的工作岗位,按照合理的比例组成,有明确的职责、任职条件和评审程序。

研究职务设研究员、副研究员、助理研究员、研究实习员,其中研究员、副研究员为高级研究职务,助理研究员为中级研究职务,研究实习员为初级研究职务。

研究编制人员担任教学工作,任职期间其教学工作量平均每年达到教师教学工作量(上课时数)的三分之一,可申请教学系列的相应职务任职资格。

第三条　为了我校今后的发展和学科建设的需要,不拘一格地选拔人才,及时把一批有学识、有才干的中青年研究人员提拔起来,发挥他们的作用,学校决定继续选拔优秀中青年研究人员晋升相应职务,选拔条件参照《厦门大学实行〈高等学校教师职务试行条例〉的实施意见》执行。

第二章　任职条件

第四条　各级研究人员必须热爱祖国,坚持四项基本原则;努力学习建设有中国特色的社会主义的理论;有严谨的学术作风和高尚的科学道德,团结合作;作风正派,品行端正,积极承担科研、教学任务,努力为建设社会主义物质文明和精神文明服务。

第五条　具备下列条件之一者,可聘任研究实习员职务:

1.获得硕士学位或研究生班毕业证书或第二学士学位证书。

2.获得学士学位或大学本科毕业,一年见习期满,经考察表明:

(1)基本掌握本专业的基础理论和专业知识;

(2)初步掌握进行本门学科研究工作的基本方法和实验技术;

(3)能阅读一个语种的外文专业书刊。

第六条　具备下列条件之一者,可聘任助理研究员职务:

1.获得博士学位,表明能胜任和履行助理研究员职责。

2.担任研究实习员职务四年以上,并修完本专业或者相近专业六门研究生课程,考试成绩合格;或获研究生班毕业证书或第二学士学位证书且担任研究实习员二至三年;或获得硕士学位证书且担任研究实习员职务二年以上,经考察表明:

(1)具有本学科的扎实的理论基础和专业知识,基本了解本学科的国内外现状和发展趋势,掌握进行本学科研究工作的基本方法和实验技术,能独立地进行研究工作;

(2)已取得具有学术价值的研究成果,或写出有一定学术水平的论文和研究报告四篇以上,或在推广科研成果中有明显成绩,能全面完成研习员工作的;

(3)能熟练地阅读、翻译本专业的外文书刊。

第七条　具备下列条件,可聘任副研究员职务:

担任助理研究员职务五年以上,或获得博士学位且担任助理研究员职务二年以上,经考察表明:

1.具有本学科较系统的坚实的基础理论和专业知识,在本学科的某一领域有深入的、创造性的研究,能解决研究工作中较复杂的有较重要意义的理论问题或技术问题。

2.能根据国家需要和本学科的国内外研究现状及发展趋势,设计具有较大学术意义或较高应用价值的研究课题,具有指导和组织本学科一定领域进行研究工作的能力。

3.已取得具有较高学术价值或实用价值,或较大的社会效益的科研成果,提出了反映这些成果的具有较高研究水平的研究报告,或取得了系统的又有较大学术或实践意义的科学积累,或每年在公开发行的学术刊物(均须有 CN 刊号,刊物级别参照教师条例实施意见,下同)上发表过有较高学术价值的科学论文二篇以上(其中文科均须独立撰写或第一作者署名,理工科至少有一半是独立撰写或第一作者署名)。

4.具有指导中级研究人员和硕士研究生工作和学习的能力。

5.熟练掌握一门外语,能翻译本专业较高水平的、有学术价值的外文书刊。

第八条　具备下列条件,可聘任研究员职务:

担任副研究员职务五年以上,经考察表明:

1.在学术上有较深的造诣,对本学科的某一领域有开创性的研究,能创造性地解决科研工作中重大的、关键性的问题,或在重要理论问题上有所突破,或取得具有国际水平的科研成果,或具有较高的学术价值或具有重要的经济和社会效益的研究成果。

2.能够根据国家需要和本学科的国内外研究现状以及本学科的发展趋势提出本学科某一领域的研究方向,设计具有重要意义的、开创性的研究课题,或开拓一个新的研究领域。

3.是本学科的学术带头人,能够主持国家重大科研项目或攻关项目。

4.担任副研究员职务期间,能全面完成副研究员工作任务,每年至少要有三篇具有创见性的论文在公开发行的学术刊物上发表(其中文科均须独立撰写或第一作者署名,理工科至少有一半是独立撰写或第一作者署名)或取得重大价值的研究成果报告。

5.培养出水平较高的科学人才,具有培养博士研究生的能力。

第九条　对在研究工作中取得突出成绩的人员,其研究成果相当卓著,经考察表明能胜任高一级职务所应履行的职责和任务,可不受学历、学位、任职年限规定的限制破格晋升高一级职务。

破格晋升各级职务的研究人员任现职期间必须全面完成所规定的科研工作量(含每年应完成规定篇数的论文)之外,还须符合相应破格晋升职务条件的要求。

破格晋升各级职务的条件参照《厦门大学实行〈高等学校教师职务试行条例〉的实施意见》执行。

第十条　关于评定专职科研人员职务的工作量要求根据有关文件规定,研究人员提职时必须完成规定的工作量,其工作量参照《厦门大学专职科研编制定额分配与聘任试行办法》中相应的方法计算。

自 1993 年校内管理体制改革实施之日起,今后评定研究人员职务工作中任职年限的计算严格按全聘者算一年;半聘者算半年;缓聘或不聘者不计算其任职年限。

第三章　职　责

第十一条　自然科学研究人员各级职务职责:

研究实习人员:

1.在高、中级研究人员的指导下,承担并按要求完成研究课题中的具体工作。

2.对研究实验结果进行分析和处理,负责写出研究实验报告。

3.根据需要,承担一定的教学、实验室工作。

助理研究员：

1.制订研究方案，独立地进行研究工作，写出研究报告或科学论文。

2.积极推广科学研究成果，定期报告本人的研究工作，指导初级研究人员工作。

3.根据需要，承担一定的教学工作或实验室建设工作。

副研究员：

1.选定研究课题，并提出有效的研究途径和可行的研究方法，创造性地进行研究工作，指导和组织课题的研究工作，写出高水平的研究报告或科学论著，积极推广研究成果，定期报告本学科国内外现状和发展趋势。

2.负责或参加审阅(鉴定)科学论文、著作或科研成果。

3.培养研究生，指导中、初级研究人员工作。

4.根据需要，承担一定的教学任务、实验室建设工作和党政管理工作。

研究员：

1.提出有重要学术或实用意义的研究课题，在学科前沿进行开创性的工作，写出具有国际水平的科学论著。负责指导重大科研项目或攻关项目的研究工作，积极参与制定或提出学科发展规划，举办高水平的科学讲座。

2.主持审定(鉴定)重要的科学论文、著作或科研成果。

3.培养科研人才，根据需要指导研究生。

4.根据需要，承担一定的教学任务和党政管理工作。

第十二条　社会科学研究人员各级职务职责：

研究实习人员：

1.担任高级研究人员的研究助手。

2.在高、中级研究人员的指导下，进行研究工作。每年按计划完成研究任务，至少整理或写出一二篇研究报告、专业学术资料或论文。

3.根据需要，承担一定的教学工作。

助理研究员：

1.承担研究课题，每年按计划完成研究任务，至少提交 2 万字以上具有一定学术水平的科研成果报告。

2.在高级研究人员的指导下，参加集体科研项目和重点科研课题的研究。

3.根据需要，承担一定的教学工作。

副研究员：

1.承担国家和学校的科研项目，或独立从事某一课题的研究。每年按计划完成研究任务，至少提交 3 万字以上的学术论文或阶段性成果报告，每隔 2 年写出一篇 3 万字以上有创见性、有较高学术价值或有较大实践意义的论文。

2.根据需要，承担学校、科研(或教研)室的科研组织工作，担任课题组的领导人。

3.培养科研人才，根据需要指导研究生。

4.根据需要，承担一定的教学任务和党政管理工作。

研究员：

1.承担国家和省的重点科研项目，或从事某一课题的研究。每年按计划完成研究任务，至少提交 3 万字以上有较高学术价值或有较大实践意义的论文或阶段性成果报告，若干年内写出有较高学术水平的专著。

2.担任重点科研项目的学术领导；主持本学科重要领域的研究工作。

3.培养科研人才，根据需要指导研究生。

4.根据需要，承担一定的教学任务和党政管理工作。

第四章　附　则

第十三条　研究人员职务的评定程序按照教师职务评审程序执行。在评聘中,应注意政治思想条件,坚持标准,保证质量,宁缺毋滥,择优评聘。继续采用评审与考核结合的办法,既要评审研究人员的学术水平,又要考核其在任现职期间履行职责所取得的工作实绩。

第十四条　凡本细则没有详细规定的有关问题参照《厦门大学实行〈高等学校教师职务试行条例〉的实施意见》执行。

第十五条　本细则自一九九三年九月一日起实施,以前的规定若与本细则不符,按本细则执行。

第十六条　本细则解释权归校职改领导小组。

——本文摘录自《厦门大学关于印发〈厦门大学关于实行《高等学校教师职务试行条例》的实施意见〉(试行)和〈厦门大学专职科研人员职务实施细则〉的通知》,厦大职改〔1993〕010 号,档号 1993-XZ14-4

厦门大学关于教师职务评审程序的若干规定

（1993 年 7 月 9 日）

改革职称评定，实行专业技术职务聘任制，是专业技术人员管理制度的一项重大改革。评审教师职务的工作政策性强，涉及面广。为了引入竞争机制，促进公开、平等的竞争，增加教师职务评审工作的透明度，进一步改进和完善教师职务评审程序，现根据中央和省职改工作的有关文件精神，结合我校实际情况将 1992 年《厦门大学关于教师职务评审程序的若干规定》修订如下：

一、本人申报，群众评议

1.申请晋升教师（含专任教师、研究人员和专职从事学生思想政治教育干部）职务需由本人提出，申请人在任现职期间，每年度工作考核结果均必须是优秀或良好，其中申请破格晋升者或优秀中青年骨干教师的选拔，原则上年度工作考核结果均必须是优秀。

凡申请晋升高一级职务者，必须签订服务期合同，否则不予受理申请。

2.所有申请人均需在“厦门大学专业技术人员晋升职务报名表”中填写基本情况，由校职改办对每位申请人进行申请资格审查。经审查符合申请条件者应填写“厦门大学申请晋升讲师（助研）职务简明表”或“厦门大学申请晋升教师高级职务简明表”（简称“简明表”）。

3.申请者经所在教研室（组）或研究室教师评议（必要时申请者可先到会简要介绍本人的思想政治表现、工作态度和成绩、教学科研成果等情况），教研室（组）或研究室领导在听取群众意见的基础上，写出书面意见，并送交所在单位（系、所）考核推荐小组。

二、单位考核、推荐

1.我校教师年度工作考核已进行四次，但因前二次没有计算出考核结果，所以，目前各单位在提出推荐名单时，仍采用已有的年度工作考核结果与评审职务时集中考核相结合的办法。待年度工作考核完全正常后，采用任现职期间各年度工作考核结果平均分作为单位推荐顺序的依据，不再进行集中考核打分。

2.各单位召开考核推荐小组会议时，申请者应先到会汇报本人的思想政治表现、工作态度和成绩、教学科研成果等情况及本人各年度工作考核结果。考核推荐小组成员对每位申请者进行民主评议，然后结合申请人的年度工作考核结果进行评分。考核推荐小组根据全体成员考核评分（去掉一个最高分和一个最低分后）的平均分数进行排队。

3.凡申请破格晋升者或优秀中青年骨干教师的选拔，须经所在单位考核推荐小组先进行无记名投票表决，凡赞成票数达到到会成员的三分之二及其以上者，方能与其他申请者一起考核评分。

其他申请者在考核推荐时不进行表决。

4.各单位晋升高级职务的推荐人数为本单位可晋升岗位数的 150％以内，晋升中级职务的推荐人数为本单位可晋升岗位数以内。推荐名单张榜公布。

5.各单位将推荐名单报校职改办，并领取“高等学校教师职务任职资格申报表”。

三、代表作送审

1.各单位推荐的拟晋升高级职务的申请者，应提交任现职以来正式发表的科学论文、著作和技术成果一式一套，其中指定为代表性的论著 2～3 篇（本），一式二套。

2.申请晋升教授（研究员）职务者的代表作应送二位教授级同行专家鉴定，其中至少有一位校外同行专家的鉴定。优秀中青年骨干教师的选拔对象晋升教授（研究员）者的代表作须送同行博士导师鉴定，晋升副教授(副研究员)的代表作须送教授级同行专家鉴定,其中至少有一位校外同行专家的鉴定。

3.其他申请晋升副教授(副研究员)者的代表作,送校内同行专家鉴定。

4.学校无高级职务评审权的学科,申请者的代表作送审按省教委文件规定执行。

5.晋升高级职务者的代表作由系主任(所长)指定同行专家鉴定。凡送校内同行专家鉴定的,由各系(所)办理送审工作;凡送校外同行专家鉴定的,由各系(所)整理好需送审的材料,送校职改办,统一办理。同行专家鉴定意见由各系(所)打印或复印所需的份数。

代表作送审时,应回避与申请者共同撰写该篇论著的合作者。

6.送审代表作的要求

(1)申请晋升教授(研究员)的代表作必须是任现职以来,在国家部委、中国科学院、中国社会科学院及所属研究院(所)、全国学会主办的公开发行的学术刊物或全国重点大学学报上发表(独立撰写或有第一作者署名)有创见性的科学论文,或正式出版有较高学术水平的专著、教科书,或在科学研究上有重大发明创造的成果。

申请晋升副教授(副研究员)的代表作必须是任现职以来,在公开发行(均须有全国统一刊号"CN")的学术刊物上发表或在全国性和国际学术会议上宣读并收入论文集出版(独立撰写或第一作者署名)的科学论文,或正式出版的有一定学术水平的专著、教科书,或对促进科学研究和经济社会发展做出重要贡献的成果[如为合作项目,须有学校与合作单位共同审核证明,且为项目的主要贡献者(限前二名)],或在革新实验技术设备和实验室建设方面成绩卓著的。

未经正式出版、发表的专著、教科书、论文,未获奖或未经省级及其以上机关鉴定的成果,以及非大学本科使用教科书或讲义均不能作为代表作。

(2)对一九六六年底前大学本科毕业,毕业后一直从事高等学校公共课、基础课教学的教师符合下列条件时,晋升副教授的代表作要求可适当放宽:

(A)近五年来,每年均满教学工作量,教学效果优秀;

(B)任现职期间,年度工作考核有二年考核成绩优秀;或获二次校优秀教师或教书育人先进个人;或获省优秀教师称号;或获省教委优秀教学成果奖。

所谓代表作的要求可适当放宽,即下列论文和教材可作为代表作:

①撰写的教学改革、教学经验、专业学术论文,在全国学术会议或全国教学经验交流会上宣读,经同行专家鉴定具有较高水平;

②编写教材讲义十万字以上,经学校教学部门批准在校内使用二轮以上,学生反映较好,经同行专家鉴定具有较高水平。

(3)艺术专业教师晋升高级职务时,正式刊物上发表的作品可作为代表作之一,还必须至少有一篇在公开发行(均须有"CN"刊号)的学术刊物上正式发表的学术论文作为代表作。

(4)经校教师职务评委会或学科组或系(所)评审组评审,如属本单位有职务定额而未通过者,第二年重新申请时,必须重新送审代表作(其中至少有一篇论文是否决后正式发表的),如属本单位职务定额限制而未通过者,其代表作是否重新送审,由本人决定。上述两种情况在次年重新申请时,均必须有新成果(指上年否决后正式发表或出版的论著等)。

四、系(所)教师职务评审组评审

系(所)成立教师职务评审组。评审组的职责是对系考核推荐组推荐的教师职务申请者进行一审。其任务是:评审讲师(助研)职务任职资格;推荐副教授(副研究员)和教授(研究员)评审对象。

系(所)教师职务评审组应以民主程序进行工作。评审组在评审会议前二天将申请者填写的"简明表"送评审组成员审阅,同时把申请者的代表作及所有成果集中展出,并在开会前二天内请评审组成员自己安排时间审阅申请者的代表作所有成果,并做好记录。在此基础上,评审组召开全体成员会议,充分进行讨论。并以无记名投票方式(晋升高级职务者在本单位可晋升高级岗位数的150%以内;晋升中级职务者在本单位可晋升中级岗位数以内)进行表决。凡获得出席会议成员的三分之二及其以上赞成票数者，方为通过。

申报讲师(助研)者，经系(所)教师职务评审组评审通直接报校职改领导小组审批。

申报教师高级职务(含正、副级)者，经系(所)教师职务评审组评审通过后，推荐到相应学科评审组评审。

凡经系(所)教师职务评审组评审通过的高、中级职务评审对象，均须在本单位张榜公布。

五、学科评审组评审

学科评审组的职责是对系(所)教师职务评审通过的推荐对象进行二审。其任务是复审副教授任职资格，送校评委审定；评审教授任职资格，向学校评委会推荐。学科组应将申请者的代表作及其他所有成果展出。学科组在召开会议前二天应将申请者填写的"简明表"复印件送每位成员审阅并请他们在此二天内安排时间审阅申请者的代表作及其他成果，并做好记录。

学科评审组应以民主程序进行工作。学科组召开评审会议时，所有申请人应到会简要汇报本人正在从事的工作、取得的成果和今后的打算。学科组成员对申请人有责任提出质疑，申请人应当面给予解答。

系(所)教师率职务评审组应向学科组汇报评审结果及某些特殊需要说明的问题。

在此基础上，学科组应认真进行讨论、评审，并以无记名投票方式(按申请人所在单位可晋升岗位数以内)进行表决。凡获得赞成票数超过全体委员的二分之一者，方为通过。

凡经学科组评审通过的申请者，学科组应将其情况填入"评审结果汇总表"，并复印25份，送校职改办。

六、校教师职务评审委员会评审

校教师职务评审委员会(简称校评委会)分为校教师职务文科评审委员会和校教师职务理科评审委员会。校教师职务文科评审委员会的职责是审定文科副教授(副研究员)任职资格、评审文科教授(研究员)任职资格、优秀中青年副教授任职资格和专职政工高级职务任职资格。校教师职务理科评审委员会的职责是审定理工科副教授(副研究员)任职资格、评审理工科教授(研究员)任职资格和优秀中青年副教授任职资格。

1.校评委会应以民主程序进行工作。校评委会应将拟晋升教授(研究员)职务的申请者代表作和其他所有成果集中展出。校评委会在召开会议前二天应将申请者填写的"简明表"复印件送每位委员审阅并请各位委员在此二天内安排时间审阅申请者的代表作及其他成果，并做好记录。

校评委会召开会议时，如有必要，请有关申请晋升教授(研究员)的教师到会简要汇报本人正从事的工作、取得的成果及这些成果的学术水平，以及今后打算。委员有责任对申请人提出质疑，申请人应当面给予解答。

2.校评委会还应认真听取各学科组评审情况和结果的汇报。对于学科组已评审通过的副教授(副研究员，不包括优秀中青年骨干教师的选拔对象)，在原则问题上群众没有反映意见，委员没有不同意见的，则可审定通过，不再投票表决；若在原则问题上，有群众反映(须调查核实)或委员有异议的，则需将其材料送每位委员审阅，必要时请该申请者到会简要述职，经认真评审后进行无记名投票表决。凡获得出席会议委员的三分之二及其以上赞成票数者，方为通过。

对于学科组已评审通过的教授(研究员)和优秀中青年教师晋升副教授(副研究员)，校评委会要认真进行评审，经过充分的酝酿、评审后，以无记名投票方式进行表决。凡获得出席会议委员的三分之二及其以上赞成票数者，方为通过。

七、校职改领导小组审批

根据国家人事部人职发〔1991〕8号文和闽职改字〔1993〕19号文精神，评审委员会的评审结果必须经校职改领导小组审核批准。个别评审不准确，群众反映意见较大的，校职改领导小组有权要求相应评审组织进行复议。

学校有审定权的学科，晋升高一级职务者的任职资格从校职改领导小组审批之日起算。

八、校教师职务评审委员会协调组

鉴于学校教师职务评审委员会分为校教师职务文科评审委员会和校教师职务理科评审委员会,不再设立总委员会,学校成立校教师职务评审委员会协调组(简称协调组)。协调组由校职改领导小组成员和文理科评审委员会正、副主任组成。其职责是协调文、理科评审委员会评审标准,研究处理评审过程中出现的重要问题等。

九、评审组织及其组成

1.学校成立校教师职务文科评审委员会和校教师职务理科评审委员会,两委员会又统称为校教师职务评审委员会。校评委会至少由二十五人组成,委员一般应具有正高级职务任职资格。委员中,中青年应占三分之一左右。校评委会设立主任一人,副主一至三人。

2.校评委会下设若干学科评审组。学科评审组一般由九到十三人组成,学科评审组成员应具有高级职务任职资格,其中具有正高级职务任职资格的人数应为二分之一以上。学科评审组设组长一人,副组长一人。

3.系(所)成立系(所)教师职务评审组[简称系(所)评审组]。系(所)评审组一般由九至十三人组成,评审组成员应具有高级职务任职资格。个别系级单位具有高级职务任职资格人数不够时,可聘请相近学科具有高级职务任职资格的教师,或由具有教师中级职务任职资格的本单位负责人参加,但具有中级职务任职资格人员不得超过三分之一。评审组设组长一人,副组长一人。

4.系(所)成立考核推荐小组。推荐小组一般由七至十一人组成。推荐小组成员由系级党政领导和具有高级职务任职资洛的教师或由具有中级职务任职资格的教研室(研究室)负责人担任,但其中具有高级职务任职资格的成员不得少于三分之二。

5.校评委会和各学科评审组由校职改领导小组组建,并报上级主管部门备案。

系(所)教师职务评审组和考核推荐小组由各系(所)党政领导研究提名,校职改领导小组批准组建。

凡申请晋升高一级职务者,一般不参加当年各级评审组织。

6.各级评审组织召开会议时,必须有三分之二以上成员出席,会议结果方为有效。未出席评审会议的委员不得委托投票或评审会议后补充投票。

7.各级评审组织的成员任期一般为二年。

十、评审纪律

根据国家人事部人职发〔1990〕4 号等有关文件规定,各级评审组织的成员和申请者均必须严格遵守评审工作纪律。

1.各级评审组织的成员(包括校评委会委员、学科评审组成员、系(所)评审组成员和系(所)考核推荐小组成员)必须认真学习和贯彻执行中央关于改革职称评定,实行专业技术职务聘任制的方针、政策、各项规定、《高等学校教师职务试行条例》和《厦门大学关于贯彻执行〈高等学校教师职务试行条例〉的实施意见》,严格把好质量关,必须认真执行"坚持标准,保证质量,全面考核,择优晋升"的原则,秉公办事,不徇私情,自觉遵守评审纪律,严守秘密,不准向外泄露有关评审情况,不得利用职便营私舞弊,违者应追究责任,并视情节轻重严肃处理,直至撤销评委、学科组成员、评审组成员或考核推荐小组成员资格。

2.凡评审对象是校评委会[学科评审组、系(所)评审组、或系(所)考核推荐小组]成员或其亲属(父母、夫妻、子女、兄弟姐妹、女婿、儿媳等)时,考核评分、评审、投票表决等过程,本人应主动回避或被告知回避,计票基数需相应减少。

3.申请者在进行申报和评审工作期间,不得本人或通过他人找各级评审组织的成员说情。若有人举报并经查实确有违反规定者,将取消其本次申请资格,若已经评审,委员会评审通过的亦将取消其任职资格。

4.申请者在开展评审工作期间,有意见者可根据组织原则向本单位领导或直接向校职改办反映。反映意见必须实事求是,有证有据。

5.申请者应如实填报教学工作量和教学、科研成果(包括著作、教科书、学术论文和研究成果等,其中著作、教科书、学术论文必须是任现职期间正式出版社出版或公开发行的学术刊物上正式发表的或在《人民日报》、《光明日报》、《文汇报》和《中国教育报(理论版)》中发表的学术论文,研究成果必须有省级及其以上机关鉴定或获得省级及其以上机关奖励的),所有这些成果在申请时均必须提供原版材料一式一套。填报材料,经教研(研究)室和系(所)领导审核后,在本单位张榜公布。如发现有弄虚作假的,经查实后,将取消其申请资格,若已经校评委会评审通过的,亦将取消其任职资格。

申请者填写"简明表"必须字迹清楚、工整。"简明表"须由申请者本人复印25份,该复印件供评审时使用。

十一、校长特批制度

凡教学、科研等各方面工作成绩特别突出且学科建设需要的优秀人才或引进学科建设急需的优秀人才,可由校长特批其相应职务任职资格。

十二、其他

1.接近离退休年龄的教师申请晋升高一级职务问题。

鉴于教师职务的评审工作通常在下半年进行,凡属在开展评审工作的当年7月1日以后满离、退休年龄的教师可申请晋升高一级职务。

2.申请人须在学校规定的申报之日以前正式出版、发表的著作、教科书、学术论文及已鉴定或获奖的研究成果(以出版日期或鉴定、获奖日期为准)列为任现职以来的成果。申报之日以后正式出版、发表的著作、论文等可作为下次晋升高一级职务时的成果。

十三、本规定自公布之日起执行。以前文件的规定如与本规定不符的,均以本规定为准。

——本文摘录自《厦门大学关于印发〈厦门大学关于教师职务评审程序的若干规定〉和〈厦门大学关于教师以外其他各类专业技术职务评审程序若干规定〉的通知》,厦大职改〔1993〕011号,档号1993-XZ14-4

厦门大学关于教师以外其他各类专业技术职务评审程序若干规定

(1993 年 7 月 9 日)

为进一步深化职称改革,完善专业技术职务聘任制度,现根据国务院有关规定和国家人事部关于《企事业单位评聘专业技术职务若干问题暂行规定》(人职发〔1990〕4 号)及福建省有关文件规定,结合我校实际情况,制定《厦门大学关于教师以外其他各类专业技术职务评审程序若干规定》。

教师以外其他各类专业技术职务(简称各类专业技术职务)系列包括:工程技术、实验技术、卫生技术、图书资料专业、会计专业、统计专业、出版专业、翻译专业、经济专业、档案专业和幼儿园教师等 11 个职务系列。

一、本人申报、群众评议

1.申请晋升各类专业技术职务需由本人提出。申请人在任现职期间,每年度工作考核结果均必须是优秀或良好,其中申请破格晋升者,原则上年度工作考核结果均必须是优秀。

凡申请晋升高一级职务者,必须签订服务期合同,否则不予受理。

2.所有申请人均需在"厦门大学专业技术人员晋升职务报名表"中填写基本情况,由校职改办对每位申请人进行申请资格审查。经审查符合申请条件者应填写"厦门大学专业技术人员晋升高、中级职务简明表"(简称"简明表")。

3.申请者经所在科室全体人员评议,科室领导在听取群众意见的基础上,写出书面意见,并送交所在单位考核推荐小组。

二、单位考核推荐

1.我校各类专业技术人员年度工作考核已进行二次,各单位在提出推荐名单时,采用已有的年度工作考核结果与评审职务时集中考核相结合的办法。待年度工作考核完全正常后,采用任现职期间各年度工作考核结果平均分作为单位推荐顺序的依据,不再集中考核打分。

2.各单位召开考核推荐小组会议时,申请者应先到会汇报本人的思想政治表现、工作态度和成绩、出勤等情况及本人各年度工作考核结果。考核推荐小组成员对每位申请者进行民主评议,然后结合申请人的年度工作考核结果进行评分。考核推荐小组根据全体成员考核评分(去掉一个最高分和一个最低分)的平均分数进行排队。

3.凡申请破格晋升者须经所在单位考核推荐小组先进行无记名投票表决,凡赞成票数达到到会成员的三分之二及其以上者,方能与其他申请者一起考核评分。

其他申请者在考核推荐时不进行表决。

4.各单位晋升高、中级职务的推荐人数为本单位可晋升岗位数以内。推荐名单张榜公布。

5.各单位将推荐名单报校职改办,并领职"专业技术职务任职资格申报表"。

6.申请中级职务者,须提交任现职以来的工作总结(包括政治思想表现、工作态度、工作成绩和取得的成果等),由所在单位送请二位具有高级职务任职资格的同行专家鉴定并提出推荐意见。

三、代表作送审

1.各单位推荐的拟晋升高级职务的申请者,应提交任职以来正式发表的论文,著作和已鉴定或获奖的技术成果一式一套,其中指定为代表性的论著 2～3 篇(本),一式二套。

2.申请晋升高级职务者的代表作,应送具有高级职务任职资格的同行专家鉴定,其中申请正高级职务者应送具有正高级职务任职资格的同行专家鉴定。

3.学校有评审权的专业系列,申请者的代表作可送校内二位同行专家鉴定;学校无评审权的专业系列、申请者的代表作应送二位同行专家鉴定,其中至少有一位校外同行专家鉴定。

代表作送审时,应回避与申请者共同撰写该篇论著的合作者。

4.申请者的代表作由单位负责人指定同行专家,并由所在单位办理送审工作。同行专家鉴定意见由各单位打印或抄正复印所需的份数。

5.送审代表作的要求

由于各类专业技术职务系列较多,且不同系列要求不尽相同,因此送审代表作的要求,按各职务系列的有关《试行条例》和《实施细则》执行。

凡申请者经评审未被通过的,次年提出新申请时,必须重新送审代表作(其中至少有一篇论文是否决后正式发表的)。

四、专业评议组评议

专业评议组(简称评议组)应以民主程序进行工作。评议组成员应认真审阅申报者的有关材料,在充分讨论的基础上,经无记名投票表决,赞成票数达到或超过出席会议成员的三分之二,方为通过。

五、校专业技术职务评审委员会评审

校专业技术职务评审委员会(简称校评委会),按职务系列分设三个系列专业技术职务评审委员会。其职责是评审本职务系列中级和高级职务任职资格。

校评委会应以民主程序进行工作。校评委会委员应认真审阅申请者提交的材料(包括"简明表"、代表作和其他成果等)。校评委会要认真进行评审,经过充分的酝酿、评审后,以无记名投票方式进行表决。凡获得出席会议委员的三分之二及其以上赞成票数者,方为通过。

六、校职改领导小组审批

根据国家人事部人职发〔1991〕8 号文和闽职改字〔1993〕19 号文件精神,评审委员会的评审结果必须经校职改领导小组审核批准。个别评审不准确,群众反映意见较大的,校职改领导小组有权要求有关职务系列评审委员会进行复议。

学校有审定权的职务系列,晋升高一级职务者的任职资格从校职改领导小组审批之日起算。

七、评审组织及其组成

1.学校根据不同职务系列成立校工程、实验、卫生技术职务评审委员会,校图书资料、编辑、翻译及经济管理类专业技术职务评审委员会和校幼儿园教师职务评审委员会等三个评委会,此三个评审委员会统称校专业技术职务评审委员会。

各系列评委会至少由二十五人组成,委员应具有高级职务任职资格。校各系列评审委员会设主任一人,副主任一至三人。

2.校工程、实验、卫生技术职务评审委员会下设三个专业评议组,即:实验工程技术专业评议组、土建工程技术专业评议组和卫生技术专业评议组。

校图书资料、编辑、翻译及经济管理类专业技术职务评审委员会下设四个专业评议组,即:图书资料专业评议组、经济管理专业评议组、编辑专业评议组、翻译专业评议组。

评议组由七至九人组成,评议组成员一般应具有高级职务任职资格。评议组设组长一人,副组长一人。

3.单位成立考核推荐小组。推荐小组一般由七至十一人组成。推荐小组成员应由单位党政领导和具有高级职务任职资格者或由具有中级职务任职资格的科室负责人担任,但其中具有高级职务任职资格的成员不得少于三分之二。

4.校各系列评审委员会和专业评议组由校职改领导小组组建,并报上级主管部门备案。

单位考核推荐小组由各单位党政领导研究提名,校职改领导小组批准组建。

凡申请晋升高一级职务者,一般不参加当年各级评审组织。

5.各级评审组织召开会议时,必须有三分之二以上成员出席,会议结果方为有效。未出席评审会议的委员不得由他人代投票或补充投票。

6.各级评审组织的成员任期一般为二年。

八、评审纪律

根据国家人事部人职发〔1990〕4 号等有关文件规定,各级评审组织的成员和申请者均必须严格遵守评审工作纪律。

1.各级评审组织的成员[包括校评委会委员、各系列评议组成员和系(所)考核推荐小组成员]必须认真学习和贯彻执行中央关于改革职称评定,实行专业技术职务聘任制的方针、政策、各项规定和各系列职务《试行条例》,严格把好质量关,必须认真执行“坚持标准,保证质量,全面考核,择优晋升”的原则,秉公办事,不徇私情,自觉遵守评审纪律,严守秘密,不准向外泄露有关评审情况,不得利用职便营私舞弊,违者应追究责任,并视情节轻重严肃处理,直至撤销评委、评议组成员或考核推荐小组成员资格。

2.凡评审对象是校评委会[各系列评议组或系(所)考核推荐小组]成员或其亲离属(父母、夫妻、子女、兄弟姐妹、女婿、儿媳等)时,考核评分、评审、投票表决等过程,本人应主动回避或被告知回避,计票基数需相应减少。

3.申请者在进行申报和评审工作期间,不得本人或通过他人找各级评审组织的成员说情。若有人举报并经查实确有违反规定者,将取消其本次申请资格,若已经评审委员会评审通过的,亦将取消其任职资格。

4.申请者在开展评审工作期间,有意见者可根据组织原则向本单位领导或直接向校职改办反映。反映意见必须实事求是,有证有据。

5.申请者应如实填报本人的工作情况、工作成绩和成果(包括正式发表的论著和已获奖或鉴定的技术成果等)。所有这些成果在申请时均必须提供原版材料一式一套。填报的材料,经所在科室和单位领导审核后,在本单位张榜公布。如发现有弄虚作假的,经查实后,将取消其申请资格,若校评委会已经评审通过的,亦将取消其任职资格。

申请者填写“简明表”必须字迹清楚。“简明表”须由申请人本人复印 25 份。该复印件供评审(评议)时使用。

九、其他

1.接近离退休年龄的各类专业技术人员申请晋升高一级职务问题。

鉴于专业技术职务评审工作在下半年进行,凡属在开展评审工作的当年 7 月 1 日以后满离、退休年龄的各类专业技术人员可申请晋升高一级职务。

2.申请人须在学校规定的申报之日以前正式出版、发表的著作、论文及已鉴定或获奖的技术成果(以出版日期或鉴定、获奖日期为准)列为任现职以来的成果。申报之日以后正式发表、出版的论文、著作等可作为下一次晋升高一级职务时的成果。

十、本规定自公布之日起执行。以前文件的规定如与本规定不符的均以本规定为准。

——本文摘录自《厦门大学关于印发〈厦门大学关于教师职务评审程序的若干规定〉和〈厦门大学关于教师以外其他各类专业技术职务评审程序若干规定〉的通知》,厦大职改〔1993〕011 号,档号 1993-XZ14-4

厦门建南集团公司会计制度

(1993年9月10日)

第一章　总　则

第一条　为了如实、准确地反映厦门建南集团公司(以下简称集团公司)及其成员企业的经济活动情况,提供相关及可靠的会计信息,提高财会管理水平和经济效益,根据《中华人民共和国会计法》及财政部颁发的《企业会计准则》《企业财务通则》的规定,结合集团公司及其成员企业的实际,制定本制度。

第二条　本制度适用于集团公司及所属成员企业。

第三条　会计期间分年度、季度和月份。会计年度自公历1月1日至12月31日止。

第四条　会计核算以人民币为记账本位币。有关外币业务应按当天国家外汇牌价折算为人民币反映。但如属按调剂价买入的外汇,亦可用调剂价单独记账。

第五条　会计记账采用复式借贷记账法。会计记录的文字使用中文。

第六条　集团公司自开办之日起的会计核算均按《企业会计准则》的规定实行(成员企业从1993年7月1日起实行)。

第二章　会计机构和会计人员

第七条　集团公司设财务部,以开展会计工作,并根据工作需要配备一定的会计人员。会计人员根据业务工作分工及内部管理需要进行必要的分工,分别负责资金、销售、成本、报表及会计分析与预测等。

第八条　根据业务发展需要,集团公司可相应设置高级会计师、会计师等中高级职称岗位,以提高会计工作水平,实施岗位责任制。

第三章　会计核算

第九条　会计核算应当以实际发生的经济业务为依据,如实反映财务状况和经营成果。

第十条　会计核算应当按照规定的会计处理方法进行,前后各期应当保持一致,不得随意变更,若需变更,应在财务报告中说明。

第十一条　会计核算应当以权责发生制为基础,收入与其相关成本、费用应当相互配比。

第十二条　集团公司及成员企业应及时提供全面反映集团公司财务状况和经营成果的财务报告。

第十三条　集团公司会计核算采取汇总记账的核算程序(科目汇总核算程序)。

第十四条　所有记账凭证及总分类账、明细分类账、现金日记账、银行日记账采用目前通用的格式,并按规定的要求建账。采用电脑进行会计核算的单位,应健全复核制度。

第十五条　会计记录和会计报表应当清晰明了,便于理解和利用。

第四章　会计科目

第十六条　会计科目是对经济业务内容进行分类的标志,应根据集团公司的实际需要,设置总账科目及明细科目。

第十七条　会计科目应按有关规定进行编号。

第十八条　填制会计凭证、会计账簿时，应填到会计科目的名称(或者同时填到会计科目的名称和编号)。

第十九条　集团公司会计科目表及其编号

顺序号	编号	名称	备注
1.资产类			
1	101	现金	
2	102	银行存款	
3	109	其他货币资金	
4	111	短期投资	
5	121	应收票据	
6	122	应收账款	
7	125	坏账准备	
8	126	预付账款	
9	127	备用金	
10	128	外汇价差	
11	129	其他应收款	
12	130	内部往来	
13	131	商品采购	商
14	132	物资采购	房
15	133	采购保管费	房
16	134	材料采购	工
17	135	库存商品	商　服
18	136	库存材料	房　工
19	137	库存设备	房
20	141	受托代销商品	商
21	143	商品进销差价	商
22	144	商品削价准备	商
23	145	加工商品	商
24	146	开发产品	房
25	147	出租商品	商
26	148	出租开发产品	房
27	149	分期收款发出商品	商　工
28	150	分期收款开发产品	房
29	151	材料物资	商
30	153	物料用品	服

31	155	包装物	商　工
32	157	低值易耗品	
33	158	产成品	工
34	159	待摊费用	
35	161	长期投资	
36	162	拨付所属资金	公司本部专用
37	165	特准储备物资	商
38	171	固定资产	
39	175	累计折旧	
40	176	固定资产清理	
41	177	固定资产购建支出	房
42	179	在建工程	
43	181	无形资产	
44	185	递延资产	
45	191	待处理财产损溢	

2.负债类

46	201	短期借款	
47	203	应付票据	
48	204	预收账款	
49	206	预收账款	
50	209	代销商品款	商
51	211	其他应付款	
52	215	应付工资	
53	216	应付福利费	
54	221	应交税金	
55	225	应付利润	
56	229	其他应交款	
57	231	预提费用	
58	233	待扣税金	工
59	245	特种储备资金	商
60	251	长期借款	
61	261	应付债券	
62	271	长期应付款	

3.所有者权益类

63	301	实收资本	

64	302	上级拨入资金	成员企业专用
65	311	资本公积	
66	313	盈余公积	
67	321	本年利润	
68	322	利润分配	

4.成本类

69	402	开发成本	房
70	403	生产成本	工
71	407	开发间接费用	房
72	408	制造费用	工

5.损益类

73	501	商品销售收入	商
74	502	房地产经营收入	房
75	503	产品销售收入	工
76	504	服务营业收入	服
77	507	商品销售折扣与折让	商
78	511	商品销售成本商	
79	512	房地产经营成本	房
80	513	产品销售成本	工
81	514	服务营业成本	服
82	517	商品流通费用	商
83	518	房地产销售费用	房
84	519	产品销售费用	工
85	520	服务营业费用	服
86	521	商品销售税金及附加	商
87	522	房地产经营税金及附加	房
88	523	产品销售税金及附加	工
89	524	服务营业税金及附加	服
90	531	代购代销收入	商
91	541	其他业务收入	
92	546	其他业务支出	
93	551	管理费用	
94	555	财务费用	
95	561	投资收益	
96	571	营业外收入	
97	575	营业外支出	

第五章　财务报告

第二十条　财务报告分为资产负债表、损益表、财务状况变动表(现金流量表)、附表、会计报表附注和财务状况说明书。

第二十一条　成员企业须按规定期限向集团公司上报上述报表。

第二十二条　会计报表应根据登记完整、核对无误的账簿和其他有关资料编制,做到数字真实,计算准确,账表相符。

第六章　附　则

第二十三条　本制度自集团公司经营即日起实行。

第二十四条　集团公司及成员企业的财务部门应根据本制度及新颁布的行业会计制度组织本企业的会计核算工作。

厦门建南集团公司

一九九三年九月十日

——本文摘录自《厦门建南集团公司会计制度》,建南财字〔1993〕02 号,档号 1994-XZ24-1

厦门建南集团公司行政管理条例(试行)

(1993年10月)

第一章　总　则

第一条　为加强公司行政管理,根据国家有关行政法规,结合本公司的实际情况,特制定本条例。

第二条　行政管理系统是公司决策、指挥、执行、反馈的中枢系统。行政管理的职能部门是总经理办公室。总经理办公室拥有公司领导授予的各种行政管理职权,协助总经理处理公司日常工作,办理校办产业管理委员会日常工作,同时承担为公司各部门提供行政后勤服务的义务。

第三条　本条例中"行政管理"包括:综合协调管理、文书档案管理、办公设施的使用与管理、安全保卫保密工作、后勤生活管理、用车制度等方面的内容。

第二章　综合协调管理

第四条　综合协调范围

1.检查落实总经理和办公会议做出的决定、决议、指示及有关政策的执行情况。

2.协调各部门之间因工作衔接产生的问题。

第五条　总经理办公室应掌握的情况

(一)业务方面

1.各业务部门的经营管理情况。

2.业务部门合同签约、履行和管理情况。

3.业务部门之间发生的业务矛盾和协调解决情况。

4.业务部门计划任务的完成情况。

(二)接待方面

1.海关、商检、税务、外管、审计、财政、纪检司法机关等上级有关部门来公司调查和核对有关材料,应报告总办,以便安排接待。

2.凡来我司洽谈进出口业务的外商和国内客户(不含本市和驻厦办事处),需由公司出面接待的,应报告总办,由总办根据领导意见安排接待。

3.国内外重要客户邀请我司人员外出洽谈或宴请的,须报总办备案,由总办及时上报总经理或分管副总经理。

(三)其他方面

1.业务人员出差时间超过半个月,部门领导应负责报告总办。部门领导出差每到一驻地应把住址及电话告知总办,以便联系。公司领导、部门领导出差回公司后,应及时向总办报到。

2.公司领导、部门领导出国(出境)返回后,必须在一周内用书面形式汇报出国(出境)工作情况,并报总办存档。

3.各部门的通信、水电等办公设施出现故障或隐患又无法排除处理,应报告总办。

4.公司职工违法违纪的行为和案件,应及时上报总办。

第三章　公文、档案、印章管理

第六条　公文的收发与传递。公文的收发由办公室专人负责，其他部门通过各种渠道接收的公文应统一交办公室登记保管。办公室接文后，重要的文件应及时送公司领导批办，有关职能部门和业务部门职权内可以处理的公文可直接请部门阅办。领导批办的公文，有关部门应尽快办理（急件一天内办理，一般文件二天内办理完毕），公文阅办后应及时送交办公室文档人员归档。公文的传阅、传递都应办理交接签字手续，并填写办文单。

第七条　公文的撰写与制作。各部门以公司名义起草的文件，须用正规的办公稿纸起稿，涉及两个部门以上的文件需由有关部门协商会稿，然后送办公室领导核稿，由公司领导签发。文件经领导签发后由办公室统一编号、缮印、盖章、登记、发送。

第八条　信函的收发与传递。公司的传真、电传、重要的电报、信函由办公室专人收发，收发必须办理交接登记手续。公司各部门和有关人员的普通信函由总务人员收件后递交给各部门及有关人员。

第九条　文件的立卷与归档。凡经办公室收发的所有重要的文件原件由办公室分门别类立卷归档。传真、电报、电传、信函属业务性质的，由业务部门立卷归档。

第十条　档案的使用与管理。公司档案分文书档案、经营档案、会计档案、科技档案四大类。

1.文书档案分为党群、行政管理、人劳、计划、财务管理、经营管理、基建、安全保卫等八大类。

2.经营档案分为合同协议、业务函电和其他等三大类。

3.会计档案分为会计凭证、账簿、报表和其他四大类。

4.科技档案分为科研、设备和基建三大类。

在公司尚未建立完整的档案室之前，属各部门业务活动范围的资料由有关部门立卷归档（保管有困难的部门需报告总办）。公司的重要文件由总办立卷归档。部门借阅档案必须由部门领导签字并经分管领导批准后方可借阅。

第十一条　印章的使用与管理。印章分为公司印章和部门各类印章。公司印章由办公室主任管理，或临时指定专人负责管理。常规文稿、资料、票据可直接到办公室登记盖章；非常规文稿如证明、介绍信等须经部门经理签字后，交由办公室登记盖章；重要文稿如担保书、协议书等，须经部门经理签字并经公司领导签字后，交办公室登记盖章。总办在用印时要严格把关，凡认为需经总经理审批的，由总办呈报总经理审批后用印。

各部门的公章由部门经理管理，公司的业务专用章、合同章暂由总办管理。

第四章　办公设备的使用与管理

第十二条　电话的使用与管理

1.总办设有长途电话，由专人负责计费、管理。各业务部门配备程控电话，并开通长途直拨功能。有关部门要严格长话的使用、管理，任何人未经部门经理许可不得随意使用长话，通话力求简明、扼要，节约通话时间，严禁使用公司长话办私事。

2.未开通长话的部门，经部门经理签字后，可到办公室使用长话，部门经理不在时，可先通话，后补办手续，未经部门经理许可而随意更改通话的电话号码者，费用自负。

3.因工作需要，经总经理批准，部门经理可安装家庭电话。安装费由公司承付，所有权属公司，电话机个人保管使用。经理离任后，电话由公司收回，若个人需要保留电话，经总经理批准，可向公司交纳安装费后过户给个人。

电话费根据财务部有关规定按月定额报销。

第十三条　传呼机管理

1.传呼机系公司固定财产，只限有关人员使用，持机人必须妥当保管，不得私自转让或外借，损坏负责维修，遗失照价赔偿。工作有变动，即到总办办理移机手续。传呼机费用由总办按规定交纳，计入部门费用。

2.持机人不得随意关机。凡公司呼机要及时回复。

第十四条　传真的使用与管理

1.传真设备由机房专人管理,未经管理人员许可,任何人不得随意上机操作。不得使用传真设备传递与公司业务无关的私人函件、资料等。

2.传真件必须经由部门经理签发,并填写传真发文登记后,由管理人员及时安排发送。传真应及时发送,除特殊情况,不得拖过下班时间,对手续不全者,管理人员有权要求补办手续,否则不予发送。

3.凡需发送的传真件必须填写在传真纸上,各部门需要留存传真底稿的应事先自行复印。凡需查阅传真资料,应经所在部门经理同意,总办批准后查阅。

4.传真件一律实行收费。传真发送件收费标准按每张0.5元加长途电话费计收,收件每张收费0.5元;经批准受理的外系统或个人的传真发送件,按有关收费标准收费,收件每张收五元手续费。

第十五条　电脑的使用与管理

1.电脑(包括用于管理信息系统和电脑打字设备)是公司用于现代化管理的贵重仪器,公司全体职工必须爱护机器,维护电脑网络的畅通,有关人员必须严格按照程序操作。

2.电脑必须有专人管理。安置在部门的电脑,由部门负责管理,非电脑操作人员不得随意上机操作,更不得擅自拆卸、挪用电脑硬件及附件。任何人不得利用电脑从事与业务无关的活动,包括拷贝私人资料或将电脑用于娱乐。

3.机房属公司机要部门,各有关人员必须严守保密规定,非机房工作人员未经许可不得入内。机房应建立健全各种防火、防盗、防失措施,确保各种文件、软盘、资料的绝对安全。

第十六条　办公用品的发放管理。公司的办公用品统一由总办采购、保管,各部门领取办公用品,先填制“办公用品申领单”,经领用部门经理、总办领导签字后即可领用。总办按月统计后计入部门费用。

第十七条　低值易耗品的管理。低值易耗品为单价在50元以上2000元以下的物品。各部门购买低值易耗品,须填写“低值易耗品请购单”,经分管领导审批后统一由总办购买。各部门领用低值易耗品时,填写“低值易耗品申领表”,经领用部门经理、总办主任签字后,向总办领用。超标准的低值易耗品一律报总经理审批后由总办统一购置。

各部门的低值易耗品费用每季度汇总一次,业务部门计入业务费用,职能部门按下达的指标按季考核。超指标的下季扣抵。

第五章　安全保卫、保密工作

第十八条　保密守则

1.不谈论的机密,绝对不说。

2.不该问的机密,绝对不问。

3.不该看的机密,绝对不看。

4.不该记录的机密,绝对不记录。

5.不在非保密本上记录机密。

6.不在私人通信中涉及机密。

7.不在不利保密的地方存放机密文件、资料。

8.不在普通电话、明码电话、普通邮局传达机密事项。

9.不在存放机密文件、资料的机房和传真室、档案室内聊天。不许在机要部门内会客。

10.不得将打印废弃的机要文件、资料随意处理。

11.不在公共场所和家庭、亲友面前谈论机密。

第十九条　文件管理办法

1.凡标有秘密以上的文件材料,由总经理办公室编号,按发文范围呈送或按领导批示的范围传阅,定期返回。

2.公司普发的一般性文件材料,收文部门要妥善保管,不得遗失。

3.各部门应指定专人兼文书工作,建立收文制度,对收到的文件材料(包括复印件),逐一登记、整理、存档,并对本部门在工作中形成的属于保密、归档范围的文件材料进行收集、整理、归档。

4.标有秘密以上的文件材料,未经许可,不准带出公司。

5.公司规章制度属公司秘密,未经许可,不得外传。

第二十条　保密级别

1.绝密:①公司发展战略、计划措施及总结。

②有关公司经济状况统计分析资料。

③上级和有关单位印发的绝密文件、报表、资料。

④其他应实行绝密措施的事项。

2.机密:①人事档案资料,尚未公开的人事任免、调动情况以及思想政治动态分析等。

②尚在查证的重大违法乱纪案件和不应公开的有关材料。

③需要保密的群众来信、来访记录。

3.秘密:①内部财务、经销档案资料、业务进展状况。

②年终公司业务统计报表、总结资料。

③尚未开发或引进有可能填补市、省、国家空白的新技术、新项目。

④内部安全保卫措施、电话密码、文件、资料、软盘和正在打印应保密的材料。

⑤介绍信、收发文件以及应保密的有关事项。

第二十一条　办公楼管理制度

1.办公楼安全保卫工作由办公室牵头,统一领导、布置,全体干部、职工要服从领导,协助搞好办公楼管理,自觉维护安全。

2.各部门安全保卫工作由本部门负责,各部门下班后,应自觉切断照明等各类电器设备的电源,关好门窗,个人的现金和贵重物品应妥善保管。

3.办公楼的公共场所,由专人负责打扫,各部门办公室的卫生,由各个部门负责,每天打扫,保持清洁。

第六章　用车制度

第二十二条　派车制度。公司用车统一由总办向学校车队派车。各部门在市区用车,须提前一天经由办公室向学校车队申请(特殊情况例外)。凡公共汽车能够到达或能到达临近地点的一律不予派车。在公司初创阶段,各部门原则上不派长途用车。派车一律要事先填写派车单,由部门经理签字或部门盖章。乘坐出租汽车,需报告部门经理同意。经部门经理签字的出租车票,方予报销。

第二十三条　摩托车管理

1.公司摩托车使用分配由总经理批准,总办负责管理。

2.摩托车使用人仅限于本人上下班和公务使用,不许据为私人生活用车。

3.摩托车严禁外借他人,出岛须经总办批准。

第七章　附　则

第二十四条　本条例自一九九三年十月一日起执行。解释权归办公室。

厦门建南集团公司

一九九三年十月

——本文摘录自《厦门建南集团公司行政管理条例(试行)》,建南办字〔1993〕02 号,档号 1994-XZ24-1

厦门大学关于人事管理的补充规定

(1993 年 10 月 31 日)

为配合校内管理体制改革,我校曾于一九九二年十二月下发了《厦门大学关于人事管理工作的若干补充规定》(厦大人字〔1992〕89 号),对深化我校人事管理制度改革起了积极的作用。随着形势的发展和校内管理体制改革的进一步深入,原有的一些规定需要做进一步的修改和补充,经 1993 年 10 月 29 日校办公会研究决定:

一、凡本校紧缺的教学、科研、技术骨干人员,可以考虑从厦门市区调入,但进人单位必须是缺编单位,调入人员需具有硕士以上学位,或中级以上职称,年龄符合厦大人字〔1992〕89 号文件规定,即讲师 35 岁以下,副教授 45 岁以下,教授 50 岁以下人员,方可调入。要从事教学科研工作的人员,还必须同时具有高校或科研单位的教学科研经历。党政管理人员和非紧缺人员不予调入。

二、厦大人字〔1992〕89 号文件第四条第 9 款规定:"夫妇双方均为厦大教职工,若一方要求辞职,另一方在校内有住房的,需根据在校一方本人条件调整住房。"从本文下发之日起,以上规定予以取消。今后凡夫妇双方均为厦大教职工,若一方要求辞职或自动离职,另一方一律同时办理调离、辞职或自动离职手续,在一方调出后,允许其另一方滞留一段时间的,应在期满前办理调动或辞职手续。如期满后本人仍未办理调动或辞职手续的,按自动离职处理。

三、厦大人字〔1992〕89 号文件第四条第 3 款规定违约补偿费为每人每年贰仟元,从一九九三年下半年起调整为每人每年叁仟元。

以上规定从即日起实行。

厦门大学

一九九三年十月卅一日

——本文摘录自《厦门大学关于人事管理的补充规定》,厦大人〔1993〕74 号,档号 1993-XZ10-4

关于修改《厦门大学教职工住房分配管理条例》第十一条的决定

（1993年11月9日）

第十一条原文：为避免发生一户在二处分有住房和社会向我校转嫁住房困难的矛盾，一对夫妇有一方在厦门市工作时，原则上应在男方单位参加分房。

现修改为：为避免发生一户重复分房和社会向我校转嫁住房困难的矛盾，教职工的配偶在校外工作的，应选择一方分房（两处住房面积未达到教职工标准者除外）。如有违反者，收回一处住房或在学校的住房房租加至五至十倍计收，每半年翻倍递增。

本修改决定自公布之日（一九九三年十一月九日）起执行。

——本文摘录自《关于公布〈关于修改《厦门大学教职工住房分配管理条例》第十一条的决定〉的通知》，厦大综〔1993〕75号，档号1993-XZ09-2

厦门大学中青年骨干教师选拔与培养暂行条例

(1993年11月19日)

第一章 总 则

第一条 为确保我校进入国家"211"工程并顺利实现"211"工程的所定目标,培养和造就新一代学术带头人和学术骨干是我校当前的一项重要战略任务,为使选拔和培养工作规范化、制度化,特制定本条例。

第二条 我校实现"211"工程计划的具体目标是:力争到21世纪初把我校建成国内先进,在国际上有较大影响,其中某些学科达到或接近国际水平,成为我国培养高层次专门人才和解决国家经济建设、科技和社会发展重大科技问题的基地。

第三条 为实现上述目标,必须要有一支质量较高的师资队伍;要有国内公认、国际上有一定影响的学术带头人和梯队结构合理的高水平的学术队伍,为此,必须选拔与培养中青年骨干教师。

第四条 根据学校奋斗目标及学科建设的需要,中青年骨干教师的选拔和培养工作要点面结合,既保证重点学科、交叉学科,又要兼顾基础学科和应用学科。

第五条 选拔和培养工作要严格把握德才兼备的标准;要采取切实可行的培养措施,以达到预期的培养目标。

第六条 选拔和培养工作应引入竞争机制与激励机制,要遵循精选、重用、厚待的原则。

第七条 本条例适用于本校的教学、科研人员。

第二章 推荐选拔条件

第八条 坚持四项基本原则,热爱社会主义祖国,拥护改革开放的方针政策,忠诚党的教育事业,有良好的职业道德,教书育人成绩突出。

第九条 具有扎实的理论基础和较强的科研能力;具有严谨求实的治学态度和良好的团结协作精神;具有一定的组织能力和领导能力。

第十条 必须具有硕士以上学位,熟练掌握一门以上的外语,个别教学、科研成绩特别突出,不具备硕士以上学历者,要有两名以上教授的特别推荐。

第十一条 必须具有副高级以上职称,个别教学、科研成绩特别突出,不具备副高级职称者,要有两名以上教授的特别推荐。

第十二条 必须连续两年考核获优良,教授(研究员)年龄一般不超过45岁,副教授(副研究员)一般不超过40岁,身体健康。

个别申报者因学科建设需要,年龄条件可适当放宽。

特别引进的优秀人才,符合上述条件,经审批可直接列为培养对象。

第三章 推荐选拔程序

第十三条 凡符合条件者可由个人申请,或由学科带头人和所在单位推荐,在广泛征求群众意见的基础上,由单位党政领导集体研究、确定初选名单,并附上有关材料,报送校师资与职称工作处。

第十四条　校有关部门根据选拔条件，对上级人选进行初审，初审名单报校学术委员会审议后由校长批准公布。

第十五条　对已入选者，如发现其实际情况与选拔条件不符时，应及时向有关部门提出，经核实后取消其入选资格。

第四章　培养措施

第十六条　学校各级领导及各部门对选拔培养中青年骨干教师的重要意义要形成共识，要有高度的责任心和使命感，共同实施培养计划。

第十七条　学校加强对中青年骨干教师的政治思想工作，提高每个同志的爱国主义、集体主义精神和献身教育事业的精神，在跟踪培养期间每个同志应参加一期学校党委党校举办的理论学习班。

第十八条　学校创造条件让中青年骨干教师有更多接触社会、了解社会的机会，在跟踪培养期间，每个同志至少要参加一次学校组织的社会实践活动。

第十九条　入选者所在系(所)对中青年骨干教师要委以重任，优先选拔和安排中青年骨干教师担任硕士生导师或博士生副导师，以及教学、科研方面的其他重要工作，让他们在实践中增长才干，要及时帮助他们解决工作中遇到的困难。

第二十条　科研处在申报、争取各类科研课题时及时提供信息并给予具体的指导和帮助，学校设立"中青年骨干教师科研基金"，对已申请到国家科研项目但配套资金不足的中青年骨干教师，予以适当资助，以利项目的顺利完成；对争取校外科研经费确有困难的某些学科，校一级科研项目将优先考虑该学科中青年骨干教师的申请。

第二十一条　学校出版社及学报编辑部在中青年骨干教师中建立"特约作者群"，为他们提供更多的出版、发表学术成果的机会。

第二十二条　学校宣传及其他有关部门对中青年骨干教师所取得的成绩应及时对外进行宣传报道，提高他们的社会知名度，从而有利于他们更好地完成自己的教学、科研任务。

第二十三条　对选拔公派出国留学、进修、访问考察的人员，着重从中青年中遴选，优先给予他们出国深造的机会，帮助他们密切地追踪国际上最新的科研学术动态。

第二十四条　学校设立"中青年骨干教师培养基金"资助中青年骨干教师参加重要的学术活动，鼓励他们在各类学术团体中任职，增强与国内外的学术联系；定期定额资助书报费；特别困难者亦可申请生活困难补助费。

第二十五条　学校在分配住房等方面给中青年骨干教师以必要的照顾，教授(研究员)住房面积不少于68平方米；副教授(研究员)住房面积不少于56平方米；对夫妻两地分居者，学校优先解决家属调动问题，尽可能地为他们排除生活上的后顾之忧，为他们能够全身心地投入教学、科研提供良好的生活条件。

第五章　管理办法

第二十六条　由师资与职称工作处建立中青年骨干教师跟踪管理档案，及时了解他们教学、科研情况，了解工作、生活方面的困难和要求；有关单位要密切配合，中青年骨干教师本人有义务主动提供有关材料，以供备案。

第二十七条　中青年骨干教师在学校年度考核中应对照培养计划要求认真考核，凡连续两年业绩一般者则自动退出重点培养队列。

第二十八条　调离学校及出国逾期不归者，自动退出重点培养行列。

第二十九条　学校采取滚动式培养方法，经严格考核后，每年都将增列一批符合条件的对象，同时淘汰一些不符合条件的对象。

第三十条　一个培养周期为3年，3年之后由学校学术委员会对每个人的情况做全面考核，并写出考核意见，作为评选学术带头人的依据；在此期间特别优秀者不受此限。

第三十一条　本条例自颁布之日起施行。

第三十二条　本条例由校师资与职称工作处负责解释。

——本文摘录自《关于印发〈厦门大学中青年骨干教师选拔和培养暂行规定〉的通知》,厦大师职〔1993〕59号,档号1993-XZ14-1

厦门大学辞退教职员工暂行规定

（1993年11月26日）

第一条　为深化校内管理体制改革，完善人事管理制度，优化人员结构，根据人事部《全民所有制事业单位辞退专业技术人员和管理人员暂行规定》的精神，结合我校实际，特制定本规定。

第二条　本规定所称辞退，是指对不适宜在本校继续工作的教职员工，学校主动解除与其之间的关系。

第三条　对有下列情况之一，经教育无效的教职员工，可以辞退：

（一）连续二年年度考核被定为不称职的，又不服从组织另行安排或重新安排后，在一年之内，仍被考核为不称职的；

（二）单位进行撤并或缩减编制需要减员，本人拒绝安排的；

（三）无正当理由连续旷工时间超过十五天，或一年内累计旷工时间超过三十天的；

（四）损害学校经济效益，造成严重后果以及严重违背职业道德，给学校造成极坏影响的；

（五）无理取闹，打架斗殴，恐吓威胁单位领导，严重影响工作秩序和社会秩序的；

（六）贪污、盗窃、赌博、营私舞弊，情节严重但不够刑事处分的；

（七）违反工作规定或操作规程，发生责任事故，造成严重经济损失的；

（八）犯有其他严重错误的。

符合开除条件的按照《国务院关于国家行政工作人员的奖惩暂行规定》执行。

按学校其他规定做自动离职处理的人员，不做辞退处理。

第四条　本校教职工在下列情况下，不予辞退：

（一）因公负伤、致残，丧失劳动能力的；

（二）妇女在孕期、产假及哺乳期内的；

（三）患绝症、精神病及本专业职业病的；

（四）符合国家规定其他条件的。

第五条　辞退教职员工，由当事人所在单位党政领导提出书面意见，说明辞退理由和事实依据（关系已上交人事处的人员，由人事处提出书面意见），经校领导批准后，由人事处办理辞退手续。

第六条　辞退教职员工，应分给“辞退证明书”，并抄送市人事局备案。

第七条　被辞退人员应当在收到“辞退证明书”之日起，在一个月内办完辞退手续和公务移交，必要时还须接受财务审计。

第八条　当事人对辞退决定不服的，可以自收到“辞退证明书”之日起十五天内向学校书面提出申请复核，经复核维持原来辞退决定，本人又不按规定办理辞退手续的，按自动离职处理。

第九条　学校辞退教职员工，应按规定发给被辞退人员辞退费。辞退费由学校在其办完有关手续后一次性发给，并将“辞退费发放证明”连同“辞退证明书”各一份存入本人档案。辞退费发放标准如下：

（一）工作一年以上不满五年（含见习期）的，发给本人当年基本工资（基础工资、职务工资、工龄工资之和，护士加护龄津贴，幼儿园教师加教龄津贴，下同）总额的60％；

（二）工作五年至十年（含五年）的，发给本人当年基本工资总额的65％；

（三）工作十年（含十年）以上的，发给本人当年基本工资总额的75％。

合同制工人被辞退,按提前终止合同办理,不发辞退费,被辞退人员可按厦门市规定享受有关待业保险待遇。

第十条　被辞退人员的档案,按上级有关规定,移交市人才交流中心管理。暂寄学校保存的,应按规定交纳档案保管费。被辞退人员的重新录用及身份证明,由有关部门按人事部规定办理。

第十一条　被辞退人员应在办完手续后退出本校住房。不能按时退出住房的,按校房地产管理委员会有关条例管理。

第十二条　被辞退人员被辞退后不得泄露国家机密,不得损害本校及所在单位的经济效益和技术效益,违者责令赔偿经济损失或追究法律责任。

第十三条　辞退本校教职工,必须严格按照本规定的条件和程序进行,任何单位和个人不得干扰辞退工作。

第十四条　被辞退人员不得无理取闹,纠缠领导,扰乱工作程序,伺机报复,违者按《中华人民共和国治安管理处罚条例》有关规定处理。

第十五条　本规定由人事处负责解释。

第十六条　本规定从发布之日起执行。

厦门大学

一九九三年十一月廿六日

——本文摘录自《厦门大学辞退教职员工暂行规定》,厦大人〔1993〕83号,档号1993-XZ10-4

筑巢引凤　广罗人才
我校吸引留学生来校服务成效显著

（1993 年 11 月 30 日）

近年来，我校采取各种措施，努力为留学归国人员创造一个既能“乐业”，亦可“安居”的良好环境，吸引海外留学人员回国服务这项工作取得了明显成效。

据统计，从今年一月份到现在，已有 26 位留学人员来到厦大工作，其中已获得博士学位、即将获得博士学位、具有高级职称的人员为 21 人，为我校的教学、科研队伍增添了一批充满活力的高级人才，对一些学科的建设起着良好作用。

广罗人才，是校领导对我校吸引留学生来校服务提出的新要求。为了吸引更多的留学人员来校工作，我校根据现有的条件，制定了一系列倾斜政策，如为归国留学人员优先提供岗位，拨给科研启动费，配备助手，在职称问题上实行校长特聘的特殊政策，支持优秀的留学回国人员再次甚至多次出国，在住房、子女入学、家属调动等方面给予优先照顾等。此外，学校还十分重视联络海外留学人员的感情，如对留学人员的每一封来信、一点意见、一条建议，学校都十分重视，对有回国意向的留学人员，校领导和有关部门更是在各方面加以关心，做细致工作，热情鼓励他们回校服务。

——本文摘录自《厦门大学》（校刊），1993 年 11 月 30 日第 293 期

厦门建南集团公司差旅费管理办法(试行)

(1993年12月1日)

为了合理使用资金,节约费用开支,明确差旅费开支标准,根据国家有关规定及公司的实际情况,特制定本办法。

一、办理差旅费预支及报销手续

1.员工因公出差,应填写“出差审批单”,业务部门由部门经理签字批准,管理部门由部门经理签字后报分管领导审批。部门正副经理出差,应报分管领导审批,并向人事教育部报备。

2.出差人员凭批准的“出差审批单”,预借差旅费,公司财务部根据路途远近、时间长短核定预借金额。借款人应填写“现金借款单”,送财务部经理审批,会计人员制单后,向出纳员取款。

3.员工出差返回公司,须在一周内到财务部办理报销手续,财务人员应按规定标准审核,给予报销,超过标准和批准范围的支出,应由本人负担超支部分。财务部经理须核准报销金额。

二、乘坐交通工具标准

1.正副总经理、校办产业管委会正副主任、党总支书记、总会计师:

飞机:普通舱

轮船:三等舱以上(含三等舱)

火车:卧铺

2.部门正副经理

飞机:普通舱

轮船:三等舱

火车:卧铺

3.一般人员

不得乘机

轮船:四等舱

火车:硬席卧铺

4.若因任务急需,超标准乘坐交通工具,业务人员由业务部门经理签字送公司领导审批,管理人员须由公司分管领导审批。否则,超过部分应由本人自理。

5.除公司领导出差途中可根据实际情况租用出租小车外,其余人员不得租用。若出差人员到达、离开目的地由自己负责交通,可报销一趟出租车费。若乘坐民航、船运公司的接送车,所节省费用可作为出差人员的补贴。特殊情况租用出租车票,须由公司领导审批。

6.因高价购买飞机票、船票或火车票等发票超过票面价值的费用,不予报销。

三、住宿费及住勤补助标准

1.住宿标准(单位:元)

级别	类区		
	京、津、沪、粤、经济特区	各省会沿海开放城市	一般地区、省内各市县
集团公司领导	120	100	80
部门正副经理	100	80	60
一般人员	80	60	40

2.生活、住勤补助标准(单位:元)

级别	类区		
	京、津、沪、粤、经济特区	各省会沿海开放城市	一般地区、省内各市县
公司领导及部门正副经理	20	15	12
一般人员	15	10	8

3.因公出差人员应严格按以上标准住宿,因特殊情况超过住宿标准,需由部门经理签字后送公司领导审批。凡在规定标准以下的住宿费,其节约部分可给予 70%的奖励;因公出差由亲朋好友招待住宿,没有发生住宿费者,一律给予每天 30 元人民币的补贴。出差地点有高等院校的,应尽量住宿高校招待所,出差地点在北京,应住我校承租的教委小白楼招待所。

四、因公出差发生的邮电、运输、医疗等有关费用,必须写明原因,经部门经理审批和财务部经理审核后方能报销。

五、出差天数按自然天数(即出发日至到达日)扣减一天算。

六、各业务部门业务人员所发生的差旅费计入该部门经营费用中,管理部门人员发生的差旅费计入公司管理费中。

七、本办法中未尽事项,由财务部按有关制度规定报公司领导审批办理。

厦门建南集团公司

一九九三年十二月一日

——本文摘录自《厦门建南集团公司差旅费管理办法(试行)》,建南财字〔1993〕04 号,档号 1994-XZ24-1

厦门建南集团公司业务招待费管理办法(试行)

(1993年12月10日)

为了减少我司管理费用,明确业务招待费开支范围和标准,做好业务接待工作,根据国家有关规定及我司的具体情况,特制定本办法,请各部门遵照执行。

1.对外来我司指导、检查、联系工作的领导及随行人员,各部门和接待人员都应热情接待,做好安排。

对于来我司指导、检查工作的各级领导,应由总办请示总经理或分管领导,并按总经理或分管领导的决定办理。

对于与集团公司有重要业务关系的领导及客户来我司联系工作,由业务部门做好安排,并由总办请示总经理或分管经理,按总经理或分管领导的决定办理。

2.其他人员来我司联系工作,除做好接待工作外,一般不招待用餐。对于因业务工作需要请客人用餐的,业务部门应事先请示部门经理批准,管理部门由部门经理批准,并请示公司领导同意,由有关人员1至2人陪同进餐。

3.业务部门的业务招待费,原则上不得超过该部门营业利润的5%。

4.外单位来我司联系业务的人员,不予报销往返交通费、住宿费及其他费用。若重要业务客户,确实需由我司报销的,须经总经理批准。

5.对外单位来我司联系工作的人员,原则上不赠送礼品和纪念品。若需要赠送礼品和纪念品,须申报赠送理由、物品数量及金额,经总经理办公室审核,经分管领导审批方能办理,否则不予报销。

6.未尽事项,根据实际情况,报请总经理批示,并按总经理批示办理。

厦门建南集团公司

一九九三年十二月十日

——本文摘录自《厦门建南集团公司业务招待费管理办法(试行)》,建南财字〔1993〕05号,档号1994-XZ24-1

厦门建南集团公司领款、借款及报销须知(试行)

(1993年12月20日)

为了方便我司员工办理领、借款及报销手续,提高工作效率,特制定本须知,请全体员工遵照执行。

一、办理领款、借款(预支)程序及原则

1.公司员工领取困难补助、补领工资及各种补贴等须填写领款收据,并把公司领导批准的文件一并送财务人员审核领取。

2.公司员工因公出差者,需填制“出差审批表”,说明出差地点、时间、事由、乘坐交通工具等情况,经部门经理审批后,报财务部经理审签;部门经理出差由分管领导审批;财务人员根据审批(签)后的“出差审批表”及出差路途远近、时间长短预支差旅费。

3.公司员工因业务需要到财务部预借(预支)业务周转备用金、公务备用金,称为“借款”。借款分提现金或开具支票。需借现金1000元以上者,须提前向财务部出纳员提出,并填写“现金借款单”。需10000元以上者,须总经理审批,10000元以下者须财务部经理审批。

4.财务部会计人员根据手续完备的“现金借款单”,填制记账凭证,出纳人员根据记账凭证支付现金、开具支票或办理其他银行结算手续。

二、办理报销的手续及注意事项

1.公司员工凭发票或其他合法单据,到财务部办理财务手续,以结算账款、领取现金、归还借款或冲抵备用金的行为,称为“报销”。

2.经办人员办理报销手续时,须在发票或其他合法单据背后加盖“发票签证章”,并在“经手”栏上签名。部门经理必须在报销凭单上签字,除市内交通车票、车船票不须签证外,其他凭证均须签证。财务部经理必须对报销凭证进行审批,金额超过一万元以上或较特殊事项,还须经总经理审批。

3.经办人到财务部办理报销手续,必须出具真实完整、合理合法的原始凭证,其中发票必须是“中国税务”新版,未套印税务章的收据、白条原则上不予报销。

4.凡已办理“借款”(预支)手续,款项已经支付给供应单位(包括以现金、支票或其他银行结算方式支付),而发票尚未收到的,如预付货款、预付定金(订购图书、家具等)等预付事项,其经手人须及时向有关供货单位索取发票等原始凭证,财务部不负责代经手人催收发货票。

5.公司员工借款必须及时归还或报销。预支差旅费者须在到达公司的一周内办理报销手续;借款购买物品者须在购买任务完成后立即办理验收及报销;购买货物、材料、商品的借款也应按期核销,财务部按期催款。逾期两个月不归还、不报销者,每月从经办人的工资中扣留一百元,直至扣完。业务部门的预支货款等借款除按规定加倍计息作为部门费用支出外,还应根据情节追究有关人员责任。

6.有费用标准的,如差旅费等,应按标准核销。对超标准的费用,如未经公司领导批准一律由经手人自理。

三、国家资产和低值易耗品的购置及报销规定

1.凡购买低值易耗品,须事先填写“低值易耗品购买申请表”,由总经理办公室审批,未经批准,各部门不得擅自采购物品,否则,有关人员须承担责任。物品用具购进后,应到总经理办公室办理验收登记手续及出库领用手续。

2.所有固定资产的购置一律经公司领导研究决定,各职能、业务部门不得擅自购置,违者,有关人员须承担责任。

附(一):低值易耗品购买申请表

附(二):现金借款单

附(三):出差审批表

(附件略——编者)

厦门建南集团公司

一九九三年十二月二十日

——本文摘录自《厦门建南集团公司办理领款、借款及报销须知(试行)》,建南财字〔1993〕06 号,档号 1994-XZ24-1

厦门大学企业编制管理暂行规定

（1993 年 12 月 31 日）

一、根据国家教委《关于印发〈国家教委直属高等学校设立企业编制的意见〉的通知》（教直〔1990〕045号）和《国家教委直属高校设立流动编制及企业编制的实施办法》等有关文件精神，特制定本规定。

二、设立厦门大学企业编制，是为了配合学校进一步深化校内管理体制改革，主动适应社会主义市场经济的需要，在人事制度改革上打破单一的人员编制管理模式，合理调整人员结构，发挥学校知识、人才、技术设备优势，在不增加事业编制和经济投入的情况下，进一步改善办学条件，提高办学活力和办学水平。

三、在厦门大学范围内，凡产权属学校所有或学校为主管理的联营企业，经工商部门批准登记注册，列为厦门大学的企业编制单位，可由学校参照有关规定，确定其企业人员编制。

四、申请企业编制的校办产业，应具有健全的领导班子；具有独立核算、自主经营、自负盈亏的运行机制；具有自行解决其工作人员的工资、福利、住房的能力；具有良好的长期、稳定的经济效益。

五、校办企业人员编制，应根据校办产业的规模、长期稳定的营业额度及经济效益来确定，从严掌握。每年按核定人数，向国家教委申报专项劳动工资计划。

六、列入企业编制的人员，近期应主要从校内教职工转入，以后根据工作需要和企业经营状况，可以在核定企业编制数内，从校外选调骨干，或接收国家分配的大中专毕业生和按国家有关规定从社会上招收合同制工人。不管采取何种形式进入学校企业编制，均由人事处按有关规定办理手续。企业编制人员可在企业之间互相流动，原校属独立核算企业单位人员及新从校外进入的企业编制人员，不得转入学校内各事业单位。企业编制人员调出校外，由人事办理。

七、校办企业编制人员，应由企业自行解决其工资、福利（包括住房、医疗、子女入托上学等）和其他待遇，并按有关规定由企业留放其劳动保险基金（包括待业保险金、退休保险金和医疗保险金）。

八、对于从学校编制转入企业编制的教职工，学校不收回其住房，但今后住房的维修、改善，应由企业负责。从校外选调招聘的企业编制人员，住房一律由企业自行解决。（具体实施细则和过渡办法另行规定）

九、列为企业编制的校办产业仍是学校下属全民所有制单位，列入学校企业编制的人员，仍是学校正式职工，他们的工资待遇标准和技术职称评聘，按国家有关政策办理。

十、列为企业编制的校办产业人员的聘用，可采取聘任制或合同制，企业与被聘人员签订聘用合同。合同的内容应包括双方的责、权、利及违约责任等。企业工作人员如违约被解聘，学校不负责安排工作。企业如果破产解体，原由校内教职工转入的人员，可由企业与学校协商其安置，其他人员均由企业自行负责其善后工作。

十一、以上规定，从公布之日起实行。

厦门大学

一九九三年十二月卅一日

——本文摘录自《厦门大学企业编制管理暂行规定》，厦大人〔1993〕94 号，档号 1993-XZ10-4

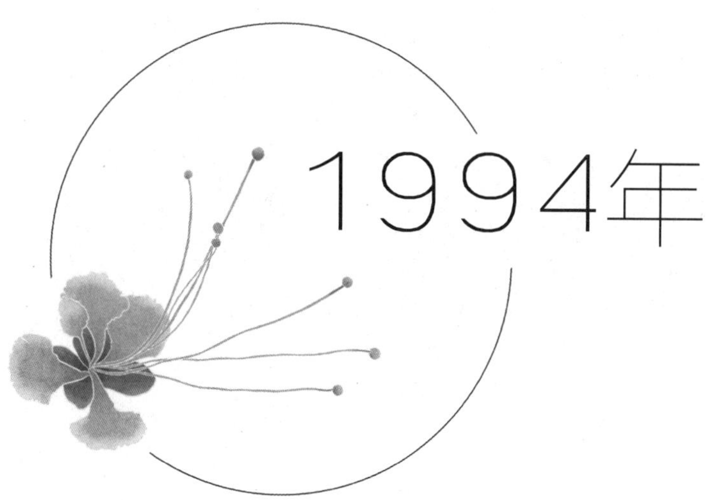

1994年

·特　载·

加快改革　促进发展

——一九九四年元旦献词

（1993年12月30日）

校长　林祖赓

值此我们怀着喜悦的心情辞别旧岁，充满信心迎来新年的时刻，我代表校党、政领导，向全校师生员工致以节日的问候，祝贺大家新年愉快，学习进步，工作顺遂！

过去的一年，我们学校认真贯彻中共中央、国务院《中国教育改革和发展纲要》精神，完成校内管理体制改革，改变办学模式，实行本科兼学专科的人才培养，扩大招生规模，调整学科结构，加强学科建设和师资队伍建设，进一步修订了中青年骨干教师提拔与培养条例，鼓励优秀中青年同志脱颖而出，进一步增强了学校办学的活力、实力和竞争力，为我校的“211工程”建设创造了有利条件。

在新的一年里，我们要以邓小平同志建设有中国特色社会主义理论为指导思想，深入贯彻党的十四大和十四届三中全会精神，按照学校改革和发展的战略目标，认真制定我校“211工程”重点建设总体规划和分步实施方案，同时要有紧迫感和危机感，抓住机遇，精心组织实施，加快改革，加快发展，使我校教学、科研和管理水平上一个新的台阶。

新的一年将是加快改革的一年，通过改革，促进发展，提高质量，提高效益。在改革中，我们要面向21世纪，与社会主义市场经济接轨，参与国际竞争。要解放思想，实事求是，转变观念，勇于探索。我校是处在经济特区的唯一的国家重点大学，特区经济是超前发展的社会主义市场经济，我们要在特区中办好大学，就特别需要敢于冲破计划经济下形成的旧体制，大胆探索特区办大学的新路子。

新的一年的改革，将是全方位的改革。我们要采取全面推进、重点突破的策略，在教学、科研和管理各项改革中，要重点抓紧抓好学科建设、专业调整、师资队伍建设和校、院、系体制的改革。要完成校园评估任务。要继续花大气力，大力培养一批跨世纪学科带头人。这是我们事业兴盛的关键。我们既寄希望于中青年教师，也寄希望于老一辈教师一如既往地关心扶植年轻一代的成长。我们在改革中要强调全局观念，顾全大局，当然同时也要兼顾局部利益和个人利益，妥善处理好长远利益和当前利益的关系，以调动各方面的积极性和创造性，为我校的“211工程”建设做出贡献。让我们为把我校办成国内先进、国际有较大影响、某些学科达到国际先进水平的社会主义大学而努力奋斗。

——本文摘录自《厦门大学》（校刊），1993年12月30日第295期

我校争取进入“211 工程”事略

(1994 年 3 月 31 日)

▲为做好“211 工程”建设规划，学校于 1993 年 10 月份成立了由校长林祖赓为组长、常务副校长郑学檬为副组长的“厦门大学‘211 工程’领导小组”，有关校领导担任组员。同时还成立了有关职能部门负责人参加的工作小组。

▲林祖赓校长在 1993 年 10 月中旬的两次全校大会上明确提出厦大迎接 21 世纪的奋斗目标，号召全校师生为实现这个目标而力争进入“211 工程”。厦大的目标是：到 21 世纪初，厦大要建设成为国内先进、在国际上有较大影响、某些学科达到国际先进水平的综合性大学，成为本科生与研究生教育并重、国家培养高层次人才的基地。

▲《厦门大学》校刊于 10 月 31 日发表题为《统一认识，团结奋进，为进入“211 工程”做奉献》的评论员文章。文章分析了我校进入“211 工程”的条件、困难与机遇，提出在校党委的坚强领导下，紧紧依靠广大师生员工，通过不断深化改革，就一定能克服前进中的困难，实现既定的目标。

▲林祖赓校长在 11 月 9 日召开的学校中层干部会上就如何争取进入“211 工程”提出要求，指出在制定学校规划时，要发动全校自下而上，讨论制定各单位到 21 世纪的奋斗目标和实施方案。还要求各系抓紧学科建设的调研，把学科建设作为改革与发展规划的核心。

▲为更好地宣传“211 工程”，校刊刊登介绍有关“211 工程”的文章，公布国家教委直属高校申请“211 工程”预审的条件，以便全校师生深入了解。

▲为确保我校进入“211 工程”，并顺利实现“211 工程”所定目标，培养造就新一代学术带头人和骨干，学校制定并通过了《厦门大学中青年骨干教师选拔和培养暂行条例》。

▲1994 年元旦，林祖赓校长发表新年讲话，提出在新的一年里，要按照学校改革和发展的战略目标，认真制定我校“211 工程”重点建设总体规划和分步实施方案，同时要有紧迫感和危机感，抓住机遇，精心组织实施，加快改革，加快发展，使我校教学、科研和管理上一个新的台阶。

▲1 月 5 日，学校召开“系(所)‘211 工程’规划交流会”，校领导林祖赓、郑学檬、刘瑞堂和校中层干部、民主党派负责人到会听取汇报。财金系主任邱华炳、计算机系副主任李堂秋、化学系主任万惠霖就他们制定“211 工程”规划，明确奋斗目标及在学科建设、队伍建设、人才培养等方面的改革思路和措施做了介绍。

▲校党委和行政于 2 月 21 日颁发 1993—1994 学年第二学期工作计划要点，把制定争取进入“211 工程”规划和进行校园文明建设，迎接国家教委的评估作为主要工作。学校拟于本学期采取自下而上与自上而下结合的办法，在各系各单位自我评估、确定发展目标的基础上，结合综合评估和专题调研，完成我校为进入“211 工程”的论证报告。

▲2 月 26 日，校“211 工程”工作小组成员和校留学生同学会联合召开学科建设座谈会，就人才培养、科学研究、学科调整发表了很好的意见和建议。

▲为做好校园评估准备工作，加强校园文明建设，学校成立了由林祖赓校长挂帅的校园文明建设领导小组，王豪杰副书记、林连堂副校长担任副组长。领导小组经过调查研究，近日制订了《厦门大学校园文明建设实施方案》，该方案明确了总体目标，规定了六大任务廿一个项目，分五个阶段实施。

▲学校“211 工程”领导小组成员分片进行学科建设调研，郑学檬副校长和教务、科研、研究生院、师

资等职能部门负责人下到本校文科8个系(所)听取学科建设汇报,帮助系(所)分析现状,抓好措施,瞄准未来,做好学科调整、发展和规划。研究生院吴辉煌副院长也深入理科各系召开座谈会,听取学术骨干对理科学科建设和新的学科生长点的意见。

▲根据国家教委"211工程"办公室要求,我校"211工程"工作小组整理上报了《关于对我校各学科及专家学者的国际评价》的报告。报告中列举了165条比较有权威性的国际评价(每条均附有材料)。从此次各系上报的情况,反映出我校某些学科具有广泛重要的国际影响,并有相当的水平。(校"211工程"办公室供稿)

——本文摘录自《厦门大学》(校刊),1994年3月31日第298期

加强教学管理　深化教育改革 我校教学质量稳步提高

(1994 年 3 月 31 日)

二十世纪时间所剩无几,历史赋予我们学校培养跨世纪人才的使命更加紧迫。回首过去,我校的教学工作着实取得了实实在在的成绩。这几年,我们以建设有中国特色的社会主义理论为指导,解放思想,振奋精神,在教学建设、教学改革和教学管理工作中不断追求探索,努力开创教学工作的新局面。

在人才培养的模式上,我校多种形式的改革实践具有国内创新的意义。

三学期制的试验曾引起校内外的巨大反响。我校借此开出了大量“短、精、新”的课程,实现了跨专业的全校性选修,优化了学生的知识结构。此后,又进一步调整充实了全校性选修课,把原先在短学期开设的课程植入正常两个学期。通过全校性选修课的开设,满足了学生扩大知识面的需要,拓宽了专业视野;而且也促进了一批跨专业课程的生成发展,展露了多学科综合大学融会不同学科的优越之处。

1993 年起,我校实施了组织本科生利用夜大学形式修读第二专业(专科)的教改措施。这一举措,抛开了现行体制上的许多弊端,成功解决了培养复合型人才形式上的难题,出台之后,深得广大师生的欢迎,社会反映也很好。

我校的主辅修制、中期选拔制、专科升本科、本科优秀毕业生免试入学攻读硕士学位研究生,以及奖学金评奖、降级自费试读等一系列改革措施都不同程度地起着激励学生努力学习的积极作用。

在专业建设中,通过积极调整,我校基本适应当今社会的需求,具备了进军 21 世纪国内一流大学的整体优化学科组合。

根据“保护基础、加强应用”的原则,学校加快了专业建设和改造的步伐。继我校化学专业点获准成为首批国家理科科研和教学基础人才培养基地之后,生物学(含海洋生物学)专业也被列为国家理科基础人才培养基地。

八十年代以来我校相继建设的十几个新专业,经过多年的努力,如今不仅为国家造就了大量的高级人才,而且在学科内容体系、教学条件、师资力量等诸方面获得了发展,其中有些学科已跻身国内先进行列。

去年,我校又正式申报并获国家教委批准建立了通信工程、生物技术、市场营销、投资经济、社会工作、行政管理学、旅游管理、经济法等八个应用型专业。同时,国家教委和厦门市政府还决定联合在我校共建工学院。在教学和管理各个环节,通过切实的努力取得成效,教学质量稳步提高。

我校的课程建设,尤其是影响面较大的基础课和主干课,教务部门通过细致的工作,逐个解决难点问题,逐点逐步落实建设规划,从而扎实有效地提高教学质量,成果日渐突出。

1987 年以来的全国大学英语四级统考,继首战告捷以后,我校年年位居全国前十名行列。近年来四级通过率已稳定在 95%以上,六级通过率也获得增长。去年我校会计系林歆恒同学还创造了一人夺得国家六级考试 100 分和托福考试满分(677 分)的最高纪录。

首届全国优秀教学成果评奖,我校获国家级优秀奖 3 项、省级一等奖 4 项、省级二等奖 7 项;第二届全国优秀教学成果评奖,我校参加的一个项目获得了国家级特等奖,我校另有 3 项获国家级二等奖,3 个项目获省级一等奖,3 个项目获得省级二等奖。

1987 年以来我校共有 37 部教材在全国获奖。其中,两届全国优秀教材评优,我校获得国家级特等奖 1 部、国家级优秀奖 4 部、国家教委及有关部委级奖 10 部。

此外，在本省开展的一些教学评估试点中，我校名次显著。全省普通物理教学评估，我校夺得第一；全省首次课程评优，在评出的 50 门优秀课程中，我校占了 8 门。

严谨的教学、严格的管理创造了教学的高质量，培养了一批批基础理论扎实、外语和计算机应用能力强、知识面广的专门人才，使我校的毕业生在激烈的人才市场竞争中获得了社会的广泛青睐。

我校今后的教学改革将进一步围绕教学质量的中心，以更加开放的姿态去迎接新形势的挑战。

——本文摘录自《厦门大学》(校刊)，1994 年 3 月 31 日第 298 期

我校研究生教育不断发展
成为国家培养研究生的重要基地

(1994年3月31日)

我校招收培养研究生历史较早,1926年秋季,曾向全国公开招收国学研究生2人。全国解放后,学校于1950年开始招收研究生并于1952年设立研究部。从1950年至1965年,化学、生物、经济、历史、数学和外文等6个系的22个专业方向共招收了研究生110名。

"文革"十年,研究生培养工作被迫中断。1978年国家恢复招收研究生,1981年国家实行学位制度以来,我校的研究生教育取得较大进展,特别是1986年建立研究生院,大大促进了研究生教育事业的发展。学校已建立和健全了硕士—博士—博士后完整的高级专门人才培养体系,规模结构趋向合理。经过国务院学位委员会的五次审批,我校现有博士专业授权点20个,博士生导师52人(已逝世7人),硕士专业授权点65个,博士后科研流动站3个。20个博士学科专业点分属于六大学科门类,分别是:经济学6个(政治经济学、马克思主义经济思想史、财政学、货币银行学、会计学、统计学);法学1个(国际经济法);教育学1个(高等教育学);文学2个(中国语言文学、英语语言文学);历史学3个(专门史—经济史、专门史—中外关系史、中国古代史);理学7个(半导体物理与半导体器件物理、物理化学、分析化学、海洋化学、海洋生物学、植物学、动物学)。65个硕士专业点分属于哲学、经济学、法学、文学、历史学、教育学、理学、工学八大学科门类。3个博士后流动站按一级学科设立为化学、生物学、经济学,共覆盖了11个博士点。这些研究生学位专业点和博士后流动站的分布,充分体现了我校作为综合性大学,学科门类较为齐全的特点。

由于研究生院的成立,我校研究生招生数逐年增长,研究生教育已具相当规模。自1978年以来,共招收了各类研究生3353人,其中博士生316人、硕士生2856人,研究生班研究生181人。目前全校共有在校研究生1022人,其中硕士生875人、博士生147人,研究生所占的比重逐年提高,已成为国家培养研究生的重要基地。

为争取学校早日进入"211工程",在研究生教育改革和发展方面,我们的设想是:

1.努力把厦门大学研究生院办成先进的研究生培养基地。要把提高研究生教育培养质量放在首位,并在此基础上使研究生教育规模有一定发展,力争在本世纪末,使我校研究生在校人数达二千人左右,其中博士生400人、硕士生1600人。

2.进一步调整专业结构,使专业设置朝着"宽专业、多方向"发展,改变教学退离经济建设和社会需要的状况。在培养教科型研究生的同时,扩大培养技术学科、财经、政法和涉外学科类应用型研究生。要采取多层次、多规格的研究生培养方式,扩大招收在职研究生,试办跨学科的研究生班。

3.深入进行课程结构、教学内容、培养方式、教学方法和管理办法的改革,不断充实和修订研究生培养方案,提高培养质量。近期内,要加快完成博士生培养方案和应用型研究生培养方案的制订。要进一步完善学分制。

历年研究生人数表

学年度	博士生		硕士生		研究生班	
	招生数	毕业数	招生数	毕业数	招生数	毕业数
1978			62			
1979			44			
1980			55	11		
1981	9		114	48		
1982	1		119	64		
1983	2		137	30		
1984	25	4	120	134	21	
1985	9	2	290	82	35	
1986	23	3	233	126	30	21
1987	27	3	268	110	24	35
1988	34	12	248	232	29	30
1989	32	11	170	186	42	24
1990	27	18	212	267		29
1991	37	22	240	236		42
1992	46	21	269	164		
1993	44	28	275	236		
合计	316	124	2856	1926	181	181

——本文摘录自《厦门大学》(校刊),1994 年 3 月 31 日第 298 期

我校成人教育蓬勃发展

(1994年3月31日)

我校成人高等教育创办于1960年,办学实体是“厦门大学职工业余大学”。1980年复办,1981年经原教育部批准,恢复招生。并于1983年改名为“厦门大学夜大学”,是原教育部、国家教委首批承认并批准招收本科生授予学士学位的夜大学。1983年开始举办干部专修科,1984年开始主考高等教育自学考试,1987年开始举办函授学历教育和大专层次的专业证书教育以及各类长短期培训班。目前,已初步形成多层次、多形式的成人办学体系。

我校成人教育事业的发展,完全是充分利用学校的办学条件。校领导把办好成人教育也作为学校的重要任务,纳入学校事业发展规划。同时,注重办学质量,严格把好招生、教学、毕业三关,加强管理与服务措施,使我校成人教育在招生范围、专业设置、办学规模、毕业生质量等方面,都得到较快发展与提高,成绩喜人。从1985年至今,我校所培养的一万多名成人高等学历教育本科毕业生,普遍受到用人单位的欢迎和重视。如1989届夜大学毕业生尤雄南,1991届函授毕业生陈忠信、高子章等三人学用结合的业绩被遴选辑录进国家教委成人教育司主编、北京师范大学出版社出版的《函授夜大人才的业绩》一书中。还有厦门大学自考办、哲学系、张亦春、柯友根、王立祥等单位或个人因其在教书育人和社会助学方面的突出成绩,被授予全国、福建省、厦门市的成人教育先进集体或个人的光荣称号。

从1993年开始,我校在成人招生方面进行改革,进一步拓宽或调整了招生专业,专科学历教育各专业均开设第二专业教育;同时从在校本科生中择优录取636人就读夜大学第二学历专科,从而使我校在校成人教育学历生数达到2122人。此外,成人教育学院自办的成人高考考前班和与系合作举办的自学考试辅导班的在校生数也达1700余人。1994年将进一步深化成人招生制度等方面的改革,并向省外、境外发展,为我国沿海地区科技和经济发展做出应有的贡献。

厦门大学成人高等教育办学情况统计表

年度	各类形式办学情况									
	函授		夜大		干修科		自学高考	专业证书		非学历教育
	招生	毕业	招生	毕业	招生	毕业	毕业	招生	毕业	结业数
1981			28							
1982			35							
1983			48		36					
1984			67		163					360
1985			128	25	338	36				210
1986			44	31	114	159				828
1987	142		69	44	139	329	873	13		4636
1988	179		159	40	120	113	3563	66		5257
1989	327		99	76	57	139	2686	312	72	5866

续表

年度	各类形式办学情况									
	函授		夜大		干修科		自学高考	专业证书		非学历教育
	招生	毕业	招生	毕业	招生	毕业	毕业	招生	毕业	结业数
1990	315	122	121	14	27	116	1597	648	211	4464
1991	227	143	159	77	24	56	1527	368	555	3789
1992	200	301	153	106	20	26	286	378	460	3611
1993	580	287	241	224	8	23	824	154	33	2439

——本文摘录自《厦门大学》(校刊),1994年3月31日第298期

采取倾斜政策　选拔优秀人才
我校加强中青年师资队伍建设

(1994 年 3 月 31 日)

1991 年 10 月，根据我校“八五”规划有关师资队伍建设的要求，学校召开校办公会反复讨论，决定采取倾斜政策，不拘一格选拔优秀人才，要用不到十年的时间，建设一批结构合理、教学质量高、科研力量强的优秀学科梯队；建设一支年轻化、高层次、高素质、后劲足、跨世纪的中青年学术带头人和骨干教师队伍。

1992 年 4 月，学校制定出《关于建立中青年教师选拔培养和跟踪管理制度的暂行规定》，首批确定 102 名中青年骨干教师作为重点培养、跟踪管理的对象，结合年度考核聘任工作，为其建立起个人业务档案，并采取一系列倾斜政策，从资助国内学术会议、优先选派出国留学等七个方面进行大力扶植，经过实验，积累了经验，摸索出规律，于 1993 年 11 月修订了《厦门大学中青年骨干教师选拔培养暂行条例》。从选拔、培养、考核、淘汰等环节进一步完善了管理制度，将这一培养跨世纪人才的工作引上常规化制度化的轨道，根据此条例学校又选拔了第二批中青年骨干教师 74 名。

为激励更多的中青年学术骨干脱颖而出，学校制定了《优秀中青年教师破格晋升高级职务的选拔条件》，凡符合相应职务条件的中青年教师，40 岁以下申报教授及 35 岁以下申报副教授，其晋升名额均不受限制。1991—1993 年三年里全校共破格提拔 89 名中青年教师，其中 15 名为正教授(研究员)，74 名为副教授(副研究员)。1993 年起实行的“校长特批制度”还从另一角度向学科建设急需的特别优秀人才倾斜(包括本校培养和外校引进)，到目前为止，已有 8 个系的 8 名教师经校长特批分别晋升了正高或副高级职务。

为改变以往“近亲繁殖”所造成的师资结构不合理、学科发展不均衡的状况，学校在补充师资的过程中，注意采取引进、选留与培养相结合的方式。对有条件的系(所)，充分利用博士后流动站这一人才库，动员在边缘学科、交叉学科有特长的博士后出站留校工作，以弥补我校在该方向上的不足；对一些师资力量相对薄弱的系(所)，则面向海内外广罗人才，吸引高水平、有建树的中青年学者来校，加强和改善了这些学科的师资力量和结构。在第二批 74 名中青年骨干教师中，即有 38 名为国外或外校毕业的博士、硕士，其余 36 名本校毕业的教师，也有 10 名曾选派到国外或外校进修学习。

学校十分重视吸引留学人员回国服务的工作。从留学人员刚刚迈出国门起，师资处便建立起信息库，注意加强联络，增进感情交流，搜集积累他们在国外学习、科研的进展情况，认真处理好他们寄回母校的每一封来信，不仅及时地解决他们提出的各种要求，帮助其家属解决具体困难，还在回信的同时热情宣传国家的留学工作政策，介绍学校发展的近况，这些都令身在异国他邦的学子时时感受到祖国的呼唤、母校的期盼。当留学人员学成回国时，有关人员还积极协助办理有关手续，使学校对留学人员在编制、职称、住房、安排配偶等方面的优惠政策逐项落实。据统计，由我校选派出国的教师，1992 年回归 39 人，1993 年回归 42 人，此外还有十余人是由外单位选派出国，现在到我校工作的，这些人回国时大多数都已获得博士学位或具有副高级以上职称，他们活跃在学校的教学、科研、管理一线上，是教师队伍中一支重要的中坚力量。

在我校近两年开设的一千五百余门本科生课程、三百余门研究生课程中，由中青年骨干教师承担的近一半，特别是一些新兴学科的主干课、必修课，几乎“清一色”是中青年骨干教师在挑大梁。再看看我校去年出版的《科技成果汇编》，由中青年骨干牵头或有其参与的科研项目之多，也令人惊喜不已，全校1991—1992年在国内外刊物上发表论文共1221篇，中青年骨干教师就占384篇，其中获奖的科技成果及获专利的研制产品占百分之二十五以上。前不久，郑兰荪、王小如、陈支平三位优秀中青年教师，已被国务院学位办批准增列为博士生导师，郑兰荪还被国家列为“跨世纪的学术带头人”重点培养。

——本文摘录自《厦门大学》(校刊)，1994年3月31日第298期

科研经费增长迅速 学术水平显著提高 我校在全国高校中名次不断前移

(1994 年 3 月 31 日)

我校是一所有特色的综合性重点大学,科学研究占有重要地位。改革开放十五年来,学校的科学研究呈现较好的发展势头,取得较显著的成就。全校现有一个国家重点实验室、一个国家专业实验室、三十二个研究所(室),并拥有一支在自然科学、技术科学和人文社会科学诸多学科领域,门类比较齐全,高水平专家比较集中,基础实力比较雄厚的研究队伍。

改革开放十五年来,学校承担各类科研项目不断增加,科研经费逐年增长,1993 年首次突破千万元大关,实到位达 1244 万元,是 1978 年的 7.6 倍。理工科片 15 年来科研经费增长情况如图所示:“八五”前三年(1991—1993)年平均经费数约为“六五”的 3.7 倍,“七五”的 2 倍;理工科“八五”前三年折合全时人均年经费达 1.95 万元,其中 86%属纵向科研项目经费,在国家教委直属的同类高校中居中上水平。人文社会科学片 1993 年科研经费达 116 万元,是 1985 年的 3 倍多。

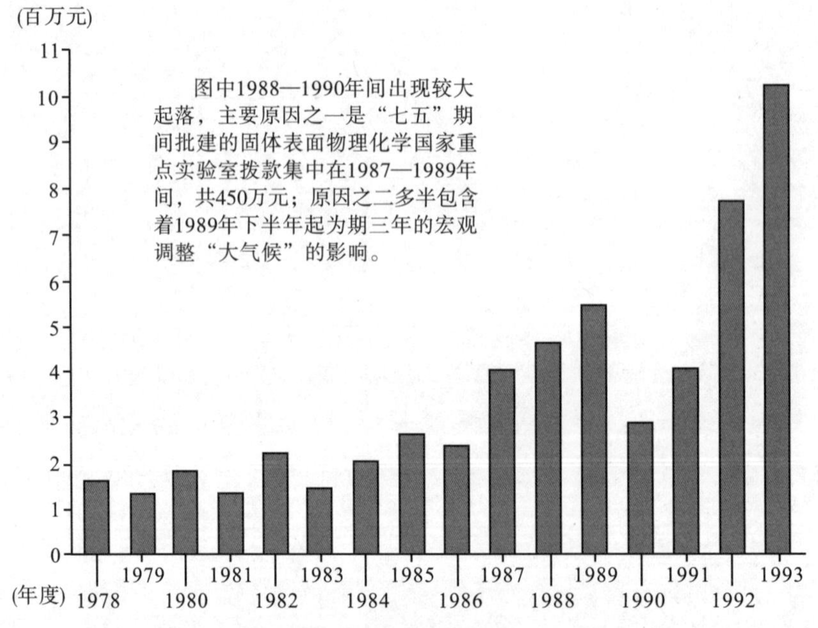

我校自然科学研究经费(不包括人员工资)图示

十五年来,我校取得一批在国内外有较大影响的研究成果。在自然科学、技术科学领域,全校共获国家、部省级奖励约 214 项,其中国家自然科学奖 8 项、国家发明奖 2 项、国家科技进步奖 2 项、国家教委科技进步奖 34 项,另有国家专利 54 项。我校获国家自然科学奖的总积分位居同类高校前列。1983—1993 年,理工科发表论文 4487 篇。在中国科技情报研究所对国际上大型学术论文索引系统“SCI”(科学引文索引)收录的中国科技论文进行统计分析所排出的“高校学术榜”中,1992 年我校收录于“SCI”的论文 50 篇,居全国高校第 20 名,1987—1991 年间我校被“SCI”收录的全部论文中 1992 年有 38 篇被引证 70 次,被引证篇次数居全国高校第 20 名。在中国科技情报研究所对我国 1226 种科技期刊进行统计并排出的名次中,1992 年我校共发表科技论文 408 篇,居全国高校第 24 名。人文社会科学领域也取得丰硕成果:1985—1992 年间,全校出版著作 602 部,发表论文 6025 篇,获省部级成果奖 96 项。在福建省第一届社会科学优秀成果评奖中,我校 69 项成果获优秀成果奖,占全省获奖总数的三分之一强。

基础研究在我校科研工作中一直占主要地位,并与高水平的人才培养相结合,成为我校科研工作的特色和优势之一。我校的催化化学研究继 60 年代前期分别主持和参加国家十年科学发展规划"国重 29"和"国重 27"两个项目的研究任务后,80 年代前期,其主攻方向"催化与固氮"被选中作为联合国教科文组织在中国高校中资助的 4 个重大科研项目之一,"七五""八五"期间又先后主持两个国家自然科学基金重大项目,参加一个国家攀登项目的研究。我校的电化学研究室先后承担多项国家科委重大和国家自然科学基金重点项目,是目前国内电化学首屈一指的研究中心,在量子化学、分析化学、寄生动物学、细胞生物学、海洋生物学、发光物理学等领域,我校也都有国家一流并具有国际影响的学术带头人和实力较强的研究队伍,分别承担多项国家级课题的研究任务。国家自然科学基金资助项目经费在我校科研总经费中一直占相当大的比例,且近年来继续呈上升之势,由"七五"年均的 21.7%上升到 1993 年的 27.9%;1993 年单面上项目获资助总金额就达到 187.6 万元,跃居全国总排名第 17 位、委属高校第 11 位。又据中国科技情报所统计,我校 1990—1991 年正式发表基金论文数居全国高校前 10 名(1992、1993 年的统计尚未公布);1990 年我校发表基金论文 133 篇,排序第 10 名;1991 年 163 篇,第 8 名,是发表基金论文较多的高校之一。这也从另一个侧面反映了我校基础学科比较雄厚的实力和较高的学术水平。

在人文社会科学方面,我校基础学科的优势主要在经济学科(含统计学、财政学、会计学),中国社会经济史和高等教育学等学科领域,台湾研究、东南亚研究是我校社科领域跨学科、有特色的基础研究。近年全校文科获国家社科基金资助额居全国高校前 10 名,且项目中标率较高,立项评议全票通过率在高校中也位居前列。"八五"期间,我校获国家社科基金资助 41 项,61.33 万元,获国家教委"八五"社科项目资助 59 项,63.5 万元。

在高新技术与应用研究领域,我校虽起步较晚,也获得可喜的进展,某些技术领域已粗具优势。声探测技术是我校水声学、海洋物理和电子信息技术交叉发展起来的新方向,近年来承担国家"863"和军口多项研究任务,其水下图文、语音信息传输方面已被同行确认为居国内领先并达国际水平。生物系 80 年代推出的"金定鸭"已成为我国重要的蛋用鸭,在全国十九个省市推广,取得百万元以上年经济效益。化学系推出"三十烷醇"与"多效唑"的制备方法,不仅使生产单位获得持久的经济效益,而且其产品多年来一直在农业生产中广泛推广使用。海洋系"长毛对虾人工育苗技术"推动了我省养虾业的兴起与发展。新型色谱仪因采用化学系发明的"离子色谱抑制柱",已成为我国各地环境监测站的必备仪器,在全国广泛使用。化学系的"乙苯脱氢系列催化剂"被石化总公司选定,以替代进口催化剂,在全国苯乙烯厂家推广使用。物理系完成的"磷化镓发光二极管芯片制造技术"被国家科委列入"八五"期间国家科技成果重点推广项目。此外,学校还注意发挥学科齐全、文理工交叉的优势,以多种形式为福建省、厦门特区的经济建设服务,也产生了良好的社会经济效益。

——本文摘录自《厦门大学》(校刊),1994 年 3 月 31 日第 298 期

开展对外交流　扩大学校影响
我校外事活动空前活跃

(1994年3月31日)

实行对外开放政策以来,我校的国际学术交流与合作空前活跃,与海外学者、校友的联系更加密切,国际学术交流在我校教学科研中发挥着日益重要的作用。在过去的一年里,我校外事活动继续稳步发展,为我校展开全方位国际学术交流奠定了较为坚实的基础。

通过国家公派、校际交流、争取资助等多种方式积极派出讲学留学人员,加强我校师资队伍建设。1993年我校共有39人赴美国、英国、荷兰、日本、菲律宾等国家和香港等地区讲学或进修。迄今为止,我校共派讲学留学人员763人,他们中大部分能认真学习,努力提高自己的学术水平及研究能力,已有365人学成陆续回校,在我校的教学、科研中发挥骨干作用。

大力支持我校杰出学者出国出境参加国际学术会议或在我校举办国际学术会议。1993年我校共有42人次,39名学者赴美、英、法、澳等12个国家和地区参加32项国际学术会议,其中有许多是规模大、层次高、专业性强的国际学术盛会。1993年我校积极申办并经国际会议组织委员会派专人来我校审评,通过与其他发达国家的激烈竞争,成功地争取到1995年国际第19届统计物理会议和1995年国际电化学年会两个重要会议的举办权。届时将有数百名各国著名学者云集我校,其中不乏诺贝尔奖得主。

加强招收海外学生工作。通过面授、函授等多种形式招收专科、本科、硕士、博士生在我校各系、各学院学习进修。1993年,我校共招收各类海外学生894人,其中函授生600多人,为弘扬我国文化,提高我校知名度做出了贡献。

引进智力,聘请专家,为我校教学科研服务。1993年我校共聘请15名长期专家、24名短期专家来校任教。他们分别在化学、法律、外文、经济等系教学。在编写教材、培养师资、开设新课、合作科研等各方面做出很大成绩。美籍专家潘维廉1993年被评为全国优秀外国专家,获国家外国专家局颁发的“友谊奖”。

1993年我校的国际学术交流与合作,与港澳台地区的学术交流与合作活动更加活跃。如我校与美国的康奈尔大学签订学术交流协议,每年互派高级访问学者在经济学、社会学等方面进行合作研究;与加拿大达尔豪西大学、圣玛丽大学长达10年的合作培养工商管理高级人才的计划;与英国爱瑟克斯大学、香港大学关于电动汽车的合作研究等。

我校地处厦门,又是全国重点大学,来厦门参观访问的外宾也常常顺访厦大。1993年我校共接待来访的外宾213人次,其中有外国政府官员、外交官、经贸界人士、学者,还有一般旅游观光客人。通过接待以上人士来访,既配合了政府外事部门的外交工作,又扩大了我校的对外影响,使更多海外人士了解我校,也使我校多交了许多海外各界朋友。

厦大是陈嘉庚先生创办的学校,校友遍布世界各地。我校努力沟通与校友的联系,与美、加、菲律宾等国家和香港等地区的校友会保持经常往来,以多种方式,通过多种渠道向他们介绍学校的改革与发展,争取他们对办好学校的多方面的支持,各地校友以回校讲学,捐设奖学、奖教金,捐赠仪器设备,捐资盖楼等方式支持学校。1993年校友捐助金额逾千万元人民币。

我校港澳台办与外办合署办公,在对台学术交流方面做了大量工作。招收台湾学生来校学习是培养台湾年轻一代对祖国认同感的重要途径,我校1993年招收各类台湾学生20多人来校学习。1993年我校在对台学术交流方面实现了三个全国第一:经国家教委批准,我校成立了全国第一个港澳台学生先修部,招收台、港、澳学生来校参加大学预科班和高考补习班的学习;我校共有19名学者赴台进行学术交流,是大陆高校赴台学术交流者第一多的学校;我校1993年共接待近200批400多人次台湾人士来校访问,是全国高校中接待台湾人士访问最多的高校之一。

——本文摘录自《厦门大学》(校刊),1994年3月31日第298期

探求中国高校教育体制改革新路子，国家教委与市政府决定共建厦大，双方还决定共同建设我校工学院

（1994年5月18日）

厦门日报记者陈惠琼报道，17日晚，国家教委副主任张孝文同市长洪永世，在厦门宾馆签署了国家教委和厦门市政府共建厦门大学议定书。

国家教委和市政府领导经过充分酝酿协商后做出共建厦门大学决定，得到省政府的支持。双方认为，这是为了探求中国高校教育体制改革的新路子，使厦门经济特区不仅在经济体制改革和对外开放方面走在前面，而且也将在教育体制改革和教育事业发展方面探索出新的经验。

签字仪式上，张孝文副主任代表国家教委对厦门市政府给予厦门大学的支持表示感谢。省委常委、市委书记石兆彬，市长洪永世也都表示，厦门大学是办在厦门特区的一所国家重点大学，我们有责任给予扶持，把它办成在国内和国际上有较大影响的一流大学，这是特区文明的标志。国家教委专职委员陶遵谦、厦大党委书记叶品樵、厦大校长林祖赓、副市长王榕、省教委副主任王豫生等领导出席了签字仪式。

议定书规定，厦门大学为国家教委直属高校，其行政隶属关系、投资体系和经费渠道不变。国家教委将依据经济社会发展的需要和委属高校的统一经费核拨标准加强对厦门大学的投入。厦门大学继续保证完成国家教委下达的教学、科研及其他各项任务，承担作为国家重点大学应尽的一切义务。

厦门大学既是国家的大学也是厦门的大学。厦门市政府要把厦门大学的发展列入市高等教育和科学技术发展规划，从厦门市的整体规划上考虑厦门大学的发展，支持其进入国家“211工程”。为此，市政府将依据市经济和社会发展需要和厦大教育事业发展需要，组织对厦大进行多种形式的教育、科研投资。1994年至1997年间，每年从政府财政安排1000万元为厦大提供经费资助，1997年以后将在此基础上相应增加。市政府要在各项有关具体政策上保证厦大的教职员工在工资、各项补贴及其他生活待遇方面不低于厦门市属高校的水平。同时，补齐厦大教职员工因特区政策与国家一般政策差异而造成的生活待遇方面的不足。

国家教委支持厦大积极为厦门市培养高层次紧缺人才，为厦门市经济和社会发展提供各种服务。厦大毕业生优先满足厦门市社会经济发展需要。厦门大学设置厦门市社会经济发展急需的专业由市政府审批，报国家教委备案。

国家教委委托厦门市政府行使国家教委对厦大的部分行政管理权，如出国、出境人员的审批，在保证国家计划前提下招生规模的决定，毕业生的就业，招收境外学生，聘用境外学者等等。

（原载1994年5月19日《厦门日报》）

[又讯]5月17日下午，国家教委与厦门市政府共同建设厦门大学工学院成立大会在校办中厅举行。国家教委副主任张孝文、专职委员陶遵谦，福建省教委副主任王豫生，厦门市副市长王榕及有关部门负责人，我校党政领导叶品樵、林祖赓、郑冬斯、王豪杰、刘瑞堂、卞守耆及有关部处领导、工学院教职员工出席了会议。

国家教委与厦门市政府于今年5月12日签订了《关于共同建设厦门大学工学院的意见》。《意见》指出，共建厦大工学院是加快厦门大学的改革与发展步伐，使之更好地为厦门市的经济建设服务，是实施厦

门市建设"教育之城"规划的需要。按照《意见》,厦大工学院以我校原工程技术学院为基础,将根据厦门经济特区发展和办学条件的可能按规定的程序对专业设置进行调整,并注意扩大专业覆盖面;办学规模可逐步再增加本科生 500 名、硕士生 25 名;厦门市根据需要在工学院增设新专业、增加招生任务所需的经费,由厦门市政府另行核拨,所需增加的教职工编制、高级职称岗位数,由厦门市负责解决;厦门市政府为共建厦门大学工学院每年核拨共建费,1994 年拨款 500 万元,今后每年将根据需要以项目方式核拨;厦门市政府和厦门大学共同多方集资,争取在 2000 年以前建成工学院大楼。学院可在厦门市政府和厦门大学的领导下成立院董事会,吸收厦门市政府的有关部门、企业及社会各界共同参与管理。

会上,校长林祖赓在介绍了厦大原有工科专业的设置和调整情况后说,国家教委和厦门市政府共建厦门大学工学院,使我们受到极大的鼓舞和鞭策,鼓舞我们迎接新任务,鞭策我们争取上新台阶,将有力地促进厦门大学教育事业的发展,厦门大学也将会为国家和厦门市的经济建设和社会发展做出更大的贡献。

国家教委副主任张孝文、厦门市副市长王榕分别在会上讲了话,指出共建厦门大学工学院,不但可以为厦门经济特区建立一个比较稳定的培养急需专业人才的基地,而且可以推动厦门市高等教育体制改革,为我国高等教育改革闯出一条新路子,同时也有力地促进厦门大学教育事业的发展。他们希望厦大工学院深化改革,提高教育质量,提高办学效益,尽快建成适应厦门市特区经济建设需要的高水平的工学院。

——本文摘录自《厦门大学》(校刊),1994 年 5 月 18 日第 301 期

1994年10月8日,校党委、校行政办公会议研究决定:我校校训　自强不息　止于至善

(1994年10月8日)

——本文摘录自《厦门大学》(校刊),1994年10月15日第307期

开展多种模式共建　筹措办学资金
我校加快改革和发展步伐

（1994 年 12 月 6 日）

我校从实际出发，认真总结改革开放的办学经验，制定面向 21 世纪总体发展规划和实施方案，并针对“211 工程”建设需要巨额资金情况，采取切实措施，开展多种模式共建，多渠道筹集建设资金，取得了实质性的进展，促进了学校的改革、发展和稳定。

去年 2 月，《中国教育改革和发展纲要》公布后，学校按照《纲要》精神，发挥厦门大学处在侨区、特区和邻近台、港、澳的区域优势，采取立项论证、制定规划和筹措资金、加强建设四个轮子一起转的战略，加快学校的改革和建设。学校成立“211 工程”领导小组和工作小组，校领导亲自抓，积极开展多模式共建，多渠道筹资，多方寻求解决“211 工程”建设需要巨额资金的途径。厦门市委、市政府领导高度重视，积极支持，组织厦门市外经贸企业领导座谈，建立“厦门市外经贸企业厦门大学教育发展基金”，首期（1993—1994 年）筹集基金 2000 万元，支持厦大“211 工程”建设。到今年 4 月，首期 2000 万元基金已按计划筹齐，并于 1993 年提取 130 万元和今年提取 200 万元基金利息，用于建造一幢外语培训中心和购置教学、科研设备。

随着厦门特区经济的加快发展以及厦门大学教育改革和发展的推进，厦门市决心大力支持厦大进入国家“211 工程”，这个良好意愿得到国家教委的充分肯定和支持，同时也征得福建省人民政府的支持，于是今年 4 月，国家教委和厦门市人民政府达成共同建设厦门大学的意见。国家教委支持厦门大学积极为厦门市培养高层次紧缺人才，为厦门市经济建设和社会发展提供各种服务。厦门大学毕业生要优先满足厦门市的需要；厦大专业的设置和调整，要更多地考虑厦门市经济和社会发展的需要。今年，我校已经应厦门市的要求，经教委批准开办通讯工程和飞机维修工程两个新专业，并招收新生。厦门市政府明确厦大既是国家的大学，也是厦门市的大学，把厦门大学的发展列入厦门市高等教育和科学技术发展规划，支持厦门大学进入“211 工程”，把厦门大学办成国内一流、国际有较大影响的大学。厦门市将依据厦门市经济、社会和厦门大学事业发展的需要，组织对厦门大学进行多种形式的教育、科研投资。1994—1997 年间每年从市政府财政为厦门大学安排 1000 万元用于共建，今年共建资助 1000 万元已经到位；1997 年以后将在此基础上相应增加。厦门市政府在各项具体政策上保证厦大教职员工在工资、各项补贴及其他生活待遇方面不低于厦门市属高校的水平，补齐厦门大学教职员工因特区政策与国家一般政策差异而造成的生活待遇方面的不足，所需经费由厦门市政府拨给厦门大学。

除共建、合作办学外，厦大办学还长期得到海内外社会各界的广泛支持，特别是厦大提出争取早日进入国家“211 工程”以来，更是得到海外侨胞、台港澳同胞的大力支持。新加坡陈嘉庚先生的亲属李光前先生的后代，继续捐资修建大会堂五座大楼的石板道路，成智楼准备加层并准备新建图书馆大楼；香港实业家、校友黄克立先生捐资 400 万港币，建造厦门大学会议中心；泰国校友丁曾政、蔡悦诗夫妇捐献 400 万港币，兴建厦大教职员活动中心；菲律宾洪文炳先生捐献 400 万元人民币，兴建教学实验楼；图书馆得到捐献价值 14 万美元 2600 多册的外文科技图书，以及 40 万港币建立的光盘检索系统；香港实业家吕振万先生捐款 100 万港币，建立厦大书籍出版基金，并赠送两部喷水车。

除上述国家教委与厦门市政府共建厦门大学，为我校“211 工程”建设解决了相当部分资金外，我校前几年还开展联合办学、合作办学，社会也赞助学校建设。大致有几种不同层次的共建模式：

——学校与省政府联合办学院。厦大与福建省政府联合办政法学院和艺术教育学院。学校为省里输送政法、艺术人才,10年来已培养了3000多名毕业生;省里拨给厦大基建费和按学生数拨给经常费,计5000多万元。

——学校与有关部、委合作办专业。厦大先后与财政部、人民银行总行、税务总局、能源部分别合作办会计、金融、税收、系统控制工程等专业;最近,又与财政、体改委、计委、教委合办注册会计师专业。学校为有关部委培养人才,承担科研任务,部委拨款支持学校办学,总金额达550多万元。

——与市政府共建工学院。国家教委还与厦门市政府共建厦大工学院,市政府为"共建"工学院每年核拨"共建费",1994年核拨500万元已经到位。市政府和厦门大学还将共同多方集资,争取在2000年以前建成工学院大楼。此前,厦门市还与厦大合办新技术开发研究所。

——与企业共建。适应厦门计划建成全国最大最现代化飞机维修基地和飞机零部件制造基地的需要,厦大与厦门太古飞机工程公司共建飞机维修工程专业;学校经济学院与厦门特贸公司合作办新亚经济技术研究所。历史系与海关总署、厦门海关联合办海关史研究中心;化学化工学院与广东福田公司共建厦福化学研究所。

——国际合作办学。学校较早与加拿大达尔豪西等大学合作办工商管理教育中心,最近又与加拿大会计师学会(CGA)合办加拿大注册会计师培训点;还受厦门市委托,与新加坡电脑应用学院合办厦门中新电脑学院。(校办)

——本文摘录自《厦门大学》(校刊),1994年12月6日第310期

厦门大学一九九三至一九九四学年第二学期工作计划要点

（1994年2月21日）

本学期的工作，要以邓小平同志建设有中国特色社会主义理论为指导，认真贯彻十四届三中全会、《中国教育改革和发展纲要》和《教师法》精神，继续抓好校内各项改革措施，以学科建设为龙头、以队伍建设为核心、以培养高水平人才为目标，全面提高教学科研质量和办学效益，力争早日进入“211工程”。

为此，本学期的工作要点如下：

一、以建设有中国特色社会主义理论为指导，围绕改革工作，进一步加强党建和思想政治工作

要采取各种形式，认真组织师生学习《邓小平文选》第三卷和《中共中央关于社会主义市场经济体制的决定》，坚定师生在社会主义市场经济条件下走有中国特色社会主义道路的信心。要认真学习和宣传《教师法》。党建和思想政治工作要围绕“加快改革步伐、加大改革力度”来开展，正确处理好改革过程中学校、单位、个人三者利益，注意克服“极端个人主义、享乐主义和拜金主义”倾向；要深入研究市场经济条件下如何加强思想政治工作问题，针对师生关心的“热点”，进行教育与引导，解决实际思想问题，保持学校的稳定。要按民主集中制原则，加强领导班子建设，增强团结；各级党政干部要树立高度的事业心和责任感，转变作风，深入实际，多干实事。要根据上学期学校制定的《厦门大学领导干部廉洁自律的七项规定》，搞好廉政建设。要继续加强党对工会、共青团的领导，定期研究工作；加强同民主党派的合作共事，充分发挥民主党派和群众团体在学校中心工作中的积极作用。

二、深化改革，加强宏观调控，确保教学质量

从一九九三年三月，以“优化结构、合理定编、严格考核、实行聘任”为主要内容的校内管理体制改革全面实施以来，我校的教学科研和各项管理工作均得到了较大的推动。本学期要本着“加快改革步伐、加大改革力度”的指导方针，进一步深化和完善校内管理体制的改革。在调查研究的基础上，根据需要与可能，加强宏观调控，继续调整专业设置，改革招生收费制度。加快本科、研究生和成人教育的教学管理、教学内容和教学方法的改革，努力提高教学质量，推进学科建设。加强科研工作的组织、管理，抓紧重点科研项目、课题的攻关，出更多成果。要适当增加对教学科研投入（包括实验设备和图书资料）。

要进一步理顺关系，调整机构，转变职能，提高效率，强化机关定编、定岗、定责工作，建立健全考核制度。要以“小机关、多实体、优服务”的原则，分步骤加快我校后勤管理改革，保障教学、科研和师生员工的生活，切实提高服务质量。根据全国高校产业工作会议精神，加快集团公司内部管理体制改革，加快发展科技产业和第三产业。

三、制订争取进入“211 工程”方案

去年七月国家教委发出了《关于重点建设一批高等学校和重点学科的意见》,继而又针对委属高校提出了五方面十六条的要求,作为列为重点建设高校应该努力的方向。根据这些精神,学校进一步明确了进入“211 工程”的奋斗目标和必要条件,学校拟于本学期采取自下而上与自上而下相结合的办法,帮助各系单位自我评估,确定发展目标,并在综合研究的基础上,力争在六月三十日前撰写出厦门大学进入“211 工程”的论证报告。我们要以此为一个推动力,鼓干劲、找差距、定措施,把力气花在建设和改革上,把学校各项工作提高到一个新层次,为下个世纪的进一步发展奠定基础。

四、继续加强教职工队伍建设

学校人才的培养,教学质量和学术水平的提高,关键是依靠教师队伍。要在首批中青年骨干教师培养取得初步经验的基础上,做好第二批中青年骨干教师的选拔与培养工作。进一步完善教师队伍规范化管理,采取有效措施,保持教师特别是骨干教师队伍的稳定,努力培养一批跨世纪的学术带头人。要着手研究党政干部管理职称系列问题,搞好干部队伍的稳定和建设工作。本学期要全面推行工资制度改革,并结合工改,建立新的分配制度。

五、抓紧校园文明环境建设,迎接评估

我们要有计划、分步骤抓好“校园文明环境”的建设,这是我校进入“211 工程”前提之一。各系、各单位要在学校“校园文明环境”建设领导小组的指挥下,齐抓共管,下大决心,切实改变我校存在着的某些“脏、乱、差”现象,使校园的文明建设提高到一个新台阶。

各系、各单位要照本计划要点的精神,认真制订本单位的工作计划,报校党委办公室。

中共厦门大学委员会

厦门大学

一九九四年二月廿一日

——本文摘录自《厦门大学一九九三至一九九四学年第二学期工作计划要点》,厦大委办〔1994〕3号,档号 1994-DQ01-2

厦门大学1994—1995学年第一学期工作计划要点

（1994年8月30日）

本学期，要继续以邓小平同志建设有中国特色社会主义理论为指导，认真贯彻全国教育工作会议精神，以学校“211工程”建设为中心，研究发展，深化改革，加强管理，抓好各项落实工作，努力提高学校整体办学水平。为此，应着重抓好以下几方面工作：

一、加快做好进入“211工程”的申报工作

开学初，要认真总结、研究上学期及暑假有关我校“211工程”建设研讨中各方面的意见和建议，进一步组织咨询论证，确定奋斗目标，统一改革思路，制订实施方案；争取在十月中旬，完成我校“211工程”建设规划的定稿，十月底或十一月初向国家教委递交“211工程”建设申请立项报告。

要通过各种形式，进一步宣传、动员和组织全校师生员工，群策群力，认真执行校园文明建设的各项规定，全面、扎实、持续地开展校园文明建设活动。继续整修各项基本设施，大力整顿交通秩序、乱倒废弃物及其他不文明行为，美化校园环境，进一步完善管理条例，迎接十月底或十一月初国家教委组织的对我校校园评估。

二、以“211工程”建设为动力，加强学科建设，进一步提高教学、科研水平

在学科建设中，一要加快学科群的组织规划工作。依据我校历史形成的学科特色、条件和共识，可先行确定若干个学科群，着手制定学科群组建的工作条例和开始相应的调整工作。二要从有利于学科建设发展和加强管理需要出发，再筹建一二个新学院。三要对现有的重点学科、博士点和若干硕士点，分别落实有关巩固或加强的措施，为争取再上几个新的重点学科和博士点做好准备。

要继续采取措施，稳定教学科研骨干队伍。对现有的中青年教学科研骨干，既要采取切实措施，努力改善他们的生活条件和工作条件；又要继续加强教育、培训和考核工作，提高他们的政治思想素质和业务水平，做好今年度各类职称评审和我校第一次博士导师自审工作。要积极创造条件，争取引进一些学科带头人、中青年教学科研骨干。

加强教学管理，要把提高教学质量放在突出地位。要开好教学工作会议，提出深化教学改革的各项措施，其中包括：制定教师兼职管理办法，修订《教书育人条例》，建立名牌课程，出版优秀教材，完善学分制的配套措施；要认真抓好国家教委布置的本科教学评估的试评工作；在今年第十个教师节之际，要评选表彰一批教书育人先进分子和优秀主干课程。

加强科研管理，按照稳住一头、放开一片的精神，把科研工作逐步引向社会经济建设的主战场。加强组织领导，在继续努力争取重大项目、重点项目和纵向科研项目的同时，要积极发展横向科研工作联系；加强应用科技，特别是应用型高新科技的研究及开发。要采取适当的鼓励政策，调动科研人员参与应用科技研究和开发的积极性。要研究确定我校高新科技近期开发项目，促进校办科技产业发展。

三、深化改革，严格管理

国家教委和厦门市共建厦门大学、厦门大学工学院，这是近年来我校办学体制改革的一大发展。对厦门外经企业厦门大学教育发展基金，厦门市投入共建厦门大学的资金，要研究确定投入项目，保证重点，应付急需，争取最大效益。要进一步落实整体共建方案，加强与厦门市有关部门的联系，在继续输送和培训人才的同时，要加强高新科技研究与开发方面对厦门社会经济发展的支持。

深化校内管理体制改革。要进一步明确校内管理体制改革发展的整体思路，在此基础上对我校校、院、系领导管理体制关系，以及学校机构的改革和调整，在本学期内提出具体方案。

开学初，对上学期进行的考核聘任工作，要组织复查；并要认真总结研究以往考核聘任工作的经验教训，修订完善考核聘任办法，加强考核聘任工作在管理中的积极作用。要深入细致地做好工资改革工作。

加强后勤管理改革。总务后勤深化管理改革的方案，经修改讨论后，从十一月份起推行；要遵循增强服务意识，提高服务质量，做好服务保障这一宗旨，转换管理机制，实行事业单位企业化管理，逐步向后勤服务社会化方向发展。财务管理，要本着方便基层、方便教职工、杜绝漏洞、节省开支的原则，改善财务支付管理办法；要研究调整社会服务收费分成比例，制定财务管理办法，加强基层单位财务管理的民主监督、行政监督和审计监督；要加强理财工作研究，提高财务管理效益。基建、校产等单位，要研究修订本部门管理改革方案，准备下学期施行。

四、切实加强党建和思想政治工作

根据校党委领导下的校长责任制，健全校党委会和常委会的工作会议制度，加强党委对学校重大问题的研究及决策；同时对校行政领导工作给予充分尊重和支持。要贯彻学校党总支工作条例和党支部工作条例，加强基层党组织的政治核心作用及对本单位工作的保证监督作用。校党委号召全校共产党员，在学校“211 工程”建设及深化改革和加强管理工作中，充分发挥先锋模范作用。

加强党政干部教育管理，一要抓好教育培训，组织人事部门要制订各级干部教育培训计划，分批实施。校党委党校在继续轮训处、科级干部的同时，还应有计划地轮训其他干部；在继续加强政治理论教育的同时，还应适当增加管理科学方面的内容。二要抓好考核选拔工作。组织人事部门要研究完善考核制度，制定选拔工作条例，加强考选工作的科学性；根据工作需要和干部培养计划，应适当调整和交流处、科级干部。三要抓好廉政建设。各级领导要以身作则，认真贯彻中央、省委和校党委关于加强廉政建设的有关规定，搞好自纠自查；校纪委和监察处要对各级领导及各方面反映较大的部门、单位加强检查监督。要加强纪律教育，增强全校师生员工的组织纪律观念。

当前，思想政治工作要紧密围绕学校中心工作进行。各级党组织要充分发挥其政治领导和团结奋斗的核心作用，做好过细的思想教育工作，调动各方面积极性，切实保证学校“211 工程”建设的各项计划、措施落到实处。要继续重视和做好学校的稳定工作。要组织教职员工认真学习《教师法》。九、十月份，要组织好国庆节和第十个教师节的系列活动，举行纪念陈嘉庚诞生 120 周年活动，继续加强社会主义和爱国主义教育，加强尊师爱生和爱校教育。

工会、共青团在加强自身建设的同时，根据自己工作的特点，组织教职工和青年积极参与学校“211

工程”建设、管理体制改革和各项活动，围绕学校中心工作独立开展群众喜闻乐见的有益活动。校党委、校行政将向民主党派和团体定期通报学校“211 工程”建设进展情况、管理体制改革方案，征求意见，加强协商，进一步发挥其积极作用。

各部门、各单位要向师生员工认真传达本工作要点，并制订各自的工作计划或实施方案。

中共厦门大学委员会
厦门大学
一九九四年八月三十日

——本文摘录自《厦门大学 1994—1995 学年第一学期工作计划要点》，厦大委办〔1994〕11 号，档号 1994-DQ01-2

·专　文·

朝着新目标开拓前进
——庆祝建校七十三周年

(1994年3月31日)

校长　林祖赓

我们满怀欢欣的心情,迎来了厦门大学建校七十三周年的喜庆日子。在此,我谨代表校党委和行政向全体师生员工致以亲切的问候!

七十三年来,厦门大学迈过了艰难曲折的历程,取得了令人瞩目的成就。特别是从党的十一届三中全会以来,学校的面貌发生了深刻变化:办学规模迅速扩大,目前在校生数已达万人;专业设置逐渐增多,新办了一批部门经济、涉外和工程技术学科,改变了单纯文理科综合性大学的模式,形成了有文、理、工、经济、政法、艺术教育等门类比较齐全的学科体系,办学层次逐步提高,改变了培养大学本科生的单一层次,形成了有博士后、博士、硕士、学士等多层次的、比较完整的高等教育人才培养体系;教学科研水平登上了新台阶,形成了一批在国内外有较大影响的重点学科、博士点和国家人才培养基地,建立了国家重点实验室、国家专业实验室等一批先进的和比较先进的实验室,取得了若干具有国际先进水平和一系列国内领先的重大科技研究成果;教育改革继续深化,办学体制正在向以政府办学为主体、社会各界共同办学的新体制转变,学校自主办学的活力日益增强。去年以来,我校各项工作又取得了许多新进展:国家教委在全国一千多所高校中评选并表彰了33所高校为全国党建和思想政治工作的先进单位,我校也是其中受表彰的单位之一;经国务院学位委员会评审,我校又增加了二个博士点和九个硕士点,并增加了一位科学院院士、十二位博士导师;校内管理体制改革已取得了阶段性成果;学校本科兼专科复合型人才培养模式也已初步形成。

我校取得的这些成就,是与各级领导、各界朋友和海内外广大校友的关心、支持分不开的。厦门大学荣幸地一直受到海内外各界重教助学人士的关心和支持。去年以来,在厦门市委、市政府领导的大力倡导和支持下,厦门十四家外经贸公司弘扬陈嘉庚先生倾资办学的精神,率先发起并捐款建立"厦门外经贸企业厦门大学教育发展基金会",积极支持厦门大学教育事业的发展。我们再次向关心、支持厦门大学建设和发展的各级领导、各企业单位、各界朋友、海内外校友,表示衷心的感谢和崇高的敬意。

厦门大学所取得的成就,也凝聚着历届师生员工艰苦奋斗的心血。我校一辈又一辈的教职工,承前启后,继往开来,努力拼搏,为发展教育事业、培养高质量的建设人才,奉献出自己的青春年华,甚至毕生的精力;一批又一批的莘莘学子,孜孜不倦地求学于校园,尽心竭力地服务于社会,为社会的进步和祖国的富强,做出了各自的贡献,也为母校增添了光彩。在此,我对工作在各条战线上的海内外校友,表示良好的祝愿。

七十三年来，厦门大学所取得的令人瞩目的成就，所积累的丰富办学经验，所形成的优良校风，所创造的良好办学条件，为我校的进一步发展奠定了基础，也激励着我们去追求更高的目标。

最近，我校正在修订厦门大学进入 21 世纪的发展规划。我们当前的任务，是积极创造条件，争取早日进入“211 工程”。我们的战略目标是：力争到 21 世纪初，使厦门大学拥有若干国际先进和一批国内一流的学科，成为基础学科、高新技术学科和应用学科协调发展，既有传统优势学科，又有新兴学科，富有特色的国际化的综合性大学；成为本科生和研究生教育并重的高层次人才培养基地；成为基础科学研究和高新科技开发的中心。我们要努力培养出更多、更高层次、更优秀的建设人才，创造出更多、更高水平、更有社会和经济效益的科技成果，为国家的繁荣昌盛，为福建的经济振兴，为厦门经济特区的迅速发展，做出新的贡献。

我们的目标是明确的，任务也是艰巨的。我们要坚持以建设有中国特色社会主义理论为指导，动员和组织全校师生员工，下定决心，排除困扰，解放思想，转变观念，抓住机遇，再接再厉，团结奋进，勇于开拓。要改革办学模式，实行一校多制；优化学科结构，组建跨学科群，强化优势，突出特色；广开集资渠道，增强经济实力，加大教学和科研投入，逐步改善办学条件；深化管理体制改革，提高管理水平和办学效益。我们要脚踏实地，一步一步地去开创厦门大学发展的新局面。同时，也希望各级领导、各界朋友和广大校友，继续关心和支持厦门大学的发展。我们深信，人们称誉的“南方之强”，必将再添新的光彩。

——本文摘录自《厦门大学》(校刊)，1994 年 3 月 31 日第 298 期

嘉庚精神昭示着我们

(1994年10月15日)

校长　林祖赓

今年10月21日是伟大的爱国者、著名的华侨领袖、厦门大学的创办人陈嘉庚先生诞生120周年纪念日,我们学校将开展一系列的活动来纪念校主嘉庚先生,这对于凝聚学校师生员工的力量,以早日跻身"211工程"的行列有着非同寻常的意义。

二十年代初,陈嘉庚先生怀着办教育、兴实业的思想创办了厦门大学。七十余年来,从初创时设立的师范、商学二部,扩充至1936年的文、理、法商三院。1937年陈嘉庚先生无偿地将厦大献给了国家,自此改成国立,分为文、理工、法、商四院。在把厦大献给国家后,嘉庚先生仍然一心一意地关心厦大发展,特别是在全国解放以后的五十年代,在李光前先生的支持下,建设了建南大会堂、成义、成智、成伟、芙蓉、国光、丰庭等六万平方米的建筑,为学校发展创造了良好的条件。全国解放后的1952年经过院系调整,厦大成为文理科综合大学,1963年经高教部批准为全国重点大学。1978年以来,学校先后恢复创立了经济、化学化工、工学、政法、艺术、海外教育和成人教育7个学院,共设26个系58个本科专业,其中化学专业和生物学专业(含海洋生物学)被列入国家建立的基础科学研究和人才培养基地。1986年,学校被批准成立研究生院,成为全国33所高层次人才培养的基地之一。迄今,厦大有20个学科(专业)可授予博士学位,68个学科(专业)可授予硕士学位,并建有物理化学、分析化学、生物学、经济学4个博士后流动站。历史学、会计学、计划统计学、财政学、化学、生物学、高等教育学等7个学科被评为全国重点学科。目前,厦大已成为集自然科学、工程科学、人文科学、社会科学和管理科学为一体的全国重点综合大学。

回首往事,厦大发展到今天,同当时陈嘉庚先生的精心擘画和鼎力支持所奠定的良好基础是分不开的。陈嘉庚先生的高瞻远瞩不仅表现在他的倾资兴学上,同时也体现在他的办学思想上,学校在初办时,他便广聘名师,在高起点上办学,并以"止于至善"作为校训来勉励师生,这已成为昭示历代厦大师生奋发向上、争创一流的精神财富。特别值得一提的是,陈嘉庚先生在他创办的厦门大学最早设立了海洋系、航空系,较早地设立了商学院,更是体现了他独具特色的办学眼光,这些现代经济所不可或缺的学科,在七十年前就已被自谦"思欲尽国民一分子之天职,愧无其他才能参加政务或公共事业,只有自量绵力办学"的嘉庚先生预见到了,这种卓群的品格及远见是何等地令后人折服!

陈嘉庚先生一生除倾尽全部财力和精力于提高民族素质的教育事业以外,作为一位经历不同时代的伟大人物,他为中国革命的胜利,为社会主义建设,为爱国统一战线的发展做出了突出的贡献,表现在其中的独特的性格和价值观念,亦已成为历代厦大人,成为中华民族乃至世界的巨大精神财富。

我们缅怀和弘扬陈嘉庚先生倾资兴学、造福社会的精神,作为厦大人,最重要的就是学习陈嘉庚先生热爱中国共产党、热爱社会主义祖国、为祖国的繁荣富强尽一分子之天职,就是要把嘉庚先生呕心沥血、筚路蓝缕创办的厦门大学建设好。目前,厦门大学正在经历一个新的发展时期,我们要以教育必须为社会主义现代化建设服务和教育要面向现代化、面向世界、面向未来为指导思想,通过多种办学模式的改革,努力提高办学水平,力争在21世纪初,把厦门大学建设成国内一流、国际上有较大影响的国际化大学,使学校拥有一批国内一流和国际先进的学科,成为基础、应用研究和高新技术学科协调发展的综合性大学;成为本科生和研究生教育并重的高层次人才培养基地;成为基础研究、应用研究和高新技术开发的中心。为此,我们要建设一支素质优良的师资队伍;进一步加强学科建设;不断优化育人和学术环境;改善办学条件等等。

我们深信,有嘉庚精神的昭示,有党的改革开放政策的指引,有厦大师生员工的勠力同心,这一目标是一定能够达到的!

——本文摘录自《厦门大学》(校刊),1994年10月15日第307期

·党建与思想政治工作·

厦门大学贯彻国家教委关于把马克思主义理论课作为重点课程的决定的通知

(1994年2月23日)

各总支(直属支部),各院、系、所、部、处及直属单位:

1993年7月全国高校第4次党建工作会议把马克思主义理论课和思想政治教育课作为高校党建工作的重要内容和组成部分列入会议议程,强调要把"两课"作为重点课程来建设,这是为适应我国社会主义现代化建设时期客观需要的重要举措,是坚持党的基本路线和全面贯彻党的教育方针的重要体现。为了认真贯彻这一决定,推进我校马列主义理论课教学改革的深入发展,校党政领导于1993年12月6日召开听取马列部的汇报,并进行专门研究,特做如下决定:

一、继续贯彻执行厦大委综字〔1992〕1号和厦大办字〔1992〕3号文件,即《厦门大学党政办公会议关于贯彻国家教委社科〔1991〕2号文件精神,加强和改进我校马克思主义理论教育的意见纪要》,重申《纪要》关于"从1992年起三年内,在各种正常拨款之外,每年另追加给马列部经费两万元"的决定,1994年以后仍然有效,继续使用。同时,为支持马列部建立社会调查基地每年追加伍千元,并把这两万伍千元列入正常经费拨款。

二、学校设立"建设有中国特色社会主义理论研究中心",该中心设在马列部教学部,团结"中特理论"研究力量,有计划地开展"中特理论"的研究工作。马列主义教学部教师是中心的成员,应积极承担中心组织的研究任务和人才培训工作,为宣传"中特理论"做出贡献。

三、根据建立社会调查基地的需要和师资缺乏的情况,给马列部增加两个人的教学编制。

四、鉴于马列部教师年龄老化和补充教员困难,可以采取灵活政策,如有适当人选,可先调用,即先进后退。

把马克思主义理论课作为重点课程来建设是我校教育改革、进入"211工程"的重要组成部分,上述决定望有关部门认真贯彻执行。

特此通知。

中共厦门大学委员会

厦门大学

一九九四年二月廿三日

附件：

关于把马克思主义理论课作为重点课程的实施意见

今年七月全国高校第 4 次党建工作会议强调，要把“两课”作为重点课程来建设。校党委领导对此十分重视，党委副书记郑冬斯同志向我部全体教师传达会议精神，党委常委、常务副校长郑学檬同志就我校申请进入“211 工程”和我部深化教学改革问题提出具体要求。为了争取我校进入“211 工程”，把政治理论课作为重点课程来建设这一决定落到实处，我部组织全体教师进行多次学习讨论。通过讨论，我们既看到面临的困难，同时也看到有利的条件，从而增强了信心，尤其是对政治理论课教学在高校教育中的地位和作用的认识，有了进一步的提高，认识到我们当前所面临的多方面的问题和困难，只有通过深化教学改革、加强师资队伍建设去解决。如何抓住这个有利时机加紧工作，克服不利因素，进一步搞好马克思主义理论课的改革和建设，是摆在我们面前的一项既重要又紧迫的任务。我们的初步设想是：

一、深入教学内容和教学方法的改革

马克思主义理论课的教学改革必须贯彻理论联系实际的方针，提高说服力和针对性。我们拟采取下列措施。

1.把完整地、准确地宣传邓小平建设有中国特色社会主义理论作为政治理论课改革的中心内容。为此，首先必须组织教师系统学习“中特理论”，当前尤其要学习《邓小平文选》第三卷，以明确教学改革的方向。这一学年，我们举办以“中特理论”“社会主义市场经济与马克思主义理论课教学”为主题的研讨会，着重解决如何在教学中贯彻“中特理论”、社会主义市场经济理论，交流心得体会，提高认识，不断探索如何深化教学改革、提高教学质量。

2.每门课程都要根据各自的特点，实事求是地联系“中特理论”、社会主义市场经济的理论和实践以及当前反腐败斗争进行教学。各教研室要组织教师讨论，明确各章各节应联系的问题，写出“当前联系实际的要点”。

3.要十分注意培养和提高学生运用马列主义立场、观点、方法分析和解决实际问题的能力。当前要准确、全面地向学生宣传社会主义市场经济理论，既要看到社会主义市场经济的积极作用，又要看到它的负效应，对学生进行理论、信念、人生观和价值观的教育，进行社会主义、集体主义和爱国主义的教育，积极引导学生抵制和批判拜金主义、享乐主义、极端个人主义等错误思想。

4.贯彻邓小平同志关于“学习马列要精，要管用”的指示，删去重复的或可有可无的内容，在根据教学大纲系统讲授的基础上，增加专题讲授(一学年大约四周)，要以“中特理论”为主旋律，联系中国国情，结合学生思想倾向和思想热点设计专题，以便有针对性、有说服力地进行教学，帮助学生分清理论是非和思想是非，同时为下一步深入教学内容的改革做准备。

5.要抓好教书育人。除了在课堂教学中贯彻这一原则外，还要在课外采取各种方式同学生接触，如下班参加政治学习、帮助学生组织党章学习小组、马列主义毛泽东思想学习小组或其他有益的学术小组，以帮助学生树立正确的科学的世界观、人生观和价值观，培养高尚的道德品质。

6.继续根据党在各个时期的任务，调查和掌握学生思想动态。各教研室要组织教师对学生思想中具有典型性、倾向性的错误思想和混乱思想进行分析研究，并在教学中运用马列主义理论、毛泽东思想对这些带有倾向性的思想进行科学的分析和疏导，以提高教学的针对性和说服力，并把这项工作作为年终小结的一项重要内容。

7.加强教材建设。1984 年自编并出版了《中国革命史》教材，今后拟根据新的情况新的精神进行修订，重新再版；《中国社会主义建设》自编讲义，已修改了两次，邓小平同志南方谈话发表后，又根据建立社会主义市场经济体制这一新的精神进行第三次修改，现又根据十四届三中全会决定的精神进行第四次修改。马克思主义哲学近年来贯彻少而精的原则，删去教材中重复的、不是很重要的材料，按教材大纲系统

讲授外,还围绕"哲学与现时代"这一大主题,增设一些专题,如《社会主义建设与改革中的哲学问题》《民主社会主义思潮评析》《现代西方哲学思潮评析》《现代科技革命和社会发展》《关于人的本质问题》等,最近又提出如下专题:《当代大学生的历史使命和自我设计》《社会主义市场经济与道德》《市场经济与思维方式》《建立社会主义市场经济体制与正确处理人民内部矛盾》《如何对待市场经济条件下的利益调整》《社会主义市场经济与价值观》《如何运用对立统一规律来分析市场经济与计划经济的关系》等等,在此基础上编写《马克思主义哲学与现代化》。

8.改进教学方法,进行启发式的教学,采用生动活泼的多种形式的教学,如采用电化教学、组织课堂讨论、专题讲座等形式,改变满堂灌的呆板形式,引导、启发学生思考问题、提出问题,通过自己的学习和思考来接收、领会马克思主义、毛泽东思想的真理,寻求问题的答案。当前,各教研室要采取有力措施,切实抓好电化教学和课堂讨论。要搞试点,抓典型,总结经验教训,不断探索如何改革教学方法,进行生动活泼的教学,提高教学质量。

二、加强师资队伍建设

1.组织教师系统地深入地学习邓小平建设有中国特色社会主义理论,当前尤其要学习《邓选》第三卷、学习《关于建立社会主义市场经济体制若干问题的决定》,我们已把这项工作列为本学年工作计划的一项重要内容,拟定系统报告,如《社会主义市场经济与几个热门问题的剖析》《宏观调控与市场经济》《社会主义市场经济与党的建设》《市场经济模式比较研究》《市场经济与价值观》等专题,并决定在今年暑期举办讲习班,集中一周进行专题学习、研讨。

2.制定教师培养规划,有计划地安排教师进修(脱产一年或在职进修或出国进修),每个教师尤其青年教师要制订自我进修计划。为了搞好科研活动和对外联系,拟建立"中国社会主义理论研究所",并积极组织教师参加各种学术活动和申请课题经费。高级职称每人每年至少要省级以上刊物发表一篇论文;讲师要写一篇论文,每个教研室要提出一项较大科研课题,纪念毛泽东诞生100周年,要发动、组织教师撰写论文。近期要组织教师围绕"中特理论""社会主义市场经济与马克思主义理论教育、思想政治工作"等主题进行科研,撰写论文。

3.要制定学术梯队的规划,充分发挥现有高级职称的教师在教学和科研中的作用,各教研室要有学科带头人,并配合若干骨干教师,建立合理的梯队结构,注意培养青年教师科研骨干,积极帮助他们解决职称问题。选拔有学术水平和较高科研能力的优秀青年教师为硕士研究生导师。根据生源情况和学校招生计划争取多招些硕士研究生,并积极创造条件,争取近年内申报"马克思主义理论教育"硕士点。

4.根据我校处于厦门特区以及对外经济、文化联系的需要,"文革"前毕业的青年教师,要继续学习外语,提高外语的应用水平。

5.有条件的教师,除了教公共政治理论课外,还要通过自学、进修,围绕自己的专业和学生实际需要开设选修课,如开设全校性选修课。

6.鼓励青年教师报考在职博士、硕士研究生,但要贯彻学以致用原则,应报考对口或相近的专业,以有利于为教学服务,提高教学质量,有利于教师队伍的稳定以及马列部的发展。

7.建立理论联系实际基地,组织教师进行社会调查以及宣传"中特理论"和党的方针政策。同时,要组织教师进行学生思想动态调查并参加学生社会实践。

8.加强对教研室的领导,健全规章制度,定期召开教研室会议讨论教学科研以及其他有关师资队伍建设问题,发挥教研室在组织教学、深化教学改革中的作用。为适应我校从培养、招收本科生为主向本科生与研究生并重转变的需要,加强研究生教研室的建设,充实人员,搞好教材建设。

三、加强领导班子建设

1.发挥党支部的战斗堡垒的作用，用邓小平同志的建设有中国特色的社会主义理论武装党员的头脑，教育党员发挥模范作用，通过组织生活、个别交谈或其他形式的活动对党员和教师进行思想教育，提高他们对新形势下搞好政治理论课教学的重要性和紧迫性的认识，使他们安心工作，热爱本职工作，同时要注意表扬奖励教学改革、科研和教书育人等方面有突出成绩的教师，调动全体教师教学改革的主动性和积极性。

2.健全行政领导班子，提拔、补充优秀的青年教师参加领导工作，形成老中青三结合结构合理的领导班子。充实办公室人员，发挥办公室的职能部门的作用。

3.加强民主集中制，重大事情要经过集体研究决定，过好民主生活会，发扬民主，开展批评与自我批评。

4.密切联系群众，关心群众生活，采取积极措施如办班等方式，以增加收入，改善政治教师的生活待遇，逐步做到国家教委提出的保证马克思主义理论课教师的待遇“不低于校内其他专业教师的平均水平”。

马克思主义理论课是高校思想教育的主要阵地和主要渠道，是每个学生必修的基础课程，是社会主义学校的根本特征之一。国家教委把马列主义理论课列为高校重点课程，是为适应我国社会主义现代化建设新时期的客观需要和坚持党的基本路线和全面贯彻党的教育方针的重要举措。它体现了中央领导对高校马克思主义理论课的改革和建设的高度重视，使我们深受鼓舞。今后，我们一定要以建设有中国特色社会主义理论为中心深化教学内容和教学方法的改革，不断总结经验教训，提高认识，扎扎实实地工作，使我校马克思主义理论课的改革和建设能上一个新台阶。

厦门大学马列主义理论教学部

1994 年 2 月 23 日

——本文摘录自《厦门大学贯彻国家教委关于把马克思主义理论课作为重点课程的决定的通知》，厦大委办〔1994〕2 号，档号 1994-DQ01-2

·教学与科研工作·

关于我校外籍学生培养工作的若干暂行规定

(1994年1月6日)

为了进一步做好我校外籍学生的培养与管理工作,经研究,特做如下规定:

1.外籍学生来我校联系报考事宜,及入学后的日常管理工作由海外教育学院负责。

2.在正式发出入学通知书之前,海外教育学院应将拟录取的外籍学生的学历证明等材料分别送交教务处或研究生院,由教务处和研究生院负责审查和确认其入学资格,按《关于中国高等院校接受外国留学的规定》予以正式录取。

3.接受外籍本科生和研究生的各系(所)必须严格遵照我国学位条例的各项规定,认真制订和执行培养方案和教学计划。

4.教务处和研究生院应负责有关外籍学生的教学管理工作。

5.外籍各类留学生的教学业务费按国内同类生的业务费标准的1.5倍,由财务处于每年九月份发给有关的系(所),再由指导教师负责安排。自费生的学费,海外教育学院与有关的系(所)按40%与60%分成后,按各自创收比例上缴财务处。

6.本暂行规定自公布之日起施行。

厦门大学

一九九四年一月六日

——本文摘录自《关于我校外籍学生培养工作的若干暂行规定》,厦大研〔1994〕3号,档号1994-XZ28-1

关于加强我校非计算机类专业计算机课程有关问题的通知

（1994年2月）

为了适应社会对计算机知识的需要和全省计算机等级考试的要求，有必要加强非计算机类专业的计算机课程，现就有关事项通知如下：

1.从1993级学生开始，要求文科本科生通过全省计算机一级考试；理工科、经济类学生通过全省计算机二级考试。毕业前未通过的，按3学分的课程补考计入补考学分数，在是否授予学位时一并考虑。1993级一些专业确因教学计划安排不能适应全省二级考试的要求，可向教务处申请二级考试不做要求，但要通过一级考试。

2.从1994级开始本科生计算机课程的教学时数做适当调整。要求文科安排80学时，其中上机实验30学时；理工、经济类安排160学时，其中上机实验60学时。在具体安排时要保证上机实验的时数，并考虑假期军训及校运会等原因造成的实际上机时数不足的问题。

注：非计算机类专业指除计算机系、系统科学系各专业、计算数学及其应用软件专业之外各专业。此外，艺术学院各专业可不参加统考。

——本文摘录自《厦门大学学生手册》，档号1994-XZ12-3

我校去年科研工作有长足进展
科研经费首次逾千万元

(1994年2月28日)

新近统计数字表明,1993年我校科研经费首次突破千万元大关,实到位数达1244万元,比1992年的977万元增长27.3%;我校科技论文在全国高校"国际学术榜"上的排序首次跃居第20位;国家自然科学基金面上项目资助总额跃居全国高校和研究院、所第17位。

理工科片1993年科研总经费1085万元。其中国家教委下拨科研事业费194万元,对外争取的各类纵横向科研经费891万元:纵向经费696万元,占78.1%;横向经费195万元,占21.9%。

理工科片1993年在研课题290项。当年新增课题147项,其中,国家自然科学基金新增课题30项,总经费达300万元;国家"863"课题一项、国家教委重点项目和专项基金课题10项;省基金新增课题42项;省科委和计委新立项课题12项;厦门市重大攻关项目一项。

1993年我校理工科鉴定科研成果16项,其中,达国际水平7项,国内领先3项,国内先进6项。

据中国科技信息研究所提供的信息,1992年,我校收入"科学引文索引"(SCI)的论文共50篇,居全国高校第20名;1987—1991年间我校被SCI收入的全部论文中,1992年有38篇被引证70次,被引证篇数居全国高校第20名。另又据我国1226种科技期刊统计,1992年我校发表科技论文总数408篇,居全国高校第24名。(论文统计一般滞后一年)

社科片1993年总经费为159万元,其中,国家教委下拨科研事业费(包括人头工资)71万元,对外争取的纵、横向各类科研项目88万元,比1992年增长10%。1993年社科在研课题253项,比1992年多119项;新增课题126项,其中,中华及青年社科基金课题11项,申报命中率为12.7%,高出平均批准率1.7个百分点,占全省获准项目的78.5%;国家教委社科"八五"规划课题43个,申报命中率达49%,平均单项课题资助强度居委属院校首位,批准立项数列委属院校前六名;省教委社科基金规划课题10项;校级自选课题62项,下达经费5.96万元。

1993年我校出国参加国际学术会议及其他国际学术交流活动46人次,提交论文44篇,其中理工科片27人次/27篇,文科19人次/17篇;在我校主办国际学术会议一次。

1993年举行的厦门市社科优秀成果奖评选结果已揭晓,我校人文、社会科学研究共有99项成果获奖,其中一等奖:著作6部、论文12篇;二等奖:著作8部、论文22篇;三等奖:著作6部、论文45篇。一等奖获奖项目占该项目奖的78%。

——本文摘录自《厦门大学》(校刊),1994年2月28日第296期

厦门大学本科专业学分制教学计划总则

（1994 年 4 月修订）

一、培养目标

本校培养适应我国社会主义建设实际需要、德智体全面发展的文、理、财经、政法、工程技术、艺术教育学科的专门人才。学生毕业后可从事本专业理论和应用研究、教学及有关部门的实际工作。

具体要求是：努力学习马列主义、毛泽东思想，树立劳动观点、群众观点、辩证唯物主义和历史唯物主义观点，具有良好的道德品质修养，有为祖国四化建设事业献身的理想和艰苦奋斗、为人民服务的精神，自觉遵纪守法。

掌握本专业的基础理论、基本知识、基本技能、基本方法，了解本专业的新成就、新发展；具备与本专业相关的较宽的知识面；有较强的自学能力和运用所学知识综合、分析、解决问题的能力；掌握一门外国语，能阅读本专业外文书刊。

具有健全的体魄。

二、学制

四年或五年。

三、学分

四年制本科生准予毕业的最低学分总数一般在 150 学分；五年制一般在 190 学分左右。

理、工、艺术和涉外专业教学总时数控制在 2800～3000 学时；文科控制在 2500～2800 学时。

原则上每周上课一学时、课外自学两小时，上满一学期，折算为一学分；体育课每周两学时，上满一学期，折算一学分；实验课、习题课，每周上课 2～3 学时，折算一学分；外语课每周上五学时，折算四学分。科研训练、生产实习、学年论文、毕业论文等，按相应的学习量计算学分，大约一周的集中学习时间在 44 小时左右，折算一学分。

课程教学大纲中规定必须进行的教学实习、现场教学等活动，其学习量已计入该课程之内，不另计学分。

四、课程设置

第一类：必修课（为达到基本的培养规格而规定的必读课程）。

包括学校统一规定的政治理论课、思想品德教育课、军事理论课、法律基础课、外语课、体育课及大部分专业基础课、专业课。其中：

1.全校统一规定的必修课：

中国革命史：文科 6 学分；理工科、艺术科 4 学分。

政治经济学:文科6学分;理工科、艺术科4学分。

哲学:文科6学分;理工科、艺术科4学分。

法律基础:2学分。

大学生成才修养:2学分。

军事理论:2学分。

外语(非外语、非涉外专业修习):16学分。

体育:4学分。

计算机基础:经济学院、理工科各专业6学分(总学时160,其中上机60学时);文科3学分(总学时80,其中上机30学时)。

2.专业必修课(专业基础课与专业课,其中4~10门左右课程为专业主干课程),根据各专业情况确定。

第二类:选修课(为加深专业知识和拓宽知识面而开设的课程),包括限制性选修课和非限制性选修课。

在指定的一些课程范围内引导学生选修的课程为限制性选修课,可在本系本专业,亦可跨系跨专业任意选修的课程为非限制性选修课。

文科选修学分一般应占总学分的30%左右(其中限制性选修课约占总学分15%,非限制性选修课约占总学分15%)。

理科选修学分一般应占总学分的25%左右(其中限制性选修课占总学分10%~15%,非限制性选修课占总学分10%~15%)。为完善学生知识结构,扩大学生知识面,在非限制性选修课中,跨专业、跨系的课程应有8学分。这8学分课程可采取本系跨专业开课或约请外系专门开设,也可以组织学生到外系选修或参加修习全校性选修课程。到夜大学就读第二专业的学生可以免修这8学分跨专业跨系的选修课程。

五、其他教学环节

毕业论文:计4~8学分。

社会实践(含社会调查、实习、小课题科研训练、咨询服务、军事训练等),文科学生一般安排4~6个月,理科学生2~3个月,有的活动可安排在假期进行。凡在教学计划内统一安排的可计算学分,由各专业根据具体情况规定时间与应修学分。否则,一般不计学分。

生产劳动不计学分,但应进行考核。

军事训练:计3学分。

六、时间分配(共201周)

课内教学(含毕业论文等)148周;

生产实习或小课题科研训练6周;

军事训练4周;

入学教学、毕业教育各一周;

寒暑假37周。

各学期计划周数均为18周。第一学期全校统一安排入学教育1周、军事训练4周、课内教学13周;其余各学期视不同专业情况排定课内教学和其他环节的周数。

——本文摘录自《厦门大学学生手册》,档号1994-XZ12-3

厦门大学毕业生就业工作管理条例(试行)

(1994 年 4 月)

为积极稳妥地推进我校毕业生就业制度改革,有利于提高学生的学习积极性,有利于增强学校主动适应经济与社会发展所需要的活力与动力,有利于用人单位尊重知识珍惜人才,有利于全社会关心支持高等教育事业,有利于保障毕业生就业工作顺利进行,根据国家教委有关文件精神,结合我校毕业生就业工作的具体情况,特制定本条例。

一、毕业生就业工作的方针政策

我校继续执行国家教委中期改革方案,即:“在国家就业方针、政策指导下,以学校为主导,在一定范围内实行‘双向选择’的就业办法。”

1.国家任务计划招收的研究生及本专科学生毕业后原则上仍由国家负责在一定范围内安排就业,实行“供需见面”和一定范围内“双向选择”的办法,落实毕业生就业方案;委托和定向培养的学生应按合同就业;自费生“自主择业”。国家任务计划招收的师范类毕业生,由国家负责安排在教育系统内就业。毕业生就业工作要继续贯彻“统筹安排、合理使用、加强重点、兼顾一般”和“面向基层,充实生产、科研、教学第一线”以及“学以致用、人尽其才”的方针和原则。

2.改善宏观调控,充分考虑招生来源等因素,兼顾内地、沿海和边远地区的需要采取各种措施调控毕业生的流向,鼓励内地毕业生到边远省区工作。

3.鼓励毕业生到国有大中型企业、国防军工和重点科研、教学单位工作,采取各种措施保证国家重点计划的落实。

4.学校在毕业生就业工作中发挥主导作用,继续做好毕业生就业指导工作,充分利用各种信息渠道,指导毕业生顺利择业,继续探索,创造更为有效的就业指导新途径。

5.按照国家的有关规定,国家任务计划招收的毕业生,被经营性单位录用,学校可通过合作、合同等形式接受录用单位的适当资助,但不得搞任何形式的与毕业生挂钩的有偿分配。学校所得到的资助用于弥补教育经费的不足、改进学校的教学设施以及用于毕业生就业工作。

二、毕业生就业工作的程序与时间安排

1.工作程序

毕业生就业计划的制订,采取上下结合的方式,即:由国家教委下达重点保证单位就业计划,由学校根据国家的就业方针政策原则和社会需求,结合毕业生的实际情况,通过“供需见面”和一定范围内的“双向选择”提出建议就业计划;建议就业计划经过与有关部委、地方和用人单位协商后上报国家教委审批下达形成毕业生就业计划,学校必须认真执行毕业生就业计划。出现特殊情况需要调整的,要按照工作程序填报调整计划审批表。在省内调整的,由省毕业生调配部门审批并办理改派手续,学校将情况上报国家教委备案;跨省市调整的,由学校报国家教委审批后,下达调整计划,地方毕业生调配部门按照调整计划办理改派手续。

学校将及时向有关部委、地方和用人单位提供毕业生情况,争取各有关方面积极向学校提供毕业生需求信息,学校也将利用多种渠道、多种形式主动收集需求信息。毕业生应在学校的指导下参加“供需见面”“双向选择”等活动,并使用学校发给的推荐表,否则所签协议书无效。

2.时间安排

10月,总结上年度毕业生就业工作,研讨下一年度工作意见。

11月,各系填报毕业生基本情况表及专业介绍,学校制作完成毕业生信息资源库及厦门大学专业介绍,为推荐毕业生做好各项准备工作。

12月,学校向各部委、省市寄发厦门大学毕业生基本情况表;由各系统一组织办理毕业生推荐表。开办就业指导系列讲座。

1月—4月,多渠道、多方位收集社会需求信息,积极开展各种形式的供需见面活动,积极向用人单位推荐毕业生。

3月,在本校召开一次毕业生就业供需见面双向选择洽谈会。

4月—5月,各系推荐上报优秀毕业生,学校审批后予以表彰。

5月,完成我校毕业生就业建议计划,在与各有关部委、省市和用人单位协商后上报国家教委审批。

6月20日,毕业生转入毕业鉴定阶段。

7月上旬,派遣毕业生,寄发档案。

8月—9月,办理调整改派有关事宜。

三、本专科毕业生就业工作的若干规定

(一)各种类型毕业生就业工作有关规定

1.国家任务计划招收的本专科学生毕业后,在服从国家需要的前提下,通过供需见面双向选择的方式落实就业单位。少数经学校推荐确无单位录用的毕业生(含结业生),原则上回生源所在地区就业,学校将其个人档案及户粮关系转回生源所在地区,由当地人事部门协助推荐就业。年底前找到接收单位的,国家负责派遣,但若接收单位不在生源所在地区,则按改派程序处理;年底前未找到接收单位的,按自谋职业处理。

2.定向或委托培养的学生,毕业后应回定向地区或委托培养单位工作。因特殊情况确需改派的,应持有原定向地区或委培单位出具的同意调整公函、新接收单位的接收函和本人的申请改派报告,经系、校签署意见,报国家教委学生司审核批准,并向学校交纳违约金后,方予办理有关手续。

3.自费生可自主择业,也可请求学校予以推荐。

4.来源边远省区的毕业生,凡是专业基本对口,边远省区需要的,原则上都要安排回去。因支边子女政策照顾;专业不对口,该地区确实无法安排或其他特殊情况需要在其他地区就业的,须持有生源所在地省级毕业生主管部门出具的允许出边证明。边远省区指:黑龙江、内蒙古、甘肃、宁夏、青海、新疆、贵州、云南、广西、西藏。来源于福建省山区(指:三明、宁德、南平、龙岩)的毕业生总数的60%应回生源所在地区就业;其余40%应在与生源所在地区毕业生调配部门协商同意后方予办理有关手续。

5.因考试作弊而没有学位或受到严重警告及以上处分的非厦门籍学生不得留在厦门市就业。

6.符合国家规定申请自费留学的毕业生,应在4月30日前向学校提出申请,学校审核批准后不再负责派遣,8月初将其档案、户粮关系转回家庭所在地。6月1日后提出申请的,按改派核收有关费用后方予办理。

7.当年已考取研究生的毕业生若要求参加就业,应在4月30日前提出申请,经学校批准后列入就业计划。若6月1日后提出申请的,按改派核收有关费用后方予办理。

8.凡已纳入国家就业计划而拒不服从的毕业生,三个月内不去报到者,学校不再负责安排就业,按不服从分配处理。在学生本人交纳全部培养费后,将其个人档案、户粮关系转回家庭所在地,自谋职业。

(二)有关奖励规定

1.优秀毕业生可不受生源地域限制,在全国范围内优先择业,并鼓励他们到国家最需要的地方发挥才干。

2.学校积极鼓励毕业生到国家重点单位工作,鼓励内地毕业生到边远省区工作。学校将委托所在系毕业生工作领导小组对到国家重点单位工作的毕业生和支边毕业生给予表彰和奖励,凡到国家重点保证单位及非边远省区生源毕业生到边远省区就业的毕业生，均可享受由学校拨付的 2000 元奖全，接受贷款的学生可以免还贷款，国家重点保证单位以国家教委当年公布的“国家重点保证单位”名单为准。

3.学校支持毕业生回生源所在地工作，对这部分毕业生予以优先推荐。

(三)有关收费规定

1.按照国家有关文件精神，学校可以收取用人单位向我校提供的教育补偿费。考虑到收费对热点地区毕业生流向的调控作用，1994 年我校仍暂向接收我校外地生源毕业生的厦门市用人单位收取教育补偿费，也可接受其他地区单位主动提供的赞助费及教育补偿费。

教育补偿费金额：国营、集体单位　2000 元/人

三资、私营单位　4000 元/人

接收我校厦门市生源毕业生的三资、私营企业也须向我校提供 2000 元/人教育补偿费。

2.属于下列情况之一者，用人单位可免交全部教育补偿费：

(1)市直机关、高校及国家科研机构；

(2)厦门市中小学接收的非师范类毕业生；

(3)“外经贸厦门大学基金会”成员企业；

(4)同安县用人单位；

(5)所接收的毕业生在校期间获得校级表彰的“优秀毕业生”或三次以上获得校级“优秀三好学生”“三好学生”“优秀学生干部”“优秀女生干部”“优秀团员”及获“嘉庚奖”“本栋奖”“亚南奖”等称号。

3.属于下列情况之一者，用人单位可减免部分教育补偿费：

(1)所接收的毕业生在校期间二次获得校级表彰的“优秀三好学生”“三好学生”“优秀学生干部”“优秀女生干部”“优秀团员”及获“嘉庚奖”“本栋奖”“亚南奖”等称号，在进入厦门地区就业时，可减免 1000 元。获得一次上述称号者，减免 500 元。

(2)集美、杏林地区的用人单位参照相应标准再减免 500 元。

4.定向或委托培养的毕业生因特殊情况要求改派者，除应持有相应手续外，应向学校交纳违约金 4000 元，但改派至机关、教学、科研部门的，交纳违约金 1000 元。凡改派至厦门市的，还应按照本条例第 1 条交纳相应教育补偿费。

5.为维护学校的声誉和就业方案的严肃性，就业方案确定后原则上不再改变。学校 5 月中旬向国家教委上报就业计划时仍未落实单位的毕业生，按规定列入生源所在地区就业计划。凡在 5 月下旬学校向国家教委上报就业计划之后、7 月初派遣之前要求变更就业单位或地区者，须交纳改派费 1000 元；7 月初派遣之后要求变更就业单位或地区者，须交纳改派费 2000 元；10 月 1 日以后一般不再办理改派手续。

6.统一收费时间为：6 月中旬。

四、博士、硕士毕业生就业工作的若干规定

1.各类博士、硕士毕业生的就业工作可参照本条例第三部分有关条款实施。二次获“优秀三好学生”“三好学生”“优秀学生干部”“优秀团员”及获“嘉庚”“本栋”“亚南”奖等称号者，可减免全部教育培养费；获一次称号者，可减免 1000 元。

2.凡经研究生院批准论文延期答辩的研究生，须在规定的延长期内完成论文答辩并办妥全部离校手续，按期前往用人单位报到。在 7 月 1 日—9 月 30 日内完成答辩，持有关证明到学生处办理派遣手续者，将累积批量办理。9 月 30 日后前来办理派遣手续者，将列入春季毕业研究生就业计划。

3.春季毕业研究生在 1 月底，参照秋季毕业研究生有关规定办理。春季毕业研究生在 3 月底后前来办理派遣手续者，将列入秋季毕业生就业计划。

五、毕业生就业工作的组织与管理规定

1.厦门大学毕业生就业工作的组织机构

学校成立由分管副校长任组长的“厦门大学毕业生工作领导小组”，依托校学生工作处设立“厦门大学毕业生分配办公室”和“厦门大学毕业生就业指导中心”，负责我校毕业生就业工作的全面组织实施。

各系(所)成立由分管学生工作的党总支副书记任组长的“系毕业生工作指导小组”,负责具体实施各项工作。

2.校系毕业生工作指导小组的主要任务是:

(1)做好国家重点保证计划的落实工作;

(2)做好推荐毕业生的基础工作;

(3)走出去请进来,做好社会需求信息的收集与落实工作;

(4)做好用人单位来校录用毕业生的接待和推荐工作;

(5)做细致的思想教育工作,多讲正面道理,运用政策导向,化解矛盾;

(6)及时反馈毕业生思想动态,做好毕业生就业指导工作;

(7)按时编制毕业生就业计划,并做好协调落实工作;

(8)做好组织工作,保证毕业生愉快、文明离校。

3.参加毕业生就业工作的全体干部应尽心尽责,廉洁奉公,模范遵守政纪法纪,在制订毕业生就业计划期间,各系(所)毕业生工作领导小组应在办公室设点值班,保证做好毕业生就业的各项有关工作。

4.“毕业教育活动周”各项安排

学校将于6月20日—7月2日组织毕业生进行“毕业教育活动周”。其主要内容是:

(1)进行毕业鉴定;

(2)进行就业指导,使学生做好就业心理准备;

(3)各系组织以“爱国”“爱校”为主题的各种活动;

(4)各系公布毕业生就业方案;

(5)举行毕业典礼;

(6)统一办理毕业生离校手续;

(7)领取毕业证书、报到证、户粮关系、派遣费等;

(8)毕业生文明离校,毕业生车票及行李托运工作由总务处组织实施;

(9)交寄毕业生档案。

具体时间安排以“毕业教育活动周日程表”为准。

5.关于集中办理毕业生离校手续

办理离校手续包括下列单位:图书馆、医院、行政科、财务处、体育室、学生所在的系、宿管科。研究生还应包括:研究生院、派出所、膳食科。

学生在各系领取离校手续单,在指定的时间内到各单位办公室办理有关手续。各有关单位在“毕业教育活动周日程表”规定的时间内应指定专人值班,负责办理有关手续。

6.装寄毕业生档案的有关要求

(1)毕业生档案应包括下列内容:

厦门大学毕业生鉴定表;

厦门大学学生登记表;

厦门大学学生学年小结;

厦门大学学生健康检查表;

厦门大学学生学籍总登记卡(复印件);

在校期间入党(团)材料;

在校期间受校级表彰的“优秀毕业生”、“优秀三好学生”、“三好学生”、“优秀学生干部”、“优秀女生干部”、“优秀团员”、各种奖学金获得者的申报登记材料;

在校期间受警告以上处分的决定;

原高考招生档案;

档案转递单(在厦门就业的无此项);

及其他应当归档的有关材料。

(2)毕业生就业计划下达后，各系立即组织人员填写“毕业生档案转递单”，写好邮寄档案的信封(必须写明：收件单位所在的省、市、县区；收件单位的隶属关系及全称；收件人为人事处、干部处、组织处等；信封右下角写“厦门大学毕分办寄”；左下角写“机密××号”，号码应与“毕业生档案转递单”及“机要文件交寄单”相一致。

(3)留厦毕业生档案不填写邮寄信封、“毕业生档案转递单”和“机要文件交寄单”，请各系用铅笔直接在档案袋左上角注明厦门市的接收单位；填写档案清单，一式二份并加盖系公章。

(4)各系把已装档的信封，按省市分类填写一式二份的“机要文件交寄单”，并按顺序每十袋一捆绑好，在规定时间内连同“毕业生档案转递单”存根一起送交学生处。逾期将由各系负责交寄。

(5)各系把留校毕业生档案交校人事处；把考取本校研究生的毕业生档案移交有关的系(所)。

六、本条例由校毕业生就业指导中心负责解释，自颁布之日起执行。

厦门大学

1994 年 4 月

——本文摘录自《厦门大学毕业生就业工作管理条例(试行)》，厦大学〔1994〕6 号，档号 1994-XZ11-1

厦门大学学生科研基金管理(试行)办法

(1994年4月11日)

第一章 总 则

第一条 为鼓励与引导我校学生广泛开展科学技术研究及创造发明活动,适应教育改革的要求,主动面向经济建设与科技进步的现实进程,崇尚科学,勤奋务实,出人才,出成果,形成良好的校园氛围,培养新一代又红又专的社会主义建设人才,学校特划出五万元人民币,设立厦门大学学生科研基金。

第二条 学生科研基金是专门用来资助我校在校研究生,本、专科生从事课外学术研究、科技制作,发明和奖励在科研方面取得突破性进展的学生。

第三条 为正确使用和管理学生科研基金,特设立厦门大学学生科研基金管理委员会。

第四条 申请学生科研基金的个人、学生社团或其他学生科研组织应按本办法规定提交书面文件、资料和履行相应的手续。

第五条 申请学生科研基金资助的各个项目应具有新颖性、创造性和实用性。

第六条 资金资助坚持公正原则,提倡竞争,择优资助,实行一个项目一次申请制度。

第七条 各系、所应积极鼓励学生从事科研活动,并为其创造良好条件。

第二章 基金项目的申请

第八条 申请学生科研基金项目的个人、学生社团或其他学生科研组织应当提交项目申请书,项目申请书由学生科研基金管理委员会统一制作并发给。

第九条 申请人提出申请应经所在系负责科研的系副主任确认该项科研项目具有的学术价值或研究价值,并对该科研项目做一个基本的评价,由该副主任签名加盖系公章。

跨系科学生的集体合作科研项目,由各该学生所在系科负责科研的系副主任分别确认、评价,并分别签名和加盖公章。

以学术性学生社团或学生科研组织集体提出的申请,由该学生社团或组织挂靠单位负责科研的行政领导确认和评价,也可以由校专门科研机构确认和评价,并签名加盖公章。

第三章 基金项目审查和批准

第十条 学生科研基金管理委员会是管理发放学生科研基金,批准和最后确认学生科研申报项目资助的专门机构。

学生科研基金管理委员会下设的评审小组负责对学生科研申报项目的评审。

第十一条 学生科研基金管理委员会评审小组在每学期期中对学生科研申报项目进行审查。

第十二条 对学生科研申报项目的审查分为形式性审查和实质性审查。

形式性审查主要是对本办法所规定的申请学生科研基金项目应提交的各项文件是否符合规定进行审查。

实质性审查是对该项申请项目所应预见的新颖性、创造性、实用性、学术价值及将来所能产生的社会效益等诸方面进行根本性的审查。

第十三条　经实质性审查，管理委员会认为符合条件的，给予经费的全额或部分资助，不符合条件的退回申请。

学生科研基金管理委员会的决定是终局性的，任何人无权就此提出异议。

第四章　基金的发放和管理

第十四条　经审查通过的学生科研项目的经费发放，视不同情况一次发给或分期资助。

阶段性成果，一般分期发给，前一阶段工作完成后发给下一阶段的科研资助费。资金的使用要按财务规定，使用完及时到财务处报销。

第十五条　各系行政可专门成立学生科研指导委员会抽调教师科研力量，指导本系的学生科研，并对本系已获校资助项目及其资金使用情况进行监督、指导。

第十六条　学生科研项目完成后，应向学生科研基金管理委员会提供成果副本和资助使用清单。

学生科研基金资助项目所取得的成果所有权属于厦门大学。

第五章　奖惩制度

第十七条　校学生科研基金管理委员会对完成科研项目成果好、具有较高的学术价值或实用价值，或所完成的科研项目已为较高的科研部门确认并且公开发表或利用，或能产生一定的经济效益或社会效益的，视不同情况给予相应的奖励。

对于认真组织学生科研的单位或团体，在学生科研方面取得较大成绩，做出突出贡献的，给予相应的团体奖励。

第十八条　评比一般每年一次，也可以根据具体情况由学生科研基金管理委员会决定。

第十九条　学生科研资助基金应当专款专用。有以下行为之一，视不同情况分别做出停止拨款、赔偿损失或建议系行政给予行政处分。

(一)未按规定完成科研项目，并擅自终止科研项目的；

(二)科研项目资助基金挪作他用的；

(三)科研资助基金超过实际使用经费，超过部分不退还的；

(四)科研基金使用账目不清，并不能合理说明其去向的；

(五)所做成果有明显剽窃别人成果或明显抄袭行为，给学校造成损失的；

(六)其他应受到处罚的行为。

上述几项处罚可合并处理，也可分别单处。

第六章　附　则

第二十条　学生科研基金管理委员会根据工作需要，可以授权有关部门或组织，行使部门职权。

第二十一条　本办法的解释权归学生科研基金管理委员会。

第二十二条　本办法自颁布之日起施行。

厦门大学

——本文摘录自《关于印发〈厦门大学学生科研基金管理(试行)办法〉的通知》，厦大综〔1994〕21 号，档号 1994-XZ09-1

毕业生派遣工作的有关规定

(1994年6月7日)

厦门大学各单位集中办理毕业生离校手续的办公地点与任务

1.图书馆:在图书馆出纳台办公,任务是检查图书是否还清,并收回图书证。

2.医院:在医院保健室办公,任务是检查公医费用是否结清,并收回公费医疗证。

3.物资管理科:在物资管理科(囊萤楼一楼)办公,任务是检查有否借出公物用具,是否已还清。

4.财务处:在财务处办公室办公,任务是检查挂支款是否已还清。

5.体育室:在体育室办公室办公,任务是检查有否借出体育用具,是否已还清。

6.宿管科:在宿管科办公室(南光六)办公,任务是检查学生宿舍家具、玻璃、门窗、电器设备情况、电费缴交情况及办理退还家具押金手续(详见附件),以离校单盖章为准。

7.各系:在本系的办公室办公,任务是(1)办理本系应办的手续;(2)收回每个毕业生的学生证和校徽,如果有遗失学生证的,收赔款五元,遗失校徽的,收赔款贰元,两项遗失的共收七元,并在毕业生派遣完毕后,将收回的学生证、校徽及遗失赔款汇总后交至校学生处。

装寄毕业生档案的有关要求与注意事项

一、各系应指定专人负责将以下材料装入学生本人档案:

厦门大学毕业生鉴定表;

厦门大学学生登记表;

厦门大学学生健康检查表;

厦门大学学生学籍总登记卡(复印件);

厦门大学学生学年小结;

在校期间入党(团)的有关材料;

在校期间受表彰的三好生、优秀学生干部、优秀团员、奖学金获得者的有关申报登记材料;

在校期间受警告以上处分的决定;

其他应该归档的有关材料。

二、分配名单批准后,凡经厦门市人事局批准分配在厦门的毕业生,其本人档案单独捆扎,填写清单一式二份,并加盖系公章,档案与清单上毕业生姓名的顺序应一致。请各系用铅笔直接在档案袋上注明所分配的单位,在规定的时间内送学生处转交厦门市人事局。

三、在分配名单批准后,立即组织人员填写"毕业生档案转递单"(即三联单)和一式二份的"机密文件交寄单",写好邮寄档案的信封(留厦门的毕业生、留校及考取本校研究生的不必填写转递单、交递单、信封)。

信封书写规格分横式上、中、下三行。

上行:写寄往地点名称,包括省、市(县);

中行:写具体报到单位的全称(如该单位是中央部委的下属单位,则应先写中央部委名称,再写该单位的名称);

下行:写报到单位人事部门收(如人事处或干部处收)。

信封的右下角写“厦门大学毕分办寄”;左下角写“机密×××号”,号码应同“毕业生档案转递单”和“机密文件交寄单”的号码相一致。

四、各系将已填好的“毕业生档案转递单”三联的下两联撕下,连同已装好的毕业生档案放入信封封好,之后,按“机密文件交寄单”上填写的单位顺序,将档案每十袋一捆绑好。

五、在规定的时间内,将准备寄出的档案,连同“机密文件交寄单”一式二份和“毕业生档案转递单”存根一起交学生处,由学生处统一寄出。

六、分配留校的毕业生档案直接交人事处,考取本校研究生的毕业生档案直接交有关的系。

七、分配福建省各地市(厦门市除外)所属单位的毕业生档案寄各地、市人事局收。

附件:

其他有关的工作:

1.请有向财务处挂款的毕业生在六月底以前到财务处一科办理清账,账未还清者,不办理离校手续。

2.毕业生七月份补贴发半个月。

3.毕业生的派遣费由各系指定一名负责毕业生分配人员到财务处统一领取,以保证安全。

4.行政科有备车送毕业生到车站,托运行李和送程,发车地点在三家村,行李运费及送程费由财务处发给毕业生的调遣差旅费中开支,毕业生凭财务处发的车票用车,用车具体时间请与行政科联系,行政科随时准备车辆以保证输送任务。

5.行政科代理毕业生和暑假回家的师生员工的车票,以系为单位集体办理,联系地点:行政科办公室。

6.毕业生到宿管科办理离校手续前,应先将本人使用的方凳交到本楼值班室,换取证明卡,方能到宿管科办理退还家具押金手续。

7.毕业生中超用电费、违章用电罚款未交清的或宿舍内公共设施损坏的,在办理离校手续时一并扣除。

8.毕业生应在办完离校手续一周内离开本宿舍,少数毕业生在办理离校手续后,因特殊情况不能按时离校者,凭所在系证明由宿管科安排集中住宿,并收取住宿费(每日二元)。

——本文摘录自《毕业生派遣工作的有关规定》,(94)厦大学字004号,档号1994-XZ11-2

关于《厦门大学毕业生就业工作管理条例》调整意见的补充通知

（1994 年 6 月 30 日）

各系(所)：

为感谢厦门市人民政府对厦门大学的大力支持，为更好地与厦门市人民政府密切合作、共建办好厦大，经校长办公会议研究决定，现就《厦门大学毕业生就业工作管理条例》调整补充通知如下：

1.外地生源的毕业生到厦门市属党政机关、企事业单位(含内联企业)就业的，免交教育资助费2000 元。

2.外地生源的毕业生到厦门市三资企业就业的，优惠免收教育资助费 1000 元，重新规定收费标准为3000 元/人。厦门生源的毕业生到厦门市三资企业就业的，仍按厦大学〔1994〕6 号文件的规定，收取教育资助费 2000 元。

3.外地生源的毕业生到非厦门市属的部、省属在厦单位就业的，也按厦大学〔1994〕6 号文件规定，收取教育资助费 2000 元。

特此通知。

厦门大学

一九九四年六月三十日

——本文摘录自《关于〈厦门大学毕业生就业工作管理条例〉调整意见的补充通知》，厦大学〔1994〕9号，档号 1994-XZ11-1

关于我校学生证、学生校徽管理的规定

（1994 年 8 月 24 日）

学生证、校徽是学生在校期间身份的证明和标志，每个学生都应爱护并妥为保管。为了加强我校计划内本、专科生学生证和校徽的管理，维护证、徽使用的严肃性，特制定本规定。

1.每年新生入学时，各系应指定专人负责学生证、校徽的领取、制作和发放工作。

2.每学期开学前，由学生持学生证到系办公室办理注册手续，在注册登记栏加盖系主任印章后，学生证方为有效。

3.各系应在每年新生入学后，及时报送新生入学时填写的“厦门大学学生卡片”，并派人将制作好的学生证统一送到学生处办理“火车票减价优待证”盖章手续。

4.凡家庭居住地不在厦门市假期需乘火车回家的学生，其学生证上的“火车票减价优待证”，应按铁道部门规定选择离家最近的火车站点填写，确定后不得改动。如家庭地址变迁需改动的，应持迁入地公安派出所的证明或父母调入单位的证明，到学生处办理更改手续。

5.学生证上的内容不得自行涂改，如有差错，经所在系审核并出具证明，到学生处办理更改手续，凡擅自涂改或弄虚作假的，一经发现，其学生证以作废论处，并视情节轻重给予通报批评或纪律处分。

6.学生证、校徽不得转借别人，凡发现转借他人使用的，视情节、后果分别给予通报批评、取消购买火车优待票资格、纪律处分，冒他人名义申请补发学生证的，从严惩处。

7.学生证、校徽如有遗失，应及时向所在的系报失并提出补发申请，各系应指定专人负责审核，并将有关证明、照片和遗失赔款收集、汇总列表后，统一送学生处制作，列表制作时间每学期两次，定于每年一、四、六、十月份。

8.补发的学生证仍应及时回所在系补办注册手续，并注意妥善保管，再次遗失的，补发时赔款加倍。第三次遗失，不予补发正式学生证，经学生申请说明遗失原因后，方予出具有关学生身份证明书。

9.学生证不得作为抵押品。学生因毕业、退学、开除等原因离校时，应缴回学生证、校徽。

厦门大学学生工作处

一九九四年八月廿四日

——本文摘录自《关于我校学生证、学生校徽管理的规定》，(94)厦大学字 006 号，档号 1994-XZ11-2

厦门大学本科毕业论文工作暂行规定

(一九九四年十二月修订)

(1994 年 12 月 3 日)

毕业论文(或科研训练、毕业设计)是教学计划内的一个重要环节。它是培养学生综合运用所学知识与技能,理论联系实际所进行的一次较为全面的科学研究训练。从某种意义上说,它是在此之前的各个教育环节的延续、深化和检验。为保证毕业论文工作的顺利完成,提高毕业论文工作的质量,特做如下规定:

一、选题

1.坚持用马列主义的立场、观点和方法指导论文写作。

2.毕业论文题目应根据专业培养目标与教学要求拟定。注意密切联系本学科内容,注重理论联系实际,难度与分量适中。

3.毕业论文题目采取指导教师命题与学生自选相结合的办法。题目需经教研室审定、系主任核准。

学生选定题目后一般不予更换,若有正当理由要求变更题目,需经指导教师和教研室主任同意,报系主任审核。

4.毕业论文原则上一人一题。结合科研或设计任务的课题,如工作量大,可以采取多人合作的办法完成。但每个学生都要有独立完成的部分,分工明确,分量相当,并据此独立完成论文。

二、要求

1.观点明确,论据翔实,条理清楚,言之成理,文字通顺。

2.能反映学生掌握本学科知识的广度和深度,驾驭资料、仪器设备进行科研的能力,以及综合、分析解决问题的能力。

3.每名学生独立完成,不得抄袭。

4.字数一般在 5000 字以上,10000 字以下。

三、指导

1.一般应由讲师职称以上的教师指导,必要时可安排助教协助指导;指导教师在所承担的论文方向要有一定的教学和研究的经验;每位教师承担指导论文的篇数以 5 篇以下为宜。

2.坚持教学基本要求,全面培养能力。注重培养学生调查研究、查阅文献、拟订研究方案、使用工具书与仪器设备、处理数据、论文撰写等基本功的训练。

3.贯彻因材施教原则。针对不同学生在知识和能力上的差异进行指导。如:对成绩好的学生可在深度和广度上提出高要求,使其能力得到充分发挥;对成绩差的学生则应注意补缺补漏和发挥其长处。

4.坚持教书育人,从思想上业务上严格要求学生,注意以身作则,言传身教,带出良好的思想作风、工作作风和严谨求实的学风。

5.发挥学生主动性和创造精神,既不包办代替,也不放任自流。

6.严格毕业论文各个环节(如资料搜集、拟定大纲、试验、初稿、定稿等)的督促与检查,做好各阶段指导的书面记录。

四、成绩评定

1.毕业论文成绩按优秀、良好、中等、及格、不及格五个等级,参照论文要求评定,同时写出论文评语。

论文成绩评分可参照以下标准：

优：出色完成毕业论文所规定的任务，获得结论或成果，论述清楚，有一定创见和学术价值，基本功扎实；

良：较好地完成毕业论文所规定的任务，获得结论或成果，论述清楚，基本功较扎实；

中：完成毕业论文所规定的任务，符合毕业论文的基本要求；

及格：按阶段要求完成毕业论文任务，在非主要方面存在一些缺陷或差错；

不及格：未能完成毕业论文所规定的要求与任务，有比较大的缺陷或错误。

毕业论文评语应包括学生完成毕业论文的态度；在学风、思想品质、尊师守纪等方面的表现；完成论文工作量和内容是否符合要求；知识和能力水平；取得成果大小、意义等。

2.指导教师先写出评语和提出评分意见；系主任或教研室主任根据论文答辩结果负责审定；必要时可聘请有关教师讨论商定。

同一专业，论文成绩比例应呈正态分布，获优等级成绩的论文篇数不超过论文总数30%。

五、答辩与总结

1.获优等级的论文应通过本系组织的答辩；获及格至良好等级的论文应通过教研室组织的答辩。

系级答辩由分管教学系主任主持，成员包括有关教研室主任及骨干教师若干名；教研室组织的答辩由教研室主任主持，成员包括本教研室主要专业课教师若干名。

答辩过程侧重考查与毕业论文有关的基本理论、基本知识和基本技能。

答辩结果载入毕业论文档案。

2.健全毕业论文档案制度。毕业论文档案应包括任务书、分阶段安排与指导记录、指导教师初评意见（评语及成绩）、答辩情况记录及最终成绩，论文档案按统一规格装订，由各系资料室保存。

3.优秀毕业论文可举行交流会、报告会，有条件的可推荐到学术单位或出版单位出版、交流。

4.认真总结论文指导工作经验，找出差距，逐年提高。

六、时间安排

1.本科毕业论文安排在全学程最后一个学期进行。

2.毕业论文一般安排6～10周时间。可以集中使用，也可以分散与其他课程并行进行。论文评阅与答辩安排2周。

3.毕业论文的全部工作于学期结束前2周完成。

七、本规定自一九九五届毕业班开始实行。

厦门大学

一九九四年十二月三日

——本文摘录自《厦门大学本科毕业论文工作暂行规定》，厦大教〔1994〕33号，档号1994-XZ12-3

厦门大学关于研究生奖学金有关规定的通知

(1994年12月13日)

为了保证我校研究生本人基本生活需要,鼓励研究生在校期间勤奋学习,全面发展,根据国家教委、财政部教财〔1994〕50号文件关于印发《普通高等学校研究生奖学金办法》的通知精神,结合我校的实际情况,现将研究生奖学金有关规定通知如下:

一、研究生奖学金分为普通奖学金和优秀奖学金。

二、享受奖学金的条件

(1)热爱社会主义祖国,拥护中国共产党的领导。

(2)遵守国家有关法律和学校的规章制度。

(3)勤奋学习,努力掌握专业知识,各门课程学习成绩合格。

凡是具备上述基本条件的研究生,均可享受普通奖学金。

在专业学习和研究中成绩突出的研究生,除享受普通奖学金外,还可享受优秀奖学金。

三、普通奖学金标准(每生每月按规定标准向下浮动10元)

博士研究生:

(1)入学前没有参加过实际工作(指应届毕业生及其他非在职人员,下同)和参加实际工作累计时间不满两年者,每生每月180元。

(2)入学前为国家正式职工,大学毕业后,参加实际工作累计时间满两年以上者,每生每月200元;大学毕业后,参加实际工作累计时间满四年以上者,每生每月220元。

硕士研究生:

(1)入学前没有参加过实际工作和参加实际工作累计时间不满两年者,每生每月137元。

(2)入学前为国家正式职工,大学毕业后,参加实际工作累计时间满两年以上者,每生每月157元;大学毕业后,参加实际工作累计时间满四年以上者,每生每月177元。

四、优秀奖学金的标准、评定比例和发放办法由研究生院制定。

五、每生每月向下浮动的10元普通奖学金由研究生院集中掌握,用于下列开支(具体办法由研究生院另订):

(1)与现已提取的优秀奖学金合并用于优秀研究生的奖励。

(2)研究生活动经费和特殊困难补助费。

(3)对研究生兼任助教、助研、助管工作发放部分报酬等等。

六、凡按本通知规定发放奖学金的在校研究生,同时享受学校所在地政府规定的高等院校学生的粮、油、副食品价格补贴。

七、委托培养、定向培养的研究生待遇,凡有合同或协议确定不由学校负责的,按合同或协议执行。非脱产的在职研究生不执行本规定。

八、其他有关问题

(1)研究生学习期间的书报补助费已包括在奖学金标准内,不再单独发放。(原发放的1994—1995年书报费收回)

(2)原省财政负责的每月25元临时困难补助费,根据福建省教委闽教计〔1994〕135号和福建省财政厅闽财事〔1994〕329 号文件的通知，从本规定执行之日起同时停发。（我校发放至 1994 年 12 月此数不收回，1995 年元月起停发）

九、本规定自 1994 年 9 月 1 日起执行，原厦门大学厦大学字〔1992〕8 号文件同时废止。

厦门大学

一九九四年十二月十三日

——本文摘录自《厦门大学关于研究生奖学金有关规定的通知》，厦大学〔1994〕13 号，档号 1994-XZ11-1

厦门大学关于从1994级学生起实行新的奖贷学金制度的规定

(1994年12月28日)

为了适应高等教育事业改革和发展的需要,建立与收费制度和人才培养相配套的奖贷学金制度,根据国家教委《关于进一步改革普通高等学校招生和毕业生就业制度的试点意见》的有关精神,结合我校的实际情况,现就从1994级学生(师范类学生除外)起实行新的奖贷学金制度规定如下:

一、优秀学生奖学金

(一)优秀学生奖学金用于奖励德、智、体全面发展,品学兼优的学生。

(二)评定的条件

(1)坚持四项基本原则,模范执行《高等学校学生行为准则》和学校各项规章制度,道德品质优良。

(2)热爱所学专业,勤奋学习,奋发向上,学习成绩在同班或同专业中相对优秀。

(3)积极参加各项文体活动和义务劳动,身体健康。

(三)评定的标准和比例

优秀学生奖学金分为一等、二等、三等和单项奖。

一等奖学金每人每年500元,按学生人数的5%评定。

二等奖学金每人每年400元,按学生人数的10%评定。

三等奖学金每人每年300元,按学生人数的30%评定。

单项奖学金每人每年100元,按学生人数的15%评定。

优秀学生奖学金经费总额按每人每年170元计算。各等级的评定比例各系可根据实际情况在控制总额内上下浮动。

获单项奖学金的学生除德、体条件应符合评定条件外,学生成绩可适当放宽,但不能有不及格的成绩。如无获单项奖人选的,可将其金额和比例折算加到三等奖学金中。

(四)评定的办法和时间

1.优秀学生奖学金的评定与"三好生、优秀学生干部"的评选相结合。凡被评为优秀三好生的,同时获得一等奖学金;凡被评为三好生或优秀学生干部的,同时获得二等奖学金。

2.评定由各系辅导员、班主任在"三好优干"评选的基础上,根据优秀学生奖学金的评定条件,结合综合测评情况或排名,提出获得各等奖学金学生名单,经系审核同意后,向全体学生公布,征求意见。之后,将确定的获奖者名单填表报送校学生处批准,向财务处领取。

3.优秀学生奖学金评定于每年三月份进行。

二、学生贷款(无息贷款)

(一)学生贷款用于帮助部分家庭经济特别困难的学生,解决其生活中存在的实际困难,使其安心学习。

(二)学生每年贷款经费总额按本科生数每人每年54元计算。

(三)学生贷款分为三个等级,甲等每年为600元,乙等每年为400元,丙等每年为200元。具体比例由各系根据学生中经济特别困难的学生数,在规定的贷款经费总额内确定。

(四)学生申请贷款的具体条件和办法,按《厦门大学学生贷款实施办法》(厦大学〔1993〕13号文件)的规定执行。

(五)学生在学期间,如触犯国家法律,应终止贷款。受到党、团组织和行政严重警告以上处分或学习态度不端正、学习极不努力的学生,各系可视其情况,决定终止或减少贷款。

(六)学生贷款偿还办法,按厦门大学《关于本、专科学生偿还贷款有关问题的通知》的规定(厦大财字〔1990〕92号文件)执行。

(七)学生在校学习期间发生临时困难,可从"奖贷基金"总额中,按每人每月2元的标准提取,由各系集中掌握使用,用于学生临时困难补助以及临时短期贷款。

三、特困学生补助费(定期)

(一)申请的条件

1.学生家庭经济特别困难,无力解决在学期间的生活费用。

2.努力学习,奋发向上。

3.遵守国家法律和学校有关规章制度,道德品质良好。

(二)特困学生补助费按本科生人数每人每年110元计算,分为甲等每人每年600元和乙等每人每年300元两个等级。各等级具体比例各系可根据特困学生实际情况在经费控制总额内确定,结余部分由各系掌握用于特困学生临时补助。

(三)特困学生补助费由本人提出申请,班级民主评议后提出初步名单,经系审核同意后,向全体学生公布,征求意见,之后,将确定的特困学生名单填表报送校学生处批准,向财务处领取。

(四)特困学生补助费,每年分10个月计算,各系应根据学生家庭经济变化情况,每学期调整一次。

(五)学生在学期间,如触犯国家法律,应终止贷款。受到党、团组织和行政严重警告以上处分或学习态度不端正、学习极不努力的学生,各系可视其情况,决定停发或减发其特困学生补助。

本规定自一九九四年九月一日起执行。

厦门大学

一九九四年十二月廿八日

——本文摘录自《厦门大学关于从1994级学生起实行新的奖贷学金制度的规定》,厦大学〔1994〕14号,档号1994-XZ11-1

·管理与服务工作·

关于校内管理体制改革若干问题的补充规定

（1994年1月5日）

为了进一步深化校内管理体制改革，搞好今后的聘任工作，经校内管理体制改革领导小组研究，就有关问题做如下补充规定：

一、各系各单位要按时向学校各有关职能部门报送聘任材料。凡不在规定的时间内报送聘任材料的，推迟发放所在单位的校内津贴，并按实际迟报时间扣发单位领导班子成员、办公室主任（秘书）的校内津贴。

二、凡公派出国进修、访问的教学科研人员，在批准期内，国家工资（含国家规定的津贴，下同）照发，校内津贴停发；超过批准期限，国家工资和校内津贴一律停发。被聘任讲学、合作科研及开发者，从办理离校手续起，国家工资和校内津贴一律停发。

三、本校教职员工凡男满50周岁，女满45周岁，确实无法正常工作的人员，工资改革后应予办理退休手续。一般缓聘人员，半年内国家工资照发，从第七个月起停发国家工资。连续二年工作量不满的半聘人员，所在单位又无法调整其工作，允许上交到校人才交流服务中心，上交人员的待遇，另行规定。

四、原则上不允许超编单位以系聘办法进人，也不允许教学科研人员以系聘方式长期享受学校各种待遇。原有的超编系因工作需要系聘部分人员应由学校审查批准。

五、以上规定从一九九三至一九九四学年度第二学期起实行。

厦门大学

一九九四年一月五日

——本文摘录自《关于校内管理体制改革若干问题的补充规定》，厦大人〔1994〕2号，档号1994-XZ10-1

关于出国人员公职问题的规定

（1994年2月18日）

为了进一步深化校内管理体制改革，加强编制管理，根据国务院批转的《国家教育委员会关于出国留学人员工作的若干暂行规定》（国发〔1986〕107号）和国家教委《关于自费出国留学有关问题的通知》（教留〔1993〕81号）等文件精神，经校长办公会议研究，就有关出国人员的公职问题做如下规定：

一、公派留学人员超过批准期限逾期未归，即列为编外人员（不占所在单位编制总数）；列为编外时间超过一年，则不再保留公职。

二、自费出国留学人员，从办理离校手续起，不再保留公职。

三、按规定到国外探亲访友的人员，假期和待遇按国家有关规定办理，假期最长不超过六个月。从第七个月起，不再保留公职。

四、凡不再保留公职的人员，回国后要求来我校工作，须根据我校工作需要情况，由用人单位提出意见，人事处审核，报校领导批准，方可办理有关录用手续。

五、凡过去我校发布的文件与本规定不一致的，以本规定为准。

厦门大学

一九九四年二月十八日

——本文摘录自《关于出国人员公职问题的规定》，厦大人〔1994〕20号，档号1994-XZ10-1

关于毕业生照片归档的通知

(1994年2月20日)

学生和学生班级毕业照是学校教学档案的重要组成部分,它形象地反映了我校教学活动及培养人才等方面的真实历史面貌。校档案馆保存了自1921年以来各届毕业生的部分毕业照。这些珍贵的馆藏照片在各个历史时期发挥了显著的社会效益,为学校和社会各界编史修志、专题查证、宣传教育等提供了参考,深受利用者赞誉。但在1965年以后,特别是近年来,学生毕业照归档工作存在较多的问题,主要是:

(1)由于宣传教育不够和归档管理制度不健全,有关部门及学生照片的归档意识不够,致使许多珍贵的学生毕业照未能及时归档,造成很大的潜在损失。

(2)已经归档的毕业照,规格尺寸相差悬殊,不合规范,给长期保存造成困难。

根据国家教委和上级档案部门有关文件规定,为贯彻落实厦大综字(1992)96号《厦门大学声像档案管理暂行规定》文件精神,校领导研究同意:为加强对学生毕业照归档工作的管理,形成制度以提高归档率,特做如下规定:

1.学生个人毕业照统一由档案馆承办拍摄,以便于归档(即留存一张照片、一张底片)。从三月一日起,档案馆声像档案室(大南8号二楼),接受各系预约登记。

2.学生集体毕业照也欢迎到档案馆拍摄。集体毕业照也应按时归档,并请各班级逐一对集体照上的学生姓名、教师姓名及职务加注说明,以便日后查阅利用。

3.请各院系教务员五月底向档案馆送交各毕业班班长名册一份,以备核对毕业照归档情况。

厦门大学档案馆

厦门大学学生工作处

一九九四年二月二十日

——本文摘录自《关于毕业生照片归档的通知》,(94)厦大档字1号,档号1994-XZ26-1

关于实行新工时制度的通知

（1994 年 2 月 21 日）

根据国务院、劳动部、人事部和国家教委有关文件精神，现就我校实行新工时制度有关事项通知如下：

一、从本学期第二周起，实行每周五天半工作制，即每周的星期天、星期六下午为休息日；

二、实行新工时制后，原定的教学、科研等工作量、课程总学时数不变；

三、今后每两周一次的政治学习时间原则上调至周二下午，部分班级周二下午已排课的，请与教务处学务科联系调整。未能调整部分，由各总支另组织星期三下午学习。

请各单位根据本通知抓紧部署，认真做好各项准备工作，以保证在新的工时制实行后，我校工作和教学秩序的正常运行。

厦门大学

一九九四年二月廿一日

——本文摘录自《关于实行新工时制度的通知》，厦大办〔1994〕7 号，档号 1994-XZ09-2

厦门大学教师晋升高、中级职务外语考试的实施办法

(1994年2月23日)

专业技术职务评聘工作转入经常化后,对外语要求将根据教学科研系列《试行条例》的规定执行。各单位要统一思想,提高认识,加强领导与宣传解释,认真做好外语水平考核工作。

一、考试的组织办法

晋升或转定教学、科研、学生思想政治教育系列中、高级职务外语(含选考古汉语、医古文)考试,我校有终审权的,由学校统一组织考试;尚未有终审权的应按省教委要求参加全省统考。

考试工作由校职改办统一组织,统一命题、阅卷及发放成绩单。具体报考事宜另行通知。

二、考试要求

根据不同职务系列、职务层次和毕业时间,按下列要求掌握:

1.晋升或转定讲师、助理研究员职务(含政工系列)外语考试要求

对于恢复高考制度以前的毕业生,要求二小时笔译外文资料3500左右个印刷符号(日语语种2500左右个印刷符号);

对于恢复高考制度以后入学的毕业生,考试内容分三个部分:(1)词语用法与语法结构,计分为20分;(2)阅读理解,计分为30分(以上两部分考试时间共60分钟);(3)外文笔译成中文,60分钟翻译1800左右个印刷符号(日语语种1300个印刷符号),计分为50分。

2.晋升或转定教师、科研系列高级职务任职资格外语要求

对于恢复高考制度以前入学的毕业生,要求二小时笔译外文资料5000左右个印刷符号(日语语种4000左右个印刷符号),做到译意准确,文字通顺。

考虑到历史情况,对1966年前毕业(包括1967年毕业的五年制、1968年毕业的六年制,下同),1986年以来一直承担公共马列、公共外语教学的教师,外语考试要求可适当放宽,但需参加考试。

对于恢复高考制度以后入学的毕业生,考试内容分为两个部分:(1)词语用法和语法结构,计分为30分,考试时间40分钟;(2)外文笔译成中文,80分钟翻译3500个印刷符号(日语语种2800个印刷符号),计分为70分。

三、外语免试对象

1.取得博士学位申报高级职务;取得硕士学位或已通过大学外语六级考试,申报中级职务。

2.TOEFL考试成绩550分以上申报高级职务;TOEFL考试成绩500分以上或EPT、VST考试成绩达出国预备线,申报中级职务(以上规定的考试成绩四年内有效)。

3.任现职以来,获国家二等以上、部省级一等科技成果奖(国家自然科学奖、国家发明奖、科技进步奖、科技星火奖、全国优秀教学成果一等奖),省社会科学优秀成果一等奖的主要贡献者(限定前二名)及受国家表彰有突出贡献的中青年专家,申报高级职务。

4.凡参加过省教委或我校组织的外语(含选考古汉语、医古文)统一考试,其成绩在有效期内仍然有效。

5.1966年以前毕业、1986年以来一直承担中国古代史、中国古典文学、古代汉语、中国考古学、中国古代文学史、中国古代法制史、中国古代法律思想史、中国古代经济史、中国古代经济思想史、国画民间民

族音乐、中国武术等教学的教师和专职科研人员，申报高、中级职务，可参加古汉语考试。

6.1966 年前中医、中药专业毕业，承担中医药教学、科研工作的人员，申报高、中级职务，可选考医古文。

不具备上述外语免试条件，晋升或转定高、中级职务任职资格的人员，都应参加外语考试并取得合格成绩，才能申报晋升或转定高、中级职务任职资格。

具备上述 1～3 项免试条件的人员，须填写“外语免试审批表”，经职改办审核批准，可免试外语。

四、古汉语、医古文考试组织形式、报名、考试时间与外语考试相同。

五、外语（含古汉语、医古文）考试成绩三年内有效。

六、复习参考资料

考试复习参考材料详见附件。由申报参加考试对象按考试要求和规定自行准备有关复习材料。不考专业外语。

七、考试的保密工作

凡是命题、印刷、评卷、组织考务的人员均应严格遵守考试保密制度，切实防止考题泄密，对泄密人员应追究责任，严肃处理。

八、考场纪律

考生须在临考前十分钟进入考室，由监考人员核对准考证，按指定座位入座。考生进入考室，只能携带考试所需的（蓝黑）钢笔、圆珠笔和外语字典（不包括电子字典）。严禁夹带任何其他书籍、资料。考语法结构和词语用法、阅读理解时不得查阅字典。考生除在试卷规定的地方填写内容和准考证号码外，不得做任何其他标记。按考试规定时间交卷离开考室。

对考试作弊者，取消考试资格和成绩，两年内不得申报晋升职务。

九、原有文件与本实施办法不符合，以本实施办法为准。本实施办法自公布之日起执行。

附件：

外语、古汉语、医古文考试复习主要参考书目

一、恢复高考制度以后入学的毕业生，晋升高、中级职务外语主要参考书目

1.英语类

《大学英语》（精读 1～6 册），文理科用，上海外语教育出版社出版（正式版）。

2.日语类

文科：《日语》（1～4 册），日语专业用，上海外语学院日语教研室编，上海译文出版社出版。其中第 1 册为 1980 年 8 月版，第 2 册为 1981 年 1 月版，第 3 册为 1981 年 7 月版，第 4 册为 1981 年 11 月版。

理工科：《日语教程》（1～5 册），大连工学院徐明主编，高等教育出版社出版。其中第 1 册为 1982 年版，第 2 册为 1981 年 1 月版，第 3 册为 1981 年 7 月版，第 4 册为 1981 年 11 月版。

理工科：《日语教程》（1～5 册），大连工学院徐明主编，高等教育出版社出版。其中第 1 册为 1982 年版，第 2 册为 1983 年版，第 3、4 册为 1985 年版，第 5 册为 1986 年版。

3.俄语类

文科：《俄语》（1～4 册），高等学校教材，黑龙江大学俄语系主编，外语教学研究出版社 1987 年版，其中 3、4 两册为修订版。

理工科：《理工俄语》（3～4 册），同济大学外语系应云天主编，高等教育出版社出版，第 3 册为 1982 年 9 月版（1988 年第六次印刷），第 4 册为 1983 年 3 月版（1984 年 10 月重版）；《俄语科技文选》（第 5 册），马吉增主编，上海外语教育出版社出版。

4.法语类

《法语》（1～4 册），北京外国语学院法语系编，商务印书馆 1980 年第一版。

5.德语类

《德语》(1～4 册),北京外国语学院德语专业教材编写组编,商务印书馆 1964 年出版。

二、恢复高考制度以前入学的毕业生,晋升高、中级职务外语主要参考书目

1.英语类

教师(不包括 1966 年前毕业,1986 年以来一直承担公共体育、公共马列、公共外语的教师)、科研人员晋升高级职务。《英语》(1～4 册),许国璋主编,商务印书馆 1979 年重印本。《英语》(第 5 册),俞大絪主编,商务印书馆 1979 年或 1985 年版。

晋升中级职务和 1966 年前毕业,1986 年以来一直承担公共体育、公共马列、公共外语教师晋升高级职务。《英语》(1～4 册),许国璋主编,版本及出版时间同上。

2.日语类

文科:《日语》(1～3 册),上海外语学院日语教研室编,版本及出版时间同上。

理工科:《日语教程》(1～4 册),大连工学院徐明主编,版本及出版时间同上。

3.俄语类

文科:《俄语》(1～3 册及 4 册前半册),黑龙江大学俄语系主编,版本及出版时间同上。

理工科:《理工俄语》(1～4 册),同济大学外语系应云天主编,版本及出版时间同上。

4.法语类

《法语》(1～3 册),北京外国语学院法语系主编,版本及出版时间同上。

5.德语类

《德语》(1～3 册及 4 册前半册),北京外国语学院德语专业教材编写组编,版本及出版时间同上。

未规定复习参考书目的其他语种,原则上按上述规定语种复习书目难易程度和基本要求出卷,由考生自己选读复习。

三、古汉语参考书目

《古代汉语》修订本(1～4 册),王力著,中华书局 1984 年第一版。

四、医古文参考书目

《医古文》,高等医药院校教材,段逸山主编,1984 年版本。

——本文摘录自《关于印发〈厦门大学教师晋升高、中级职务外语考试的实施办法〉和〈厦门大学专业技术职务外语水平考试考核工作的实施办法〉的通知》,厦大职改〔1994〕09 号,档号 1994-XZ14-1

厦门大学专业技术职务外语水平考试考核工作的实施办法

（1994 年 2 月 23 日）

根据国家教委有关文件规定和福建省职改领导小组（闽职改字〔1992〕204 号）文件精神，结合我校各类专业技术队伍中各职务系列状况，现就高、中级职务外语水平考试及考核工作提出以下实施办法。

一、考试的组织办法

晋升或转定教师以外的其他各类专业技术职务外语（含选考古汉语、医古文）考试，我校有终审权的，由学校统一组织考试；尚未有终审权的应按省职改办要求参加全省统考；参加全国统一组织的任职资格考试的有关职务系列人员应参加学校统一组织的外语考试。报考事宜另行通知。

二、考试要求

外语水平考试暂分英、日、俄三门语种。高级职务外语水平考试的基本形式和要求是：两小时笔译外文资料 3500～4000 个印刷符号（日文减少 500～800 个印刷符号）；中级职务外语水平考试的基本要求是：两小时笔译外文资料 2500～3000 个印刷符号（日文减少 500 个印刷符号），并做到译意准确，文字通顺。专业人员可携带外语字典应试（电子字典除外）。

三、免试对象

符合下列条件之一者，经相应职改部门审核批准，申报专业技术职务任职资格时，可免于外语考试：

1.获得博士学位或 TOEFL 考试成绩在 500 分以上可免于高级职务外语水平考试；获得硕士学位或 TOEFL 考试成绩在 450 分以上、EPT 或 VST 考试成绩达到出国预备线（以上考试成绩四年有效）及大学外语六级水平考试合格，可免于中级职务外语水平考试。

2.任现职以来国家二等以上、部省级一等科技奖（国家自然科学奖、国家发明奖、科技进步奖或科技成果奖、科技星火奖、科技外经奖），省社会科学优秀成果一等奖的主要贡献者（前 3 名）及受国家表彰有突出贡献的中青年专家，可免于高级职务外语水平考试；任现职以来获国家三等以上、部省级二等以上科技奖（同上），省社会科学优秀成果二等奖以上的主要贡献者（前 3 名）及受省政府表彰有突出贡献的优秀中青年专家，可免于中级职务外语水平考试。

3.参加经省职改办批准的外语培训班学习，经考试合格取得结业证书，在规定的有效期内可免于相应的外语水平考试。

4.凡参加我校或全省统一组织的高、中级职务外语水平（含选考古汉语、医古文）考试成绩合格人员，其成绩在有效期内仍然有效。

四、长期从事文物、博物、图书资料、档案、国画创作及中医药等专业技术工作人员（所从事工作不涉及外语的），可选考古汉语或医古文。古汉语要求熟练掌握文审部分、通论部分；医古文要求熟练掌握基础知识，简繁体字对照、医古文句读、单词造句、医古文翻译等。

五、参加学校统一组织的外语(含选考古汉语、医古文)考试,成绩合格的三年内有效。

六、有关考试的保密工作、考场纪律的规定参照《厦门大学教师晋升高、中级职务外语考试的实施办法》执行。

七、原有文件与本实施办法不符合,以本实施办法为准。本实施办法自公布之日起实行。

——本文摘录自《关于印发〈厦门大学教师晋升高、中级职务外语考试的实施办法〉和〈厦门大学专业技术职务外语水平考试考核工作的实施办法〉的通知》,厦大职改〔1994〕09号,档号1994-XZ14-1

厦门大学图书馆学生管理委员会组织章程

（1994年3月1日）

一、厦门大学图书馆学生管理委员会按国家教委关于委属高校图书馆环境管理的要求，由图书馆与校学生会协商组织，委员会下设勤务、学生服务及环境管理等小组，该会的活动纳入图书馆工作计划，统一部署。

二、厦门大学图书馆学生管理委员会的任务是：了解管理图书馆读者工作的内容与制度；积极反映学生读者对图书馆工作的意见、要求和建议，沟通与协调学生读者与图书馆之间的关系；积极参与图书馆学习，环境管理，维护图书馆良好的学习环境。联系校内有关社团，组织开展丰富多彩的读者活动。

三、厦门大学图书馆学生管理委员会由校学生会副主席与学习部长担任该会主任，成员由各系学生会学习部长组成。这个委员会主任由图书馆馆长聘为“学生馆长助理”并推荐参加学校图书情报委员会，协助馆长开展工作。

四、厦门大学图书馆学生管理委员会为义务环境管理机构。

五、该会设在图书馆内，由图书馆提供必要的活动经费与用品。

厦门大学图书馆

1994年3月1日

——本文摘录自《厦门大学校园文明建设制度汇编》，档号1994-XZ27-2

厦门大学实验室劳动防护用品发放管理办法

(1994年3月4日)

发放防护用品是保护教职工在教学、科研工作过程中安全和健康的预防性辅助措施。现根据福建省人民政府关于颁发《福建省职工个人劳动防护用品管理办法》的通知(闽政〔1989〕17号文),结合我校实际情况,具体规定如下:

一、发放对象为在我校所属各实验室、实习车间、仓库、供应室里从事应享受劳动防护用品工作的应聘专职人员。聘任情况各单位每年度向主管部门报送一次。

二、防护用品发放标准见附表。

三、毒气、X射线、原子辐射、强次声等特殊有害物质的防护器材及用品,由各使用单位负责申报,经批准后,按需购置。

四、为保证在实验室、车间工作或实习的教师、科研人员、学生的安全与健康,所在单位可按实际情况申请置备一些公用防护服装等用品,供有关人员借用。公用防护用品用后由供应室或实验室、车间负责收回、清洗、保存,以备再用。所在单位应健全公用防护用品登账、领用、回收管理制度。

五、若单位内部有工种变动时,所在单位要及时申报,如实说明工种变动的人数和变动日期,经主管部门审核后,即按变动后的实际情况发放。

六、在发放过程中不准擅自扩大范围或提高标准,要严格审核把关,确保防护用品的质量和合理使用。各单位领导应重视和加强对这项工作的检查、监督。

七、实验口劳动防护用品的审批、发放工作由物资与实验管理办公室负责。防护用品的费用从各类人员各自从事的事业经费中支出。

厦门大学

一九九四年三月四日

(附表略——编者)

——本文摘录自《厦门大学实验室劳动防护用品发放管理办法》,厦大综〔1994〕19号,档号1994-XZ27-3

厦门大学校园文明建设实施方案

（1994年3月15日）

抓好校园文明建设，迎接国家教委评估，是我校本学期的工作重点之一。为确保这一工作的完成，特制订本实施方案。

一、总体目标

以国家教委校园文明建设检查评估为契机，统一思想，提高认识，下大决心，真抓实干，切实改变我校长期存在的某些"脏、乱、差"现象，在净化校园环境的同时，重点抓好管理和学生参与这两方面，建立健全各项规章制度，严格管理，常抓不懈，养成文明、卫生习惯，形成优良学风、校风，使我校的校园文明建设上一个新台阶，确保今年十月份通过国家教委评估，促进我校早日进入"211工程"。

二、主要任务

根据国家教委《关于校园、学生学习和生活环境检查评比指标体系》的要求，结合我校实际，重点抓好六大任务21个项目：

1.搞好校园环境卫生。包括：(1)全校各卫生包干区净化、绿化、美化；(2)拆除各种违章搭盖；(3)消灭卫生死角，除四害。

2.抓紧校园环境基建工程。包括：(1)封盖东大沟；(2)铺设大礼堂前的石砖路；(3)拆除旧化学食堂、浴室、厕所，构建新化学食堂；(4)建造临时工简易宿舍楼；(5)添置自行车棚；(6)维修、拓宽道路；(7)改善图书馆周边及一条街背后环境。

3.改善学生学习环境。包括：(1)教室；(2)实验室；(3)图书馆；(4)体育设施等的净化、美化、维修、添置和更新。

4.改善学生生活环境。包括：(1)食堂；(2)宿舍的净化、美化、维修和设备的添置。

5.整顿校园秩序。包括：(1)社会治安、外来人口管理；(2)交通分流及机动车辆的管理；(3)商业摊点的整治；(4)文化广告市场管理。

6.加强师生文明举止、道德风尚教育。包括：建立健全各项规章制度，抓好学习、宣传、执行、督导、纠察、奖惩等各个环节，巩固和发展文明建设成果，养成习惯，形成风气。

三、工作方法

1.加强宣传教育，统一思想认识

召开各级领导干部会议和各种类型、各个层次的会议，利用校刊、电台广播、专栏橱窗以及校内闭路电视等宣传媒介，编印各种有关校园文明建设的材料，造成良好的舆论氛围，广泛宣传并深入发动全校师生员工认真学习，统一思想，纠正那种认为"抓校园文明建设是形式主义""校园文明建设就是打扫卫生"的错误认识，充分认识到加强校园文明建设、优化育人环境，是办好社会主义大学，培养社会主义事业建设者和接班人的重要措施,可为深化改革、申请进入“211工程”打下良好基础,使校园文明建设成为全校的共同行动和经常性工作。

2.建立组织,明确职责

①学校成立“厦门大学校园文明建设领导小组”,由校长任组长,由一名副书记、一名副校长任副组长。校有关职能部门负责人为领导小组成员。领导小组下设办公室。

校领导小组的职责和任务是:负责制定校园文明建设工作规划和实施方案;组织领导全校各系各单位积极、认真地开展校园文明建设工作;开展对各系各单位校园文明建设工作的协调、督促、检查和评估工作;向国家教委申请评估。

②各系、所、部、处及各直属单位都必须建立以党政主要领导组成的领导小组。

各单位领导小组的职责和任务是:负责本单位校园文明建设的领导工作;明确本单位的工作任务;宣传发动和组织本单位师生员工积极参与校园文明建设活动;负责本单位校园文明建设的督促检查工作;向学校申请评估。

3.多方筹资,重点投入

多渠道筹措资金,集中有限的财力和物力,重点投入并解决那些长期严重影响校园环境的老大难问题,如治理东大沟、建学生食堂和简易民工房、东边社搬迁扫尾工作、一条街背后的环境卫生以及研究制订并着手实施丰庭一后面居民区的搬迁等。

4.人人动手,积极参与

校园文明建设是全校师生员工的一项共同任务和经常性工作,必须人人动手,齐抓共管,每一位厦大人都应该立即行动起来,积极参与,用自己的双手和辛勤的汗水来改变校园脏乱差现象,净化、美化校园,优化育人环境,为校园文明建设做贡献。

5.健全制度,加强管理

校园文明建设是物质文明建设,更是精神文明建设。我们必须重点抓好“软件”建设,从抓管理入手。因为已经净化、美化了的校园环境,如果师生员工不加以爱惜、维护,必将难以持久。因此,要抓好制度建设,严格管理。要组织全校师生员工学习、宣传、遵守各项规章制度,同时组织督导队伍,纠正和处理各种违章行为。

6.长期坚持,常抓不懈

校园文明建设是一项长期的工作,不能靠突击。短期的突击虽然可以收到一定的效果,但如果不能长期坚持,常抓不懈,不但校园环境得不到进一步改善,而且还会丧失已经取得的成果。因此,我们必须把校园文明建设作为一项经常性、长期性的工作抓紧抓好,使之持之以恒、深入持久地开展下去,并争取每隔一段时间,校园文明建设就能上一个新台阶。

四、工作进度

校园文明建设分五个阶段进行。

1.准备阶段(1994年1月—2月)

早在一九九〇年九月,我校就开始进行校园整顿工作,一九九一年完成了迎70周年校庆的“十大工程”,一九九二年进行校风建设,重点抓了早操、宿舍卫生和文明举止三个突破口,一九九三年开展了教学秩序整顿。

一九九四年元月初,学校党政办公会议决定正式向国家教委申报校园评估,立即成立领导小组,着手开展校园评估的各项筹备工作。领导小组根据国家教委校园评估的要求,向校内十五个有关职能部门负责人通报校园评估的设想,要求这些部门首先带头学好文件精神和具体规定,按照教委检查评比指标体系的要求,对本部门职责范围内的情况进行全面检查,并提出可操作的整改措施。学校领导小组带领有关部门负责人实地察看校园环境,摄制“厦门大学环境系列报道”录像片。

2.全面发动和净化校园、迎接校庆阶段(1994年3月—4月)

二月底,校长、领导小组组长在开学第一周的全校中层干部大会上,强调指出抓好校园文明建设是本学期学校三项中心工作之一,各级领导都应高度重视,下大决心花大力气抓紧抓好。会上,播放记录校园环境脏、乱、差的现状的录像;开学初,通过各种会议,向各系、各单位部署校园文明建设的六大任务21个项目,要求做好宣传发动工作,制订出切实可行的实施方案;三月初,结合学雷锋和"青年志愿者活动",全面拉开校园文明建设的序幕,人人动手,积极参与,认真做好各自卫生包干区的净化、美化工作,干干净净迎接校庆七十三周年。

3.重点整改阶段(1994年4月—8月)

在巩固迎接校庆所取得的卫生成果的基础上,重点抓好各项校园环境基建工程,保质保量,按时完成。抓好校园秩序的整顿。已经净化了的环境,要在优化、美化上下功夫。各系各单位都应根据自己的实际和特点抓好一二个重点问题,一抓到底,抓出实效。要抓好文明举止、道德风尚教育,制定各项规章制度,加强管理,巩固成果。暑假期间,要重点解决好宿舍、食堂和教室的大修和改造工作。在这一阶段,校领导小组将深入现场,加强对各系各单位的检查和指导。各系各单位应根据本单位文明建设的实施方案,逐项自查、整改。

4.学校检查评估阶段(1994年9月—10月)

学校将组成后勤、校园秩序、学习环境和综合检查四个组,分别对各系各单位进行检查、评估验收。评估将严格按照国家教委颁发的"指标体系"要求进行:

①听取单位领导小组汇报;

②检查各种文件、规章制度、会议或工作记录;

③现场查看,逐项验收;

④按"指标体系"打分;

⑤写出书面检查结果;

⑥对未达到要求的要限期整改。

5.学校向国家教委申请评估阶段(1994年10月中旬)

五、加强对校园文明建设的领导

校园文明建设事关我校能否进入"211工程"这一大事,各级领导务必高度重视,切实加强对校园文明建设的领导。一个单位能否搞好校园文明建设,关键在领导。要制定和实行校园文明建设岗位责任制,责任落实到人,并使之与校内分配挂钩,与干部考核相联系。要把积极参与校园文明建设作为学生德育评估的重要内容。

厦门大学校园文明建设领导小组
一九九四年二月廿六日

——本文摘录自《关于转发〈厦门大学校园文明建设实施方案〉的通知》,厦大委办〔1994〕3号,档号1994-DQ01-2

厦门大学关于教职工自筹资金扩建住房的暂行规定

(1994年3月17日)

改革开放以来,我校的住房建设有了较大的发展,教职工的住房条件得到了明显的改善。但由于种种原因,住房的供需矛盾还没有从根本上得到解决,为了尽快缓解住房困难,部分教职工要求自筹资金扩建住房,经研究原则上同意,特就有关事项做如下暂行规定:

一、拟扩建住房的教职工须以楼为单位联名报告呈送校房地产管理委员会,经房地产管理委员会及基建处会稿,确认扩建后不影响住宅区建筑群布局及风格,即报主管副校长审批。

二、经批准后的扩建房,由基建处负责设计及组织施工。

三、扩建房所需的基建经费由住户自筹解决,学校不给予任何补贴。

四、所扩建的住房产权归学校,按校建公房纳入正常管理。所扩建部分二十年免交房租,二十年后,扩建房与原学校分配的住房同等级别计租。

五、参与扩建的住户如调离学校,应按学校住房管理规定将原住房(含扩建部分)全部交还学校,学校按原造价的以下比例给予补偿。五年内50%;五至十年30%;十至十五年15%;超过十五年不予补偿。

六、扩建后的住户今后参加学校住房调整分配,一律按原面积加新扩建部分的面积、间数确定居住标准,无附属层楼房的一楼住户可按原面积计算参加住房分配。如分到新住房,搬迁后学校给住户的补偿标准同第五条。

七、如因学校建设或其他需要拆迁已扩建的楼房时,住户应无条件服从。

八、本条文如有未尽事宜,由房地产管理委员会解释。

厦门大学

一九九四年三月十七日

——本文摘录自《厦门大学关于教职工自筹资金扩建住房的暂行规定》,厦大综〔1994〕9号,档号1994-XZ09-1

重新划分校园卫生包干责任区的具体方案

(1994 年 3 月 20 日)

一、门前三包内容

包卫生:各单位对自己所承包的责任地段要经常清扫,保持清洁。做到"六净"(墙根净、沟渠净、马路净、花坛净、草坪净、树根净)、"四无"(无垃圾污物、无蚊蝇孳生地、无痰迹、无碎瓦片纸屑、落叶残枝等杂物)。

包绿化:按厦门市绿化规划及园林要求,搞好门前绿化美化并负责管理好责任地段内的花草树木,要做到"四保""三不准",即保植、保活、保卫生、保管护,不准在树干上拉铁丝,不准穿行草地和在绿化地内打球,草地做到无长草。

包秩序:禁止任何单位和个人在责任地段内乱倒垃圾渣土,乱贴乱画,乱堆放杂物,乱停放车辆,踢球。

二、单位室内卫生达标要求

室内卫生标准(包括办公室、楼梯、走廊、车间、课室等):

1.墙壁、天花屋顶灯管(泡)、风扇、灯罩无尘土、无蜘蛛网。

2.地面干净无烟头、痰迹、垃圾、纸屑,玻璃、门窗柜橱、桌椅无尘土,窗明几净,办公及生活用品放置整齐有序。

3.室内卫生间,地面干净无痰迹、尿迹、便纸,大小便池干净,无尿迹、尿碱、污垢,墙壁、天花板、门窗干净,无蝇、无蛆、无臭味。

三、校园绿化卫生包干责任区划分范围及检查要求

(一)各系的绿化、卫生包干责任区的划分范围

1.中文系:学生负责大礼堂前面上弦场以主看台为中心(包括主看台)到西边运动场及看台的台阶卫生、杂草清除、道路蒲葵下的环境卫生及绿化管理。

教工负责集美(一)以及集美(一)后面公厕周围及草地的卫生及绿化管理。

2.新闻传播系:学生负责大礼堂前面上弦场以主看台为中心到东边运动场及看台的台阶卫生、杂草,道路蒲葵下的环境卫生及绿化管理。

教工负责新闻楼周围的环境卫生及绿化管理。

3.数学系:学生负责大礼堂四周 20 米以内环境卫生及草地的绿化管理。

教工负责数学馆四周及修车房后面公厕四周的环境卫生及绿化管理。

4.电子工程系:学生负责干训(一)、(二)四周的环境卫生及绿化管理。

教工负责旧图书馆周围及西侧小山头的环境卫生及绿化管理。

5.历史系:学生负责鲁迅广场及罗扬才烈士墓园周围及松柏树下面绿地的环境卫生及绿化管理。

教工负责旧图书馆周围及南侧环境卫生及绿化管理。

6.生物系:学生负责萨本栋陵园到东大沟边沿和旧生物馆下面到东大沟周围的环境卫生及绿化管理。

教工负责旧生物馆、化学馆四周的环境卫生及绿化管理。

7.物理系:学生负责物理馆前面土坡绿化地的环境卫生及绿化管理,芙蓉(五)、(六)周围及两楼之间道路两旁的环境卫生(包括车棚)及绿化管理。

教工负责物理馆及后楼四周的环境卫生及绿化管理。

8.建筑系:学生负责南光(九)前面广场及通往干训楼台阶环境卫生及绿化管理,物理系路口通往旧图书馆路道两旁的环境卫生及绿化管理。

教工负责本楼四周的环境卫生及绿化管理。

9.海洋系:学生负责映雪(一)和映雪(二)之间绿化地及从半月池通往化工厂门口道路两旁的环境卫生及绿化地管理。

教工负责映雪(一)与集美(二)周围的环境卫生及绿化地的管理。

10.外文系:学生负责博学(二)(包括报告厅)周围20米以内环境卫生及绿化管理。

教工负责博学(二)东侧至芙蓉(一)下芙蓉园路口草地环境卫生及绿化管理。

11.化学系:学生负责化学楼(北楼、南楼)四周20米以内的绿化地管理,及芙蓉(一)四周的环境卫生。

教工负责化学楼四周的环境卫生。

12.化工系:学生负责化学系报告厅、阅览室、药品楼、玻璃室周围环境卫生及绿化地的管理。

教工负责化工实验室、围墙内四周的环境卫生及绿化管理。

13.经济系:学生负责芙蓉(二)四周20米以内(包括道路两旁)、学生活动中心周围环境卫生及绿化管理。

教工负责经济学院部分配楼周围的环境卫生及绿化地管理。

14.企管系:学生负责勤业楼路口三角绿地及通往研究生楼道路两旁的环境卫生(包括车棚内、东大沟两侧、华侨之家下面)和绿化地管理。

教工负责经济学院部分配楼周围的环境卫生及绿化地管理。

15.财金系:学生负责整个芙蓉园环境卫生及绿化地管理(除外文系负责外)。

教工负责经济学院院分配楼周围的环境卫生及绿化地管理。

16.会计系:学生负责灯光球场周围20米以内,芙蓉(三)后面绿化地的环境卫生及绿化管理。

教工负责经济学院部分配楼周围的环境卫生及绿化地管理。

17.国贸系:学生负责竞丰食堂门口空地及经过抽水房,通往图书馆道路两旁及西大沟的环境卫生及绿化地管理,南强公共教室四周(围墙内全部)的环境卫生及绿化地管理。

教工负责经济学院院部分配楼四周的环境卫生及绿化地管理。

18.计统系:学生负责图书馆桥下(包括原菜市场绿化地及沟两旁)通往经济学院道路两旁的环境卫生及绿化地管理。

教工负责经济学院院部分配楼四周的环境卫生及绿化地管理。

19.计算机系:学生负责从液化气供应站门口通往大南校门至海洋系(映雪一)集美(一)路口道路两旁的环境卫生及绿化管理。

教工负责该楼四周的环境卫生及绿化地管理。

20.系统工程系:学生负责从液化气供应站门口通往洞口道路两旁的环境卫生和绿化管理及国光(三)前面绿地的环境卫生。

教工负责本楼周围的环境卫生及绿化管理。

21.科仪系:学生负责从托儿所通往生物系植物园门口道路两旁的环境卫生及绿化管理,理发室前后、敬贤(七)前面空地的环境卫生。

教工负责本楼四周的环境卫生。

22.法律系:学生负责从物理馆白城坡顶路口通往幼儿园、海滨学生食堂、政法学院大门口道路两旁的环境卫生和绿化管理及政法学院楼后绿化地的环境卫生及绿化地管理。

教工负责政法学院院部分配楼周围的环境卫生及绿化管理。

23.哲学系:学生负责政法学院南楼与海滨一条街绿化地及篮球场至石榴树一带的绿化地环境卫生和绿化地管理。

教工负责政法学院院部分配楼周围的环境卫生及绿化地管理。

24.政治系:学生负责海滨学生宿舍(一)、(二)、(三)三栋楼周围的环境卫生及绿化地的管理。

教工负责政法学院院部分配楼周围的环境卫生及绿化地管理。

25.美术系:学生负责从白城菜市场(包括白城校门口)通往厦门分析仪器厂门口道路两旁及海滨一条街前面空地的环境卫生及绿化地管理。

教工负责艺术学院院部分配楼周围的环境卫生及绿化地管理。

26.音乐系:学生负责从厦门分析仪器厂门口通往政法学院大门口道路两旁及海滨一条街前面空地的环境卫生及绿化地管理。

教工负责艺术学院院部分配楼周围的环境卫生及绿化地管理。

27.成人教育学院:学生负责整个大操场(包括运动场、篮球场、网球场、排球场)的环境卫生及绿化管理,具体由成人学院按班级分块分配包干。

教工负责本楼周围的环境卫生。

28.研究生院:学生负责凌云(一)、(二)、(三)楼四周及研究生楼路口通往凌云(四)道路两旁的环境卫生及绿化地管理。

教工负责明培体育馆东侧及通往印刷厂道路两旁的环境卫生及绿化管理。

29.海外函授学院:学生负责海外函授学院楼四周、蔡清洁楼四周的环境卫生及绿化地管理(清洁楼到数学馆之间山头包括在内)。

教工负责本楼四周的环境卫生及绿化管理。

(二)各单位的绿化、卫生包干责任区的划分范围

1.总务处(包括财务科)负责总务处门口绿化,道路、车棚、厕所周围及三角绿化地的环境卫生及绿化管理。

行政科(包括票务部、信箱)负责票务部、信箱周围及西校门广场的环境卫生及绿化地管理;其他班组(大车队、小车队、电话总机、液化气站)负责本班组周围的环境卫生及绿地管理。

幼儿园、托儿所负责本单位院内的环境卫生及绿地管理。

动力科(包括抽水站)负责本单位四周的环境卫生及绿地管理。

物管科(包括家具仓库、办公用品仓库)负责本单位周围的环境卫生及绿地管理。

2.高教所负责明培体育馆北侧绿化地、喷水池四周绿地的环境卫生及绿地管理。

3.科研处负责明培体育馆西侧和南侧绿地道路的环境卫生及绿地管理。

4.审计处负责同安(一)前面大块草坪绿地的环境卫生及绿化管理。

5.教务处负责群贤(一)办公楼西侧从中厅开始(包括中厅、陈嘉庚铜像绿地、教务处前面大块绿地、蒲葵绿地)及通往台湾所的道路两旁的环境卫生及绿地管理。

6.师资与职称处负责办公楼东侧(包括蒲葵绿地、大块绿地)的环境卫生及绿地管理,办公室前后的环境卫生及南强楼西门口到师资处路口道路两旁的环境卫生。

7.学生工作处负责映雪(一)前面两块绿地的环境卫生及绿地管理及办公室前后的环境卫生。

8.人事处负责集美(一)前面大块绿地的环境卫生及绿地管理。

9.校办党办负责校运动场进出口处到通往印刷厂路口沙地卫生及绿地管理。

10.宣传部负责校运动场进出口处到喷水池沙地卫生及绿地管理。

11.组织部、纪检会负责群贤(一)后面杧果树下的环境卫生及绿地管理。

12.财务处负责本楼四周的环境卫生及绿地管理。

13.台湾研究所负责本楼四周的环境卫生及绿化管理。

14.马列教研室负责囊萤楼四周的环境卫生及绿地管理。

15.体育室负责本楼四周及后面空地、绿地的环境卫生及绿地管理。

16.电教中心负责本楼周围10米以内的环境卫生及绿化管理。

17.印刷厂负责本楼前后周围10米以内及车棚的环境卫生及绿化管理。

18.出版社负责本楼后面原来印刷厂车棚及树下的环境卫生及绿化管理。

19.基建处负责本楼前后及院内的环境卫生,负责各工程队住宅及工地环境卫生。

20.仪器厂负责本厂区范围内环境卫生及绿化管理。

21.医院负责医院院内及门口道路两旁的环境卫生及绿化管理。

22.建筑公司负责本单位内及门口一条街的环境卫生及绿化管理,负责各工程队住宅及工地的环境卫生。

23.抗癌中心负责本院内的环境卫生及绿化管理。

24.南洋研究所负责本楼周围及路口通往本楼的环境卫生及绿化管理。

25.团委会负责芙蓉(七)周围的环境卫生及绿化管理。

26.外语教学部负责南光(八)楼周围环境卫生及风雨球场周围(包括厕所周围,校内一条街后面绿化)的环境卫生及绿化管理。

27.图书馆负责本馆内及图书馆周围20米以内的环境卫生及绿化管理。

28.计算机中心负责本楼周围及绿地的环境卫生及绿化管理。

29.实验办负责本楼周围及仓库院内的环境卫生及绿化管理。

30.校工会负责校工会及工会俱乐部周围绿地的环境卫生及绿地管理。

31.档案馆、统战部负责大南(八)号周围及院内的环境卫生及绿地管理。

32.保卫处负责本楼周围及通往凌峰(一)楼空地的环境卫生及绿地管理。

33.武装部负责本楼周围及从保卫处门口通往油库道路两旁的环境卫生及绿地管理。

34.建南集团负责本楼四周的环境卫生及绿化管理,负责所属单位、工厂、商店四周的环境卫生。

35.校办产业委员会负责丰庭(三)周围10米以内的环境卫生。

36.逸夫楼(国际学术交流中心)负责本楼周围的环境卫生及绿地管理。

37.化工厂负责本厂内的环境卫生及绿地管理。

38.校园服务中心负责本楼周围及所属的工厂周围、商店门口的环境卫生和绿地管理。

40.人类研究所负责人类博物馆前面广场到喷水池周围绿地环境卫生及绿化管理。

41.其他单位负责本单位周围的环境卫生及绿地管理。

(三)食堂、学生宿舍、公共教室、宾馆招待所及教职工住宅区的绿化、卫生管理区划分

1.膳食科(包括食堂、服务网点)负责各食堂、服务网点内外及周围10米以内的环境卫生和绿地管理。

2.学生宿舍及其周围由宿管科牵头组织学生卫生清扫及绿化管理。

3.公共教室及其周围由校园管理科组织学生卫生清扫及绿化管理。

4.各宾馆招待所周围环境卫生均由各主管单位负责,绿化地由各馆招待所负责管理。

5.各教职工住宅区(楼)楼里楼外的环境卫生及绿化地,由居委会牵头,各区(楼)长负责组织职工及家属清扫及管理。

厦门大学爱国卫生运动委员会办公室
厦门大学绿化委员会办公室
1994年3月20日

——本文摘录自《厦门大学校园文明建设制度汇编》,档号1994-XZ27-2

厦门大学吸引留学人员归国服务七项措施

（1994年4月15日）

一、获博士学位的留学人员申请到厦大工作，只要专业对口，学校给予优先提供岗位，若专业不对口，学校在尊重本人意愿的前提下，帮助调整对口单位，保证所学能有所用。

二、获博士学位的留学人员归国后，学校即可安排两室一厅住房一套，成就突出者，可给予三室一厅住房一套；已婚者的配偶调动问题由学校负责解决，孩子的入学入托也由学校帮助安排，以解决后顾之忧。

三、在职称问题上，实行校长特批制度。凡国外归来的博士或有突出成就的其他人员，不论何时回国，不受评聘时间限制，由校长根据留学人员的实际成果与水平，聘以相应的职称与职务。

四、根据每位留学人员的具体情况，由学校拨给一定的科研启动费，用以帮助回国人员回国后能尽快地开展工作，投入科研，同时学校还尽可能地为留学回国人员提供实验室和实验室设备。

五、帮助留学人员向国家教委申请科研启动经费及各项科研基金。

六、为归国博士选配助手。一方面为他们直接调配实验室工作人员，以免除杂务的干扰；另一方面尽可能地创造条件让有条件的归国博士招生研究生，通过指导研究生的途径来解决部分科研助手不足的困难。

七、支持留学回国人员再次出国，开展科研合作和参加国际学术会议，加强向国外同行专家的联系，实行来去自由的政策。

——本文摘录自《关于印发〈厦门大学吸引留学人员归国服务七项措施〉的通知》，厦大师职〔1994〕28号，档号1994-XZ14-2

厦门大学机关考勤实施细则

(1994 年 4 月 19 日)

第一条　为加强机关工作作风建设,根据《厦门大学机关工作作风建设暂行规定》(厦大办字〔1992〕20 号)第三条,制定本实施细则。

第二条　各单位及所属科、室得按时开门办公;工作人员得准时上下班,不应迟到、早退、旷工。

第三条　各单位必须建立考勤登记制度。

各单位得设立上班签到簿(表)。上班签到簿(表)由人事处制定、印发。

各单位领导得指定人员负责每天考勤,检查当天上班签到情况,对不能到办公室办公的原因,应在上班签到簿(表)中注明。每月 1 日至 5 日,得将本单位上一个月份的上班出勤情况汇总统计,经本单位领导认定签名后,送交人事处。

各单位领导应经常检查、督促本单位的考勤工作,保证考勤制度落实。

第四条　建立学校机关考勤检查小组。

考勤检查小组,一般由三人组成,以小组成员中的部处级领导为组长。考勤检查小组成员,一般由校机关各单位工作人员轮流担任,由校党委办公室负责安排。

第五条　学校机关考勤检查小组,对学校机关各单位的考勤情况,每周至少都得检查过 1～2 次。

检查内容主要有三项:①各单位及其所属科、室是否准时开门办公;②各单位工作人员上班签到情况;③以适当方式听取基层单位或师生员工对机关工作作风的反映意见。

考勤检查小组每周应对检查情况做个书面总结,送党委办公室保管。

第六条　机关工作人员的考勤情况,列入机关工作作风考核的内容,考核及奖惩办法另定。

机关工作人员的旷工、病假、事假,依人事处的有关规定处理。

第七条　本实施细则自公布之日起施行。《厦门大学机关工作作风建设检查监督试行办法》(厦大办字〔1992〕33 号)同时废止。

厦门大学机关工作作风建设领导小组

一九九四年四月十九日

——本文摘录自《厦门大学机关考勤实施细则》,(94)厦大委办 3 号,档号 1994-DQ01-1

关于校园治安和校园秩序综合治理实施方案

（1994年4月20日）

为了强化校园治安管理，维护正常教学、科研、生产、工作和生活秩序，推动校风建设，迎接国家教委评估，确保我校早日进入“211工程”，现根据教委评估标准和我校治安、秩序状况，提出如下综合治理实施方案。

一、坚持“预防为主、打防结合”的方针，经常进行法纪教育，积极采取措施，搞好防火、防盗、防特、防灾害事故的工作，减少案件和事故的发生，使全校的发案率有所下降，破案率有所提高，刑事案件和治安案件发案数控制在30和120起以下，破案率力争达到公安部颁发的标准，即刑事、治安案件破案率达到60%和70%。内部违法犯罪率控制在万分之八以下。

二、加强门卫管理，严格执行《厦门大学进出校门规定》。

1.校卫队要加强训练，熟悉业务，端正举止，严明纪律，规范用语，认真盘查外来人员，控制外来车辆，检查进出物品，维护校园治安和学校合法权益，不断提高服务质量和管理水平。

2.修建校门，构筑围墙，切实加强门卫管理。

3.学校重申，任何单位和个人未经学校批准，不许破墙开辟通道，违者必究。

三、加强车辆交通管制，维护交通秩序，减少失窃和事故。

1.上半年组织一次反盗车斗争，这既是省市政法会议的要求，也是我校治安的迫切需要。通过专项斗争发现一批偷车、销车的违法犯罪分子，收缴一批无证车辆，为车辆管理创造条件。

2.增建一批自行车棚。暂时未建车棚的单位，也应划出自行车停放场所，做到整齐有序，严禁乱停乱放。

3.建立自行车安全防范及管理制度，尽最大努力，减少自行车失窃。采取分散与集中管理相结合的方法，落实安全防范工作：首先要教育师生增强防范意识，按学校规定地点停车；其次，各单位都要规定自行车停放点，有条件的单位，在上班上课时间要派人看守；第三，夜间自行车相对集中管理，全校开设五个自行车停车场，即大南停车场、凌云停车场、三家村停车场、白城停车场、新区学生宿舍停车场；第四，加强巡逻伏击，及时捕获和打击盗车犯罪分子。

4.从重查处盗窃或销赃车辆案件，按厦门市有关规定，盗窃或销赃一辆自行车者拘留；二辆者劳动教养；三辆以上者判刑，并加处每辆200元罚款。盗窃或销赃机动车辆者一律追究刑事责任。对举报、抓获和办理盗车案件有功人员，给予50元至500元的奖励。

5.加强对外来机动车辆的管理，严格执行《厦门大学关于校外机动车辆管理若干规定》。凡来校公务的车辆，一律在新西校门口先办理登记手续，后进入校园；经常进出校园的车辆必须办理通行证，并按指定校门进出；校园主干道不准停放车辆；在校过夜车辆必须停放在指定的停车场（即西校门停车场、邵氏中心停车场和海滨政法学院停车场）并按不同车型每辆每天收取管理费3～15元；禁止拖拉机、翻斗车、卡车、出租巴士、的士等车辆进入校园，若确需要进校者，一律实行收费制度，每趟次收费5元（特种车辆除外），违者按收费标准十倍罚款；所有进入校园的车辆，车速限制在20公里/时以下，禁止鸣高音喇叭。

6.为了维护教学区的秩序，上课期间严禁机动车辆进入教学区。学校划定三片教学区，即：从囊萤楼、映雪楼至图书馆范围内所有区域为第一教学区；从物理楼至生物楼，包括博学楼一带为第二教学区；政法、艺术两院组成第三教学区。以上区域在上课时间未经批准，一切机动车辆禁止入内，违者由保卫处按下列标准罚款:摩托车 25 元/辆,汽车 50 元/辆,拖拉机、卡车、翻斗车 100 元/辆。

四、加强外来人口管理,实行申报和暂住证制度。

1.全校十家招待所、旅社,按特种行业规定,接待顾客严格验证、登记制度,住宿登记表每天晚上 10:30前报送派出所,违者处 3000 至 5000 元罚款。情节严重,造成恶劣后果的依法追究负责人责任。

2.各类自费生,各单位要指定专人负责,加强教育管理,遵守校规校纪,按规定交纳管理费。

3.外来临时工、民工、保姆及寄住厦大的岛外户口劳务人员,规定在一周内持身份证、计生证和用工单位证明或房东户口簿到派出所外口管理组申办暂住证。外来人员违法乱纪,视情节轻重,除处理当事人外,对雇用单位或雇主罚款 50 至 200 元。投亲靠友或探亲人员必须在三天之内到派出所申报临时户口。

4.各单位和学生宿舍不准留宿外人,对违反者没收租金,并处 200 元以上罚款。

五、加强大型群众性文体活动的管理。

1.建立健全各种大型文体活动的申报和审批制度,切实加强管理。

2.建南大礼堂的一切文化娱乐活动,由宣传部负责管理,制定大礼堂使用管理制度,建立职工纠察队,严格管理,确保安全。

3.明培体育馆的一切文体活动,由体育室负责管理,制定和完善管理制度。

六、改革保卫机构,改变工作方法和作风。

1.改革我校保卫机构设置,转变工作作风,在不增加经费和保卫干部的情况下,设立学生宿舍保卫科和校办产业保卫科,把学校的保卫任务划成“五大片一条线”,实行责任包干,使警力向基层第一线倾斜,既可调动积极因素,落实四防工作,又便于管理领导。

2.改善警用装备,提高通信和机动能力,适应工作的需要。

厦门大学保卫处

一九九四年四月十六日

——本文摘录自《关于转发〈校园治安和校园秩序综合治理实施方案〉的通知》,厦大综〔1994〕25 号,档号 1994-XZ09-1

厦门大学机动车辆交通管理规定

（1994 年 4 月 28 日）

各系、各单位：

为加强校园机动车辆的管理、维护交通秩序，减少噪音，防止事故，保证教学、科研、生产、工作和生活的正常进行，特制定本规定。

第一条　一般规定

一、驶入校内机动车辆必须性能良好，驾驶员证件齐全，遵守《中华人民共和国道路交通管理条例》。

二、校园内行驶的车辆，车速限制在 20 公里/时以内，严禁鸣号。服从派出所民警、执勤校卫队员的交通指挥。

第二条　进出校门规定

机动车辆进出校门都要办理通行证或登记手续，并按指定的校门进出：

一、本校的机动车辆，办理黄色通行证，由大南校门或化工厂门进出，小车和客车需要时可从西校门进出。

二、经常进出校园的外单位机动车辆，办红色通行证，由西校门进出。

三、经常进出白城、海滨、新区的机动车辆，办理白色通行证，由白城校门或新区校门进出。

四、外单位因公来校的机动车辆，必须在西校门办理登记手续方可进入，离校时交回回执，如没有接待单位签署的，按因私进出校园规定处理。

五、外单位因私来校的机动车辆，必须进入校园的，规定在大南校门或白城校门或新区校门，登记收费后方能进入，并从原进入的校门离校。

六、特种车辆不受以上条款限制。

第三条　校园交通规定

一、群贤路、南义路、大南路、海滨路、国光路、博学路、芙蓉路等主干道禁止停放车辆或设置障碍，以保持道路畅通。

二、从囊萤楼、映雪楼至图书馆一线为教学区，上午 7:30—11:30，下午 2:00—4:30，禁止汽车、翻斗车、拖拉机驶入，保证教学区安静。

三、大南、白城、新区等校门外 5 米内，西校门外广场禁止停放车辆。

四、本校车辆夜间停放车库，外单位在校内过夜的车辆必须就近停放在西校门停车场、邵氏中心停车场或新区停车场。

第四条　收费标准

一、经常进出校园的校外车辆，每月收费标准：摩托车 10 元，小车 15 元，运输车 20 元，出租车 60 元。

二、临时因私来校车辆每次收费标准：摩托车 1 元，小车、的士 2 元，卡车 5 元。

三、停车场收费标准：每昼夜收费摩托车 2 元，小车 5 元，大车 10 元，装载货物的车辆收费标准另议。

四、本校职工的摩托车必须办理通行车，收取工本费 2 元，押金 10 元。

第五条　处罚规定

一、机动车辆在校园内违章鸣号、超速或在主干道违章停车，处 50 元罚款。

二、违反校门进出规定的机动车辆处 50 元罚款。

三、夜间不在车库或停车场停放的机动车辆处50元罚款。

四、违规进入教学区的机动车辆处100元罚款。

五、情节严重、态度恶劣可加处三至五倍罚款,或移交公安机关处理。

本规定自1994年5月15日起试实行,6月1日起实行,学校授权保卫处组织实施。

厦门大学
一九九四年四月廿八日

——本文摘录自《厦门大学机动车辆交通管理规定》,厦大综〔1994〕31号,档号1994-XZ09-1

关于校园经商管理整顿工作的实施意见

（1994年5月4日）

为了创造良好的校园秩序和学习、生活环境，保证我校顺利进入“211工程”，根据国家教委检查评估的内容和要求，结合我校的实际情况，对校园经商管理的整顿工作提出以下意见。

一、校园经商活动实行归口统一管理

学校委托校办产业管理委员会负责校园经商活动的管理工作，除文化方面的经营活动归宣传部审批管理外，其他方面的经营活动，无论其性质是全民、集体或个体，均需报校办产业管理委员会审核批准。

二、属于下列类型的经营摊点应予取缔

1.无固定场所的经营摊点。

2.无工商营业执照或未经校办产业管理委员会审核批准的经营摊点。

3.教学区内的生活性服务摊点。

4.学生个体经营的摊点。

三、属于下列类型的经营摊点允许继续保留经营

1.设在南光一条街、国光综合楼、东村口商店、自钦楼商场，且办理了经营许可证的经营项目和摊点。

2.设于宾馆、招待所、工会、食堂内的附设小卖部。

3.学校历史上为解决师生员工学习和生活需要，请校外有关单位来校或校内有关单位在校设立的营业点和服务点。

四、几种特殊情况的处理办法

1.有经营执照，但经营场所设于教学区内或第三条第一款中所列范围之外的，如确属师生员工生活需要，又不影响校园秩序和环境的摊点，需重新报校办产业管理委员会研究审定，经批准后方可继续经营。

2.校内各单位为创收所设立的未办理营业执照或未经校办产业管理委员会审批的经营点，需补办营业执照或审批手续后方可继续经营。

3.确属学生集体组织的勤工俭学的经营项目，由校办产业管理委员会从严掌握审批。

4.教职工或家属在宿舍楼内设立的服务性经营点，必须先报请房地产管理委员会和总务处动力科批准后，报送校办产业管理委员会审批。

5.为解决海滨新区师生员工生活服务及个别需调整经营场所的摊点的需要，拟在海滨新区增设服务经营网点（具体地点由校办产业管理委员会会同基建处和城建中队实地勘察确定）。

校园经商管理工作是一项长期性的工作,必须建立规范化的管理制度,学校委托校办产业管理委员会制定出校园经商管理的有关制度和规定,所有在校内从事经营活动者都应遵守执行,违者,将视其情节轻重予以行政或经济处罚,直至取缔。

附:第一批确定保留或取缔的经营摊点名单

第一批确定保留继续经营的摊点

1.劳动服务公司南光一条街
2.自钦楼学生商场
3.劳动服务公司凌云商店
4.劳动服务公司国光缝纫店
5.工会群贤商场
6.校管科厦大粮店
7.离休总支新区服务部
8.离休总支元兴贸易服务部
9.总务处芙蓉八食杂店
10.膳食科锅炉房风味食杂店
11.膳食科南光快餐糕点店
12.医院大南药店
13.实验办复印中心
14.人类学系博物馆文印室
15.电镜楼复印室

第一批取缔摊点

1.毕大服务部
2.学生自律会芙蓉四后芝麻屋
3.芙蓉四 106 塑封部
4.芙蓉四 117 旧书交流中心
5.芙蓉三 108 丽丹裁缝店
6.东村饮食店
7.东村口流动摊点
8.芙蓉九水果摊
9.东边修车点

校办产业管理委员会

一九九四年四月十四日

关于校门一条街、南光一条街的环境卫生整改方案

为了彻底治理校门一条街、南光一条街的“脏、乱、差”状况,特制订以下环境和卫生工作的整改方案。

一、加强卫生清扫的管理和督促工作

校门一条街和南光一条街的环境卫生"脏、乱、差"的状况，除了校庆前进行突击性的清理打扫外，今后的重点需放在平时的管理和督促方面，才能使其经常保持整洁。因此，拟采取以下几条措施。

1.请校园管理科具体落实专职的清洁工人，并对其工作任务提出具体的要求。

2.鉴于商业区的特殊情况，在清洁打扫工作上，参照厦门市中山路一带的做法，清洁工人全天候进行打扫，做到随脏随扫、随扔随扫，才能经常保持该区域的清洁卫生。

3.建立专职清洁工人的卫生责任制，加强平时的检查和督促，定期进行卫生检查，发现问题，及时纠正。

二、改善和创造良好的环境卫生条件

校门一条街和南光一条街的环境卫生状况要得到彻底的治理，除了加强管理和督促外，还必须对其各种设施条件予以改善，使之有个较好的环境卫生条件。所以，除了目前已经完成的群益楼(校园服务中心办公楼)周围的排水沟、风雨球场周围排水沟、南光一条街店后的排水沟改造工程(疏通、加深、加宽、加盖)；南光一条街两侧不规范店面的改建工程；南光一条街店面的重新粉刷；校门一条街后基建土堆的平整等项工作外，还拟进行下列项目的改造工程。

1.维修并适当加高校门一条街后围墙。

2.对校门一条街后排水沟明沟进行加盖，改为暗沟。

3.加建木工场与自费生宿舍之间的围墙，使校园和一条街隔开。

4.统一改造校门一条街后各餐馆的烟囱。

5.拆除校门一条街后的破旧遮阳塑料棚。

6.检查、维修校门一条街后的排水管道，防止污水溢出或渗透外墙。

7.重新修补、粉刷校门一条街后墙，使外墙整洁美观。

8.拆除超出围墙部分的违章搭盖。

厦门建南集团公司

一九九四年四月十四日

——本文摘录自《关于转发〈校园经商管理整顿工作的实施意见〉的通知》，厦大综〔1994〕32 号，档号 1994-XZ09-1

房地产管委会关于校园文明建设工作的实施意见

(1994年5月13日)

为配合学校进入“211工程”,加强校园文明建设,房地产管委会除应做好日常的管理工作外,还应着重加强对教职工集体宿舍进行文明建设和对非法违章占用、搭盖进行清理整顿两方面的工作,具体意见如下:

一、教工集体宿舍文明建设工作

1.加强教工集体宿舍安全、卫生管理

每幢楼腾出一间房作为值班室,雇请临时工进行安全、公共环境卫生管理。具体安排为(南光7已落实):

①南光4可请现管理进修教师公寓的临时工(住501室);

②新区3号楼可请现管理学生宿舍的临时工;

③南光5、6、9,芙蓉3各请一名临时工,丰庭1雇请二名临时工;

④丰庭2、3合请一名临时工,勤业1、2、3合请二名临时工。

2.综合整治违章占房

在原有对违章占房者处罚的基础上,增加行政、纪律处理内容。2或3年内取消评职称和分房资格,已评职称者予以缓聘或不聘。因违章者占房而无法进入居住的新教工先住招待所,住宿费由财务处在违章占房者所在单位的创收基金中报支,无创收单位在包干经费中报支。

3.清理不合理住房

公布集体宿舍住宿情况,接受监督。对不合理住房进行清理。

4.教工集体宿舍安全、卫生管理工作的临时工,学校支付基本工资,各楼根据实际情况收取适当卫生费给予补贴。

5.对于违章占房的整治工作,需要违章占房者所在单位给予支持,需要学校纪检、人事处、财务处、职称办等有关部门的通力配合。

二、校园违章建筑清理工作

学校违章建筑情况严重,已到了非治理不可的地步,有些非法占地、违章搭盖的建筑,严重影响校园景观,给环境造成一定程度的污染;有些违章建筑则影响了其他建筑的正常使用。经研究,清理违章建筑分若干次逐步进行。

1.首批违章建筑清理对象

考虑到不久将进行的校园评估检查,经校园评估领导小组决定,五月三十一日前首先拆除清理如下违章建筑:

(1)经济食堂后面该食堂违章搭盖约14㎡,其油烟直冲凌云路,严重污染环境。

(2)南光 4、5 号楼之间,清洁楼水泥结构保安室,外观不整。

(3)芙蓉 7 学生宿舍保卫科后,简易搭盖约 12㎡。

(4)物理馆前面,函授学院路旁简易搭建约 18㎡,有碍观瞻。

(5)芙蓉园中,水泵房简易搭盖,有碍景观。

(6)芙蓉一后,行政科自行车维修点。

(7)印刷厂与体育场之间,长期堆放的杂物。

(8)原厦大煤场与钢琴房之间,艺术学院雕塑棚擅自从两侧增扩的简易搭盖。

(9)校园服务中心办公楼顶的违章搭盖。

(10)政法学院与海滨 51、52 号楼及分析仪器厂之间,搭建两个工棚约 89㎡。

(11)芙蓉 9 前,第八食堂南面搭建约 72㎡工棚,面积约 23㎡。

(12)勤业 3 后搭建两工棚,面积约 150㎡。

其余违章建筑将分第二期、第三期等逐步进行清理。

2.清理方法

第一期违章建筑清理对象,限其 5 月 31 日前完成整改,由校城监中队具体负责执行。到期未完成整改的,由校城监中队组织力量统一进行强制拆除,所需经费开支由违章建筑使用单位支付。对于部分确实需要而第一期无法拆除的工棚,则由校城监中队会同使用单位共同研究提出整改意见,报送校园文明建设领导小组。

厦门大学房地产管理委员会

1994 年 5 月 12 日

——本文摘录自《关于转发〈房地产管委会关于文明建设工作的实施意见〉的通知》,厦大综〔1994〕36 号,档号 1994-XZ09-1

总务处校园文明建设实施方案

(1994年5月13日)

为了贯彻落实学校校园文明建设实施方案,迎接国家教委的检查评估,促进我校早日进入“211工程”,根据国家教委有关检查评比指标,对照我校的实际情况,特制订本实施方案。

一、总体目标

以国家教委校园、学生学习和生活环境检查评比为契机,发动全处职工积极参与,真抓实干:净化、绿化、美化校园环境;改善总务后勤基础设施条件;通过严格管理和优质服务,进一步优化育人环境,促进学校文明学风、校风的养成,使我校校园文明建设上一个新台阶,为确保今年十月份通过国家教委检查评估,做出应有的贡献。

二、主要任务

根据国家教委关于“校园、学生学习和生活环境检查评比指标体系”的要求,对照我校的实际情况,重点完成以下六项工作任务。

(一)搞好校园绿化、美化及环境卫生

1.调整充实学校绿化委员会、爱国卫生运动委员会组成人员名单,下设绿化办与爱卫办。两办合署办公,挂靠在校园管理科。绿委会、爱委会的主要职责是代表学校搞好校园绿化、美化及环境卫生工作的规则(计划),确立管理目标,制定规章制度,严格检查督促,组织协调工作。

2.重新修订校园绿化、美化及环境卫生等规章制度并严格执行。

3.重新划分校园绿化、美化及环境卫生包干责任区,明确各单位的职责范围,实行三包(包绿化、包美化、包卫生)制度,搞好经常性的检查评比与督促工作。

4.依靠专业队消除卫生死角,保持公共场所的整洁,大种树木,广种花草,尽快消除校园内实际存在的某些“脏、乱、差”现象,优化校园育人环境。

5.认真做好艺术学院、政法学院等一片景区景点的规划与设计工作;重点完成图书馆、化学化工学院、经济学院等一片景区景点的规划、设计与建设任务;旧景区景点要进行治理整顿与充实提高。

6.添置果皮箱、道路牌、卫生工具;厦门市垃圾楼投入使用后设置垃圾板车,定时定点收运垃圾,并以此取代原有的垃圾桶,以保持全校经常性的整洁。

7.发动师生员工大力开展除“四害”活动;吸收学生参加净化、绿化、美化校园劳动。

(二)改善学生学习环境

1.制定包括课堂秩序管理、设备管理、卫生管理、安全管理等四个方面的教室管理制度,并严格监督执行。

2.对教室的房屋、设备、设施等进行较彻底的维修或更新,以达到符合各项评估指标要求。

3.根据教室管理的任务要求对教室管理人员进行定岗定责，严格检查监督及奖惩制度。

4.通过与学生班级开展创建文明教室的活动，让学生更多地参与学生学习环境的管理。

(三)改善学生宿舍环境

1.完善包括卫生管理、水电管理、设备管理、安全管理、秩序管理等五个方面的宿舍管理制度，并严格监督执行。

2.对现有的学生宿舍的房屋、设备、设施等进行较彻底的维修或更新，以达到符合各项评估指标要求。

3.在学生宿舍区周围增建自行车棚。

4.进一步发挥学生参与宿舍民主管理的作用，积极开展创建文明宿舍活动。

(四)加强水电设施建设，认真搞好水电维修

1.对学生食堂、学生宿舍、公共教室及实验室等的水电设施、设备进行全面的检修与更新。

2.更新芙蓉园柱灯电缆线及检修、增补全校路灯。

3.新建海滨自来水增压站，基本实现全校供水正常化。

4.抓紧抓好双回路供电工程，确保学校供电正常化。

5.拆除动力科楼前破烂竹房，搞好周边环境卫生，改善办公条件。

6.在芙蓉园原抽水站新建40m²海滨加压机水泵房。

(五)加强食堂基础设施建设，努力改善用膳条件，办好师生食堂

1.拆除旧化学食堂及芙蓉(一)后面破烂厕所、浴室，新建二层楼食堂及厕所、浴室。

2.复办原海洋食堂。

3.对现有食堂进行较全面的维修。

4.筹建临时工宿舍大楼，以解决总务处500多名临时工住宿及校园环境脏乱问题。

5.维修现有学生澡堂；落实学生澡堂的扩建计划，并尽快实施。

6.健全规章制度，加强食堂管理；严格经济核算，降低伙食成本；增加花色品种，讲究烹饪技术；搞好营养配餐，提高饭菜质量；改善服务态度，扩大服务项目；严格操作规程，搞好食品卫生。

7.进一步发挥学生参与食堂民主管理的作用，积极开展创建文明食堂活动。

8.全校饮食卫生归口膳食科管理，除学校的宾馆及招待所外，校内不得再设饮食摊点。

(六)加强总务后勤临时工队伍的建设

1.根据我校炊管、宿管以及环卫等各类人员数量不足、队伍不稳、流失量大的实际，适当增加临时工人员编制。

2.为稳定队伍，调动积极性，同时体现劳动报酬向苦、脏、累活倾斜，解决临时工工资一直偏低的老问题，适当提高临时工的经济待遇。

三、工作进度

1.二月份进入准备阶段，宣传发动，召集副科长以上干部会，宣传搞好“校园评估”的重要意义，统一思想认识。

2.二月底至三月初，膳食、宿管、校管、动力等科室，根据“校园评估”的要求，制订并上报急需维修改造的硬件设施项目。

3.三月份至校庆前夕，着重抓好校园环境卫生和绿化、美化工作，重新划分各单位绿化、美化及卫生

包干责任区，干干净净迎接校庆七十三周年。

4.四月份至六月份重点抓好有关的基建工程。

①海滨自来水增压站工程三月份申报立项，四月份搞好图纸设计，五月份开始施工，争取七、八月份竣工交付使用。

②临时工宿舍大楼三月份申报立项，四月份落实经费，五月份施工，争取九、十月份竣工交付使用。

③五月份完成学生宿舍区增建自行车棚任务；检修好学生宿舍门窗玻璃。

④六月份完成总务处各科室规章制度汇编；对学生宿舍墙壁、地板破损进行维修、粉刷；对老旧学生宿舍门窗进行重新油漆。

5.暑假期间着重解决好食堂、宿舍、教室的大修和改造工作。

①七—八月份完成各食堂破损维修、改造任务；完成公共教室课桌椅维修和油漆任务；完成修补学生宿舍厕所、卫生间等公共场所的玻璃及芙蓉(七)、(八)、(九)、(十)学生宿舍卫生间的维修改造任务。

②完成食堂、学生宿舍、教室及校园道路等水电设施的更新、维修、改造工作。

③继续抓好校园卫生、绿化工作。

④校园卫生、绿化所需卫生工具、果皮箱、道路牌必须购置到位。

6.九月份总务处校园评估自查阶段。

由总务处校园评估领导小组成员组成综合检查组，分别对各科室进行检查、评估，验收评估将严格按照国家教委颁发的“指标体系”要求进行。

①听取各科室工作汇报。

②检查各科室各种文件、规章制度、会议或工作记录。

③现场查看，逐项验收，按“指标体系”打分。

④对未达标的科室要限期整改。

7.十月份总务处校园评估工作进入扫尾巩固阶段，总务处向学校申请评估检查验收。

四、工作方法

1.加强宣传教育，统一思想认识

召开各科室干部和班组长会议，认真学习文件，统一思想，搞好校园评估，促进后勤深化改革。利用校刊、广播、总务后勤简报宣传校园评估的重要意义，使校园文明建设成为全处的共同行动和经常性的工作。

2.健全组织机构，明确职责范围

总务处于三月份成立“校园评估”领导小组。由林火生处长任组长，梁诗柱、庄渊煌、洪忠义等任副组长，膳食、校管、宿管、动力等科室主要负责人为领导小组成员。

领导小组的职责和任务是：负责总务处校园文明建设的领导工作；宣传发动和组织本处职工积极参与校园文明建设活动；督促检查各科室认真做好校园评估工作；向学校申请评估检查。

3.制订总务处校园评估实施方案

申请改善后勤硬件设施经费，集中财力、物力，重点投入影响面较大的食堂、宿舍、教室、水电等维修、改造项目。

4.健全规章制度，加强科学管理

从抓管理入手，抓好“软件”建设，提高职工队伍的素质。抓好制度建设，严格管理，建立健全和完善各项规章制度。

5.常抓不懈，巩固成果

总务后勤工作，牵涉到校园文明建设的方方面面。必须结合总务后勤改革，抓好校园文明建设工作。因此，必须把校园文明建设作为一项经常性、长期性的工作抓紧抓好，并持之以恒、深入持久地开展下去。

借“校园评估”这一东风,使总务后勤各项工作上一个新台阶。

总务处校园文明建设领导小组

一九九四年四月二十五日

——本文摘录自《关于转发〈总务处校园文明建设实施方案〉的通知》,厦大综〔1994〕37号,档号1994-XZ09-1

厦门大学评聘高等教育管理研究职务试行办法

(1994年5月18日)

第一章　总　则

第一条　为了稳定党政干部队伍,提高教育管理水平,根据国家教育委员会《关于国家教委所属高等学校行政管理部门实行专业技术职务聘任制度的通知》[(88)教师管字065号]精神,结合我校实际情况,制定本试行办法。

第二条　评聘高等教育管理研究职务的对象:学校各级党政机关、校工会、校属事业单位中的专职党政干部。

上述单位中,主要从事专业技术工作的人员不列入本职务系列评聘范围。

上述单位的专职党政干部,已评聘其他专业技术职务的,可转聘为高等教育管理研究职务。

第三条　高等教育管理研究职务岗位,设研究员、副研究员、助理研究员、研究实习员。

研究员、副研究员为高级职务,助理研究员为中级职务,研究实习员为初级职务。

高等教育管理研究职务应有合理的结构。各级职务岗位数,由校职称改革领导小组确定。

第四条　高等教育管理研究职务的评聘工作,在校党委和校行政领导的统一领导下,由校职改领导小组组织实施。学校成立高等教育管理研究职务评聘领导小组协助开展这项工作。

第二章　岗位职责

第五条　研究实习员:须承办事务性管理工作,起草一般性工作文件,参加有关问题的调查研究、资料整理及调研报告的撰写,完成领导交办的其他任务。

第六条　助理研究员:须办理专门业务,处理管理工作中有一定难度的问题;独立起草本部门的文件材料;根据工作需要,研究有关的工作方针和政策;指导研究实习员工作;完成领导交办的其他任务。

第七条　副研究员:须主持专门业务工作,组织协调、处理管理工作中困难和复杂的问题;起草学校或部门工作中重要的计划、方案、总结、报告及规章制度等各种文件材料;承担有关教育管理的重要研究课题;指导初、中级职务人员工作;完成领导交办的任务。

第八条　研究员:须主持或组织学校某方面的教育管理工作,组织起草学校各种重要文件;组织学校的教育管理研究工作,为校党政领导提供学校发展战略及有关教育管理改革方面的理论、方针和政策咨询或意见;指导和培养各级高等教育管理研究人员;完成校领导交办的其他任务。

第三章　任职条件

第九条　申请评聘高等教育管理研究职务的人员,必须拥护党的基本路线,努力学习马列主义、毛泽东思想,学习邓小平同志建设有中国特色社会主义理论,热爱党的教育事业;熟悉党的教育方针和政策,了解高等教育管理的基本理论和专业知识,能熟练地履行自己的岗位职责,完成工作任务;身体健康,能坚持正常工作。

担任各级研究职务,还应具备下列各条所规定的条件。

第十条　研究实习员

一、学历及任职年限

(一)具有大专毕业以上学历。

(二)大专毕业,从事党政工作三年以上(含见习期,下同),或大学毕业,从事党政工作一年以上,或获硕士学位,或第二学士学位或研究生班毕业,从事党政管理工作,经考核合格。

二、业务水平和工作能力

(一)基本了解高等教育管理的基础理论,熟悉与本职工作有关的方针、政策、规章制度和业务知识;能胜任本职工作。

(二)在中、高级研究人员指导下,能进行调查研究,整理资料,起草一般性文件。

第十一条　助理研究员

一、学历及任职年限

(一)具有大专毕业以上学历。

(二)大专毕业或大学毕业,担任研究实习员四年以上,或获第二学士学位或研究生班毕业,担任研究实习员三年以上,或获硕士学位担任研究实习员二年以上,或获博士学位从事党政工作,经考核合格。

二、业务水平和工作能力

(一)较系统地掌握高等教育管理的基础理论和专业知识,基本了解高等教育管理的现状和发展趋势。

(二)具有一定的政策水平和组织协调能力。能独立负责某专门业务,承担有一定难度的管理工作;工作实绩较为显著,年度考核优良。能指导研究实习员的工作。

(三)具有一定的研究能力和较强的文字表达能力。能独立起草工作计划、规章制度、总结报告和其他业务文件。能独立进行高等教育管理研究,并写出具有一定水平的论文或具有一定参考价值的调研报告、改革意见等材料。经考察,表明能胜任和履行助理研究员岗位职责。

三、外语水平

能阅读一般的外语书刊。

第十二条　副研究员

一、学历及任职年限

(一)具有大学毕业以上学历。

(二)大学毕业以上学历,担任助理研究员职务五年以上,或获博士学位,担任助理研究员职务二年以上。

(三)担任副处级及以上职务三年以上。

二、业务水平和工作能力

(一)具有扎实的高等教育管理的基础理论和系统的专业知识,了解国内外高等教育管理的现状和发展趋势。

(二)有较高的政策理论水平和较强的分析问题能力、组织管理能力和解决疑难问题的能力。对所负责的工作有较深入的了解和研究,成绩突出,年度考核优良。能指导助理研究员以下人员工作。

(三)具有较强的研究能力。能独立起草管理工作中比较重要的计划、方案、规章制度、总结报告和其他重要的业务文件;在高等教育管理研究方面取得较突出的成果,发表具有较高学术水平的研究论著或撰写具有一定指导借鉴作用的调查报告、改革方案等。经考察,表明能胜任和履行副研究员岗位职责。

三、外语水平

能熟练地掌握一门外语。

第十三条　研究员

一、学历及任职年限

(一)具有大学毕业以上学历。

(二)担任副研究员职务五年以上。

(三)担任副校级及以上职务三年以上。

二、业务水平和工作能力

(一)对高等教育管理及其相关学科具有系统的、坚实的基础理论和较广博深厚的专业知识,熟悉高等教育管理的国内外现状和发展趋势。

(二)具有较高的政策理论水平和较强的组织领导能力。能妥善处理高等教育管理工作中的重大疑难问题,主持制定对高校发展有重大影响的决策,承担学校某一方面的重要领导工作,能运用丰富的管理经验和专业知识,指导高校的党政管理工作,成绩显著。

(三)在高等教育管理研究方面学术造诣较深,负责起草对学校发展有重大影响的文件;能根据国家需要提出有重大意义的高等教育管理研究方向,设计研究课题;发表有相当影响的专著或论文,提出具有较高价值的研究报告、改革方案,在领导高校党政管理研究和指导副研究员以下各级职务人员工作方面取得了显著成果。经考察,表明能胜任和履行研究员岗位职责。

三、外语水平

熟练地掌握一门外语。

第十四条　对于有真才实学,在高等教育管理工作中成绩显著,在高等教育管理理论和工作研究方面成果突出的,可不受学历、资历限制,破格评聘相应职务。

第四章　评聘程序

第十五条　个人申报

党政干部评聘高等教育管理研究职务须由本人提出申请,并填写“厦门大学申请高等教育管理研究职务简明表”;经所在单位同意推荐,报校职称主管部门审核。

申请人必须提交一份从事党政工作以来的思想政治表现和工作情况的总结。申报中、高级职务的人员必须按规定提交代表作和外语考试成绩。

第十六条　考核

学校成立若干考核小组。考核小组由校党政领导和有关部门负责同志 9～11 人组成。考核小组应以思想政治表现和工作业绩为重点,对申请人进行全面考核。

一、思想政治表现和工作业绩

思想政治表现:主要考核申请人对党的路线、方针、政策的学习、了解和执行情况,工作态度,道德品质,工作作风及遵纪守法等方面的情况。

工作业绩:主要考核申请人履行岗位职责情况和业务水平与工作能力,包括其理论水平,对专业知识的熟练程度,分析和解决实际问题能力以及组织管理能力,完成工作任务的数量和质量等。

考核小组在组织考评后给予鉴定。

二、研究能力及成果

主要考核其起草计划、总结、规章制度等各种业务文件的能力和水平,从事高等教育管理研究的能力及成果。

申报助理研究员职务的,必须送交一篇代表作,由考核小组审查鉴定。申报副研究员及以上职务的,必须送交二篇代表作,由同行专家或具有高级职务的党政管理人员审查鉴定。申请副研究员职务的代表作必须是任现职以来公开发表的论文或正式出版的著作,或在国际、国内学术会议上交流的有一定水平的论文,或具有一定水平的调研报告、工作总结等。申请研究员职务的代表作,必须是任现职以来公开发表的论文,或正式出版的著作。

三、外语水平

主要考核其掌握外语的程度。

外语水平的考核采用考试的形式进行。凡申请评聘中、高级职务的均必须参加外语考试。申报高级职务人员必须每小时能够翻译 1500～2000 外文印刷符号，按二小时出卷。申报中级职务的人员必须每小时能够翻译 1000～1500 外文印刷符号，按二小时出卷。

凡符合下列条件之一者，可免于外语考试：

（一）获得博士学位申报高级职务；获得硕士学位或已通过大学外语六级考试申报中级职务。

（二）TOEFL 考试成绩 500 分以上，或 WSK 考试成绩达到 90 分以上，申报高级职务；TOEFL 考试成绩 450 分以上或 WSK 考试成绩达到 80 分以上申报中级职务（以上规定的考试成绩四年内有效）。

（三）1966 年底以前毕业（含五年制 1967 年毕业，六年制 1968 年毕业）的大学本科毕业生。

第十七条　评审

一、学校根据工作性质成立若干个评议组。评议组成员由校领导、有关部门负责人和高等教育管理研究专家 9～11 人组成，其中具有高级职务的专家不少于三分之二。评议组设组长一人，副组长一人。评议组负责评议中级和高级职务任职资格。

二、学校成立高等教育管理研究职务评审委员会，由校领导、部门负责人及高等教育管理研究专家 19～25 人组成，其中具有高级职务的专家不少于三分之二。委员会设主任一人，副主任二至三人。委员会负责评审中级和高级职务任职资格。

三、评议组和校评审委员会应按“坚持标准，保证质量，全面考核，择优晋升”的方针，根据各级职务的任职条件、第二十条规定的各项考核情况，重点考虑其工作业绩和现实表现，对申请者进行认真评审。

评议组和校评审委员会召开会议须有全体成员的三分之二以上出席，评审结果方为有效。

评议组和评审委员会在认真审阅申请人有关材料及认真讨论的基础上，经无记名投票方式表决，若为差额表决，须获得赞成票数为全体委员的二分之一以上（若为等额表决须获得赞成票数达到或超过出席会议成员的三分之二）者，方为通过。

四、当评审对象是评审委员会委员（或评议组成员和考核组成员）或其亲属（包括父母、夫妻、子女、兄弟、姐妹、女婿、儿媳、岳父母等）时，在考核、评议、评审及投票表决等过程中本人应当回避。

第十八条　聘任

一、高等教育研究管理职务的聘任应根据单位编制和岗位设置情况，逐级聘任。初级职位由所在单位聘任，中、高级职务由学校聘任。

二、学校和部门根据受聘人员应履行的职责和承担的义务，与受聘人签订工作任务书。学校和部门还应向受聘人员颁发聘书。受聘人员应认真履行职责，完成本人承担的任务。

三、任期由学校根据工作需要确定，一般为 2～4 年。聘任期间，学校和部门对受聘人工作表示不满的，可以解聘。聘任期满，学校和部门根据本人表现和工作需要，决定是否续聘或不聘。

四、凡受聘担任高等教育管理研究职务的人员，其工资待遇可在研究职务与行政职务之间，按较高的职务工资标准执行。

第十九条　评聘高等教育管理研究职务，必须坚持原则，掌握政策，严格按评审程序办事。对违反规定，弄虚作假的，视情节给予暂停评审，或缓聘，或取消任职资格的处理。

第五章　附　则

第二十条　本办法由校职改领导小组负责解释。

第二十一条　本办法从公布之日起实行。

——本文摘录自《厦门大学关于印发〈厦门大学评聘高等教育管理研究职务试行办法〉的通知》，厦大职改〔1994〕16 号，档号 1994-XZ14-1

关于印发《厦门大学差旅费包干试行办法》的补充通知

（1994 年 5 月 31 日）

各系、各单位：

我校《差旅费包干试行办法》(厦大财字〔1993〕28 号)，经过一年来的试行，对简化办理财务手续、便利师生、节约时间起到一定作用，但在执行过程中，也存在一些问题，主要有几个方面：一、已经办理出差手续、领取了出差经费而未出差，或另换出差人；二、批准出差天数与实际出差天数相距较大，影响出差包干经费；三、个别单位批准出差人乘坐飞机或软卧领取经费后改坐硬卧、套领包干经费；四、未按规定的开支标准等等。

为了完善我校差旅费包干办法，切实加强差旅费管理，既节约开支，又简化师生办理报销手续，特做如下规定：

一、包干差旅费经审批领取后，不再办理报销手续。各系、各单位一支笔领导，对包干差旅费严格把关，切实按“五定”即定任务、定人员、定地点、定时间、定金额，认真核定，严格审批出差包干经费，出差人员凭已核定的出差审批表，向财务处一次领取出差费用，今后不再办理报销手续。对出差需乘飞机者要严格控制，并注明是单程或往返。参加各种会议者，凡会议通知注明食宿自理的，可一次性领取住宿费和伙食补贴、交通费；会议通知未注明食宿自理，在核定出差包干审批时不应计入。会议注册费、资料费、会务费仍按原标准，凭有关证明给予补发。乘坐车船要剔除车船过夜天数的住宿费。

二、遵守“五定”原则，防止冒领多领出差经费，各单位差旅费包干经费不得突破。

工作人员出差任务一经确定，必须落实出差人，不得改变他人替换或冒名顶替，出差包干天数应准确计算。如遇特殊情况，出差实际天数确实超过包干天数的，由本人提出申请，附上往返车票，由单位一支笔审批后，财务处给予补发。实际出差天数少于领取包干出差天数的，返校后应主动将差额部分交回财务处。出差人原批准乘坐飞机因故改乘火车的，返校后差额部分应予返回。违反者，一经查出，按虚报差旅费论处，并追查责任。

三、严格执行开支标准，超支不补，结余归己。凡因公出差，按车船、飞机、住宿、市内交通费、伙食补贴费等标准开支，超支不补，结余归己。会议期间参观游览一律不准报销。

四、科研人员因公出差仍按厦大财字〔1993〕28 号文件，即有关科研出差者，出差前按“五定”领取包干旅费，回校后向财务处办理报销手续。

五、学生产生实习费，由教务处核定包干指标，财务处按指标付款，实习结束后由教务处按“五定”进行审查，财务处核销。研究生毕业论文、调查费，博士生 800 元、硕士生 500 元在研究生业务费项下领取，不再报销。

六、各系、各单位主要负责人出差，按学校规定，由校长或校办主任审批。

七、寒暑假期间，如民航规定优惠师生乘坐飞机，按优惠价核定飞机票价。

八、为便于各系、各单位一支笔对出差包干费用的计算，随文附发飞机、火车、大巴（汽车）票价表和机场服务费（见附件一、二）和各类人员出差主要城市乘坐飞机、火车、大巴在 30 天内全部包干费用表。

九、本办法自一九九四年七月一日起执行，七月一日前出差，按原试行办法执行。

（附件略——编者）

厦门大学

一九九四年五月三十一日

——本文摘录自《关于印发〈厦门大学差旅费包干试行办法〉的补充通知》，厦大财〔1994〕20 号，档号 1994-XZ18-2

关于加强校园文化活动管理的实施意见

(1994年6月5日)

为了有效地加强校园文化活动的管理,维护学校的正常教学秩序,优化育人环境,以保证校园文化活动活跃、有序、文明、健康,沿着正确的方向发展,推动学校的精神文明建设,根据(92)厦大综字第41号文件《关于校园文化活动管理的若干规定》精神,现就有关几项主要活动的管理,提出如下实施意见:

一、加强校内录像点的管理

1.现有校内的录像点进行重新申报登记工作,明确责任人和经办人,实行责任管理制度。

2.建立录像放映月报表制度和审片制度,严格把好录像片来源关。非正式发行渠道的录像片或仅供内部参考使用的资料片,需公开放映的,应提前报送校党委宣传部审片,经同意后才能公开放映。

3.公开放映的时间,统一规定为周六下午、晚上,星期天以及节假日,特殊情况需报经批准。

4.各单位主要负责人应经常过问,把好片源关,不得随意交由个人或学生承包。

5.自通知日起,非经批准不得随意增设校内录像点。

6.校内宾馆、招待所的录像点,主要面向对象为住馆、住所旅客,不能在校园内张贴海报。

7.校内录像点的海报应在指定地点张贴。不准校外营业性录像点的海报贴入校内。不准校内师生为校外录像点代理售票。

二、加强对卡拉OK、舞会场点的管理

1.对现有校内的卡拉OK、舞会场点进行重新申报登记工作,明确责任人和经办人,实行责任管理制度。

2.校内卡拉OK、舞会场点开放时间统一规定为星期六下午、晚上,星期天及节假日。为满足各单位集体活动的需要,对具有音响隔离设备,不影响校园教学、生活秩序的场点,可以在星期二晚上为单位集体活动做内部开放。特殊情况,需报送党委宣传部批准。

3.各卡拉OK、舞会场点的责任人,应严格掌握开放时间,负责维持好场点的秩序,防止外来人员的骚扰,及时制止各种纠纷。

4.自通知日起未经批准,不得随意增设卡拉OK和舞会场点。

三、加强对张贴物的管理

1.凡属于校内通知、布告、海报、广告等各种张贴物均须在学校设置的固定的宣传栏、布告栏、广告栏内张贴,不得在楼墙、门柱、树干、电线杆等随意张贴。

2.凡校内经批准的经营性单位的广告、海报,学校社会实践活动的广告、海报,师生的寻物、失物启事等,必须经报学生自律会登记后统一张贴。

3.不准随意设置和到处挂靠广告牌、海报板。

4.不准张贴大小字报。不准张贴同乡组织的通告和海报。不准张贴校外商业性广告。

四、加强对大型文化活动的管理

1.建立全校性大型文化活动内容的申报制度。主办单位应报送校党委宣传部同意后方得举行。

2.邀请校外人员来校举办大型课外讲座、报告会、文艺演出,以及其他文化活动,均须报送校党委宣传部审批、备案。

3.凡校外、境外新闻单位、影视单位来校进行一定规模的摄制、录制、采访活动,均须经校党委宣传部同意并统一安排,未经同意不得私自接待采访、摄制和录制。

以上各项措施,请各系各单位和全体师生员工自觉遵守和共同维护,各系各单位应加强教育、检查和督促,违反上述规定的,除追究责任人的责任外,并由校保卫处、校文明建设督导队、学生自律会执行处罚,轻者进行批评教育、罚款、通报批评和停止使用活动场点,情节严重者按校纪校规,甚至治安管理条例进行处理。

——本文摘录自《厦门大学》(校刊),1994年6月5日第302期

关于违章用电与窃电的处理规定

(1994年6月13日)

为了贯彻执行《全国供用电规则》中关于窃电盗窃国家财产的行为,应严肃处理的规定,进一步加强对我校的用电管理。最近对部分用户进行突击检查,发现我校违章用电与窃电情况比较严重,特别是商业网点、基建工地违章用电与窃电情况更为突出。根据《规则》第十章违章用电与窃电的条款规定,结合我校的实际情况特制定如下处理规定:

第一条　下述各条款均属违章用电与窃电行为

1.在电价低的供电线路上,私自接用电价高的用电设备或私自改变用电类别者;

2.电力用户超过报装容量私自增加用电容量者;

3.私自迁移、更动和擅自操作电度计量装置、电力定量装置、线路或其他供电设施者;

4.在学校供电线路上,未经动力科同意而私自接线用电或绕越电度表用电者;

5.改变电度表的接线,伪造或启动表计封印以及采用其他方法致使电度表计量不准者;

6.现有包灯用户,私自增加用电容量者。

第二条　违章用电与窃电处理办法

1.对违章用电与窃电行为,经检查发现当场予以停电,并追补私接容量及实际使用时间的电费,如窃电起讫日期无法查明,至少以六个月计算;

2.用户违章用电与窃电造成供电设备损坏时,应负责赔偿和修复,对造成严重后果者,将报送有关部门处理;

3.根据不同用户和情节轻重处以罚款。

第三条　罚款的具体规定

1.师生员工生活性违章用电或窃电,根据情节轻重处50～100元罚款;

2.商业摊点经营性违章用电或窃电,根据情节轻重处500～1000元罚款;

3.工厂、基建工地违章用电或窃电,根据情节轻重处800～1500元罚款;

4.对多次违章用电或窃电者,可处三至五倍罚款,情节严重,态度恶劣将取消用电资格。

附:违章用水与窃水,同样是盗窃国家财产的行为,可参照本规定第二条并视情节轻重处50～1000元罚款。

厦门大学

一九九四年六月十三日

——本文摘录自《厦门大学校园文明建设制度汇编》,厦大总字〔1994〕4号,档号1994-XZ27-2

厦门大学学生宿舍用电维修管理规定

（1994 年 6 月 13 日）

为了保障学生宿舍正常用电和安全用电，鼓励同学们节约用电，创造一个良好的用电秩序，经研究决定，对现行的《厦门大学学生宿舍用电维修管理规定》做如下修订：

一、实行定额免费、超用收款的用电管理办法。

1.定额免费用电标准：本科生、专科生（含指计划内招收的大专自费生），原则上每室每月 20 度；硕士生、干修生、进修生每人每月 5 度；博士生每人每月 10 度；各系辅导员室及学生会（含学生活动室电视室）每室每月 20 度。放假期间及其他各类培训生均不享受免费用电。

2.用电收费规定：每月定时抄表一次，当月结算超用电度数（每间宿舍每月总用电量扣除定额免费用电量即为超用电度数）实行两种不同价格收费办法。当超用电度数在 20 度以下时（含 20 度），每度按现行市价收费；当超用电度数超过 21 度时（含 21 度），所有超用电均按 0.40 元/度收费。加价所收电费全部上缴财务处。

二、用电故障维修管理办法：各宿舍的用电故障由宿管科水电维修组负责维修。出现用电故障应及时报告宿管科水电维修组（值班室电话：3412），并由其负责派电工对宿舍内的用电故障进行原样维修。安装线路、电器和楼外线路维修由动力科负责。宿管科和动力科工作人员有权对各宿舍用电进行监督检查，有权对违章用电者按规定进行处理。

三、材料维修更换管理办法：学生宿舍内用电设施由该室学生使用保管，维修时应以旧换新。维修时发现宿舍内灯管、启辉器、灯架、整流器、开关、保险盒等电器材料丢失或人为损坏，应由该室同学照价赔偿。根据照明电器正常使用年限，每间宿舍每年可免费更换灯管两支、启辉器两个、开关一个，超过部分应由该室按市价补交材料费。

四、违章用电处理规定：任何人不得在寝室内私拉电线，另接灯头插座，违者没收电线、灯具，并罚款壹拾元；严禁使用电炉、电热器；严禁私接路灯电及其他各种偷电行为，违者处以 30～50 元的罚款，因违章用电或私拉乱接电线引起保险丝烧断者，需由该室交纳罚款壹元，方予维修。以上所收各项罚款全部上缴校财务处。如查到上述违章用电行为而宿舍人员有意包庇或不按时缴交违章罚款者，则以宿舍为单位从生活补贴费中加倍扣款，并视情节轻重予以通报批评和纪律处分；凡造成严重事故者将由公安部门追究刑事责任。

五、供电时间：研究生、干修生、进修生宿舍全天供电，其余学生宿舍白天供电，晚间按学校作息时间统一熄灯。

六、用电奖惩办法：对节约用电成绩显著的宿舍，在年终将给予通报表扬，并给予适当奖励；对用电大户的宿舍将给予通报批评。

本规定自颁布之日起实行，由总务处宿管科、动力科负责实施，各系政工管理干部应积极予以配合。过去的有关规定条文若有与本规定不一致者，均按本规定执行。

厦门大学

一九九四年六月十三日

——本文摘录自《厦门大学校园文明建设制度汇编》，厦大总字〔1994〕5 号，档号 1994-XZ27-2

学生实验守则

(1994年6月17日)

一、按时上实验课,实验前应认真预习,并写出预习报告,无预习者不得做实验。

二、注意文明卫生,进入实验室,必须衣着整洁,保持安静,不得赤足、穿拖鞋及背心,严禁喧哗、吸烟、吃食物、随地吐痰。严禁动用与实验无关的仪器设备。

三、服从教师指导,按规定步骤进行实验。仔细观察、认真思考,如实记录,不得抄袭他人的实验结果。

四、注意安全,严格遵守操作规程,爱护仪器设备。节约用水用电和实验器材。如发现仪器异常,应立即报告指导人员及时处理。凡违反操作规程造成设备损坏者,必须写出书面检查,按学校有关规定赔偿损失。

五、实验完毕后,应整理仪器、工具,关闭水、电、门、窗,并报告指导人员后方可离开。

六、及时完成实验报告,凡实验报告不合要求者,均须重做。实验成绩不及格者,不得参加本门课程考试。

——本文摘录自《关于印发〈学生实验守则〉等四项实验室制度的通知》,厦大综〔1994〕47号,档号1994-XZ09-1

实验室安全工作规定

（1994 年 6 月 17 日）

一、建立由实验室主任领导的安全岗位责任制，安全员具体负责督促本室安全工作。

二、制定实验室安全管理制度和仪器设备操作规程，并张挂在明显处，严禁违章操作。

三、新进实验室人员必须先接受安全教育，掌握基本安全知识。

四、大型仪器、电气焊接和车床等特种作业人员，必须经过技术培训，考试合格后方可独立操作。

五、实验室不得有漏水、漏油、漏气等现象，废物应及时处理。

六、按规定使用劳动防护用品，禁止赤膊、穿背心、穿拖鞋上岗操作。

七、使用和存放易燃物的场所严禁烟火，不准吸烟。

八、可燃性气体、化学危险品、放射源，必须妥善保管，专人负责。

九、实验上无须配备加热设备的实验室严禁使用电炉及加热器。

十、禁止超负荷用电，不准乱拉乱接电线。确实需临时拉接的电线用毕后应立即拆除。

十一、各种移动电具，使用前需认真检查后方可使用。

十二、使用压缩气体钢瓶，必须严格遵守高压容器操作要求。

十三、配备相应的消防器材，安放在明显、便于取用之处，定期检查，保持完好状态。

十四、下班时要切断水、电，关好门窗。

十五、发生事故，必须立即抢救，重大事故必须保护现场并及时上报。

——本文摘录自《关于印发〈学生实验守则〉等四项实验室制度的通知》，厦大综〔1994〕47 号，档号 1994-XZ09-1

实验室卫生工作规定

(1994年6月17日)

一、各实验室必须指定专人负责实验室卫生的检查督促工作。进入实验室的人员都应遵守卫生制度,参与卫生工作,共同维护实验室卫生。

二、实验用的橱柜、桌椅、仪器设备及桌面物品应布局合理,摆放整齐。备用的器材应放入橱柜内。

三、健全学生卫生员值日制度,值日生应负责实验课后卫生工作。

四、实验完毕,实验人员必须及时整理器材药品,处理废料、废液,用水冲净空药瓶,清扫桌面、地面杂物,到指定地点倒垃圾。

五、定期进行卫生大扫除,桌面、地面、墙面、门窗和仪器设备保持整洁,无积灰、蛛网、杂物。

六、因实验项目变动而更换下来的器材要放置整齐,并罩上防尘布。

七、各单位报废和积压的仪器设备应及时办理手续,交物资办回收仓库,多余家具退还校管科。

八、实验楼的门厅、过道、楼梯底不得堆放家具、设备、杂物,保持门厅、过道畅通。

九、各单位要定期对实验室的卫生状况进行检查评比,奖优罚劣。

——本文摘录自《关于印发〈学生实验守则〉等四项实验室制度的通知》,厦大综〔1994〕47号,档号1994-XZ09-1

实验器材借用损坏丢失赔偿办法

（1994 年 6 月 17 日）

一、实验室的仪器、设备、工具、材料应由专人负责账、物管理工作，并落实到个人使用保管。更换使用人应办理登卡手续。

二、器材出借应办理手续，限期归还。实验室间借用由实验室主任审批，单位间借用由单位主管审批，校外借用应经物资管理部门批准并收取押金和租金。器材不得借给个人私用。

三、由于管理不善、贮存不严、违反操作规程、私自借用和拆装而造成仪器设备被窃或损坏，应追究当事人责任，并视情节轻重按原价的 10％～80％赔偿。

四、赔偿审批权限及处理

1.损失仪器设备由使用单位查明原因，提出赔偿和处理意见，报物资办审批，二万元以上者应经主管校长审批。

2.赔偿金额确定后，责任者应到财务处交款，凭收据办理改写手续。未办完手续者不得离校。

3.对因玩忽职守而造成重大损失者，除责令其赔偿外，还应给予适当的行政处分。

——本文摘录自《关于印发〈学生实验守则〉等四项实验室制度的通知》，厦大综〔1994〕47 号，档号 1994-XZ09-1

关于《厦门大学评聘高等教育管理研究职务试行办法》补充规定的通知

(1994 年 7 月 11 日)

对于不具备大专学历,长期从事高等学校党政工作,表现突出,且在高等教育管理研究职务方面有一定成果,除符合厦大职改〔1994〕16 号文,《厦门大学评聘高等教育管理研究职务试行办法》有关规定外,同时必须符合下列条件者可晋升或转定助理研究员职务任职资格:

一、对于不具备大专学历且未曾评定其他系列专业技术职务的党政工作人员,具备下列三项条件者可申报破格晋升助理研究员职务:

1.中专(或高中)毕业学历从事专业技术工作和党政工作二十五年以上,其中专职从事高等学校党政工作十二年以上;

2.近五年内年度工作考核结果均为优良;

3.担任科级职务三年并取得一定成绩,发表一篇有一定水平高等教育管理研究方面的论文。

二、对于不具备大专学历且已取得其他系列中级职务任职资格的党政工作人员,具备下列三项条件者可申报破格转定助理研究员职务:

1.中专(或高中)毕业学历,从事专业技术工作和党政工作二十五年以上,其中从事高等学校党政管理工作五年以上;

2.在从事高等学校党政管理工作期间,年度工作考核均为优良;

3.担任科级职务三年并取得一定成绩,发表一篇有一定水平的高等教育管理研究方面的论文。

厦门大学职称改革领导小组

一九九四年七月十一日

——本文摘录自《关于〈厦门大学评聘高等教育管理研究职务试行办法〉补充规定的通知》,厦大职改〔1995〕10 号,档号 1995-XZ14-2

关于我校集体宿舍管理制度的几条补充规定

(1994年8月11日)

近年来,我校调入及新分配的教职工比例逐年增大,集体宿舍住房供求矛盾日益尖锐。而且,每年在安排新教职工住宿时,由于部分原住教职工抵触造成新教工无法及时落实床位,直接影响了新教工的正常教学、科研及生活秩序。为了使我校集体宿舍管理体制及条例进一步规范化、制度化,经校办公会议研究决定,特做如下补充规定:

(一)凡抵制新教工进入居住者,待其改正后,顺延其两年的分房资格。

(二)凡抵制新教工进入居住者,学校将不予聘任,取消其职务和业绩津贴。待其改正后,从改正后的第一个月给予聘任及发给相应的职务和业绩津贴。

(三)各单位应共同做好单身教职工的工作,学校在下一年度考评单位等级时,若单位仍有不服从调配的职工,学校将视其情况给予降级处理。

厦门大学

一九九四年八月十一日

——本文摘录自《关于我校集体宿舍管理制度的几条补充规定》,厦大综〔1994〕64号,档号1994-XZ09-1

厦门大学实行《高等学校教师职务试行条例》的实施意见

(1994 年 8 月 25 日)

根据国务院、国家教委和福建省教委有关评聘教师职务文件的规定,并结合我校实际情况,制定本实施意见。

一、指导思想

评聘教师职务的目的,是充分发挥我校教师积极性、创造性和主动性,不断提高教学和科研水平,为培养我国社会主义现代化建设需要的高、精、尖人才和发展我国科学文化、技术事业做出贡献。

评聘教师职务的工作,要从学校教师和各类专业技术人员队伍的长远建设和总体规划着眼,把这项工作与师资队伍的建设结合起来,通过评聘工作不断提高我校教师队伍的素质,优化结构。

在此项工作中,特别要看到提拔优秀中青教师的重要性和紧迫性,要引入竞争机制打破论资排辈的旧思想,不拘一格地选拔人才,及时把一批有学识、有才干的中青年教师选拔起来,发挥他们的作用。

评聘教师职务的工作,一定要坚持党的领导,注意思想政治工作;正确掌握思想政治条件与学术业务标准;处理好教学与科研、基础理论研究与应用研究之间的关系;坚持德才兼备的正确导向,坚持标准,保证质量,宁缺毋滥,择优评聘,使受聘的教师名副其实。

二、各级教师职务的标准

(一)基本要求

各级教师应热爱社会主义祖国,坚持四项基本原则,努力学习马克思列宁主义、毛泽东思想;学习建设有中国特色社会主义理论和党的路线、方针、政策;忠于人民的教育事业,服从分配,勇担重任,刻苦钻研业务,不断提高教学质量和学术水平,积极完成本职工作;有严谨的学术作风和高尚的科学道德,团结合作,作风正派,品行端正,教书育人,走又红又专的道路。

各级职务的教师一般既要承担教学工作,也要从事科研工作,努力探索真理,攀登科学高峰,以学校的学术地位为重,以学校能早日跨入国际先进行列为己任。

(二)职责

1.见习助教

见习助教应担任本专业的一门课程的辅导答疑,批改作业,讲习题课,协助主讲教师组织课堂讨论等教学工作,并应根据需要兼任学生的班主任工作,其教学工作量不得少于总工作量的二分之一。

2.助教

(1)担任二门课程(或一门一学年的基础课)的辅导答疑,批改作业,组织课堂讨论,讲习题课,指导实验、实习和社会调查,协助指导毕业论文等教学工作。

体育、外语、政治等公共课的助教均应讲课。其他专业的课程，经系主任批准，助教也可以讲授部分章节或整门课程。

(2)有实验室单位的助教，应有一定的时间参加实验室建设工作。无实验室单位的助教，也应有适当的时间参加业务实习或教学参考资料的建设等工作。

(3)在讲师、副教授的指导下，进行科学研究，协助指导大学生毕业论文。每学年应写一篇科研工作总结或文献报告，在任助教期间至少要有一篇学术研究论文在学术会议上宣读或学术刊物上发表。

(4)任助教期间，根据工作需要应兼任二年以上的班主任或校内其他教学、科研管理工作，参加一定的社会实践工作。

(5)承担和完成教研室分配的任务以及校系交办的其他工作。

3.讲师

(1)系统地讲授一门或二门课程，组织课堂讨论，组织与指导实验、实习或社会调查以及指导大学生毕业论文。

工作需要时也应承担辅导答疑，批改作业，讲习题课等工作。

(2)有实验室单位的讲师，应承担实验室的建设工作，进行实验更新和技术设备改造，编写实验教材，组织实验教学。

无实验室单位的讲师，应参加业务实习或承担编译教学参考资料等工作。

(3)结合教学工作开展科学研究，每一至二年至少有一篇具有一定水平的学术论文，在学术会议上宣读或在学术刊物上发表(不宜公开发表的应有内部同行专家鉴定及有关单位证明，下同)，或做出一些具有实用价值，产生一定的经济或社会效益的科研成果，或者在二至四年内编译出一部具有一定水平的教材或教学参考书。对参加周期性较长的重大研究课题者，应完成年度工作计划，提出阶段性的研究成果。

(4)协助副教授指导研究生和进修教师。

(5)根据工作需要，担任学生思想政治工作和教学、科研等方面的管理工作。

(6)承担和完成教研室分配的任务以及校系交办的其他工作。

4.副教授

(1)系统地讲授二门或二门以上课程(其中一门必须是基础课或专业基础课)，教学内容应能反映本学科当前的研究成果。组织与指导课堂讨论、实验、实习和社会调查。

工作需要时，也应承担课程辅导，批改作业，讲习题课等工作。

(2)指导硕士研究生，培养中青年教师，协助指导博士生。

(3)担任实验室建设的副教授，负责制定实验室建设与发展规划，在建设与改革实验、组织教学、编写教材以及培养实验教学技术人员等工作上做出较好成绩。

(4)应是科研课题的组织者或主要成员。每年应向科研组报告所研究项目的国内外动态与发展趋势。每一二年至少应提出一篇有较高学术水平的科学研究论文，在学术会议上宣读或在学术刊物上发表(包括编著出版具有较高水平的著作、教材或教学参考书等)。或做出一项具有实用价值，并产生较大经济或社会效益的研究成果(包括实验室的成果或较高水平的专题调查报告)。在参加周期性较长的重大研究课题时，应完成年度工作计划，提出阶段性的研究工作成果。

(5)根据工作需要，担任学生思想政治工作或教学、科研等方面的管理工作。

5.教授

(1)系统地讲授三门或三门以上课程(其中一门必须是基础课或专业基础课)，教学内容充实，能反映现代科学技术最新成就，并有独立见解，引导学生独立思考。

(2)指导博士研究生或硕士生，培养中青年教师。

(3)应是科研课题组或本学科的组织者，每学年应向科研组报告本研究方向的国内外学术动态及发展趋势，制订研究工作计划。每年至少提出一篇有较高学术水平的科学研究论文(包括教学法研究论文)，在学术会议上宣读或学术刊物上发表(包括出版质量较高的专著、教材和教学参考书)，或做出其他有较高水平和效益的研究成果。

在组织和指导周期性较长的重大研究课题时,应完成年度工作计划,提出阶段性的研究成果。

(4)根据工作需要,担任教学、科研等方面的管理和学生思想工作。在高等教育体制改革中起积极主导作用。

三、任职条件

晋升或转定各级教师职务,必须全面坚持《试行条例》所规定的思想政治、工作能力、业绩、学历、任职年限和相应职务的外语水平等任职条件,并根据下列要求实施。

(一)学历、任职年限和业务要求

1.见习助教

获得学士学位毕业任教,第一年为见习助教,见习期一年。

2.助教(须符合下列条件之一)

(1)获得硕士学位后在校任教,经3～6个月教学实践考察表明能胜任助教工作。

(2)大学本科毕业见习期满,批准转正后,经考核表明能履行助教职责。

(3)在工作实践中进修提高,经考试和考察,证明达到大学本科毕业或同等学力,并能履行助教职责。

3.讲师(须符合下列条件之一)

(1)获得博士学位后在校任教,经3～6个月教学实践考察表明能胜任讲师工作。

(2)获得硕士学位后,已担任助教职务二年以上,经考察,能全面完成助教工作,工作业绩良好,并具备履行讲师职责的能力。

(3)获得硕士学位前已确定助教职务,在本科院校累计担任助教职务二年以上或大学本科毕业在高等专科学校担任助教职务二年以上并在获得硕士学位后在我校担任助教职务一年以上者,经考察证明已全面完成助教工作,且业绩良好,并具备履行讲师职责的能力。

(4)获得研究生班毕业证书或双学士学位,已担任三年以上助教职务,经考察,全面完成助教工作,业绩良好,并具备履行讲师职责的能力。

(5)大学本科毕业担任助教职务四年以上,并取得助教进修班结业证书,进修本专业或相近专业六门研究生课程,考试成绩合格。经考察,全面完成助教工作,并且具备履行讲师职责的能力。

以上教师均须经过高等教育学、心理学的培训,成绩合格。

4.副教授

(1)大学本科毕业以上学历,担任讲师职务五年以上,或获得博士学位,担任讲师职务二年以上,全面完成讲师各项工作,教学业绩优良。能够密切联系实际进行比较深入的科学研究工作。任现职(获得博士学位者含在学期间)以来在公开发行的学术刊物(须有CN刊号,下同)上发表过或在全国性学术会议上宣读并收入论文集,出版过一定数量和较高水平的学术论文(包括教学法研究),其中在国家部委及所属研究院(所)、全国专业学会及分会(不含省级学会,下同)和科学院所属研究所主办的学术刊物,国家教委直属高校大学学报(不含1994年以后的增刊)或在《中国经济问题》上发表或在国际学术会议上宣读并收入论文集,出版过至少三篇(独立撰写或第一作者署名)的学术论文;或出版过有较高学术水平的著作、教科书十万字以上;或在实验室建设或其他科学技术工作方面有较大的贡献,获得国家四等、省部级三等以上等科技成果奖(只限发明奖、自然科学奖、科技进步奖、星火奖、社会科学优秀成果奖,限前二名,下同);或教学成绩显著,获得国家普通高校优秀教学成果奖、省普通高校优秀教学成果(限前二名,下同)或在科技开发、推广应用中,取得显著经济效益(如每年为学校创收三十万元以上)和社会效益。表明能胜任和履行副教授职责。

(2)对大学本科毕业后从事高等学校公共课、基础课教学工作十五年以上的教师符合下列两项条件

时,晋升副教授的论著要求可适当放宽:

①近五年来,每年均满教学工作量,教学效果优秀。

②任现职期间至少有二年考核结果优秀,其他为良好;或获二次校优秀教师或教书育人先进个人;或获省优秀教师称号;或获省优秀教学成果奖。

所谓论著要求适当放宽,即:独立编写一门课的讲义(已经学校印刷)并在校内使用过二轮以上和正式发表两篇学术论文(其中至少一篇为第一作者)。

5.教授

担任副教授职务工作五年以上,全面完成副教授工作,教学成绩显著,对本学科具有系统而广博的知识,能提出创造性见解。任现职以来,在国家部委及所属研究院(所)、全国学会及分会主办的公开发行的学术刊物或国家教委直属高校大学学报上发表过系列并有创见性的学术论文,其中在国家部委、全国学会(不含下属研究院、所和分会,下同)、科学院所属研究所主办的学术刊物或相当上述级别的国外学术刊物或在国家教委直属高校大学学报(不含 1994 年以后的增刊)上发表论文至少五篇(独立撰写或第一作者署名);或发表过系列有创见性的学术论文并出版过专著、教科书二十万字以上或获国家三等、省部级二等以上科技成果奖或国家教委优秀教学成果奖;或发表过有创见性的论文,并在科技开发、推广应用中取得显著经济效益(如每年为学校创纯利润五十万元以上)和社会效益;或在实验、生产技术等方面做出重大贡献,经考察,表明能履行教授职责。

(二)评定教师职务的工作量要求

根据有关文件规定,教师晋升职务时必须完成规定的教学工作量。教学工作量参照《厦门大学教师职务聘任工作实施办法》中有关的计算方法计算。

按照此种计算方法,教学人员评定职务,其教学工作量不得低于相应职务要求的教学工作量的三分之二(即应达到 66%以上)。总工作量应达到 100%。(总工作量即教师工作量,包括教学工作量、科研工作量和其他工作量)。

自 1993 年校内管理体制改革实施之日起,评定教师职务工作中任职年限的计算严格按全聘者算一年;半聘者算半年;试聘、缓聘或不聘者不算其任职年限。

(三)外语水平的要求

根据《试行条例》中有关外语水平的规定,按各级职务不同的外语要求由学校统一组织考试,考试合格或及格者才能参加申报高一级职务任职资格。

学校没有终审权的学科,教师申请晋升职务时,须参加省教委统一组织的外语考试。

符合免试条件者,经批准后可以申报高一级职务任职资格。

四、破格晋升各级职务的任职条件

对少数不具备《试行条例》和本文件规定的学历、任职年限要求,政治思想表现好,确有真才实学、教学成绩显著、贡献突出,并具备下列相应条件的教师,可破格晋升教师职务。

(一)破格晋升讲师职务

取得硕士学位、研究生班毕业证书、第二学士学位,且担任助教工作一年以上,或大学本科毕业并修完研究生主要课程且担任助教三年以上,或不具备上述学历要求,在专业性很强的学科(如艺术等)教师岗位上,担任助教五年以上,已系统讲授一门课程,教学认真、教学效果优良,师生反映好,教书育人成绩突出(获校优秀教学奖或教书育人优秀奖),并符合下列条件之一的:

任现职以来,在正式公开发行的学术刊物上至少发表过五篇学术论文;或正式出版专著、教科书十万字以上;或获得省级及以上科技成果奖或省普通高校优秀教学成果奖的主要贡献者(限前三名)。

(二)破格晋升副教授职务

1.担任讲师职务不满三年超前晋升副教授或不具备规定学历(含大学本科毕业未修完研究生六门课程)破格晋升副教授,任现职以来,须符合下列四项条件中的两项条件(越级或不具备规定学历且超前晋升的,须符合三项条件):

(1)获得国家三等或省、部委级二等以上科技成果奖(只限发明奖、自然科学奖、科技进步奖和社会科学优秀论文奖,下同)项目的主要贡献者(限定前二名,下同)。

(2)在国家部委、全国学会主办(不含下属科研单位和分会)的正式发行学术刊物和国家教委直属高校大学学报(不含1994年以后的增刊)上发表五篇以上(独立撰写或第一作者署名)有较高水平的学术论文,其中至少有三篇论文发表在国家部委、全国学会主办的学术刊物上。

(3)正式出版二十万字以上的专著或译著(不累计;专著如获得国内学术界公认具有较高学术水平的,字数可酌情减少;译著限语言专业翻译的学术专著或世界名著,下同)或编写出版全国统编教科书二十万字以上。

(4)获国家或省政府表彰的突出贡献专家、优秀教师,或获得国家普通高校优秀教学成果奖或省普通高校优秀教学成果一等奖的主要贡献者(限定前二名,下同)。

2.具备规定学历(含大学本科毕业已修完研究生六门课程者)且担任讲师职务三年以上超前晋升副教授的,任现职以来,须符合下列五项条件中的二项条件:

(1)获国家四等或省、部委级三等以上科技成果奖项目的主要贡献者;

(2)在全国学术会议上宣读并被收入论文集正式出版,或在全国学术刊物,或国家教委直属高校大学学报上至少发表五篇(独立撰写或第一作者署名)有较高水平的学术论文;

(3)正式出版十五万字以上的专著或译著,或编写出版教科书十五万字以上;

(4)对促进科学研究和经济、社会发展做出重要贡献并已产生具备明显实际效益的科研成果;

(5)承担并完成省、部委“七五”“八五”重点项目、“863”项目或国家重大项目的主要贡献者(一级项目的限前五名,二级项目的限前三名,下同),并已通过省、部委级鉴定。

科研成果特别突出,获国家科学技术成果二等奖项目以上的主要贡献者不受学历、任职年限的限制。

(三)破格晋升教授职务

1.担任副教授职务不满三年超前晋升教授的,任现职以来,须符合下列五项条件中的两项条件(越级晋升教授职务须符合三项条件):

(1)获得国家二等或省、部委级一等科技成果奖项目的主要贡献者;

(2)在代表本门学科(原则上应与国务院学位委员会制定的学科分类一致)最高水平的学术刊物上发表三篇以上(独立撰写或第一作者署名)有创见性的学术论文(由高级评委会和学科组认定);

(3)正式出版四十万字以上的专著或译著,或编写出版全国统编教科书四十万字以上;

(4)获国家表彰的突出贡献专家、优秀教师或获得国家普通高校优秀教学成果奖的主要贡献者;

(5)承担并完成国家“七五”“八五”重点项目、“863”项目或国家重大项目的主要贡献者,经国家鉴定,达到国际领先水平。

2.担任副教授三年以上超前晋升教授的,任现职以来,须符合下列五项条件中的两项条件:

(1)获国家三等或省、部级二等以上科技成果奖项目的主要贡献者;

(2)在国家部委、全国学会(不含下属科研单位和分会)或科学院所属研究所主办的正式公开发行的学术刊物和国家教委直属高校大学学报(不含1994年以后的增刊)上至少发表七篇有创见性的学术论文,其中至少有五篇(独立撰写或第一作者署名)论文发表在国家部委、全国学会、科学院所属研究所主办的学术刊物上;

(3)正式出版三十万字以上的专著或译著,或编写全国统编教科书三十万字以上;

(4)获国家或省政府表彰的突出贡献专家、优秀教师,或获得国家普通高校优秀教学成果奖或省普通高校优秀教学成果一等奖的主要贡献者;

(5)承担并完成国家"七五""八五"重点项目、"863"项目或国家重大项目的主要贡献者,经国家鉴定,达到国内领先水平。

科研成果特别显著,获得国家一等科技成果奖或国家普通高校优秀教学成果特等奖的主要贡献者,不受学历、任职年限的限制。

五、优秀中青年骨干教师的选拔

为了我校教育事业的发展和学科建设的需要,学校决定继续选拔优秀的中青年教师晋升教授、副教授职务。对具备相应职务任职资格的35岁以下的教师晋升为副教授、40岁以下的教师晋升为教授,学校评审通过后报国家教委审批,不占国家教委已下达给我校的职务定额。

优秀中青年骨干教师的选拔条件如下:

优秀中青年骨干教师晋升高级职务者,必须是拥护中国共产党的领导,热爱社会主义祖国,拥护党的"一个中心,两个基本点"的基本路线,积极参加政治理论学习,热爱高等教育事业,坚持又红又专的方向,教风严谨,教书育人,为人师表,团结合作,有良好的职业道德,任现职期间年度工作考核结果均为优良。同时还必须具备下列相应职务条件。

(一)晋升副教授(必须符合下列六项条件中的二项条件,其中第1项为必备条件)

1.任现职期间已系统讲授一门新学科课程或原学科中新开设的课程,或系统地讲授一门公共课或基础课,教学效果好,受师生好评。

2.教书育人成绩显著,获省、部委级表彰或多次评为校级教书育人先进工作者。

3.教学成果获省、部委级奖励,本人均为主要贡献者,持有荣誉证书。

4.在某一新学科(交叉学科、边缘学科)领域或在本学科的学术前沿或在高新技术方面或在哲学社会科学领域开展研究工作,并取得较大成果(获国家级三等或省、部委级二等科技成果奖,或获得国家级、省部委级表彰的突出贡献的中青年教师,或获得校南强奖、清源奖、素端奖,持有荣誉证书)。

5.在国际正式发行的有影响的学术刊物或国家一、二级学科刊物上至少发表二篇(独立撰写或第一作者署名)学术论文(经同行专家鉴定有较高学术水平)。

6.承担国家自然科学基金、国家社会科学基金、博士点基金或国家教委研究课题,为项目负责人或主要合作者之一;或承担"七五""八五"重点项目,或"863"项目的主要合作者(须附基金项目申请书影印件等证明材料,下同),并已取得成果或阶段性成果。

(二)晋升教授(必须符合下列六项条件中的三项条件,其中第1项为必备条件)

1.任现职期间已系统讲授一门以上新学科课程或原学科中新开设的课程,且在国内独具特色或影响较大,或系统讲授一门公共课(或基础课)的课程,教学效果优秀并受到师生好评。

2.教学成果获国家级奖励或多项获省、部委级奖励,本人均为主要贡献者,持有荣誉证书,或获省、部委级有突出贡献专家称号。

3.在某一新学科(交叉学科、边缘学科)领域或在本学科的学术前沿或在高新技术方面取得显著成果(获国家级二等或省、部委级一等科技成果奖),或哲学、社会科学领域取得创新性成果,并在国内处于领先地位。

4.在国内学术界有一定影响,知名度较高,或在全国性一、二级学科学会中担任理事或委员及以上职务。

5.在国际正式发行的有影响的学术刊物或国家一、二级学科刊物上至少发表三篇(独立撰写或第一作者署名)具有创见性的学术论文,论文中的某新观点、新成果被引用或已产生较大的社会、经济效益(须附证明材料)。

6.承担国家自然科学基金、国家社会科学基金、博士点基金或国家教委研究课题,为项目的主要负责人;或承担“七五”“八五”重点项目、“863”项目或国家重大项目,为项目负责人或主要合作者之一,并已取得成果或阶段性成果。

凡符合上述条件者晋升相应职务,不受学历、任职年限的限制。

凡申报越级晋升副教授者,须具备上述晋升副教授六项条件中的三项条件;越级晋升教授者,须具备上述晋升教授六项条件中的四项条件。

六、校长特批

凡教学、科研等各方面工作成绩特别突出且学科建设需要的优秀人才或引进学科建设急需的优秀人才,可由校长特批其相应职务任职资格。

七、其他

(一)本实施意见自公布之日起实施,以前的规定若与本实施意见不符的,按本实施意见执行。

(二)本实施意见由校职改领导小组解释。

——本文摘录自《印发〈厦门大学实行《高等学校教师职务试行条例》的实施意见〉和〈厦门大学评聘专职科研人员职务实施意见〉的通知》,厦大职改〔1994〕18号,档号1994-XZ14-1

厦门大学评聘专职科研人员职务实施意见

（1994年8月25日）

为加强我校科学研究人员队伍的建设，做好科学研究人员职务的评聘工作，提高科学研究和学术水平，根据国务院、国家教委和福建省教委有关评定专职科研人员职务文件的规定，并结合我校实际情况，制定本实施意见。

一、岗位设置

研究职务是根据高等学校科学研究（包括社会科学研究和自然科学研究）工作的需要而设置的职务岗位，按照合理的比例组成，有明确的职责、任职条件和相应评审程序。

研究职务设研究员、副研究员、助理研究员、研究实习员。其中研究员、副研究员为高级研究职务，助理研究员为中级研究职务，研究实习员为初级研究职务。

研究编制人员担任教学工作，任职期间其教学工作量平均每年达到教师相应职务额定教学工作量（指上课时数）的三分之一，可申请教学系列的相应职务任职资格。

为了我校今后的发展和学科建设的需要，不拘一格地选拔人才，及时把一批有学识、有才干的中青年研究人员提拔起来，发挥他们的作用，学校决定继续选拔优秀中青年研究人员晋升相应职务。选拔条件参照《厦门大学实行〈高等学校教师职务试行条例〉的实施意见》执行。

二、任职条件

（一）各级研究人员必须热爱祖国，坚持四项基本原则；努力学习建设有中国特色社会主义理论；有严谨的学术作风和高尚的科学道德，团结合作；作风正派，品行端正，积极承担科研、教学任务，努力为建设社会主义物质文明和精神文明服务。

（二）学历、任职年限和业务要求：

1.具备下列条件之一者，可聘任研究实习员职务：

（1）获得硕士学位或研究生班毕业证书或第二学士学位证书，经3～6个月的考察合格，表明能履行研究实习员职责。

（2）获得学士学位或大学本科毕业，一年见习期满，经考察表明：

①基本掌握本专业的基础理论和专业知识；

②初步掌握进行本门学科研究工作的基本方法和实验技术；

③能阅读一个语种的外文专业书刊。

2.具备下列条件之一者，可评聘助理研究员职务：

（1）获得博士学位，经3～6个月考察表明能胜任和履行助理研究员职责。

（2）担任研究实习员职务四年以上，并修完本专业或者相近专业六门研究生课程，考试成绩合格；或获研究生班毕业证书或第二学士学位证书且担任研究实习员二至三年；或获得硕士学位证书且担任研究实习员职务二年以上，经考察表明：

①具有本学科的扎实的理论基础和专业知识,基本了解本学科的国内外现状和发展趋势,掌握进行本学科研究工作的基本方法和实验技术,能独立地进行研究工作;

②已取得具有学术价值的研究成果,或写出有一定学术水平的论文和研究报告四篇以上,或在推广科研成果中有明显成绩,能全面完成研习员工作的;

③能熟练地阅读、翻译本专业的外文书刊。

3.具备下列条件,可评聘副研究员职务:

大学本科毕业及以上学历担任助理研究员职务五年以上,或获得博士学位且担任助理研究员职务二年以上,经考察表明:

(1)具有本学科坚实的理论基础和较系统的专业知识。在本学科的某一领域有深入的、创造性的研究,能解决研究工作中较复杂的有较重要意义的理论问题或技术问题。

(2)能根据国家需要和本学科的国内外研究现状及发展趋势,设计具有较大学术意义或较高应用价值的研究课题,具有指导和组织本学科一定领域研究工作的能力。

(3)已取得具有较高学术价值或实用价值,或较大的社会效益的科研成果,提出了反映这些成果的具有较高研究水平的研究报告。每年在公开发行的学术刊物(均须有 CN 刊号,下同)上发表过有较高学术价值的科学论文二篇以上(其中文科均须独立撰写或第一作者署名,理工科至少有一半是独立撰写或第一作者署名),其中任现职期间至少有四篇论文发表在国家部委及所属研究院(所)、全国学会及分会(不含省级学会)和科学院所属研究所主办的学术刊物或国家教委直属高校大学学报(不含 1994 年以后的增刊)或《中国经济问题》上,或在国际学术会议上宣读并收入论文集正式出版。

(4)具有指导中级研究人员和硕士研究生工作和学习的能力。

(5)熟练掌握一门外语,能翻译本专业较高学术价值的外文书刊。

4.具备下列条件,可评聘研究员职务:

担任副研究员职务五年以上,经考察表明:

(1)在学术上有较深的造诣,对本学科的某一领域有开创性的研究,能创造性地解决科研工作中的重大的、关键性的问题,或在重要理论问题上有所突破,或取得具有国际水平的科研成果,或具有较高的学术价值或具有重要的经济和社会效益的研究成果。

(2)能够根据国家需要和本学科的国内外研究现状及发展趋势提出本学科某一领域的研究方向,设计具有重要意义的、开创性的研究课题,或开拓一个新的研究领域。

(3)是本学科的学术带头人,能够主持国家重大科研项目或攻关项目。

(4)担任副研究员职务期间,能全面完成副研究员工作任务,每年至少有三篇具有创见性的论文在公开发行的学术刊物上发表(其中文科均须独立撰写或第一作者署名,理工科有一半以上是独立撰写或第一作者署名),其中任现职期间至少有六篇论文发表在国家部委和全国学会(不含下属研究院、所和分会、省级学会)、科学院所属研究所主办的学术刊物,或相当上述级别的国外学术刊物,或在国家教委直属高校大学学报(不含 1994 年以后的增刊)上。

(5)培养出水平较高的科学人才,具有培养博士研究生的能力。

(三)对在研究工作中取得突出成绩的人员,其研究成果相当卓著,经考察表明能胜任高一级职务所应履行的职责和任务,可不受学历、任职年限规定的限制破格晋升高一级职务。

破格晋升各级职务的研究人员任现职期间必须全面完成所规定的科研工作量,并且符合相应破格晋升职务条件的要求。

破格晋升各级职务的条件参照《厦门大学实行〈高等学校教师职务试行条例〉的实施意见》执行。

(四)评聘专职科研人员职务的工作量要求:

根据有关文件规定,研究人员晋升职务时必须完成规定的工作量,其工作量参照《厦门大学专职科研编制定额分配与聘任试行办法》中相应的方法计算。

自 1993 年校内管理体制改革实施之日起,评定研究人员职务工作中任职年限的计算严格按全聘者算一年;半聘者算半年;试聘、缓聘或不聘者不计算其任职年限。

三、职责

(一)自然科学研究人员各级职务职责:

研究实习人员:

1.在高、中级研究人员的指导下,承担并按要求完成研究课题中的具体工作。

2.对研究实验结果进行分析和处理。负责写出研究、实验报告。

3.根据需要,承担一定的教学、实验室建设或党政管理等工作。

助理研究员:

1.制订研究方案,独立地进行研究工作,写出研究报告或科学论文。

2.积极推广科学研究成果,定期报告本人的研究工作,指导初级研究人员工作。

3.根据需要,承担一定的教学工作、实验室建设或党政管理等工作。

副研究员:

1.选定研究课题,并提出有效的研究途径和可行的研究方法,创造性地进行研究工作。指导和组织课题的研究工作,写出高水平的研究报告或科学论著,积极推广研究成果。定期报告本学科国内外现状和发展趋势。

2.负责或参加审阅(鉴定)科学论文、著作或科研成果。

3.指导硕士研究生或协助指导博士研究生,指导中、初级研究人员工作。

4.根据需要,承担一定的教学任务、实验室建设工作和党政管理工作。

研究员:

1.提出有重要学术或实用意义的研究课题,在科学前沿进行开创性的研究工作。写出具有国际水平的科学论著。负责指导重大科研项目或攻关项目的研究工作。积极参与制定或提出学科发展规划。举办高水平的科学讲座。

2.主持审定(鉴定)重要的科学论文、著作或科研成果。

3.培养科研人才,根据需要指导硕士研究生或博士研究生,指导中、初级研究人员工作。

4.根据需要,承担一定的教学任务和党政管理工作。

(二)社会科学研究人员各级职务职责:

研究实习员:

1.担任高级研究人员的研究助手。

2.在高、中级研究人员的指导下,进行研究工作。每年按计划完成研究任务。至少整理或写出一二篇研究报告、专业学术资料或论文。

3.根据需要,承担一定的教学或党政管理等工作。

助理研究员:

1.承担研究课题,每年按计划完成研究任务。至少提交 2 万字以上具有一定学术水平的科研成果报告。

2.在高级研究人员的指导下,参加集体科研项目和重点科研课题的研究。

3.根据需要,承担一定的教学或党政管理等工作。

副研究员:

1.承担国家和学校的科研项目,或独立从事某一课题的研究。每年按计划完成研究任务,至少提交 3 万字以上的学术论文或阶段性成果报告,其中至少发表一篇有创见性、有较高学术价值或有较大实践意义的论文。

2.根据需要,承担学校、科研(或教学)室科研组织工作,担任课题组的领导人。

3.根据需要指导硕士研究生或协助指导博士研究生，指导中、初级研究人员工作。

4.根据需要，承担一定的教学任务和党政管理工作。

研究员：

1.承担国家和学校的重点科研项目，或根据国家需要提出有实用价值或有学术水平的研究课题。每年按计划完成研究任务，至少提交3万字以上有较高学术价值或有较大实践意义的论文或阶段性成果报告，其中至少发表二篇有创见性的学术论文。写出有较高学术水平的专著。

2.担任重点科研项目的学术领导，主持本学科重要领域的研究工作。

3.培养科研人才，根据需要指导硕士研究生或博士研究生，指导中、初级研究人员工作。

4.根据需要，承担一定的教学任务和党政管理工作。

四、其他

(一)研究人员职务的评定程序按照教师职务评审程序，在评聘工作中，应注意政治思想条件，坚持标准，保证质量，宁缺毋滥，择优评聘。

(二)凡本实施意见没有详细规定的有关问题参照《厦门大学实行〈高等学校教师职务试行条例〉的实施意见》执行。

(三)本实施意见自公布之日起实施，以前的规定若与本实施意见不符，按本实施意见执行。

(四)本实施意见由校职改领导小组解释。

——本文摘录自《印发〈厦门大学实行《高等学校教师职务试行条例》的实施意见〉和〈厦门大学评聘专职科研人员职务实施意见〉的通知》，厦大职改〔1994〕18号，档号1994-XZ14-1

厦门大学关于教师职务评审程序的若干规定

（1994 年 8 月 25 日）

改革职称评定，实行专业技术职务聘任制，是专业技术人员管理制度的一项重大改革。评审教师职务的工作政策性强，涉及面广。为了引入竞争机制，促进公开、平等的竞争，增加教师职务评审工作的透明度，进一步改进和完善教师职务评审程序，现根据中央和省职改工作的有关文件精神，结合我校实际情况，将 1993 年《厦门大学关于教师职务评审程序的若干规定》修订如下：

一、本人申报，群众评议

（一）申请晋升教师（含专任教师、研究人员和专职从事学生思想政治教育干部）职务需由本人提出。申请人在任现职期间，每年度工作考核结果均必须是优或良，其中申请破格晋升者或优秀中青年骨干教师的选拔对象，近二年的工作考核结果至少有一次是优。

凡当年工作考核结果未达到良者，或任现职期间年度工作考核结果达到优或良累计不足五次者不能申请晋升职务。

凡晋升高一级职务者，必须在校服务二年以上，方可调离学校、出国探亲或自费出国留学，否则取消其任职资格。

（二）所有申请人均需在"厦门大学专业技术人员晋升职务报名表"中填写基本情况，由各单位认真审查申请资格，并报校职改办进行申请资格复查。经复查符合申请条件者应填写"厦门大学申请晋升讲师（助研）职务简明表"或"厦门大学申请晋升教师高级职务简明表"（简称"简明表"）。

（三）申请者经所在教研室（组）或研究室教师评议（必要时申请者可先到会简要介绍本人的思想政治表现、工作态度和成绩、教学科研成果等情况），教研室（组）或研究室领导在听取群众意见的基础上，对照相应职务任职条件写出书面意见，并送交所在单位（系、所）考核推荐小组。

二、单位考核、推荐

（一）各单位负责人必须根据教学、科研人员相应职务任职条件，对每位申请人进行认真审查，凡不符合晋升条件者，不得参加考核、推荐，或经考核不符合晋升条件者，不得向学校推荐。

（二）各单位召开考核推荐小组会议时，申请者应先到会汇报本人的思想政治表现、工作态度和成绩、教学科研成果等情况及本人各年度工作考核结果。考核推荐小组成员对每位申请者进行民主评议，然后结合申请人的年度工作考核结果进行评分。考核推荐小组根据全体成员考核评分（去掉一个最高分和一个最低分后）的平均分数进行排队。

（三）凡申请破格晋升者，或优秀中青年骨干教师的选拔，须经所在单位考核推荐小组先进行无记名投票表决，凡赞成票数达到到会成员的三分之二及其以上者，方能与其他申请者一起考核评分。

其他申请者在考核推荐时不进行表决。

（四）各单位晋升高级职务的推荐人数为本单位可晋升岗位数的 150％以内，晋升中级职务的推荐人数为本单位可晋升岗位数以内。推荐名单张榜公布并报校职改办。

三、代表作送审

（一）各单位推荐的拟晋升高级职务的申请者，应提交任现职以来正式发表的科学论文、著作和技术成果一式一套，其中指定为代表性的论著 2～3 篇（本），一式二套。

（二）申请晋升教授（研究员）职务者的代表作应送二位教授级同行专家鉴定，其中至少有一位校外同行专家的鉴定。优秀中青年骨干教料的选拔对象晋升教授(研究员)者的代表作须送同行博士导师鉴定,晋升副教授(副研究员)的代表作须送教授级同行专家鉴定,其中至少有一位校外同行专家的鉴定。

(三)其他申请晋升副教授(副研究员)者的代表作,送校内同行专家鉴定。

(四)学校无高级职务审定权的学科,申请者的代表作送审按省教委文件规定执行。

(五)晋升高级职务者的代表作由系主任(所长)指定同行专家鉴定。凡送校内同行专家鉴定的,由各系(所)办理送审工作;凡送校外同行专家鉴定的,由各系(所)整理好需送审的材料,送校职改办,统一办理。同行专家鉴定意见(须将专家姓名覆盖)由各系(所)打印所需的份数。

代表作送审时,应回避与申请者共同撰写该篇论著的合作者。

(六)送审代表作的要求

1.晋升教授(研究员)的代表作必须是任现职以来在公开发行的学术刊物上发表的科学论文或正式出版的专著、教科书,或在科学研究上有重大发明创造的成果。

晋升副教授(副研究员)的代表作必须是任现职以来,在公开发行的学术刊物上发表的科学论文或正式出版的专著、教科书,或参加国际学术讨论会议并在大会宣读且被收入论文集的论文,或对促进科学研究和社会经济发展做出重要贡献的成果,或在革新实验技术设备和实验室建设方面取得的成果。

未经正式出版、发表的专著、教科书、论文,未获奖或未经省级及其以上机关鉴定的成果,以及非大学本科使用教科书或讲义均不能作为代表作。

2.对大学本科毕业后从事高等学校公共课、基础课教学十五年以上的教师符合下列两项条件时,晋升副教授的代表作要求可适当放宽:

(1)近五年来,每年均满教学工作量,教学效果优秀;

(2)任现职期间,年度工作考核有二年考核成绩优秀;或获二次校优秀教师或教书育人先进个人;或获省优秀教师称号;或获省教委优秀教学成果奖。

所谓代表作的要求可适当放宽,即下列论文和教材可作为代表作:

①撰写的教学改革、教学经验、专业学术论文,在全国学术会议或全国教学经验交流会上宣读或在内部交流的刊物上发表,经同行专家鉴定具有较高水平;

②编写十万字以上的教材(讲义),经学校教学部门批准在校内使用二轮以上,学生反映较好,经同行专家鉴定具有较高水平;

③在公开发行的学术刊物上发表学术论文(含第二作者)。

3.艺术专业教师晋升高级职务时,正式刊物上发表的作品可作为代表作之一,还必须至少有一篇在公开发行(均须有 CN 刊号)的学术刊物上正式发表的学术论文作为代表作。

4.经校教师职务评委会或学科组或系(所)评审组评审,如属本单位有职务定额而未通过者,第二年重新申请时,必须重新送审代表作(其中至少有一篇论文是否决后正式发表的),如属本单位职务定额限制而未通过者,其代表作是否重新送审,由本人决定。上述两种情况在次年重新申请时,均必须有新成果(指上年否决后正式发表或出版的论著等)。

四、系(所)教师职务评审组评审

系(所)成立教师职务评审组。评审组的职责是:评审讲师(助研)职务任职资格。

系(所)教师职务评审组应以民主程序进行工作。评审组在评审会议前二天将申请者填写的"简明表"、代表作及所有成果集中展出,并在此二天内请评审组成员自己安排时间审阅申请者的"简明表"、代表作及所有成果,并做好记录。在此基础上,评审组召开全体成员会议,充分进行讨论,并以无记名投票方式(在本单位可晋升中级职务岗位数以内)进行表决。凡获得到会成员的三分之二及其以上赞成票数者,方为通过。

对申报讲师(助研)者,系(所)教师职务评审组必须对照任职条件,严格把关,认真进行评审,经表决通过后,直接报校职改领导小组审批。

凡经系(所)教师职务评审组评审通过的高、中级职务评审对象,均须在本单位张榜公布。

五、学科评审组评审

学科评审组的职责是评审副教授任职资格，并报校评委会审定；评审教授和优秀中青年正副教授、无审定权学科的正副教授任职资格，向学校评委会推荐。

学科组在召开会议前二天应将申请者填写的“简明表”和所有成果集中展出，并请每位成员在此二天内安排时间审阅申请者的“简明表”、代表作及其他成果，并做好记录。

学科评审组应以民主程序进行工作。学科组召开评审会议时，所有申请人应到会简要汇报本人正在从事的工作、取得的成果和今后的打算。学科组成员对申请人有权提出质疑，申请人应当面给予解答。

系(所)考核推荐小组应向学科组汇报考核评分结果及需要说明的问题。

在此基础上，学科组应认真进行讨论、评审，并以无记名投票方式(按申请人所在单位可晋升岗位数以内)进行表决。凡获得全体成员的二分之一以上赞成票数者，方为通过，但其中破格晋升者或优秀中青年教师选拔对象必须获得到会成员的三分之二及以上赞成票，方为通过。

凡表决通过人数超过所在单位可晋升岗位数时，取赞成票数较高者为通过；若通过人数超过所在单位可晋升岗位数且有二人或二人以上获相同的最低赞成票数时，获得相同票数者必须再次投票表决，获得全体成员的二分之一以上赞成票数者，方为通过。

凡经学科组评审通过的申请者，学科组应将其情况填入“评审结果汇总表”，并复印 25 份，送校职改办。

六、校教师职务评审委员会评审

校教师职务评审委员会(简称校评委会)分为校教师职务文科评审委员会和校教师职务理工科评审委员会。校教师职务文科评审委员会和校教师职务理工科评审委员会的职责是分别审定文科和理工科副教授(副研究员)任职资格，评审文科和理工科教授(研究员)任职资格，优秀中青年正、副教授任职资格和无审定权学科的正、副教授任职资格。

校评委会应以民主程序进行工作。

校评委会召开会议时，如有必要，请有关评审对象到会简要汇报本人正从事的工作、取得的成果及这些成果的学术水平，以及今后打算。委员有权对申请人提出质疑，申请人应当面给予解答。

各学科组应向校评委会汇报本学科组评审情况和结果。对于学科组已评审通过的副教授(副研究员，不包括优秀中青年骨干教师的选拔对象及无审定权学科的副教授)，在原则问题上群众没有反映意见，委员没有不同意见的，则可审定通过，不再投票表决；若在原则问题上，有群众反映(须调查核实)或委员有异议的，则需将其材料送每位委员审阅，必要时请该申请者到会简要述职，经认真评审后进行无记名投票表决。凡获得出席会议委员的三分之二及其以上赞成票数者，方为通过。

对于学科组已评审通过的教授(研究员)和优秀中青年教师晋升正、副教授(副研究员)以及无审定权学科的正、副教授，校评委会要认真进行评审，经过充分的酝酿、评审后，以无记名投票方式进行表决。凡获得出席会议委员的三分之二及其以上赞成票数者，方为通过。

七、校职改领导小组审批

根据国家人事部人职发〔1991〕8 号文和闽职改字〔1993〕19 号文精神，评审委员会的评审结果必须经校职改领导小组审核批准。

各级评审组织的评审结果中被否决的评审对象一律不再复议。

学校有审定权的学科，晋升高一级职务者的任职资格从校职改领导小组审批之日起算。

学校无审定权学科高级职务任职资格须报福建省高等学校教师职务高级评审委员会评审。

八、校教师职务评审委员会协调组

学校成立校教师职务评审委员会协调组(简称协调组)。协调组由校职改领导小组成员和文理科评审委员会正、副主任组成。其职责是协调文、理科评审委员会评审标准，研究处理评审过程中出现的重要问题等。

九、评审组织及其组成

(一)学校成立校教师职务文科评审委员会和校教师职务理工科评审委员会,两委员会又统称为校教师职务评审委员会。校评委会至少由二十五人组成,委员一般应具有正高级职务任职资格。委员中,中青年应占三分之一左右。校评委会设立主任一人,副主任一至三人。

(二)校评委会下设若干学科评审组。学科评审组一般由九到十三人组成,学科评审组成员应具有高级职务任职资格,其中具有正高级职务任职资格的人数应为二分之一以上。学科评审组设组长一人,副组长一人。

(三)系(所)成立系(所)教师职务评审组[简称系(所)评审组]。系(所)评审组一般由九至十三人组成,评审组成员应具有高级职务任职资格。个别系级单位具有高级职务任职资格人数不够时,可聘请相近学科具有高级职务任职资格的教师,或由具有教师中级职务任职资格的本单位负责人参加,但具有中级职务任职资格人员不得超过三分之一。评审组设组长一人,副组长一人。

(四)系(所)成立考核推荐小组。推荐小组一般由七至十一人组成。推荐小组成员由系级党政领导和具有高级职务任职资格的教师或由具有中级职务任职资格的教研室(研究室)负责人担任,但其中具有高级职务任职资格的成员不得少于三分之二。

(五)校评委会和各学科评审组由校职改领导小组组建,并报上级主管部门备案。

系(所)教师职务评审组和考核推荐小组由各系(所)党政领导研究提名,校职改领导小组批准组建。

凡申请晋升高一级职务者,一般不参加当年各级评审组织。

(六)各级评审组织召开会议时,必须有三分之二以上成员出席,会议结果方为有效。未出席评审会议的委员不得委托投票或评审会议后补投票。

(七)各级评审组织的成员任期一般为二年。

十、评审纪律

根据国家人事部人职发〔1990〕4 号等有关文件规定,各级评审组织的成员和申请者均必须严格遵守评审工作纪律。

(一)各级评审组织的成员[包括校评委会委员、学科评审组成员、系(所)评审组成员和系(所)考核推荐小组成员]必须认真学习和贯彻执行中央关于改革职称评定,实行专业技术职务聘任制的方针、政策、各项规定,《高等学校教师职务试行条例》和《厦门大学关于贯彻执行〈高等学校教师职务试行条例〉的实施意见》,严格把好质量关,必须认真执行"坚持标准,保证质量,全面考核,择优晋升"的原则,秉公办事,不徇私情,自觉遵守评审纪律,严守秘密,不准向外泄露有关评审情况,不得利用职便营私舞弊,违者应追究责任,并视情节轻重严肃处理,直至撤销评委、学科组成员、评审组成员或考核推荐小组成员资格。

(二)凡评审对象是校评委会[学科评审组、系(所)评审组或系(所)考核推荐小组]成员或其亲属(父母、夫妻、子女、兄弟姐妹、女婿、儿媳等)时,考核评分、评审、投票表决等过程,本人应主动回避或被告知回避,计票基数需相应减少。

(三)申请者在进行申报和评审工作期间,不得本人或通过他人找各级评审组织的成员说情。若有人举报并经查实确有违反规定者,将取消其本次申请资格,若已经评审委员会评审通过的亦将取消其任职资格。

(四)申请者在开展评审工作期间,有意见者可根据组织原则向本单位领导或直接向校职改办反映。反映意见必须实事求是,证据确凿。

(五)申请者应如实填报教学工作量和教学、科研成果[包括著作、教科书、学术论文和研究成果等,其中著作、教科书、学术论文必须是任现职期间正式出版社出版或公开发行的学术刊物上正式发表的或在《人民日报》《光明日报》《文汇报》和《中国教育报(理论版)》中发表的学术论文,研究成果必须有省级及其以上机关鉴定或获得省级及其以上机关奖励的],所有这些成果在申请时均必须提供原版材料一式一套。填报材料,经教研(研究)室和系(所)领导审核后,在本单位张榜公布。如发现有弄虚作假的,经查实后,将取消其申请资格,若已经校评委会评审通过的,亦将取消其任职资格。

申请者填写“简明表”必须字迹清楚、工整。申请高级职务的“简明表”和专家评语须由各单位打印30份并装订好，申请中级职务的“简明表”可打印或复印份数由各单位确定。该复印件或打印的材料供评审时使用。

所有申请者的“简明表”和专家评语的原件均须送交校职改办存档。

十一、其他

(一)接近离退休年龄的教师申请晋升高一级职务问题。

鉴于教师职务的评审工作通常在下半年进行，凡属在开展评审工作的当年7月1日以后满离、退休年龄的教师可申请晋升高一级职务。

(二)申请人须将在学校规定的申报之日以前正式出版、发表的著作、教科书、学术论文及已鉴定或获奖的研究成果(以出版日期或鉴定、获奖日期为准)列为任现职以来的成果。申报之日以后正式出版、发表的著作、论文等可作为下次晋升高一级职务时的成果。

如果申请人的论著、研究成果虽在任现职以来正式发表，但晋升现职务时已作为成果填入“简明表”的，不能再作为晋升高一级职务的成果，更不能作为代表作。

(三)申请人必须提交的材料有：“简明表”、外语考试成绩通知(或外语免试审批表)复印件、教学工作量计算表、学位证书(或进修硕士研究生主要课程成绩证明)复印件、获奖证书复印件，申请晋升高级职务者还须提交代表作及其他所有论著、技术成果、代表作送审审批表等。

各单位在考核推荐后，须将推荐对象的上述材料(除论著、技术成果和各单位送审的代表作外)各一份送校职改办。

十二、本规定自公布之日起执行。以前文件的规定如与本规定不符的，均以本规定为准。

十三、本规定由校职改领导小组解释。

——本文摘录自《印发〈厦门大学关于教师职务评审程序的若干规定〉和〈厦门大学关于教师以外各类专业技术职务评审程序若干规定〉的通知》，厦大职改〔1994〕19号，档号1994-XZ14-1

厦门大学关于教师以外其他各类专业技术职务评审程序若干规定

(1994年8月25日)

为进一步深化职称改革,完善专业技术职务聘任制度,现根据国务院有关规定和国家人事部关于《企事业单位评聘专业技术职务若干问题暂行规定》(人职发〔1990〕4号)及福建省有关文件规定,结合我校实际情况,将1993年《厦门大学关于教师以外其他各类专业技术职务评审程序若干规定》修订如下。

教师以外其他各类专业技术职务(简称各类专业技术职务)系列包括:工程技术、实验技术、卫生技术、图书资料专业、会计专业、统计专业、出版专业、翻译专业、经济专业、档案专业和幼儿园教师等11个职务系列。

一、本人申报,群众评议

(一)申请晋升各类专业技术职务需由本人提出。申请人在任现职期间,每年度工作考核结果均必须是优或良,其中申请破格晋升者,近二年工作考核结果至少有一次是优。

凡申请者当年工作考核结果未达到良,或任现职期间年度工作考核结果达到优或良累计不足五次者不能申请晋升职务。

凡晋升高一级职务者,必须在校服务二年以上,方可调离学校、出国探亲或自费出国留学,否则取消其任职资格。

(二)所有申请人均需在"厦门大学专业技术人员晋升职务报名表"中填写基本情况,由各单位认真审查申请资格,并报校职改办进行申请资格复查。经复查符合申请条件者应填写"厦门大学专业技术人员晋升高、中级职务简明表"(简称"简明表")。

(三)申请者经所在科室全体人员评议,科室领导在听取群众意见的基础上,对照相应职务任职条件写出书面意见,并送交所在单位考核推荐小组。

二、单位考核推荐

(一)各单位负责人必须根据各职务系列相应职务任职条件,对每位申请人进行认真审查,凡不符合晋升条件者,不得参加考核、推荐,或经考核不符合晋升条件者不得向学校推荐。

(二)各单位召开考核推荐小组会议时,申请者应先到会汇报本人的思想政治表现、工作态度和成绩、出勤等情况及本人各年度工作考核结果。考核推荐小组成员对每位申请者进行民主评议,然后结合申请人的年度工作考核结果进行评分。考核推荐小组根据全体成员考核评分(去掉一个最高分和一个最低分)的平均分数进行排队。

(三)凡申请破格晋升者须经所在单位考核推荐小组先进行无记名投票表决,凡赞成票数达到到会成员的三分之二及其以上者,方能与其他申请者一起考核评分。

其他申请者在考核推荐时不进行表决。

(四)各单位晋升高、中级职务的推荐人数为本单位可晋升岗位数以内。推荐名单张榜公布,并报校职改办。

(五)申请中级职务者,须提交任现职以来的工作总结(包括政治思想表现、工作态度、工作成绩和取得的成果等),由所在单位送请二位具有高级职务任职资格的同行专家鉴定并提出推荐意见。

三、代表作送审

(一)各单位推荐的拟晋升高级职务的申请者,应提交任职以来正式发表的论文、著作和已鉴定或获奖的技术成果一式一套,其中指定为代表性的论著2～3篇(本),一式二套。

(二)申请晋升高级职务者的代表作,应送具有高级职务任职资格的同行专家鉴定,其中申请正高级职务者应送具有正高级职务任职资格的同行专家鉴定。

(三)学校有评审权的专业系列,申请者的代表作可送校内二位同行专家鉴定;学校无评审权的专业系列,申请者的代表作应选二位同行专家鉴定,其中至少有一位校外同行专家鉴定。

代表作送审时,应回避与申请者共同撰写该篇论著的合作者。

(四)申请者的代表作由单位负责人指定同行专家,并由所在单位办理送审工作。同行专家鉴定意见(须将专家姓名覆盖)由各单位打印所需的份数。

(五)送审代表作的要求

由于各类专业技术职务系列较多,且不同系列要求不尽相同,因此送审代表作的要求,按各职务系列的有关《试行条例》和《实施细则》执行。

凡申请者经评审未被通过的,次年重新申请时,必须重新送审代表作(其中至少有一篇论文是否决后正式发表的)。

四、专业评议组评议

专业评议组(简称评议组)应以民主程序进行工作。评议组成员应认真审阅申报者的有关材料,在充分讨论的基础上,经无记名投票表决,凡获得出席会议成员的三分之二及其以上赞成票数者,方为通过。

五、校专业技术职务评审委员会评审

校专业技术职务评审委员会(简称校评委会),按职务系列分设三个专业技术职务评审委员会。其职责是评审本评委会有关职务系列中级和高级职务任职资格。

专业评议组应向校评委会汇报本评议组的评议结果及需要说明的问题。

校评委会召开评审会议时,必要时申请晋升高级职务者应到会简要述职,委员有责任对申请人提出质疑,申请人应当面给予解答。

校评委会应以民主程序进行工作。校评委会委员应认真审阅申请者提交的材料(包括"简明表"、代表作和其他成果等)。校评委会要认真进行评审,经过充分的酝酿、评审后,以无记名投票方式进行表决。凡获得出席会议委员的三分之二及其以上赞成票数者,方为通过。

六、校职改领导小组审批

根据国家人事部人职发〔1991〕8号文和闽职改字〔1993〕19号文件精神,评审委员会的评审结果必须经校职改领导小组审核批准。

各级评审组织的评审结果中被否决的评审对象一律不再复议。

学校有审定权的职务系列,晋升高一级职务者的任职资格从校职改领导小组审批之日起算。

学校无审定权部分高级职务任职资格须报福建省有关职务系列高级评审委员会评审。

七、评审组织及其组成

(一)学校根据不同职务系列成立校工程、实验、卫生技术职务评审委员会,校图书资料、编辑、翻译及经济管理类专业技术职务评审委员会和校幼儿园教师职务评审委员会等三个评委会,此三个评审委员会统称校专业技术职务评审委员会。

各系列评委会全少由十五人组成,委员应具有高级职务任职资格。校各系列评委会设主任一人,副主任一至二人。

(二)校工程、实验、卫生技术职务评审委员会下设三个专业评议组,即:实验工程技术专业评议组、土建工程技术专业评议组和卫生技术专业评议组。

校图书资料、编辑、翻译及经济管理类专业技术职务评审委员会下设四个专业评议组,即:图书资料专业评议组、经济管理专业评议组、编辑专业评议组、翻译专业评议组。

评议组由七至九人组成,评议组成员一般应具有高级职务任职资格。评议组设组长一人,副组长一人。

(三)单位成立考核推荐小组。推荐小组一般由七至十一人组成。推荐小组成员应由单位党政领导和具有高级职务任职资格者或由具有中级职务任职资格的科室负责人担任,但其中具有高级职务任职资格的成员不得少于三分之二。

(四)校各系列评审委员会和专业评议组由校职改领导小组组建,并报上级主管部门备案。

单位考核推荐小组由各单位党政领导研究提名,校职改领导小组批准组建。

凡申请晋升高一级职务者,一般不参加当年各级评审组织。

(五)评审组织召开会议时,必须有三分之二以上成员出席,会议结果方为有效。未出席评审会议的委员不得由他人代投票或评审会议后补充投票。

(六)各级评审组织的成员任期一般为二年。

八、评审纪律

根据国家人事部人职发〔1990〕4 号等有关文件规定,各级评审组织的成员和申请者均必须严格遵守评审工作纪律。

(一)各级评审组织的成员(包括校评委会委员、各专业评议组成员和单位考核推荐小组成员)必须认真学习和贯彻执行中央关于改革职称评定,实行专业技术职务聘任制的方针、政策、各项规定和各系列职务《试行条例》,严格把好质量关,必须认真执行"坚持标准,保证质量,全面考核,择优晋升"的原则,秉公办事,不徇私情,自觉遵守评审纪律,严守秘密,不准向外泄露有关评审情况,不得利用职便营私舞弊,违者应追究责任,并视情节轻重严肃处理,直至撤销评委、评议组成员或考核推荐小组成员资格。

(二)凡评审对象是校评委会[各系列评议组或系(所)考核推荐小组]成员或其亲属(父母、夫妻、子女、兄弟姐妹、女婿、儿媳等)时,考核评分、评审、投票表决等过程,本人应主动回避或被告知回避,计票基数需相应减少。

(三)申请者在进行申报和评审工作期间,不得本人或通过他人找各级评审组织的成员说情。若有人举报并经查实确有违反规定者,将取消其本次申请资格,若已经评审委员会评审通过的,亦将取消其任职资格。

(四)申请者在开展评审工作期间,有意见者可根据组织原则向本单位领导或直接向校职改办反映。反映意见必须实事求是,证据确凿。

(五)申请者应如实填报本人的工作情况、工作成绩和成果(包括正式发表的论著和已获奖或鉴定的技术成果等)。所有这些成果在申请时均必须提供原版材料一式一套。填报的材料,经所在科室和单位领导审核后,在本单位张榜公布。如发现有弄虚作假的,经查实后,将取消其申请资格,若校评委会已经评审通过的,亦将取消其任职资格。

申请者填写"简明表"必须字迹清楚。申请高级职务者的"简明表"须由各单位打印 30 份并装订好,申请中、初级职务者复印 15 份,以供评审(评议)时使用。

所有申请者的"简明表"和专家评语的原件均须送交校职改办存档。

九、其他

(一)接近离退休年龄的各类专业技术人员申请晋升高一级职务问题。

鉴于专业技术职务评审工作在下半年进行,凡属在开展评审工作的当年 7 月 1 日以后满离、退休年龄的各类专业技术人员可申请晋升高一级职务。

(二)申请人须将在学校规定的申报之日以前正式出版、发表的著作、论文及已鉴定或获奖的技术成果(以出版日期或鉴定、获奖日期为准)列为任现职以来的成果。申报之日以后正式发表、出版的论文、著作等可作为下一次晋升高一级职务时的成果。

如果申请人的论著、成果虽在任现职以来正式发表,但晋升现职务时已作为成果填入"简明表"的,不能再作为晋升高一级职务的成果,更不能作为代表作。

(三)申请人必须提交的材料有:简明表、外语考试成绩通知(或免试外语审批表)复印件、获奖证书复印件,“五大”毕业生必须提交毕业证书复印件,申请晋升高级职务者还须提交代表作及其他所有论著、技术成果、代表作送审审批表等。

各单位在考核、推荐后,须将推荐对象的上述材料(除论著、技术成果和各单位送审的代表作外)各一份送校职改办。

十、本规定自公布之日起执行。以前文件的规定如与本规定不符的均以本规定为准。

十一、本规定由校职改领导小组解释。

——本文摘录自《印发〈厦门大学关于教师职务评审程序的若干规定〉和〈厦门大学关于教师以外各类专业技术职务评审程序若干规定〉的通知》,厦大职改〔1994〕19 号,档号 1994-XZ14-1

各类专业技术职务任职条件和岗位职责选编

(1994 年 8 月 25 日)

我校教师以外其他各类专业技术(以下简称各类专业技术)职务系列包括:工程技术、实验技术、卫生技术、图书资料专业、档案专业、出版专业、翻译专业、会计专业、统计专业、经济专业和幼儿园教师等 11 个职务系列。

第一部分　任职条件

凡申请评聘各类专业技术职务的人员,均必须拥护党的路线、方针、政策,努力学习马列主义、毛泽东思想,学习邓小平同志建设有中国特色社会主义理论,遵纪守法,具有良好的职业道德和献身科学、教育事业的精神,为改革开放和建设有中国特色的社会主义努力工作。

一、工程技术系列

评聘各级工程技术职务应具备以下基本条件:

1.技术员

(1)初步掌握本专业的基础理论知识和专业技术知识。

(2)具有完成一般技术辅助性工作的实际能力,在高一级技术职务人员的指导下能完成一般技术辅助性工作或一般现场技术工作。

(3)大学专科、中等专业学校毕业,在工程技术岗位上见习一年期满,根据任职条件考察合格。

2.助理工程师

(1)能运用本专业的基础理论知识和专业技术知识。

(2)具有一定组织工作能力和独立完成指定范围内的科技管理工作能力,或能完成一般技术研究、设计或现场技术、技术管理工作。

(3)获得硕士学位;取得双学士学位或研究生班毕业,根据任职条件考察合格;获得学士学位或大学本科毕业,在工程技术岗位上见习一年期满,根据任职条件考察合格;大学专科毕业,从事技术员职务工作二年,根据任职条件考察合格;中等专业学校毕业,从事技术员职务工作四年以上。

3.工程师

(1)较系统掌握并能灵活运用本专业的基础理论知识和专业技术知识,熟悉本专业国内外现状和发展趋势。

(2)能独立承担本专业较复杂的研究、设计工作或现场技术、技术管理工作,并具有解决比较复杂的技术或技术管理问题的能力。

(3)有一定技术工作实践经验,并能采用国内外先进技术、先进管理经验,取得一定技术成果和经济效益。

(4)掌握一门外语。

(5)能指导助理工程师的工作和学习。

(6)获得博士学位;获得硕士学位,从事本专业工作三年,根据任职条件考察合格;获得硕士学位,从事助理工程师职务工作二年以上；获得双学士学位或研究生班毕业，从事助理工程师工作职务三年以上；获得学士学位或大学本科毕业，从事助理工程师职务工作四年以上；大学专科毕业，从事助理工程师职务工作五年以上。

4.高级工程师

(1)有系统坚实的专业基础理论知识和专业技术知识，并能掌握本专业国内外现状和发展趋势。

(2)有丰富的工程技术研究、设计、现场技术或生产、技术管理的实践经验，能独立承担重要研究课题、重大工程项目的设计，或主持、组织重大工程项目的实施，能解决本专业技术疑难问题，并取得较好成果与社会、经济效益。

(3)能撰写有价值的学术论文或技术总结。

(4)较熟练掌握一门外语。

(5)能指导工程师的工作和学习。

(6)获得博士学位，从事工程师职务工作二年以上；大学本科以上(含本科)毕业，从事工程师职务工作五年以上。

破格评审的申报条件：

破格晋升的工程技术职务人员除符合工程师、高级工程师(1)～(5)条任职条件外，还要符合下列条件。

(一)破格评审中级职务的申报条件：

1.不具备规定学历人员应符合下列条件之一：

(1)在省部级以上专业学术会议上宣读或在省级以上刊物发表过三篇以上本专业的学术论文(限至第三作者，下同)。

(2)在地(市)级以上出版部门正式出版个人或合作的专业著作或译著。

(3)具有一定的专业理论水平，在高等院校系统地讲授过一门以上专业课程；或编写过相应专业有一定水平的教材、讲义，被正式使用二轮以上。

(4)省级以上授予的自学成才标兵。

2.不具备规定资历人员应符合下列条件之一：

(1)受到地(市)以上人民政府表彰奖励的有突出贡献的中青年专家或专业技术人员。

(2)承担并完成地(市)以上重点项目、大型项目、技术攻关项目、技术改造项目的主要专业技术负责人、主要专业技术设计者及关键技术攻关者。

(3)在工程技术研究、设计、实施等工作中取得显著成绩，获国家四等、省部三等或地(市)一等奖以上科技成果奖的主要贡献者[国家级限前五名，省级限前三名，地(市)级限前二名，下同]。

(4)科学、理论研究取得了显著成绩，研究成果在省级以上刊物出版发表，受到同行专家的肯定与好评者。

(5)在技术引进、发明创造、专利、改造、革新、推广、服务、咨询、管理等专业技术工作中取得显著成绩，受到地(市)级以上表彰奖励。

(6)在本专业技术岗位上，创造了有价值的经验，并在同行中推广。

(二)破格评审高级职务的申报条件：

1.不具备规定学历人员应符合下列条件之一：

(1)在国际或国家专业学术会议上宣读并被收入论文集出版或在国家级刊物上发表过三篇以上本专业的学术论文。

(2)在省级以上出版部门正式出版个人或合作的专业著作或译著。

(3)国家表彰的全国自学成才标兵。

(4)专业理论水平为同行公认，系统地讲授过相应专业二门以上(含二门)课程，或编写过相应专业有一定水平的教材、讲义，并被正式使用三轮以上。

2.不具备规定资历人员应符合下列条件之一：

(1)受到国家和省人民政府表彰奖励的有突出贡献的中青年专家。

(2)承担并完成国家或省重点研究课题、重点项目、大型项目、技术攻关项目、技术改造项目，经国家或省部业务主管部门鉴定，取得显著成绩的主要专业技术负责人或主要技术设计者、关键技术攻关者。

(3)在工程技术研究、设计、实施等工作中取得显著成绩，获国家三等奖、省部二等奖以上科技成果的主要贡献者。

(4)科学、理论研究取得了突破成绩，研究成果在国内外公开发表，并得到高度评价者。

(5)在技术引进、发明创造、专利、改造、革新、推广、服务、咨询、管理等专业技术工作中取得突出的成绩，获得显著的经济效益和社会效益，受省部级以上表彰奖励者。

(6)在研制、开发新产品的技术工作中经国家、省部级业务主管部门鉴定属国内外首创并取得显著社会效益和经济效益的主要技术负责人、研制者、关键技术攻关者。

上述各级奖指的是：自然科学奖、技术发明奖、科技进步奖、科技星火奖、科技外经奖、优秀新产品奖。

对上述所规定的同层次(指国家级、省部级或地市级层次)奖励等级低一级的奖励有两项者，也可作为破格申报相应职务任职资格的条件。

二、实验技术系列

评聘各级实验技术职务的任职条件：

1.实验员

大专、中专毕业，见习一年期满，根据任职条件考察合格；高中毕业，从事实验技术工作二年以上，并已掌握本职工作所需要的基础知识；并具备下列条件者，可聘任为实验员：

(1)了解与本门业务有关的专业知识和技术，初步掌握常规的实验工作原理、方法和步骤；

(2)能正确使用与本职工作有关的仪器设备，在有关人员的指导下，能够完成一般的实验任务。

2.助理实验师

大学本科毕业，见习一年期满；三年制大学专科毕业，担任实验员职务一年以上，二年制大学专科毕业，担任实验员职务二年以上；中专(高中)毕业，担任实验员职务四年以上；并具备下列条件者，可聘任为助理实验师：

(1)基本掌握与本门业务有关的专业知识和技术，掌握常规实验工作原理、方法和步骤；

(2)能熟练地使用与实验工作有关的仪器设备，并了解其原理和性能，对一般仪器设备具有初步维修的技能；

(3)参加过一定数量的实验工作，能初步独立地制订实验方案，提供准确的实验数据和结果，较好地完成实验任务，写出实验报告。

3.实验师

大学本科、专科毕业，担任助理实验师职务四年以上；中专(高中)毕业，担任助理实验师职务五年以上；并具备下列条件者，可聘任为实验师：

(1)掌握与本门业务有关的专业知识和技术，具有独立设计实验方案、创造实验条件的能力，有娴熟的实验技能、技巧和丰富的实践经验；

(2)能够对与实验工作有关的仪器设备，进行维护检修和排除故障；

(3)独立地完成过一定数量的较复杂的实验任务，并写出较高水平的实验报告，为科研教学工作提供高水平的服务，对改进实验技术取得过较好的成绩；

(4)能够阅读与本职工作有关的一门外文资料。

4.高级实验师

大学本科毕业，担任实验师职务五年以上；大学专科毕业，担任实验师职务六年以上；并具备下列条

件者,可聘任为高级实验师:

(1)具有本门业务扎实的专业知识,熟悉本门业务国内外的实验技术现状和发展趋势,具有组织和指导大型实验技术工作以及解决关键性技术问题的能力;

(2)对实验技术和仪器设备的改进方面,或在引进的技术和设备的使用、改造方面,做出了显著的成绩;或在组织实验工作和培养实验技术人员方面有突出的成就,写出过高水平的实验报告;

(3)能熟练地阅读一门外文书刊。

破格晋升实验师、高级实验师申报条件:

(一)破格晋升实验师的申报条件:

不具备规定学历或资历人员申报实验师职务除符合实验师(1)~(4)条任职条件外,还应符合下列条件之一:

1.在省部级以上专业技术会议上宣读或在省部级以上公开发行的学术刊物上发表过至少三篇本专业的学术论文(限至第三作者,下同),或在地(市)级以上出版社出版过个人的专业著作 10 万字以上,或合作的专业著作中本人承担 10 万字以上,并受到同行专家的肯定与好评者。

2.具有一定的专业理论水平,系统地讲授过一门实验课,或编写过相应专业有一定水平的实验教材、讲义,已正式使用二轮以上,并受到师生好评。

3.在实验室建设方面取得突出成绩,受到省、校级表彰,或在实验设备的维护、维修、改进方面取得显著的经济效益。

4.受到地(市)以上人民政府表彰奖励的有突出贡献的中青年专家或专业技术人员。

(二)破格晋升高级实验师的申报条件:

不具备规定学历或资历人员申报高级实验师职务除符合高级实验师(1)~(3)条任职条件外,还应符合下列六项条件的二项条件:

1.在国际或全国专业学术会议上宣读并被收入论文集出版或在国家级学术刊物上发表过至少三篇本专业一定水平的学术论文。

2.在省级以上出版部门正式出版过个人本专业著作十五万字以上,并已受到同行专家好评,认为具有一定学术水平。

3.同行公认为专业理论水平较高,系统讲授过本专业一门以上(含一门)课程,或编写过本专业有一定水平的教材、讲义,已使用三轮以上,并受到同行专家的肯定。

4.在实验室建设、实验设备的改进等方面取得显著成绩,获得省部级或国家奖励者。

5.承担并完成国家或省重点研究课题、重点项目、技术攻关项目、技术改造项目,经国家或省业务主管部门鉴定,取得显著成绩的主要专业技术负责人或主要设计者、关键技术攻关者。

6.受国家和省人民政府表彰奖励的有突出贡献的中青年专家。

三、卫生技术系列

评聘各级卫生技术职务的任职条件:

1.医(药、护、技)士

(1)了解本专业基础理论,具有一定的技术操作能力。

(2)在上级卫生技术人员指导下,能胜任本专业一般技术工作。

(3)中专毕业见习一年期满。

2.医(药、护、技)师

(1)熟悉本专业基础理论,具有一定的技术操作能力。

(2)能独立处理本专业常见病或常用专业技术问题。

(3)借助工具书,能阅读一种外文的专业书刊。

(4)中专毕业从事医(药、护、技)士工作五年以上,经考核证明能胜任医(药、护、技)师职务;大学专科毕业,见习一年期满后,从事专业技术工作二年以上;大学本科毕业,见习一年期满;研究生班结业或取得硕士学位者。

3.主治(主管)医(药、护、技)师

(1)熟悉本专业基础理论,具有较系统的专业知识,掌握国内本专业先进技术并能在实际工作中应用。

(2)具有较丰富的临床或技术工作经验,能熟练地掌握本专业技术操作,处理较复杂的专业技术问题,能对下一级卫生技术人员进行业务指导。

(3)在临床或技术工作中取得较好的成绩,或具有一定水平的科学论文或经验总结。能比较顺利阅读一种外文的专业书刊。

(4)大学毕业或取得学士学位,从事医(药、护、技)师职务工作四年职务以上;研究生班结业或取得第二学士学位,从事医(药、护、技)师工作三年左右;取得硕士学位,从事医(药、护、技)师工作二年左右;取得博士学位者。

4.副主任医(药、护、技)师

(1)具有本专业较系统的基础理论和专业知识,了解本专业国内外现状和发展趋势,能吸取最新科研成就并应用于实际工作。

(2)工作成绩突出,具有较丰富的临床或技术工作经验,能解决本专业复杂疑难问题或具有较高水平的科学论文或经验总结,能顺利阅读一种外文的专业书刊。

(3)具有指导和组织本专业技术工作和科学研究的能力,具有指导和培养下一级卫生技术人员工作和学习的能力。

(4)具有大学本科以上(含大学本科)学历,从事主治(主管)医(药、护、技)师工作五年以上;取得博士学位,从事主治(主管)医(药、护、技)师工作二年以上。

5.主任医(药、护、技)师

(1)精通本专业基础理论和专业知识,掌握本专业国内外发展趋势,能根据国家需要和专业发展确定本专业工作和科学研究方向。

(2)工作成绩突出,具有丰富的临床或技术工作经验,能解决复杂疑难的重大技术问题或具有较高水平的科学专著、论文或经验总结,能熟练阅读一种外文的专业书刊。

(3)作为本专业的学术、技术带头人,善于指导和组织本专业的全面业务技术工作,具有培养专门人才的能力。

(4)从事副主任医(药、护、技)师工作五年以上。

破格评审的申报条件:

(一)破格评审正高级职务的申报条件:

不具备《条例》规定学历或不具备《条例》规定任职年限的副高级卫生技术人员,任现职以来,能出色履行职责(其中年度考核成绩二年以上优秀),并符合以下条件之一者,可申报评审正高级职务任职资格:

1.在国家级以上刊物发表三篇以上(含三篇,下同)有较高学术价值的论文(限至第二作者,下同),并得到同行专家的高度评价;

2.获得国家三等或省(部)二等以上科技成果奖的主要贡献者(限前三名,下同);

3.受国家和省人民政府表彰奖励的有突出贡献的中青年专家;

4.在省级以上的出版部门正式出版个人有价值的学术专著20万字以上;

5.承担国家重点科研课题或技术攻关项目,并取得显著成绩的主要技术负责人和主要设计者;

6.在专业技术发明、创造、引进、推广、应用中取得突出成绩,获得显著的社会效益或经济效益,对科技进步和卫生事业发展做出重大贡献,受省(部)级以上表彰奖励者。

（二）破格评审副高级职务的申报条件：

1.不具备《条例》规定学历的中级卫生技术人员，从事中级职务工作满5年，能很好完成本职工作，且任现职以来，年度考核成绩二年以上优秀，并符合下列条件之一者，可申报评审副高级职务任职资格：

(1)在大专医药院校系统地讲授过相应专业一门以上（含一门，下同）课程或编写过相应专业有一定水平的大专教材、讲义，并被大专院校所采用；

(2)在国家级以上刊物发表二篇以上有较高学术价值的论文，或在省级刊物发表三篇以上有较高水平的学术论文，并获同行专家的好评与肯定；

(3)在省级以上出版社正式出版个人或合作的学术专著10万字以上（合作的本人必须撰写10万字以上）；

(4)经过本专业相当于大学本科程度以上（含本科）的脱产学习培训两年以上（含两年，下同）取得结业合格证书。

2.具备《条例》规定的学历，但任职年限未满的中级卫生技术人员，任现职以来，工作成绩突出，年度考核成绩二年以上优秀，并符合下列条件之一者，可申报评审副高级职务任职资格：

(1)受省人民政府及其以上表彰的有突出贡献的中青年专家；

(2)承担省（部）级重点科研课题或技术攻关项目，并取得显著成绩的主要技术负责人和主要设计者；

(3)获得国家四等或省（部）三等或地（或市）、厅一等以上科技成果奖的主要贡献者；

(4)在专业技术工作上取得突出成绩，获得显著的社会效益或经济效益，受到地（市）、厅级以上表彰奖励者；

(5)医药科研取得突出成绩，研究成果在国内外发表，得到同行专家高度评价者。

（三）破格评审副主任护师的申报条件：

不具备《条例》规定学历的中级护理人员，任现职以来，能很好履行职责，年度考核成绩二年以上优秀，并符合下列条件之一者，可申报评审副主任护师任职资格：

1.具有中专以上学历，从事主管护师工作满5年以上者；

2.在150床以上综合性医院和专科医院从事护理工作，具有指导临床护理或带教能力，能解决本专业复杂疑难技术问题，工作成绩特别突出者；

3.在地（市）及以上学术刊物发表，或在全省性学术会议上大会交流有较高水平的学术论文或经验总结者。

（四）破格评审中级职务的申报条件：

1.不具备《条例》规定学历的“师”级卫生技术人员，从事“师”级工作满5年，任职期间考核成绩优良，并符合下列条件之一者，可申报评审中级职务任职资格：

(1)在大中专医药院校系统地讲授过一门以上专业课程，或编写过相应专业有一定水平的大中专教材、讲义，并被大中专院校所采用；

(2)在省级以上刊物发表三篇以上有一定水平的学术论文；

(3)在省级以上出版社正式出版个人或合作的专著5万字以上（合作的本人必须撰写5万字以上）；

(4)经过本专业相当于大专程度以上的专业培训班脱产学习二年以上（含二年），并取得结业证书者；

(5)参加省统一组织的理论考试成绩合格者。

2.具备《条例》规定的学历，但任职年限未满的“师”级卫生技术人员，任职期间考核成绩优良，并符合下列条件之一者，可申报评审中级职务任职资格：

(1)受到地（市）人民政府（含厅、局级）表彰奖励的有突出贡献的中青年专家或拔尖人才；

(2)获得地（市）、厅级二等以上科技成果奖的主要贡献者；

(3)承担地（市）、厅级重点研究课题、技术攻关项目的主要技术负责人和主要设计者；

(4)医药研究取得显著成绩，研究成果在省级以上刊物发表，受到省内同行专家的好评；

(5)在专业技术工作中取得显著成绩，有明显的经济或社会效益，受到地（市）、厅级以上表彰奖励者。

四、图书、资料专业系列

评聘各级图书资料专业职务的任职条件：

1.管理员：初步掌握图书、资料专业基础知识、工作方法的技能，在高一级专业技术职务人员指导下能完成本职一般技术辅助性工作。大学专科、中等专业学校毕业，见习一年期满者，根据任职条件考察合格，能承担管理员职责。

2.助理馆员：具有本专业的基础理论和专业知识，有一定工作能力，掌握图书、资料有关工作方法技能，能承担本职工作任务。获得硕士学位或研究生班毕业；获得学士学位或大学本科毕业见习一年期满；大学专科毕业，担任管理员职务工作二年；中专毕业，担任管理员四年以上者，根据任职条件考察合格，能承担助理馆员职责。

3.馆员：较系统地掌握图书、资料或其他某种专业的基础理论和专业知识，具有独立工作能力，熟练掌握与本职工作有关的业务。获得博士学位；获得硕士学位，担任助理馆员二年以上；获得双学士学位或研究生班毕业，担任助理馆员三年以上；获得学士学位或大学本科毕业，担任助理馆员四年以上；大专毕业，担任助理馆员工作五年者，经考察合格能承担馆员职责。

4.副研究馆员：具有较广博的科学文化知识，对图书馆学、情报学或其他学科有系统的理论知识和较深的研究，有一定水平的论著和译著，工作经验比较丰富者。博士学位获得者，担任馆员二年；大学本科毕业，担任馆员五年以上者，经考察合格，证明能承担副研究馆员职责。

5.研究馆员：担任副研究馆员五年以上，具有广博科学文化知识，对图书馆学、情报学或其他学科有系统的研究和突出的成果，有较高水平的论著、译著，工作经验丰富，在本专业有较高威望者，经考察证明能够承担研究馆员的职责。

专业知识考试学术成果要求：

申报图书、资料专业高、中级职务任职资格的人员，均应从基础理论、专业知识、工作能力、水平、业绩等方面全面考核，申报高级职务者还须提交本人的科研成果、学术论著作为推荐评审依据。

1.申报高级图书、资料专业职务，任职以来须在国家或省有关部门批准出版刊号的学术刊物正式发表过，或在全国学术会议上宣读并收入论文集出版过三篇具有创见性的科学论文；或正式出版有代表性的专著、译著一至二部(合著者要注明自己在其中所承担的工作)；或获得国家四等、省(部)级三等以上的社会科学优秀成果奖，或地(市)、厅(局)一等科研成果奖。

2.申报中、初级图书、资料专业职务，必须参加学校组织的图书资料专业基础知识统一考试，取得及格以上成绩方可申报评审。具体办法另行通知。

破格申报晋升高、中级专业职务任职条件：

(一)破格评审高级职务的申报条件：

1.不具备规定学历人员申报图书资料专业高级职务，其基础理论、专业知识水平应先符合下列条件之一：

(1)任职以来在国际或国家专业学术会议上宣读交流或国家级的刊物上发表过三篇以上(含三篇)本专业的学术论文；

(2)在省级以上出版部门正式出版过个人本专业的专著或译著(不含编辑出版)一至二部；

(3)专业理论水平为省内同行所公认，并在大专院校系统地讲授相应专业一门课程，或编写过相应专业有一定水平的大专教材、讲义，并为大专院校所采用；

(4)经过高级院校本专业相当于大学本科程度以上(含本科)的脱产学习培训二年以上(含两年)并取得结业合格证明；

(5)国家表彰的全国自学成才标兵。

2.不具备规定资历人员申报图书、资料专业高级职务，其工作能力、水平及成果业绩应先符合下列条件之一：

(1)在完成国家下达科研项目或较高难度的任务中担任业务负责人和主要业务骨干，其成果经鉴定合格或被发表推广，并得到高度评价者；

(2)在国家与地方组织图书馆际业务竞赛活动中成绩显著，获得国家三等奖及省(部)级二等奖(指社会科学优秀成果奖)以上成果奖的主要贡献者；

(3)在从事图书资料专业技术工作中有突出或多次发明创造，为社会主义“两个文明”服务获得显著经济效益和社会效益，做出重大贡献，受省(部)级以上奖励者；

(4)受国家和省人民政府表彰奖励的有突出贡献的中青年专家。

(二)破格评审中级职务的申报条件：

1.不具备规定学历人员申报图书资料专业中级职务，其基础理论、专业知识水平应先符合下列条件之一：

(1)任职以来在省(部)级以上(含省级)专业学术会议上宣读或省以上刊物发表三篇以上专业学术论文，或在省级以上出版部门正式出版个人或合作的专业著作或译著；

(2)编写过相应专业有一定水平的中专教材、讲义，并被中专学校所采用；

(3)经过高等院校相当大专程度以上(含大专)的专业学习培训累计两年以上，取得结业证书或参加省统一组织的中级职务基础理论和专业知识水平测试成绩合格；

(4)省表彰授予自学成才标兵。

2.不具备规定资历人员申报图书资料专业中级职务，其工作能力、水平及成果业绩应符合下列条件之一：

(1)从事图书资料专业工作中具有特殊技能，在一个地区内被同行公认为本行专业技术带头人，并在省级以上专业比赛中获奖；

(2)在图书资料专业技术工作上有所发明、创造，搜集、利用图书报刊信息资料为当地“两个文明”建设服务取得显著成绩，有明显的经济和社会效益，受地(市)级以上人民政府表彰奖励者；

(3)获国家级四等或省(部)级三等，或地(市)厅级一等以上的社会科学成果奖主要贡献者；

(4)受到地(市)以上人民政府表彰奖励的有突出贡献的中青年专家、专业技术人员。

为进一步选拔和挖掘人才并考虑到基层的实际，对获得上述所规定的同层次(指国家、省部级或地、市级层次)奖励等级低一级的奖励有两项者，也可作为破格申报相应职务任职资格条件之一。

五、档案专业系列

评聘各级档案专业职务的任职资格条件：

1.管理员

大学专科、中专毕业，见习一年期满，具备下列条件，可以申报评聘管理员职务：

(1)大中专院校档案专业毕业生，或普通院校非档案专业毕业生已经过地(市)以上档案部门组织的“档案管理学”等三门以上档案专业课培训，并取得合格证书(含专业证书班证书，下同)，初步掌握档案专业的基本知识；

(2)对《中华人民共和国档案法》《档案馆工作通则》《机关档案工作条例》等档案工作规章制度和规范、标准有一定的了解，并初步掌握档案工作的基本方法和技能；

(3)较好地完成所担负的工作任务。

2.助理馆员

获得硕士学位；研究生班结业或获得第二学士学位，经考核合格，大学本科毕业见习一年期满；大学专科毕业担任管理员职务二年以上或从事档案专业工作三年以上；中专毕业担任管理员职务四年以上或从事档案专业工作五年以上；具备下列条件，可以申报评聘助理馆员职务：

(1)大中专院校档案专业毕业生,或普通院校非档案专业毕业生已经过地(市)以上档案部门组织的“档案管理学”等四门档案专业课培训考试,并取得合格证书,同时按规定在任管理员期间参加了专业继续教育学习,比较系统地掌握了档案专业基础理论和专业知识;

(2)比较熟悉《中华人民共和国档案法》《档案馆工作通则》《机关档案工作条的》等党和国家有关档案工作的方针、政策和档案工作的规章、规范、标准;

(3)有一定工作能力,能比较熟练地掌握档案专业工作的基本技能,能胜任和履行助理馆员职责。

3.馆员

获得博士学位;获得硕士学位担任助理馆员二年或从事档案专业工作三年以上;研究生班结业或获得第二学士学位担任助理馆员三年或从事档案工作四年;大学本科毕业担任助理馆员职务四年以上或从事档案专业工作五年以上;大学专科毕业担任助理馆员五年以上或从事档案专业工作七年以上,具备下列条件,可以申报评聘馆员职务:

(1)参加过省级以上档案部门组织的“档案管理学”等五门档案专业课程培训考试,并取得合格证书,同时按规定在任助理馆员期间,参加了专业继续教育的学习,系统地掌握了档案专业的基础理论和专业知识,在省级以上专业刊物上发表过一篇以上本专业论文或地(市)级以上档案专业学术讨论会上宣读交流过二篇以上本专业论文,或撰写过三篇以上对实际工作具有指导意义的被省级以上档案部门采用的工作经验总结、业务报告等;

(2)熟悉《中华人民共和国档案法》《档案馆工作通则》《机关档案工作条例》等党和国家有关档案工作的方针、政策和档案工作规章、规范和标准,能起草本地区、本系统、本部门档案管理的有关规章;

(3)具有独立工作能力,能胜任和履行馆员职责;

(4)掌握一门外语或古汉语,经校统一组织的考试合格或符合免试条件。

4.副研究馆员

获得博士学位担任馆员二年以上;获得硕士学位担任馆员三年以上;获得第二学士学位、大学本科毕业担任馆员五年以上,具备下列条件,可以申报评聘副研究馆员职务:

(1)具有较广博的科学文化知识,比较精通《中华人民共和国档案法》《档案馆工作通则》《机关档案工作条例》等档案工作法律、法规及党和国家有关档案工作的方针、政策,系统地掌握了档案专业理论,对档案学某一领域有较深的研究,任馆员以来,按规定积极参加档案专业继续教育和档案学术科研活动,在省以上出版部门正式出版过一部以上本专业论著,或在全国性专业刊物上发表二篇以上或在省以上专业刊物上发表过四篇以上或在省以上专业学术讨论会上宣读交流过五篇以上具有较高水平的本专业论文;或撰写过八篇以上对实际工作具有指导意义被省以上档案部门采用的工作经验总结、业务报告等;

(2)有比较丰富的工作经验和较强的业务工作组织能力,能够胜任和履行副研究馆员职责,指导中、初级档案专业人员进行业务、学术研究,解决业务工作中的疑难问题,工作成就显著;

(3)熟练掌握一门外语或古汉语,经校统一组织的考试合格或符合免试条件。

5.研究馆员

具备大学本科及以上学历,担任副研究馆员职务五年以上,具备下列条件,可以申报评聘研究馆员职务:

(1)具有广博的科学文化如识,精通《中华人民共和国档案法》《档案馆工作通则》《机关档案工作条例》等档案工作法律、法规及党和国家有关档案工作的方针、政策,对档案学理论有较深的造诣,在本省档案界有较大影响,任副研究馆员以来,积极参加档案专业继续教育和档案学术科研活动,独立撰写过二部或合作撰写过三部并在省以上出版部门出版的本专业论著,或在全国性专业刊物上发表五篇以上或在省级刊物上发表八篇以上高水平的本专业论文或作为撰稿人在专业书刊上发表本专业文章30万字以上;

(2)有丰富的工作经验和较强的组织能力,能够胜任和履行研究馆员职责,指导档案专业人员进行重大业务和学术研究,解决业务工作的重大疑难问题,工作成绩卓著,对档案事业有较大的贡献;

(3)熟练掌握一门外语,经省以上统一组织的考试合格或符合免试条件。

破格评审的申报条件：

(一)破格评聘中级职务条件：

1.不具备规定学历人员申报评聘馆员职务，其基础理论和专业知识必须具备下列条件之一：

(1)在省级以上出版部门正式出版个人或合作(主要作者)的本专业著作或译著，或在省(部)级以上专业刊物上发表或省(部)级以上系统专业学术会议上宣读交流过三篇以上具有较高水平的本专业论文；

(2)在大中专院校系统地讲授一门以上专业课程或编写过一门以上大中专院校或地(市)以上系统通用的专业培训教材、讲义并被采用；

(3)参加省以上统一组织的中级职务基础理论和专业知识水平测试合格，或自学成才，对档案学有较深的研究，被地(市)以上政府授予自学成才标兵。

2.不具备规定资历人员申报评聘馆员职务，其工作成绩和业务能力方面必须具备下列条件之一：

(1)科研等成果获国家级四等或省(部)级三等奖、地(市)级二等奖以上科技进步奖、优秀成果奖的主要贡献者；或者省(部)级系统二等奖以上个人奖或集体一等奖的第一、第二贡献者；

(2)被评为地(市)级以上先进工作者或省部以上所在行业先进工作者及先进集体的第一、二贡献者。

(二)破格评聘高级职务条件：

1.不具备规定学历人员申报评聘高级职务，其基础理论与专业知识水平必须具备下列条件之一：

(1)在省级以上出版部门正式出版过一部本专业个人著作或译著(不含编辑出版)，或在全国性刊物发表过三篇以上或全国性专业学术会议上宣读过五篇以上或在省(部)以上专业刊物发表五篇以上或省(部)以上专业学术会议宣读八篇以上本专业有较高水平的学术论文；

(2)在大中专院校系统讲授二门以上档案专业课程，或编写二门以上大中专院校或省以上系统通用的档案专业培训教材、讲义并被采用；

(3)自学成才，对档案学理论有较深的造诣，被授予全国自学成才标兵。

晋升正高级职务必须是全省学科带头人。

2.不具备规定资历人员申报评聘高级职务，其工作成绩和业务能力必须具备下列条件之一：

(1)国家或省人民政府表彰奖励的有突出贡献的中青年专家；

(2)省(部)级以上重点研究课题、技术攻关项目的主要技术负责人和主要设计完成者；

(3)科研等成果获省(部)级二等奖以上科技进步奖、优秀成果奖主要贡献者。

六、评聘各级出版专业职务的任职条件

1.编辑专业人员的任职条件

助理编辑：大学本科毕业，经一年编辑工作见习期考察，或获得第二个学士学位或硕士学位或研究生班结业证书，掌握本专业的基础理论和基本的编辑业务，有一定文字水平，能履行助理编辑职责者，可评聘为助理编辑。

编辑：大学本科毕业，担任助理编辑四年以上，或获得硕士学位担任助理编辑两年，或获得研究生班结业证书或第二学士学位证书担任助理编辑二至三年，或获得博士学位，具有本专业扎实的基础理论知识，熟练地掌握编辑业务，能独立处理稿件，有较高的文字水平，掌握一门外语，能履行编辑职责，可申报评聘为编辑。

副编审：大学本科毕业，担任编辑五年以上，或获得博士学位担任编辑两年以上，有较广博的科学文化知识，对某学科有较深的研究，有一定水平的著译(或编辑了一批好书或美术、摄影作品)，能解决编辑业务中的疑难问题和指导编辑工作(负责技术编辑或校对方面工作的副编审要能培养该专业的专业人才)，熟练掌握一门外语，能履行副编审职责，可申报评聘为副编审。

编审：大学本科毕业，担任副编审五年以上，科学文化知识广博，对某学科有系统的研究和较深的造诣，有较高水平的著译，或在国家级报刊发表两篇以上本专业学术论文或在国家级刊物发表四幅以上美

术、摄影作品，有较高的政策、理论水平，能指导专业人员进修，能完成重大编审任务，工作中有较大贡献，熟练掌握一门以上外语，能履行编审职责，可申报评聘为编审。

2.技术编辑人员的任职条件

技术设计员：高等学校专科毕业或中等专业学校毕业，一年见习期满，或高中毕业从事技术设计工作两年以上，初步掌握本专业的基础知识和排印常识，能完成一般的专业工作任务，可评聘为技术设计员。

助理技术编辑：担任技术设计员五年以上，或高等院校专科毕业担任技术设计员两年以上，掌握本专业的基础理论，能独立完成专业工作任务，解决专业工作中遇到的技术问题，了解出版印刷业务，熟悉常用外文字体，工作有一定的成绩，可评聘为助理技术编辑。

技术编辑：具有大专以上文化程度，担任助理技术编辑五年以上，具有扎实的本专业的基础理论知识，能熟练地完成专业工作任务，较好地解决专业工作中遇到的各种技术问题，熟悉出版印刷业务，工作成绩显著，掌握一门外语，可申报评聘为技术编辑。

3.校对人员的任职条件

三级校对：高等学校专科毕业或中等专业学校毕业，一年见习期满，或高中毕业从事校对工作两年以上，初步掌握校对专业的基础知识和排印常识，能初步处理校样中的有关问题，按照质量、数量要求完成一般校对任务，可评聘为三级校对。

二级校对：担任三级校对五年以上，或高等院校专科毕业担任三级校对两年以上，掌握校对专业的基本理论和出版印刷知识，能独立处理校样中的有关问题，完成一般稿件的整理付型工作，有一定中文水平，熟悉常用外文字体，工作有一定成绩，可评聘为二级校对。

一级校对：大专以上文化程度，担任二级校对五年以上，具有较广泛的科学文化知识，系统掌握校对专业的基本理论，熟悉出版印刷知识，能熟练地完成“三校”任务，妥善处理校样中的疑难问题，工作成绩显著，掌握一门外语，可申报评聘为一级校对。

在出版专业职务经常化评聘中，评聘出版专业相应职务的人员，除须具备以上的相应条件外，还必须符合以下规定：

(1)必须积极参加各阶段出版专业理论进修、研讨和业务培训，且考核、考试成绩合格。凡无正当理由不参加的或考核、考试成绩不合格的，暂不予评聘。

(2)任期考核成绩“称职”以上，且年度考核至少有一次成绩“优秀”的，方能晋升评聘相应职务。任期考核成绩优秀者，可优先晋升。

破格评审中、高级职务的申报条件：

1.不具备规定学历，破格申报评审出版专业中、高级职务的人员，其基础理论、专业知识水平应先符合下列条件之一：

(1)任现职期间，撰写具有较高水平的前言、序跋、书评，并在公开发行的报刊上发表过本专业学术论文或美术、摄影作品。申报中级职务应在省(部)级以上报刊发表两篇或四幅以上；副高级职务应在国家级报刊发表两篇或四幅以上；正高级职务应在国家级报刊发表三篇或六幅以上。

(2)任现职期间，在省级以上出版部门正式出版本人或合作的专业著作或译著。申报中级、副高级、正高级职务的著、译作字数应分别在五万字、十万字、二十万字以上或字数虽未达到，但其著、译作产生较大反响，获得同行专家好评的。

(3)申报中级的应经过相当于大专程度以上的专业学习培训累计两年以上，取得结业证明，且任职期间，在公开发行的报刊上发表过本专业学术论文(或美术、摄影作品)一篇(或两幅)以上；申报高级的应经过相当于大学本科程度连续脱产学习培训两年以上，并取得结业合格证明，且任职期间，在省级以上报刊发表两篇论文(或四幅美术、摄影作品)以上。

(4)国家、省表彰授予的自学成才标兵。申报高级职务应是国家表彰的全国自学成才标兵。

2.不具备规定资历，破格申报评审出版专业中、高级职务的人员，其工作能力、水平及成果业绩应先符合下列条件之一：

(1)受到国家和省、地(市)人民政府表彰奖励的有突出贡献的中青年专家或专业技术人员。申报高级职务应是受到国家和省人民政府表彰奖励的。

(2)任现职期同,编辑出版的图书曾荣获奖誉。申报中级的应获得省(部)级二等奖;申报副高级的应获得省(部)级一等奖;申报正高级的应有获得国家图书奖或“茅盾文学奖”或“茅盾文学提名奖”,或评为“五个一工程”图书及其他相当级等的奖誉。

七、评聘各级翻译专业技术职务的任职条件

1.助理翻译(初级职务)

(1)必须具有大学外语本科毕业的基础知识和有关的专业知识,并有一定的汉语水平。

(2)能完成一般性的口译或笔译工作。从事口译工作者,应能基本表达双方原意,语音、语调基本正确;从事笔译工作者,应能表达一般难度的原文内容,语法基本正确,文字比较通顺。

(3)获得硕士学位、研究生班结业证书或第二学士学位证书、大学本科毕业见习一年期满、大学专科毕业连续从事翻译工作三年以上,经考核符合条件者。

2.翻译(中级职务)

(1)必须具有比较系统的外语基础知识、一定的科学文化知识和翻译理论知识。任现职以来,有在省级刊物上出版、发表或内部采用二十万字以上的译文、译著。工作中有一定成绩,并初步掌握一门第二外语。

(2)能够独立承担本专业口译或笔译工作,能胜任出访、接待、谈判等翻译任务,语文流畅,译文准确,并指导初级翻译人员的工作。

(3)获得博士学位,经考核符合条件者;获得硕士学位从事本专业工作三年经考核符合条件或担任助理翻译二年以上经评审符合条件者;获得研究生班结业证书或第二学士学位证书并担任助理翻译三年以上;大学本科或专科毕业担任助理翻译四年以上。

3.副译审(高级职务)

(1)必须具有较高翻译水平和丰富的翻译实践经验,有较广博的科学文化知识,对从事的专业有一定的研究,对原文有较强的理解力和表达能力,并有较高水平的成果。任现职以来在省级刊物上出版、发表的译著、专著、论文和校译、审定的稿件及有关单位采用的译件五十万字以上。较熟练地掌握一门第二外语。

(2)能解决翻译中的疑难问题;指导培训初、中级翻译人员;从事口译作者,应能担任重要国际会议或党和国家领导人的翻译;从事笔译作者能负责重要文稿的审定工作。

(3)获得博士学位并已担任翻译职务二年以上者;大学本科以上(含本科)毕业并担任翻译职务五年以上者,可申报评审副译审职务任职资格。

4.译审(高级职务)

(1)必须长期从事翻译或审稿、定稿工作,有广博的科学文化知识,经验丰富;有重要译著、专著,其审定的稿件和译件要有一百万字以上在省级以上刊物出版、发表或被省级以上单位采用,译文能表达原作风格;工作成绩卓著并在理论和实践上对翻译工作的发展做出较大贡献,在翻译界享有声誉。熟练地掌握一门第二外语。

(2)能审定重要文稿,能解决翻译工作中重大疑难问题;指导培养初、中级翻译人员,对翻译队伍的建设有所贡献。

(3)担任副译审职务五年以上,可申报评审译审职务任职资格。

关于破格评审:

(一)不具备规定学历人员申报高级职务,其基础理论、专业知识水平除符合高级职务(副译审)任职条件(1)(2),并担任翻译职务五年以上外,还应符合下列条件之一:

1.在国际或国家专业学术会议上宣读或国家级以上刊物发表过三篇以上具有较高水平的本专业学术论文；

2.在省级以上出版部门正式出版过个人专著或译著；

3.国家表彰的全国自学成才标兵。

(二)不具备规定资历人员申报高级职务(副译审)，其工作能力、学术水平除应符合高级职务(副译审)任职条件(1)(2)外，还应先符合下列条件之一：

1.受国家和省人民政府表彰奖励的有突出贡献的青年翻译工作者；

2.在国家或省重点、大型工程项目或援外工作中担任翻译负责人或任主要翻译，能出色完成工作任务，并受到国家或省主管部门的正式表彰和外方人员的赞誉；

3.多次担任重要国际会议，国家或省主要领导人出访、接待和重要谈判的翻译负责人或任主要翻译，工作出色受到业务主管部门的正式表彰；

4.专业理论研究成果或重要译著在国内外发表并得到高度评价者。

八、会计专业职务的任职条件

1.会计员

(1)初步掌握财务会计知识和技能。

(2)熟悉并能执行有关会计法规和财务会计制度。

(3)能担负一个岗位的财务会计工作。

(4)大学专科或中等专业学校毕业，在财务工作岗位上见习一年期满。

2.助理会计师

(1)掌握一般的财务会计基础理论和专业知识。

(2)熟悉并能正确执行有关的财经方针、政策和财务会计法规、制度。

(3)能担负一个方面或某个重要岗位的财务会计工作。

(4)取得硕士学位，或取得第二学士学位或研究生班结业证书，具备履行助理会计师职责的能力；大学本科毕业，在财务会计工作岗位上见习一年期满；大学专科毕业并担任会计员职务二年以上；或中等专业学校毕业并担任会计员职务四年以上。

3.会计师

(1)较系统地掌握财务会计基础理论和专业知识。

(2)掌握并能正确贯彻执行有关的财经方针、政策和财务会计法规、制度。

(3)具有一定的财务会计工作经验，能担负一个单位或管理一个地区、一个部门、一个系统某个方面的财务会计工作。

(4)取得博士学位，并具有履行会计师职责的能力；取得硕士学位并担任助理会计师职务二年左右；取得第二学士学位或研究生班结业证书，并担任助理会计师职务二至三年；大学本科或大学专科毕业并担任助理会计师职务四年以上。

(5)掌握一门外语。

4.高级会计师

(1)较系统地掌握经济、财务会计理论和专业知识。

(2)具有较高的政策水平和丰富的财务会计工作经验，能担负一个地区、一个部门或一个系统的财务会计管理工作。

(3)取得博士学位，并担任会计师职务二至三年；取得硕士学位、第二学士学位或研究生班结业证书，或大学本科毕业并担任会计师职务五年以上。

(4)较熟练地掌握一门外语。

九、统计专业职务的任职条件

1.统计员

(1)掌握一般统计专业知识和计算技术。

(2)能够按照统计制度和统计方法的规定,准确及时填报或汇总报表。

(3)能对统计资料进行一般的加工整理和简单分析。

(4)中等专业学校或大学专科毕业见习一年期满。

2.助理统计师

(1)掌握统计理论基础知识和有关业务知识,熟悉计算技术。

(2)熟悉有关的统计制度和统计方法,能准确及时填报或汇总报表。

(3)能够拟订比较简单的统计调查方案,独立进行调查研究。

(4)能够对统计资料进行比较系统的加工整理,提供分析研究报告。

(5)获得硕士学位;获得研究生班结业证书或获得第二学士学位;大学本科毕业见习一年期满;大学专科毕业担任统计员二年以上;中等专业学校毕业担任统计员四年以上。

3.统计师

(1)掌握本专业比较系统的理论知识和较多的业务知识。

(2)有一定的统计工作经验,能够拟订统计调查方案并组织实施。

(3)能够对本专业有关的社会经济问题进行调查研究和综合分析,写出有一定水平的统计调查报告或有一定应用价值与学术水平的论文。

(4)能阅读本专业一门外文书刊资料。

(5)获得博士学位;获得硕士学位担任助理统计师二年左右;获得研究生班结业证书或获得第二学士学位,担任助理统计师二年以上;大学本科毕业担任助理统计师四年以上;大学专科毕业担任助理统计师四年以上。

4.高级统计师

(1)掌握系统的统计理论知识和比较丰富的业务知识。

(2)有丰富的统计工作经验和解决统计工作中重大问题的能力。

(3)能够对社会经济问题进行系统的调查研究,写出较高水平的统计调查报告或较高应用价值和学术水平的论文,或能够对统计理论、统计制度和统计方法进行科学研究,提出有重要价值的建议。

(4)掌握一门外语。

(5)获得博士学位担任统计师二年以上;具有大学本科毕业及以上学历担任统计师五年以上。

十、经济专业职务的任职条件

1.经济员:应具有经济专业的基础知识,能够对专项经济活动进行初步分析整理,提出具体实施意见。

大学专科、中等专业学校毕业,在经济专业岗位上见习一年期满,经考察合格。

2.助理经济师:应具有较系统的经济专业理论知识,能够独立地对专项经济活动进行分析综合,提出建设性的意见。

获得硕士学位或取得第二学士学位,胜任助理经济师职务;获得学士学位或大学本科毕业,在经济专业岗位上见习一年期满,经考察合格;大学本科毕业,从事经济员工作二年以上;中等专业学校毕业,从事经济员工作四年以上。

3.经济师:应具有系统的经济专业理论知识,能够正确执行党和国家的有关方针、政策,有较丰富的经济工作实践经验,能够独立地解决较复杂的业务问题,工作中取得一定的成果或经济效益。

获得博士学位,胜任经济师职务;获得硕士学位或取得第二学士学位,从事助理经济师工作二年左右;大学本科毕业,从事助理经济师工作四年以上;大学专科毕业,从事助理经济师工作四年以上。

4.高级经济师:应具有坚实的专业理论知识,掌握国内外现代的经济管理科学方法和发展趋势。有较高的政策理论水平和丰富的经济工作实践经验,能够解决重要经济活动中的实际问题,提出有价值的政策性意见,在加强经济管理和提高经济效益、社会效益方面贡献显著。获得博士学位后,从事经济师工作二年以上;大学本科毕业以上学历,从事经济师工作五年以上。

担任经济师、高级经济师职务的经济专业人员,一般应该能够阅读本专业的外文资料。从事对外经济贸易、经济研究、经济情报等工作的经济师、高级经济师,应该比较熟练地掌握一门外语。

十一、幼儿园教师职务任职条件

略。

第二部分　岗位职责

一、实验技术职务的职责

(一)实验员

了解本实验室有关的实验原理和实验技术,在有关人员的指导下,完成科学研究实验、教学实验的准备工作和辅助工作,初步掌握常规的实验工作方法和步骤,承担本实验室的部分仪器设备的管理工作或其他具体工作。

(二)助理实验师

基本掌握本实验室有关的实验原理和实验技术,较熟练地掌握本实验室各种仪器设备,能对一般仪器设备的故障进行诊断和维修,承担比较复杂精密仪器设备的技术管理,负责承担并较好地完成实验任务,写出实验报告。承担实验室某一方面的管理工作。

(三)实验师

掌握本实验室有关的专业知识和技术,独立地创造或改善某些实验技术条件,根据学术负责人的设想和要求,设计、加工特殊的实验装置或零部件,改进有关仪器设备的性能指标,负责精密仪器大型设备的调试、维护、检修和故障的排除,写出较高水平的实验报告,指导和培养初级实验技术人员的工作。

(四)高级实验师

熟悉本学科领域国内外实验技术动态,组织和领导本学科的重大实验工作,写出高水平的实验报告或论文,解决实验工作中出现的关键性技术问题,指导和培养中、初级实验技术人员。

二、档案专业职务岗位职责

(一)管理员

1.从事基层档案部门的档案管理工作;

2.从事档案专业的具体工作或辅助性工作。

(二)助理馆员

1.参与档案理论或业务的研究;

2.担任档案管理或业务指导工作;

3.参加编辑档案材料工作;

4.参加培训档案专业干部的教学工作。

(三)馆员

1.独立进行档案理论与业务的研究,拟订档案管理工作的计划、方案;

2.独立从事或指导档案业务工作;

3.独立完成档案材料编辑工作;

4.编写高等档案专业教材,承担授课任务,指导学生实习。

(四)副研究馆员

1.研究档案业务工作的历史、现状和趋势,研究档案内容和形成规律,拟订管理工作的重要计划、方案;

2.负责档案业务、理论咨询,解决疑难问题;

3.承担或主持重大业务项目、专题的研究,编审档案史料;

4.负责档案学理论研究,承担大专以上教材的编审工作。

(五)研究馆员

1.研究国内外档案工作的历史、现状和趋势,介绍和推荐国内外科研成果,拟订档案事业建设和发展规划;

2.负责档案业务、理论咨询,解决重大疑难问题;

3.解决史料编审中的疑难问题;

4.负责指导档案学研究,提供较高水平的研究成果。

三、图书资料专业职务的岗位职责

(一)助理馆员担任部分选书工作,辅导记者查阅馆藏目录及文献检索工具,担任文献研究、书目编辑的助手工作等。

(二)馆员担任选书、分类、主题标引、编写提要、解答咨询课题、编制书目索引等工作。

(三)副研究馆员担任书刊采访、分编、文献研究、编制书目索引等方面的指导、审核工作,承担较高深的文献研究任务,指导、主持业务学习和科研工作,解决比较重大的业务问题等。

(四)研究馆员担任书刊采访、分编、文献研究、编制书目索引等方面的指导、审核工作,承担高深的文献研究任务,指导、主持业务学习和科研工作,解决重大业务问题。

四、翻译职务的岗位职责

(一)助理翻译:完成一般性口译或笔译工作。从事口译者应基本表达双方原意,语音、语调基本正确;从事笔译者应表达一般难度的原文内容,语法基本正确,文字比较通顺。

(二)翻译:独立承担本专业的口译或笔译工作,语言流畅,译文准确。

(三)副译审:解决工作中的疑难问题;指导培养初、中级翻译人员;从事口译者,应能担任重要国际会议或党和国家领导人的翻译;从事笔译者,负责审稿、定稿工作。

(四)译审:审定重要的翻译文稿,解决翻译工作中的重大疑难问题;指导培养初、中级翻译人员,并在理论和实践上对翻译工作的发展和翻译队伍的建设做出较大贡献。

五、会计专业职务职位职责

(一)会计员:负责具体审核和办理财务收支,编制记账凭证,登记会计账簿,编制会计报表和办理其他会计事务。

(二)助理会计师:负责草拟一般的财务会计制度、规定、办法;解释、解答财务会计法规、制度中的一般规定;分析检查某一方面或某些项目的财务收支和预算的执行情况。

(三)会计师:负责草拟比较重要的财务会计制度、规定、办法;解释、解答财务会计法规、制度中的重要问题;分析检查财务收支和预算的执行情况;培养初级会计人才。

(四)高级会计师:负责草拟和解释、解答在一个地区、一个部门、一个系统或在全国施行的财务会计法规、制度、办法;组织和指导一个地区或一个部门、一个系统的经济核算和财务会计工作;培养中级以上会计人才。

六、统计专业岗位职责

(一)统计员:负责一个岗位的统计业务工作。及时准确地填报或汇总国家和有关部门制定的统计报表,进行统计资料的一般加工整理和简单分析。

(二)助理统计师:负责一个岗位或指导一个专业某一方面的统计业务工作。拟订比较简单的统计调查方案,独立进行调查研究;及时准确地收集汇总统计资料,进行比较系统的加工整理和分析研究;指导统计员提高业务水平。

(三)统计师:负责组织和指导一个单位、一个专业的统计业务工作。拟订统计调查方案,组织实施一定范围的社会经济调查;系统地加工和整理统计资料,写出有一定水平的分析报告;指导助理会计师提高业务水平。

(四)高级统计师:负责组织和指导一个地区、一个部门、一个专业的统计业务工作。拟订大型统计调查方案,组织实施大规模的社会经济调查;对社会经济的现状和发展做出科学的预测、预报;指导培养中级统计专业人才。

——本文摘录自《关于印发〈各类专业技术职务任职条件和岗位职责选编〉的通知》,厦大职改〔1994〕20号,档号1994-XZ14-1

厦门大学非机动车辆管理规定

（1994年9月28日）

为维护校园交通秩序，加强非机动车辆管理，减少失窃和事故，保护公民的合法权益，根据《中华人民共和国非机动车辆管理条例》和国家教委有关规定，结合学校的实际情况，制定本规定。

一、校园的各种非机动车辆，必须向派出所申报挂牌，自行车、三轮车的制动、铃铛和主体部件完整，性能良好，方可使用。

二、拥有非机动车辆的单位，应修建车棚或划出停车场，车辆停放有序，并指派专人看守，防止失窃。

三、教学楼、办公楼、学生宿舍楼等公共场所的楼梯头、通道、走廊以及主干道上严禁停放车辆。

四、非机动车辆进出校门必须下车推行，在公路上骑车必须靠右行驶，遵守交通规则，服从交通指挥。严禁十二岁以下儿童骑车上路。

五、非机动车辆买卖必须经信托公司进行，并到发证机关办理过户手续，严禁私自买卖或转让无证车辆，堵塞犯罪分子销赃渠道。

六、违反上述规定，视情节轻重，分别给予50元以下罚款，收缴车辆，违反交通法规和触犯法律的，交公安机关惩处。

七、学校授权保卫处组织实施。

八、本规定自颁布之日起生效。

厦门大学

一九九四年九月二十八日

——本文摘录自《厦门大学校园文明建设制度汇编》，厦大综〔1994〕73号，档号1994-XZ27-2

厦门大学校内人才流动管理暂行办法

(1994年10月28日)

为了进一步深化校内管理体制改革,促进人才合理流动,特制定本暂行办法。

一、各单位缓聘和待聘人员中,属于下列情况者,可以作为流动人员上交人才交流服务中心。

1.超编单位中无法安排工作连续二年缓聘的人员。

2.连续二年工作量不满,单位无法再调整工作的缓聘人员。

3.本人无法胜任单位安排的本职工作,单位又无法安排其他工作的人员。

4.本人申请调离学校,尚未办理手续,单位不再安排工作的人员。

二、属于下列情况者,不作为流动人员上交。

1.男性年龄超过55周岁,女性年龄超过50周岁(女工人年龄超过45周岁)。

2.女职工在孕期、产期、哺乳期。

3.犯精神病或其他绝症。

4.病休时间在一年以上。

5.各单位招聘、引进、调入人员及毕业分配来校人员,时间不满五年。

三、属于下列情况,由单位配合学校根据有关规定处理。

1.本人未经办理任何手续,已擅自离职。

2.编制在学校,人已不在学校工作的人员。

四、上交流动人员的程序。

1.上交流动人员须经原单位党、政、工会联席会议讨论决定,报人事处审核批准,并填报流动人员登记表。

2.流动人员凭人事处通知到人才交流服务中心报到,并把人事关系转到人才交流服务中心。

3.流动人员必须在规定的期限内到人才交流服务中心报到,超期按拒聘处理,时间超过一个月,按自动离职处理。

五、流动人员的管理。

1.由人才交流服务中心每周二次组织流动人员学习,通报单位需求情况。

2.人才交流服务中心实行考勤制度,连续二次无故缺勤,按自动离职处理。

3.在人才交流服务中心不集中的时间里,流动人员应积极联系接收单位。

4.流动人员应服从学校安排,从事一些临时性工作。

六、流动人员的重新安排和消化分流。

1.人才交流服务中心根据各缺编单位的人才需求情况,积极输送流动人员,帮助联系接收单位。

2.各缺编单位应首先考虑接收人才交流服务中心输送的流动人员,帮助消化学校各种聘余人员。

3.流动人员可以联系调出校外,有了具体接收单位,按正常调动办理。

4.凡经人才交流服务中心向校内外有关单位推荐二次,仍无单位愿意接收,一年内允许自行联系接收单位,一年后按《厦门大学辞退教职员工暂行规定》(厦大人〔1993〕83号)做辞退处理。

5.已上交人才交流服务中心的流动人员因无接收单位按辞退处理,关系及档案仍可寄在人才交流服务中心,但每月须按有关规定交纳管理费。这些人员的关系和档案只是寄放,人才交流服务中心不负责安排和处理其他事宜。

七、流动人员的待遇。

1.流动人员从上交之日起，只领取固定工资和国家规定的物价补贴，停发津贴。三个月后，发给固定工资和物价补贴的 80%。

2.流动人员可以由接收单位试用，试用期从一个月到六个月，试用期间发给固定工资和物价补贴，并按本人职务四等的标准发给国家津贴。试用期满，如可聘用，即办理正式聘用手续。如试用单位不予聘用，仍退回人才交流服务中心待聘。退回人才交流服务中心后，仍按前款规定发给 80%的固定工资和物价补贴。

八、本办法由人事处负责解释。

厦门大学

一九九四年十月廿八日

——本文摘录自《厦门大学校内人才流动管理暂行办法》，厦大人〔1994〕79 号，档号 1994-XZ10-2

环境影响评价证书(甲级)使用和管理暂行条例

(1994年11月19日)

1.厦门大学环境科学研究中心(以下简称环科中心)主任由厦门大学校长授权,以法定代理人的身份负责环境影响评价证书(以下简称评价证书)的管理和使用,并承担一切法律责任。

2.环科中心是该评价证书的执行单位,组织承担环境影响评价工作。环科中心应承担持证单位的职责,承担有关部门对持证单位所做的一切处罚,组织接受国家和省、市级环保部门对持证单位的各项考核。

3.评价证书使用时需盖“厦门大学环境科学研究中心”的公章后方生效。

4.鼓励和支持校内各单位积极争取引进“环境影响评价”任务,参加或独立承担专题工作。承担专题的负责人必须是各级政府环保局存档认可的人员。项目“评价大纲”的评审、合同的签订、“评价报告书”的审核以及接受评审等工作应由环科中心负责。

5.本暂行条例自公布之日起执行。本暂行条例的解释权归厦门大学。

厦门大学

一九九四年十一月十九日

——本文摘录自《关于印发〈环境影响评价证书的使用和管理暂行条例〉的通知》,厦大综〔1994〕87号,档号1994-XZ09-1

关于处理报废物资的若干规定

（1994年11月25日）

1.厦门大学物资与实验管理办公室主管全校报废物资的处理工作（企业按建南集团公司有关规定处理报废物资），物资管理科具体负责报废物资的回收、保管、处理工作。

2.各单位需利用报废物资的应按照《厦门大学利用报废仪器设备中的零配件的暂行管理办法》办理手续，并对领出物资进行严格管理。

3.学校无法利用的报废物资由物资办予以处理或出售，收入款交学校财务处。

4.报废物资的出售可采用协议价格和公开拍卖等方式，在注意流入社会的安全后，以争取尽可能高的售价为原则，协议价格一般应以两家以上报价为基础。

5.报废物资出售的价格由两位以上经办人实地察看评估后确认，并填写"报废物资处理清单"一式四份（内容包括设备编号、品名、型号、规格、单位、数量、原价、处理金额、经办人、购买人等），经分管副主任审批后，由经办人通知购买人到实验办财务组向出纳员交款，出纳员根据清单所列款项收款，开具收款收据给购买人，并在一式四份的清单上签上"款已交"字样和姓名、日期。清单一份留财务组，一份交分管副主任，一份交物资管理科作为发货凭证，一份交购买人。

购买人直接到学校财务处交款的应将收款收据交物资办出纳员复印存底，出纳员在四份清单上签字。

6.出纳员应及时将款项交财务处，每半年和财务处结算一次并按规定提取劳务费和教学设备费等收入。

7.以上规定从即日起执行。

物资与实验管理办公室

1994年11月25日

——本文摘录自《关于处理报废物资的若干规定》，档号1994-XZ27-1

关于厦门大学自筹基本建设资金来源的审计制度

(1994年12月7日)

第一条　为了完善自筹建房制度,加强自筹基本建设资金的管理,特制定本制度。

第二条　凡是学校校办工厂、公司等校办产业以及教学、科研、行政后勤等一切单位(以下简称各单位)用自筹资金进行基本建设,必须向学校基建处申请办理手续。

第三条　根据国家有关自筹基本建设资金管理的规定,用于基本建设自筹资金必须先存后批、先批后用,存足半年方能使用。各单位用于自筹建房的资金来源必须是:

1.按学校基金管理条例的有关规定,各单位留成的代培生基建费或其他自有资金。

2.学校基金或学校自有资金。

3.符合国家自筹基建资金规定的其他可用资金。

第四条　各单位申请自筹基建计划时,其单项工程存入建行的资金数额不能低于该项工程所报年度自筹投资建议指标的50%。

第五条　申请自筹基建计划的项目,必须按单项填报“自筹基本建设投资项目申报表”,申报表一式四份,经财务处审查其资金来源并签意见后,连同有关材料,送审计处审计,审计处根据财务处提供的意见,依据本制度的规定审查,其中包括核实资金的数量,确定建设规模,重点审查建设项目资金是否落实和是否符合国家有关规定,审计处签署审计意见后,留存一份,其余三份报上级主管审计部门审批。

第六条　对有违反本制度,不进行自筹基建资金来源审计的单位,责令其停工并补办开工前审计手续,如兼有基建资金来源不正当和不通过审计审批程序的,一经查出,按违反财经纪律论处,并追究有关单位领导人的责任。

第七条　本制度由厦大审计处负责解释。

厦大审计处

1994年12月7日

——本文摘录自《关于厦门大学自筹基本建设资金来源的审计制度》,(94)厦大审字第17号,档号1994-XZ19-2

1995年

·特　载·

自强不息　再创佳绩

——一九九五年新年献词

（1995年1月3日）

校长　林祖赓

正当全校师生员工自强不息，团结奋进，争取厦大早日进入“211工程”，昂首挺进国内一流、国际上有重要影响的大学行列时，我们又迎来了新的一年。在这辞旧迎新、万家欢乐之际，我谨代表校党委、校行政向全校师生员工致以亲切问候，祝大家新年愉快，身体健康！

一元复始，万象更新。回顾过去的一年，我们的心情充满喜悦，充满自豪。1994年，我们以邓小平同志建设有中国特色社会主义理论为指导，在国家教委，省、市政府的领导、关心和支持下，在全校师生员工共同努力下，我校继续深化教育改革，促进了各项事业蓬勃发展，学校的综合实力大大增强，为今后的改革和发展创造了良好条件。

我校以争取早日进入“211工程”为中心工作，一手抓以学科建设为龙头的教学科研工作，一手抓校园精神文明建设，取得了良好效果，成绩斐然。经过近一年的努力，我们完成了厦门大学面向21世纪发展规划的初稿。去年11月份，校园精神文明建设通过了国家教委检查组的考评，获得了优秀成绩，并得到检查组的高度评价，赢得“一流的社会主义大学校园”的赞誉，显示了我们厦大人的精神面貌。

我们积极努力探求办学体制改革路子，并取得重大成就。去年五月份，国家教委与厦门市签订了《关于共同建设厦门大学工学院的意见》，使我校成为拥有工学院的重点综合性大学。七月份，国家教委与厦门市政府签署了共同建设厦门大学的决定，教委支持我校为厦门市经济建设和社会发展培养高层次人才，市政府依据市经济、社会和我校事业发展的需要，组织对厦大进行多种形式的教育、科研投资。我校建立的共建关系，在全国高校中堪称典范，引起了热烈的反响，受到了教委的肯定和重视。共建不仅加快了我校改革和发展的步伐，而且密切了我校与厦门市关系，促进了我校更加主动积极地为厦门特区经济建设服务。

我校教学科研事业继续保持良好的发展势头，各类优秀成果不断涌现，有十五项科研成果荣膺部、省级科技进步奖。特别值得一提的是，由国家计委、科委、教委等七个部委单位联合从全国一百五十五个国家重点实验室中评选出十一个先进单位，我校化学系固体表面物理化学国家重点实验室名列第二，成为全国五个获得此项殊荣的高校之一，这个来之不易的成绩是对我校教学科研水平和实力的一次很好的检验。

过去一年中取得的成绩，是全校师生员工共同奋斗的结果，它再次展现了厦大人始终不渝的爱国爱校、自强不息、止于至善的精神风貌,再次表现出厦大人不畏艰难、团结拼搏的良好作风。这是一股强大的凝聚力,我深信,有了它,我们一定可以战胜和克服在改革和发展过程中遇到的任何艰难困苦,我们的目标一定可以实现!

新的一年已经开始,时代的车轮滚滚向前,它不断赋予我们新的使命。1995 年,我们要在巩固现有成绩的基础上,继续深化改革,加快发展步伐,促进教学、科研、管理等方面再上一个新台阶。1995 年我校将有几件具有历史意义的大事:一是抓紧各项准备工作,迎接国家教委专家组对我校“211 工程”的预审。二是为 1995 年 8 月在我校召开的第十九届国际统计物理会议和第四十六届国际电化学年会做好接待准备工作。这是国际学术界两个盛会,它们都是第二次在亚洲召开,参加人数均为近千人,会议规模大、层次高、影响广。办好这两个会意义重大,它对进一步提高我校在国内外的地位,扩大我校的影响,很有帮助。三是国家教委决定,1995 年 11 月份在我校召开委属高校咨询工作会。这是国家教委一年一度的重要工作会议,届时中央领导、国家教委领导和全国重点高校校长、书记将莅临我校,这是我校让中央领导、教委领导进一步指导我校工作的好机会,也是我校与兄弟院校相互学习、相互交流的好机会。

同志们、同学们,厦大当前正处于一个新的发展时期,我们的战略目标已经确定,各项措施正在逐步完善,我们的工作和成绩得到了应有的肯定和重视。中共中央政治局委员、国务院副总理李岚清 1994 年 10 月在一次讲话中强调指出:“厦门大学是陈嘉庚先生呕心沥血创办起来的教育基地,在国内外享有盛誉,要下力气办好厦门大学,兴办集美大学,并把它办成我国一流的院校,以实现陈先生的遗愿。”

中央领导同志的讲话,给我们莫大的鼓舞和鞭策。本世纪只剩下最后的五年,喷薄欲出的新世纪曙光,在昭示着我们百倍努力地勤奋工作,刻苦学习,用智慧和汗水做出更优异的成绩,以报答党中央的关怀和鼓舞,迎接日趋激烈的竞争与挑战!

——本文摘录自《厦门大学》(校刊),1995 年 1 月 3 日第 312 期

厦门大学面向21世纪发展与改革规划

（1995年5月15日）

厦门大学是中国第一所由海外华侨创办的高等学府。七十余年来，陈嘉庚先生和曾经为厦大发展捐过款、呐过喊的广大东南亚华侨华人，都对厦大寄予厚望，盼厦大有朝一日实现“南方之强”的理想。时至今日，他们的谆谆嘱托仍然言犹在耳。

在厦大的发展史上有一条经验就是：厦大的兴衰既系于祖国的命运，又系于太平洋西岸与东南亚的繁荣。今天这种历史机遇出现了，太平洋西岸的东亚与东南亚正以高速的发展改变着面貌。

福建地处从日本到新加坡这一当今世界经济高速增长走廊的中间，又面对台湾，而厦门作为经济特区起着举足轻重的作用。这种区位优势决定着厦门必将走向国际经济大舞台，必将成为西太平洋经济崛起中的一颗明星。因此，厦门大学作为厦门经济特区乃至福建省的经济和社会发展的人才库、智力源，以及高新技术产业的支撑力量，地位将越来越重要。厦大是特区腾飞的一翼，特区是厦大发展的后盾。

厦大迅速进入高水平大学行列，是全体师生员工、海内外校友梦寐以求的强烈愿望，是广大爱国华侨华人的迫切愿望，是全省、全市人民的共同愿望。

因此，厦大必须办好，必须在21世纪之初成为我国高校的“南方之强”。历史已赋予厦大难得的机遇，全体厦大人将立足现在，放眼未来，发扬“自强不息，止于至善”的南强精神，奔向21世纪！

一、面向21世纪的奋斗目标

根据21世纪科学与教育发展的趋势，根据我国经济、科技、社会发展的需要和东南沿海高等教育的布局，根据厦门大学的基础水平和办学特色，我们的奋斗目标是：

到21世纪初，把厦门大学建设成为国内一流、国际上有较大影响的社会主义的综合性大学；

研究生与本科生教育并重，成为高层次人才的培养基地；

自然科学、人文社会科学、管理科学和高新技术科学协调发展，成为拥有若干国际一流和一批接近或达到国际水平学科的教学与科研中心，同时又是为社会发展和经济建设服务的基地；

坚持社会主义办学方向，成为既有面向海洋、面向东南亚、面向华侨华人的传统特色，又有服务特区、对台交流及海外教育等鲜明特色的大学。

分阶段目标：

我校的战略目标将分三步来实现。

第一阶段：现在—1996年（建校75周年）

进入“211工程”，形成学校跨世纪发展的基本格局。

为此要实行多种模式办学，开辟多渠道经费投入，保证重点建设；深化与完善教学、科研及校内管理体制改革，理顺校、院、系关系及管理体系；建立优化机制，强化中青年师资培养，引进拔尖人才；初步完成面向世纪学科调整部署，组建具有前沿性、交叉性的新兴学科群，形成学科发展的综合优势。

第二阶段：1997—2001年（建校80周年）

综合改革全面推进，重点建设已见成效，办学条件有较大改善，并在学科建设、教育质量、科学研究、管理水平和办学效益等方面有较大提高。综合实力（主要指标）位居国内前列，为办学水平达到国内一流奠定基础。

第三阶段:2002—2011年(建校90周年)

学校的办学水平、综合实力及整体运行进入一个更高的发展阶段,达到建成国内一流大学的预期目标,造成一批国际知名的学者,某些重点建设的学科进入国际先进行列,有一批科研成果在国际上有重大影响。

二、改革与发展基本思路

厦门大学改革与发展的基本思路,可概括为以下几点:深化改革,转变体制;强化投入,狠抓管理;突出重点,优化队伍;发扬优势,办出特色。

厦门大学将充分认识所处的区位优势,抓住发展的良好机遇,进一步深化办学体制的改革。巩固和发展国家教委与地方政府共建厦大,强化学校适应社会自主办学的机制,为特区建设和社会发展服务的机制。继续广开办学经费的多渠道投入,发动广大海外华侨华人和校友集资建设厦大。并通过狠抓管理上的薄弱环节,较大幅度地提高办学水平和办学效益,把有限的人力、物力、财力资源集中投入若干重点建设项目和关系全局发展的某些薄弱部门(学科),大力培养中青年学术带头人,建设一支跨世纪的师资干部队伍。充分发挥学校多年形成的基础学科优势和多学科综合优势,使学校的教育质量、学术水平和整体实力上一个新的台阶,使学校侨、台、特、海的办学特色更加鲜明。

三、实施规划纲要

学校现有的办学条件和办学水平,与我校要成为国内一流、在国际上有较大影响的综合性大学的奋斗目标相比,尚存在不少差距。主要有:

在学科建设方面,学科发展不够平衡。就基础学科而言,某些学科很强,某些传统学科原有优势未能得到发挥;就应用学科而言,与社会经济发展的要求还有一定差距。学校的总体学术水平还不够高,国家重点学科及博士点不够多;发挥综合性大学优势,组织新兴、交叉学科的意识不够强,措施不够有力。

在人才培养方面,研究生占在校生总数的比例偏低,人才培养的规格与模式还偏于单一,要达到研究生和本科生教育并重的要求,任务相当艰巨,课程建设、教材建设的进展还不能完全适应学科发展,教学内容和方法有待进一步改进;有些教学实验装备比较陈旧落后,影响教育质量的提高。

在科学研究方面,应用研究和高新技术研究起步较晚,在承担重大应用研究项目和进行高科技产品开发方面,缺少有力的措施和政策引导;科学研究条件亟须加强。

在队伍建设方面,部分学科的学术梯队,教师的学历、年龄、职称结构需大力加以改善;管理干部队伍急需培养和提高。

在学校管理方面,虽已进行校内管理体制改革,但管理体制和运行机制尚不完善。事业和企业两种管理体制需进一步理顺。后勤和行政机关的管理改革步伐较慢。管理水平不高,成为学校提高综合实力和办学效益的"瓶颈"。

此外,教育经费长期投入不足,是阻碍学校发展的突出问题。近几年经多方筹措资金,特别是国家教委与厦门市和福建省共建厦门大学,使办学经费紧缺有所缓解,但要进行重点建设,需要大量资金,仍须继续多渠道筹集办学资金。

虽然存在上述多方面的问题,但是随着国家改革开放和现代化建设的推进,特别是厦门经济特区的腾飞,给厦门大学的建设和发展带来难得的机遇。厦门大学拟从以下几个方面深化改革,实现规划的奋斗目标。

3.1 强化学科基本建设

学科建设目标:

根据带头学科、支柱学科和优先发展学科分层次协调有序发展的学科配置原则,完善学科发展机制,抓学术带头人和跨世纪人才培养，重点建设九大交叉学科领域研究群体(见表3.1)，促进校内学科之间相互渗透，带动相关学科发展，开拓新的学科领域；到2001年，我校将在巩固和发展现有7个重点学科的基础上力争再建成分析化学、国际经济法等5～7个新的重点学科点(见表3.1)，各重点学科要达到或接近国际先进水平；非重点学科利用区位优势与地方政府共建，抓住机遇，力争在不同层次上进入先进行列。形成一个生机勃勃、繁荣向上的学科发展局面，提高学校的整体学术水平。

表3.1　学科建设规划

类　别	学科名称
原有重点学科	1.财政学(含货币银行学) 2.会计学 3.统计学 4.高等教育学 5.专门史(经济史，含中国古代史) 6.物理化学 7.动物学
拟建重点学科	1.分析化学 2.半导体物理与半导体器件物理 3.国际经济法 4.政治经济学(含马克思主义经济思想史) 5.环境海洋学 6.中国地方史(台湾史) 7.分子生物学
拟增博士点	无机化学、基础数学、分子生物学、系统工程、环境海洋学、理论物理、应用数学、中国现当代文学、中国哲学、中国地方史、世界地方史(国别史)、世界经济
拟重点发展的交叉学科发展领域	1.化学、材料化学与生命化学 2.生命科学与生物技术 3.亚热带海洋生态环境与资源开发利用 4.凝聚态物理、人构材料物理与工程 5.信息科学与信息技术 6.中国经济改革与发展的理论与实践 7.中国历史与传统思想文化研究 8.东南亚区域问题研究 9.台湾问题研究

学科建设思路：

通过重点建设，发挥我校基础学科的优势，以重点学科为龙头，组建面向21世纪的学科群，促进学科间的渗透交叉，使基础学科更具活力，使高新技术学科迅速发展。

通过面向经济建设主战场以及为特区建设服务，促进我校应用学科的完善，实现学科调整和结构优化，以形成文科与理科、基础与应用学科、传统与新兴学科协调发展的局面。

学科建设的措施如下：

——巩固和发展重点学科(14个)。重点建设的目标是使这些学科率先进入国际先进行列。重点建设的学科点应在我校学科建设中起示范作用。重点建设要取得卓著成效，首先必须更好地确定研究方向,传统学科研究方向的调整和新兴学科研究方向的确立都要充分论证。应鼓励传统学科中的部分优秀中青年骨干"改换门庭",到新的学科领域创新开拓。

——组建学科群,发展新学科。发挥我校学科门类齐全的综合优势,通过学科间的互相交叉与渗透,大力促进新学科的形成。我校将组织9个学科群(详见表3.1)。着力发展和增设生命科学、海洋环境科学、信息科学、材料科学、国际经济法学、工商管理等新的学科,以形成我校具有优势和特色的学科体系。

——加大学科建设投人。学校要做好建设项目资金投向的统筹安排,各学科则应发挥主动性,不断增强自我发展能力,以加速本学科的建设。

——做好新增博士点和硕士点的策划、组织和申报准备工作。着力扶持我校布点较少的工科专业争取硕士点,争取在2001年全校硕士点达到80个。博士点的调整和增列,除考虑基础学科,同时也应考虑有特色、有条件的应用学科、新兴和边缘学科,并采取切实措施予以扶持。大力提倡跨专业、跨系的合作,提倡校内、系内及学科专业内的群体竞争意识,组建新的博士专业生长点,到2001年全校博士点达26~28个。

3.2 提高人才培养层次和质量

教学改革目标:

学校将逐步以研究生、本科生培养并重,深化教学改革,进行课程建设,从严治教,达到国内一流教学水平,培养思想合格、基础扎实、素质全面、适应社会的高质量人才。发展适合国家经济建设需要的成人高等教育,并成为我国对外教育的重要基地。

到1996年,学校总体规模10680人,其中博士生230人,硕士生1150人,本科生7900人,专科生1400人。

从1996年起,本科生年招生数控制在2000人之内,专科生逐年减少(主要保留与福建省联合办学部分)。至2001年,学校总规模10700人,其中博士生350人,硕士生1350人,本科生8500人,专科生500人。

从2002年起,学校在总规模基本不变情况下,适当减少本专科招生数,以期研究生教育在21世纪初仍有发展的余地。至2011年,学校规模为10800人,其中博士生1000人,硕士生2000人,本科生7500人,还有少量专科生。

海外教育到1996年将有长期留学生200人,短期留学生100人,函授生5200人;到2001年将有长期留学生250人,短期留学生200人,函授生6000人;到2011年长期留学生将达400人,短期留学生300人,函授生8500人。

改革思路与措施如下:

——加大招生改革力度,提高生源质量并逐步扩大研究生规模。

提高录取本科生的质量,适当增加中学保送生名额,采取奖励措施,吸引获得奥林匹克学科竞赛和国内学科竞赛得奖的品学兼优学生进入基础科学人才培养基地深造;对文理科基地班实行提前招生,吸收优秀生源。

在保证质量的前提下,扩大台湾研究生和自筹经费研究生的招生数。这样既能适应经济建设发展的需要,丰富研究生培养的规格和类型,又可以弥补国家经费的缺口。教科类硕士生的招收,应与博士生的招收统一起来考虑,逐步采用国际通行硕博连读的研究生培养方式。同时要把潜在博士点的建设和组织申报工作作为一项战略任务来抓。

独立招收台、港、澳学生进入本、专科或先修部学习,台、港、澳先修部学生,经学校考核合格后录取为本、专科预科生。

——加快完善学分制教学管理体系。

继续完善学分制及与之配套的规章制度,形成能够激励师生的教学运行机制;实行学制浮动、选课自由、严进严出和学分积点制管理模式。

要保证教学计划中选修课占25%~30%,并为学生跨系选课积极创造条件,实现学生修完总学分可以提前毕业，也可在规定学习年限内停学谋职。

探索、建立与学分制相适应的、适合市场经济体制的学生行政组织形式、思想教育管理体系和宿舍管理办法，并为贫困学生尽可能提供勤工俭学的机会。

改革学籍管理方法，使之适应学分制的灵活要求。完善和健全各项管理制度，加快建立与完善学分制相配套的各项规章制度，形成简便的、科学的程序，并且运用微机等先进手段做到规范化、科学化、网络化。

——面向21世纪，改革教学内容与课程体系。

加强基础课和骨干课的重点建设，力争创出一批体现厦大教学优势的名牌课程。积极组织力量参加国家教委制订的面向21世纪教学内容和课程改革计划。到本世纪末，主干课一半以上达到优秀水平，一部分优秀主干课和基础课达到国内一流水平。实施中青年主干课教师培养规划，培养一批中青年教学骨干。

建设厦大特色课程，以及体现厦大地域和科研特色的交叉学科和边缘学科课程。

加强教材建设。结合本科主干课程、研究生学位课程以及特色课程建设，有重点地资助优秀教材出版，专项投入从每年25万元起，并逐年增加。

——积极调整专业结构。

根据社会和跨世纪科学发展的需要调整与增设专业。优先发展若干社会急需的应用专业及面向21世纪的高新技术专业。加快老专业改造，发挥厦大学科综合优势组建学科前沿新专业。

努力培养复合型人才。完善本科生利用夜大学学习第二专业（专科）的教学改革措施；继续开设各类选修课，改善学生的知识结构，培养跨专业的学科人才。逐步实施双学位制度。

——加大教学投入，推广运用现代化教学手段。

积极开展计算机辅助教学（CAI）和计算机辅助设计（CAD）工作。开设设计性实验和开放实验室。大力加强大学生基本功和基本能力培养，通过与地方协作联系，巩固和新增一批实习基地，切实加强实践教学。

加强外语和计算机教学，力争再上一个台阶。大学英语四级通过率继续保持在95%以上，并努力提高六级水平的通过率。硕士研究生的外语六级通过率达95%。非计算机类专业的计算机应用水平，文科学生要求达到二级，理工科和经济类学生要达到三级水平。

——严格教学各个环节的管理。

建立“督导制度”，聘请离退休干部和教师为“督导员”，对教与学的状况进行经常的督促检查，进一步加强学生课外学习的指导和严格毕业论文的指导工作。要切实加强教学实践活动的管理和教学检查制度，进一步强化教研室教学管理职能。

改革考试方法，结合试题库建设，逐步实行考教分离。本世纪末，绝大多数公共基础课和专业主干课使用试题库组织考试，并在教务处设立考试与成绩管理中心，直接管理全校的考务和学生成绩，为实行“学分绩点”制打下基础。

3.3 大力促进科学研究

规划目标：

到2001年，学校年度科研经费总额要达到4000万元，即年增长幅度不低于15%，年度重大科研成果不少于50项，年度被国际四大检索系统收录科研论文数不少于100篇，其中被“SCI”收录的科研论文80篇以上；到2011年，年度重大科研成果不少于100项，被国际四大检索系统收录的论文数不少于400篇。

在自然科学、技术科学和现代工程科学领域，合理配置形成基础研究、应用基础研究和实用技术研究与开发三方面力量，要抓好“攀登计划”、“863计划”、国家攻关计划、重大基金项目的课题研究。抓好一批横向合作开发研究项目。到2001年在物理化学、分析化学、凝聚态物理、动物学、生物技术、海洋化学、海洋生物学、环境海洋学、水声技术等研究领域取得6～8项国内一流、在国际上有重要影响的研究成果。

在哲学、人文和社会科学研究领域，以马列主义、毛泽东思想和邓小平同志关于建设有中国特色的社会主义理论为指导，继续加强旨在解决当代社会发展的理论问题和现实问题的研究，积极参与各类重大问题的决策,以产生较好的社会效益。重视弘扬中华传统文化,使之走向世界,产生国际影响;理论研究力求有所突破,力促文理渗透、文理交叉的新研究领域的形成与发展。到2001年,科研项目和经费每年以不低于15%～20%的幅度递增。在"中国经济改革与发展的理论与实践研究"、"中国历史和传统思想文化研究"、"东南亚区域问题研究"、"台湾问题研究"、"高等教育研究"和"国际经济法"六大方面取得一批国内一流高水平的研究成果。

改革思路和措施如下:

抓住重点加强基础研究,特别注重抓好重点学科、国家重点实验室和专业实验室在重点研究方向上的研究工作,同时也要重视不同学科、不同研究方向之间的相互渗透与交叉,积极引导基础研究向前沿领域拓展,向高新技术延伸。应用基础研究面向应用,促进高新技术与工程结合,以发展高科技和新兴学科、交叉学科及现代工程学科。不断开拓新的研究领域,把争取并组织重大基础项目("攀登计划"项目等)、重大研究项目("863"高科技项目)、重大攻关项目作为我校今后科研工作的重点来抓。

——形成特色

从我校的现有基础、特色出发,并着眼于学科的发展趋势和未来社会发展的需要,制定中长期科研发展规划,确定学校重点发展的若干研究领域,形成若干群体,尤其是学科前沿及学科交叉领域的研究群体,注意发挥学科之间的优势互补,以利于形成局部优势,争取承担国家级的大项目、大课题,做出有特色的高水平研究成果;同时形成若干支代表我校特色的、居国内先进水平并在国际上知名的基础研究、高技术科研队伍。

——重点投资

较大幅度地增加对科研的经费投入,购置一批具有国际先进水平的科研专用设备,重点建设若干个配有先进仪器、设备的专门化实验室和公共实验室,进一步充实提高科研支撑条件的档次和水平。加强学校对科研方向的自主调控能力,安排一定数量的资金用以扶持经论证认可,确实需要倾斜扶持、重点建设的学科或研究方向,尤其是高新技术的研究与开发。

——加强应用

充分发挥福建省、厦门市共建厦大的有利条件,选择若干个与国民经济建设密切相关,又具我校优势和特色的领域或项目,通过引进人才以及聘请国内外专家合作研究等形式,培养兼具研究与开发能力的带头人,促进我校应用研究队伍的成长、壮大;通过在校内外建立中试基地和"产—学—研"联合体,促使我校的应用研究延伸到新技术、新产品的开发、生产和推广。

——完善管理

在科研管理上实行分类导向,分层次管理。根据基础、高新技术或应用等不同性质、不同研究领域和不同层次的研究群体,实施能综合反映学术水平和社会、经济效益的考核办法及职称晋升条例,形成有利于发挥群体优势和提高科研水平的激励机制,以进一步发挥教师与科研人员的创造性,调动其积极性。理顺与科研管理有关的上下左右(包括校、系、所、主管处、办)关系,强化系、所一级的科研管理职能,赋予其在科研管理上的责、权、利,以利于发挥其主动性和积极性。加强在科研项目的优化、研究队伍的组织协调、科研支撑条件的保证落实、科研课题中后期工作的检查督促、项目指标结果和研究成果以及研究人员业绩的评议等方面的管理。

3.4 师资队伍建设

建设目标:

根据"高素质产生高效益"的原则,我校将控制教师数量的发展规模,注重提高质量,努力建设一支政治素质优良、业务水平精湛及年龄、学历和职称结构优化的教师队伍。到21世纪初,教师总数1700人。力争拥有20名左右学科研究水平达到世界学术和科技领域前沿,国内外有较高知名度的科学院和工程院院士或相当于院士学术水平的学术带头人;具有100名左右学科研究水平达到国内先进,在国内外知名的中青年学科带头人和200名左右具有指导博士生水平的教师;具有上百名年龄在40岁左右,有很大潜在培养和发展前途的新一代教学、科研骨干,承担起培养高层次专门人才和包括高科技在内的国家重点科研项目。

改革思路与实施措施：

——调整比例。利用教师队伍即将出现大幅度更新的契机，1995—2000年期间，每年应补充教师100人左右，有计划地将本校选留与国内引进、国外引进的比例逐步过渡到1∶1∶1，并逐年提高其中具有博士学历的教师比例；到21世纪初，教师总编制数1700人（包括科研人员500人），其中固定编制占60％，非固定编制占40％，即除退休空缺岗位和新兴学科方向的岗位外，因学校发展而增加的教师主要由非固定编制补充——采取聘请校外兼职教师及研究生、进修教师、访问学者兼任助教、讲师的办法，使师生比提高到1∶14。

——积极引进。采取多种渠道、多种方式吸引国内外优秀人才来校工作，改善学缘结构，加强联系，扩大宣传，努力引进优秀的留学人员，聘请一定数量的优秀外籍专家学者来厦大任教，并从国内博士后出站人员、博士毕业生中遴选优秀人才，从国内有关学科招聘学科带头人和学术骨干，争取逐步实现不直接选留本校毕业生担任教师，即本校毕业生至少要有五年以上校外工作或学习的经历方可在校任教。

——拓宽培养。根据现有教师队伍的不同层次，拓宽培养途径，除分批选派部分教师出国进修深造或从事合作研究外，健全在职攻读学位的制度，提高现有教师的学历水平，按学术梯队建设的要求，在5～10年内培养出一批具有运用新方法、新思路从事教学科研的青年教师；充实完善在职学习、休学术假等制度，激励全体教师更新知识结构，改进教学方法，积极开展交叉学科的合作科研；完善有关在职博士生培养方法，促使老一辈学术带头人的主要精力放在培养中青年教师上。

——严格选拔。继续改革职称评聘制度，不断完善教师的考核、选拔、晋升办法，严格按照高校教师各级职称标准评聘，控制教授、副教授占教师定编总数的比例在45％～50％，教授与副教授的比例在1∶3～1∶2。对45岁以下的教师在学术水平和基本技能、外语和计算机等方面均提出更高的要求，同时通过公平竞争，筛选出一批名副其实、出类拔萃能参与国际竞争的中青年学术骨干。

——重点扶植。学校除资助中青年骨干教师参加国内学术会议和补贴书报资料费外，拟设立“优秀中青年学者出版基金”及“学术会议基金”，为一批已在各学科领域崭露头角的优秀人才出版专著及参加学术会议创造机会和条件；同时通过吸引社会各界和校友捐资设立“讲座教授基金”，并在各个学科点设立若干席位，选聘国内外一流的专家学者担任讲座教授，或做短期讲学及合作科研，为中青年教师创造高起点的学术研究环境。

——加强管理。积极推进改革，实现开放式、滚动式的师资管理模式，由目前教师为单一的固定制逐步过渡到固定制与合同制双轨运行。严格教师考核聘任制度，建立研究生担任助教、助研制度，讲师则一律实行合同制聘任，副教授必须经过三年合同期方可受聘为固定制教师。健全教师的激励机制、淘汰机制，加强校内人才流动管理，通过竞争选优汰劣，形成良性循环和正常的流出途径，对连续三年考核业绩平平、无学术成果的人员则劝其退出教师队伍。

3.5 加强党建和思想政治工作

我校是受中组部和国家教委表彰的全国高校党建和思想政治工作的33个先进单位之一。在迈向廿一世纪的新历程中，要按照“两手抓，两手都要硬”的方针，坚持以马克思列宁主义、毛泽东思想和邓小平同志建设有中国特色社会主义理论为指导，把贯彻落实党的教育方针，保证社会主义办学方向，培养德、智、体全面发展的社会主义建设者和接班人作为中心任务，紧密围绕学校教学、科研等各项工作，注重研究解决在经济特区办学中不断出现的新问题，把党的建设提到新高度，把思想政治工作提到新水平。

——提高领导班子的开拓精神和管理水平。各级领导班子要建设成为团结协作、清廉公正、思想解放、勤政务实、密切联系群众的坚强的领导集体。校领导努力用邓小平建设有中国特色社会主义理论武装头脑，进一步解放思想，努力加强调查研究，拓宽咨询渠道，以科学的创新精神领导学校教育改革。提高校领导驾驭全局的工作能力，坚持校党委领导下的校长负责制，以一流的管理水平提高办学的整体效益。要加强民主管理，健全监督机制，并采取有力措施，强化领导班子的建设。

——加强基层党组织的凝聚力和战斗力。校党委要在基层党组织建设上下大功夫，把基层党组织建设推上一个新台阶。要从经济特区高校党建工作所面临的新情况出发,以改革精神抓好若干个先进支部建设,并总结、推广先进经验,帮助落后支部做好转化工作。

坚持把党的思想建设放在首位,要根据市场经济和教育改革发展的新形势,要求广大党员进一步解放思想,更新观念,忠于党的教育事业,发挥共产党员在教育改革中的先锋模范作用。要注重培养和发展教学、科研、管理骨干中的优秀分子入党。学生中的建党工作,要抓早、抓细、抓严,做到低年级班有党员、高年级班有党小组、系有学生党支部。至2001年,学生党员数要占在校生数的8%,教职工党员数要占在职教职工总数的50%。

——建设一支相对稳定的、高素质的、精干的党务和政工干部队伍。要挑选优秀的研究生和大学本科毕业生充实党务、政工干部队伍,并为他们创造边工作边学习的条件,补习党务和政工工作所必需的哲学社会科学硕士课程。

要建立激励机制。设立党建和思想政治工作研究基金,鼓励党务、政工干部努力研究党建与思想政治工作的理论和实践,提供学习和再提高的机会,使他们真正成为党务、政治思想教育专家。评聘党务、政工干部管理研究职务工作,要制度化。

——健全党、政、工、团齐抓共管的思想政治工作体系。成立学校思想政治工作委员会,加强组织指导,大力提高学校思想政治教育工作的整体效应。理顺教职工和各类学生思想政治工作体系,充分发挥党组织、行政机关、工会、共青团、学生会等各方面的积极作用,形成“全员育人”风气,全面开展教书育人、服务育人和管理育人工作。

推行“两课”(政治理论课、德育课)教学改革,加强我校党校教育,改进师生政治学习制度,多角度、多形式地把基本政治理论教育与具体思想政治工作紧密结合起来。

要把思想政治教育贯穿到各项管理工作中去,使管理工作与思想政治教育工作有机地结合起来。要制定必要的规章制度,把思想政治教育的有关内容要求上升为行为规范,使思想政治工作中的说服教育与管理结合起来。

要定期研究师生思想状况,加强思想政治工作的针对性。要研究探讨新时期思想政治工作的新形式、新方法、新内容,揭示新规律,总结新经验,把我校思想政治工作提高到新水平。

——建设校园文化,优化育人环境。要把美丽的校园进一步建设成为整洁、文明、安定、富有革命传统和浓厚学术气氛的花园式的学府。

继续建章立制,确立校园文明行为规范。净化育人环境,维护良好的学习、工作和生活秩序。

维护革命遗址,修饰瞻仰处所,宣扬先辈的业绩和革命精神,进行革命传统教育,进行共产主义、社会主义、爱国主义和集体主义教育,进行爱校教育。

3.6 深化管理体制改革

1.办学体制

——在保持国家仍是厦门大学的投资主体,即直属国家教委领导的关系不变的前提下,进一步拓宽多渠道办学的路子,在福建省政府、厦门市政府参与办学的同时,广泛欢迎海内外企业、财团及个人参与办学,形式可灵活多样。

——为适应办学主体多元化,管理模式也要做相应变革,以保证所有参与办学者都对学校的建设和发展拥有相应的发言权,可以试行“校董事会”的体制。

——厦大既是教学、科研的中心,也是科技开发和社会服务的基地。学校应建立有利于为地方经济建设服务的机制和政策导向,将社会服务,特别是科技开发作为增强科研综合实力,提高办学水平的重要工作。

2.行政管理

——建立校—院—系三级管理体制,精简学校行政机构,学校的部分行政管理权下放给院、系。增建若干学院,发挥学院在学科建设和提高管理效能和多渠道筹措办学资金方面的作用。

——学校各职能部门要本着减少办事程序、提高工作效率的原则,进行必要的调整和精简,并将工作重点转向调查研究，为领导决策提供依据，监督各项政策规定的执行情况，以及协调、办理各项涉及全校性的工作。

3.组织、人事、师资管理体制

——建立公平竞争和激励机制，优化师资、干部队伍。师资管理体制从现行的单一固定制变为固定制与合同制相结合的双轨运行制。

——继续改革教师职称评聘制度，完善考评结合的评审制度，并加强校内人才流动管理，形成良性流动循环和校内人员正常流出校外的途径。

——强化工资津贴的激励机制，分配政策上体现多劳多得，提高按工作业绩发放校内津贴的比重，并确实使教职工的实际收入与承担任务和工作的数量、质量挂钩。

4.产业管理体制

——学校对校办产业实行企业化管理，校办产业要建立独立体系，采取不同于教学、科研的与市场经济相适应的管理体制和运行机制，采用相对独立的劳动人事制度、财务制度和分配制度，赋予厦门建南集团公司在人财物产供销方面所需的权利，确保集团公司能够按照市场经济的要求，独立自主地从事生产经营和商贸服务活动，促进校办产业的迅速发展。科技产业要依靠学校科技优势，加速技术改造和产品更新换代，不断提高经济效益和社会效益。

——学校要理顺科技开发管理体制，制定鼓励政策，促进学校高新技术产业的形成和发展，并采取优惠的政策和有力的措施，加速科技成果商品化、产业化、国际化，从而使厦大的科技开发水平与基础科学的实力和科研水平相适应。

5.后勤管理体制

——深化后勤管理体制改革，建立与学校事业发展相适应的总务后勤保障体系、管理体制和运行机制。始终坚持为学校教学和科研服务，为师生员工提供“优质、高效、及时、可靠”服务的宗旨。按照事业单位企业化管理办法强化后勤管理。具体改革分两步走：

第一步实行“小机关、多实体”的企业化、准企业化管理；

第二步到下世纪初，总务后勤在体制上逐步与学校脱钩，逐步实现后勤管理社会化。

3.7 大力改善办学条件

实验室建设：

要从学科建设、发展和互相渗透的需要出发规划实验室建设，避免分散、狭小和重复设置。建立能站在学科前沿或探测到学科前沿学术思想和学术研究活跃的实验室。要建立在改革开放、市场经济环境条件下，在自主办学、联合办学的体制下，与之相适应的实验室建设和管理体制。贯彻落实国家教委颁布的《高等学校实验室工作规程》，建立比较完善的实验室规划、投资、管理、评估、考核制度。设立由主管校长、有关部门负责人和学术、技术、管理方面的专家组成的实验室工作委员会。针对我校实验室建设已经落后于学科建设的现状，从现在开始到2001年要高度重视和花大力气加强实验室建设。建立不同层次、互相配套、门类齐全、具有特色的实验室体系，并有若干实验室达到或接近国际先进水平。具体措施有：

——对实验室用房采取新建、改造、调整，使面积增加、布局合理、设施完善。

——建好面向全校开放的公共基础课实验室，更新设备，充实改进实验内容，使全部实验课教学达到国内先进水平。努力创造开展计算机辅助教学的工作条件。增添电化教学设施。

——提高国家重点实验室、国家重点专业实验室和重点学科实验室设备的先进性，力争达到国内一流水平和部分达到国际先进水平。

——建设不同类型的有特色多功能的专门化实验室，以及某些达到国内外先进水平的综合实验室。

——新建跨学科的高新技术实验室。

——尽快建成与“中国教育科技网”、INTER-NET 网连接的校园信息网。

图书馆的建设：

以提高文献信息保障率为前提，以建设计算机网络化为手段，以提高队伍素质为核心，使图书馆的整体水平达到国内高校一流水平,某些服务项目接近或达到国际水平,把图书馆建设成为与学校教学和科学研究相适应的多功能的文献信息中心。其措施有:

——提高文献信息保障率。

为支持现有重点学科和有条件成为重点学科的学科建设,增加投入,购置这些学科所需要的光盘资料,争取具有省部级或国家级科技查新资格,以帮助科研人员搞好课题立项和成果申报工作。

——建立"光盘检索中心"。

目前图书馆"光盘检索中心"的硬件设备在国内先进,配以足够的光盘资料(投入100万元订购费),该项目可达国际先进。到1996年建成总馆书目数据库和期刊编目检索数据库,重点学科的系资料室编目数据标准化,逐步实现中心资料室业务的计算机管理,并与总馆联网。

——完善文献信息的管理体制和队伍。

建立总馆—分馆—中心资料室体制,即将建设的成智图书馆作为文科分馆;成立学院后将系资料室组合成该学院的中心资料室;相近学科的系资料室往中心资料室靠,以集中人、财、物,提高整体效益。分馆和中心资料室的人事编制、职务聘任和考核晋升纳入总馆系统。

制订切实可行的人员引进和培训计划。双学位、高层次的图书馆员和计算机人员应占总人数的30%左右,此目标在五年左右的时间内通过引进、培训和优化组合等方式达到。

校园规划与基本建设:

到2001年,将通过多方筹集资金,完成十几个基建项目,从而形成蔚为壮观的教学、科研、生活和国际学术交流等楼群。并通过整顿、改造校园,形成规划科学、布局合理的各种功能区,配以富有教育意义的人文景观和休读点,使厦大的教学区幽雅整洁,有迅达的信息网络、良好的科研设施、浓厚的学术气氛,生活区有完备的供水、供电、通信等基础设施,以及达标的教工住房、学生宿舍和配套的生活服务体系;国际学术交流区有现代化会议厅、完善的宾馆客房和服务设施。使厦大校园不仅依山傍海,风光独秀,而且在校区面积、功能分区、建筑设计、环境美化等方面堪称国内一流。

3.8 扩大国际、境外交流合作

改革开放以来,我校在对外广泛进行学术合作与交流的基础上,进一步提高对外合作交流的层次,扩大厦门大学的国际影响。根据我校的办学特色,要重视发展与东南亚各国及台、港、澳地区的高校的合作交流关系,把海外教育学院办成面向全球,以东南亚为重点且条件较好的教学基地,把台、港、澳考生先修部办成富有吸引力的教学基地。使厦门大学成为我国与东南亚各国以及台、港、澳地区教育与学术交流的窗口。

厦门大学要成为国内一流、在国际上有较大影响的高等学校,要正视在国际与境外合作交流方面存在的较大的差距,采取有力措施加强国际交流工作。同时充分凭借区位优势和历史上在东南亚,台、港、澳地区的卓著声誉以及拥有众多校友等有利因素,继续扩大国际影响和区域影响。

——加强校际合作。

选择若干世界发达国家中的一批水平较高的知名大学,发展稳定的、有实际效果的合作交流关系,并落实一批高水平国际合作项目(包含科研、人才培养、教师交流以及召开高层次的大型国际学术会议),以促进我校办学的国际化。继续扩大国际合作办学,大力培养与国际接轨的专业所需人才。

——扩大海外教育规模、层次。

扩大留学生教育规模,并提高留学生教育的层次,到2001年招收留学研究生将占留学生三分之一。厦大重点学科、专业可直接招收海外研究生,或通过联合培养途径授予留学生硕、博士学位,争取在若干学科与国外较高水平的大学联合培养研究生,授予硕、博士学位。在校内某些学科的教学中率先推行中、英语双语教学,同时部分课程可采用国外教材,部分专业可直接用英语授课,同时兼收国外留学生。

继续办好海外教育学院。扩大办学渠道,海外招生点由20个发展到30个,海外办学点由1个增至4个,并在海外建立近百个招生宣传的网络点。增设适应于海外需要的经济管理、法律、艺术教育三个本科函授专业。在加强中文、中医本科函授专门课程的基础上,增设对外中文、对外中医两个硕士点。加强对东南亚语言文化、东南亚华文教育、东南亚华文文学、东南亚中医教育、东南亚特殊病种等专项研究，举办东南亚华文教育国际研讨会。完善教学与生活设施，增建教学楼、宿舍楼及中医临床实习基地。

办好面向东南亚和台港澳考生的先修部，使补习—先修—预科—本科形成一条龙，扩大招生数量，并逐步提高招生层次，特别是研究生的数量以每年翻一番的递增率提高。

——加强国外师资引进工作。

加强国外和境外高水平师资的引进工作，特别是非语言类专业师资的引进。完善外国专家讲学制，聘请国际著名专家学者包括一些诺贝尔奖得主兼任教授定期讲学，并举办系列讲座、做学术报告、进行合作研究。

——提高国际学术交流的实效。

有计划加强师资对外交流的派遣工作，健全派遣制度，提高派出教师的业务、外语和思想政治水平，并鼓励回国人员，加强经常性的对外学术交流。

在 1995 年举办两次高水平国际学术会议（第 46 届国际电化学年会和第 19 届国际统计物理会议）之后，继续创造条件力争更多地承办高水平国际学术交流活动。特别是举办与台港澳地区的高水平学术交流会议。并采取相应措施，鼓励和支持学术骨干参加国际会议，扩大学术带头人在国际学术界的知名度。

编印中英文版的厦大学术年鉴和科研成果文摘，向海外发行，力争 1995 年开始定期出版。

3.9 多渠道筹集重点建设资金

实现学校的发展总目标，需要投入巨额资金。在制定规划的同时，学校已着手筹措建设资金。除按计划国家拨给教育事业费和基建费之外，重点建设资金的筹集采取多渠道、多种形式的办法，到 2001 年预期筹集 6 亿元，重点建设投入 6 亿元。具体筹资来源见下表：

重点建设资金筹措（1996—2001）

单位：万元

来　源	总　计	落实情况	备　注
教委拨给重点建设资金	20000		
与福建省共建资金	7000	已基本落实	
与厦门市共建资金	15000	已落实	含工资补贴的 0.75 亿
厦门市外经贸发展基金	2500	已基本落实	
社会捐赠	6000	正在筹集	已落实 1/3
校办产业及地产开发	10000	已定指标	
总计	60500		

校办产业要依靠学校的科技、人才、信息旳优势和借助厦门经济特区优势，采取有力政策、措施和手段，促进校办产业集团——厦门建南集团真正形成以高新技术为龙头，集科技咨询、国内外贸易、房地产开发、对外劳务合作、旅游宾馆服务等为一体的技工贸相结合的经济实体，朝着多元化、实业化、国际化的方向发展。

理顺科技开发体制，制定鼓励和支持科技开发的政策，力争至 2001 年，形成 2～3 个规模上千万元的科技企业，大力开展多种经营，努力实现到 2001 年支持学校发展的资金上亿元。

——本文摘录自《厦门大学》（校刊），1995 年 5 月 15 日第 319 期

我校通过申请进入“211工程”部门预审，国家教委专家组称厦门大学是在国际上有一定影响的高水平的国家重点大学

(1995年6月22日)

6月9日至11日,国家教委和福建省人民政府、厦门市人民政府共同组织对我校申请进入“211工程”进行预审,国家教委专家组在评审总结会上宣布:建议通过厦门大学申请进入“211工程”的部门预审。这是我校校史上又一件大事,是全体师生员工努力奋斗的结果,厦大人实现了梦寐以求的愿望。

“211工程”是国家在1993年提出的,即面向21世纪,在全国重点建设100所左右的大学和重点学科。我校十分重视“211工程”建设,近一二年来全校上下团结协作,努力拼搏,为争取早日进入“211工程”,抓紧抓好申请预审的立项论证以及其他各项准备工作,于1994年11月通过国家教委的校园评估,从而成为国家教委所属高校中第12所进入预审的学校。

这次来我校预审的国家教委专家组,由在各自学科中学术造诣精深,并且担任过大学校长,有一定高校管理能力和经验的11位专家组成,他们是:南京大学校长、中科院院士曲钦岳教授,山东大学副校长、中科院院士蒋民华教授,北京大学常务副校长王义遒教授,清华大学党委书记方惠坚教授,东北师范大学校长王荣顺教授,华中师范大学校长王庆生教授,中国人民大学副校长杜厚文教授,四川联合大学校长刘应明教授,青岛海洋大学副校长秦启仁教授,福建师范大学原校长朱鹤健教授和集美大学校长黄金陵教授。组长由曲钦岳教授担任。

9日上午,在克立楼三楼会议厅举行厦门大学“211工程”部门预审开幕式,福建省委副书记、福建省省长陈明义,国家教委副主任张天保,福建省副省长王良溥,厦门市委书记石兆彬,厦门市市长洪永世,国家教委专职委员、高教司司长周远清,福建省教委主任郭荣辉等出席;国家教委专家组成员,国家教委、福建省、厦门市有关部门负责人也参加了开幕式。在我校党委书记叶品樵代表学校致欢迎词之后,张天保、陈明义、洪永世分别代表国家教委和福建省委、省政府,厦门市委、市政府做了重要讲话。(讲话摘要另发)

从6月9日至11日,专家组全体成员听取了我校校长林祖赓教授关于厦门大学“211工程”整体建设规划的报告,观看了学校申请进入“211工程”的《自强之路》专题录像,并实地考察了化学化工学院、固体表面物理化学国家重点实验室、肿瘤细胞工程国家专业实验室、经济学院、艺术教育学院、政法学院、海外教育学院、台湾研究所等教学科研单位以及图书馆,参观了应用研究成果展和文科综合展览,召开了学术带头人和中青年学术骨干座谈会。

专家组对我校申请进入“211工程”整体建设规划报告,进行了认真的评议。6月11日下午,专家组组长曲钦岳教授在预审总结会上宣读了《厦门大学“211工程”部门预审专家组评审意见》,一致肯定厦门大学是我国高层次人才培养和基础研究的重要基地之一,已是一所学科门类较为齐全,办学特色鲜明,基础研究力量和师资队伍较强,在国际上有一定影响的高水平的国家重点大学。学校提出的“到21世纪初,把厦门大学建设成为国内一流、国际上有较大影响的社会主义综合性大学”的建设目标是合适的,经过全体师生员工的奋发努力和国家及地方政府的有力支持,学校的发展目标是能够实现的。专家组全体成员一致建议,通过厦门大学申请“211工程”的部门预审。(评审意见节录另发)

林祖赓校长在会上激动地说,衷心感谢专家组全体同志对厦门大学的肯定和鼓励,衷心感谢国家教

委，福建省、厦门市领导和人民的有力支持。他表示，今后任务相当艰巨，一定要以这次预审为契机，团结奋斗，深化改革，努力工作，完成规划的目标，以不辜负福建省和厦门市人民的期望，实现陈嘉庚先生把厦门大学办成"南方之强"的夙愿。

——本文摘录自《厦门大学》(校刊)，1995年6月22日第323期

厦门大学“211工程”部门预审专家组评审意见(节录)

(1995年6月22日)

专家组对厦门大学申请进入“211工程”整体建设规划报告进行了认真的评议,提出意见如下:

一、厦门大学是一所由著名爱国华侨领袖陈嘉庚先生创办、具有悠久历史和光荣革命传统的高等学府,造就和荟萃了一批知名学者,在海内外、在华侨华人中具有较大的影响和良好的声誉。建校以来,全校师生员工弘扬嘉庚先生倡导的“自强不息,止于至善”的办学精神,在艰苦的办学历程中,励精图治,爱国爱校,形成了优良的校风、学风。新中国成立以来,在党和国家的关心下,学校坚持社会主义办学方向,全面贯彻党的教育方针,继承和发扬了优良的办学传统,培养和造就了一大批优秀的高级专门人才,取得了丰硕的科研成果,为国家的经济建设和社会发展做出了重要的贡献,是我国高层次人才培养和基础研究的重要基地之一。

改革开放以来,厦门大学党政领导解放思想,开拓进取,团结务实。学校坚持面向现代化、面向世界、面向未来,主动适应经济特区建设和社会主义市场经济体制建立的需要,发挥侨、台、特、海的区位优势,在不断探索新时期人才培养路子,改进和加强德育工作,培养中青年学术骨干,扩大开放,发展海外教育,多渠道筹措办学经费,努力提高教育质量和科研水平等方面形成了自己的办学特色。在国家教委和福建省、厦门市政府的领导和支持下,厦门大学在全国较早地实现了办学管理体制的转变,走出了一条国家教委与地方政府共建学校、学校积极为地方经济和社会发展服务的较为成功的路子,在地方政府的高度重视和大力支持下,学校事业得到更为迅速的发展,整体水平、综合实力和办学效益有了明显提高。同时,学校在积极为福建省特别是厦门经济特区的经济建设和社会发展服务方面做了大量卓有成效的工作,发挥着越来越重要的作用,呈现出蓬勃发展的势头。厦门大学已是一所学科门类较为齐全,办学特色鲜明,基础研究力量和师资队伍较强,在国际上有一定影响的高水平的国家重点大学。

二、厦门大学围绕申请进入“211工程”做了认真的准备,学校的自我评估报告切合实际;学校提出的“到21世纪初,把厦门大学建设成为国内一流、国际上有较大影响的社会主义综合性大学”的建设目标是合适的,是符合国家“211工程”的建设要求的,同时也是符合福建省、厦门市经济和社会发展的需要的。学校围绕这一建设目标在学科建设、人才培养、科学研究、队伍建设、加强党建和思想政治工作、深化管理体制改革、国际交流与合作、多渠道筹措重点建设资金等方面确定的发展思路与相应措施是可行的。经过全校师生员工的奋发努力和国家及地方政府的有力支持,学校的发展目标是能够实现的。

三、按照学校提出的总体奋斗目标的要求,结合学校现状,对厦门大学“211工程”建设整体规划提出如下建议:

1.在不断拓展学科门类,以适应科学技术发展和地方经济建设需要的同时,学科建设还要突出重点,保持特色,加强学科间交叉和渗透,注意发展应用学科,并要根据学科发展的不同情况,确定学科的分层次建设目标及措施,以保持各学科的协调发展。

2.进一步加强基础研究和高新技术研究,发挥重点学科的优势,充分利用优越的外部条件,加强研究生教育和博士后流动站建设,加强与高水平科研院、所的合作,力争出具有重大国际影响的研究成果。

3.进一步加强人文科学、社会科学和管理科学方面的基础理论研究,扩大对外交流,努力为解决社会主义市场经济体制的建立和特区经济建设和社会发展中的重大理论问题和现实问题做出更大的贡献。

4.规划中要根据地区经济、社会的发展需要和办学基础，适度发展本科教育；进一步完善教育教学改革的措施，继续加强队伍建设，探索特区高校思想政治工作和全面提高教育质量的新途径、新经验。

5.规划中的某些具体指标还可做进一步调整。

四、专家组全体成员高度赞赏福建省、厦门市政府对厦门大学办学给予的卓有成效的支持。我们希望，国家和福建省、厦门市能给予厦门大学更大的投入和政策支持，以促使厦门大学这样一所唯一地处经济特区，在东南亚和港、澳、台地区具有重要影响的国家重点大学尽快实现其奋斗目标，实现陈嘉庚先生的使厦大成为“南方之强”的夙愿，使厦门大学为我国东南沿海地区和特区的经济建设和社会发展，为促进祖国统一大业，振兴中华做出应有的贡献。专家组全体成员一致建议通过厦门大学申请“211 工程”的部门预审。

——本文摘录自《厦门大学》(校刊)，1995 年 6 月 22 日第 323 期

国家教委、福建省政府决定共建厦门大学

(1995年6月9日)

国家教委和福建省政府《关于共同建设厦门大学的议定书》,于6月9日在我校签署。

国家教委副主任张天保和福建省副省长王良溥分别在议定书上签字。省长陈明义,国家教委专职委员、高教司司长周远清,省教委主任郭荣辉,副市长王榕,我校党委书记叶品樵、校长林祖赓等出席签字仪式。

议定书提出,双方共同支持厦门大学进入"211工程"建设,努力把厦门大学办成国内一流、在国际上有较大影响的社会主义综合性大学,更好地为经济和社会发展服务。

根据议定书的约定,实施共建后,厦门大学仍为国家教委直属高校,其原有的行政隶属关系和经费投资渠道不变。国家教委继续向厦门大学提供额定的事业经费、基建投资及各种专项拨款、补贴,并确保按委属高校投入的正常增长比例增加对厦门大学的投入。福建省继续把厦门大学的发展列入全省经济和社会发展规划,承担厦门大学艺术教育学院和政法学院应由省负责部分的正常教育经费,每年约500万元。在此基础上,从1996年到2000年,福建省每年再增加投入400万元,更好地支持厦门大学的发展。

议定书要求今后厦门大学的毕业生应优先满足福建省的需要,从1996年开始,厦门大学每年为福建省定向培养一定数量的博士生和硕士生。艺术教育学院的毕业生应到学校任教。厦门大学的专业设置和调整、科研成果的转化和应用等要更多地听取省的意见,面向福建省经济发展的需要。

议定书还就厦门大学与福建省内高校开展校际交流合作,以及资源共享、优势互补等方面的问题做了安排。

——本文摘录自《厦门大学》(校刊),1995年6月22日第323期

我校与地方共建经费投入使用后发挥明显效益

（1995 年 12 月 30 日）

我校认真贯彻落实《中国教育改革和发展纲要》，抓住“211 工程”建设的机遇，积极争取与地方共建，经费投入使用后发挥了明显效益，促进了学校的发展。

早在 1983 年，厦大就与福建省政府联合创办了艺术教育学院，1985 年又联办政法学院，十年来省里投入这两个学院的基建费和正常教育经费达 5000 万元；1993 年厦门市政府以《纲要》为指导，积极组织 14 家外经贸企业建立“厦门市外经贸企业厦门大学教育发展基金会”，1993、1994 两年的基金利息 330 万元已投入学校建设；1994 年 4、5 月，厦门市政府基于对办好厦门大学的重要意义，采取更大举措，分别与国家教委签订了共建厦大工学院和共建厦门大学的协议书，在地方财力十分紧张的情况下，1994、1995 两年已拨出 5100 万元的共建经费；今年 6 月，福建省政府和国家教委又签署了共建厦门大学的议定书，除继续拨给艺术、政法学院的正常教育经费（每年约 500 万元）外，将从 1996 年开始至 2000 年，每年再增加 400 万元经费用于支持厦大建设海洋与环境学院。除共建外，自 1990 年以来，海外华侨、台港澳同胞、广大校友和各界朋友共捐款 3000 多万人民币，以各种形式支持厦大办学。

学校把共建经费“用到刀刃上”，除把 20％的共建经费用于最急需的学科建设和人才培养方面外，近 80％的共建经费则相对集中地使用在“高起点、上层次”并对学校的发展具有深远影响的设备建设和共享体系建设上，以促进教学、科研工作再上新台阶。如：(1)学校着眼 21 世纪科学发展的需要，1994 年投入 500 万元建立了“波谱”实验室，使我校理科的实验条件上升了一个档次，为我校生命科学、材料科学的建设提供了基础条件。据统计，该实验室从今年 9 月投入使用后的短短 3 个月时间里，已完成了校内科研单位和校外企业如厦门感光材料厂、三明制药厂等单位的 300 多个样品的实验。(2)1994 年投入 200 万元、1995 年再投入 500 万元共建经费，建设我校“教学与科研信息网”。该网络第一期工程于今年 4 月 18 日正式加入 CER-NET。今年八、九月间在我校举行的第十九届国际统计物理会议和第四十六届国际电化学年会的筹备和召开期间，两会组委会利用该网开展 E-mail 服务，受到国内外学者的普遍好评。至目前为止，我校已收发 E-mail 信件 10000 多封，有效地方便了我校的对外联系，扩大了学校的国际影响。(3)1994、1995 两年分别投入 100 万元和 150 万元共建经费，加快图书馆的现代化管理改造。该馆利用海外捐款建成先进的光盘检索系统之后，依靠共建经费的投入很快建成电子文献信息部，开展了电子文献阅览与检索、多媒体辅助教学、电子文献制作、国际通信联络（E-mail）等多项优质服务，投入运行 2 个月已接待教师、学生及校外用户 4160 人次。(4)1995 年学校还专门拨出 100 万元共建经费用于支持召开各种大型学术会议，以扩大学校的国内外影响；资助中青年骨干教师参加国内外学术会议，帮助他们随时了解本学科的最新动态，保持与外界的学术联系。(5)共建工学院的经费 100％由该院留用，依据保证重点与优先投入的原则掌握使用，即每年重点投入一个实验室或一项大型设备，优先扶植新专业。按这一原则，1994 年该院投入 267 万元建设通讯工程专业和飞机维修专业基础实验室、计算机网络教学实验室等；1995 年再投入 357 万元购置“小型计算机”和充实有关实验设备，为教学与科研工作创造良好的硬件环境，提高了参与竞争的能力。该学院还设立“引进博士学位教师专项启动经费”，从去年共建开始至今，该学院已引进博士、博士后 7 名，有效地充实了队伍和提高了师资的素质。

经过近两年的集中建设,上述这些项目已逐步取得了明显的效果,不仅发挥了共建效益,而且对促进教学、科研再上新台阶,提高学校的国内外声誉,都有着深远的影响。

——本文摘录自《厦门大学》(校刊),1995年12月30日第332期

厦门大学 1994—1995 学年第二学期工作计划要点

（1995 年 2 月 18 日）

本学期，要以邓小平同志建设有中国特色社会主义理论为指导，统一思想、总揽全局、加强协调、扎实工作，坚持以教学科研为中心，围绕学校“211 工程”建设，注重抓好以下几项工作：认真贯彻十四届四中全会精神，加强党的建设和思想政治工作；再接再厉，做好“211 工程”预审的准备工作；继续努力，加强学科建设和教学、科研工作；精心组织，迎接将在我校召开的四个重要会议；解放思想，推进后勤管理改革和校办产业发展。

一、认真贯彻十四届四中全会精神，加强党的建设和思想政治工作

党的十四届四中全会，是在我国改革开放和社会主义现代化建设的关键时刻召开的，全会通过的《中共中央关于加强党的建设几个重大问题的决定》，是加强和改进新时期党的建设的纲领性文件。认真学习和贯彻四中全会精神，是当前我校党的建设和思想政治工作的一项中心任务。

开学初，要举办以学习、贯彻十四届四中全会精神为主题的党总支和直属支部书记学习班。要按照四中全会决定精神，对今后两年全校党员学习《邓小平文选》和党章的教育做出计划安排；各级党组织要按照校党委的安排，认真组织党员学习四中全会文件、《邓小平文选》和党章，联系实际，加强党的宗旨教育、民主集中制教育和反腐倡廉教育，提高素质，增强党性，进一步发挥广大党员在教学、科研、管理等各项工作中的先锋模范作用。

在坚持校党委领导下的校长负责制的同时，要进一步加强基层党组织在教育改革发展中的政治核心作用和监督保证作用。要根据四中全会的决定精神，修改厦门大学党总支工作条例和支部工作条例。五月份开始，进行党总支换届改选工作。当前，要注重加强基层党支部建设，党校要继续办好党支部书记培训班；各级党组织要从我校教育改革发展的实际出发，研究改进党组织的活动内容和工作方式；要大力开展争创先进党支部活动，逐步整顿软弱涣散支部。“七一”之前，将评选、表彰一批基层先进党组织。

各级领导班子要坚持民主集中制，健全集体领导与分工负责相结合的制度，加强各项管理工作。在继续做好调整、充实各级领导班子工作的同时，校组织人事部门，要根据四中全会决定和全国组织工作会议精神，从我校“211 工程”建设发展需要出发，制订现任领导干部培训提高计划，修改有关培养、选拔优秀年轻干部的计划，逐步实行干部交流，推进干部制度改革。要认真传达贯彻中纪委五次全会精神，组织学习江泽民同志在本次会议上的重要讲话，严格执行上级和学校有关领导干部廉洁自律的规定，深入、持久、更有成效地开展反腐败斗争，加强党风和廉政建设。

加强对师生员工的爱国主义教育，是当前我校思想政治教育工作的一项中心内容。各有关部门要按照《爱国主义教育实施纲要》的要求，制订较长期的教育计划，做好各学期的组织安排，开展形式多样、内容丰富的爱国主义教育。建设有中国特色社会主义是新时期爱国主义的主题，在爱国主义教育中要突出进行建设有中国特色社会主义理论和实践教育；要利用我校的光荣传统，特别是陈嘉庚先生的爱国兴学事迹，抓好校史教育，并结合“211 工程”建设进行校情教育，把爱国主义教育和爱校教育有机结合起来；继续进行安定团结的教育、职业道德教育、学风教育和国防教育，把爱国主义教育落实到本职工作和实际行动中去。要加强马列主义理论课和德育课教育，把爱国主义教育内容贯穿到教学中去；进行国旗法教

育,建立和坚持升旗仪式制度;遵照江泽民同志在新春茶话会上的讲话精神,继续加强爱国统战工作。

二、再接再厉,做好“211工程”预审的准备工作

“211工程”建设,是全面提高我校教学、科研、管理水平的重大措施和强大动力,是我校迎接新世纪的重要步骤。上学期,在全校师生员工的共同努力下,校园文明建设取得显著成绩,顺利地通过了国家教委组织的校园评估,并被评为“一流的社会主义大学校园”。目前,学校已向国家教委递交了“211工程”建设申请立项报告,争取于五六月份请国家教委对我校进行预审。

要再接再厉,做好“211工程”预审的各项准备工作。目前,《厦门大学“211工程”预审自我评估报告》和《面向21世纪厦门大学发展规划》初稿已成,开学后要组织各方面力量进行讨论修改。要巩固、发展校园文明建设成果,校文明办要继续组织力量,在上学期校园文明建设的基础上,总结经验,表彰先进,建章立制,加强管理,再做规划,进一步美化校园环境,文明校园生活,改善校园秩序;要在全校师生员工中进行一次再动员,人人爱护校园,个个参与建设,同心同德,把校园文明建设提高到一新水平。

今年,将有四个重要会议先后在我校举行,即:国家教委委属高校咨询工作会议,十九届国际统计物理会议,四十六届国际电化学年会,海峡两岸和港澳地区研究生教育学术研讨会。这对扩大我校在全国和国际影响,具有重大意义。学校和有关的部门、单位要精心组织,认真准备,保证各次会议的圆满完成;全校师生员工要大力支持,以良好的风尚,为校争光。

三、继续努力,加强学科建设和教学、科研工作

加强学科建设,提高教学、科研水平,是“211工程”建设的基本内容,也是推进“211工程”建设的根本任务;全校师生员工都应当为此做不懈的努力。

三月份,国务院学位委员会将对我校六个一级学科的二十四个硕士点组织评估,各单位要认真做好准备工作;根据学科建设情况和评估情况,研究生院要召开学校研究生教育工作会议,就巩固、加强重点学科、博士点和硕士点建设问题进一步做出部署。按照我校“211工程”建设发展规划,要从条件较成熟的、有特色的、有基础的一些学科中,酝酿学科群及其组织的形式和办法。同时,要从学科发展和加强管理的需要出发,酝酿筹建新的学院。

继续贯彻去年校教学工作会议精神,坚持把提高教学质量放在学校工作的首位。本学期,要加大课程改革力度,实施课程体系改革计划,增加面向21世纪的教学内容,制定建设学校名牌课程和特色课程的试行条例,组织第三批优秀主干课程评选;要研究改革考试办法,组织CAI和试题库建设,成立考试管理中心,逐步实行教考分离;要从严治教和从严治学,继续贯彻落实教师教学规范,重视提高课堂教学质量,切实加强教学实践环节,严肃教学纪律和考场纪律。成人教育要稳定规模,加强管理,提高教学质量。

科研工作要坚持社会主义方向,坚持面向经济建设主战场。本学期,要认真组织,广泛发动教学科研人员,做好年度科研经费立项申报工作,特别要努力争取重大项目、重点项目经费,促进我校科研工作上层次、上水平。要进一步组织力量,争取横向科研经费也有较大幅度的增长。同时,要加强科研项目管理。本学期,要召开科研工作会议,认真研究落实我校与三明、龙岩等地区科技合作协议。要加快电脑联网工程建设,争取在本学期完成。

国家教委和厦门市共建厦门大学、厦大工学院,是我校办学体制改革的一大进展,要进一步研究落实整体共建方案,争取在科技开发、人才培养、人才输送和咨询等方面,为厦门社会经济发展做出新的贡献。对厦门外经企业厦门大学教育发展基金,及厦门市投入共建厦门大学的资金,要研究确定投入项目,保证重点需要,争取最大效益。

四、解放思想，推进后勤管理改革和校办产业发展

后勤管理改革已几经酝酿，本学期先从总务后勤开始实行。总务后勤工作要遵循增强服务意识，讲究服务质量，提高投资效益，做好服务保障这一宗旨，实行“小机关、多实体、优服务”的事业单位企化管理体制，逐步实现后勤服务社会化。总务后勤管理改革方案，经学校组织论证后，组织实施。学校新区东端的建房方案，在广泛征求意见后确定；同时要尽快落实“三通一平”资金，建房工程也应尽快动工。

要加强学校对校办产业的管理。理顺学校科技开发体制，制定实现科技成果产业化政策，继续组织有开发前景项目的论证工作，采取多种形式促进科技成果产业化。建南集团公司要按照建立现代企业制度的要求，改革内部管理体制，加强财务管理监督；同时要加强党组织的政治核心作用和监督、保证作用，加强对党员的教育管理工作。

要加强安全保卫工作，特别要加强防火、防盗工作，各单位要建立、健全防范制度，对各种安全设施要做好检查、维修工作。

各系、各单位要根据本计划要点，制订各自的工作计划，保证本学期各项工作任务的贯彻落实。

中共厦门大学委员会
厦门大学
一九九五年二月十八日

——本文摘录自《厦门大学 1994—1995 学年第二学期工作计划要点》，厦大委办〔1995〕01 号，档号 1995-DQ01-1

认真学习《理论纲要》 抓紧实施《发展规划》学校颁布本学期工作计划要点

(1995年9月29日)

开学初,学校颁布本学期工作计划要点,提出要以组织实施学校"211工程"建设发展规划为主题,注重抓好两方面工作:认真组织学习《邓小平同志建设有中国特色社会主义理论学习纲要》,用建设有中国特色社会主义理论进一步武装党员和师生员工,加强和改进党的建设及思想政治工作;根据我校"211工程"建设发展规划所提出的第一阶段任务,有计划、有重点地开展各项改革和建设工作。其工作要点如下:

一、加强领导,精心组织,用建设有中国特色社会主义理论进一步武装党员和师生员工

要继续贯彻十四届四中全会精神,组织全校党员学习《邓小平文选》和《党章》,认真组织学习《纲要》,用建设有中国特色社会主义理论进一步武装广大党员和师生员工。

本学期,校党委要把组织中层干部学习《纲要》,列为校中心组学习的一项重要内容。各党总支、直属党支部要按照校党委宣传部的安排,有计划地组织师生员工学习《纲要》,校党委宣传部要组织提供必要的辅导报告。政治理论课和思想教育课,要以《纲要》为补充教材,把《纲要》的内容充实到课程教学中去。

开学初,学校要组织传达全国和福建省党建工作会议、教育工作会议及高校党建工作会议精神,并把这些会议精神贯彻到学校的建设和"211工程"建设中去。要继续贯彻《爱国主义教育实施纲要》,在纪念抗日战争胜利五十周年、纪念"一二·九"运动六十周年、筹备校庆七十五周年等活动中,运用多种形式,开展一系列丰富多彩的爱国、爱校教育活动。决定成立校思想政治工作领导办公室,理顺教工和各类学生思想政治工作体系,加强思想政治工作协调,增加宣传教育投入,改进思想工作方式和内容,继续维护学校稳定,巩固和发展校园文明建设成果。

按照党的十四届四中全会决定精神,进一步加强各级领导班子建设。各级领导班子要健全民主集中制,制定议事规则,完善集体领导和分工负责相结合的制度,加强民主监督机制。学校要组织力量,加强调查研究,逐步建立民主科学决策制度。要制定选拔任用干部工作条例,继续做好中层领导班子的调整充实工作。要制订并逐步实施干部交流计划、干部培训计划,加强干部工作考核。

各级党组织在进一步加强自身建设的同时,要重视和支持工会、共青团及统战工作,并加强领导。本学期,要召开校工会会员代表大会和校共青团代表大会,做好校工会、校团委的换届选举工作。

二、突出重点,实施规划,加强学科建设和教学科研管理工作

按照学校"211工程"建设发展规划提出的第一阶段任务,本学期要组建"东南亚区域问题"学科群,以南洋研究所为主体,组织相关学科力量,成立东南亚研究院。要筹建海洋与环境科学学院和工商管理学院两个新学院。着重加强生物系、计统系、数学系及外语教学部的建设。

本学期要做好第三批中青年骨干教师的选拔及前两批中青年骨干教师的筛选工作;对公派出国的教

师，要在“选派”和“回归”上，采取适当措施，以争取更多的优秀留学人员回校或来校工作；做好各类、各级职务的申报与评审工作。

要积极参与国家教委组织实施的面向21世纪教学内容和课程体系改革计划，认真落实国家教委批准立项的课题研究任务。加快名牌课程和特色课程的建设，研究试行教学督导制度，探索学分管理办法；继续开发计算机管理软件，进一步加强教学管理工作。要强化高层次科技研究项目的管理。本学期，注重做好“九五”重大、重点项目的立项申请工作，争取我校已入围国家攀登计划项目、国家自然科学基金委重大和重点项目、国家“863”计划项目的批准立项；争取省“九五”攻关计划、火炬计划及其他重大和重点项目；组织编报我校“九五”社科规划。同时，也要积极争取横向、纵向各类科研项目和基金，大幅度增加科研经费总量。要组织科研成果，积极参加竞争，扩大成果获奖面，争取获奖高档次；要理顺科技开发管理体制，大力加强应用性科研成果的宣传、开发和转让工作。积极组织与厦门市共建若干项有特色的高技术产业，为厦门经济建设服务。组织计算中心、计算机系和计算机教学部三方力量，筹建一个具有21世纪国际水平的、以校园网络为支撑并能与国际交流信息的计算机综合应用平台，为我校教学、科研和管理工作提供一个现代化基础设施。

三、深化改革，抓好整顿，加强管理服务工作

根据国家教委的部署，本学期要研究制定并分批推行工资总额动态包干，同时继续做好工资制度改革实施工作，研究加强退休人员的管理和服务工作。

后勤工作，要深化改革，抓好整顿，严格管理，加强民主监督，努力提高服务质量和经济效益。加强后勤干部、职工的思想教育和业务培训，健全民主管理制度。全校水、电管线及设备的调整更新，学生食堂、澡堂等基本设施的改善，要根据学校基本建设总体方案，提出计划，经论证后，分步实施；各基建项目，要实行公开投标制、质量检查责任制，加强基建项目管理监督，确保基建质量。要研究加强实验室、实验设备和器材的投资和管理工作。要采取有力措施，加强防火、防盗等安全保卫工作。

积极推行住房制度改革，实施“安居工程”。本学期要根据上级和厦门市有关城镇住房制度改革精神及我校实际，统筹兼顾，制定学校公有住房出售办法；要妥定政策，合理集资，加快东区住房建设，同时成立学校清房领导小组，组织清房工作。

校办产业要围绕改革和发展的主题，继续理顺学校科技开发体制，制定实现科技成果产业化政策，促进我校科技产业的形成和发展。进一步推进校办产业劳动人事制度改革和相应的配套改革。建南集团公司要按照建立现代企业制度的要求，改革内部管理体制，加强财务管理监督。

要研究制订学校财务管理体制的改革方案，逐步付诸试行。在管好预算内资金的同时，要加强对预算外资金的管理。修订学校“对外服务收入”分配办法，理顺各类收入分配关系。

——本文摘录自《厦门大学》(校刊)，1995年9月29日第326期

·专　文·

在“211工程”部门预审开幕式上的欢迎词(摘要)

(1995年6月9日)

校党委书记　叶品樵

我代表厦门大学党委、学校行政以及全体师生员工,对各位专家、各位领导莅临我校检查、指导工作表示热烈的欢迎!

国家教委专家组今天就要开始对我校进行“211工程”部门预审,这是我校历史上又一件具有重要意义的大事,她将铭记在厦大史册上,成为厦门大学发展史上光辉的一页。

历经74年光荣与梦想的厦门大学,是陈嘉庚先生倾资兴办的,她寄托了嘉庚先生和广大海外华侨、华人的多少厚望。众所周知,厦门大学建校甫成,陈嘉庚先生即把“南方之强”“止于至善”定为厦大的目标,以此激励厦大师生自强不息,艰苦创业。经过几代人的努力,厦门大学取得了令人瞩目的成就。目前,厦门大学学科特色鲜明,师资队伍整齐,教育质量良好,科研水平较高,具备了进一步发展的实力和基础。当然,我们深知,与“南方之强”的目标还有一些距离,我们仍需要卧薪尝胆,发奋努力,埋头苦干,踏实工作。我校已经制定了面向21世纪的发展与改革规划,提出到21世纪初,把厦门大学建设成为国内一流、国际上有较大影响的社会主义综合性大学。

我们对实现自己的目标抱有充分的信心。目前厦大办学的内外部环境大为改善,可以说是建校以来最好的一个时期。厦大已经进行了校内管理体制改革,培养的一批跨世纪人才正在茁壮成长,学科建设也打下了较为坚实的基础,尤其可喜的是在办学体制改革方面走出了成功的一步。1994年厦大成为厦门市与国家教委共建的委属大学,这不仅使厦大从办学经费上得到了厦门市政府财政上的强有力支持,而且也给厦门大学今后的长远发展注入了新的活力。早在1983年,福建省人民政府就与厦门大学联合创办艺术教育学院,1985年又与厦门大学联办政法学院。最近,我们又高兴地获悉,福建省委、省政府非常重视在新时期与国家教委共建厦门大学,正在积极研究共建方案。可以预见,省政府与国家教委签署共建厦大协议后,必将更好地促进厦门大学的发展。

在国家教委的领导下,在福建省和厦门市的热情关怀和大力支持下,我校师生员工决心一如既往地以邓小平建设有中国特色社会主义理论为指导,发扬自强不息、止于至善的精神,深化改革,增创优势,促进发展,努力把我校教学、科研提高到一个新的水平,对国家、对福建以及对厦门的经济建设和社会发展做出更大的贡献！

各位专家，各位领导，厦门大学向“南方之强”的目标奋斗了 74 年，其中有过不少艰辛与曲折，但也有过许多光荣与辉煌。进入国家“211 工程”，是历史赋予厦大又一次难得而重要的机遇，我们决不会坐失良机，我们将创造出新的辉煌，走向二十一世纪！

——本文摘录自《厦门大学》(校刊)，1995 年 6 月 22 日第 323 期

同心勠力　跻身"211 工程"行列

——在建校 74 周年庆祝大会上的讲话摘要

(1995 年 4 月 6 日)

校长　林祖赓

正当全校师生员工都在满怀信心、齐心协力地为我校早日跻身"211 工程"行列而努力奋斗的时候，我们迎来了母校——厦门大学七十四周年的校庆。

厦门大学在栉风沐雨中走过了不平凡的七十四年。七十四年来，学校的教学、科研和人才培养取得了令人瞩目的成就，在学校发展的每一个关键的历史时期，厦大的前辈们都做出了光辉的业绩，奠定了学校面向未来的发展基础。

过去的一年是令人难忘的一年，在有中国特色的社会主义理论和《中国教育改革和发展纲要》的指引下，我校取得了一系列可喜的成绩：

学校办学体制的改革成效显著。一九九四年五月，国家教委与厦门市签订了《关于共同建设厦门大学工学院的意见》，七月又签署了《国家教委和厦门市共同建设厦门大学的决定》。根据这一决定，我校积极为厦门市经济建设和社会发展做贡献，而厦门市则依据经济、社会和我校事业发展需要，组织对厦大进行多种形式的教育、科研投入。与此同时，厦门外经贸企业厦门大学教育发展基金二期投入也及时到位。我校的共建拓宽了办学途径，增强了学校的办学实力，在全国高校中引起了热烈的反响，得到了国家教委的充分肯定和高度评价。

教学、科研工作稳步发展，成果层出不穷。一九九四年我校共有十五项科研成果荣获部、省级科技进步奖；继郑兰荪教授之后，田中群教授又被评选为国家跨世纪人才；我校固体表面物理化学国家重点实验室在由国家计委、国家科委、国家教委等七部委联合组织的评估中被评为 A 级，在 155 个参评的国重实验室中脱颖而出，成为 11 个"金牛奖"得主之一，同时也是全国高校 43 个国重实验室中 5 个获此殊荣的单位之一。去年，我校的学科建设又有了新的进展，海洋学科被国务院学位办批准设立博士后流动站，迄今我校已有化学、生物、经济、海洋四个博士后流动站；国家教委批准我校设立通讯、理财学和人力资源管理三个本科专业，使学校本科专业已达 60 个，同时设立了飞机维修专科专业；日前，国家教委又批准我校历史学科首批建立国家文科基础人才培养基地。

校园文明建设成效显著。文明建设作为进入"211 工程"的一项重要前期工作，在全体师生员工的共同努力下，取得了有目共睹的显著成绩，得到了国家教委检查组的一致好评，获得优秀成绩，被冠以"一流的社会主义大学校园"的称号，受到国家教委的奖励。这一成绩是厦门大学师生员工的光荣，是厦门大学凝聚力和向心力的体现。

成绩已经成为过去，成为我们事业继续前进的新起点，"自强不息、止于至善"的校训召唤着我们为尽早地把厦门大学办成国内一流、国际上有较大影响的社会主义综合性大学而努力。一九九五年对我校来说是更富于挑战性的一年，我们既面临着改革的重任，也面临着发展的机遇，所以，我们要全神贯注地抓好这样几件重要的工作：

认真修订好《厦门大学申请"211 工程"预审自我评估报告》和《面向 21 世纪厦门大学发展和改革规划》两个文件，并按照评估报告和规划中提出的各项任务安排好我们的工作，以迎接国家教委五月底或六月初对我校进行的"211 工程"预审，这是一项跨世纪性的工作。希望学校的各级领导和师生员工团结一致，增进共识，提高凝聚力，以更加饱满的精神和热情投入这项工作中来，使学校能够早日得以跻身“211工程”行列，顺利实现学校发展目标。

抓好几个高层次会议的组织工作，扩大学校对外影响，逐步向国际化迈进。一九九五年，将有四个高层次会议在我校举行，它们是第十九届国际统计物理会议、第四十六届国际电化学会议、1995年国家教委直属高校咨询工作会议和内地及港澳台研究生培养工作研讨会。前两个会议均为第二次在亚洲召开的高层次、大规模的国际学术会议，做好这两个会议的组织工作，对于扩大我校的国际知名度，提高我校的对外影响意义非常重大；国家教委直属高校工作咨询会是国家教委一年一度最高层次的会议，届时中央、国家教委和各委属高校的领导都会集聚我校，共商高校改革与发展大计，这是检验我校工作和向各兄弟院校学习经验的一个极好机会；内地及台、港、澳研究生培养工作研讨会是首次在大陆举行的此类会议，也是首次包括台湾大学等多个台湾高校领导参加的会议，它的召开对内地，特别是我校的研究生培养及学科建设都会产生积极的推动作用。

继续大力强化学科建设，增进交叉渗透，组建面向21世纪学科群。学科建设是教学、科研工作的龙头，我们要紧紧扭住不放，通过采取巩固和发展重点学科，组建学科群、发展新学科，加大学科建设投入，组织审请新的博士点、硕士点等措施来强化学科建设的整体水平，力争尽早形成一个生机勃勃、繁荣向上的学科发展新局面。

继续巩固共建成果，不断扩大共建面。多种形式的共建活动增加了我校的教育、科研投入，为改造我校的专业结构起到了良好的推动作用。今年，我们要在以往的基础上，进一步研究和实施为地方经济建设服务的新措施，在增进为经济建设服务的过程中，寻求新学科的增长点。

共建拓宽了我校的办学途径，增强了办学实力；《中国教育改革和发展纲要》的颁布，给我校继续前进提供了指南；“211工程”的建设，给我校的发展带来了前所未有的良好发展机遇。我们深信：只要师生员工勠力同心，团结奋斗，我校面向21世纪，建设国内一流、国际上有较大影响的社会主义综合性大学的目标是可以实现的。

——本文摘录自《厦门大学》(校刊)，1995年4月15日第316期

·党建与思想政治工作·

厦门大学关于贯彻领导干部廉洁自律有关规定的实施办法(试行)

(1995年11月30日)

为了进一步保证党中央、中央纪委关于党政机关县(处)级以上领导干部廉洁自律新、老两个“五条规定”及“补充规定”和国有企业领导干部廉洁自律“四条规定”的正确实施,促进我校的党风和廉政建设,现参照省委办公厅、省政府办公厅关于贯彻中央纪委提出的党政机关县(处)级以上领导干部和国有企业领导干部廉洁自律的有关规定的实施和处理意见的精神,结合我校实际,特制定本实施办法。

一、适用范围

本《实施办法》规定的领导干部,含指校党政领导班子成员,校部机关部、处(室)和院、系、所、工会、共青团等单位的副处级以上领导干部和由学校任命的校办公司、企业的负责人。

二、实施内容

(一)不准个人私自经商办企业;不准利用职权为家属及亲友经商办企业提供各种便利条件。

凡违反党中央、国务院有关规定从事个人经商以及以股资或合股、搭干股分红等方式经商办企业的;利用职权为家属及亲友经商办企业提供人力、资金、物资、设备,或者以好商品当处理品等非法手段低价卖给亲属,或者将亲属经营的冷背商品以畅销商品购入单位等非法手段转移利润,转嫁损失,或者以单位名义为亲属经商办企业找门路、拉关系、套购紧缺商品等便利或优惠条件的,都应主动检查纠正。不自查自纠的,依照《中共中央纪律检查委员会关于共产党员在经济方面违法违纪党纪处分的若干规定(试行)》(以下简称《若干规定》)第三十条和其他有关规定给予党纪政纪处分,并收缴经营所得和非法所得,其中将国有资产非法转移到个人经办的企业的,以贪污论处。有其他违法违纪行为的,合并处理。

(二)不准在各类经济实体中兼职(包括名誉职务);个别经批准兼职的,不得违反规定领取兼职的工资、奖金。

对于在全民、集体所有制公司、企业和私营企业及中外合资、合作企业等经济实体(企业)内兼任各种领导职务(包括名誉职务)和其他管理职务的,应当自查自纠。对于确因学科建设或社会服务需要,在完成了教学科研任务和不影响本单位工作的前提下,需兼职的(包括业余兼职)必须经单位办公会议集体讨论通过，并报组织部备案。经批准兼职的，也不得违反规定领取兼职职务的工资、奖金。对于领取的其他酬金，应当如实申报。对于违反规定擅自兼职和领取兼职职务的工资、奖金据为己有的或违反规定分配使用的，都应做出检查，并将领取的钱款交公。情节严重的依照《若干规定》第三十条和其他有关规定给予党纪政纪处分。

（三）不准接受可能对公正执行公务有影响的宴请；不准参加用公款支付的营业性歌厅、舞厅、夜总会等的娱乐活动。

在执行公务（如执法、监督、检查、评比、基建验收、职称评定、招工招干、招生、毕业生分配、住房分配、干部工作调动等）期间，不得接受任何单位和个人的宴请。已接受宴请的，都应主动做出检查，不自查自纠的，除经济上要如数退赔外，还要比照《若干规定》第二十八条给予党纪处分，或依照其他有关规定给予政纪处分。

对于利用职权和工作之便，参加营业性歌厅、舞厅、夜总会等公共娱乐场所的免费娱乐活动，特别是参加用公款支付的营业性歌厅、舞厅、夜总会等娱乐活动的，都应做出自我批评和检查。不自查自纠的，除责令其承担个人的消费费用外，还要比照《若干规定》第二十八条给予党纪处分，或依照其他有关规定给予政纪处分。

对于在国内进行各种公务活动中，同意或默许用公款支付营业性歌厅、舞厅、夜总会等娱乐活动费用的，必须主动检查纠正。不自查自纠的，将责令其把所动用的公款向参加娱乐的消费者如数追还。不能追还的，应按谁出主意谁掏钱的原则如数退还，并依照《若干规定》第二十九条给予党纪处分，或依照有关规定给予政纪处分。

（四）不准在公务活动中赠送和接受礼品。

在公务活动中，不得赠送和接受礼品（含礼金、各种有价证券和价值人民币 200 元以上的物品以及象征性低价收款的物品，下同）。对于同意或批准给上级机关、有关单位或其工作人员赠送礼品的，应主动做出自我批评和检查。不自查自纠的，给予批评教育。造成很坏影响的，依照有关规定给予党纪政纪处分。对于因各种原因未能拒收而接受的礼品，必须按规定自收受礼品之日起（在外地接受礼品的，自回本单位之日起）一个月内向纪委、监察处如实登记上交。对于在规定期限内不登记或不如实登记，不上交的，又不自查自纠的，依照《若干规定》第十一条和其他有关规定给予党纪政纪处分。对于在对外活动中赠送和接受礼品的按有关规定执行。

（五）不准把经营、管理活动中的折扣、中介费等据为己有。

在经营、管理活动中或以单位名义从事中介活动而收取的折扣、提成费、手续费、佣金等应按财经制度全部列入单位收入。对于不如实入账并将所得据为己有的，以贪污论，依照《若干规定》第四条处理。若利用职务之便私自从事中介活动并将所得据为已有的，以受贿论，依照《若干规定》第八条处理。在经营、管理活动中收取回扣的，按有关法律和规定处理。

（六）不准到下属单位和其他企事业单位报销应由个人支付的各种费用。

到下属单位和其他企事业单位报销应由个人支付的各种费用（如招待费、车费、邮费、电话费等），属于侵占国家和集体财产行为，必须如数退出。不自查自纠的，经查实后，追缴其报销所得，并依照《若干规定》第五条给予党纪处分，或按有关规定给予政纪处分。

（七）不准无偿用公车办私事；未经批准，不准用公款和单位的车辆学习驾驶技术。

学校的车辆实行统一管理、统一调派使用和经费包干的办法，必须严格管理，节约使用，不得无偿使用公车办私事。对于确需用公车办私事的，也必须按学校规定自行付款。对于违反规定，又不自查自纠的，依照《若干规定》第五条和其他有关规定给予批评教育或党纪政纪处分。

对于学校一些部门和单位，因工作需要配置车辆（如小型汽车、摩托车等）后，须用公款和单位车辆学习驾驶技术的单位负责人需由分管校领导批准，其他领导干部由本单位负责人批准。未经批准用公款及本单位或其他单位的车辆学习驾驶技术的，应主动检查纠正，对于不自查自纠的，将责令如数退出所有公款，并给予批评教育，情节严重的，给予党纪政纪处分。

(八)不准违反规定多占住房;不准利用职权,违反规定为个人及亲属在分房或购买住房上提供优惠条件;不准使用学校人员和动用学校设备为个人装修住房。

对于违反《厦门大学教职工住房分配管理条例》多占住房或多处占住公房或为其子女、亲属提供条件优先分房的,必须主动退出多占的住房或优先所分得的住房。不主动退出的,将责令其限期退出,并按有关规定给予党纪政纪处分。

领导干部应自觉遵守学校有关售房的规定,不得利用职权在购买住房的资格、房源、价格等方面为个人及亲属提供优惠或便利条件,违者责令其退出非法获得的利益,并给予党纪或政纪处分。若购房后又占住公房的,必须按规定主动退出多占或所购公房。因夫妇两地分居,在分居地各有一套公房的,在房改中只能按公有住房出售办法选购一套符合规定标准的公房。夫妇两地分居事实消除后,也必须及时主动退出一头公房。不主动退出的,将责令其退出,并按有关规定给予党纪或政纪处分。

对于利用职权,使用单位劳力或动用学校物资设备等为个人住房装修的或接受单位和个人为自己住房提供优惠装修的,都应做出检查,并如数补付他人劳动报酬或如数退出所有的物资设备(折为钱款)以及补交装修的优惠部分的钱款。不主动检查纠正的,责令其限期退还,并按有关规定给予党纪政纪处分。

(九)不准利用职权拖欠公款不还;不准借用公款为个人及其亲友买房、建私房和从事营利活动。

对于利用职权拖欠公款的,应做出检查,并立即归还所欠公款。不自查又不归还的,将追缴所欠公款,并按银行同期贷款利率付息。情节严重的,给予党纪政纪处分。

已借用公款为个人及其亲友买房、建私房的,应立即归还所借公款,并按建设银行建房贷款利率付息。不主动检查的,又不立即归还的,将追缴所借公款,并给予党纪政纪处分。

对于借用公款供个人进行营利活动或非法活动的,所借用的公款必须立即归还,并按照银行同期贷款利率付息,所获利润和非法所得予以没收,并依照《若干规定》第二十七条处理。不主动检查纠正的,从重或加重处理。

对于因其他原因借用公款的,所拖欠的公款应尽快全部归还。到期不还的或超过六个月不还的,将追缴所欠公款。情节严重的,给予党纪政纪处分。不主动检查纠正的,从重或加重处理。个别因生活困难借用公款而不能按期归还的,应定出分期还款计划,经批准后可延期归还。

(十)不准利用职权,违反规定在公派出国,职务、职称晋升方面为个人或亲属谋取私利;不准利用职权,违反规定为子女及其亲友入学、就业、出国留学提供方便。

在公派出国方面,应本着有利于教学、科研和管理发展的精神,做到公正、公开,并按规定选派人员及办理一切手续。对于违反有关规定,利用职权弄虚作假,为个人或亲属出国、出境谋取利益的(如请求国外、境外的个人、团体、学校等发假邀请、假通知、假亲属关系证明、假培训计划等,骗领出国、出境护照,或者利用职权和工作上的便利,为自己或亲属出国伪造出国、出境表格,骗领出国、出境护照,或购买假护照,骗取前往目的地国家和地区的入境签证等),应主动做出检查。不自查自纠的,给予批评教育。情节严重的,根据有关规定给予党纪政纪处分。

对于利用职权,违反干部管理权限和规定的工作程序,在职务晋升方面为个人或亲属打招呼、批条子的,或者违反职称评定的有关规定,为个人和他人在职称晋升方面打招呼、说情、拉票,甚至拉反票的,应主动做出检查。情节严重又不自查自纠的,根据有关规定给予批评教育或给予党纪政纪处分。

对于利用职权为子女及亲友在入学、就业上拉关系,走后门或在出国留学上弄虚作假,提供各种方便而违反规定的,必须自我批评和检查。不自查自纠的,给予批评教育。情节严重的,根据有关规定给予党纪政纪处分。

(十一)不准违反规定插手建筑工程承包和招标事项;不准利用指定、介绍工程队等牟取私利。

对于利用职权和工作之便,违反规定插手建筑工程承包和招标事项的,应主动做出检查。不自查自纠的,依照有关规定给予批评教育或党纪政纪处分。对于利用指定、介绍工程队等牟取私利的,以受贿论,依照《若干规定》第八条处理。

（十二）不准个人或少数人决定重大事项。

领导干部必须认真执行民主集中制原则，严格遵守和执行党纪政纪。重大事项（如财务的分配与开支，人员的调进与辞退等）的决策要进行民主讨论，做到“两公开，一监督”。对于由个人决定或少数人商定本单位重大事项而造成不良后果的，必须做出自我批评和检查。不自查自纠的，按照有关规定给予批评教育或给予党纪政纪处分。对于因工作不负责任，不履行或不正确履行职责，以致在政治、思想、经济建设、生产经营、安全保卫和对内、对外的经济贸易等方面的工作中，造成损失或恶劣影响的，是失职、渎职错误，必须深刻检查。不自查自纠的，按照有关规定对直接责任者或负领导责任的人员给予党纪政纪处分。

以上十二个方面的问题，如与中央和福建省的规定有不相一致或未涉及的问题，按照中央和福建省所规定的有关“实施和处理意见”执行。如构成贪污、受贿、挪用公款等问题的，按有关规定处理，触犯刑律的，移送司法机关处理。

三、检查形式

（一）领导干部要对照本《实施办法》每年检查一次，一般在十二月份进行。检查时，必须形成个人书面材料在党政扩大会上逐项对照检查。根据检查出来的问题，召开一次党员领导干部专题民主生活会，开展批评与自我批评。民主生活会的情况与整改措施应向本单位教职工通报。

（二）凡考核任用处级以上干部，必须根据本《实施办法》对该干部的廉洁自律进行考察，对有违反本《实施办法》的不作为考虑对象。凡处级以上干部调离我校或在校内调整工作的，应做离职廉洁检查，离职廉洁检查由所在单位负责人主持，校纪委、监察处派人参加。对分管或主管财务的领导干部，还要进行离任审计。

（三）校纪委、监察处根据群众举报和控告或在查办违纪案件时，发现领导干部在廉洁自律方面有存在违反规定或有个人违法违纪问题时，将发出《纪律检查通知书》或《监察通知书》，限其在规定的时限内，按照要求，接受和配合检查。对于不接受或不配合者，纪委或监察处将视情节轻重给予批评教育或给予党纪政纪处分。

在确认领导干部廉洁自律方面确有个人违法行为，须向学校或上级主管机关和有关单位建议对其处理时，将发出《纪律检查建议书》或《监察建议书》，要求被纪检监察单位或个人在规定时限内以书面形式向纪委、监察处报告实施情况。同时，纪委、监察处有权对纪检、监察建议的实施情况进行检查。被纪检、监察单位或个人如对纪检、监察建议有异议时，可以在收到《纪律检查建议书》或《监察建议书》之日起十五日内提出书面意见，纪委或监察处将在十五日内给予答复。如答复后仍有异议，将根据情况报请同级党委或行政或上级纪检、监察机关裁决。

中共厦门大学纪律检查委员会
厦门大学监察处
一九九五年十一月二十三日

——本文摘录自《关于印发〈厦门大学关于贯彻领导干部廉洁自律有关规定的实施办法〉的通知》，厦大纪字〔1995〕4号，档号1996-DQ06-1

关于组织党员学习建设有中国特色社会主义理论和党章搞好对照检查的实施意见

(1995年12月10日)

各党总支、直属党支部:

根据福建省委组织部、宣传部联合下发的闽委组〔1995〕综字036号文件精神,为把我校广大党员学习建设有中国特色社会主义理论和党章活动引向深入,现就党员在学习中搞好对照检查,提出如下意见:

一、对照检查的内容和要求

按照党的十四届四中全会的部署,这次组织党员学习建设有中国特色社会主义理论和党章活动,要以提高党员素质、增强党性为目标,着重解决好三个问题,即:树立共产主义理想,坚定走有中国特色社会主义道路的信念,提高坚持党的基本路线的自觉性,模范执行党的各项政策;坚持全心全意为人民服务的宗旨,密切联系群众,廉洁奉公,遵纪守法,自觉抵制拜金主义、个人主义和腐朽生活方式的侵蚀;按照党章规定认真履行义务,正确行使权利,在改革中建功立业。为此,在党员学习中,要认真进行"四查四看":

1.查学习成效,看是否掌握建设有中国特色社会主义科学理论体系;有否树立共产主义理想,坚持走有中国特色社会主义道路的信念;能否自觉执行党的基本路线,坚持社会主义办学方向,积极参加教育改革。

2.查宗旨意识,看有否牢固树立全心全意为人民服务的思想;能否改进机关工作作风,深入基层,多办实事,讲究工作效率。搞好优质服务;是否密切联系群众、关心群众、努力为师生员工排忧解难。

3.查党性观念,看是否自觉参加党的各项活动,积极开展批评和自我批评;能否令行禁止,坚决执行党的决议,认真完成党组织所分配的任务;有否严格要求自己,立党为公,遵纪守法,为政清廉,正确处理国家、集体和个人之间的利益关系。保持艰苦奋斗、勤俭节约的优良作风。

4.查模范作用,看是否忠于职守,以高度负责的精神对待本职工作,精益求精,争创一流成绩;有否敢负责任、勇挑重担的精神,带头完成急、难、险、重的任务,为群众做出表率;能否解放思想,勇于开拓,积极献计出力,站在教育改革的前列,带领教职员工在教育改革和发展中做出实绩。

对照检查,要做到"五个必须",即:必须坚持以自我教育、总结经验教训为主;必须开展积极的而不是敷衍了事的批评与自我批评;必须联系自己的思想实际,切实解决存在的问题;必须坚持走群众路线、认真听取党内外群众的意见,搞好党员的自评、互评和群众评议;必须坚持领导带头的原则,党员领导干部要带头对照检查,带头开展批评与自我批评,带头搞好整改。

二、对照检查的步骤及时间安排

1.组织准备(12月中旬至期末)

首先要抓好学习。在前阶段学习的基础上,各党总支、直属党支部还要进一步做好补缺补漏工作。对《邓小平同志建设有中国特色社会主义理论学习纲要》、《中国共产党章程》、《关于党内政治生活的若干准则》和十四届四中全会通过的《中共中央关于党的建设几个重大问题的决定》,每个党员一定要认真通读。

在完成上述学习任务后，各党总支和直属党支部要广泛征求意见，认真分析，根据本单位党员队伍中存在的主要的或突出的问题，制订党员对照检查工作方案。

2.党员自我评议和互评（1996年3月11日至29日）

各党总支、直属党支部首先要召开党员大会，说明对照检查的目的、意义、要求和具体做法，提高党员参加对照检查的自觉性。每个党员都要在学习的基础上，按照规定的对照检查内容，总结十四届三中全会以来个人在思想、工作、学习等方面的情况，找出差距，明确努力方向，并形成书面材料。

以党支部或党小组为单位，组织党员进行自评和互评。评议中，要坚持原则、分清是非，敢于触及矛盾、剖析问题，认真地开展批评与自我批评。

3.组织鉴定（1996年4月8日至19日）

党支部委员会要根据党员自评、互评和群众评议的意见进行实事求是的分析、综合，形成组织意见，并向党员本人反馈，向支部大会报告。

党支部的组织意见及党员个人对照检查的书面材料，应报送所在党总支、直属党支部签署意见后，送校党委组织部。

4.整改提高（1996年4月22日至5月2日）

各党总支、直属党支部和党员要针对评议中提出和暴露出来的问题，认真分析并制定整改措施，提出加强组织建设和争当合格、优秀党员的意见。对揭露出来的违法乱纪等问题，要查清事实、严肃处理。在对照检查中经党员评议和组织审核，确属优秀的党员，报请校党委予以表彰。

经评议认为是不合格的党员应区别不同情况，按照民主评议党员有关规定，予以劝退、除名或限期改正。

三、切实加强对照检查工作的领导

对照检查工作要在校党委的统一领导下进行。校党委要进行一次对照检查的动员和部署，并对各单位的学习进行检查督促，对各单位的对照检查方案和整改措施进行审核，对党员自评和互评中的重要问题要及时研究和指导，对优秀党员进行表彰，对不合格党员和违法乱纪党员做出处理。

各党总支、直属党支部对本单位的对照检查工作要认真研究部署，抓好督促检查；对照检查中发生的问题，要及时了解，妥善处理，做好思想教育工作，并及时报告校党委。党总支、直属党支部的负责同志要深入党支部、党小组，深入群众，广泛听取各方面意见，做好具体指导工作。

中共厦门大学委员会

一九九五年十二月十日

——本文摘录自《关于组织党员学习建设有中国特色社会主义理论和党章搞好对照检查的实施意见》，厦大委办〔1995〕16号，档号1995-DQ01-1

·教学与科研工作·

厦门大学研究生学位档案管理细则

(1995年1月13日)

学位档案指的是硕士、博士研究生在学习、科研等过程中形成的,经过科学分类整理装订起来的具有查考利用价值的文件资料与声像材料。它真实地反映学校进行学位制教育与管理的历史面貌,体现和记载每位硕士、博士研究生的业务知识学术水平和科研能力,是学校档案的重要组成部分。做好学位档案工作对于我校硕士、博士研究生的教育培养、科研训练等方面有着重要的参考和指导作用。为了进一步做好我校的学位档案管理工作,特制订本细则。

一、学位档案的管理

学位档案按照国家教委〔1989〕6号令《普通高等学校档案管理办法》和国家有关档案管理规定,由学校档案馆实行集中统一管理。根据我校实际,研究生学位档案材料由各系、所的研究生秘书负责收集,在研究生毕业时,将每个研究生形成的有关材料收集齐全完整,然后向研究生院移交。研究生院汇总编制移交清册向档案馆移交归档。学校档案馆负责对全校的学位档案的立卷、归档工作进行监督、检查、指导工作,并及时做好学位档案的整理、编目、检索和提供利用服务工作。

各系、所分管教学工作和研究生培养的领导应当支持和关心这项工作。研究生院和各系所有关人员应当把做好学位档案工作纳入研究生教学和管理的职责范围,切实做好它。

二、学位档案的归档范围

1.研究生在学习和科研过程中形成的实验记录、实验数据、各种图表、照片、磁带。

2.研究生导师组织和实施教学、研究生学习成绩总卡等有关学籍材料。

3.研究生学位论文部分章节手稿(不少于2000字)、论文打印稿。

4.研究生登记表、学位申请表、导师对论文的评语,以及在职人员申请硕士、博士学位推荐表。

5.专家对论文的评阅意见、答辩委员会表决书与论文评语。

6.答辩记录、答辩结果以及有关材料。

7.研究生毕业学位照和论文答辩有关照片材料。

三、归档材料的要求

1.实验记录、实验数据、论文手稿以及填写各种表格等均不得使用圆珠笔或复写纸书写,必须用钢笔墨水书写,以利于文件材料的长久保存。

2.为保存每位研究生档案形成过程的历史真迹,便于档案的长远查考利用,发挥其凭证作用,归档学位论文部分章节手稿与论文打印稿应一起归档。归档部分章节手写稿应选取完整和较有代表性之章节,其字数不少于2000字。

3.归档材料要求干净、整洁。为有利于学位档案归档材料整齐划一,立卷工作管理规范化,要求书写手稿统一使用档案馆学位档案专用稿纸,稿纸由学生本人到档案馆购买。

4.如研究生使用计算机打印手稿的,需同时提交有关数据软盘,以利于建立学位档案计算机管理数据库。

四、归档时间与归档程序

1.硕士研究生在完成必修课程、论文答辩前,应及时将实验记录、实验数据、论文手稿等有关材料交给研究生秘书;研究生秘书要按归档范围和内容要求把关。检查所有材料是否齐全、完整,然后送交研究生院,否则不办理离校手续。

2.博士研究生在申请答辩之前,需经研究生院检查验收其档案材料是否齐全、完整,方可同意其答辩。

3.研究生院在研究生论文答辩后,将所有材料收集齐全,编制移交清册向档案馆移交归档。

五、学位档案的提供利用

1.本校各单位和有关个人因工作和学习需要查阅学位档案者,须持单位介绍信,方可查阅,同时办理有关借阅手续。

2.查阅利用学位档案的单位和个人,均应遵守有关保密规定,学校档案馆应编制好有关检索工具,积极做好学位档案的提供利用服务工作。

3.处理毕业生学习成绩单、学历证明及查阅论文评语等材料,仍按厦大办字〔1989〕48号文件规定,由学校档案馆出具学生学习成绩档案等证明材料,否则,有关部门不予办理手续。

以上细则,希各系、所和有关单位、各研究生遵照执行。

厦门大学

一九九五年一月十三日

——本文摘录自《厦门大学研究生学位档案管理细则》,厦大综〔1995〕5号,档号1995-XZ09-3

关于加强当前本科教学工作的意见

(1995 年 2 月 10 日)

1994 年 10 月,我校召开了 1994 年度教学工作会议。郑学檬常务副校长代表校党政领导做了题为《关于加强当前本科教学工作的意见》的报告。会后各系均组织教师进行了学习和讨论。学校还分片听取了各系讨论情况的汇报。经过半年时间的实践和酝酿,表明学校提出的《关于加强当前本科教学工作的意见》是切合本校教学实际的,只要认真组织实施,经过全校师生共同努力,预期的目的是可以实现的。为此,特将《关于加强当前本科教学工作的意见》初稿修订后正式发给全校各个单位,望认真贯彻执行。

当前,我校的教学工作和教学改革进入了一个关键时期。改革开放不断深化,我校申请加入"211 工程"步伐加快,国家教委和厦门市联合共建厦门大学,这些无疑为我校的教学工作和教学改革输入了强大的动力。

但是,应该看到,我校教学工作还面临着诸多问题,教学质量面临着滑坡的潜在危险。教学经费投入不足,部分教师精力投入不足,部分学生学习不够勤奋。学生在学习上存在着急于求成、急功近利的思想,对基础课、基础知识、基本能力重视不够。教学工作的局面并不令人乐观。因此,有必要重新强调教学工作在学校工作的中心地位。教学工作是学校的主旋律。是否重视教学工作、是否重视人才培养是关系到学校办学方向、指导思想的大问题。教学改革是核心的改革,任何其他的改革最终都要落实到提高教学质量、提高人才培养的质量上去。提高教学质量是学校的永恒的主题,是办学效益的重要标志。

为了二十一世纪的人才培养,为了满足社会主义市场经济条件下日益增长的人才需求,我们必须进一步改进教学工作。积极推进教学改革,通过采取切实的步骤,进一步提高我校的本科教学工作的质量。经研究,提出如下关于加强本科教学工作的意见,希望全校教职工努力贯彻落实。

一、加快建立学分制的教学管理体系,继续完善学分制及与之相配套的规章制度

随着社会主义市场经济体制的确立,人才市场规格需求的变化,高校实行收费制度改革和毕业生就业由统一分配向着双向选择改变。原来的一套教学管理制度已适应不了今天形势的需要,尤其是适应不了学生主动适应社会学习的要求。多年来我校虽致力于学分制管理改革,但实际上还较多地沿袭了学年制的管理习惯。因此,必须加快改革步伐,完善学分制管理,使学分制的灵活性能较大地发挥其优越性,因材施教,多育人才,育好人才。

首先,要增加学生的学习自由度。要保证教学计划中选修课应占 25%~30%的比例不打折扣。目前少数系、专业还未达到这个目标的要尽快达到,切实提供学生选课的自由和机会。限制性选修课变相为必修课的做法要摒弃;非限制性选修课数量要开足;课程设置要配套。要积极创造条件,方便学生跨系选课。拟先在文科各有关的系开设中国哲学简史、逻辑学、中国文学简史、写作、大学语文、中国古代史、经济法、新闻采访与写作、广告学、行政管理学、中国传统文化等课程,供文科各系(不含经济学院)学生选修。1994 级开始,每位文科学生都必须跨系选修 8 学分课程。其余科类在积极研讨之后也将陆续推行。

实施学生缴费上学制度后要采取切实措施帮助贫困学生解决困难。积极组织学生利用课余时间勤工助学。学校各部门要尽可能提供可供学生勤工助学的机会。

努力完善学生管理制度，积极探索与学分制管理相适应的行政组织形式、思想教育管理系统和学生宿舍管理的新措施，转变管理思想，提高管理人员素质。积极制定与学分制管理配套的学籍管理办法。努力探索实行学分绩点制，并有计划地逐步开展其前期的各项基础工作。通过采用计算机等先进管理手段，使学生的选修、免修、缓修、前修、考勤、考核、提前或推后毕业、学位授予、降级编班、跳级等能够按照学分制的灵活要求，形成规范化、制度化的简便操作程序，并尽快付诸实施。允许学生完成教学计划规定的课程与教学环节即可毕业或提前报考研究生(但学习年限不得少于三年)，要使少数尖子学生能够脱颖而出，形成学士—硕士—博士的衔接培养机制。

二、面向 21 世纪，改革教学内容与课程体系，建设厦大名牌课程

为了面向 21 世纪我国经济、政治和社会的全面发展，面向当今世界科学技术的重大飞跃，我校必须在专业结构、课程体系、教学内容等方面进行系统的革新。要积极组织力量参加国家教委制订的面向 21 世纪教学内容和课程体系改革计划。同时还要立足本校实际，深入开展教学内容的改革，进一步加强我校的课程建设，继续实施我校的主干课程建设规划，认真开展课程的达标和评优活动。

学校要重点建设一批优秀的基础课和主干课，使其达到全国一流水平，即教学内容要反映最新研究水平、有体例先进的教材、教学手段现代化、教学方法好、教学效果优越、教学队伍雄厚、在学生中威望高、能在学校教学中起示范的作用，成为体现厦大教学优势的名牌课程。

与此计划相配套，学校要选拔和培养一批中青年教学骨干。像培养科研学术带头人那样，制订计划、有步骤地落实培养措施，造就一代中青年教学带头人。这一批人选，要特别注意从前两批学校重点跟踪培养的中青年教师之中物色。今后，学校将委以课程建设的重任，帮助他们在教学第一线尽快成长，成为面向 21 世纪课程建设的带头人，为争创厦大名牌课程做出贡献。

对这批重点培养扶持对象，各系要制订相应的培养计划，根据实际需要，给予人力物力的支持。各系还要定期研究他们的工作，关心、支持和督促他们的工作。学校也将提供必要的条件，加大投入，适度倾斜。如提供经费、成倍增加承担主干课程的课时补贴、资助参加有关的课程建设研讨会、优先发表教学研究论文和成果等。

近期内，学校要有计划有重点地对一批教学内容、教学方法改革基础较好的课程予以优先扶持，帮助他们尽快出成果，各系要做好发动工作，定好项目，争取纳入学校的建设计划。全校在 1997 年以前形成一批新的教学成果，为 1997 年的第三届优秀教学成果奖评奖做好准备。

三、建设厦大的特色课程

根据“211 工程”建设规划，在我校组建学科群体覆盖下，逐步组织、建设一批体现厦大特色的课程，其中包括体现我校侨、台、特、海地域特色的课程，诸如有关华侨问题、东南亚问题、台港澳问题、特区建设问题(历史、文化、经济、政治、法律等等)，以及海洋环境、海洋生态、海洋开发等一系列的课程；另外还应有体现厦大科研特色的学科前沿展望，交叉学科、边缘学科的课程，把科研引入教学，展现厦大的优势与特色。

对于特色课程建设，各系要结合自身优势，定出具体课目，提出规划，落实人员，重点扶持。学校有关部门在资料、设备、投入等予以优先考虑，列入特色课程业已成熟的教材优先资助出版。

四、改革考试方法，开展试题库建设，逐步实行考教分离

考试是对学生学习和掌握知识情况的检测，客观上起着引导、鞭策学生学习的作用。加强考试管理、改革考试方法是有效地发挥考试的作用的先决条件。考试达到准确、有效、可信，试题要向标准化方向发

展。覆盖课程内容面要宽、难易适中,题目形式要变化多样。因此,开展试题库建设和利用是改革考试方法的一项很有意义的工作,能有效评析、监控教学质量。各系要积极参加国家教委组织的试题库建设工作,积极利用试题库组织校内的考试。学校将组织各系力量,分期分批地对覆盖面较大的基础课和主干课(如大学英语、政治理论课、经济学院核心课等)开展计算机试题库建设。其余课程要求各系进行试题的积累,做到每门课程都有简易的小型试题库。

要逐步实行考教分离,要尽可能组织统考和统一评卷,努力减少考试命题、评定成绩的人为偏差,逐步改变仅由任课教师命题的做法,创造条件促使考教分离。利用试题库组织考试是今后一段时间要积极推广的重要工作。今后还要考虑在教务处设立考试管理中心,负责运用计算机试题库出题,开展计算机评卷和成绩管理工作。

五、积极推广、运用现代化教学手段,特别是开展计算机辅助教学(CAI)和计算机辅助设计(CAD)工作

由于教学经费投入不足,当前我校的教学手段还相对比较落后。今后我校应大力加强现代化教学手段的研究、开发和运用。要下决心、投入人力物力建设几个能反映先进科学技术的现代化的教学实验室。对近年来在高校兴起的计算机辅助教学(CAI)和计算机辅助设计(CAD),我校要积极进行调研,确定项目,制订计划,尽快组织实施。有条件的系要尽快组织力量,积极引进、研究、开发这方面的计算机软件,通过试验,推上课堂。尚不具备条件的系也要积极开展这方面的调查研究和准备工作。学校将选择基础较好的单位开展试验和重点建设。取得经验之后,逐步加大投入,在全校范围内推广。

六、加强教材建设

为了面向21世纪,教学内容要做革新,而教学内容的革新最终需通过教材建设巩固下来。这项工作刻不容缓,各系要有具体规划和充分的准备,组织力量编写高质量教材,为正式出版做好素材积累和基础准备。今年起学校每年投入25万元资助出版教材。在选择标准上,将重点支持那些经过使用,证明其内容体系先进、文字简洁、反映我校教学优势和特色的课程教材的出版。同时为每四年一届的全国教材评优活动做准备。

七、外语和计算机教学要上新台阶

我校的大学外语和计算机教学经多年努力取得了明显的成绩。但对照国家教委最近提出的进一步加强大学外语和计算机能力的要求,我校的外语和计算机教学还有待进一步加强。

近期内,要争取我校学生的英语四级优秀率和六级通过率有较大的提高。同时,随着国家四、六级考试命题形式的改进,外语教学还应加强对学生听、说、写、译实际应用能力的训练,以期使我校的学生的英语应用水平获得扎实的提高。

在当今社会,计算机已开始进入了寻常百姓家,从高层次的科研、教学到一般社会生活,计算机日益扮演着重要的角色。计算机知识已是人们从事教学、科研和社会实际工作所必备的文化基础,更是大学生所必须掌握的一门文化基础课程。

对计算机教学的重要性要有足够的深刻的认识。要突出计算机教学在本科教学中的地位。计算机基础课程教学时数必须保证。要认真开展计算机基础课程教学内容、教学方法的研究,切实抓好学生上机训练环节。在专业教学中,要结合引入计算机应用的内容,努力培养学生计算机应用能力。总之,要进一步采取措施,促使我校的计算机教学的总体水平登上新的台阶。

八、严格各个教学环节的管理

1.坚决贯彻执行《厦门大学教师教学规范》，严格遵守教学纪律，按照规范要求办事，维护正常教学秩序。学校将建立教学督导制度，聘请责任心强、身体健康的离退休干部或教师为教学督导员，对教与学的状况进行经常性的督促检查，并将检查情况及时通报公布。

2.加强考试管理。严肃考场纪律，严格试卷管理，严格评分标准。全体教师和教学管理人员要认真履行职责，坚决制止各种考试违纪现象和作弊行为，为建立我校良好考风做出贡献。纠正不良考风，关键在教师。全体监考人员要理直气壮地抓考试纪律，从严治教，严谨治学，教书育人。对考试作弊不闻不问，置之不管，不仅有违教师职业道德，而且直接违反了学校的考试纪律和教学规范。考风建设是学校的一项基本建设，要长期坚持不懈。从本学期起，学校将进行全方位的宣传，试行考试作弊一律退学的规定。

3.进一步加强对学生作业的批改和课后辅导，认真做好毕业论文指导工作。培养学生的科学精神和严谨的治学作风是建设优良校风的关键，也是每个教师的职责。要切实做好学生作业的批改和课后辅导工作。各系要加强检查这方面的情况，并做好资料统计。毕业论文的指导工作要进一步加强，毕业论文指导的每一环节要抓得更加细致。论文题目应做到每人一题；要有整体要求和分阶段的目标与要求；每个阶段要有教师检查指导记录；教研室要加强毕业论文指导过程的督促检查；所有论文要通过本专业组织的答辩；获优秀等级成绩的论文要通过系统答辩；毕业论文应按统一格式装订、保存。

4.切实加强教学实践活动的管理。努力建设校内外实习基地。通过各种协作、科学技术服务，与社会部门建立长期合作关系，不断巩固、形成相对稳定的教学实践基地。加强实践过程中的指导。坚决杜绝放任自流，不顾及实习质量的现象。

5.坚持教学检查制度，针对每学期情况，研究解决教学工作问题。努力做好教学资料（教学大纲、学生考勤考核、课程建设、教学工作状态等）的积累。建立教学工作状态数据的统计制度，客观准确地反馈我校及各系教学现状，以实现宏观质量控制的科学性。在国家教委统一部署协调下，积极开展教学工作评价、专业评估和课程质量评估。要把自查自评工作提到科学的高度，使之达到对教学过程的科学管理。

6.进一步强化教研室的教学管理职能，全面落实教研室的各项工作。教研室是保证各项教学管理工作得以落实的基础。教研室工作质量直接影响到教学的质量。教研室研究教学的活动要坚持。教研室要经常检查、了解本教研室的教学情况，组织听课，开展教学质量管理，认真落实课程建设和实验室建设规划。另外，对过去行之有效的制度要继续坚持，如：新教师上讲台前组织试讲，老教师指导新教师备课，教研室组织观摩教学等。教研室活动要健全，教研室的作用要充分发挥。

厦门大学

一九九五年二月十日

——本文摘录自《关于加强当前本科教学工作的意见》，厦大教〔1995〕2号，档号1995-XZ12-5

厦门大学学生违反考场纪律、考试作弊的处分规定

(1995年4月11日)

为了维护正常的教学秩序,建设良好的学风、校风,根据国家教委有关规定和厦门大学《关于加强当前本科教学工作的意见》(厦大教〔1995〕2号文)的精神,对学生违反考场纪律、考试作弊的处分问题,做如下规定:

一、考试时有下列情节之一者,以违反考场纪律论处:

1.未按规定将书包、书籍、笔记本等放到指定地点并不听劝告者;

2.在考试过程中、未经监考教师同意擅自离开考场者;

3.在桌椅等处发现与考试课程内容有关的文字而不报告者;

4.在考场内或附近谈论考试内容,直接影响他人考试者;

5.考试时交头接耳、大声喧哗,影响考场秩序者;

6.超过规定时间交卷者;

7.不服从监考教师监督、劝告者。

违反考场纪律者,该课程考试成绩为0分,给予记过处分,并不准参加正常补考。

在校学习期间两次违反考场纪律者,给予勒令退学处分。

二、考试时有下列情节之一者,以考试作弊论处:

1.凡事先将公式或与考试课程内容有关的文字抄写在桌椅、衣服、文具、身体上等,考试时不论其看到与否;

2.偷看或让人偷看、抄袭或让人抄袭试卷者;

3.在考场内夹带、传递纸条,或利用计算器、工具书等物品传递考试内容者;

4.考试时虽经允许离开考场,但在考场外偷看有关材料,或与他人交谈考试内容者;

5.考试时向他人示意,或与他人核对考题答案者;

6.在考场内朗读考试内容者;

7.请人代考或替人考试者(包括请、替校外考生)。

考试作弊者,给予勒令退学处分。上述情节若有涉及其他同学时,经查属实,则被涉及者亦视为作弊行为,同样给予勒令退学处分。

三、违反考场纪律,考试作弊者,如有损坏公物或其他破坏行为者,按有关规定另行处罚。

四、凡因考试作弊,或因两次违反考场纪律被勒令退学的学生,退学一年后确有悔改表现,可返校申请自费试读,经所在系和教务处批准,办理自费试读手续,修完规定的全部课程,成绩合格,可发给毕业文凭,但不授予学位。试读期间再有违纪行为者,开除学籍。

五、以前有关规定凡与本条例不符的，以本条例为准。

六、本条例自1995年6月1日起实行。

七、本条例解释权归教务处。

厦门大学

一九九五年四月十一日

——本文摘录自《厦门大学学生违反考场纪律、考试作弊的处分规定》，厦大教〔1995〕12号，档号1995-XZ12-6

厦门大学授予具有研究生毕业同等学力的在职人员硕士、博士学位的实施细则

(一九九五年四月修订)

(1995年4月27日)

第一章 总 则

第一条 为了多渠道地促进我国高级专门人才的成长,进一步提高各条战线上广大干部和专业人员素质,切实做好在具有研究生毕业同等学力的在职人员中开展授予硕士、博士学位的工作,根据《中华人民共和国学位条例》、《中华人民共和国学位条例暂行实施办法》、学位〔1995〕7号文《国务院学位委员会关于授予具有研究生毕业同等学力的在职人员硕士、博士学位暂行规定》及其实施细则,和学位〔1995〕8号文《关于进一步做好在职人员以研究生毕业同等学力申请硕士学位工作若干问题的通知》,特制订本实施细则。

第二条 凡是拥护中国共产党的领导,拥护社会主义制度,热爱祖国,遵纪守法,品行端正,较好地完成本职工作,在教学、科研或专门技术上做出成绩,学术水平已达到硕士、博士研究生毕业同等学力水平的在职人员(以下简称在职人员),经所在单位同意,可按照本实施细则的规定,向我校申请相应的学位。

第三条 经国务院学位委员会批准,凡我校已有五届以上(含五届)毕业硕士生的学科、专业可开展授予在职人员硕士学位的工作。已有一届以上博士毕业生的学科、专业,经国务院学位委员会批准后,可开展授予在职人员博士学位的工作。

第二章 学位申请

第四条 申请条件

一、硕士学位

1.申请硕士学位的在职人员应是学士学位获得者,在本专业或相近专业工作三年以上并取得一定成绩。由国家教委批准举办的、经全国统一考试入学的全日制研究生班毕业的人员也可申请。

2.个别未取得学士学位(但具有大专以上学历)的在职人员,须在本专业或相近专业工作五年以上,取得省部级以上科技或学术成果奖(包括科学技术和社会科学),且为主要获奖者;或参加全国研究生入学统一考试,并达到当年录取标准者;或经过全国高等教育自学考试委员会的考试取得所申请学科或相近学科8门本科段课程(专业课不少于5门)考试通过者,可提出申请。

3.申请人曾有研究生学历,因学籍处理或自动退学等原因未获得学位的,如要重新申请学位,须在中断学业后从事实际工作三年以上可按照在职人员申请学位对待。

4.具有同等学力的外籍人员(汉语为非母语者)以在职人员申请中国硕士学位可以不参加外语统一考试,但必须通过中国汉语考试中心组织的汉语水平考试。

二、博士学位

申请博士学位的在职人员应是硕士学位获得者,并已在本专业或相近专业工作五年以上,近年来在全国或国际性刊物上至少发表学术论文三篇或出版过专著。副教授或相当职务的人员,其学术水平习惯上认为高于博士,一般不再接受申请博士学位。

第五条　申请期限:每年3月1日—3月31日办理申请手续。

第六条　申请手续

一、凡符合条件的申请者,持所在工作单位同意其申请学位的证明,向厦门大学学位办公室报名申请。

二、经有关学位评定分委员会资格审查后,按规定参加我校组织的在职人员研究生课程考试,其中外国语课程通过全国统一考试并取得合格证书。

三、申请者在通过课程考试后的半年内,向我校学位办公室提出有关学位申请,并提交以下材料:

1.厦门大学学位申请书;

2.申请学位的论文;

3.最后学历证明(原件);

4.外语统一考试合格证、学位课程成绩单;

5.经所在工作单位领导签署的登记表;

6.两位教授或相当专业技术职务专家的推荐书(加印密封)。

硕士学位申请人的推荐人中应有一位是我校相应学科的硕士研究生导师。

博士学位申请人的推荐人中应有一位是我校相应学科的博士生指导教师。

推荐人应充分了解申请人所提交论文的实际工作过程或曾指导过其论文工作。

7.近年来在全国性或国际性刊物上发表的学术论文,正式出版的专著。

第七条　申请人在办理申请手续时应缴纳一定费用,详见《厦门大学关于在职人员申请博士、硕士学位经费问题的暂行规定》。

第三章　资格审查

第八条　在职人员申请学位工作由我校学位办公室统一受理。在申请截止日期两个月内对申请人进行资格审查,决定是否同意申请,并将结果通知申请人及其所在单位。

第九条　在职人员申请学位的资格审查工作,由有关学科学位评定分委员会负责进行。分委员会应组织三人评审小组(以研究生导师为主)审查全部材料。提出是否同意接受申请的意见,以及课程考试科目、考试日期或免考意见。审查结果报校学位办公室审核,由校学位评定委员会批准。

第十条　申请人如遇本次申请无效,允许在三年后再次提出申请。申请人不得在同一时间内用同一篇论文向两个授予单位提出申请。

第四章　学位课程考试

第十一条　学位课程的考试应严格按照《中华人民共和国学位条例暂行实施办法》第七条、第十一条的规定。考试科目包括马克思主义理论课、基础理论课和专业课,考试内容应符合我校相应学科、专业硕士或博士学位研究生培养方案的要求,外语由全国统一考试。

第十二条　申请人必须在我校正式同意接受申请的半年内,通过全部课程考试。硕士学位申请人如有一门课程考试不合格,可在半年内申请补考一次,若补考后仍不合格,则本次申请无效。博士学位申请人如有一门学位课程考试不合格,可酌情准予补考一次,若补考后仍不合格,则本次申请无效。

第十三条　申请人符合下列条件之一的,经过批准,可以部分或全部免去学位课程考试:

一、硕士学位课程

1.已获得国家教委批准举办的、经全国统考录取入学的全日制研究生班的毕业证书,且其所有课程符合我校相应学科、专业硕士学位研究生培养方案的要求,其课程成绩予以认可,可以免去全部学位课程考试。

2.曾参加过我校研究生的全国统一招生考试,成绩达到当年录取标准,经研究生院批准在三年内随硕士研究生同班学习,修满相应学科、专业硕士学位研究生的全部课程,且同卷考试成绩合格者,其课程成绩予以认可,只参加外国语全国统一考试,其他可以免试。

3.经研究生院批准在四年内随硕士研究生同班学习,修满相应学科、专业硕士学位研究生全部课程,且同卷考试成绩合格者,可以根据具体情况免去部分课程的考试,但需进行相应学科、专业硕士学位课程的综合水平考试。外语参加全国统一考试。

二、博士学位课程

申请人如果有重要的学术著作、发明、发现与创造,应向我校提供有关的出版物、发明鉴定或证明材料,经两位教授或相当职称专家推荐,和由相应学科、专业三位专家组成的考试委员会评审后,报校学位评定委员会批准,可免除部分或全部学位课程的考试。

第一外国语一般不能免试。

第十四条　予以认可的课程成绩的有效期,以申请人通过全部课程考试,取得规定的学分之日起到接受申请学位时三年内有效。申请人自通过第一门课程考试到举行论文答辩的期限,不得超过六年。

第五章　学位论文评阅和答辩

第十五条　申请人提交的学位论文,应是本人独立完成的成果。同他人合作完成的论文、著作、发明等,对其中确属本人独立完成的部分,可由本人整理成学位论文提出申请,并附送该项成果主持人签署的书面意见和其他合作完成者的证明信,以及合作完成的论文、著作等的全文。同时附送该成果的学术评价、鉴定材料、使用部门意见等的复制件。

第十六条　博士论文答辩以前,申请人应在指定博士生指导教师的指导下在我校进行为期不少于三个月的、与论文有关的科学研究工作和课程学习,申请人应在博士生指导教师的主持下,在有关教研室(研究室)报告其论文工作情况并接受质疑。必要时,可派人到申请人所在单位进行实地考察。

第十七条　硕士或博士学位论文的评阅和答辩,分别按照《中华人民共和国学位条例暂行实施办法》第九条或第十三、十四条及《厦门大学硕士和博士学位授予工作细则》的规定进行。论文评阅人应有一个外单位的专家,论文答辩委员会也应有外单位的专家参加。

论文评阅人应在推荐人以外的专家中聘请。

学位论文答辩应在学位课程考试结束后的半年内进行。

论文答辩应当公开举行(保密专业除外),注意吸收在校研究生参加。答辩日期应提前通知申请人并在其所在单位公布。

第六章　其　他

第十八条　本细则自一九九五年起实行,有关内容的解释权在我校学位评定委员会办公室。

——本文摘录自《关于印发〈厦门大学授予具有研究生毕业同等学力的在职人员硕士、博士学位的实施细则〉(修改稿)及相关文件的通知》,厦大研〔1995〕6号,档号1995-XZ28-1

厦门大学关于在职人员申请硕士学位的学位课程综合考试的暂行规定

（1995 年 4 月修订）

（1995 年 4 月 27 日）

一、综合考试的命题范围应符合我校相应学科、专业硕士生培养方案所规定的学位课程的要求。命题内容应能覆盖基础理论课、专业基础课和专业课等五门左右的课程，以便全面检查是否掌握本学科、专业的基础理论和专门知识。命题应能检验申请人运用基本理论及专业知识分析和解决实际问题的能力。

二、综合考试一律以笔试闭卷的方式进行，考试时间 3 小时。

三、考题以百分制计分。60 分为及格标准，100 分为满分。综合考试 70 分以上方为合格。考试成绩不合格的，可在半年后至一年内重考一次，重考仍不合格，此次申请无效。试题及其参考性标准答案和学位申请者的答卷，均作为教学档案存档，以备检查。

四、成立综合考试命题小组，由学术水平较高，近期担任研究生指导教师，或担任学位课程教学工作的副教授以上人员 3～5 人组成，命题小组成员由各系（所、室）确定后报校学位办备案。

五、有关综合考试的各项工作由校学位办公室统一组织进行。

——本文摘录自《关于印发〈厦门大学授予具有研究生毕业同等学力的在职人员硕士、博士学位的实施细则〉（修改稿）及相关文件的通知》，厦大研〔1995〕6 号，档号 1995-XZ28-1

厦门大学关于在职人员申请博士、硕士学位经费问题的暂行规定

(1995年4月27日)

根据国务院学位〔1991〕5号文《国务院学位委员会关于授予具有研究生毕业同等学力的在职人员硕士、博士学位实施细则》第十条关于经费开支的规定,结合我校实际情况,对在职人员申请博士、硕士学位的经费问题做如下暂行规定:

一、申请人在办理手续时应缴纳申请费50元,由本人承担。

二、申请人在通过资格审查后,应缴纳课程考试考务费(按每门100元计)。

三、申请人在通过课程考试后,应缴纳以下几项费用:

1.论文评阅费:硕士300元,博士600元,作为支付论文评阅人的酬金。

2.论文答辩费:硕士600元,博士1200元,作为支付答辩委员会的酬金,以及接送专家的市内交通费等。

3.导师指导论文的酬金:硕士500元,博士1000元。

4.答辩委员会中的外单位专家和旅差费(相同学科、专业可联合邀请,分摊收费)。

上列二、三两项所述的5种费用原则上由申请人所在单位支付。款项汇厦门市工商银行厦门大学分理处、厦大其他户21701440021553,并注明在职申请学位费用。

四、本校在职人员申请学位费用,按校内的有关规定执行。

五、申请人为申请学位所需的往返旅费及食宿费等,均由本人自理。

六、本暂行规定于1995年起执行,并将根据上级管理部门的有关文件适时进行修订。

——本文摘录自《关于印发〈厦门大学授予具有研究生毕业同等学力的在职人员硕士、博士学位的实施细则(修改稿)〉及相关文件的通知》,厦大研〔1995〕6号,档号1995-XZ28-1

·管理与服务工作·

关于采购供应工作的规定

（1995年3月）

一、接受申请

用户报来的各种采购申请（包括年度计划、临时请购、专项申请、库备器材补充等）都必须由组长登记（材料逐笔登记，设备逐项登记），编上采购单号，设备请购应扣结算凭证，经科长过目后，再分发有关人员执行，其中年度计划和专项设备计划由组长收集后先交主任审批后按以上规定办理。组长应分类妥善保管好一份采购申请单，年度计划和专项设备计划办里存一份备查。

二、订货

①采购员应对厂家（商店）、价格、供货时间、售后服务等多项指标进行认真比较、选择，收集有关资料。

②年度计划的执行以通过订货会采购为主，参加订货会人数2～3人，订货中应坚特“优质、优价、优良的售后服务”的原则。

③委托公司购买的，应要求公司提供厂家报价单，经核对审查后按出厂价签订合同。

④“市购”器材除特殊品种外，一般要有两家以上报价单，家用电器要有三家报价单，材料实行定点供应。

⑤计算机、打印机等设备及配件的采购要有三家以上书面的详细配置、报价单。采购员对于参与竞争报价的供应商按程序提供同等信息。请用户参与选择，以质量可靠、价格低廉、售后服务良好为原则。用户验收合格后方可付完全部款项。

⑥除向用户指定的制造厂家直接订货外，需要选择供应方的，应由采购员提供报价单等有关资料交科长审查后确定供应方。

三、反馈

采购员应按岗位职责要求及时完成采购任务，市购和外购分别于接受采购申请的第二周和第二个月内落实。型号、规格、厂家变动和价格超过10%应填写"订货查询通知单"征求用户意见,以用户的书面反馈意见为变动依据。

四、合同

①除了向商店现场购买的器材外,都应签订供货合同,合同初稿由采购员拟定或采购员和供方协商后由供方提供,合同应包括以下主要条款:a.器材的数量和质量,质量指器材的型号规格、技术指标、包装质量等;b.价格;c.交货期限、地点、方式和付款方式;d.保修和售后服务;e.违约责任等。签订合同时要尽量争取货到付款或验收后付款。

②采购员将合同初稿附上用户采购申请单和供方报价单送组长对合同进行顺序编号,科长和分管采购的副主任共同审核后盖章生效。科长和分管的副主任每周二次定期审查合同。5万元以上的合同经主任阅后方签订。

③合同由分管副主任留1份(附用户采购单和供方报价单),其余由采购员负责处理和保管,国内合同一般存期3年,5万元以上设备及国外订货合同保存10年。

五、付款

①付款必须严格根据合同条款进行。

②付款的程序:

a.采购员提出付款申请,内容包括采购单号、合同编号、供方名称、开户银行账号、金额、预付款或验收付款。

b.组长对所付款项是否与用户提出的申请相符(品名、型号、规格、厂家、价格),是否有用户反馈意见,是否按订货要求提供报价单进行核对,无误后方可签字,并做好登记工作。

c.分管副主任对照合同进行审批。无合同的应附用户申请单和供方报价单。验收后付款的应附用户验收单,货到付款的应有仓管员签字。

d.会计负责暂付款的支付和登记工作,并督促采购员及时结算暂付款(采购员直接挂支的项目也应到财务组登记)。

③托收承付

会计接到财务处通知后,应立即去领取托收承付单,登记后交采购员核对,如采购员不在,应交组长或科长处理或请示办领导决定,需要拒付的由采购员填写拒付理由交会计到财务处办理拒付手续,会计和采购员要各负其责,不得超过拒付时间。

六、验收

(一)固定资产设备

(1)采用一式四联的"固定资产设备验收单"代替入库单和卡片(仓管员发货联、采购员报销凭证联、固定资产登账凭证联、用户领用联),验收单内容包括:

采购员填写部分:采购单号、使用单位、品名、型号、单价、供应厂商、签名、日期;

仓管员填写部分:验收单编号、进库日期、通知日期、出库日期、回单日期、包装件数、运单号、验收、附件名称和数量、签名;

用户填写部分:质量验收情况,如无质量问题继续填写以下内容:单位编号、分类号、设备名称、型号、规格、国别、厂家、出厂号、出厂日期、经费科目、科研号、入账日期、使用方向、合同号、外币(大型仪器才需

填写合同号和外币)、现状、领用人、实验室、附件;

记账员填写部分:核对入账日期、签名。

(2)采购员接到发票后填写验收单,组长登记签名后连同发票交会计,由会计交仓管员。

(3)仓管员对到货进行登记,在货票齐全情况下,两天内开箱进行外观和货票核对验收,对验收单进行编号,登记后通知用户领货。如发现货票不符、短缺损坏,应将验收单给组长转交采购员处理。

(4)用户应在十天内开箱验收,如无质量问题即将验收单交物资管理科固定资产记账员登账。

(5)记账员签字后,一联存底,一联给用户,余二联由用户交仓管员,记账员负责打印仪器设备卡二份给用户。

(6)仓管员签上回单日期,留下一联做发货凭记,登记后,另一联连发票退给会计。

(7)如验收不合格,用户应在十天内将验收单交仓管员退货,仓管员将验收单转交组长登记后交采购员处理。用户、仓管员、组长、采购员各执一联,注明交接日期。换货后重新开验收单。

(8)设备一般不得库存,如有特殊原因而需要库存的应经主任审批。

(9)库存设备由采购员开验收单,仓管员负责验收,仓库记账员入库。

(10)库存设备的发货由组长根据用户请购单和库存设备目录开验收单,并注明为库发,报销凭证联由仓管员收回,其他程序同上。

(11)未经供应科仓库而直接发货到领用单位的设备采购员应在验收单备注栏里填写直接送达的日期,其余程序同上。

(12)进口器材在货票齐全情况下同时填写“进口器材验收报告单”(根据《厦门大学国外订货验收暂行规定办法》)和“固定资产仪器设备验收单”,在货先到的情况下,先填写“进口器材验收报告单”以便及时索赔。

(13)仓管员发现有货无票、有票无货一个月之内应把货票分别列表一式两份,送一份组长签收处理。

(二)低值设备

采用“低值设备验收单”,程序同上。

(三)材料、低值易耗品

(1)仓管员应在岗位职责规定时间内对库存物资的数量、质量和一进一出物资的数量、外形是否有损坏进行严格验收。数量不符、质量有问题不得入库,并当天通知采购员退换。

(2)用户领取材料、低值易耗品后发现质量问题,仓管员不得拒绝用户退货,如有疑议可请示科长,退货情况由仓管员在一周内书面报告科长,科长调查原因并责成有关人员处理,并将处理结果口头或书面报告办理,仓库记账员应将退货情况按月统计报给办里。

(四)自购设备

同样填写以上验收单,由用户验收,经固定资产或财产记账员登账后报销。

(五)自购材料

填写由物资管理科分发的自购材料入库验收单,验收单用完将存根交物资管理科,领取新的验收单本。

七、统计

(1)年底组长负责统计订货预扣款和实际价格的差额报财务组。

(2)中转库仓管员负责按季度统计发出设备表一式四份,与固定资产记账员核对相符后经分管副主任签字报本办财务组一份,财务处两份。

(3)仓库记账员负责:a.库存设备的记账工作并按季度向财务处报送固定资产增减表;b.按季度向设备组长提供库存设备目录;c.材料库存分类余额表;d.材料库存分库余额表;e.发出材料费用结算汇总表;f.用户经费收支结存汇总。

八、登记

供应科各岗位人员及会计都应按要求将工作情况及时准确地记入“工作进度表”。

九、纪律

从事物资采购供应的人员应树立全心全意为教学、科研服务的思想,千方百计为用户提供优良服务,为学校节省资金,按岗位职责和工作程序进行采购供应工作,不得利用采购供应工作谋取私利,不得接受供应商的回扣。

——本文摘录自《关于采购供应工作的规定》,档号1994-XZ27-1

厦门大学关于加强校园商业摊点管理的若干规定

（1995 年 6 月 19 日）

为了加强校园管理，巩固校园文明建设和“211 工程部门预审”成果，进一步树立优良校风，维护一个安定、文明、整洁、有序、安全的学习生活环境，特做如下规定：

一、校园内各经营摊点不得出售酒类饮品、软包装饮品和散装可口可乐。

二、各经营摊点必须于每天晚 11 时前关门停止营业。

三、摊点关门停止营业后，任何人不得强买滋扰，无理取闹。

四、不准流动小贩在校园内摆摊设点和串楼叫卖。

五、违反上述规定者，视情节及后果处 200 元以上罚款，每年度连续违章三次以上的，取消其摊点经营资格。

六、学校组织力量加强对校园内经营摊点的督查，对违章者交由其主管单位按本规定执行处罚。

七、本规定自公布之日起执行。

厦门大学

一九九五年六月十九日

——本文摘录自《厦门大学关于加强校园商业摊点管理的若干规定》，厦大综〔1995〕36 号，档号 1995-XZ09-3

厦门大学实行《高等学校教师职务试行条例》的实施意见

(1995年8月24日)

根据国务院、国家教委和福建省教委有关评聘教师职务文件的规定,并结合我校实际情况,制定本实施意见。

一、指导思想

评聘教师职务的目的,是充分发挥我校教师积极性、创造性和主动性,不断提高教学和科研水平,为培养我国社会主义现代化建设需要的高、精、尖人才和发展我国科学文化、技术事业做出贡献。

评聘教师职务的工作,要从学校教师和各类专业技术人员队伍的长远建设和总体规划着眼,把这项工作与师资队伍的建设结合起来,通过评聘工作不断提高我校教师队伍的素质,优化结构。

在此项工作中,特别要看到提拔优秀中青教师的重要性和紧迫性,要引入竞争机制,打破论资排辈的旧思想,不拘一格地选拔人才,及时把一批有学识、有才干的中青年教师选拔起来,发挥他们的作用。

评聘教师职务的工作,一定要坚持党的领导,注意思想政治工作;正确掌握思想政治条件与学术业务标准;处理好教学与科研、基础理论研究与应用研究之间的关系;坚持德才兼备的正确导向,坚持标准,保证质量,宁缺毋滥,择优评聘,使受聘的教师名副其实。

二、各级教师职务的标准

(一)基本要求

各级教师应热爱社会主义祖国,坚持四项基本原则,努力学习马克思列宁主义、毛泽东思想;学习建设有中国特色社会主义理论和党的路线、方针、政策;忠于人民的教育事业,服从分配,勇担重任,刻苦钻研业务,不断提高教学质量和学术水平,积极完成本职工作;有严谨的学术作风和高尚的科学道德,团结合作,作风正派,品行端正,教书育人,走又红又专的道路。

各级职务的教师一般既要承担教学工作,也要从事科研工作,努力探索真理,攀登科学高峰,以学校的学术地位为重,以学校能早日跨入国际先进行列为己任。

(二)职责

1.见习助教

见习助教应担任本专业的一门课程的辅导答疑,批改作业,讲习题课,协助主讲教师组织课堂讨论等教学工作,并应根据需要兼任学生的班主任工作。其教学工作量不得少于总工作量的二分之一。

2.助教

(1)担任二门课程(或一门一学年的基础课)的辅导答疑,批改作业,组织课堂讨论,讲习题课,指导实验、实习和社会调查,协助指导毕业论文等教学工作。

体育、外语、政治等公共课的助教均应讲课。其他专业的课程,经系主任批准,助教也可以讲授部分章节或整门课程。

(2)有实验室单位的助教,应有一定的时间参加实验室建设工作。无实验室单位的助教,也应有适当的时间参加业务实习或教学参考资料的建设等工作。

(3)在讲师、副教授的指导下,进行科学研究,协助指导大学生毕业论文。每学年应写一篇科研工作总结或文献报告,在任助教期间至少要有一篇学术研究论文在学术会议上宣读或学术刊物上发表。

(4)任助教期间,根据工作需要应兼任二年以上的班主任或校内其他教学、科研管理工作,参加一定的社会实践工作。

(5)承担和完成教研室分配的任务以及校系交办的其他工作。

3.讲师

(1)系统地讲授一门或二门课程,组织课堂讨论,组织与指导实验、实习或社会调查以及指导大学生毕业论文。

工作需要时也应承担辅导答疑,批改作业,讲习题课等工作。

(2)有实验室单位的讲师,应承担实验室的建设工作,进行实验更新和技术设备改造,编写实验教材,组织实验教学。

无实验室单位的讲师,应参加业务实习或承担编译教学参考资料等工作。

(3)结合教学工作开展科学研究,每一至二年至少有一篇具有一定水平的学术论文,在学术会议上宣读或在学术刊物上发表(不宜公开发表的应有内部同行专家鉴定及有关单位证明,下同),或做出一些具有实用价值,产生一定的经济或社会效益的科研成果,或者在二至四年内编译出一部具有一定水平的教材或教学参考书。对参加周期性较长的重大研究课题者,应完成年度工作计划,提出阶段性的研究成果。

(4)协助副教授指导研究生和进修教师。

(5)根据工作需要,担任学生思想政治工作和教学、科研等方面的管理工作。

(6)承担和完成教研室分配的任务以及校系交办的其他工作。

4.副教授

(1)系统地讲授二门或二门以上课程(其中一门必须是基础课或专业基础课),教学内容应能反映本学科当前的研究成果。组织与指导课堂讨论、实验、实习和社会调查。

工作需要时,也应承担课程辅导,批改作业,讲习题课等工作。

(2)指导硕士研究生,培养中青年教师,协助指导博士生。

(3)担任实验室建设的副教授,负责制定实验室建设与发展规划,在建设与改革实验,组织教学,编写教材以及培养实验教学技术人员等工作上做出较好成绩。

(4)应是科研课题的组织者或主要成员。每年应向科研组报告所研究项目的国内外动态与发展趋势。每一二年至少应撰写一篇有较高学术水平的科学研究论文,在学术会议上宣读或在学术刊物上发表(包括编著出版具有较高水平的著作、教材或教学参考书等)。或做出一项具有实用价值,并产生较大经济或社会效益的研究成果(包括实验室的成果或较高水平的专题调查报告)。在参加周期性较长的重大研究课题时,应完成年度工作计划,提出阶段性的研究工作成果。

(5)根据工作需要,担任学生思想政治工作或教学、科研等方面的管理工作。

5.教授

(1)系统地讲授三门或三门以上课程(其中一门必须是基础课或专业基础课),教学内容充实,能反映现代科学技术最新成就,并有独立见解,引导学生独立思考。

(2)指导博士研究生或硕士生,培养中青年教师。

(3)应是科研课题组或本学科的组织者,每学年应向科研组报告本研究方向的国内外学术动态及发展趋势,制订研究工作计划。每年至少撰写一篇有较高学术水平的科学研究论文(包括教学法研究论文),在学术会议上宣读或学术刊物上发表(包括出版质量较高的专著、教材和教学参考书),或做出其他有较高水平和效益的研究成果。在组织和指导周期性较长的重大研究课题时,应完成年度工作计划,提出阶段性的研究成果。

(4)根据工作需要,担任教学、科研等方面的管理和学生思想工作。在高等教育体制改革中起积极主导作用。

三、任职条件

晋升或转定各级教师职务,必须全面坚持《试行条例》所规定的思想政治、工作能力、业绩、学历、任职年限和相应职务的外语水平等任职条件,并根据下列要求实施。

(一)学历、任职年限和业务要求

1.见习助教

获得学士学位毕业任教,第一年为见习助教,见习期一年。

2.助教(须符合下列条件之一)

(1)获得硕士学位后在校任教,经3~6个月教学实践考察表明能胜任助教工作。

(2)大学本科毕业见习期满,批准转正后,经考核表明能履行助教职责。

(3)在工作实践中进修提高,经考试和考察,证明达到大学本科毕业或同等学力,并能履行助教职责。

3.讲师(须符合下列条件之一)

(1)获得博士学位后在校任教,经3~6个月教学实践考察表明能胜任讲师工作。

(2)获得硕士学位后,已担任助教职务二年以上,经考察,能全面完成助教工作,工作业绩良好,并具备履行讲师职责的能力。

(3)获得硕士学位前已确定助教职务且在本科院校累计担任助教职务二年以上,或大学本科毕业在高等专科学校担任助教职务二年以上并在获得硕士学位后在我校担任助教职务一年以上者,经考察,表明已全面完成助教工作,业绩良好,并具备履行讲师职责的能力。

(4)获得研究生班毕业证书或双学士学位,已担任三年以上助教职务,经考察,表明已全面完成助教工作,业绩良好,并具备履行讲师职责的能力。

(5)大学本科毕业担任助教职务四年以上,并取得助教进修班结业证书、进修本专业或相近专业六门研究生主要课程,考试成绩合格,经考察,表明已全面完成助教工作,业绩良好,并具备履行讲师职责的能力。

以上教师(除高等师范院校毕业已修过教育学、心理学课程外)均须经过高等教育学、心理学的培训,成绩合格。

4.副教授

(1)大学本科毕业以上学历,担任讲师职务五年以上,或获得博士学位,担任讲师职务二年以上,全面完成讲师各项工作,教学业绩优良。能够密切联系实际进行比较深入的科学研究工作。任现职(获得博士学位者含在学期间)以来在公开发行的学术刊物(须有CN刊号,下同)上发表过或在全国性学术会议上宣读并收入论文集出版过一定数量和较高水平的学术论文(包括教学法研究),其中在国家部委及所属研究院(所)、全国专业学会及分会(不含省级学会,下同)和科学院所属研究所主办的学术刊物、国家教委直属高校大学学报(不含1994年以后的增刊)或在《中国经济问题》上发表或在国际学术会议上宣读并收入论文集出版过至少三篇(独立撰写或第一作者署名)的学术论文;或出版过有较高学术水平的专著、译著或教科书十万字以上(不累计。译著限语言专业翻译的学术专著或世界名著,下同)或累计出版专著二十万字以上;或在实验室建设或其他科学技术工作方面有较大的贡献,获得国家四等、省部级三等以上等科技成果奖(只限发明奖、自然科学奖、科技进步奖、星火奖、社会科学优秀成果奖,限前二名。下同);或教学成绩显著,获得国家普通高校优秀教学成果奖、省普通高校优秀教学成果奖(限前二名,下同)或在科技开发、推广应用中,取得显著经济效益(如每年为学校创收三十万元以上)和社会效益。表明能胜任和履行副教授职责。

(2)对大学本科毕业后从事高等学校公共课、基础课教学工作十五年以上的教师符合下列两项条件时，晋升副教授的论著要求可适当放宽：

①近五年来，每年均满教学工作量，教学效果优秀；②任现职期间至少有二年考核结果优秀，其他为良好；或获二次校优秀教师或教书育人先进个人；或获省优秀教师称号；或获省优秀教学成果奖。

所谓论著要求适当放宽即独立编写一门课的讲义(已经学校印刷)并在校内使用过二轮以上和正式发表两篇学术论文(其中至少一篇为第一作者)，或正式发表学术论文三篇以上(其中至少有两篇为第一作者)。

5.教授

担任副教授职务工作五年以上，全面完成副教授工作，教学成绩显著，对本学科具有系统而广博的知识，能提出创造性见解。任现职以来，在国家部委及所属研究院(所)、全国学会及分会主办的公开发行的学术刊物或国家教委直属高校大学学报上发表过系列并有创见性的学术论文，其中在国家部委、全国学会(不含下属研究院、所和分会。下同)、科学院所属研究所主办的学术刊物或相当上述级别的国外学术刊物或在国家教委直属高校大学学报(不含 1994 年以后的增刊)上发表论文至少五篇(独立撰写或第一作者署名)；或发表过系列有创见性的学术论文并出版过专著、译著或教科书二十万字以上(不累计)，或累计出版专著三十万字以上；或获国家三等、省部级二等以上科技成果奖、国家教委优秀教学成果奖；或发表过有创见性的论文，并在科技开发、推广应用中取得显著经济效益(如每年为学校创纯利润五十万元以上)和社会效益；或在实验、生产技术等方面做出重大贡献，经考察，表明能履行教授职责。

(二)评定教师职务的工作量要求

根据有关文件规定，教师晋升职务时必须完成规定的教学工作量。教学工作量参照《厦门大学教师职务聘任工作实施办法》中有关的计算方法计算。

按照此种计算方法，教学人员评定职务，其教学工作量不得低于相应职务要求的教学工作量的三分之二(即应达到 66%以上)。总工作量应达到 100%(总工作量即教师工作量，包括教学工作量、科研工作量和其他工作量)。

自 1993 年校内管理体制改革实施之日起，评定教师职务工作中任职年限的计算严格按全聘者算一年；半聘者算半年；试聘、缓聘或不聘者不算其任职年限。

(三)其他系列职务转定教师职务的要求

从其他系列专业技术岗位转来高校从事教学工作的教师，已取得其他系列专业技术职务任职资格的，须经一年以上教学实践，表明已具备相应职务任职条件，可转定同级教师职务任职资格。申报晋升高一级职务的，除具备晋升相应职务任职条件要求外，其中须有二年以上高校教学工作实践，可晋升高一级职务任职资格。未取得其他系列专业技术职务任职资格的，须经三年以上高校教学实践，视其能力和水平评定相应教师职务任职资格。

(四)外语水平的要求

根据《试行条例》中有关外语水平的规定，按各级职务不同的外语要求由学校统一组织考试，考试合格或及格者才能参加申报高一级职务任职资格。

学校没有终审权的学科，教师申请晋升职务时，须参加省教委统一组织的外语考试。

符合免试条件者，经批准后可以申报高一级职务任职资格。

四、破格晋升各级职务的任职条件

对少数不具备《试行条例》和本文件规定的学历、任职年限要求,政治思想表现好,确有真才实学、教学成绩显著、贡献突出,并具备下列相应条件的教师,可破格晋升教师职务。

(一)破格晋升讲师职务

取得硕士学位、研究生班毕业证书、第二学士学位,且担任助教工作一年以上,或大学本科毕业并修完研究生主要课程且担任助教三年以上,或不具备上述学历要求、在专业性很强的学科(如艺术等)教师岗位上,担任助教五年以上,破格晋升讲师,任现职以来还须符合下列二项条件:

1.系统讲授一门课程,教学认真、教学效果优良,师生反映好,教书育人成绩突出,获得校级教学工作奖励,如校优秀教学奖、教书育人优秀奖、校九州教学奖、清源教学奖等;或年度工作考核结果至少有二次为优,其他为良。

2.在公开发行的学术刊物上至少发表过五篇学术论文;或正式出版专著、译著或教科书十万字以上(不累计),或累计出版专著十五万字以上;或获得省级及以上科技成果奖、省级社会科学优秀成果奖或省普通高校优秀教学成果奖的主要贡献者(限前三名)。

(二)破格晋升副教授职务

1.担任讲师职务不满三年超前晋升副教授或不具备规定学历(含大学本科毕业未修完研究生六门课程)破格晋升副教授,任现职以来,须符合下列四项条件中的两项条件(越级或不具备规定学历且超前晋升的,须符合三项条件):

(1)获得国家三等或省、部委级二等以上科技成果奖(只限发明奖、自然科学奖、科技进步奖和社会科学优秀成果奖,下同)项目的主要贡献者(限定前二名,下同)。

(2)在国家部、委全国学会主办(不含下属科研单位和分会)的正式发行学术刊物和国家教委直属高校大学学报(不含1994年以后的增刊)上发表五篇以上(独立撰写或第一作者署名)有较高水平的学术论文,其中至少有三篇论文发表在国家部委、全国学会主办的学术刊物上。

(3)正式出版二十万字以上的专著、译著或教科书(不累计,其中专著如获得国内学术界公认具有较高学术水平的,字数可酌情减少,下同),或累计出版专著三十万字以上。

(4)获国家或省政府表彰的突出贡献专家、优秀教师,或获得国家普通高校优秀教学成果奖或省普通高校优秀教学成果一等奖的主要贡献者(限定前二名,下同)。

2.具备规定学历(含大学本科毕业已修完研究生六门课程者)且担任讲师职务三年以上超前晋升副教授的,任现职以来,须符合下列五项条件中的二项条件。

(1)获国家四等或省、部委级三等以上科技成果奖项目的主要贡献者。

(2)在全国学术会议上宣读并被收入论文集正式出版,或在全国学术刊物,或国家教委直属高校大学学报上至少发表五篇(独立撰写或第一作者署名)有较高水平的学术论文。

(3)正式出版十五万字以上的专著、译著或教科书(不累计),或累计出版专著二十五万字以上。

(4)对促进科学研究和经济、社会发展做出重要贡献并已产生明显实际效益的科研成果。

(5)承担并完成省、部委“七五”“八五”重点项目、“863”项目或国家重大项目的主要贡献者(一级项目的限前五名、二级项目的限前三名,下同),并已通过省、部委级鉴定。

科研成果特别突出,获国家科学技术成果二等奖项目以上的主要贡献者不受学历、任职年限的限制。

(三)破格晋升教授职务

1.担任副教授职务不满三年超前晋升教授的任现职以来,须符合下列五项条件中的两项条件(越级晋升教授职务须符合三项条件)：

(1)获得国家二等或省、部委级一等科技成果奖项目的主要贡献者。

(2)在代表本门学科(原则上应与国务院学位委员会制定的学科分类一致)最高水平的学术刊物上发表三篇以上(独立撰写或第一作者署名)有创见性的学术论文(由高级评委会和学科组认定)。

(3)正式出版四十万字以上的专著、译著或教科书(不累计)，或累计出版专著五十万字以上。

(4)获国家表彰的突出贡献专家、优秀教师或获得国家普通高校优秀教学成果奖的主要贡献者。

(5)承担并完成国家"七五""八五"重点项目、"863"项目或国家重大项目的主要贡献者，经国家鉴定，达到国际领先水平。

2.担任副教授三年以上超前晋升教授的，任现职以来，须符合下列五项条件中的两项条件：

(1)获国家三等或省、部级二等以上科技成果奖项目的主要贡献者。

(2)在国家部、委，全国学会(不含下属科研单位和分会)或科学院所属研究所主办的正式公开发行的学术刊物和国家教委直属高校大学学报(不含 1994 年以后的增刊)上至少发表七篇有创见性的学术论文，其中至少有五篇(独立撰写或第一作者署名)论文发表在国家部委、全国学会、科学院所属研究所主办的学术刊物上。

(3)正式出版三十万字以上的专著、译著或教科书(不累计)，或累计出版专著四十万字以上。

(4)获国家或省政府表彰的突出贡献专家、优秀教师，或获得国家普通高校优秀教学成果奖或省普通高校优秀教学成果一等奖的主要贡献者。

(5)承担并完成国家"七五""八五"重点项目、"863"项目或国家重大项目的主要贡献者，经国家鉴定，达到国内领先水平。

科研成果特别显著，获得国家一等科技成果奖或国家普通高校优秀教学成果特等奖的主要贡献者，不受学历、任职年限的限制。

五、优秀中青年骨干教师的选拔

为了我校教育事业的发展和学科建设的需要，根据国家教委、人事部有关文件规定，学校继续选拔优秀的中青年教师晋升教授、副教授职务。对具备相应职务任职条件的 35 岁以下的教师晋升为副教授、40 岁以下的教师晋升为教授，学校评审通过后报国家教委审批，不占国家教委已下达给我校的职务定额。

优秀中青年骨干教师的选拔条件如下：

优秀中青年骨干教师晋升高级职务者，必须是拥护中国共产党的领导，热爱社会主义祖国，拥护党的"一个中心，两个基本点"的基本路线，积极参加政治理论学习，热爱高等教育事业，坚持又红又专的方向，教风严谨，教书育人，为人师表，团结合作，有良好的职业道德，任现职期间年度工作考核结果均为优良。同时还必须具备下列相应职务任职条件。

(一)晋升副教授(必须符合下列六项条件中的二项条件，其中第 1 项为必备条件)

1.任现职期间已系统讲授一门主干课程或一门新学科课程或原学科中新开设的课程(授课时数须达 36 学时以上)，教学效果良好，受师生好评。

2.教书育人成绩显著，获省、部委级表彰或多次评为校级教书育人先进工作者。

3.教学成果获省、部委级奖励，本人均为主要贡献者，持有荣誉证书。

4.在某一新学科(交叉学科、边缘学科)领域或在本学科的学术前沿在高新技术方面或在哲学社会科学领域开展研究工作，并取得较大成果(获国家级三等或省、部委级二等科技成果奖，或获得国家级、省部委级表彰的突出贡献的中青年教师，或获得校南强奖、清源奖、素端奖，持有荣誉证书)。

5.在国际正式发行的有影响的学术刊物或国家一、二级学科刊物上至少发表二篇(独立撰写或第一作者署名)学术论文(经同行专家鉴定有较高学术水平)。

6.承担国家自然科学基金、国家社会科学基金、博士点基金或国家教委研究课题,为项目负责人或主要合作者之一;或承担“七五”“八五”重点项目,或“863”项目的主要合作者(须附基金项目申请书影印件等证明材料,下同),并已取得成果或阶段性成果。

(二)晋升教授(必须符合下列六项条件中的三项条件,其中第1项为必备条件)

1.任现职期间已系统讲授一门以上主干课程或一门以上新学科课程或原学科中新开设的课程(授课时数须达36学时以上),且在国内独具特色或影响较大,教学效果优秀并受到师生好评。

2.教学成果获国家级奖励或多项获省、部委级奖励,本人均为主要贡献者,持有荣誉证书,或获省、部委级有突出贡献专家称号。

3.在某一新学科(交叉学科、边缘学科)领域或在本学科的学术前沿或在高新技术方面取得显著成果(获国家级二等或省、部委级一等科技成果奖),或哲学、社会科学领域取得创新性成果,并在国内处于领先地位。

4.在国内学术界有一定影响,知名度较高,或在全国性一、二级学科学会中担任理事或委员及以上职务。

5.在国际正式发行的有影响的学术刊物或国家一、二级学科刊物上至少发表三篇(独立撰写或第一作者署名)具有创见性的学术论文,论文中的某新观点、新成果被引用或已产生较大的社会、经济效益(须附证明材料)。

6.承担国家自然科学基金、国家社会科学基金、博士点基金或国家教委研究课题,为项目的主要负责人;或承担“七五”“八五”重点项目、“863”项目或国家重大项目,为项目负责人或主要合作者之一,并已取得成果或阶段性成果。

凡符合上述条件者晋升相应职务,不受学历、任职年限的限制。

凡申报越级晋升副教授者,须具备上述晋升副教授六项条件中的三项条件;越级晋升教授者,须具备上述晋升教授六项条件中的四项条件。

六、校长特批

凡教学、科研等各方面工作成绩特别突出且学科建设需要的优秀人才或引进学科建设急需的优秀人才,可由校长特批其相应职务任职资格。

七、其他

(一)本实施意见自公布之日起实施,以前的规定若与本实施意见不符的,按本实施意见执行。

(二)本实施意见由校职改领导小组解释。

——本文摘录自《关于印发〈厦门大学实行《高等学校教师职务试行条例》的实施意见〉和〈厦门大学评聘专职科研人员职务实施意见〉的通知》,厦大职改[1995]11号,档号1995-XZ14-2

厦门大学评聘专职科研人员职务实施意见

（1995年8月24日）

为加强我校科学研究人员队伍的建设，做好科学研究人员职务的评聘工作，提高科学研究和学术水平，根据国务院、国家教委和福建省教委有关评定专职科研人员职务文件的规定，并结合我校实际情况，制定本实施意见。

一、岗位设置

研究职务是根据高等学校科学研究（包括社会科学研究和自然科学研究）工作的需要而设置的职务岗位，按照合理的比例组成，有明确的职责、任职条件和相应评审程序。

研究职务设研究员、副研究员、助理研究员、研究实习员。其中研究员、副研究员为高级研究职务，助理研究员为中级研究职务，研究实习员为初级研究职务。

研究编制人员担任教学工作，任职期间其教学工作量平均每年达到教师相应职务额定教学工作量（指上课时数）的三分之一，可申请教学系列的相应职务任职资格。

为了我校今后的发展和学科建设的需要，不拘一格地选拔人才，及时把一批有学识、有才干的中青年研究人员提拔起来，发挥他们的作用，学校决定继续选拔优秀中青年研究人员晋升相应职务。选拔条件参照《厦门大学实行〈高等学校教师职务试行条例〉的实施意见》执行。

二、任职条件

（一）各级研究人员必须热爱祖国，坚持四项基本原则；努力学习建设有中国特色社会主义理论；有严谨的学术作风和高尚的科学道德，团结合作；作风正派，品行端正，积极承担科研、教学任务，努力为建设社会主义物质文明和精神文明服务。

（二）学历、任职年限和业务要求

1.具备下列条件之一者，可聘任研究实习员职务：

（1）获得硕士学位或研究生班毕业证书或第二学士学位证书，经3～6个月的考察合格，表明能履行研究实习员职责。

（2）获得学士学位或大学本科毕业，一年见习期满，经考察表明：

①基本掌握本专业的基础理论和专业知识；

②初步掌握进行本门学科研究工作的基本方法和实验技术；

③能阅读一个语种的外文专业书刊。

2.具备下列条件之一者，可评聘助理研究员职务：

（1）获得博士学位，经3～6个月考察表明能胜任和履行助理研究员职责。

（2）担任研究实习员职务四年以上，并修完本专业或者相近专业六门研究生课程，考试成绩合格；或获研究生班毕业证书或第二学士学位证书且担任研究实习员二至三年；或获得硕士学位证书且担任研究实习员职务二年以上，经考察表明：

①具有本学科的扎实的理论基础和专业知识,基本了解本学科的国内外现状和发展趋势,掌握进行本学科研究工作的基本方法和实验技术,能独立地进行研究工作;

②已取得具有学术价值的研究成果,或写出有一定学术水平的论文和研究报告四篇以上(其中至少有一篇论文在公开发行的刊物上发表或在省级以上学术会议上宣读),或在推广科研成果中有明显成绩,能全面完成研究实习员工作的;

③能熟练地阅读、翻译本专业的外文书刊。

3.具备下列条件,可评聘副研究员职务:

大学本科毕业及以上学历担任助理研究员职务五年以上,或获得博士学位且担任助理研究员职务二年以上,经考察表明:

(1)具有本学科坚实的理论基础和较系统的专业知识。在本学科的某一领域有深入的、创造性的研究,能解决研究工作中较复杂的有较重要意义的理论问题或技术问题。

(2)能根据国家需要和本学科的国内外研究现状及发展趋势,设计具有较大学术意义或较高应用价值的研究课题,具有指导和组织本学科一定领域研究工作的能力。

(3)已取得具有较高学术价值或实用价值,或较大的社会效益的科研成果,提出了反映这些成果的具有较高研究水平的研究报告。每年在公开发行的学术刊物(均须有CN刊号,下同)上发表过有较高学术价值的科学论文二篇以上(其中文科均须独立撰写或第一作者署名,理工科至少有一半是独立撰写或第一作者署名),其中任现职期间至少有四篇论文发表在国家部、委及所属研究院(所)、全国学会及分会(不含省级学会)和科学院所属研究所主办的学术刊物或国家教委直属高校大学学报(不含1994年以后的增刊)或《中国经济问题》上,或在国际学术会议上宣读并收入论文集正式出版。

(4)具有指导中级研究人员和硕士研究生工作和学习的能力。

(5)熟练掌握一门外语,能翻译本专业较高学术价值的外文书刊。

4.具备下列条件,可评聘研究员职务:

担任副研究员职务五年以上,经考察表明:

(1)在学术上有较深的造诣,对本学科的某一领域有开创性的研究,能创造性地解决科研工作中的重大的、关键性的问题,或在重要理论问题上有所突破,或取得具有国际水平的科研成果,或具有较高的学术价值或具有重要的经济和社会效益的研究成果。

(2)能够根据国家需要和本学科的国内外研究现状及发展趋势提出本学科某一领域的研究方向,设计具有重要意义的、开创性的研究课题,或开拓一个新的研究领域。

(3)是本学科的学术带头人,能够主持国家重大科研项目或攻关项目。

(4)担任副研究员职务期间,能全面完成副研究员工作任务,每年至少有三篇具有创见性的论文在公开发行的学术刊物上发表(其中文科均须独立撰写或第一作者署名,理工科有一半以上是独立撰写或第一作者署名),其中任现职期间至少有六篇论文发表在国家部委和全国学会(不含下属研究院、所和分会、省级学会)、科学院所属研究所主办的学术刊物,或相当上述级别的国外学术刊物,或在国家教委直属高校大学学报(不含1994年以后的增刊)上。

(5)培养出水平较高的科学人才,具有培养博士研究生的能力。

(三)对在研究工作中取得突出成绩的人员,其研究成果相当卓著,经考察表明能胜任高一级职务所应履行的职责和任务可不受学历、任职年限规定的限制破格晋升高一级职务。

破格晋升各级职务的研究人员任现职期间必须全面完成所规定的科研工作量,并且符合相应破格晋升职务条件的要求。

破格晋升各级职务的条件参照《厦门大学实行〈高等学校教师职务试行条例〉的实施意见》执行。

(四)优秀中青年研究人员的选拔

为了我校教育事业的发展和学科建设的需要,根据国家教委、人事部有关文件规定,学校继续选拔优秀的中青年研究人员晋升研究员、副研究员职务。对具备相应职务任职条件的35岁以下的研究人员晋升为副研究员、40岁以下的研究人员晋升为研究员,学校评审通过后报国家教委审批,不占国家教委已下达给我校的职务定额。优秀中青年研究人员的选拔条件如下:

优秀中青年研究人员晋升高级职务者,必须是拥护中国共产党的领导,热爱社会主义祖国,拥护党的"一个中心,两个基本点"的基本路线,积极参加政治理论学习;坚持又红又专的方向,有严谨的学术作风和高尚的职业道德,团结协作精神,作风正派,品行端正,积极承担科研、教学任务;任现职期间年度工作考核结果均为优良。同时还必须具备下列相应职务任职条件:

1.晋升副研究员(必须符合下列四项条件中的二项条件,其中第1项为必备条件)

(1)在国际公开发行的有影响的学术刊物或国家一、二级学科刊物上至少发表三篇(独立撰写或第一作者署名)学术论文或独立撰写并正式出版专著(经同行专家鉴定有较高学术水平)。

(2)在某一新学科(交叉学科、边缘学科)领域或在本学科的学术前沿或高新技术方面或在哲学社会科学领域开展研究工作,并取得较大成果(获国家级三等或省、部委级二等科技成果奖,或获得国家级、省部委级表彰的突出贡献的中青年研究人员,或获得校南强奖、清源奖、素端奖,持有荣誉证书)。

(3)承担国家自然科学基金、国家社会科学基金、博士点基金或国家教委研究课题,为项目的主要负责人;或承担"七五""八五"重点项目、"863"项目或国家重大项目,为项目负责人或主要合作者之一,并已取得成果或阶段性成果。

(4)任现职期间已系统讲授一门主干课程或一门新学科课程或原学科中新开设的课程(授课时数须达36学时以上),教学效果良好并受到师生好评。

2.晋升研究员(必须符合下列五项条件中的三项条件,其中第1项为必备条件)

(1)在国际公开发行的有影响的学术刊物或国家一、二级学科刊物上至少发表五篇(独立撰写或第一作者署名)具有创见性的学术论文或独立撰写并正式出版专著,论文或专著中的某新观点、新成果被引用或已产生较大的社会、经济效益(须附证明材料)。

(2)在某一新学科(交叉学科、边缘学科)领域或在本学科的学术前沿或在高新技术方面取得显著成果(获国家级二等或省、部委级一等科技成果奖),或哲学、社会科学领域取得创新性成果,并在国内处于领先地位。

(3)在国内学术界有一定影响,知名度较高,或在全国性一、二级学科学会中担任理事或委员及以上职务。

(4)承担国家自然科学基金、国家社会科学基金、博士点基金或国家教委研究课题,为项目的主要负责人;或承担"七五""八五"重点项目、"863"项目或国家重大项目,为项目负责人或主要合作者之一,并已取得成果或阶段性成果。

(5)任现职期间已系统讲授一门以上主干课程或一门以上新学科课程或原学科中新开设的课程(授课时数须达36学时以上),教学效果优秀并受到师生好评。

(五)评聘专职科研人员职务的工作量要求

根据有关文件规定,研究人员晋升职务时必须完成规定的工作量,其工作量参照《厦门大学专职科研编制定额分配与聘任试行办法》中相应的方法计算。

自1993年校内管理体制改革实施之日起,评定研究人员职务工作中任职年限的计算严格按全聘者算一年;半聘者算半年;试聘、缓聘或不聘者不计算其任职年限。

(六)从其他系列职务转定专职科研人员职务的要求

从其他系列职务转定专职科研人员职务的要求参照《厦门大学实行〈高等学校教师职务试行条例〉的实施意见》执行。

三、职责

(一)自然科学研究人员各级职务职责

研究实习人员:

1.在高、中级研究人员的指导下,承担并按要求完成研究课题中的具体工作。

2.对研究实验结果进行分析和处理。负责写出研究、实验报告。

3.根据需要,承担一定的教学、实验室建设或党政管理等工作。

助理研究员:

1.制订研究方案,独立地进行研究工作,写出研究报告或科学论文。

2.积极推广科学研究成果,定期报告本人的研究工作,指导初级研究人员工作。

3.根据需要,承担一定的教学工作、实验室建设或党政管理等工作。

副研究员:

1.选定研究课题,并提出有效的研究途径和可行的研究方法,创造性地进行研究工作。指导和组织课题的研究工作,写出高水平的研究报告或科学论著,积极推广研究成果。定期报告本学科国内外现状和发展趋势。

2.负责或参加审阅(鉴定)科学论文、著作或科研成果。

3.指导硕士研究生或协助指导博士研究生,指导中、初级研究人员工作。

4.根据需要,承担一定的教学任务、实验室建设工作和党政管理工作。

研究员:

1.提出有重要学术或实用意义的研究课题,在科学前沿进行开创性的研究工作。写出具有国际水平的科学论著。负责指导重大科研项目或攻关项目的研究工作。积极参与制定或提出学科发展规划。举办高水平的科学讲座。

2.主持审定(鉴定)重要的科学论文、著作或科研成果。

3.培养科研人才,根据需要指导硕士研究生或博士研究生,指导中、初级研究人员工作。

4.根据需要,承担一定的教学任务和党政管理工作。

(二)社会科学研究人员各级职务职责

研究实习员:

1.担任高级研究人员的研究助手。

2.在高、中级研究人员的指导下,进行研究工作。每年按计划完成研究任务。至少整理或写出一二篇研究报告、专业学术资料或论文。

3.根据需要,承担一定的教学或党政管理等工作。

助理研究员:

1.承担研究课题,每年按计划完成研究任务。至少提交2万字以上具有一定学术水平的科研成果报告。

2.在高级研究人员的指导下,参加集体科研项目和重点科研课题的研究。

3.根据需要,承担一定的教学或党政管理等工作。

副研究员:

1.承担国家和学校的科研项目,或独立从事某一课题的研究。每年按计划完成研究任务,至少提交3万字以上的学术论文或阶段性成果报告,其中至少发表一篇有创见性、有较高学术价值或有较大实践意义的论文。

2.根据需要,承担学校、科研(或教学)室科研组织工作,担任课题组的领导人。

3.根据需要指导硕士研究生或协助博士研究生,指导中、初级研究人员工作。

4.根据需要,承担一定的教学任务和党政管理工作。

研究员:

1.承担国家和学校的重点科研项目,或根据国家需要提出有实用价值或有学术水平的研究课题。每年按计划完成研究任务,至少提交3万字有较高学术价值或有较大实践意义的论文或阶段性成果报告,其中至少发表二篇有创见性的学术论文。写出有较高学术水平的专著。

2.担任重点科研项目的学术领导,主持本学科重要领域的研究工作。

3.培养科研人才,根据需要指导硕士研究生或博士研究生,指导中、初级研究人员工作。

4.根据需要,承担一定的教学任务和党政管理工作。

四、其他

(一)研究人员职务的评定程序按照教师职务评审程序,在评聘工作中,应注意政治思想条件,坚持标准,保证质量,宁缺毋滥,择优评聘。

(二)凡本实施意见没有详细规定的有关问题参照《厦门大学实行〈高等学校教师职务试行条例〉的实施意见》执行。

(三)本实施意见自公布之日起实施,以前的规定若与本实施意见不符,按本实施意见执行。

(四)本实施意见由校职改领导小组解释。

——本文摘录自《关于印发〈厦门大学实行《高等学校教师职务试行条例》的实施意见〉和〈厦门大学评聘专职科研人员职务实施意见〉的通知》,厦大职改[1995]11号,档号1995-XZ14-2

厦门大学关于教师职务评审程序若干规定

(1995年8月24日)

改革职称评定,实行专业技术职务聘任制,是专业技术人员管理制度的一项重大改革。评审教师职务的工作政策性强,涉及面广。为了引入竞争机制,促进公开、平等的竞争,增加教师职务评审工作的透明度,进一步改进和完善教师职务评审程序,现根据中央和省职改工作的有关文件精神,结合我校实际情况将1994年《厦门大学关于教师职务评审程序的若干规定》修订如下:

一、本人申报,群众评议

(一)申请晋升教师(含专任教师、研究人员和专职从事学生思想政治教育干部)职务需由本人提出。申请人在任现职期间,每年度工作考核结果均必须是优良。

凡当年工作考核结果未达到良者,或任现职期间年度工作考核结果达到优良累计不足五次者不能申请晋升职务。

凡晋升高一级职务者,必须在校服务二年以上,方可调离学校、出国探亲或自费出国留学,否则取消其任职资格。

(二)所有申请人均需在"厦门大学专业技术人员晋升职务报名表"中填写基本情况,由各单位认真审查申请资格,并报校职改办进行申请资格复查。经复查符合申请条件者应填写"厦门大学申请晋升讲师(助研)职务简明表"或"厦门大学申请晋升教师高级职务简明表"(简称"简明表")。

(三)申请者经所在教研室(组)或研究室教师评议(必要时申请者可先到会简要介绍本人的思想政治表现、工作态度和成绩、教学科研成果等情况),教研室(组)或研究室领导在听取群众意见的基础上,对照相应职务任职条件写出书面意见,并送交所在单位(系、所)考核推荐小组。

二、单位考核、推荐

(一)各单位负责人必须根据教学、科研人员相应职务任职条件,对每位申请人进行认真审查,凡不符合晋升条件者,不得参加考核、推荐,或经考核不符合晋升条件者不得向学校推荐。

(二)各单位召开考核推荐小组会议时,申请者应先到会汇报本人的思想政治表现、工作态度和成绩、教学科研成果等情况及本人各年度工作考核结果。考核推荐小组成员对每位申请者进行民主评议,然后结合申请人的年度工作考核结果进行评分。考核推荐小组根据全体成员考核评分(去掉一个最高分和一个最低分后)的平均分数进行排队。

(三)凡申请破格晋升者,或优秀中青年骨干教师的选拔,须经所在单位考核推荐小组先进行无记名投票表决,凡赞成票数达到到会成员的三分之二及其以上者,方能与其他申请者一起考核评分。

其他申请者在考核推荐时不进行表决。

(四)各单位晋升高级职务的推荐人数为本单位可晋升岗位数的150%以内,晋升中级职务的推荐人数为本单位可晋升岗位数以内。推荐名单张榜公布并报校职改办。

三、代表作送审

(一)各单位推荐的拟晋升高级职务的申请者,应提交任现职以来正式发表的科学论文、著作和技术成果一式一套,其中指定为代表性的论著2~3篇(本),一式二套。

(二)申请晋升教授(研究员)职务者的代表作应送二位教授级同行专家鉴定,其中至少有一位校外同行专家的鉴定。优秀中青年骨干教师的选拔对象晋升教授(研究员)者的代表作须送同行博士导师鉴定,晋升副教授(副研究员)的代表作须送教授级同行专家鉴定,其中至少有一位校外同行专家的鉴定。

(三)其他申请晋升副教授(副研究员)者的代表作,送校内同行专家鉴定。

(四)学校无高级职务审定权的学科,申请者的代表作送审按省教委文件规定执行。

(五)晋升高级职务者的代表作由系主任(所长)指定同行专家鉴定。凡送校内同行专家鉴定的,由各系(所)办理送审工作;凡送校外同行专家鉴定的,由各系(所)整理好需送审的材料,送校职改办审核后由各单位办理。同行专家鉴定意见(须将专家姓名覆盖)由各系(所)打印所需的份数。

代表作送审时,应回避与申请者共同撰写该篇论著的合作者。

(六)送审代表作的要求

1.晋升教授(研究员)的代表作必须是任现职以来,在公开发行的学术刊物上发表的科学论文或正式出版的专著、教科书,或在科学研究上有重大发明创造的成果。

晋升副教授(副研究员)的代表作必须是任现职以来,在公开发行的学术刊物上发表的科学论文或正式出版的专著、教科书,或参加国际学术讨论会议并在大会宣读且被收入论文集的论文,或对促进科学研究和社会经济发展做出重要贡献的成果,或在革新实验技术设备和实验室建设方面取得的成果。

未经正式出版、发表的专著、教科书、论文,未获奖或未经省级及其以上机关鉴定的成果,以及非大学本科使用教科书或讲义均不能作为代表作。

2.对大学本科毕业后从事高等学校公共课、基础课教学十五年以上的教师符合下列两项条件时,晋升副教授的代表作要求可适当放宽:

(1)近五年来,每年均满教学工作量,教学效果优秀。

(2)任现职期间,年度工作考核有二年考核成绩优秀;或获二次校优秀教师或教书育人先进个人;或获省优秀教师称号;或获省教委优秀教学成果奖。

所谓代表作的要求可适当放宽,即下列论文和教材可作为代表作:

①撰写的教学改革、教学经验、专业学术论文,在全国学术会议或全国教学经验交流会上宣读或在内部交流的刊物上发表,经同行专家鉴定具有较高水平。

②编写十万字以上的教材(讲义),经学校教学部门批准在校内使用二轮以上,学生反映较好,经同行专家鉴定具有较高水平。

③在公开发行的学术刊物上发表学术论文(含第二作者)。

3.艺术专业教师晋升高级职务时,正式刊物上发表的作品可作为代表作之一,还必须至少有一篇在公开发行(均须有“CN”刊号)的学术刊物上正式发表的学术论文作为代表作。

4.经校教师职务评委会或学科组或系(所)评审组评审,如属本单位有职务定额而未通过者,第二年重新申请时,必须重新送审代表作(其中至少有一篇论文是否决后正式发表的),如属本单位职务定额限制而未通过者,其代表作是否重新送审,由本人决定。上述两种情况在次年重新申请时,均必须有新成果(指上年否决后正式发表或出版的论著等)。

四、系(所)教师职务评审组评审

系(所)成立教师职务评审组。评审组的职责是:评审讲师(助研)职务任职资格。

系(所)教师职务评审组应以民主程序进行工作。评审组在评审会议前二天将申请者填写的“简明表”、代表作及所有成果集中展出,并在此二天内请评审组成员自己安排时间审阅申请者的“简明表”、代表作及所有成果,并做好记录。在此基础上,评审组召开全体成员会议,充分进行讨论,并以无记名投票方式(在本单位可晋升中级职务岗位数以内)进行表决。凡获得到会成员的三分之二及其以上赞成票数者,方为通过。

对申报讲师(助研)者,系(所)教师职务评审组必须对照任职条件,严格把关,认真进行评审,经表决通过后,直接报校职改领导小组审批。

凡经系(所)教师职务评审组评审通过的中级职务评审对象,均须在本单位张榜公布。

五、学科评审级评审

学科评审组的职责是评审副教授任职资格,并报校评委会审定;评审教授和优秀中青年正副教授、无审定权学科的正副教授任职资格,向学校评委会推荐。

学科组在召开会议前二天应将申请者填写的"简明表"和所有成果集中展出,并请每位成员在此二天内安排时间审阅申请者的"简明表"、代表作及其他成果,并做好记录。

学科评审组应以民主程序进行工作。学科组召开评审会议时,所有申请人应到会简要汇报本人正在从事的工作、取得的成果和今后的打算。学科组成员对申请人有权提出质疑,申请人应当面给予解答。

系(所)考核推荐小组应向学科组汇报考核评分结果及需要说明的问题。

在此基础上,学科组应认真进行讨论、评审,并以无记名投票方式进行表决。差额推荐的单位,先按申请人所在单位可晋升岗位数进行预表决,并以获得赞成票数高低为序,由高至低取足人数(等于可晋升岗位数),参加正式投票表决。若取至最后一个岗位有两人或两人以上获得相同赞成票数时,获得相同赞成票数者必须再次表决,其中较高赞成票数者参加正式表决。若再次获得相同赞成票数时,则均不能参加正式表决。等额推荐的,不进行预表决,直接进行正式表决。正式表决结果,凡获得到会成员三分之二及以上赞成票数者,方为通过。

凡经学科组评审通过的申请者,学科组应将其情况填入"评审结果汇总表",送校职改办。

六、校教师职务评审委员会评审

校教师职务评审委员会(简称校评委会)分为校教师职务文科评审委员会和校教师职务理工科评审委员会。校教师职务文科评审委员会和校教师职务理工科评审委员会的职责是分别审定文科和理工科副教授(副研究员)任职资格,评审文科和理工科教授(研究员)任职资格、优秀中青年正副教授任职资格和无审定权学科的正副教授任职资格。

校评委会应以民主程序进行工作。

校评委会召开会议时,如有必要,请有关评审对象到会简要汇报本人正从事的工作、取得的成果及这些成果的学术水平,以及今后打算。委员有权对申请人提出质疑,申请人应当面给予解答。

各学科组应向校评委会汇报本学科组评审情况和结果。对于学科组已评审通过的副教授(副研究员,不包括优秀中青年骨干教师的选拔对象及无审定权学科的副教授),在原则问题上群众没有反映意见,委员没有不同意见的,则可审定通过,不再投票表决;若在原则问题上,有群众反映(须调查核实)或委员有异议的,则需将其材料送每位委员审阅,必要时请该申请者到会简要述职,经认真评审后进行无记名投票表决。凡获得出席会议委员的三分之二及其以上赞成票数者,方为通过。

对于学科组已评审通过的教授(研究员)和优秀中青年教师晋升正、副教授(副研究员)以及无审定权学科的正、副教授,校评委会要认真进行评审,经过充分的酝酿、评审后,以无记名投票方式进行表决。凡获得出席会议委员的三分之二及其以上赞成票数者,方为通过。

若学科组通过的统评教授人数或短期周转教授人数超过学校额定岗位数时,按上述差额方式表决。

七、校职改领导小组审批

根据国家人事部人职发〔1991〕8号文和闽职改字〔1993〕19号文精神,评审委员会的评审结果必须经校职改领导小组审核批准。

各级评审组织的评审结果中被否决的评审对象一律不再复议。

学校有审定权的学科,晋升高一级职务者的任职资格从校职改领导小组审批之日起算。

学校无审定权学科高级职务任职资格须报福建省高等学校教师职务高级评审委员会评审。

八、校教师职务评审委员会协调组

学校成立校教师职务评审委员会协调组(简称协调组)。协调组由校职改领导小组成员和文理科评审委员会正、副主任组成。其职责是协调文、理科评审委员会评审标准,研究处理评审过程中出现的重要问题等。

九、评审组织及其组成

(一)学校成立校教师职务文科评审委员会和校教师职务理工科评审委员会,两委员会又统称为校教师职务评审委员会。校评委会至少由二十五人组成,委员一般应具有正高级职务任职资格。委员中,中青年应占三分之一左右。校评委会设立主任一人,副主任一至三人。

(二)校评委会下设若干学科评审组。学科评审组一般由九到十三人组成,学科评审组成员应具有高级职务任职资格,其中具有正高级职务任职资格的人数应为二分之一以上。学科评审组设组长一人,副组长一人。

(三)系(所)成立系(所)教师职务评审组[简称系(所)评审组]。系(所)评审组一般由九至十三人组成,评审组成员应具有高级职务任职资格。个别系级单位具有高级职务任职资格人数不够时,可聘请相近学科具有高级职务任职资格的教师,或由具有教师中级职务任职资格的本单位负责人参加,但具有中级职务任职资格人员不得超过三分之一。评审组设组长一人,副组长一人。

(四)系(所)成立考核推荐小组。推荐小组一般由七至十一人组成。推荐小组成员由系级党政领导和具有高级职务任职资格的教师或由具有中级职务任职资格的教研室(研究室)负责人担任,但其中具有高级职务任职资格的成员不得少于三分之二。

(五)校评委会和各学科评审组由校职改领导小组组建,并报上级主管部门备案。

系(所)教师职务评审组和考核推荐小组由各系(所)党政领导研究提名,校职改领导小组批准组建。

凡申请晋升高一级职务者,一般不参加当年各级评审组织。

(六)各级评审组织召开会议时,必须有三分之二以上成员出席,会议结果方为有效。未出席评审会议的委员不得委托投票或评审会议后补投票。

(七)各级评审组织的成员任期一般为一年。

十、评审纪律

根据国家人事部人职发〔1990〕4号等有关文件规定,各级评审组织的成员和申请者均必须严格遵守评审工作纪律。

(一)各级评审组织的成员[包括校评委会委员,学科评审组成员,系(所)评审组成员和系(所)考核推荐小组成员]必须认真学习和贯彻执行中央关于改革职称评定,实行专业技术职务聘任制的方针、政策、各项规定、《高等学校教师职务试行条例》和《厦门大学关于贯彻执行〈高等学校教师职务试行条例〉的实施意见》,严格把好质量关,必须认真执行“坚持标准,保证质量,全面考核,择优晋升”的原则,秉公办事,不徇私情,自觉遵守评审纪律,严守秘密,不准向外泄露有关评审情况,不得利用职便营私舞弊,违者应追究责任,并视情节轻重严肃处理,直至撤销评委、学科组成员、评审组成员或考核推荐小组成员资格。

(二)凡评审对象是校评委会[学科评审组、系(所)评审组、或系(所)考核推荐小组]成员或其亲属(父母、夫妻、子女、兄弟姐妹、女婿、儿媳等)时,考核评分、评审、投票表决等过程,本人应主动回避或被告知回避,计票基数需相应减少。

(三)申请者在进行申报和评审工作期间,不得本人或通过他人找各级评审组织的成员说情。若有人举报并经查实确有违反规定者,将取消其本次申请资格,若已经评审委员会评审通过的亦将取消其任职资格。

(四)申请者在开展评审工作期间,有意见者可根据组织原则向本单位领导或直接向校职改办反映。反映意见必须实事求是,证据确凿。

(五)申请者应如实填报教学工作量和教学、科研成果(包括著作、教科书、学术论文和研究成果等,其中著作、教科书、学术论文必须是任现职期间正式出版社出版或公开发行的学术刊物上正式发表的或在《人民日报》、《光明日报》、《文汇报》和《中国教育报(理论版)》中发表的学术论文,研究成果必须有省级及其以上机关鉴定或获得省级及其以上机关奖励的),所有这些成果在申请时均必须提供原版材料一式一套。填报材料,经教研(研究)室和系(所)领导审核后,在本单位张榜公布。如发现有弄虚作假的,经查实后,将取消其申请资格,若已经校评委会评审通过的,亦将取消其任职资格。

申请者填写“简明表”必须字迹清楚、工整。申请高级职务的“简明表”和专家评语须由各单位打印30份并装订好,申请中级职务的“简明表”可打印或复印份数由各单位确定。该复印件或打印的材料供评审时使用。

所有申请者的“简明表”和专家评语的原件均须送交校职改办存档。

十一、其他

(一)接近离退休年龄的教师申请晋升高一级职务问题。

鉴于教师职务的评审工作通常在下半年进行,凡属在开展评审工作的当年7月1日以后满离、退休年龄的教师可申请晋升高一级职务。

(二)申请人必须提交的材料有:简明表、外语考试成绩通知(或外语免试审批表复印件)、教学工作量计算表、学位证书(或进修硕士研究生主要课程成绩证明)复印件、获奖证书复印件,申请晋升高级职务者还须提交代表作及其他所有论著、技术成果、代表作送审审批表等。

各单位在考核推荐后,须将推荐对象的上述材料(除论著、技术成果和各单位送审的代表作外)各一份送校职改办。

十二、本规定自公布之日起执行。以前文件的规定如与本规定不符的,均以本规定为准。

十三、本规定由校职改领导小组解释。

——本文摘录自《关于印发〈厦门大学关于教师职务评审程序的若干规定〉和〈厦门大学关于教师以外各类专业技术职务评审程序若干规定〉的通知》,厦大职改[1995]12号,档号1995-XZ14-2

厦门大学关于教师以外其他各类专业技术职务评审程序若干规定

（1995 年 8 月 24 日）

为进一步深化职称改革，完善专业技术职务聘任制度，现根据国务院有关规定和国家人事部关于《企事业单位评聘专业技术职务若干问题暂行规定》（人职发〔1990〕4 号）及福建省有关文件规定，结合我校实际情况，将 1994 年《厦门大学关于教师以外其他各类专业技术职务评审程序若干规定》修订如下。

教师以外其他各类专业技术职务（简称各类专业技术职务）系列包括工程技术、实验技术、卫生技术、图书资料专业、会计专业、统计专业、出版专业、翻译专业、经济专业、档案专业和幼儿园教师等 11 个职务系列。

一、本人申报，群众评议

（一）申请晋升各类专业技术职务需由本人提出。申请人在任现职期间，每年度工作考核结果均必须是优良。

凡申请者当年工作考核结果未达到良，或任现职期间年度工作考核结果达到优良累计不足五次者不能申请晋升职务。

凡晋升高一级职务者，必须在校服务二年以上，方可调离学校、出国探亲或自费出国留学，否则取消其任职资格。

（二）所有申请人均需在“厦门大学专业技术人员晋升职务报名表”中填写基本情况，由各单位认真审查申请资格，并报校职改办进行申请资格复查。经复查符合申请条件者应填写“厦门大学专业技术人员晋升高、中级职务简明表”（简称“简明表”）。

（三）申请者经所在科室全体人员评议，科室领导在听取群众意见的基础上，对照相应职务任职条件写出书面意见，并送交所在单位考核推荐小组。

二、单位考核推荐

（一）各单位负责人必须根据各职务系列相应职务任职条件，对每位申请人进行认真审查，凡不符合晋升条件者，不得参加考核、推荐，或经考核不符合晋升条件者不得向学校推荐。

（二）各单位召开考核推荐小组会议时，申请者应先到会汇报本人的思想政治表现、工作态度和成绩、出勤等情况及本人各年度工作考核结果。考核推荐小组成员对每位申请者进行民主评议，然后结合申请人的年度工作考核结果进行评分。考核推荐小组根据全体成员考核评分（去掉一个最高分和一个最低分）的平均分数进行排队。

（三）凡申请破格晋升者须经所在单位考核推荐小组先进行无记名投票表决，凡赞成票数达到到会成员的三分之二及其以上者，方能与其他申请者一起考核评分。

其他申请者在考核推荐时不进行表决。

（四）各单位晋升高级职务的推荐人数为本单位可晋升岗位数的 150%以内，晋升中级职务的推荐人数为本单位可晋升岗位数以内。推荐名单在本单位张榜公布，并报校职改办。

（五）申请中级职务者，须提交任现职以来的工作总结（包括政治思想表现、工作态度、工作成绩和取得的成果等），由所在单位送请二位具有高级职务任职资格的同行专家鉴定并提出推荐意见。

三、代表作送审

(一)各单位推荐的拟晋升高级职务的申请者,应提交任职以来正式发表的论文、著作和已鉴定或获奖的技术成果一式一套,其中指定为代表性的论著2～3篇(本),一式二套。

(二)申请晋升高级职务者的代表作,应送具有高级职务任职资格的同行专家鉴定,其中申请正高级职务者应送具有正高级职务任职资格的同行专家鉴定。

(三)学校有评审权的专业系列,申请者的代表作可送校内二位同行专家鉴定;学校无评审权的专业系列,申请者的代表作应选二位同行专家鉴定,其中至少有一位校外同行专家鉴定。

代表作送审时,应回避与申请者共同撰写该篇论著的合作者。

(四)申请者的代表作由单位负责人指定同行专家,并由所在单位办理送审工作。同行专家鉴定意见(须将专家姓名覆盖)由各单位打印所需的份数。

(五)送审代表作的要求

由于各类专业技术职务系列较多,且不同系列要求不尽相同,因此送审代表作的要求,按各职务系列的有关《试行条例》和《实施细则》执行。

凡申请者经评审未被通过的,次年重新申请时,必须重新送审代表作(其中至少有一篇论文是否决后正式发表的)。

四、专业评议组评议

专业评议组(简称评议组)应以民主程序进行工作。评议组成员应认真审阅申报者的有关材料。在此基础上,评议组应认真进行讨论、评议,并以无记名投票方式进行表决。差额推荐的单位,先按申请人所在单位可晋升岗位数进行预表决,并以获得赞成票数高低为序,由高至低取足人数(等于可晋升岗位数),参加正式投票表决。若取至最后一个岗位有两人或两人以上获得相同赞成票数时,获得相同赞成票数者必须再次表决,其中较高赞成票数者参加正式表决。若再次获得相同赞成票数时,则均不能参加正式表决。等额推荐的,不进行预表决,直接进行正式表决。正式表决结果,凡获得到会成员三分之二及以上赞成票数者,方为通过。

五、校专业技术职务评审委员会评审

校专业技术职务评审委员会(简称校评委会),按职务系列分设三个专业技术职务评审委员会。其职责是评审本评委会有关职务系列中级和高级职务任职资格。

专业评议组应向校评委会汇报本评议组的评议结果及需要说明的问题。

校评委会召开评审会议时,必要时申请晋升高级职务者应到会简要述职,委员有责任对申请人提出质疑,申请人应当面给予解答。

校评委会应以民主程序进行工作。校评委会委员应认真审阅申请者提交的材料(包括"简明表"、代表作和其他成果等)。校评委会要认真进行评审,经过充分酝酿、评审后,以无记名投票方式进行表决。凡获得到会委员三分之二及以上赞成票数者,方为通过。

凡评议组通过的评议对象超过额定岗位数时,按上述差额方式表决。

六、校职改领导小组审批

根据国家人事部人职发〔1991〕8号文和闽职改字〔1993〕19号文件精神,评审委员会的评审结果必须经校职改领导小组审核批准。

各级评审组织的评审结果中被否决的评审对象一律不再复议。

学校有审定权的职务系列,晋升高一级职务者的任职资格从校职改领导小组审批之日起算。

学校无审定权部分高级职务任职资格须报福建省有关职务系列高级评审委员会评审。

七、评审组织及其组成

(一)学校根据不同职务系列成立校工程、实验、卫生技术职务评审委员会,校图书资料、编辑、翻译及经济管理类专业技术职务评审委员会和校幼儿园教师职务评审委员会等三个评委会,此三个评审委员会统称校专业技术职务评审委员会。

各系列评委会至少由十五人组成，委员应具有高级职务任职资格。校各系列评委会设主任一人，副主任一至二人。

(二)校工程、实验、卫生技术职务评审委员会下设三个专业评议组，即实验工程技术专业评议组、土建工程技术专业评议组和卫生技术专业评议组。

校图书资料、编辑、翻译及经济管理类专业技术职务评审委员会下设四个专业评议组，即图书资料专业评议组、经济管理专业评议组、编辑专业评议组、翻译专业评议组。

评议组由七至九人组成，评议组成员一般应具有高级职务任职资格。评议组设组长一人，副组长一人。

(三)单位成立考核推荐小组。推荐小组一般由七至十一人组成。推荐小组应员应由单位党政领导和具有高级职务任职资格者或由具有中级职务任职资格的科室负责人担任，但其中具有高级职务任职资格的成员不得少于三分之二。

(四)校各系列评审委员会和专业评议组由校职改领导小组组建，并报上级主管部门备案。

单位考核推荐小组由各单位党政领导研究提名，校职改领导小组批准组建。

凡申请晋升高一级职务者，一般不参加当年各级评审组织。

(五)评审组织召开会议时，必须有三分之二以上成员出席，会议结果方为有效。未出席评审会议的委员不得由他人代投票或评审会议后补充投票。

(六)各级评审组织的成员任期一般为一年。

八、评审纪律

根据国家人事部人职发〔1990〕4 号等有关文件规定，各级评审组织的成员和申请者均必须严格遵守评审工作纪律。

(一)各级评审组织的成员(包括校评委会委员、各专业评议组成员和单位考核推荐小组成员)必须认真学习和贯彻执行中央关于改革职称评定，实行专业技术职务聘任制的方针、政策、各项规定和各系列职务《试行条例》，严格把好质量关，必须认真执行“坚持标准，保证质量，全面考核，择优晋升”的原则，秉公办事，不徇私情，自觉遵守评审纪律，严守秘密，不准向外泄露有关评审情况，不得利用职便营私舞弊，违者应追究责任，并视情节轻重严肃处理，直至撤销评委、评议组成员或考核推荐小组成员资格。

(二)凡评审对象是校评委会[各系列评议组或系(所)考核推荐小组]成员或其亲属(父母、夫妻、子女、兄弟姐妹、女婿、儿媳等)时，考核评分、评审、投票表决等过程，本人应主动回避或被告知回避，计票基数需相应减少。

(三)申请者在进行申报和评审工作期间，不得本人或通过他人找各级评审组织的成员说情。若有人举报并经查实确有违反规定者，将取消其本次申请资格，若已经评审委员会评审通过的，亦将取消其任职资格。

(四)申请者在开展评审工作期间，有意见者可根据组织原则向本单位领导或直接向校职改办反映。反映意见必须实事求是，证据确凿。

(五)申请者应如实填报本人的工作情况、工作成绩和成果(包括正式发表的论著和已获奖或鉴定的技术成果等)。所有这些成果在申请时均必须提供原版材料一式一套。填报的材料，经所在科室和单位领导审核后，在本单位张榜公布。如发现有弄虚作假的，经查实后，将取消其申请资格，若校评委会已经评审通过的，亦将取消其任职资格。

申请者填写“简明表”必须字迹清楚。申请高、中级职务者的“简明表”须由各单位打印 30 份并装订好，申请初级职务者复印 15 份，以供评审(评议)时使用。

所有申请者的“简明表”和专家评语的原件均须送交校职改办存档。

九、其他

(一)接近离退休年龄的各类专业技术人员申请晋升高一级职务问题。

鉴于专业技术职务评审工作在下半年进行，凡属在开展评审工作的当年 7 月 1 日以后满离、退休年龄的各类专业技术人员可申请晋升高一级职务。

(二)申请人必须提交的材料有:简明表、外语考试成绩通知(或免试外语审批表)复印件,获奖证书复印件,"五大"毕业生必须提交毕业证书复印件,申请晋升高级职务者还须提交代表作及其他所有论著、技术成果、代表作送审审批表等。

各单位在考核、推荐后,须将推荐对象的上述材料(除论著、技术成果和各单位送审的代表作外)各一份送校职改办。

十、本规定自公布之日起执行。以前文件的规定如与本规定不符的均以本规定为准。

十一、本规定由校职改领导小组解释。

——本文摘录自《关于印发〈厦门大学关于教师职务评审程序的若干规定〉和〈厦门大学关于教师以外各类专业技术职务评审程序若干规定〉的通知》,厦大职改[1995]12号,档号1995-XZ14-2

厦门大学社会服务管理暂行条例

（1995年10月10日）

第一章　总　则

第一条　学校开展社会服务，旨在贯彻《中国教育改革和发展纲要》，遵循社会主义市场经济的运行规律，充分调动教职工办学的积极性，通过多渠道筹措教育经费，以推动教学科研事业持续、稳定、协调发展。

第二条　为了加强全校社会服务管理，调整内部分配制度，理顺内部经济关系，激励教职工筹资积极性，适当集中有限财力。

第三条　全校各部门、单位开展社会服务活动，必须遵守国家法律法规，按照学校有关规定进行。

第四条　我校开展社会服务，必须加强领导，严格管理。

（一）教学办班工作要根据国家经济发展对各类人才的要求，挖掘潜力，开展多形式、多层次的人才培训，既增加学校收入，又为社会培养急需的人才。

（二）科研工作要面向经济主战场，努力把科学技术转化为生产力。积极组织科研人员投身经济建设，结合国家经济建设选项立项，广泛参与社会服务工作，提高科研成果的社会效益和经济效益。

（三）大力发展校办企业，促使校办企业的利润成为学校基金的主要来源。校办企业应瞄准市场，抓住机遇，形成自己的拳头产品和各具特色的服务，使企业具有较为稳定的营业收入渠道，努力提高经济效益。

第二章　社会服务活动收入的分配

第五条　教学服务活动收入的分配

（一）委托培养、应用型研究生收入的分配，按校内、校外办班地点的不同，分别采取以下办法：

(1)校内委培、应用型研究生收入分配比例(见表一)：

表一

举办单位50%		学校50%			
基金(含劳务费)	办班费	基金(含劳务费)	事业费	上缴主管部门及缴纳有关单位	医疗基金
30%	20%	30%	15%	3%	2%

(2)校外各类应用型研究生收入分配比例(见表二)：

表二

举办单位60%		学校40%			
基金(含劳务费)	办班费	基金(含劳务费)	事业费	上缴主管部门及缴纳有关单位	医疗基金
35%	25%	25%	10%	3%	2%

(二)各种办班、夜大、函授收入的分配,按校内、校外办班地点的不同,分别采取以下办法:

(1)校内各种办班收入分配比例(含成人教育学院、夜大学)(见表三):

表三

举办单位55%		学校45%			
基金(含劳务费)	办班费	基金(含劳务费)	事业费	上缴主管部门及缴纳有关单位	医疗基金
30%	25%	25%	15%	3%	2%

(2)校外办班、函授收入分配比例(含成人教育学院、夜大学)(见表四):

表四

举办单位60%		学校40%			
基金(含劳务费)	办班费	基金(含劳务费)	事业费	上缴主管部门及缴纳有关单位	医疗基金
35%	25%	25%	10%	3%	2%

(三)本专科自费生、委培生、旁听生、干修生、进修生、台港澳先修部学生收入分配比例(见表五):

表五

举办单位45%		学校55%						
基金(含劳务费)	办班费	基金(含劳务费)	事业费	公共课	伙食管理费	学生活动费	上缴主管部门及缴纳有关单位	医疗基金
30%	15%	20%	21%	3%	5%	1%	3%	2%

注:没有上公共课的班3%公共课费纳入教育事业费;学生活动费仅自费生、委培生发给,其余的纳入事业费。

(四)海外函授学院短训班收入分配比例(见表六):

表六

举办单位40%		学校60%			
基金(含劳务费)	办班费	基金(含劳务费)	事业费	上缴主管部门及缴纳有关单位	医疗基金
20%	20%	25%	30%	3%	2%

第六条 科技服务活动收入分配

(一)科技成果转让、科技咨询收入分配比例(见表七):

表七

举办单位60%	学校40%		
基金(含成本)	基金(含劳务费)	上缴主管部门及缴纳有关单位	医疗基金
60%	35%	3%	2%

(二)实验室和仪器设备对外开放收入分配比例(见表八):

表八

举办单位50%		学校50%			
基金(含劳务费)	成本	基金(含劳务费)	事业费	上缴主管部门及缴纳有关单位	医疗基金
40%	10%	35%	10%	3%	2%

第七条　校办企业收入的分配办法由校产业委员会另行拟定。

第八条　学校机关、部、处单位社会服务活动收入分配办法另行拟定。

第九条　其他社会服务收入的分配

(一)总务部门在1993和1994年上缴学校基金基础上,每年净增一定比率。

(二)医院对外服务的纯收入30%为学校基金,70%单位留用。

(三)电影俱乐部纯收入的40%为学校基金,60%归宣传部留用。

(四)教师在保证完成校内教学、科研等任务的前提下,在校外兼课、兼职,必须经单位领导批准,并不得损害学校的利益;利用学校的设备、技术资料必须经学校批准,并按规定付费。

(五)任何部门、单位采用租赁、承包等方式收取校有土地、水面等资源占用、利用的租赁承包费,80%上缴作为学校基金,20%做主办单位基金。

(六)校属集体单位必须根据学校提供优惠条件及有关规定,定期上缴一定比例的纯收入,纳入学校基金。

第三章　社会服务活动财务收支的管理

第十条　全校各部门、单位收费标准要严格遵守国家教委等上级有关规定,不得自立收费项目和收费,收费凭证统一由校办产业委员会和校财务处按有关规定管理,不得擅自购买社会上收款收据。

第十一条　全校各部门、单位的教学、科研有偿服务收入及非独立核算单位的其他有偿服务收入统一由财务处立账管理,不得把有偿服务收入转移校外另立账户,逃避学校监督,各部门、单位由分管财务的领导负责,按照有关规定的开支范围和标准审批使用。

第十二条　校办产业应根据1993年财政部颁发的《企业财务通则》和《企业会计准则》进行会计核算。要严格各项费用开支标准,要严格成本核算,企业应建立财务报告制度,按时向学校产业委员会报送财务报告,并及时上缴应缴产业委员会的利润。产业委员会按教委统一规定的表格,按季、年向校财务处报送会计报表、财务报告,并及时上缴应缴学校的利润和有关折旧费。

第四章　社会服务基金使用的管理

第十三条　社会服务基金用于改善教学、科研物质条件(包括购置科教仪器设备和图书资料等)的发展基金,原则上不得低于40%;用于改善教职工生活的福利奖励基金,原则上不得高于60%。

第十四条　按《中华人民共和国个人所得税法》的规定,对教职工个人收入征收个人所得税。

第十五条　按学校现行改革条例,由学校基金、单位基金发放的津贴有职务津贴、业绩津贴、课时津贴和奖励津贴等。其具体负担分配如下:

(一)职务津贴、业绩津贴

教学科研单位、成人教育学院、医院、总务处及其下属科室的职务津贴、业绩津贴由学校基金支付60%,单位基金支付40%。

校部机关单位,承担全校公共课程的马列室、自然辩证法研究室、体育室,人口研究所及南洋所、高教所、经研所、学报、政法学院院部、技术学院院部、经济学院院部、化工学院院部等单位学校定编人员的职务津贴、业绩津贴,原则上从学校基金统筹,由校财务处统一安排发放。

校办企业的职务津贴,由企业按学校标准、视企业财力情况,自行掌握发放。

(二)课时津贴及奖励津贴:由学校基金全额负担,财务处统一发放。

第十六条　特支费开支分别规定如下:

(一)校长特支费由学校基当年收入中拨出3%～5%作为校长特支费,由校长掌握使用。

(二)从事社会服务单位特支费从本单位留成的福利基金中拨出2%～3%(最高不超过4000元)作为领导特支费,由单位领导掌握使用。

第十七条　各部门、各系动用发展基金用于集体福利;五万元以上的土建工程或五万元以上的仪器设备购置,均应由使用单位和校财务处讨论提出,送校长批准。

第五章　社会服务基金的财务监督和检查

第十八条　各部门、单位应以分管财务的领导为主,成立社会服务基金管理小组,按本暂行条例规定管理社会服务收入和基金的分配使用。同时接受校财务处、审计处、监察处和纪委的检查和监督。

第十九条　各部门、单位、个人未经批准利用工作时间和学校设备、条件,或利用学校名誉从事各项社会服务,弄虚作假或隐瞒不报或转移社会服务收入等违法乱纪行为,经发现核实后按相应的数额扣罚该部门、单位的有偿服务基金及个人的津贴,并予以一定的罚款,对情节严重者要追究领导人责任,并及时报请学校给予纪律处分。

第六章　附　则

第二十条　本条例由财务处负责解释,必要时可制定具体实施办法。

第二十一条　本条例从一九九五年七月一日起试行。原厦大综字〔1990〕39号《厦门大学社会服务管理暂行条例》及其他同本暂行条例有抵触的规定一律同时停止执行。七月一日以前的有偿服务收入按原有社会服务管理暂行条例结算分配,不予改变。

厦门大学

一九九五年十月十日

——本文摘录自《厦门大学社会服务管理暂行条例》,厦大财〔1995〕34号,档号1995-XZ18-2

我校培养跨世纪人才喜获成果

——首批中青年骨干教师培养期满

(1995年10月18日)

记者从10月11日学校召开的中青年骨干教师座谈会上获悉,我校首批中青年骨干教师培养期满。这些教师经过三年的重点跟踪培养,在教学、科研和管理等方面成绩显著,达到了学校预期的培养目标。

为了修补高层次人才的“断层”,我校从1985年起有计划地选拔、培养中青年骨干教师和学科带头人。1992年4月,学校制定了《关于建立中青年教师选拔培养和跟踪管理制度的暂行规定》,经自下而上申报、推荐、评选,确定了102名年龄在45岁以下的中青年骨干教师作为首批重点培养对象。1993年11月,学校又修订了《厦门大学中青年骨干教师建设选拔培养暂行条例》。学校结合年度考核聘任工作,为中青年骨干教师建立个人业务档案,进行跟踪管理。在培养措施上采取特殊政策,如优先为他们配置科研助手和安排招收研究生,设立校级青年科研基金及优秀中青年学术活动基金,优先选派进修,破格晋升高级职称,定期举办“中青年论坛”,积极组织、指导他们争取国家和省、部级各种科研基金,扶植他们出版优秀论著,资助参加学术活动,加强后勤保障如优先解决配偶调动、子女入学入托及住房等,为他们创造良好的科研、教学外部环境,从而使他们脱颖而出,成为跨世纪高层次人才。

首批中青年骨干教师有12位调出工作,3位正在国外学习,在校的87位全部是教授或副教授。其中11人担任博士生导师,70人担任硕士生导师,2人被国家列入“跨世纪优秀中青年人才”培养计划的重点培养行列,2人被列为国家教委重点跟踪培养对象,2人获首批国家杰出青年基金,2人获国家中青年优秀人才基金,1人获国家教委跨世纪人才基金,21人获特殊贡献政府津贴,4人获霍英东青年科研基金,3人获霍英东青年科研、教学奖,39人走上副处以上领导岗位。在三年的培养期间,他们共开设课程256门,33人为研究生开学位课程;承担科研项目278个,争取经费人民币1002.4万元,出版编、译、专著作和教材124部,发表论文1056篇,参加学术会议300多人次,获省级以上奖励30多项。

座谈会上,朱崇实副校长在肯定成绩的同时,也指出了存在的问题。就学校而言,一些培养措施未到位,比较突出的是住房问题;培养对象的工作条件有待进一步改善;要组织更多形式的社会实践活动;加强队伍的稳定。就对象个人来说,个别同志缺乏开拓精神,三年来业绩平平;有的同志在相互协作、带动别的同志方面尚欠缺等等。

林祖赓校长勉励中青年骨干教师发扬为科学献身的精神,进一步增强责任感,勇于创新,善于协作,正确处理教学与科研的关系,担当起跨世纪的重任。

郑学檬副校长提出今后中青年骨干教师的选拔、培养要有更高标准,系、所要大力支持,加强学术带头人的培养和思想政治工作。

校领导还就今后如何更好发挥中青年骨干教师的作用,征求首批培养对象的意见和建议,酝酿完善培养机制。据悉,我校第二批中青年骨干教师目前正在培养中。学校在这两批的基础上,正进一步考察确定一批政治表现优良、专业基础扎实、治学严谨、善于协作的优秀中青年教师,作为跨世纪的学科带头人重点培养。

——本文摘录自《厦门大学》(校刊),1995年10月18日第327期

厦门大学关于加强流动人员档案管理的暂行规定

(1995 年 11 月 24 日)

随着国家人员流动政策的逐步放开,近几年来,我校辞职、自动离职、不保留公职和辞退等各类流动人员逐年增多。这些人员在离开学校时,由于种种原因,很多人没有及时办理或无法办理人事档案转递手续。这部分流动人员的档案管理,成了亟待解决的问题。为了进一步贯彻执行有关人事档案管理的法规、政策,妥善保管好这部分人员的人事档案,现根据中央组织部、人事部《关于加强流动人员人事档案管理工作的通知》(人调发〔1988〕5 号)和《关于进一步加强流动人员人事档案管理的补充通知》(人调发〔1989〕11 号),中央组织部、国家档案局《干部档案工作条例》,福建省委组织部、省人事局《福建省流动人员人事档案管理暂行办去》(闽人调〔1990〕010 号)和《关于我省流动人员档案管理和外商投资企业中方干部管理有关问题的补充通知》(闽人调〔1992〕3 号)等有关文件精神,制定本暂行规定。

一、凡已离开我校的流动人员(含辞职、自动离职、不保留公职和辞退等各类人员。下同),被党和国家机关、人民团体机关、国营企事业单位重新录用、聘用的,必须凭录用、聘用单位的党委组织部门,或政府人事部门及其所属的人才流动服务机构出具介绍信,办理其人事档案转递手续。被中外合资、合作企业及其他非党政机关,国营企事业单位聘用的,凭其中方主管部门或人事关系挂靠单位按规定具有承接和保管人事档案权力的机构出具的介绍信,办理其人事档案转递手续。

二、我校今后的流动人员,在离校时同时被其他单位录用、聘用的,在办理离校手续时,应按以上办法同时办理人事档案转递手续。

三、凡非县级以上(含县级)的党委组织部门,政府人事部门或非中外合资、合作企业的中方主管部门发函商调我校流动人员,不能给予办理行政、工资关系和人事档案接转等有关手续。

四、我校的流动人员尚未被其他单位录用、聘用的,或因其他原因(如出国)暂时无法转递人事档案的,可以委托我校人才交流服务中心代为管理人事档案。

五、委托管理人事档案,应由本人(或亲属)填写"流动人员人事档案管理委托书"。委托书一式两份,一份交人才交流服务中心,一份由个人保存。

六、委托管理人事档案应按福建省人事局、财政厅、物价委员会《关于厦门市人才流动机构服务收费项目及标准的批复》规定,缴纳人事档案管理费。个人委托,每人每月缴纳 15 元;单位委托,每人每月缴纳 20 元。

七、人事档案委托管理期限一期为三年。三年期满可以续办委托管理手续。本人愿意一次性委托管理,时间超过三年的,应予允许。

八、流动人员的人事档案在委托管理期间,人才交流服务中心负责给予办理下列人事档案管理业务:

1.接收、保管流动人员的人事档案;

2.负责档案材料的收集、整理、归档;

3.办理档案的查阅、借用和转递手续,按党和国家有关规定,出具与档案内容有关的证明材料;

4.提供流动人员因私出境的政审材料;

5.办理其他有关档案管理的事宜。

九、流动人员不及时办理人事档案转递手续,又没有办理人事档案委托管理手续的,其人事档案由人事处负责保管,但不为其出具任何证明材料,或为有关部门提供档案查阅(国家安全、公安、监察等部门因工作需要，可按规定办理查阅手续，进行查阅）。

十、已经离开学校的流动人员，要求补办人事档案委托管理手续，应予允许，要求出具与档案内容有关的证明材料的，均应补办人事档案托管手续，补办人事档案委托管理的时间，从离开学校时算起。

十一、我校企业编制人员的人事档案委托管理办法和管理费标准，参照以上规定办理。

十二、本规定从颁布之日起实行。

十三、本规定由人事处负责解释。

厦门大学

一九九五年十一月廿四日

——本文摘录自《厦门大学关于加强流动人员档案管理的暂行规定》，厦大人〔1995〕97号，档号1995-XZ10-2